능엄경 강해 II
楞嚴經 講解 II

능엄경 강해 II
楞嚴經 講解 II

한자경 지음

서광사

일러두기

- 한문 원문은 반라밀제 한역 『대정신수대장경』(19권, T.0945)을 따르되, 『정맥소』나 『계환
  해』 등에서의 수정을 참조하여 별도의 표시 없이 글자를 수정하기도 하였음.
- 『능엄경』의 내용을 설명하면서 진명 역 『능엄경정맥소』를 인용하거나 일귀 역 『수능엄경』
  에서의 『계환해』를 간접 인용한 때는 한글 번역문을 있는 그대로 가져오지 않고 한문 원문
  의 내용과 문맥을 따라 부분적으로 조정하여 인용하였음.

능엄경 강해 II(楞嚴經 講解 II)

한자경 지음

펴낸이 | 이숙
펴낸곳 | 도서출판 서광사
출판등록일 | 1977. 6. 30.
출판등록번호 | 제 406-2006-000010호

(10881) 경기도 파주시 회동길 77-12 (문발동)
대표전화 (031) 955-4331   팩시밀리 (031) 955-4336
E-mail : phil6161@chol.com
http://www.seokwangsa.co.kr | http://www.seokwangsa.kr

ⓒ 도서출판 서광사, 2023

제1판 제1쇄 펴낸날 ― 2023년 11월 30일

ISBN 978-89-306-3604-9   94150
ISBN 978-89-306-3602-5   94150 (세트)

제2부

삼마제: 수도분

제1부 〈사마타: 견도분〉에서는 인간의 마음은 대상을 좇아 일어났다 사라지는 표층의 대상적 분별의식이 전부가 아니라는 것, 인간의 감춰진 진짜 마음은 그러한 이원적 분별성 너머 주객미분의 심층마음으로 나와 세계, 유근신과 기세간을 형성하는 우주적 절대 무한의 마음이라는 것, 일체 현상의 차별상을 넘어서는 공여래장이면서 또 동시에 일체 현상을 모두 포괄하는 불공여래장이라는 것을 밝혔다. 『능엄경』은 그 마음을 일체 현상과 불일불이의 마음, '묘하고 맑고 밝은 마음'인 '묘정명심(妙淨明心)'이라고 부른다. 이러한 내용은 붓다가 아난이나 파사익왕 또는 부르나와 대화하면서 논리적 사유와 논증을 통해 밝혀나간 것이다. 그것을 '견도분'이라고 하는 것은 '견도(見道)'가 사유를 통해 바른 견해의 깨달음으로 나아가는 길을 의미하기 때문이다. 그런데 불교에서는 견도가 끝이 아니다. 바른 견해로서의 깨달음을 얻은 후, 그 깨달음의 내용인 묘명정심을 바로 나의 마음으로 직접 확인하고 자각하는 과정이 요구되는데, 그것이 바로 깨달음을 몸소 증득하는 수행의 길인 '수도(修道)'이다. 제2부 〈삼마제: 수도분〉에서는 바로 이 수행의 길을 제시한다.

I

수행의 참된 기반: 2결정의(決定義)

아난: 세존이여, 비록 저는 지금 이와 같은 법음을 듣고 여래장의 묘각명심이 온 세계에 두루하며 여래의 모든 국토의 청정보엄 묘각왕찰을 모두 기르고 있음을 압니다만, 여래께서는 다문만 하는 것은 공이 없어 수습(修習)에 이르지 못한다고 책망하십니다. 저는 지금 마치 여행하던 자가 갑자기 천왕으로부터 호화로운 집을 선사받은 것과 같습니다. 비록 큰 집을 얻었으나 문으로 들어가는 것이 필요하니, 오직 바라건대 여래에서 큰 자비를 저버리지 마시고 저와 모임에 있는 어리석은 자들에게 소승을 버리고 필히 여래의 무여열반을 얻을 수 있는 근본 발심의 길을 얻게 해주십시오. 유학이 어떻게 해야 예전의 반연심을 항복받고 다라니를 얻어 불지견에 들어갈 수 있습니까? (말을 마치고 오체투지하며 대중과 일심으로 붓다의 자비로운 가르침을 기다린다.)

世尊, 我今雖承如是法音, 知如來藏妙覺明心遍十方界, 含育如來十方國土清淨寶嚴妙覺王刹, 如來復責多聞無功不逮修習. 我今猶如旅泊之人忽蒙天王賜以華屋. 雖獲大宅要因門入, 唯願如來不捨大悲示我在會諸蒙暗者, 捐捨小乘必獲如來無餘涅槃本發心路. 令有學者從何攝伏疇昔攀緣得陀羅尼入佛知見? (作是語已五體投地, 在會一心佇佛慈旨).

사마타/견도분: 묘각명심에 대한 이해. 해오(解悟)

삼마제/수도분: 묘각명심을 닦아 증득. 수습(修習)

사마타	→	삼마제	→	선나
화옥을 봄		집에 들어감		방에 들어감
견도분		수도분		증과분

묘각명심에 대한 붓다의 가르침을 들은 아난은 그것을 이론적으로 이해하고 묘각명심을 자신의 본래 마음으로 깨닫게 되었지만, 아직 그 묘각명심을 확실하게 자기 마음으로 증득하여 자유롭게 활용하는 수준에 이른 것은 아니다. 멋있는 화옥을 보기는 하였는데, 아직 그 안으로 들어가는 방법을 알지 못해 그 문을 통과하지 못한 것과 같은 상황이다. 그래서 아난은 그 안으로 들어가는 방법, 문을 통과하는 방법을 알려달라고 청한다. 여기에서 아난이 얻고자 하는 것은 견도적 깨달음인 견성(見性)에만 머무르지 않고, 수행을 통한 본성의 증득으로 나아가는 것이다. 이것을 아난은 소승을 버리고 대승으로 나아가는 것이라고 말한다. 소승은 반연심에 매여 있는 데 반해, 대승은 반연심 너머 불지견에 이르려고 한다. 반연심(攀緣心)은 의식의 대상인 경계상을 객관적 실재로 전제해놓고 그 대상을 좇아 일어났다 멸했다 하는 우리의 일상적 대상의식인 표층의 분별적 제6의식을 말한다. 앞서 견도분에서 진심을 밝히기 이전 아난이 자기 마음이라고 생각한 견문각지의 마음, 사량분별의 마음이 그것이다. 붓다는 그러한 분별적 대상의식이 인간의 본래 마음이 아니라는 것, 본래 마음은 그것보다 더 깊은 심층에서 작동하는 '묘하고 맑고 밝은 마음'인 '묘정명심'이라는 것을 밝혔다. 이 심층의 묘정명심이 바로 표층의식이 실재라고 간주하는 경계상(대상세계)을 만들어내는 마음이고, 이 묘정명심의 밝음이 바로 모든 인간의 심층마음 안에 빛나고 있는 본래적 각성인 본각이고 본래적 밝음인 본명이다. 자신의 마음이 표층 제6의식이 전부가 아니고 그 핵심은 심층 묘정명심의 여래장이라는 것을 깨달을 때 비로소 '자아의 공성'(아공)뿐 아니라 '사물의 공성'(법공)도 깨닫게 되고, 그때 비로소 아집과 법집을 함께 넘어설 수 있다. 그렇게 해서 소승의 '아공법유(我空法有)' 너머 대승의 '아공법공(我空法空)'으로 나아가게 된다. 이러한 심층 묘정명심을 자기 마음으로 증득함으로써 비로소 부처의 지혜인 불지견에 이른다고 할 수 있다. '다라니를 얻어 불지견에 들어간다'고 말하는 것은 대승적 경지에 이르는 주된 길 중의 하나가 바로 주문을 외우는 '다라니수

행'이라는 것을 의미한다. 여기에서 다라니는 곧 능엄주를 뜻한다. 마등가의 유혹으로부터 아난을 건져냈던 주문이 바로 이 능엄주이다. 능엄주는 본 수도분에서 이근원통을 논한 후 수행의 궤칙을 설명하는 곳에서 구체적으로 제시된다.

> 붓다: (모임 중의 연각과 성문이 보리심에 자재롭지 못함을 가엽게 여기고 또 앞으로 붓다의 멸도 이후 보리심을 낼 말법 중생들을 위해 무상승의 묘한 수행의 길을 열어 보이고자 아난과 대중에게) 당신들이 결정코 보리심을 일으켜 붓다 여래의 묘삼마제를 닦음에 지치거나 게을러지지 않으려면 깨달음을 일으키는 초심의 두 가지 결정적 요인을 먼저 밝혀야 합니다.
>
> (爾時世尊哀愍會中緣覺聲聞於菩提心未自在者, 及爲當來佛滅度後末法衆生發菩薩心, 開無上乘妙修行路, 宣示阿難及諸大衆) 汝等決定發菩提心, 於佛如來妙三摩提不生疲惓, 應當先明發覺初心二決定義.

무상승은 그 이상이 없는 승으로서 대승 보살의 일불승을 말한다. 지금까지 중생 내 묘각명심의 존재를 밝혀 인식적 깨달음에 이르는 '사마타'를 논하였다면, 이제는 스스로 그 묘각명심의 자리로 나아가는 수행인 '삼마제'를 논한다. 묘각명심의 자리로 나아가 바로 그 자리에서 마음의 눈을 떠야 수행적 깨달음을 이룬다고 할 수 있다. 궁극의 깨달음을 얻기까지 피로나 권태를 느끼지 않고 끝까지 삼마제를 닦아야 하는데, 그러기 위해서는 조건이 있다. 이하에서는 수행하고자 하는 발심의 첫 단계인 초심(初心)의 두 가지 결정적 요인을 제시한다.

보리심을 닦는 초심의 두 가지 결정적 요인:
　1. 과지의 심과 상응하는 인지의 심을 확립함: 5중 혼탁 이전의 마음 찾기
　2. 번뇌의 근본을 관찰함: 근과 경 성립 이전의 원명으로 돌아가기

1. 제1결정의: 인지(因地)의 마음을 살핌

1) 불생불멸심을 밝혀 수행의 인으로 삼음

> 붓다: 무엇이 초심의 두 가지 결정적 요인입니까? 아난이여, 제1결정의는 당신들이 만약 성문을 버리고 보살승을 닦아 불지견에 들고자 한다면 인지(因地)의 발심이 과지(果地)의 깨달음과 같은가 다른가를 살펴야 한다는 것입니다. 아난이여, 만약 인지에서 생멸심을 근본 수행인으로 삼으면서 불승의 불생불멸을 구한다면, 그런 경우는 없습니다.
>
> 云何初心二義決定? 阿難, 第一義者, 汝等若欲捐捨聲聞修菩薩乘入佛知見, 應當審觀因地發心與果地覺爲同爲異. 阿難, 若於因地以生滅心爲本修因而求佛乘不生不滅, 無有是處.

초심의 결정의:

  1. 인지(발심)의 마음이 과지(깨달음)의 마음과 같아야 함

    콩을 심은 데에 콩이 나오고 팥을 심은 데에 팥이 나오듯이, 이루고자 하는 결과는 그것을 야기하는 원인 이상일 수는 없다. 어떤 것(x)을 근거 내지 원인으로 해서 어떤 결과(y)에 이르고자 하면, 원인은 결과를 낳을만한 것, 즉 결과와 동급 이상의 것이어야 한다. 원인의 지위인 인지(因地)가 결과의 지위인 과지(果地)에 상응하는 것이어야 하는 것이다. 이런 의미에서 수행의 결과로서 얻고자 하는 과지가 붓다라는 불생불멸의 경지라면, 그 경지에 이르고자 수행하는 마음인 인지 또한 마찬가지로 불생불멸의 마음이어야 한다고 말한다. 얻고자 하는 과지와 상응하는 인지의 마음을 우선 확립하는 것이 결정적으로 중요하다는 뜻이다. 이렇게 보면 신(神)과 인간을 절대적 타자로 설정해놓고 인간의 마음으로 신의 마음을 알고자 하는 것은 실현 불가능한 것이다. 중생이 부처가 되고 여래심을 증득하고자 하는 것은 중생이 본래 부처이어야지, 즉 중생심 안에 여래심이 함께해야 비로소 가능한 것이다. 얻고자 하는 과지가 불생불멸의 부처의 경지라면, 그에 상응하는 인지에서 출발해야 한다. 즉 불생불멸의 마음을 출발점으로 삼아서 부처의 경지로 나아가야 한다. 그렇다면 어디에서 어떻게 그런 마음을

발견하여 그것을 인지로 삼아 수행을 시작할 수 있는 것일까? 불지견을 얻을 인지(因地)가 될만한 불생불멸심을 과연 어디에서 찾을 수 있을까?

> 붓다: 이런 의미 때문에 당신은 기세간을 비추어보아야 합니다. 만들어진 법은 모두 변하고 멸합니다. 아난이여, 당신이 세간의 만들어진 법을 관찰해보면, 무엇이 무너지지 않습니까? 그렇지만 허공이 무너졌다는 것은 끝내 들어보지 못했을 겁니다. 왜 그렇겠습니까? 허공은 만들어진 것이 아니니, 이 때문에 처음부터 끝까지 무너져 멸함이 없습니다.
>
> 以是義故, 汝當照明諸器世間. 可作之法皆從變滅. 阿難, 汝觀世間可作之法, 誰爲不壞? 然終不聞爛壞虛空. 何以故? 空非可作, 由是始終無壞滅故

기세간: 만들어진 것 - 변하고 멸함
  ↕
〈허공〉: 만들어지지 않은 것 - 괴멸하지 않음

인연이 갖추어져서 만들어진 것은 인연 따라 무너져 사라진다. 반면 인연 따라 만들어진 것이 아닌 것, 예를 들어 허공은 무너져 사라지는 것이 아니다. 만약 부처의 경지와 같은 불생불멸을 얻고자 한다면, 허공처럼 만들어진 것이 아니고 따라서 인연 따라 사라져 멸하는 것이 아닌 마음을 수행하는 인지(因地)의 마음으로 삼아야 한다. 인연 따라 만들어져서 인연 따라 멸하여 사라지는 것이 현상세계에 드러나는 상대적인 것들이라면, 인연 따라 만들어지지 않은 것, 따라서 불지견을 추구하는 수행의 인지로 삼을만한 것은 바로 견도분에서 논한 원묘명심, 묘정명심이다. 이하에서는 이러한 원묘명심을 확실하게 포착하기 위해 그것을 가리고 있는 것들이 무엇인지, 그 가리는 것들을 어떻게 제거할 것인지를 논한다. 불생불멸의 여래장인 원묘명심을 가리는 것이 바로 5중의 혼탁이다.

2) 원담(圓湛)을 가리는 5중 혼탁: 겁탁·견탁·번뇌탁·중생탁·명탁

> 붓다: 그런즉 당신의 몸 중에서 견고한 모습(상)은 지(地)이고, 습윤은 수(水)이고, 따뜻한 감촉은 화(火)이고, 동요는 풍(風)입니다. 이 4가지 얽힘으로 인해 당신의 맑고 원만한 묘각명심이 나뉘어 보거나 듣거나 감각하거나 관찰하게 되니, 처음부터 끝까지 5겹의 혼탁이 있습니다.
>
> 則汝身中堅相爲地, 潤濕爲水, 煖觸爲火, 動搖爲風. 由此四纏分汝湛圓妙覺明心爲視視爲聽爲覺爲察, 從始入終五疊渾濁.

```
       5중 혼탁       시청각찰
       (흐림)↑       (나뉨)↑ ← 4대(견습난동/업력)의 전(纏)
심의 묘각명심 = 담(湛): 명심  +  원(圓): 묘각
```

인지로서 취하고자 하는 불생불멸의 마음은 바로 맑고(담) 원만한(원) 묘각명심이다. 그런데 이 묘각명심이 자신을 알지 못하는 무명으로 허망하게 움직이니, 이로부터 견습난동의 기운이 일어나고 지수화풍 4대가 생겨나서 결국 허망한 색이 만들어진다. 색은 본래 있지 않지만, 마음으로부터 허공과 어둠이 맺혀서 색이 된다. 지수화풍 4대의 색이 끼어듦으로서 마음은 더 이상 맑지 않고 탁한 모습을 갖게 된다. 나아가 4대가 얽힘으로써 묘각명심을 나누어서 보고 듣는 등의 감각활동과 관찰의 의식활동을 일으킨다. '시청각찰'에서 시는 안식, 청은 이식, 각은 비식·설식·신식, 찰은 의식을 말하며, 이는 곧 6근 각각의 활동으로서 '견문각지'에 해당한다. 묘각명심이 시청각찰로 나뉜다는 것은 원래 맑고 두루하던 하나의 묘각명심의 마음이 각각의 근에 따르는 분할된 마음활동으로 나뉜다는 것이다. 그렇게 됨으로써 더 이상 두루하지 않고 막힘이 있게 된다.

```
6식:    안식  이식  비식  설식  신식  의식
시청각찰: 시   청   각   각   각   찰
견문각지: 견   문   문   각   각   지
```

중생이 담원의 묘각명심으로 돌아가기 위해서는 중생의 5중 혼탁을 벗어나야 하

는데, 이 5중 혼탁은 이하에서 논의되듯이 5음(陰)을 따라 생겨난다. 5음 안에서 5중 혼탁을 발견하고 그것을 맑게 해야 마음 본래의 원묘와 담명인 원담으로 돌아갈 수 있다.

> 붓다: 무엇이 혼탁입니까? 아난이여, 비유하면 맑은 물은 청결이 본연이지만 저 먼지와 흙과 재와 모래 등은 본질이 장애함이어서 두 가지 체가 원래 본성이 서로 어긋나는데, 세상 사람이 저 진흙을 갖다가 맑은 물에 던지면 흙은 장애함을 잃고 물은 청결을 잃어 모양이 흐려짐을 혼탁이라고 부르는 것과 같습니다. 당신의 5중의 혼탁도 또한 이와 같습니다.
>
> 云何爲濁? 阿難, 譬如清水清潔本然, 卽彼塵土灰沙之倫本質留礙, 二體法爾性不相循. 有世間人取彼土塵投於淨水, 土失留礙, 水亡清潔, 容貌汨然名之爲濁. 汝濁五重亦復如是.

```
청수(청결) ┐
            ├ → 혼탁
진토(유애) ┘
```
```
묘각명심  ┐
          ├ → 혼탁
4대/5대   ┘
```

서로 정반대의 성질인 두 가지를 함께 섞어놓으면, 두 가지가 모두 자기 본연의 성품을 잃어버리고 만다. 깨끗한 물과 진흙이 섞이면 혼탁한 물이 되듯이, 묘각명심과 4대가 서로 뒤섞이면 마음에 혼탁이 일어난다. 본연의 묘각명심은 본래 맑은 물과 같이 맑은데, 거기에 내4대 및 외5대가 얽혀들어 혼탁하게 되는 것이다. 내4대는 지수화풍이고, 외5대는 거기에 공을 더한 지수화풍공이다. 혼탁해짐으로써 두루하는 원만함이 가려지고 각각으로 분화된다. 이와 같이 원담의 묘각명심이 더 이상 맑은 담이 아니라 탁하게 되고, 두루하는 일심(원)이 아니고 견문각지로 나뉘게 되는 것이 혼탁이다. 혼탁으로 바뀌는 단계를 다섯으로 논하기에 5중 혼탁이라고 한다.[1] 이하에서 논할

---

1   여기에서 논하는 5중 혼탁은 『법화경』에서 논하는 말기적 세상인 5탁악세(五濁惡世)의 5탁과 구분되어야 한다. 5탁악세는 『능엄경』 제3권 마지막 부분 아난의 게송에서도 언급되었다. 이하에서 논하는 5중 혼탁은 5음(陰)과도 연관되고 식(識)과도 연관되며 따라서 3세6추와도 연결된다. 『계환해』는 5중 혼탁을 각각 3세6추와 다음과 같이 연결 짓는다. "겁탁의 겁은 시분(時分)이니, 3세(細) 가운데 오직 초

5중 혼탁은 다음과 같다.

  1. 겁탁(劫濁): 허공과 견의 상직(相織)으로 색이 출현 → 색음
  2. 견탁(見濁): 색(각지 없음)과 각지의 상직으로 느낌과 유신견(有身見)이 출현 → 수음
  3. 번뇌탁(煩惱濁): 각지(성)와 6진(상)의 상직으로 생각과 번뇌 출현 → 상음
  4. 중생탁(衆生濁): 지견(생)과 업운(사)의 상직으로 생사 반복 → 행음
  5. 명탁(命濁): 묘명심의 견문(동)과 대상 따른 차이(이)의 상직으로 목숨 제한 → 식음

(1) 겁탁: 공과 견의 상직

> 붓다: 아난이여, 당신이 온 세계에 두루하는 허공을 볼 때 허공과 견(見)은 구분되지 않습니다. ① 허공은 체가 없고 ② 견은 감각이 없어, 서로 짜여서 허망을 이룹니다. 이 제1중의 탁을 '겁탁'이라고 합니다.
>
> 阿難, 汝見虛空遍十方界, 空見不分. ① 有空無體, ② 有見無覺, 相織妄成. 是第一重名爲劫濁.

허공을 바라봄에서, 공(空)과 견(見/망견)의 상직:
① 공(↔지수화풍): 무체(無體) ┐ 상직(相織) → 1. 겁탁(영겁의 색): 색음
② 견(↔문각지): 무각(無覺) ┘

묘각명심의 본각(本覺)은 공도 아니고 색도 아니며 그냥 두루하는 각(覺)일 뿐이다. 그런데 자기도 모르게(불각으로) 일념(一念)이 일어나서 허공을 본다. 허공을 보는 순간 보여지는 공(空)과 보는 견(見)이 서로 구분되지 않아 서로 침투하고 함께 짜여서 혼탁을 이룬다. 즉 막힘 없이 비어 있는 공은 보여짐으로써 견과 섞이고, 공을 바라보는 견은 촉각이 없는 무각으로서 공과 섞인다. 그렇게 둘이 서로 섞여 짜여지는 상직

기의 불각심이 동한 모습으로 무명초기이지 겁말(劫末)의 겁탁이 아니다. 견탁은 전상과 현상이고, 번뇌탁은 6추(麤) 가운데 전4상이고, 중생탁은 조업상이고, 명탁은 업계고상이다." 일귀 역, 『수능엄경』(샘이깊은물, 2009), 322쪽, 주22. 이를 정리하면 다음과 같다.

5중혼탁:	1겁탁(劫濁)	2견탁(見濁)	3번뇌탁(煩惱濁)	4중생탁(衆生濁)	5명탁(命濁)
	무명업상	전상/현상	지상/상속상/집취상/계명자상	기업상	업계고상
	(아뢰야식)		(말나식)　(제6의식)		

이 일어나니, 이것이 바로 제1의 혼탁이고, 이것을 '겁탁'이라고 한다. 이와 같이 공을 바라보고 공과 섞이게 되는 이 제1혼탁에서의 견은 아직 견문각지로 나뉘기 이전의 견이지만 그렇다고 순수한 원명 내지 각명(覺明)의 견, 견견(見見)의 견이 아니다. 혼탁을 야기하고 결국 그 혼탁에 빠져드는 견, 무명업상의 견인 명각(明覺) 내지 망견(妄見)의 견이다. 허망의 시작인 것이다. 『계환해』는 허공을 바라보아 공과 견이 섞이는 이 전체 활동을 무명의 업이 움직이는 '무명업상'으로 해석한다. '유공무체, 유견무각'에 대해 『정맥소』는 이렇게 설명한다. "'허공은 형체가 없다'고 함은 허공은 볼 수 있으나 잡을 수 없어서 형질이 없다는 것이다. '견은 각이 없다'고 함은 견이 비록 허공에 두루하나 차고 따뜻함을 느낄 수 없다는 말이니, 마치 허공의 불을 보지만 보는 것이 뜨거움을 느끼지 못함과 같다."[2] 이러한 무체의 공과 무각의 견이 서로 섞이는 것이 겁탁이다. 제1혼탁을 무한한 시간의 겁(劫)의 개념을 담아 '겁탁'이라고 부르는 것에 대해 감산은 "겁탁이란 명칭은 청정계 속에서는 본래 시(時)를 두지 않는데, 지금은 색심이 처음 모이는 때가 문득 장구한 시간의 근본이 되기에 색온에 의거해서 그 명칭을 겁탁이라고 한 것이다"[3]라고 설명한다. 공과 견이 짜여 색(色)이 발생하면서 비로소 시간성이 성립한다는 뜻이다.

(2) 견탁: 견문각지의 없음과 있음의 상직

> 붓다: 당신의 몸은 현재 ① 4대가 뭉쳐서 체가 되어 견문각지를 막아 장애하고 ② 수·화·풍·토를 되돌려 각지하게 하여, 서로 짜여서 허망을 이룹니다. 이 제2중의 탁을 '견탁'이라고 합니다.
>
> 汝身現搏四大爲體, ① 見聞覺知壅令留礙, ② 水火風土旋令覺知, 相織妄成, 是第二重名爲見濁.

---

2 진감, 『정맥소』, 2권, 763쪽. 색법(6진＋공)의 가견·불가견, 대색·무대색은 다음과 같이 정리된다.
　1. 가견 유대색: 색진(본색本色)
　2. 가견 무대색: 공(공계색空界色)
　3. 불가견 유대색: 성진·향진·미진·촉진
　4. 불가견 무대색: 법진
3 감산, 『수능엄경통의』(장순용 역주, 운주사, 2020), 1권, 434-35쪽.

4대(大)에 의한 몸의 형성 과정에서, 견문각지 없음과 있음의 상직:

   ① 4대가 견문각지를 막아 장애함: 각지 없음 ─┐
                                 상직 → 2. 견탁(느낌과 유신견): 수음
   ② 4대를 되돌려 견문각지하게 함: 각지 있음 ─┘

개별적인 몸은 4대가 뭉쳐서 몸체를 이룬 것이다. ① 견문각지를 일으키는 본래의 묘명심은 원래 막힘이 없는 것인데, 4대가 그 몸을 이룸으로써 4대가 견문각지를 막아서 장애를 일으킨다. ② 그러면서 묘명심은 다시 본래 각지가 없는 4대를 되돌려서 견문각지를 하게 만든다. 이렇게 몸은 4대에 막혀 견문각지가 없게 되기도 하고, 다시 4대를 되돌려서 견문각지가 있게 되기도 한다. 색의 4대로 이루어진 몸에서 이러한 각지의 없음과 있음이 서로 상직하면서 일어나는 허망함을 제2의 혼탁인 견탁이라고 한다. '견탁'에 대해 『정맥소』는 이렇게 설명한다. "견탁이라고 부르는 이유는 4대는 본래 무정물인데 허망하게 짜임으로 인해 바늘 끝이나 풀 끝으로 찌를지라도 모두 다 통각이 있게 되고, 이로써 중생이 견고하게 아견을 일으켜 모든 견(見)의 주(主)가 되기 때문이다. 62견이 모두 여기 통합되니, 견탁이라고 한다."[4] 4대로 구성된 몸을 느낌의 주체인 나로 여기는 것이 아견(我見)인데, 견탁으로부터 아견이 일어난다는 말이다. 감산은 견탁을 수음(受陰)으로 설명한다. "4대는 본래 지각이 없는데, 지금 안에서 식심(識心)을 막아 무지(無知)를 돌려서 앎이 있게 하다가 마침내 수(受)를 집착해서 나(我)로 삼는다. … 청정심 속의 망견에 이 수(受)를 집착하는 색근(色根)이 있기에 수온에 의거해서 그 명칭을 견탁이라 한 것이다."[5] 견탁은 나의 몸으로부터 느낌이 일어나는 수음 차원의 혼탁이며, 몸을 나로 아는 유신견(有身見)이 일어나는 혼탁이기에 '견탁'이라고 한다.

(3) 번뇌탁: 지견(知見)과 6진의 상직

> 붓다: 또 당신의 마음이 기억하고 인식하고 외워 익힐 때, ① 성은 지견(견문각지)을 일으키고 ② 모양은 6진을 나타냅니다. 진(塵)을 떠나면 상(相)이 없고 각(覺)을 떠나면 성(性)이 없으니, 서로 짜여서 허망을 이룹니다. 이 제3중의

---

4   진감, 『정맥소』(진명 역, 불광출판사, 2018), 2권, 765쪽.
5   감산, 『수능엄경통의』, 1권, 435-36쪽.

탁을 '번뇌탁'이라고 합니다.

又汝心中憶識誦習, 性發知見, 容現六塵. 離塵無相, 離覺無性, 相織妄成, 是第三重名煩惱濁.

의식의 활동에서, 지견(각/성)과 6진(상)의 상직:

① 성(性)이 지견(知見) 일으킴: 각(覺)＝성: 의식
② 6진(塵)의 상(相)이 나타남: 진(塵)＝상: 대상 ⟫ 상직 → 3. 번뇌탁(생각과 번뇌): 상음

의식의 활동: 억(憶)   ＋   식(識)   ＋   송(誦)

과거를 기억   현재를 인식   미래를 반연

억·식·송은 개념 내지 상(想)에 의거하는 의식의 활동이다. 기억 억(憶)은 과거를 반연하는 의식, 식은 현재를 반연하는 의식, 외울 송(誦)은 미래를 반연하는 의식이다. 마음의 본래적 성품, 본각의 성품으로부터 지견이 일어나서 견문각지로의 분화가 발생하고, 그 견문각지에 따라 그에 상응하는 6진의 모습이 나타난다. 그렇게 발생한 마음의 지견과 그 대상이 되는 6진, 즉 근과 진이 서로 짜이는 상직이 일어나니, 그 혼탁이 번뇌탁이다. 유근신을 나로 아는 말나식의 기반 위에서 6근으로 6진을 기억하고 분별하고 아는 의식의 활동이 번뇌탁의 활동에 해당하며, 따라서 이를 생각을 따르는 상음(想陰)의 혼탁이라고 한다. 근과 경이 서로 관계하면서 서로를 얽어매어 마음을 흐리고 괴롭게 하므로 번뇌탁이다.

(4) 중생탁: 생(生)의 지견과 사(死)의 업운의 상직

붓다: 당신이 조석으로 생멸을 멈추지 않아, ① 지견은 매번 세간에 머물고자 하고, ② 업의 흐름은 매번 국토를 항상 옮겨 다니니, 서로 짜여서 허망을 이룹니다. 이 제4중의 탁을 '중생탁'이라고 합니다.

又汝朝夕生滅不停, ① 知見每欲留於世間, ② 業運每常遷於國土, 相織妄成, 是第四重名衆生濁.

생멸의 과정 중에서, 생의 지견(知見)과 사의 업운(業運)의 상직:

① 지견(6식의 망상)으로 세간에 머묾: 생 ┐
② 업운(업보)으로 국토 옮겨 다님(윤회): 사 ┘ 상직 → 4. 중생탁(생사를 반복): 행음

중생탁은 중생이 업을 지어 그에 따라 태어나고 죽고를 반복하는 것을 말한다. 죽고 태어남을 반복하게 만드는 것은 업력이며, 업력이 탐진치의 욕망과 분별심을 일으킨다. 태어나고자 하고 또 일단 태어나면 삶에 머물고자 하는 집착을 '지견(智見)'이라고 하는데, 지견은 곧 앞의 번뇌탁에서 논한 기억과 인식과 외움의 마음활동을 말한다. 그리고 생을 마치면서 다시 다른 곳에 태어나게 되는 반복적 흐름을 '업운(業運)'이라고 한다. 생에 머무르려는 지견과 생사를 반복하게 하는 업운이 서로 결합함으로써 묘정명심의 맑음이 점점 더 혼탁해지는데, 이것을 생사를 반복하는 중생을 성립시키는 혼탁이란 의미에서 '중생탁'이라고 한다. 『정맥소』는 이렇게 설명한다. "'지견은 머물고자 한다'는 것은 생이 습(習)을 따름을 좇으므로 범부가 살기를 탐하게 됨을 말한다. '업운은 늘 옮겨 다닌다'는 것은 죽음이 변화의 흐름을 좇으므로 범부가 자유분이 없게 됨을 말한다. … 7취에 유전하여 일체 중생의 상으로 변환하기에 중생탁이라고 한다."[6] 머물고자 하는 지견과 옮겨가고자 하는 업운이 서로 짜이면서 중생을 윤회하게 하는 것이 중생탁이다.

(5) 명탁: 성(性)의 같음과 용(用)의 다름의 상직

붓다: 당신들의 견문에는 ① 원래 다른 특성이 없는데도 ② 여러 대상에 막혀서 이유 없이 다름이 생겨납니다. ① 성에서는 서로 알지만 ② 작용에서는 서로 등지므로 ① 같고 ② 다름이 기준을 잃어, 서로 짜여서 허망을 이룹니다. 이제5중의 탁을 '명탁(命濁)'이라고 합니다.

汝等見聞, ① 元無異性, ② 衆塵隔越無狀異生. ① 性中相知, ② 用中相背, 同異失準, 相織妄成. 是第五重名爲命濁.

---

6 진감, 『정맥소』, 2권, 768쪽.

6식의 견문의 활동 중에서, 성의 같음과 용의 다름의 상직:

> 견문각지의 성은 동(同)
> 진(塵)에 따라 용은 이(異) ⎤ 상직 → 5. 명탁(목숨의 제한): 식음

분별이 없는 견문은 이미 견문각지로 나뉘어진 6식이 아니라, 아직 그렇게 나뉘기 이전의 제8식의 견분을 말한다. 심층마음인 묘정명심의 밝음이 곧 견문의 밝음이며, 아직 6근을 따라 분화되기 이전의 밝음이다. 이 제8식의 견분이 생사를 반복하면서 6진을 따라 서로 다르게 작용하여 6근 각각에서 일어나는 견문각지의 6식으로 분화된다. 그렇게 해서 식의 성은 같음을 지니되 용은 다름을 드러내며, 이러한 같음과 다름이 서로 결합함으로써 원래의 두루 원만하며 맑고 밝은 묘각명심이 더욱더 혼탁해지게 된다. 이로써 윤회하는 중생의 목숨도 제한을 받게 되니, 이러한 혼탁을 '명탁'이라고 부른다. 명탁에 대한 『계환해』의 설명이다. "보고 듣는 것이 담원으로부터 나누어지는 까닭에 원래 다름이 없으나, 갖가지 경계가 원융의 체를 나누므로 까닭 없이 다름을 이룬다. 성에서 관하면 동일한 진상(眞常)이기에 서로 아는 것이요, 용에서 관하면 서로 생멸을 일으키므로 서로 등지게 되어 진상과 생멸과 동이와 화합이 그 기준으로서의 항상함을 잃게 되니, 이것이 명탁이 허망하게 짜인 모습이다."[7] 명탁으로 인해 동일한 심성이 상이한 모습으로 드러나게 되는 것이다.

이상의 5중 혼탁을 총괄하여 『정맥소』는 이렇게 정리한다. "묘각명심은 오직 맑고(담湛) 원만해서(원圓) 안팎이 없는데 어찌 여러 혼탁이 있겠는가. ① 이제 어둠(회매)이 허공이 된 뒤 밖으로 5대인 기세간에 흐려져 겁탁이 되고, ② 안으로 4대인 신상(身相)에 흐려져 견탁이 되며, ③ 다시 안으로 6진 분별심에 흐려져 번뇌탁이 된다. ④ 이런 까닭에 끊어지고 이어지는 심신과 천류하는 국토에서 다시 생사에 흐려져 중생탁이 된다. 이 네 가지 상은 내외가 하나의 혼탁에 통하여 맑음(담)을 전부 잃어버린 것이다. 다시 ⑤ 이로 인해 여러 진(塵)이 맺히고 막혀 6근이 다시 융통하지 못하는 것을 명탁이라고 하니, 이 하나의 상은 원만함(원)을 전부 잃어버린 것이다. 그러므로 담원을 회복하고자 하면, 반드시 혼탁을 맑히는 법을 구해야 한다."[8] 이를 정리하면 다음

---

7   일귀, 『수능엄경』, 325쪽, 주32.
8   진감, 『정맥소』, 2권, 770쪽.

과 같다.

1. 겁탁(劫濁): 기세간에 흐려짐
2. 견탁(見濁): 4대의 신상(몸)에 흐려짐 ┐
3. 번뇌탁(煩惱濁): 6진의 분별심에 흐려짐 │ 혼탁 ↔ 맑음: 담(湛)
4. 중생탁(衆生濁): 생사 윤회하면서 생사에 흐려짐 ┘
5. 명탁(命濁): 6진에 막히고 6근으로 분화됨 ─ 분화 ↔ 원만함: 원(圓)

3) 탁심에서 원담의 마음으로: 상락아정과 계합

> 붓다: 아난이여, 당신이 이제 견문각지를 멀리 여래의 상락아정과 계합시키기를 원한다면, 우선 생사의 근본을 가려내어 버리고 불생불멸의 원만하고 맑은 성품에 의지하여야 합니다.
>
> 阿難, 汝今欲令見聞覺知遠契如來常樂我淨, 應當先擇死生根本, 依不生滅圓湛性成.

범부의 견문각지를 여래의 상락아정에 계합시키는 길:
1. 생사의 근본을 가려냄: 5중 혼탁을 버리기
2. 불생멸의 원(圓)과 담(湛)의 성품에 의지함: 원과 담을 회복하기

세간의 중생이 인연 따라 생하고 멸하는 무상의 생사윤회를 반복하면서 고통에 머물러 진실된 마음의 아가 없고 염오의 번뇌에 빠져 있는 것은 모두 묘각명심인 여래장의 상락아정을 스스로 등지고 살기 때문이다. 즉 중생에게 본래 각명이 갖추어져 있지만, 중생이 그것을 모르고 5중의 혼탁을 일으켜 상락아정을 모두 상실하고 사는 것이다. 『정맥소』에 따르면 "중생탁 때문에 생사를 반복하니 상(常)을 잃고, 번뇌탁으로 고를 느끼니 락(樂)을 잃고, 겁탁으로 무정의 허공계를 이루니 참된 아(我)를 잃고, 견탁과 명탁으로 근신이 청정하지 못하니 정(淨)을 잃어버렸다."[9] 이러한 5중 혼탁을 맑게 하여 여래의 상락아정을 회복하려는 것이다.

---

9   진감, 『정맥소』, 2권, 772쪽.

중생의 견문각지/불각: 겁탁   견탁 + 명탁   번뇌탁   중생탁

　　　　　　　(무정의 허공) (유근신의 불청정) (번뇌의 고) (생사에 천류)

　　　　　　　　　↓　　　　　　↓　　　　　　↓　　　　　↓

여래의 상락아정/구경각: 아(我)   정(淨)   락(樂)   상(常)

생사윤회의 근본은 5중 혼탁이며 그런 혼탁으로 흐려진 중생의 식심이다. 이 식심의 혼탁을 벗어나야 비로소 여래심의 상락아정을 회복하게 된다.

붓다: 맑음으로써 그 허망한 생멸을 돌이키고 조복시켜 원래의 각(覺)으로 환원하여 원래의 밝은 각의 생멸 없는 성을 얻어서 인지(因地)의 마음으로 삼으십시오. 그런 연후에야 과지(果地)의 수증을 원만하게 성취할 수 있습니다.

以湛旋其虛妄滅生伏還元覺, 得元明覺無生滅性爲因地心. 然後圓成果地修證.

떠나야 할 마음: 허망한 생멸심. 마음의 혼탁(겁탁/견탁/번뇌탁/중생탁/명탁)

　↓

인지(因地)의 마음: 불생멸의 묘각명심: 원(원묘·원각) + 담(담명·명각)

　↓

과지(果地)의 수증 ┌ 1. 수(修): 초주 ~ 등각
　　　　　　　　└ 2. 증(證): 묘각

수행의 과로서 불지견을 얻고자 하면, 수행자가 가져야 할 인지의 마음 자체가 수행을 통해 얻고자 하는 과지의 마음과 다르지 않아야 한다. 5중 혼탁으로 가려진 마음이 아니라 그 혼탁을 모두 벗어나서 본래의 담원한 마음을 인지의 마음으로 삼아야 하는 것이다. 그런데 이미 그 마음을 인지로 갖게 되면, 다시 무슨 수행이 필요한 것인가? 또는 달리 말해 이미 담원한 마음을 잃어버려 혼탁해졌는데 어떻게 담원한 마음을 찾아 인지로 삼을 수 있겠는가? 이에 대해 『정맥소』는 이렇게 말한다. "〈문〉 앞에서 5탁이 일어나 이미 4덕(상락아정)을 잃었다고 했는데, 어떻게 다시 원만담연한 성을 회복해서 인지와 과지를 이룰 수 있는가? 〈답〉 5탁이 원담을 모두 어지럽혔으나 공화가 항상 본래 허무한 것과 같고, 원담이 5탁에 의해 모두 어지럽혀졌으나 태허공이 부동하고 자재한 것과 같다. 다만 사람들이 미혹하여 원담성을 버리고 도리어 5탁 생멸심으

로 인을 삼아 마침내 모든 혼탁을 맑히지 못하기 때문에 잃어버렸다고 했지만, 어찌 참으로 잃어버렸겠는가?"[10] 즉 불생불멸의 원담의 본래 마음은 언제나 거기에 있기에 그것을 인지의 마음으로 삼는 것이 가능한 것이다. 수행을 하려면 일단 그 마음자리부터 확인해야 함을 강조한 말이다. 마음의 실상을 자각하고 나면 비로소 혼탁이 다만 허망상일 뿐임을 알고 그것에 매이지 않게 된다.

> 붓다: 마치 흐린 물을 맑게 할 때 ① 깨끗한 그릇에 담아 고요함이 깊어지도록 움직이시 않으면 모래가 저길로 가라앉아 맑은 물이 나타나는 것과 같으니, 이것을 '처음에 객진번뇌를 조복한다'고 합니다. (그리고) ② 진흙을 버리고 물을 순수하게 하는 것을 '근본무명을 영원히 끊는다'고 합니다. 밝은 상이 정밀하고 순수해지면, 일체의 변화가 나타나도 번뇌가 되지 않고 모두 열반의 청정한 묘덕과 합치합니다.
>
> 如澄濁水, ① 貯於淨器靜深不動, 沙土自沈清水現前, 名爲初伏客塵煩惱. ② 去泥純水名爲永斷根本無明. 明相精純, 一切變現不爲煩惱, 皆合涅槃清淨妙德.

원담의 마음으로 돌아가기:

　① 물을 맑게 함(탁을 담으로): 객진번뇌의 조복: 견혹+사혹+진사혹을 끊음/무명의 조복

　② 진흙을 버림(명을 회복): 근본무명을 끊음

① 혼탁은 마음 안에 남아 있던 번뇌로 인해 생긴 것이다. 그 번뇌를 일단 가라앉혀 마음을 맑게 하는 것이 번뇌를 조복하는 것이다. 일체가 마음의 번뇌로 인해 일어난 허망상임을 알면, 더 이상 거기에 매이지 않게 되니 이것을 '번뇌를 조복한다'고 한다. ② 혼탁을 야기했던 것들인 가라앉은 번뇌를 완전히 버리는 것이 근본무명을 끊는 것에 해당한다. 그런데 근본무명을 끊으면 어떤 결과가 나타나는가? 이에 대해 두 가지 답이 가능하다.

10　진감, 『정맥소』, 2권, 776쪽.

a. 더 이상 혼탁의 변화상(유위상)이 나타나지 않게 됨. 의타기도 멸함. 부처의 경지
b. 변화상이 나타나되 번뇌가 되지 않음. 변계소집만 멸하고 청정의타기는 남음. 보살의 경지

위의 문장에서 '변화가 나타나도 번뇌가 되지 않는다'고 말하는 것은 여기에서 붓다는 번뇌와 무명을 멸한 자리에서 다시 일체 변화를 수용하는 보살의 입장을 견지하고 있음을 보여준다. 보살은 궁극의 깨달음을 얻었다고 해도 다른 중생의 고통을 저버리지 않고 일체 중생을 모두 구제하기까지 현세에 머문다. 요익중생의 원력 때문이다.

2. 제2결정의: 번뇌의 근본을 살펴 원통에 돈입

삼마제(수도분)를 시작하면서 보리심을 일으켜 묘삼마제를 닦기 위한 조건으로서 초심의 두 가지 결정적 요인을 언급하였는데, 지금까지는 그중 제1결정의(과지의 심과 상응하는 인지의 심을 확립함)를 설명하였고, 이제부터는 제2결정의(번뇌의 근본을 관찰함)를 논한다.

1) 번뇌의 근본 찾기

(1) 6근의 맺힘

붓다: 제2결정의는 당신들이 필히 보리심을 발하여 보살승이 되고자 크게 용맹을 내어 결정코 모든 유위상에서 벗어나고자 한다면 번뇌의 근본을 자세히 관찰해야 한다는 것입니다. 무시이래로 업을 일으켜 생에 빠져드는데, 누가 짓고 누가 받는 것입니까? 아난이여, 당신이 보리를 닦는데 만약 번뇌의 근본을 자세히 관찰하지 않는다면 허망한 근(유근신)과 진(기세간)이 어느 곳에서 전도되었는지를 알 수 없을 것입니다. 전도된 곳을 모른다면, 어떻게 항복받아서 여래의 지위를 취할 수 있겠습니까?

第二義者, 汝等必欲發菩提心, 於菩薩乘生大勇猛, 決定棄捐諸有爲相, 應當審

詳煩惱根本. 此無始來發業潤生, 誰作誰受? 阿難, 汝修菩提, 若不審觀煩惱根本,
則不能知虛妄根塵何處顚倒. 處尙不知云何降伏取如來位?

제2결정의: 발업(發業) 윤생(潤生)하게 하는 번뇌의 근본을 관찰
　　번뇌의 근본을 알아야, 근(유근신)과 진(기세간)이 어디에서 전도되었는지를 앎

불지견으로 나아가기 위해 보리심을 일으켜 깨달음에 이르고자 할 경우 반드시 행해야 할 제1의 결정의는 과지의 심에 상응하는 인지의 심을 확립하는 것이다. 즉 두루하고 밝은 본래의 마음을 확립하는 것이다. 이를 밝히기 위해 5중 혼탁으로 가려지기 이전의 원담의 마음을 논하였다. 그다음 제2의 결정의는 그렇게 밝혀진 원담의 본래 마음을 가리는 번뇌의 근본을 찾아 그 결박을 푸는 것이다. 번뇌의 맺힘을 풀어야 유위상을 벗어 마음 본래의 원명으로 돌아갈 수 있기 때문이다. 번뇌의 근본은 중생으로 하여금 업을 짓게 하고 생에 빠져들어 윤회하게 만든다. 번뇌의 근본이 바로 생사윤회의 근본이다. 여기에서는 그러한 번뇌의 근본이 무엇인지를 묻는다. 번뇌의 근본을 밝히는 것은 곧 근(根)과 진(塵)이 어디에서 어떻게 전도되어 있는지를 밝혀내는 것이다. 어디에서 전도되었는지를 밝혀야 그 전도를 돌이켜 본래의 원명을 회복할 수 있기 때문이다. 그러므로 이하에서는 근과 진을 보다 상세히 관찰한다.

　붓다: 아난이여, 당신은 세간에서 매듭을 푸는 사람을 관찰해보십시오. 매듭 지어진 곳을 보지 못하면 어떻게 풀 줄을 알겠습니까? 허공이 당신에 의해 찢어졌다는 것을 듣지 못했으니, 어째서 그렇겠습니까? 허공은 형상이 없어서 맺힘과 풀림이 없기 때문입니다. 그런즉 당신에게 현전하는 안이비설신과 심 여섯(6근)이 도적의 매개가 되어 스스로 집안의 보물을 털어가니, 이 때문에 무시이래로 중생세계에 얽힘이 일어나서 기세간을 초월하지 못하는 것입니다.

　阿難, 汝觀世間解結之人. 不見所結, 云何知解? 不聞虛空被汝墮裂, 何以故? 空無相形無結解故. 則汝現前眼耳鼻舌及與身心六爲賊媒自劫家寶, 由此無始衆生世界生纏縛故, 於器世間不能超越.

전도된 매듭인 결(結)을 풀기 위해 매듭 있는 곳을 찾기:
    1. 매듭이 없는 곳: 허공(형상이 없는 곳)
    2. 매듭이 있는 곳: 형상 있는 곳 = 6근: 도적의 매개(맺어진 곳) ↔ 식심: 도적(맺는 것)

두루 원만하고 밝은 본심을 되찾아 해탈에 이르기 위해서는 그런 원명을 뭉치고 맺어서 탁하게 만든 그 지점을 발견하여 거기에서의 결박 내지 맺힘을 풀어야 한다. 이것을 '매듭을 푼다'고 한 것이다. 원명을 매듭지어 견문각지로 나눠놓고 밝음을 어둡고 탁하게 만들었기에, 그 매듭을 풀려는 것이다. 그런데 허공은 비어 있어 그 자체에 매듭이 없으니, 허공에서 맺힘을 찾아 풀 수는 없다. 그러므로 허공이 아니라 허공 속에 등장하는 형상 있는 것에서 매듭을 찾아야 한다. 그렇게 매듭지어져 있는 것이 바로 6근(根)이다. 중생이 대상 진에 매이게 되는 것은 결국 중생이 근에서 매듭을 이루고 있기 때문이다. 6근에 매듭이 맺어져서 결국 본심의 원명이 나뉘고 어두워졌기에 그런 매듭이 맺혀진 6근이 바로 집 안의 보물을 사라지게 만든 것이다. 그래서 6근을 도적이 보물을 훔쳐가게 도와주는 도적의 매개라고 말한다. 6근이 도적의 매개라면, 그럼 도적은 누구인가? 『정맥소』는 도적은 바로 식(識)이라고 설명한다. "매개는 6근을 비유한 것이 틀림없는데, 옛 주석에는 6진(塵)을 도적에 비유했으니, 진이 비록 바깥에 있으나 그 자체는 본래 무정이기에 도적이라 하는 것은 옳지 않고, 경에 그 근거가 없다. 7처징심의 첫 물음에서 붓다가 '비유컨대 병부를 발하여 도적을 토벌할 때 중요한 점은 도적이 머무는 곳을 알아야 한다'고 하고 이어서 마음이 있는 곳을 따져 물었으니, 붓다는 식심(識心)이 도적이 된다고 밝힌 것이다. 〈문〉 식심이 바깥 도적이라고 한 의미는 무엇인가? 〈답〉 식은 유정이니 도적의 의미로 진(塵)보다 낫다. (도적이 되는) 식 자체가 진의 그림자이니 바깥이라고 말한 것도 맞다. '스스로 집 안의 보물을 턴다'고 함은 근이 식을 이끌어 일으켜서 전도되어 분별하니, 드디어 여래의 창고에서 집안의 큰 보물들을 다 털어 외6진을 삼는 격이며 드디어 육신까지도 모두 자재하지 못하게 된 것이다. 경에서 '네가 도적을 아들로 오인할 만큼 미혹하고 무지하기 때문에 윤회하게 되었다'고 하였고, 조사가 '법재(法財)를 잃고 공덕을 멸한 것도 심의식에 연유하지 않음이 없다'고 하였으니, 이를 두고 한 말이다."[11] 스스로를 원묘명심으로 자각하지 못하고 자신을 6진의 그림자로 아는 식(識)인 무명의 식심이 바로 도적이라는 말이

---

11   진감, 『정맥소』, 2권, 789-790쪽.

된다. 스스로 자기 보물을 털어 버린 셈이다. 이하에서는 6근 중 특히 어느 근이 그런 도적의 매개의 역할을 담당하는지, 어느 근에서 결박을 풀어야 하는지를 찾아내기 위해, 우선 6근 각각의 역량, 공능(功能)을 하나씩 살펴본다.

(2) 6근 각각의 공덕

> 붓다: 아난이여, 무엇이 중생세계입니까? 세(世)는 흐름이고, 계(界)는 방위입니다. 당신은 이제 동·서·남·북·동남·서남·동북·서북·상·하가 계(界)이고 과거·미래·현재가 세(世)이어서, 방위에는 10이 있고 흐름에는 3이 있음을 마땅히 알아야 합니다. 일체 중생은 허망을 짜서 이룬 존재이니, 몸은 바꾸어 옮겨 다니며 세와 계는 서로 교섭합니다.
>
> 阿難, 云何名爲衆生世界? 世爲遷流, 界爲方位. 汝今當知東西南北東南西南東北西北上下爲界. 過去未來現在爲世, 位方有十, 流數有三. 一切衆生織妄相成, 身中貿遷, 世界相涉.

┌ 세(世): 시간/주(宙, 고금왕래): 시간 흐름(천류) = 3세
└ 계(界): 공간/우(宇, 천지사방): 방위(8방+상하) = 10방

중생: 직망상성: 몸(유근신)은 무천(貿遷)   +   세계(기세간)는 상섭(相涉)
　　　　　　 무(유무 바뀜) + 천(흐름)　　　　　 세와 계가 서로 교섭

맺힌 것을 풀어야 할 지점은 근인데, 6근 중에서 어느 근을 잡아서 풀어야 하는지를 밝히기 위해 근의 공덕, 즉 역량을 헤아려본다. 근은 세(시간)와 계(공간)로 펼쳐지는데, 근이 어느 만큼의 넓은 세계를 포섭하는가가 그 근의 역량에 해당한다. 여기에서는 중생세계의 역량을 알아보기 위해 세와 계를 언급한다. 이처럼 근의 역량을 헤아리기 위해 소위 기세간의 세와 계를 함께 논하는 것은 곧 기세간이 유근신의 근에 기반한 것임을 말해준다. 중생은 허망함을 짜서 이루어진 존재, 직망상성(織妄相成)이다. 허망하게 짜여지는 것이 곧 매듭을 묶는 것에 해당하며, 따라서 매듭을 풀자면 그 허망한 짜임을 풀어야 한다. 그것이 곧 허망한 유위상을 넘어서는 것, 욕류를 거스르는 것이 된다.

붓다: 계의 성품으로 비록 10방을 세웠지만, 정해진 지위를 밝힐 수 있는 것은 세간에서 오직 동서남북일 뿐이며, 상하는 지위가 없고 중간도 정해진 방향이 없습니다. 4방의 수가 필히 분명하며 3세와 서로 교섭하여, 3과 4, 4와 3이 곱해서 12가 되고, 흐름의 변화가 3겹이 되어 1, 10, 100, 1000이 되니, 처음과 끝을 총괄하면 6근 중에 각각 공덕이 1200이 있습니다.

而此界性設雖十方, 定位可明世間祇目東西南北, 上下無位中無定方. 四數必明與世相涉, 三四四三宛轉十二, 流變三疊一十百千, 總括始終六根之中各各功德有千二百.

세(世): 시간흐름(천류) = 3세 ┐ 3 × 4 = 12(본수) × 10 × 10 = 1200
계(界): 방위(동서남북) = 4방 ┘ (1겹)   (2겹) (3겹)

3세이기에 3번의 중첩

10방위를 다시 동서남북 4방위로 줄인 것이다. 동서남북의 4방을 제외하면 상하는 위치나 지위, 즉 위(位)가 따로 없고, 나머지 4방은 동서남북을 따라 성립하기에 정해진 방향, 즉 방(方)이 없다는 것이다. 여기에서는 상하가 지위가 없다고 말하지만, 엄밀히 보면 동서남북은 2차원 평면상의 방향만 제시할 뿐이고, 상하가 들어가야 3차원 공간이 된다. 즉 상하는 4방으로 환원될 수 없다. 그런데도 상하가 지위가 없다고 말하는 것은 상하로써 만들어지는 공간은 동서남북에 3세의 시간이 더해짐으로써 비로소 성립한다는 뜻일 수 있다. 즉 동서남북 4방과 과거·현재·미래 3세가 교섭해야지 비로소 3차원의 세간이 형성된다는 것이다. 세와 계의 교섭은 시간과 공간의 얽힘을 의미한다. 뉴턴식의 시공간에서는 공간과 시간이 서로 분리된 별개의 것이다. 공간은 3차원이고 시간은 공간과 독립적이다. 그런데 현대물리학에서는 시간과 공간이 서로 분리된 것이 아니고 함께 얽혀 있는 것으로 간주된다. 동양에서의 세계 내지 우주의 개념에는 이미 시간과 공간의 교섭이 함축되어 있다. 불교에서 3세와 4방은 색심 위에 가립된 분위법으로서 '불상응행법'에 해당한다.

6근은 각각 시공의 세계를 얼마만큼 포괄하는가에 따라 서로 상이한 공덕을 갖는 것으로 평가된다. 시공 전체를 1200의 공덕으로 놓고, 이하에서는 각 근의 공덕이 얼마인가를 밝힌다. 공덕은 어떤 일, 즉 공(功)을 이룰 수 있는 능력을 의미하며, 결국 각각의 근이 얼마만큼의 능력을 갖는지를 밝히려는 것이다. 여기에서 논하는 숫자는 '이근 원통'을 말하기 위한 수단일 뿐, 완벽의 의미는 없다. 예를 들어 이근, 설근, 의근이 1200으로 원만하다고 하여도, 세간에서 다른 근에 비해 그렇다는 것이지, 부처의 경지와 같은 본래 두루하는 원만함을 뜻하는 것은 아닌 것이다. 각 근의 역량을 따져보는 것은 각 근이 시공간적인 제한, 그중에서도 주로 공간적인 제한을 얼마만큼 받는가를 살펴보는 것이다. 시공간에 제한 없음을 1200으로 놓고, 제한이 있으면 숫자를 내리는 방식으로 각 근의 공덕을 수치로 표시한다.

붓다: 아난이여, 당신은 그 안에서 우열을 정해보십시오. <① 안근> 눈이 바라봄에는 뒤는 어둡고 앞은 밝으며 앞 방향은 전부 밝지만 뒤 방면은 전부 어둡고 좌우로는 곁을 보니, 3분의 2입니다. 짓는 공덕을 총괄하여 논하면 불완전하고 3분으로 말하면 1분은 공덕이 없으니, 눈은 오직 800의 공덕만이 있음을 알아야 합니다. <② 이근> 귀는 10방향을 남김없이 듣습니다. 움직이면 가깝고 멀리 있는 것 같지만 고요하면 한계가 없으니, 이근은 원만하여 1200공덕이 있음을 알아야 합니다. <③ 비근> 코로 냄새를 맡는 것은 날숨과 들숨을 통한 것입니다. 날숨과 들숨이 있고 중간에 교체되는 부분이 빠지므로 비근을 경험해보면 3분의 1이 빠지니, 비근에는 오직 800 공덕만 있음을 알아야 합니다. <④ 설근> 혀의 말함은 세간과 출세간의 지혜를 다합니다. 말에는 부분이 있으나, 이치에는 다함이 없으므로, 설근은 원만하여 1200 공덕을 가짐을 알아야 합니다. <⑤ 신근> 몸의 감촉은 거슬림과 따름을 아는 것입니다. 합할 때에는 능히 감각하고 떨어지면 알지 못하니, 떨어지면 하나만 있고 합해야 쌍으로 있기 때문입니다. 신근을 경험해보면 3분의 1이 빠지니, 신근에는 오직 800 공덕만 있음을 알아야 합니다. <⑥ 의근> 의근은 시방 3세와 일체 세간·출세간법을 말없이 용납하고 성인과 범부를 포용하지 않음이 없어 끝까지 다하니, 의근은 원만하여 1200 공덕이 있음을 알아야 합니다.

阿難, 汝復於中克定優劣. ① 如眼觀見後暗前明, 前方全明後方全暗, 左右傍觀三分之二. 統論所作功德不全, 三分言功一分無德, 當知眼唯八百功德. ② 如耳周聽十方無遺. 動若邇遙, 靜無邊際, 當知耳根圓滿一千二百功德. ③ 如鼻嗅聞通出

入息. 有出有入而闕中交, 驗於鼻根三分闕一. 當知鼻唯八百功德. ④ 如舌宣揚盡
諸世間出世間智. 言有方分理無窮盡, 當知舌根圓滿一千二百功德. ⑤ 如身覺觸
識於違順. 合時能覺, 離中不知, 離一合雙, 驗於舌根三分闕一, 當知身唯八百功德.
⑥ 如意默容十方三世, 一切世間出世間法. 惟聖與凡無不苞容盡其涯際, 當知意
根圓滿一千二百功德.

① 안근의 공덕: 2/3　＝　800
② 이근　　　　　1　＝ 1200
③ 비근　　　　2/3　＝　800
④ 설근　　　　　1　＝ 1200
⑤ 신근　　　　2/3　＝　800
⑥ 의근　　　　　1　＝ 1200

　각 근의 공덕을 각 근이 미칠 수 있는 세계의 양으로 계산한 것이다. ① 안근은 전체를 보지 못하고 앞과 좌우만 보므로 전체의 3분의 2가 되어 총 800의 공능을 가진다고 한다. 안근의 공덕을 800으로 계산하는 과정은 다음과 같이 생각해볼 수 있다.

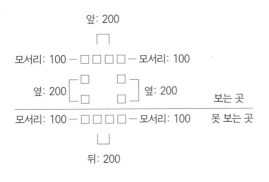

계산1. 보는 곳 ＝ 전체의 2/3(앞 · 뒤 · 옆 중 앞 · 옆이므로). 1200 × 2/3 ＝ 800
계산2. 각 4방은 200, 각 모서리는 100
　　　　보는 곳: 앞(200) ＋ 앞 모서리(100+100) ＋ 양 옆(200+200)　＝ 800
　　　　못 보는 곳: 뒤(200) ＋ 뒤 모서리(100+100)　　　　　　　 ＝ 400

　② 귀의 들음에는 제한이 없기에 그 역량은 근이 가지는 최대치인 1200이 된다. 무언가 움직여서 소리가 나면, 귀가 그것을 들을 때 멀고 가까움에 차이가 있는 듯하지

만, 고요함을 들을 경우 모든 방향의 소리 내지 소리 없음을 모두 다 듣는 것이므로 앞이나 뒤 또는 옆 방향으로 막히는 것이 없다고 할 수 있다. 그렇게 두루하므로 1200의 공덕을 갖는다. ③ 숨은 들숨과 날숨과 그 사이의 정지, 셋으로 구분된다. 비근은 정지를 뺀 나머지 3분의 2에만 그 역량이 미치므로 3분의 1을 뺀 800의 공덕을 가진다. ④ 혀의 설근이 하는 활동에는 미각의 활동과 말하는 활동 둘이 구분된다. 미각의 활동은 혀에 음식이 닿아야만 작동하는 것이므로 제한이 크지만, 말하는 것은 내면에서부터 나오는 것이므로 시간이나 공간의 제한이 없다. 여기에서는 말하는 것을 통해 설근의 공덕을 규정하기에, 그 공덕이 제한이 없다고 한다. 지혜로운 자만이 세간과 출세간의 시혜를 모두 말할 수 있으므로 말하는 측면에 있어서도 설근의 공덕이 제한이 있는 것 아니냐고 반문할 수 있겠지만, 어리석은 자라고 해도 세간 지혜를 말하고 듣는 데에 있어서는 크게 제한이 없다는 뜻으로 읽을 수 있다. 말하자면 지혜롭든 어리석든 인간이 말을 할 줄 안다는 측면에서 보면 인간은 누구나 비등한 능력 내지 공능을 갖고 있다고 할 수 있다. ⑤ 신근의 활동도 몸 이외에 거기에 부딪치는 다른 사물이 있어야 일어나므로 제한이 있다. 사물과 떨어지면 몸 하나만 있으므로 신근의 감각활동이 일어나지 않고, 사물과 합해야 근과 경이 쌍으로 함께 합함으로써 비로소 감각작용이 일어난다. 그렇게 공덕이 항상 발휘되는 것이 아니고 제한이 있으므로 신근의 공덕은 3분의 2인 800이다. ⑥ 의근은 생각을 일으키는 근이다. 생각이 시공간적 제한을 받지 않으므로 1200 공덕이 있다고 한다. 앞에서 설근은 선양(宣揚)한다고 하고, 여기에서 의근은 묵묵히 용납, 즉 묵용(默容)한다고 한다. 의근의 사유는 사태를 말없이 받아들여 용납하는 것이고, 선양은 혀로 그 생각을 표현하는 것이다. 어리석은 자가 일체의 진리를 모두 수용하여 알지 못하는데, 어떻게 의근의 능력을 제한 없는 것으로 말할 수 있는가에 대해 『정맥소』는 이렇게 말한다. "〈문〉 일체법을 통달한 자를 기준으로 보면 능히 포용하여 한계가 없겠지만, 통달하지 못한 자는 이런 능력이 없는데 어떻게 1200 공덕이 되는가? 〈답〉 의근에 본래 이런 공능이 있지만 어리석은 자가 발휘하지 못할 뿐, 의근의 죄가 아니다. 비유컨대 강한 칼날은 끊을 능력이 있는데 솜씨 없는 자가 연마하지 못할 뿐 칼의 잘못이 아닌 것과 같다. 지금은 다만 본래 구족함을 들어 일체가 원만함을 설한 것이다."[12] 의근 자체에 충분한 공덕이 있는데, 다만 이런저

런 번뇌적 제한에 막혀서 그것을 제대로 활용하지 못하는 것이 문제라는 것이다.

> 붓다: 아난이여, 당신이 생사의 욕망의 흐름을 거슬러 근원으로 돌아가 불생불멸에 이르고자 한다면, 이와 같은 6수용근 중 a. 어느 것이 합해서 아는 근이고 어느 것이 떠나서 아는 근인지, b. 어느 것이 깊고 어느 것이 얕은지, c. 어느 것이 원통이고 어느 것이 원만하지 못한지를 증험해야 합니다.
> 阿難, 汝今欲逆生死欲流, 返窮流根至不生滅, 當驗此等六受用根, a. 誰合誰離, b. 誰深誰淺, c. 誰爲圓通誰不圓滿.

원통의 근의 조건: 리근 + 심근 + 원근

a. 떠나서 아는 리근		b. 깊은 근(본각에 가까운 근)	c. 원만(역량 1200)
〈리(離)〉↔합		〈심(深)/근(近)〉↔천(원)	〈원(圓)〉↔결(缺)
안근	〈리〉	천 (명이면 보되, 암(暗)이면 못 봄)	결
이근	〈리〉	〈심〉 동(動)도 듣고 정(靜)도 들음	〈원〉
비근	합	천 (통이면 맡되, 색(塞)이면 못 맡음)	결
설근	합	천 (향이면 맡되, 담(淡)이면 못 맛봄)	〈원〉
신근	합	천 (촉이면 알되, 리(離)면 모름)	결
의근	리(합도 겸함)	〈심〉 생(生)도 알고 멸(滅)도 앎	〈원〉

'생사욕류'는 생사로 나아가는 욕망의 흐름이다. 욕망을 '5욕'이라고도 하는 것은 색·성·향·미·촉 5진으로 인해 일어난 욕망이기 때문이다. 의(意)가 단독으로 좇아가는 법진(法塵)은 5진의 그림자(影)에 불과하므로 생사욕망은 6근이 5진을 좇아 나아가는 5욕이라고 할 수 있다. 수행은 이 생사욕망의 흐름을 거슬러 불생불멸의 지점으로 나아가는 것이다. 욕류를 거슬러 올라갈 때도 그 욕류로 나아가던 6근 중의 어느 근인가를 붙잡고 나아가야 한다. 돌에 걸려 넘어지면 그 돌을 짚고 일어나듯이, 배를 타고 물 흐름을 타다가 역류할 때도 역시 그 배를 타고 역류하듯이, 수행에서 기반이 되어줄 것은 바로 우리를 생사로 이끌어가던 그 근인 것이다. 6근이 욕류를 타면 생사윤회로 나아가고, 욕류를 거스르면 결국 그 흐름의 근원인 불생불멸의 지점으로 나아가게 된다. 문제는 6근 중의 어느 근이 욕류를 거슬러 근원으로 올라가기에 가장 적합한

원통의 근인가 하는 것이다. 역류에 가장 적합한 근은 a. '대상과 합하여서만 아는 근'인 합중지(合中知)의 근이 아닌 '떠나서도 아는 근'인 리중지(離中知)의 근이다. 합중지와 리중지에 대해 『정맥소』는 이렇게 설명한다. "안과 이는 떨어져서 아는 근이고, 비·설·신 셋은 접촉해서 아는 근이다. 의근은 떨어져서 아는 지각이 대부분이나 5구의식 중 비·설·신 셋은 접촉해서 아는 지각에 속하므로 의근은 합중지도 겸한다."[13] b. 역류에 적합한 근은 근원과 멀리 있는 원성(遠性)의 얕은 근(천근)이 아니라 근원과 가까운 근성(近性)의 깊은 근(심근)이다. 『정맥소』는 이와 같이 말한다. "정진(靜塵)과 멸진(滅塵)을 반연하는 이(耳)와 의(意)는 근성이다. 처음 이근을 돌이킬 때 동진(動塵)을 버리고 정진(靜塵)에 들어가 고요하여 시끄러움이 끊어지므로 근성이고, 의근을 돌이킬 때 생진(生塵)을 떠나 멸진(滅塵)에 들어가 소멸하여 일어남이 없으므로 역시 근성이다. 암진(暗塵), 색진(塞塵), 담진(淡塵), 리진(離塵)을 반연하는 안, 비, 설, 신은 원성이다. 어둠을 반연하면 밝지 않고, 막힘을 반연하면 통하지 않고, 담백함을 반연하면 맛이 없고, 떠나면 느끼지 못하니, 모두 성품의 신령함에서 멀어져 서로 같지 않다."[14] 그러므로 역류에 적합한 근은 근원에 가까운 심근인 이근과 의근이다. c. 역류에 적합한 근은 원만한 근이어야 한다. 즉 1200 공덕을 갖춘 근이어야 한다. 앞에서 이미 논한 바에 따르면 1200 공덕을 갖춘 근은 이근, 설근, 의근이다. 정리해보면 생사욕류를 거슬러 불생불멸의 근원에 이르기 위해 붙잡아야 할 근은 a. 대상과 떨어져서도 작동하는 근, b. 식의 근원인 원각(圓覺)과 가까운 깊은 근, c. 원만한 공덕을 두루 갖춘 근이어야 한다. 그리고 이 세 조건을 모두 갖춘 근은 바로 이근(耳根)이다.

붓다: 만약 여기에서 원통의 근을 깨달아 무시이래로 허망함을 짜온 업의 흐름을 역류하는 데에 원통(의 근)을 따른다면, 원통이 아닌 근에 비해 하루와 겁의 차이가 날 것입니다. 나는 지금 6근의 맑고 원만한 밝음의 본래 갖추어진 공덕의 수량이 이와 같음을 두루 밝혔습니다. 당신의 생각을 따라 들어갈 수 있는 곳(문)을 잘 선택하십시오. 당신이 증진할 수 있도록 내가 밝히겠습니다.

---

13 진감, 『정맥소』, 3권, 10쪽.
14 진감, 『정맥소』, 3권, 10쪽.

若能於此悟圓通根, 逆彼無始織妄業流, 得循圓通, 與不圓根日劫相倍. 我今備顯六湛圓明本所功德數量如是. 隨汝詳擇其可入者. 吾當發明令汝增進.

맺힘을 풀기 = 허망함을 짜는 업의 흐름(직망업류)을 거슬러감
6근: 담(湛) + 원(圓) + 명(明)

리근으로서 본각에 가깝고 원만한 근에서 맺힘을 풀어야 욕망의 흐름을 역류하여 불지견의 지위의 깨달음에 이를 수 있다. 맺힘을 풀기 위해서는 원통한 근을 붙잡느냐 그렇지 않느냐에 따라 수행이 결실을 맺느냐 못 맺느냐의 큰 차이가 벌어지게 된다. 그 차이가 하루와 겁의 차이만큼 크다고 말한다. 6근은 원래 맑고 원만하고 밝으며, 본래의 공덕을 갖추고 있다. 문제는 이 6근 중에서 가장 적절한 원통의 근을 찾아서 바로 그곳에서 맺힘을 풀어야 한다는 것이다. 그 원통의 근 하나가 불생불멸의 진여의 자리로 들어가는 문이 된다. 그러므로 이 하나의 문을 제대로 찾는 것이 중요하다.

(3) 근에서의 6과 1

붓다: 시방 여래는 18계를 하나하나 수행하여 모두 원만한 무상보리를 얻었으며, 그중에는 우열이 없습니다. 다만 당신은 하열하여 그중에 원만 자재한 지혜를 아직 얻지 못하였으므로 내가 선양(宣揚)하여 당신으로 하여금 하나의 문으로 깊이 들어가게 하겠습니다. 하나의 문으로 들어가서 허망함이 없게 되면, 저 6지근(知根)이 일시에 청정해집니다.
아난: 세존이여, (1) 어떻게 역류해야 (2) ① 1문으로 깊이 들어가 ② 6근을 동시에 청정하게 할 수 있습니까?
十方如來於十八界一一修行, 皆得圓滿無上菩提, 於其中間亦無優劣. 但汝下劣未能於中圓自在慧, 故我宣揚令汝但於一門深入. 入一無妄, 彼六知根一時淸淨.
(阿難白佛言) 世尊, (1) 云何逆流 (2) ① 深入一門, ② 能令六根一時淸淨?

범부의 수행 방법:
1. 6근 중의 하나를 선택하여 무상보리 증득의 길로 들어서는 문으로 삼음

2. 1근이 청정해지면, 나머지 5근도 청정해짐

아난의 질문:
　(1) 어떻게 역류하나?
　(2) 1과 6의 관계: ① 어떻게 1문으로 깊이 들어가나?
　　　　　　　　　② 어떻게 6근이 일시에 청정해지나?

　굳이 하나의 근을 찾는 까닭은 범부의 근기가 낮기 때문이라고 한다. 6근이 얽혀 있으므로 어느 근을 문으로 삼든지 마찬가지일 수 있지만, 일반 중생은 근기가 낮으므로 가장 쉬운 방법이 바로 6근 중 매듭이 시작되는 지점을 제대로 찾는 것이 된다. 이에 대해 아난이 다시 구체적인 질문을 던진다. 즉 (1) 욕망의 흐름을 어떻게 역류하여야 근본에 이르게 되는가를 묻고 (2) 그 역류 과정에서 일어나는 1과 6의 관계를 묻는다. ① 원통의 근을 하나의 문으로 삼을 때 그 문으로 어떻게 들어가야 하며, 나아가 ② 1근의 문으로 들어서면 어떻게 해서 6근이 동시에 청정해지게 되는지를 묻는다.

> 　붓다: (1) (아난에게) 당신은 이미 수다원과를 얻어 3계 중생세간의 견(見)에 의해 끊기는 혹(惑)은 이미 멸했으나, 근에 쌓여 있는 무시이래의 허망한 습(習)은 아직 알지 못합니다. 그 습은 수행에 의해 끊기니, 하물며 그중 생주이멸의 분한과 수량을 어찌 알겠습니까?
>
> 　(佛告阿難) 汝今已得須陀洹果, 已滅三界衆生世間見所斷惑, 然猶未知根中積生無始虛習. 彼習要因修所斷得, 何況此中生住異滅分劑頭數?

		〈구사〉	〈유식〉
견도에서 끊는 견혹: 끊어서 수다원에 이름		4제의 이치에 미혹	분별기 번뇌
견일체주지(3계의 견혹) = 분별아집			
수도에서 끊는 수혹(사혹): 끊어서 사다함·아나함에 이름		현상사물에 미혹	구생기 번뇌
욕애주지(욕계 사혹)	⎤		
색애주지(색계 사혹)	├ 구생아집		
유애주지(무색계 사혹)	⎦		

　(1) '어떻게 역류하여야 하는가'라는 아난의 질문에 붓다는 우선 역류가 어느 단계의 활동인지를 밝힌다. 역류는 욕망의 흐름을 역류하는 것이며, 그렇게 해서 근본에 이르고자 하는 것이다. 아난은 다문하고 이해를 잘 해서 견도에서 견혹을 끊어 결국 성문4과 중 초과인 수다원과를 얻었지만, 습의 번뇌는 끊지 못해서 유혹을 이기지 못하였다. 여기에서 역류는 견도 이후 여래의 경지에 나아가기까지의 수도과정을 의미한다. 아난이 도달한 수다원과는 예류(預流)라고도 하는데, 성인이 될 것으로 예정되어 있다는 뜻이다. 또 입류(入流)라고 하는데, 범부의 6진의 흐름을 거슬러서 성인의 법성의 흐름에 들어섰다는 뜻이다. 따라서 6진에 흔들리지 않는 경지이다. 다만 6근에 쌓여 있는 습의 기운은 제거하지 못한 단계이다. 바깥의 대상에는 흔들리지 않지만, 자신에게 갖추어진 근의 습은 아직 버리지 못한 것이다. 근의 습기는 수도에서 끊을 수 있다. 성문4과는 다음과 같다.[15]

성문4과:
　1. 수다원(예류預流): 견도소단번뇌인 만(慢) · 의(疑) · 견(見)을 끊음
　2. 사다함(일래一來): 수도소단번뇌인 탐(貪) · 진(瞋) · 치(癡)를 약화
　3. 아나함(불환不還): 탐 · 진을 끊음
　4. 아라한(무학無學): 치를 끊음. 공부가 완성된 무학　↔　대아라한: 보살

---

[15]　성문4과를 논하는 초기불교부터 인간의 근본번뇌는 다음과 같이 6가지 또는 10가지로 분류되었다.
　근본번뇌: 탐 진 치　　만 의 견(유신견, 변집견, 사견, 견취견, 계금취견)
　　　　　　　貪 瞋 癡　　慢 疑 見(有身見　邊執見　邪見　見取見　戒禁取見)
　　　　　　　└──┘　　└────────────────┘
　　　　　애번뇌/수혹/사혹　　견번뇌/견혹
　성문4과는 어느 번뇌까지를 끊었는가에 따라 구분되는 단계이다. 견번뇌(견혹)는 의식 단계에서 끊는 것이 가능하고, 애번뇌(사혹)는 근(根)에 남아 있는 번뇌로 수행을 통해 끊을 수 있다. 대승은 근에 남아 있는 구생기번뇌를 의식의 근인 말나식의 번뇌로 이해한다. 그러면서 초기불교에서 수혹(애번뇌)으로 간주한 탐과 치뿐 아니라 견혹(견번뇌)으로 간주한 만과 견도 의식 너머 말나식에 자리한 번뇌로 보며, 이를 각각 아애, 아치, 아만, 아견이라고 부른다. 말나식의 아집에 속하는 것들이다.

	탐	진	치	만	의	유신견	4견
소승의 번뇌설							
견도소단번뇌: 견혹				○	○	○	○
수도소단번뇌: 애혹(사혹)	○	○	○				
대승의 번뇌설							
전5식의 번뇌	○	○	○				
제6의식: 분별기(견혹)+구생기(사혹)	○	○	○	○	○	○	○
제7말나식: 구생기	○		○	○		○	
	아애		아치	아만		아견	

'근에 쌓여 있는 무시이래의 습'에서 습(習)은 업의 결과 쌓이는 습관의 기운인 습기(習氣)를 말한다. 유식은 습기를 '종자(種子)'라고 부르며, 업이 남기는 종자는 아뢰야식에 훈습되어 거기에 저장된다고 한다. 그렇게 저장된 종자가 현행화하면서 유근신의 근을 만들기에 '근에 습기가 쌓여 있다'고 한다. 근에 쌓인 습기는 근을 형성하는 기운으로서 근이 생길 때부터 함께하므로 태어날 때 갖고 태어나는 번뇌인 '구생기번뇌'라고 한다. 이것은 의식적 사려분별로 끊어지는 견도소단의 견혹(見惑)이 아니고 수행을 통해서 비로소 끊어지는 수도소단의 수혹(修惑)이다. '생주이멸의 분한과 수량을 알지 못한다'에서 '생주이멸'은 3세상(細相)의 생상에서부터 6추상(麤相)의 주상과 이상과 멸상에 이르는 생주이멸을 의미하고, '분한과 수량'은 그 상들이 극복되는 42개의 수행 단계를 말한다. 어떤 순서에 따라 어떤 방향으로 역류해야 하는지를 이해하기 위해 아난이 알아야 하는 단계를 언급한 것이라고 볼 수 있다. 3세6추 전체를 수행 단계와 연관지어 도표화하면 다음과 같다.[16]

멸상 업계고상/기업상			
이상(의식의 상)			
계명자상/집취상	분별기번뇌(아집/법집): 견도소단		지전
		↓수다원	
주상(말나식의 상)			
상속상/지상	구생기번뇌(아집)	사다함/아나함	1-7지
	수도소단	↓아라한	
생상(아뢰야식의 상)			
현상/전상/무명업상	구생기번뇌(법집)		8-10지
		↓보살	
근본무명		등각	
		↓부처	
		묘각	

번뇌는 미세한 생상으로부터 일어나서 주이멸의 추상으로 나아가지만, 근본에 이르

---

16   3세상과 6추상 중 어느 상을 각각 생주이멸상으로 보는지는 원효와 법장이 의견을 달리한다. 『정맥소』는 법장의 설을 따라 풀이하고 있지만, 유식의 관점에서 보면 3세상을 모두 아뢰야식의 상으로서 생상으로 간주하는 원효의 설이 더 타당해 보인다. 다만 원효는 상속상을 의식의 상으로서 이상(異相)으로 간주하고, 법장은 의식의 상이되 주상(住相)이라고 간주한다. 그러나 『대승기신론』에 따라 생각해 보면 상속상은 말나식의 상으로서 주상이라고 보는 것이 더 타당하다. 이에 대한 보다 상세한 논의는 한자경의 『대승기신론 강해』(불광출판사, 2013), 186쪽 이하 참조.

고자 번뇌흐름을 역류할 때는 거꾸로 추상에서부터 거슬러서 점차 세상으로 나아가야한다. 즉 멸상을 떠나고 이상을 떠나고 이어 주상을 떠나고 마지막으로 생상을 넘어서야 한다. 역류의 방향을 말하는 것이다.

붓다: (2) 지금 당신이 현전하는 6근을 보면, 1입니까 아니면 6입니까? 아난이여, ① 만약 1이라면, 귀는 어째서 보지 않고 눈은 어째서 듣지 않습니까? 머리는 어째서 다니지 못하고 발은 어째서 말을 못 합니까? ② 만약 6근이 결정코 6을 이룬다면, 내가 지금 모임에서 당신에게 미묘법문을 설할 때 당신의 6근 중무엇이 받아들입니까?

아난: 저는 귀로써 듣습니다.

붓다: 당신의 귀가 스스로 듣는다면, 몸과 입은 (귀와) 무슨 관계가 있어 입이뜻을 묻고 몸이 일어나 흠모하여 받듭니까? 그러므로 1이 아니니 결국 6이고, 6이 아니니 결국 1이어서, 마침내 당신의 근은 원래 1도 원래 6도 아님을 알아야합니다.

今汝且觀現前六根爲一爲六? 阿難, ① 若言一者, 耳何不見, 目何不聞? 頭奚不履, 足奚無語? ② 若此六根決定成六, 如我今會與汝宣揚微妙法門, 汝之六根誰來領受?

(阿難言) 我用耳聞.

(佛言) 汝耳自聞, 何關身口, 口來問義, 身起欽承? 是故應知非一終六, 非六終一, 終不汝根元一元六.

6근이 ① 1이면, 왜 귀가 보진 않는가?   ∴ 1이 아님(非一)

② 6이면, 귀가 들은 것에 어떻게 입이 답하는가? ∴ 6이 아님(非六)

이 부분에서 아난이 제기한 두 번째 물음인 1과 6의 관계를 논한다. 인간이 갖는 6근은 ① 모두 통합된 1이라고 해도 문제가 있고, ② 그렇다고 각각의 6이라고 해도 문제가 있다. ① 6근이 모두 하나로 통하는 두루하는 근이라면, 왜 각각으로 분리된 근을이루어 자기만의 대상을 갖게 되는가? 즉 근이 통합된 하나를 이룬다면, 왜 색을 보는

것은 오직 눈이고 귀가 아니며, 말을 하는 것은 오직 혀이고 발이 아니란 말인가? 이 점을 보면 6근은 서로 분리되어 각각으로 존재하지 서로 통합되어 있는 1이 아니다. 즉 근은 1이 아니다. ② 그러나 그렇게 서로 분리된 각각의 근이라면, 어째서 서로 하나로 연결되어 소통한단 말인가? 즉 귀가 들은 것을 어떻게 입이 알아서 그에 답하고 또 몸이 그에 따라 움직인단 말인가? 그런 것을 보면 6근은 어떤 방식으로든 하나로 연결되어 있지 각각으로 분리된 6이 아닌 것이다. 즉 근은 6이 아니다. 그러므로 결론은 6근은 1도 아니고 6도 아니라는 것이다. 이것은 둘 다를 부정하는 쌍비(雙非)의 논리이지, 둘 다를 인정하는 쌍역(雙亦)의 논리가 아니다. 이처럼 1도 아니고 6도 아니라는 것은 본래의 마음은 1이나 6의 분별을 넘어선 다른 차원의 존재라는 것을 말한다. 1과 6의 분별을 넘어선 6근 너머에서 활동하는 그 마음 자체를 자신의 마음으로 자각하는 것이 원묘명심의 밝음을 깨달아 무명을 명으로 돌리는 것이 된다.

제6근(의근)으로 정리 = 분석적 통일성   의근(의식)   1↔6(1+5)

⟋⟋↑⟍⟍⟍

5근으로 감각 = 다양성   안 이 비 설신|

⟍⟍↑⟋⟋⟋

6으로 나뉘기 이전의 마음 = 종합적 통일성   심(심식)

붓다: 아난이여, 근은 1도 아니고 6도 아닌데, 무시이래로 전도되어 (윤회에) 빠진 까닭에 원만한 맑음에서 1과 6의 뜻이 생긴다는 것을 알아야 합니다. 당신은 수다원으로 비록 6의 소멸은 얻었으나, 아직 1을 버리지 못하였습니다. 마치 태허의 허공이 여러 그릇에 담기면 그릇의 모양이 다르기에 '다른 허공'이라고 부르다가, 그릇을 치우고 허공을 보면 '허공이 하나'라고 말하는 것과 같으니, 태허의 허공이 어떻게 당신에게 같기도 하고 다르기도 하겠습니까? 하물며 어떻게 1이라고도 하고 1이 아니라고도 하겠습니까? 그런즉 당신의 인식하는 6수용근도 또한 이와 같습니다.

阿難, 當知是根非一非六, 由無始來顚倒淪替, 故於圓湛一六義生. 汝須陀洹雖得六銷猶未亡一. 如太虛空參合群器, 由器形異名之異空, 除器觀空, 說空爲一. 彼太虛空云何爲汝成同不同? 何況更名是一非一? 則汝了知六受用根亦復如是.

원담: 근(根): 1도 아니고 6도 아님   예) 태허공: 그릇 따라 변하지만, 1(동)도 6(부동)도 아님

┌ 원(圓): 용을 구족 = 1이 아님
└ 담(湛): 체가 하나 = 6이 아님

↕

전도(혹＋업)/윤체(고): 1이다, 6이다 함   예) 망분별: 그릇 따라 하나다(동), 다르다(부동)라고 분별

┌ 범부: 6 주장: 6진을 좇음
└ 수다원: 1 주장: 6진 너머 공(空)을 좇음, 공·열반·법집은 남음

↕

대승: 1마저도 버림. 6과 대립하는 분별의 1을 넘어섬

원만하고 맑은 원담의 마음 자체는 1과 6의 분별을 넘어선 것으로서 1도 아니고 6도 아니다. 그런데 중생은 마음 자체를 모르는 무명으로 전도되어 윤회세계에 빠져 있기에 6 또는 1을 주장한다. 즉 범부는 근의 용에 치중하여서 근을 각각으로 나뉜 6이라고 주장하고, 6진 경계의 허망함을 아는 2승은 차별적 색이 멸한 공에 머무르면서 근의 체에 치중하여 6을 배제한 1을 주장한다. 그러나 마음 자체는 차별화된 6도 아니고 그 차별성을 모두 무시한 1도 아니다. 그러므로 근에 대해 6을 주장하는 범부도 옳지 않고, 1을 주장하는 수다원도 옳지 않다. 1이 6의 부정 내지 6의 대비로 주장되는 한, 6도 1도 모두 옳지 않다는 것이다. 원담의 마음이 6도 아니고 1도 아님을 보이기 위해 그 마음을 태허공에 비유하여 설명하였다. 본래 두루하는 마음이 각각의 근에 따라 다르게 작용하는 것은 본래 두루하는 허공이 각각의 그릇 안에 다른 모습으로 담겨 있는 것과 같다. 그때 각각의 그릇 속의 허공을 보고 '여럿이다', '다르다'라고 말하다가 그릇을 치우고 나서는 허공이 '하나다', '같다'라고 분별하는 것은 타당하지 않다는 것이다. 허공이 그 안에 등장하는 갖가지 그릇 모양에 따라 달라져서 6이 된다거나 또는 그 그릇들을 치움에 따라 다시 같아져 1이 된다고 말하는 것은 맞지 않기 때문이다. 그렇듯 마음은 그 안에서 작동하는 근에 따라 '다르다' 또는 '같다', '6이다' 또는 '1이다'라는 식으로 분별하여 말하는 것이 맞지 않다. 마음은 근과 무관한 두루하고 맑은 마음이기에 6도 아니고 1도 아니기 때문이다. 마음은 차별적인 각각의 근 너머에서 통합적으로 작용하는 원묘명심인 것이다. 물론 범부의 경우 원담은 흐려지고 6근은 서로 분리되어 작용한다. 그래서 범부는 6에 집착하게 된다. 그러나 원통을 얻으면 눈이 듣고, 귀가 보는 경지, 6근호용(互用)의 경지가 된다. 물론 이 경지는 근에 남아 있는 습(習)이 모두 제거된 아라한의 경지이지, 범부의 경지가 아니다. 6근호용의 아라한의 경지

에서는 굳이 1이다, 6이다라고 분별할 의미가 없게 된다. 『계환해』에서는 이렇게 설명한다. "6은 추혹 망결이고, 1은 법집(法執) 세식(細識)이다. 수다원은 이미 추혹을 끊어서 색성향미촉법의 외경에 빠지지 않으므로 '6의 소멸(銷)을 얻었다'고 했다. 그러나 아직 법집에 걸려 있다는 것은 '1을 없애지 못함' 때문이다."[17] 여기서 남아 있는 1의 법집은 곧 2승의 열반에 대한 집착을 의미한다.

2) 6근의 형성: 진(塵)이 맺혀서 근(根)이 됨

지금까지 근이 습(習)으로 인해 원과 남을 잃어버리고 6근으로 나뉘어 있음을 말했다. 이하에서는 원담의 심으로부터 과연 어떻게 해서 각각의 분리된 근이 형성되는지를 밝힌다. 원담의 마음에 각각의 근이 매듭지어지는 과정을 설명하는 것이다. 이하의 논의는 6근에 대해 동일한 방식으로 반복된다. 즉 ① 원담의 마음이 흔들리면서 6근의 대상들을 낳을 각각의 이원성이 등장하고, ② 그 이원성에 입각해서 각각의 마음활동이 일어나며 ③ 그로 인해 각각의 대상 진(塵)이 형성되고, 그 대상을 흡입함으로써 각각의 근(根)이 형성된다는 것이다. 중요한 것은 인식기관인 근은 마음활동을 통해 형성된 인식대상인 진을 흡입함으로써 형성되고 강화된다는 것이다. 말하자면 색을 봄으로써 안근이 완성되고, 소리를 들음으로써 이근이 완성된다. 이하에서의 논의를 우선 도표화해보면 다음과 같다. 그리고 이것을 3세상(細相)과 연관지어 다시 정리하면 그 아래와 같다.

	① 무명업상	→	② 능견상	→	③ 경계상	
			견정(見精)		진(기세간) +	근(유근신)
(1)	① 유명암등, 이종상형(形),		② 어묘원중, 점담발견,		③ 견정영색,	결색성근
(2)	동정	격(擊),		청,	청 성,	권성
(3)	통색	발(發),		후,	후 향,	납향
(4)	념변	참(參),		상,	상 미,	교미
(5)	이합	마(摩),		각,	각 촉,	박촉
(6)	생멸	속(續),		지,	지 법,	람법

---

17 일귀 역, 『수능엄경』, 336쪽, 주56.

① 마음의 움직임으로 인해 명암, 동정, 통색 등의 이원성이 드러남: 무명업상

② 봄, 들음, 맡음 등의 견정, 청정, 후정 등의 활동이 일어남: 견분/능견상

③ 그 견정, 청정, 후정 등이 각각의 진을 비춰내고,

　　그렇게 비춰진 각각의 진을 흡입하여 각각의 근을 형성함: 상분/경계상(기세간과 유근신)

(1) 안근

붓다: ① 밝음과 어듬 두 가지가 서로를 나타냄으로 말미암아 ② 묘한 원만함 가운데 맑음에 들러붙어 견(견정)이 생깁니다. ③ a. 견정(見精)이 색을 비추고, b. 색을 맺어서 근을 이룹니다. 근의 근원을 청정한 4대라고 하니 이것을 '안체'라고 부르며, 포도송이 같은 부진근 4진이 색으로 달려갑니다.

① 由明暗等二種相形, ② 於妙圓中粘湛發見. ③ a. 見精映色, b. 結色成根. 根元目爲淸淨四大, 因名眼體, 如葡萄朶浮根四塵流逸奔色.

견정(見精)과 색경과 안근의 성립:

　① 명과 암이 서로를 나타내어　　　　　　　　　　　　　　 — 무명업상

　② 담(湛)에 들러붙어 견이 발함(점담발견) 〈점담 → 견정(見精)〉 — 능견상/견분

　③ a. 견정이 색을 비춤(견정영색) 〈견정 → 색(色)〉　　┐

　　 b. 색을 맺어 근을 형성(결색성근) 〈결색 → 근(根)〉 ┘ 경계상/상분

　　　　　　　　　　　　　　　　 근 ┌ 미세 4대(大:지수화풍)의 승의근: 근원/안체

　　　　　　　　　　　　　　　　　　└ 거친 4진(塵:색향미촉)의 부진근

묘원　　─→　　② 점담발견: 견정　→　③ a. 견정영색 → b. 결색성근(안)

(자체분)　↑　　　　　(견분)　　　　　　(상분: 진 + 근)

　① 명암이 나타남

　　(무명업상)

본래의 마음은 묘한 원만함(원)과 맑음(담)을 갖춘 원담의 마음이다. 본각일 뿐, 아직 견문각지로 나뉘기 이전의 마음, 견으로 작용하기 이전의 마음이라고 할 수 있다. 그런데 그 원담의 마음 안에 ① 명과 암의 분별이 일어난다. 그렇게 명과 암이 일어나면, ② 그 명과 암이 원담에 들러붙어 봄의 정수인 견정이 생긴다. 원만함과 맑음 대신 명을 따라 보려고 하는 견(見)이 일어나는 것이다. 이것을 '맑음(담)에 들러붙어 견이

생긴다'고 한다. 그렇게 함으로써 망견이 생겨나 견정(見精)이 이루어진다. 견정은 보는 정미로움 내지 정미로운 기운이다. ③ a. '견정이 색을 비춘다'는 것은 견정이 명암을 비추어 색을 형성한다는 뜻이다. 그렇게 해서 견에 의거해서 색이 드러난다. 견분에 의해 상분이 형성되는 것이며, 상분은 곧 기세간과 유근신이다. 우선 드러나는 색이 기세간이다. 그리고 b. 견정이 색을 맺음으로써 보는 근을 형성한다. 견정이 '색을 맺는다'는 결색(結色)은 색을 받아들이고 흡입한다는 의미, 즉 색의 정보를 축적한다는 의미이다. 그렇게 함으로써 근이 형성된다. 이와 같이 진을 맺어 형성되는 근은 청정한 지수화풍 4대로 이루어지는 승의근(勝義根)이다. 청정 4대의 승의근은 미세하여 성인이나 천안으로만 볼 수 있으며, 이것이 근의 원(元)이다. 승의근이 본원이 됨으로써 안체(眼體)가 성립한다. 승의근이 안체가 되어서 눈의 작용이 이루어지는 것이다. 반면 범부가 볼 수 있는 눈은 거친 색향미촉의 4진(塵)으로 이루어진 근이며, 이를 부진근(浮塵根/扶塵根)이라고 한다. 부진근은 망견을 발하며 오직 색진만을 대상으로 삼아 그리로 나아간다.

(2) 이근

> 붓다: ① 운동과 정지 두 가지가 서로 부딪침으로 말미암아 ② 묘원 가운데 맑음에 들러붙어 들음이 생깁니다. ③ a. 청정(聽精)이 소리를 비추고, b. 소리를 말아서 근을 이룹니다. 근의 근원을 청정한 4대라고 하니 이것을 '이체'라고 부르며, 새로 말아 나온 잎 같은 부진근 4진은 소리로 달려갑니다.
>
> ① 由動靜等二種相擊, ② 於妙圓中粘湛發聽. ③ a. 聽精映聲, b. 卷聲成根. 根元目爲淸淨四大因名耳體, 如新卷葉浮根四塵流逸奔聲.

청정(聽精)과 소리와 이근의 성립:

① 동과 정이 서로 부딪쳐서 ─── 무명업상
② 담(湛)에 들러붙어 청이 발함(점담발청) 〈원담 → 청정(聽精)〉 ── 능견상/견분
③ a. 청정이 성을 비춤(청정영성) 〈청정 → 성(聲)〉
　 b. 성을 말아서 근을 형성(권성성근) 〈권성 → 근(根)〉 ┐
　　　　　　　　　　　　　　　　　　　　　　　　　　　　 ┘ 경계상/상분

근 ┌ 미세 4대(大)의 승의근: 근원/이체
　 └ 거친 4진(塵)의 부진근

묘원　　──→　②점담발청: 청정　→　③a. 청정영성 → b. 권성성근(이)

(자체분)　　↑　　　　　(견분)　　　　　　(상분: 진 ＋ 근)

　①동정이 부딪침

　　(무명업상)

　① 동과 정이 서로 구분되어 부딪치면, ② 그것들이 원담(圓湛)에 들러붙어서 들음의 정수인 청정(聽精)이 생긴다. ③ a. 이 청정(聽精)이 동정으로 생겨나는 소리를 비춰내며, 그렇게 비춰진 소리가 경계상 중 기세간을 이룬다. 그리고 b. 청정이 그 소리를 말아올려서 듣는 근인 이근을 형성한다. 소리의 정보를 축적함으로써 듣는 능력인 이근이 형성된다는 뜻이다. 소리를 말아서 형성된 근은 청정한 지수화풍 4대로 이루어진 승의근이다. 이것이 귀의 체가 된다. 귀의 작용을 하는 드러난 형태는 색향미촉의 4진으로 이루어진 귀 모양의 부진근이며, 이것은 그 자체 의식이 없고 흩어지면 다시 먼지가 되므로 진(塵)이라고 한다. 부진근 안에서 실제 귀 자체로서 활동하는 것이 이체(耳體)인 승의근이다. 부진근인 귀는 오직 소리만을 그 대상으로 삼는다.

(3) 비근

> 붓다: ① 통함과 막힘 두 가지가 서로를 일으킴으로 말미암아 ② 묘원 가운데 맑음에 들러붙어 맑음이 생깁니다. ③ a. 후정(嗅精)이 향기를 비추고, b. 향기를 받아들여 근을 이룹니다. 근의 근원을 청정한 4대라고 하니 이것을 '비체'라고 부르며, 쌍으로 드리운 손톱 같은 부진근 4진은 향기로 달려갑니다.
>
> ① 由通塞等二種相發, ② 於妙圓中粘湛發嗅. ③ a. 嗅精映香, b. 納香成根. 根元目爲淸淨四大因名鼻體, 如雙垂爪浮根四塵流逸奔香.

후정(嗅精)과 향기와 비근의 성립:

　① 통과 색 두 가지가 서로를 일으켜서　　　　　　　── 무명업상

　② 담(湛)에 들러붙어 후가 발함(점담발후) 〈원담 → 후(齅)〉 ── 능견상/견분

　③ a. 후정이 향을 비춤(후정영향) 〈후정 → 향(香)〉

　　b. 향을 거두어 근을 형성(납향성근) 〈납향 → 근(根)〉 ⎤ 경계상/상분

　　　　　　　　　　　　　근 ⎡ 미세 4대(大)의 승의근: 근원/비체

　　　　　　　　　　　　　　　⎣ 거친 4진(塵)의 부진근

```
묘원      ⟶      ② 점담발후: 후정  →  ③ a. 후정영향  →  b. 납향성근(비)
(자체분)    ↑         (견분)              (상분: 진 + 근)
      ① 통색이 발함
       (무명업상)
```

① 통과 색이 서로를 일으키면, ② 그것들이 원담(圓湛)에 들러붙어서 냄새 맡음의 정수인 후정(嗅精)이 생긴다. ③ a. 후정이 통과 색을 따라 일어나는 향기를 비춰내고, b. 그 향기를 축적하여 냄새 맡는 근인 비근을 형성한다. 비근은 4대로 이루어진 승의 근이다. 그리고 그 승의근이 체로서 활동하게끔 몸에 드러나는 것이 코인 부진근이며, 코는 오직 냄새만을 경으로 삼는다.

(4) 설근

붓다: ① (맛의) 없음과 (맛의) 변화 두 가지가 서로 섞임으로 말미암아 ② 묘원 가운데 맑음에 들러붙어 맛봄이 생깁니다. ③ a. 상정(嘗精)이 맛을 비추고, b. 맛을 묶어서 근을 이룹니다. 근의 근원을 청정한 4대라고 하니 이것을 '설체'라고 부르며, 초승달 같은 부진근 4진은 맛으로 달려갑니다.
① 由恬變等二種相參, ② 於妙圓中粘湛發嘗. ③ a. 嘗精映味, b. 絞味成根. 根元目爲淸淨四大因名舌體, 如初偃月浮根四塵流逸奔味.

상정과 미경과 설근의 성립:
```
① 념과 변 두 가지가 서로 섞여서                           ─ 무명업상
② 담(湛)에 들러붙어 상이 발함(점담발상) 〈원담 → 상(嘗)〉   ─ 능견상/견분
③ a. 상정이 미를 비춤(상정영미) 〈상정 → 미(味)〉        ┐
   b. 미를 묶어서 근을 형성(교미성근) 〈교미 → 근(根)〉   ┘ 경계상/상분
                            ┌ 미세 4대(大)의 승의근: 근원/설체
                         근 ┤
                            └ 거친 4진(塵)의 부진근
```

```
묘원      ⟶      ② 점담발상: 상정  →  ③ a. 상정영미  →  b. 교미성근(설)
(자체분)    ↑         (견분)              (상분: 진 + 근)
      ① 념변이 섞임
       (무명업상)
```

① 념은 담백하여 맛이 없는 것이고 변은 특정한 맛의 변화를 말한다. 이러한 념과 변, 맛 없음과 맛의 변화가 서로 섞이면, ② 그것들이 원담에 들러붙어서 맛봄의 정수인 상정(嘗精)이 생긴다. ③ a. 상정이 념과 변으로 생겨나는 맛을 비춰내고, b. 그 맛을 묶어서 맛봄의 근인 설근을 형성한다. 설근은 4대로 이루어진 청정 승의근이다. 실제 맛을 보는 것으로 드러나는 혀는 4진으로 이루어진 부진근이며, 혀는 오직 맛만을 경으로 삼는다.

(5) 신근

붓다: ① 떠남과 합함 두 가지가 서로 마찰함으로 말미암아 ② 묘원 가운데 맑음에 들러붙어 감각이 생깁니다. ③ a. 각정(覺精)이 감촉을 비추고, b. 감촉을 잡아서 근을 이룹니다. 근의 근원을 청정한 4대라고 하니 이것을 '신체'라고 부르며, 북의 이마 같은 부진근 4진은 감촉으로 달려갑니다.

① 由離合等二種相摩, ② 於妙圓中粘湛發覺. ③ a. 覺精映觸, b. 搏觸成根. 根元目爲淸淨四大因名身體, 如腰鼓顙浮根四塵流逸奔觸.

각정과 촉경과 신근의 성립:

① 리와 합 두 가지가 서로 마찰해서 ─ 무명업상
② 담(湛)에 들러붙어 각이 발함(점담발각) 〈원담 → 각(覺)〉 ─ 능견상/견분
③ a. 각정이 촉을 비춤(각정영촉) 〈각정 → 촉(觸)〉
   b. 촉을 잡아서 근을 형성(박촉성근) 〈박촉 → 근(根)〉

경계상/상분

근 ─ 미세 4대(大)의 승의근: 근원/신체
    └ 거친 4진(塵)의 부진근

묘원   ──→   ② 점담발각: 각정 → ③ a. 각정영촉 → b. 박촉성근(신)
(자체분)   ↑   (견분)   (상분: 진 + 근)

① 이합이 나타남
(무명업상)

① 떨어짐과 합함의 마찰이 생기면, ② 그것들이 원담에 들러붙어 감촉의 정수인 각정(覺精)이 생긴다. ③ a. 각정이 떨어짐과 합함에서 오는 감촉을 비춰내고, b. 그 감촉

을 잡아서 감촉의 근인 신근(身根)을 형성한다. 신근은 승의근으로서 감촉활동의 체가 된다. 실제 감촉하는 것으로 드러나는 몸은 4진으로 이루어진 부진근이며, 부진근은 감촉만을 경으로 삼는다.

(6) 의근

> 붓다: ① 생과 멸의 두 가지가 서로 상속함으로 말미암아 ② 묘원 가운데 맑음에 들러붙어 앎이 생깁니다. ③ a. 지정(知精)이 법을 비추고, b. 법을 끌어당겨 근을 이룹니다. 근의 근원을 청정한 4대라고 하니 이것을 '의사(意思)'라고 부르며, 어둔 방에서 보는 것과 같은 부진근 4진은 법으로 달려갑니다.
> ① 由生滅等二種相續, ② 於妙圓中粘湛發知. ③ a. 知精映法, b. 攬法成根. 根元目爲淸淨四大因名意思, 如幽室見浮根四塵流逸奔法.

지정과 법경과 의근의 성립:
① 생과 멸 두 가지가 서로 상속해서 ─ 무명업상
② 담(湛)에 들러붙어 지가 발함(점담발지) 〈원담 → 지(知)〉 ─ 능건상/견분
③ a. 지정이 법을 비춤(지정영법) 〈지정 → 법(法)〉 ┐
   b. 법을 살펴서 근을 형성(람법성근) 〈람법 → 근(根)〉 ┘ 경계상/상분
   근 ┌ 미세 4대(大)의 승의근: 근원/의사(意思)
      └ 거친 4진(塵)의 부진근

묘원 ──→   ② 점담발지: 지정 → ③ a. 지정영법 → b. 람법성근(의)
(자체분)   ↑   (견분)   (상분: 진 + 근)
   ① 생멸이 상속함
   (무명업상)

① 생과 멸의 두 가지가 서로 이어지면, ② 그것들이 원담에 들러붙어 인식하는 정수인 지정(知精)이 생긴다. ③ a. 지정은 생과 멸로 인해 생겨나는 법(관념)을 비추고, b. 그 법을 끌어당겨서 아는 근인 의근(意根)을 형성한다. 의근은 청정 4대로 이루어진 승의근이다. 승의근으로서의 의근이 의체로서 작동하게끔 실제 인식하는 기관으로 드러나는 부진근은 과연 무엇인가? 사유기관이라고 할 수 있을 그것은 다른 5감각기관

과 달리 밖으로 드러나지 않는다. 그것은 각각의 감각기관을 총괄하면서 종합하여 인식하는 두뇌 신경망 전체라고 할 수 있을 것이다. 의근은 각각의 색성향미촉을 대상으로 갖기도 하지만, 그러한 감각대상을 개념(법)에 따라 의식한다는 의미에서 법을 주대상으로 삼는다고 할 수 있다. 감각기관의 전5식은 각각의 대상을 직접 감각하는 데반해, 제6의식은 그 그림자에 해당하는 개념(법)을 의식하므로 '어두운 방에서 보는 것과 같다'고 말한다. 다른 근은 안체, 이체 등으로 부른 데 반해 의근은 '의체(意體)'라고 부르지 않고 '의사(意思)'라고 부른 것은 의근이 색으로 분류되는 5근과는 다른차원의 존재라는 것, 5진의 그림자를 흡입하여 형성된 일종의 사념 내지 망념이라는것을 드러내기 위한 것이라고 본다.

3) 6근 분화 이전의 원명: 6근호용(六根互用)

> 붓다: 아난이여, 이와 같이 6근은 저 '각의 밝음'(각명)에 (각을) 밝히려는 '각을 밝힘'(명각)이 있음으로 말미암아 저 정미한 앎을 잃어버리고 허망에 들러붙어 빛을 내는 것입니다. 그러므로 당신이 지금 ① 어둠을 떠나고 밝음을 떠나면 보는 체가 없게 되고, ② 동을 떠나고 정을 떠나면 듣는 성질이 원래 없게 됩니다. ③ 통함도 없고 막힘도 없으면 냄새 맡는 성품이 생기지 않고, ④ 변하지도 않고 정지하지도 않으면 맛봄이 나오지 않습니다. ⑤ 떠나지도 않고 합하지도 않으면 감촉이 본래 없고, ⑥ 멸함도 없고 생함도 없으면 분별적 앎이 어디에 의지하겠습니까?
>
> 阿難, 如是六根由彼覺明有明明覺, 失彼精了粘妄發光. 是以汝今, ① 離暗離明, 無有見體, ② 離動離靜, 元無聽質. ③ 無通無塞, 嗅性不生, ④ 非變非恬, 嘗無所出, ⑤ 不離不合, 覺觸本無, ⑥ 無滅無生, 了知安寄?

각명(覺明)　　↔　　　명각(明覺)　　↔　　허망을 떠남
원담/정료(精了)　　허망에 들러붙어(점) 빛을 냄　　6근의 맺힘이 풀림
　　　　　　　= 견문각지의 분화된 작용

허망을 떠나면 6근의 맺힘도 풀림:

① 명암으로 인해 견정 일어남	↔	명암 떠나면 견정/견체 없음	
② 동정	청정	동정	청정/청질
③ 통색	후정	통색	후정/후성
④ 념변	상정	념변	상정/맛봄
⑤ 이합	각정	이합	각정/각촉
⑥ 생멸	지정	생멸	지정/료지

본각은 본래 두루하여 밝으므로 원명이고 '각명(覺明)'이다. 각이 본래 밝은데, 이 각을 다시 밝히려고 하는 것이 '명각(明覺)'이다. 스스로를 대상화하여 밝히려는 이러한 작용으로 인해 본각의 본래적 밝음과 정미한 앎인 정료(精了)가 뒤로 물러나고, 대신 '허망함에 들러붙어 빛을 내는' 6근이 맺어진다. 말하자면 허망하게 등장한 오염된 진에 들러붙어 견문각지의 분화된 앎이 일어나면서, 그 각각의 진을 끌어당겨 흡입함으로써 견정, 청정 등 6근의 매듭이 만들어지는 것이다. 이와 같이 6근은 진을 끌어당겨 흡입함으로써 맺어진 매듭이므로, 다시 허망한 진을 좇지 않으면 그 매듭이 풀리게 된다. ①에서 ⑥까지는 허망한 진을 좇지 않음으로써 6근의 매듭이 풀린다는 것을 차례대로 열거한 것이다. 즉 명각의 활동을 멈추어 명암, 동정, 통색 등을 일으키지 않으면, 각각의 견정이나 청정 등이 일어나지 않고, 그러면 진을 모아 근을 형성하는 일이 생기지 않는다. 그렇게 되면 분화된 견문각지의 작용을 떠나 다시 본각의 두루하는 밝음으로 돌아가게 된다. 6근으로 분화된 견정과 견체가 풀리면서, 분화되기 이전의 본각의 빛을 되찾게 되는 것이다.

붓다: a. 당신이 다만 동정과 합리와 념변과 통색과 생멸과 명암의 12가지 유위상을 따르지 않고, b. 하나의 근을 뽑아내어 들러붙음을 벗어나고 안으로 굴복시켜 원래의 참됨으로 조복하여 돌아가면, 본래의 밝은 빛이 드러날 것입니다. c. 빛의 성품이 밝게 드러나면 나머지 다섯 가지 들러붙음도 마땅히 뽑아내어져 원만하게 벗어나게 됩니다. 눈앞의 대상에 의해 일으켜진 지견(견문각지)으로 말미암지 않기에 밝음이 근을 따르는 것이 아니라 근에 의탁하여서 밝음

이 일어나는 것입니다.

a. 汝但不循動靜合離恬變通塞生滅暗明如是十二諸有爲相. b. 隨拔一根, 脫粘內伏, 伏歸元眞, 發本明耀. c. 耀性發明, 諸餘五粘應拔圓脫. 不由前塵所起知見, 明不循根, 寄根明發.

6근호용으로 가는 길: 원담의 밝음으로

a. 명암, 동정, 합리 등 12유위상(진)을 따르지 않고,

b. 하나의 근에서 들러붙음(점)을 끊으면, 본래의 광휘(명휘)가 드러남

b. 광휘가 드러나면, 나머지 5근의 들러붙음도 극복됨

근의 매듭을 풀어 원통으로 돌아가는 것을 몇 단계로 설명한다. a. 우선 명암, 동정 등 12가지 유위상인 대상, 진(塵)을 좇지 않는 것이다. 이것이 바로 앞 문단에서 설명한 것이며, 이를 진(塵)을 좇지 않는 '불순(不循)'이라고 한다. 진으로 달려나가지 않아야, 즉 진을 따라가지 않아야 비로소 근과 진의 들러붙음, 근의 매듭을 풀 수 있다. b. 그리고 근 중의 하나를 골라서 적극적으로 그 들러붙음을 끊어낸다. 즉 매듭을 푼다. 그러면 근으로 분화되기 이전의 본래 두루하는 밝음을 얻게 된다. 그것이 곧 묘원의 참됨으로 돌아감이며, 그때 비로소 본래 마음의 빛, 심광(心光)이 두루 비추게 된다. c. 하나의 근에서 본래의 원명을 회복하면, 다른 나머지 근에서도 마찬가지 일이 일어난다. 그러므로 우선 6근 중 역량이 가장 큰 하나의 근을 택해서 근과 진의 매듭을 푸는 것이 요구된다. 그렇게 하면 나머지 근에서도 맺혀 있는 들러붙음이 극복된다는 것이다. 우리의 일상의 마음활동은 눈앞의 대상에 의해 일으켜지는 '견문각지'의 활동이다. 이 견문각지를 줄여서 '지견(知見)'이라고 하였다. 대상을 좇아가서 그 대상을 따라 일어나는 앎을 말한다. 그렇지만 마음 본래의 빛은 대상을 따라 일어나는 지견에 입각한 것이 아니다. 일상에서 마음의 밝음이 '근에 의탁한다'는 것은 근을 방편으로 빌린다는 것이지, 밝음이 '근을 따라 나온다'는 뜻이 아니다. 그러므로 마음 자체의 빛에 이르기 위해서는 근과 진의 매듭을 풀어 그 마음 본래의 원명에로 나아가야 한다. 마음 자체의 빛은 근과 진의 매임을 넘어선 것이기에 일체의 매듭이 풀려야 비로소 마음 본래의 원만한 밝음이 드러나며 그 안에서 비로소 6근의 호용 및 원명의 원통(圓通)이 일어날 수 있다. 이하는 6근호용의 경우들을 보여주는 예이다.

붓다: 이로 인해 6근이 서로 함께 작용하게 됩니다. 아난이여, 당신은 어째서 모릅니까? 지금 이 모임에 아나율타는 눈이 없는데도 보고, 발난타룡은 귀가 없는데도 듣습니다. 긍가신녀는 코가 없는데도 맡고, 교범발제는 다른 혀인데도 맛봅니다. 순야다신은 몸이 없어도 촉이 있는데, 여래의 광명 중에 잠시 나타나지만 이미 바람의 성질이어서 그 몸이 원래 없기 때문입니다. 멸진정에서 고요를 얻은 성문인 이 모임의 마하가섭 같은 사람은 오래전에 의근을 멸하였으니 원만하고 밝은 앎은 마음의 생각에 의한 것이 아닙니다.

由是六根互相爲用. 阿難, 汝豈不知? 今此會中阿那律陀無目而見, 跋難陀龍無耳而聽. 殑伽神女非鼻聞香, 驕梵鉢提異舌知味. 舜若多神無身有觸, 如來光中映令暫現, 旣爲風質其體元無. 諸滅盡定得寂聲聞如此會中摩訶迦葉久滅意根, 圓明了知不因心念.

6근호용의 예들:

아나율타: 안근 없음. 정진하다가 실명하였지만 그래도 봄

발난타룡: 이근 없음. 귀 대신 뿔로 들음

긍가신녀: 비근 없음. 항하의 여신

교범발제: 설근 없음. 소의 되새김하는 과보 받음. 다른 혀라고 함

순야다신: 신근 없음. 허공을 주재하는 신(神). 감촉이 생겨 공을 느낌

마하가섭: 의근 없음. 멸진정에서 공적 얻어 의근 멸. 념(念)에 의하지 않은 원명료지(圓明了知)

우리는 본래 두루하는 원만한 묘명심의 밝음인 원명이 있음에도 일상에서 그것을 잃어버리고 6근으로 분화된 인식능력만을 갖고 살아간다. 6근으로 분화되고 나면 각각의 근이 그 각각에 상응하는 경만을 인지할 뿐이고, 따라서 하나의 근이 상실되면 그에 상응하는 경을 인지하지 못하게 된다. 안근이 상실되면 색의 경계를 보지 못하고, 이근이 상실되면 성의 경계를 듣지 못하는 것이다. 이는 우리의 마음이 원명을 상실하고 허망에 들러붙어 6근의 매듭을 만들어 분화되었기 때문이다. 그 근의 맺힘을 풀어 원래의 두루하는 밝음을 회복하는 것이 수행이다. 수행을 통해 근의 맺힘을 풀어버리면 6근으로의 분화 이전에 작동하던 본래의 밝음, 원명이 다시 드러난다고 한다. 예로 든 아나율타나 발난타룡 등은 모두 근의 매듭을 풀어 6근이 서로 하나로 통하여 서로 보완하는 경우들이다. 그래서 안근이 없어도 다른 방식으로 보고, 이근이 없어도

다른 방식으로 들을 수 있다. 이것은 우리의 식이 견문각지로 분화되기 이전 본래 두루하는 원만한 묘명심의 밝음이 있기에 가능한 것이다.

붓다: 아난이여, 지금 당신이 만약 모든 근을 원만하게 뽑아 버리고 안으로 밝게 빛을 발한다면, 이와 같은 부진근과 기세간의 모든 변화상은 끓는 물에 얼음이 녹듯이 일념에 변화하여 무상지각(無上知覺)을 이룰 것입니다. 아난이여, 마치 세인이 눈에다 견을 모았다가 만약 급히 눈을 감아 암상이 현전하면 6근이 어두워서 (앞의 사람의) 머리와 발을 같은 것으로 여기겠지만, 그 사람이 손으로 몸을 따라 밖을 더듬으면 그가 비록 보지 못해도 머리와 발을 단번에 구분하여 지각하는 것과 같습니다. 반연하는 견은 밝음으로 인한 것이기에 어두을 때 무견이 되지만, 밝지 않아도 스스로 (빛을) 발하면 모든 어두운 상도 영원히 혼미할 수는 없습니다. 근과 진이 이미 녹으면, 어찌 각명이 원묘를 이루지 않겠습니까?

阿難, 今汝諸根若圓拔已, 內瑩發光, 如是浮塵及器世間諸變化相如湯銷氷, 應念化成無上知覺. 阿難, 如彼世人聚見於眼, 若令急合, 暗相現前, 六根黯然, 頭足相類, 彼人以手循體外繞, 彼雖不見, 頭足一辨知覺是同. 緣見因明, 暗成無見, 不明自發則諸暗相永不能昏. 根塵旣銷, 云何覺明不成圓妙?

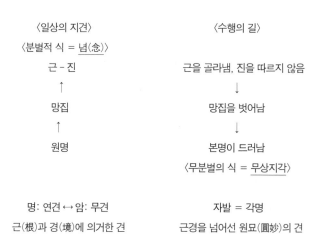

〈일상의 지견〉	〈수행의 길〉
〈분별적 식 = 념(念)〉	
근 – 진	근을 골라냄, 진을 따르지 않음
↑	↓
망집	망집을 벗어남
↑	↓
원명	본명이 드러남
	〈무분별의 식 = 무상지각〉
명: 연견 ↔ 암: 무견	자발 = 각명
근(根)과 경(境)에 의거한 견	근경을 넘어선 원묘(圓妙)의 견

일상의 의식은 근에 의거하고 진을 따라 일어나는 의식이지만, 그러한 근과 진에의 매임을 풀어 버리면 근과 진, 부진근과 기세간의 모든 특수한 변화상들은 소멸한다. 그렇다고 해서 각성이 없어지는 것이 아니라, 오히려 근과 진에 매인 념(念)이 아닌 최상의 앎이 일어난다. 근과 진으로부터 자유로운 각성을 '무상지각(無上知覺)'이라고 한다. 앞의 마하가섭의 경우에서처럼 이런 무상지각은 개인적인 의근(意根)을 따르지 않는 앎이기에 '원만하고 밝은 앎', '원명료지(圓明了知)'라고 부른다. 일상의 앎은 근과 진에 매인 견문각지이지만, 수행을 통해 근과 진에의 매임을 풀면 유근신과 기세간이 불에 얼음이 녹듯 사라지는데, 그렇다고 해서 모든 것이 멸하고 앎 자체가 없어져 버리는 것은 아니라는 것이다. 눈을 감아 안근을 따르지 않아도 다른 방식으로 앞의 모습을 구분하는 인지가 일어나듯이, 근과 진의 매임을 벗어나도 명료지가 사라지지 않는다는 것이다. 우리의 일상의 견은 현전하는 조건에 의존한다. 대상도 있어야 하고 또 밝아야 한다. 밝으면 보지만 어두우면 아무것도 보지 못하여 무견이 된다. 그렇지만 원래의 본명을 일으키면 밖이 어두워도 볼 수 있다고 한다. 근과 진의 분별이 모두 사라진다고 해서 아무것도 없는 단멸에 빠지는 것이 아니라, 매임의 근과 진의 차별상을 넘어선 본래의 각명(覺明)이 드러나 원만하고 묘하게 밝아 무상지각을 이룬다는 것이다. 그래서 '각명이 원묘를 이룬다'고 한다.

3. 불생불멸의 견성의 확인

1) 여래의 7상주과(常住果): 보리·열반·진여·불성·암마라식·공여래장·대원경지

아난: (붓다에게) 세존이여, 붓다께서 말씀하셨듯이 인지(因地)의 각심(覺心)으로 상주하기를 원한다면 과위(果位)와 명목이 상응해야 할 것입니다. 세존이여, 과위 가운데 보리·열반·진여·불성·암마라식·공여래장·대원경지 이 7가지 명칭은 비록 다르게 불리지만 청정하고 원만하며 체성이 견고하고 응축해서 마치 금강왕같이 상주하여 무너지지 않습니다.

(阿難白佛言) 世尊, 如佛說言因地覺心欲求常住, 要與果位名目相應. 世尊, 如

果位中菩提・涅槃・眞如・佛性・菴摩羅識・空如來藏・大圓鏡智, 是七種名稱謂雖
別, 清淨圓滿體性堅凝, 如金剛王常住不壞.

붓다의 설: 인지심이 과위와 상응해야 함

과위는 청정, 원만, 체성이 견응, 상주무괴

   1. 보리: 부처가 얻는 지혜. 만덕을 장엄한 무상보리

   2. 열반: 적정상락, 5주지가 청정한 무여열반

   3. 진여: 허망함이 없는 불생불멸. 구경진여

   4. 불성: 참된 본성. 증득불성

   5. 암마라식: 허망한 식심을 떠난 이구식(離垢識), 소위 제9식

   6. 공여래장: 일체 번뇌 없음

   7. 대원경지: 일체 허망분별을 여읨

수행을 진행하는 과정의 인지(因地)의 마음이 수행을 해서 도달하고자 하는 과지(果地)의 마음과 상응해야 한다는 것이 붓다의 주장이다. 과지의 마음이 어떤 것인지를 7가지 명칭으로 서술하는데, 결국 청정하고 원만하며 체성이 견고한 불생불멸의 심이라는 것이다. 청정은 무명 번뇌가 다하여 맑다는 것이고, 원만은 성덕을 구족하였음을 말한다. 체성이 견고하여 부서지지 않고, 응축해서 움직이지 않는 마음을 뜻한다.

아난: 만약 보고 들음이 명암과 동정과 통색을 떠나서는 필경 체가 없다면, 이는 생각하는 마음이 앞의 대상을 떠나서는 본래 있지 않은 것과 같습니다. ① 어떻게 이 필경 단멸하는 것을 갖고 수행의 인을 삼아 여래의 7가지 상주하는 과를 얻기를 바라겠습니까? 세존이여, 만약 명암을 떠나서는 견이 필경 공이라면, 이는 앞의 대상이 없으면 념(念)의 자성도 소멸한다는 것과 같습니다. 앞뒤로 돌아가며 미세히 추구해도 본래 나의 심과 심소가 없으니, 무엇을 갖고 인(因)을 세워 무상각을 구해야 합니까? ② 여래께서 앞서 말씀하신 맑은 정수의 원만 상주함이 성실한 말에 어긋나서 결국 희론이 된다면, 어떻게 여래가 진실한 말을 하는 자이겠습니까? 부디 큰 자비를 내려 저의 몽매함을 깨우쳐주십시오.

若此見聽離於暗明動靜通塞畢竟無體, 猶如念心離於前塵本無所有. ① 云何將
此畢竟斷滅以爲修因欲獲如來七常住果? 世尊, 若離明暗, 見畢竟空, 如無前塵念
自性滅. 進退循環微細推求, 本無我心及我心所, 將誰立因求無上覺? ②如來先說
湛精圓常違越誠言終成戲論, 云何如來眞實語者? 惟垂大慈開我蒙悋.

봄이 명암을 떠나선 보는 체가 없다면,
    ① 그런 인지의 마음(일상의식)이 어떻게 여래의 7상주과와 같아질 수 있나?
    ② 담정의 원만상주함은 희론인가?

수행을 통해 도달하고자 하는 과지의 마음은 불생불멸하는 보리열반의 마음이지만, 수행을 하는 과정 중의 마음은 일상의 마음으로서 대상을 따라 일어났다 사라지고 변화하며 염오에 물든 생멸하는 마음이다. 앞에서 붓다는 일상의 견문각지에서 '견은 명암 동정 등을 떠나면 체가 없다'고 하였다. 그렇다면 ① 그런 일상의 마음, 즉 대상을 떠나면 곧 사라져 버리는 마음, 체성이 없이 단멸하게 될 그런 마음을 갖고, 그것을 인지(因地)의 마음으로 삼아 수행하면서 과연 어떻게 그것과는 완전히 다른 청정원만하고 체성이 견고한 보리 열반의 과위(果位)를 얻을 수 있단 말인가? 깨달음을 얻기 위한 제1결정의가 인지가 과위와 상응해야 한다는 것이었는데, 둘은 너무 다르지 않은가? 이것이 아난의 질문이다. 대상을 떠날 경우 견이 공이 된다면, 심과 심소가 남겨지지 않는데, 어떤 인(因)을 갖고 무상각의 결과를 얻을 수 있단 말인가? 생멸심에서 생멸의 상을 배제하고 나면, 그 마음의 자성도 함께 소멸하고 없는 것이 아닌가? 결국 우리 마음에 원만 상주하는 것은 없는 것이 아닌가? ② 더구나 앞에서 한 말, '명암을 떠나면 견이 없다'가 맞다면, 지금까지 계속 붓다가 논한 말, '심에 체가 있고, 담정이 원만상주하다'는 말이 진실한 말이 아닌 희론이 되는 것 아닌가? 이것이 아난의 두 번째 질문이다. 앞에서 마음이 5중 혼탁으로 탁해지고 6근으로 분화되기 이전 인간의 마음은 본래 원만하고 맑은 원담의 마음이라고 하였다. 이 마음은 앞서 견도분에서 견의 본성으로 부동, 불생불멸, 불환 등 10가지로 밝힌 이후 지금까지 계속 주장해온 것으로 그것이 바로 원묘명심의 마음이다. 아난은 지금 이러한 원담의 마음은 그냥 언어상으로 구성된 희론에 불과한 것이 아니냐고 반문하는 것이다.

아난의 이런 질문은 아난이 마음 심체를 원묘각성으로 자각하지 못하기에 가능한 질문이다. 앞에서 계속 명암을 떠나 필경 공으로 돌아갈 능연심이 아닌, 대상의 유무와 상관없이 상주하는 본래의 심과 견을 논하였는데, 아난은 아직 그 심과 견을 깨닫지 못하고 있는 것이다. 논의되고 있는 원묘명심을 아직 자신의 마음으로 자각하지 못했기에, 그것이 희론이 아니냐는 반문이 일어난다. 나아가 이러한 아난의 질문을 통해 밝혀지는 것은 무상각을 얻어 불지에 이르려는 수행이 의미가 있으려면 결국 우리의 일상의 마음이 필경 공으로 끝나는 단멸의 마음이 아니어야 한다는 것이다. 마음이 명암을 떠나고 진을 떠나면 공이 되는 것이라면, 즉 심과 심소가 사라지는 것이라면, 수행을 통해 결과로서 얻고자 하는 무상각의 증득, 무생법인(無生法忍)의 증득은 불가능하다. 이하에서는 일상의 의식 안에도 본심의 원묘각성이 함께 작동하고 있다는 것, 우리 마음의 담정이 원만상주하다는 것을 구체적 예를 들어 밝힌다.

2) 상주하는 원담의 마음: 종소리 들음의 예시

> 붓다: (아난에게) 당신은 다문만 했지 번뇌를 다하지는 못하여서, 오직 전도로 인해 일어나는 것만 알지 전도가 현전하는 것을 실제로 알아보지는 못합니다. 당신이 진실한 마음으로 믿어 조복하지 못할까 염려되어 내가 지금 세속의 일을 갖고 당신의 의심을 제거해보겠습니다. (곧 라훌라에게 종을 한 번 치게 하고서 아난에게) 당신은 지금 듣습니까?
>
> 아난: (대중과 함께) 듣습니다.
>
> 붓다: (종소리가 없어지자 다시) 당신은 지금 듣습니까?
>
> 아난: (대중과 함께) 듣지 않습니다.
>
> 붓다: (라훌라가 다시 종을 치자) 당신은 지금 듣습니까?
>
> 아난: (대중과 함께) 모두 듣습니다.
>
> 붓다: (아난에게) 당신은 어떤 것을 듣는다고 하고, 어떤 것을 듣지 않는다고 합니까?
>
> 아난: (대중과 함께 붓다에게) 종소리가 나면 듣는다고 하고, 종을 친 지 오래되어 소리가 사라지고 음향이 그치면 듣지 않는다고 말합니다.
>
> (佛告阿難) 汝學多聞未盡諸漏, 心中徒知顚倒所因, 眞倒現前實未能識. 恐汝誠心猶未信伏, 吾今試將塵俗諸事當除汝疑. (卽時如來勅羅睺羅擊鍾一聲, 問阿難

言) 汝今聞不?
　(阿難大衆俱言) 我聞.
　(鍾歇無聲, 佛又問言) 汝今聞不?
　(阿難大衆俱言) 不聞.
　(時羅睺羅又擊一聲, 佛又問言) 汝今聞不?
　(阿難大衆又言) 俱聞.
　(佛問阿難) 汝云何聞, 云何不聞?
　(阿難大衆俱白佛言) 鍾聲若擊則我得聞, 擊久聲銷音響雙絕則名無聞.

라훌라가	종 치면	종소리 그치면	다시 종 치면
아난 (1)	듣고	안 듣고	다시 듣고

아난이 위의 질문을 한 까닭은 아난이 머리로 이론을 이해하기는 하였으나 습으로 인한 번뇌(루)는 제거하지 못함으로써 자기 마음에서 실제로 일어나는 전도를 알아차리지 못하기 때문이다. 즉 전도가 무엇이고 그것이 왜 일어나는지를 이론적으로 다 알고 있음에도 불구하고 자기 마음에서 실제로 일어나고 있는 전도를 전도로 알아차리지 못하는 것이다. 따라서 붓다는 아난에게 마음이 전도된 지점을 실제적 예를 통해서 바로 지적해주고자 한다. 전도는 항상된 것을 소멸하는 것으로 여기는 것, 자신의 본심을 반연심으로 여기는 것이다. 아난에게 전도의 현전을 밝혀준다는 것은 곧 우리의 본성이 아난이 생각하듯 생멸하는 것이 아니라 항상된 원명(元明)이라는 것을 보여준다는 것이다. 대상을 떠나면 반연심은 사라지지만, 그때 반연심 너머 진심의 원명은 사라지지 않고 오히려 드러난다는 것을 보여주려는 것이다. 자신 안에 상주원명의 심이 있는데도 자신의 심을 단지 대상에 따라 단멸하는 반연심으로만 여기는 것이 전도이다. 이처럼 아난으로 하여금 자신 안에 상주원명의 심이 있다는 것을 자증적으로 깨닫게 하고자 붓다는 소리를 듣는 문성을 예로 사용한다. 즉 문성이 근과 진, 듣는 귀나 들리는 소리를 넘어선 내면의 밝음이라는 것을 드러내고자 한다. 우리는 일상적으로 들리는 대상이 있으면 듣고, 들리는 대상이 없으면 듣지 않는다고 생각한다. 아난도 아직까지 이런 일상의 의식 수준에서 답하고 있다. 음향에서 음(音)은 본래의 소리 성(聲)이고, 향(響)은 빈 곳 등에 울려 퍼지는 소리의 울림, 성(聲)의 그림자 내지 메아리

인 영(影)이다.

붓다: (여래가 라훌라에게 다시 종을 치게 하고 아난에게) 당신에게 지금 소리가 있습니까?

아난: (대중과 함께) 소리가 있습니다.

붓다: (조금 후 소리가 없어지자 다시) 지금 소리가 있습니까?

아난: (대중과 함께) 소리가 없습니다.

붓다: (잠시 후 라훌라가 다시 와서 종을 한 번 치자 다시) 지금은 소리가 있습니까?

아난: (대중과 함께) 소리가 있습니다.

붓다: (아난에게) 당신은 어떤 것을 소리가 있다고 하고, 어떤 것을 소리가 없다고 합니까?

아난: (대중과 함께 붓다에게) 종을 쳐서 종소리가 나면 소리가 있다고 하고, 종을 친 지 오래되어 소리가 사라지고 음향이 그치면 소리가 없다고 말합니다.

(如來又勅羅睺擊鍾, 問阿難言) 汝今聲不?

(阿難大衆俱言) 有聲.

(少選聲銷, 佛又問言) 爾今聲不?

(阿難大衆答言) 無聲.

(有頃羅睺更來撞鍾, 佛又問言) 爾今聲不?

(阿難大衆俱言) 有聲.

(佛問阿難) 汝云何聲, 云何無聲?

(阿難大衆俱白佛言) 鍾聲若擊則名有聲. 擊久聲銷音響雙絶則名無聲.

	라훌라가 종 치면	종소리 그치면	다시 종 치면
아난 (2)	소리 있고	소리 없고	다시 소리 있고

붓다가 다시 물은 것은 종을 치고 안 치고에 따라 무엇이 달라지는가를 분명히 하기 위해서이다. 즉 종을 치는가 안 치는가는 소리가 있고 없고를 결정하는 것이지, 무엇인가를 듣는가 아닌가를 결정하는 것은 아니라는 것이다. 그래서 앞에서 (1) 듣는가,

안 듣는가를 물었고 이번에는 (2) 소리가 있는가, 없는가를 물었다.

붓다: (아난과 대중에게) 당신은 지금 어째서 말이 교란(矯亂)합니까?

아난: (대중과 함께) 제가 지금 어째서 교란하다고 하십니까?

붓다: 내가 당신에게 듣느냐고 물으면 당신은 듣는다고 답합니다. 또 당신에게 소리가 있느냐고 물으면 당신은 소리가 있다고 답합니다. 들음과 소리 있음에 대한 답변이 일정하지 않으니, 이와 같음이 어찌 교란이 아니겠습니까? 아난이여, <반론1> 소리가 사라지고 음향도 없으면, 당신은 듣지 않는다고 합니다. 만약 실제로 듣지 않는다면, 문성이 이미 멸하여 고목과 같을 것인데, 종을 다시 쳐서 소리가 난들 당신이 어떻게 알겠습니까? <반론2> (소리가) 있음을 알고 없음을 아는 것은 소리(성진)가 혹 없거나 혹 있기 때문이지만, 어찌 듣는 성품(문성)이 당신에게 있거나 없는 것이겠습니까? 들음이 진짜 없다면, 누가 그 없음을 알겠습니까?

(佛語阿難及諸大衆) 汝今云何自語矯亂?

(大衆阿難俱時問佛) 我今云何名爲矯亂?

(佛言) 我問汝聞, 汝則言聞. 又問汝聲, 汝則言聲. 惟聞與聲報答無定, 如是云何不名矯亂? 阿難, <1> 聲銷無響, 汝說無聞. 若實無聞, 聞性已滅同于枯木, 鍾聲更擊, 汝云何知? <2> 知有知無自是聲塵或無或有, 豈彼聞性爲汝有無? 聞實云無, 誰知無者?

라훌라가	t_1 종 치면	t_2 종소리 그치면	t_3 다시 종 치면
아난 (1)	듣고	안 듣고	다시 듣고
(2)	소리 있고	소리 없고	다시 소리 있고

붓다 〈반문1〉 t_2에 안 듣는다면(문성이 멸했는데), t_3에 어떻게 다시 듣는가?

〈반문2〉 t_2에 안 듣는다면 그때 소리 없음은 어떻게 아는가?

아난의 답변은 누군가 종을 치면 소리가 있어서 본인이 듣고, 아무도 종을 치지 않으면 소리가 없어서 본인이 듣지 않는다는 것이다. 이에 대해 붓다는 그런 식의 생각은 혼란스럽게 뒤섞인 것이라고 지적한다. (1) 듣고 안 듣고의 문제와 (2) 들리는 대상

인 소리가 있는가 없는가의 문제는 서로 별개의 문제라는 것이다. 그 둘을 구분하지
않음을 교란이라고 한 것이다. 물론 우리는 일상적으로 소리가 있으면 듣고 소리가 없
으면 듣지 않는다고 여기므로, 아난의 대답이 혼란스러운 것이 아니라고 여길 것이다.
그러나 붓다는 이러한 아난의 주장에 대해 반론을 제기한다. 〈반론1〉 t_2의 순간 소리가
없어져서 듣지 않는다고 한다면, 그래서 문성이 없어진다면, 그다음 t_3에 종을 다시 쳐
서 소리가 있게 될 때 어떻게 그 소리를 다시 들을 수 있단 말인가? 소리가 없어져도
듣는 성품인 문성이 남아 있어야지 다시 소리가 나면 그 소리를 다시 들을 수 있는 것
아닌가. 그러므로 듣는 성품인 문성은 들리는 소리와 상관없이 계속 활동하고 있는 것
이다. t_3에 다시 들음을 보면, 소리 없는 t_2에도 문성이 작동했음을 알 수 있다는 것이
다. 이처럼 대상의 유무와 상관없이 항상된 들음이 있는데, 그것을 놓치므로 교란이라
고 하고, 그렇게 대상과 무관하게 활동하는 항상된 마음이 있는데도 자기 마음을 대상
에 따라 생겼다 멸하는 반연심으로만 아는 것을 전도라고 한 것이다. 〈반론2〉 앞의 반
론의 결론은 t_3에 다시 들음이 가능하기 위해서는 문성이 끊어지지 않고 항상되다는
것이다. 그런데 그 반론에 대해서는 다시 종을 치면 소리가 있으니 그 진(塵)을 따라
들음이 다시 생기는 것이라는 재반박도 있을 수 있다. 지금의 〈반론2〉는 이러한 재반
박을 다시 배제하기 위한 것이다. 즉 t_2에 종소리가 없을 때 그것이 없다는 것을 알기
위해서라도 문성은 있어야 한다는 것이다. t_2에 소리 없음을 알기 위해서라도 소리와
무관하게 문성은 있어야 한다. 붓다는 소리가 있을 때는 소리를 듣고 소리가 없을 때
는 소리가 없는 고요를 듣는다고 말한다. 들어야지 들리는 소리가 없고 대신 고요가
있다는 것을 알 수 있기 때문이다. 그렇게 소리가 있든 없든 듣는 문성은 없어지지 않
는다는 것이다. 들리는 대상인 소리가 없을 때, 그렇게 소리가 없음을 아는 마음, 다시
말해 소리를 듣고 있는 마음은 없다고 아는 그 마음은 과연 어떤 마음인가? 이렇게 물
음으로써 대상을 반연하여 아는 반연심과 그러한 반연심 너머 반연심의 상태를 자증
적으로 아는 마음 내지 듣는 성품을 구분하게 된다. 이처럼 대상에 따라 생멸하는 반
연심 말고, 대상의 유무와 상관없이 항상 듣는 그 성품을 자기 마음으로 깨달아 수행
하는 인지의 마음으로 삼는다면, 그 마음이 바로 과지의 마음과 다를 바 없는 마음인
것이다. 이것은 붓다가 무아(無我)를 설하였지만, 그 자아 없음을 알기 위해서는 없는
자아 너머의 참된 마음, 허령한 자기 자각을 본성으로 갖는 영지(靈知)의 마음은 있어
야 한다는 주장과 같은 논리이다. 없음을 주장하기 위해서는 그 없음 너머, 그것의 없

음을 아는 마음이 있어야 한다. 공이 성립하기 위해서는 공을 자각하는 영지(靈知)가 있어야 하고, 일체의 상대성을 주장하기 위해서는 그러한 상대 너머의 절대의 시점이 있어야 한다. 이것이 바로 〈역설의 논리〉이다. 그러므로 불교의 무아론은 대승의 일심 내지 여래장사상으로 완성되는 것이다.

붓다: 그러므로 아난이여, 들음 가운데 소리는 그 자체 생과 멸이 있지만, 소리가 생기고 소리가 멸하는 것을 당신이 듣는 것이 당신의 문성을 있게 하거나 없게 하는 것은 아닙니다. 당신이 오히려 전도되고 미혹해서 소리를 문성이라고 여기니, 항상된 것을 끊어지는 것으로 여기는 혼미함을 어찌 탓하겠습니까? 결국 동과 정, 닫혀 막힘과 열려 통함을 떠나면 듣는 성품이 없어진다고 말하지 말아야 합니다.

是故, 阿難, 聲於聞中自有生滅, 非爲汝聞聲生聲滅令汝聞性爲有爲無. 汝尙顚倒惑聲爲聞, 何怪昏迷以常爲斷? 終不應言離諸動靜閉塞開通說聞無性.

〈성진(聲塵)〉	←	〈성각: 반연심:생멸심〉	←	〈문성/듣는 성품: 담명(湛明)〉
인연 따라 있고 없음		대상 따라 생과 멸		소리와 무관하게 상주. 불생불멸

∴ 들음(성각)이 없다고 아는 마음은 있음

있기도 하고 없기도 하는 소리에 따라 그 소리의 있고 없음을 들어서 아는 것이 듣는 성품인 문성이다. 소리는 있기도 하고 없기도 하지만, 그것을 알아차리는 문성은 소리를 따라 있고 없고 하는 것이 아니다. 그런데도 소리를 따라 문성도 있고 없고 한다고 여기니, 그렇게 항상된 성품을 끊어져 단멸하는 것으로 여기는 것이 바로 전도이다. 항상된 불생불멸의 진심을 갖고도 자신의 마음이 대상을 반연하면서 대상을 따라 일어났다 사라지는 그런 생멸하는 반연심으로만 간주하는 것이 인간의 근본전도이다. 자신 안의 불생불멸의 진심을 망각하고서 자신을 생멸하는 반연심으로만 간주함으로써 결국 중생은 끝까지 대상을 좇아 부유하며 생사를 반복하는 윤회를 벗어나지 못한다. 그러나 중생이 알아차리든 알아차리지 못하든 대상을 반연하는 그 마음의 바탕에는 언제나 꺼지지 않는 빛, 잠들지 않는 묘명심이 활동하고 있다.

붓다: 마치 깊이 잠든 자가 침상에서 한참 자는데 그 집의 어떤 사람이 그가 잠을 잘 때 다듬이질을 하거나 방아를 찧으면, 그 사람이 꿈속에서 방아 소리나 다듬이질 소리를 듣고 그것을 다른 것으로, 혹 북을 치거나 혹 종을 치는 소리로 여겨서, 꿈속에서 종소리가 나무나 돌 소리 같다고 기이하게 여기다가 홀연히 잠 깨어 방아 소리인 줄을 알고는 식구에게 '내가 꿈에서 방아 소리를 북소리로 잘못 알았다'고 말하는 것과 같습니다. 아난이여, 이 사람이 꿈에서 어찌 고요와 흔들림, 열림과 닫힘, 통함과 막힘을 기억하겠습니까? 그 몸은 비록 잠들어도 듣는 성품은 어둡지 않습니다. 설사 당신의 형태가 사라지고 수명이 다한다고 해도, 이 성이 어찌 당신에게서 소멸하겠습니까?

如重睡人眠熟床枕, 其家有人於彼睡時擣練春米, 其人夢中聞春擣聲, 別作他物或爲擊鼓或復撞鍾, 卽於夢時自怪其鍾爲木石響, 於時忽寤遄知杵音, 自告家人我正夢時惑此春音將爲鼓響. 阿難, 是人夢中豈憶靜搖開閉通塞? 其形雖寐, 聞性不昏. 縱汝形銷, 命光遷謝, 此性云何爲汝銷滅?

〈묘정명심의 문성〉	↔	〈견문각지의 근〉
잠에서도, 죽어서도 활동함		소리를 모아서 형성된 이근
꿈에서 x(방아 소리)를 듣고 y(북소리)로 잘못 앎		소리를 떠나면 없음

깊이 잠든 사람 옆에서 누군가 다듬이질(도련擣練)을 하거나 방아 찧기(용미春米)를 하면, 잠든 사람이 꿈을 꾸면서 방아 소리나 다듬이질 소리를 다른 소리, 예를 들어 북소리나 종소리로 오인할 수 있다. 이것은 자면서도 소리를 듣기에 가능한 것이다. 즉 우리는 잠을 자면 보지도 않고 듣지도 않는다고 여기지만, 실제로 자는 중에도 문성은 혼미해지지 않고 깨어 있다. 그래서 소리를 듣는다. 다만 그 소리를 분별함에 있어 일상의 의식과 달리 잘못 분별할 수 있다. 잠들어서 일상적인 전5식과 제6의식의 지각이 멎는 것 같아도 실제 들음의 성품은 없어지지 않고 남아서 계속 듣는 것이다. 꿈에서도 들음의 성품이 활동한다는 것은 곧 우리의 일상에서도 묘정명심의 활동은 계속된다는 것을 뜻한다. 묘정명심이 심으로 활동하기에 그것을 잘못 오인하는 전도가 일어날 수 있다. 무명의 근저에 여전히 명(明)이 활동하고 있는 것이다. 이처럼 참된 불생불멸의 성품은 잠에서도 남아 활동하듯이, 몸이 사라지고 목숨이 다하는 천사

(遷謝), 즉 사후에도 사라지지 않고 남는다고 한다. 묘정명심은 생사를 넘어선다는 뜻이다. 이렇게 꿈속에서도 남고 사후에도 남는 문성은 앞에서 논했던, 동정, 통색을 따라 원담에 들러붙어 소리를 흡입하면서 형성된 근. 그래서 소리를 향해서만 치달아 나아가는 맺힌 근의 성품과는 구분되는 것이다.

> 붓다: 모든 중생이 무시이래로 색과 소리를 따르고 생각을 좇아 유전하느라 성이 청정하고 묘하고 항상됨을 깨닫지 못하기에 항상된 것을 따르지 않고 생멸하는 것을 좇습니다. 이 때문에 생에서 생으로 오염에 물들어 유전합니다. 만약 생멸을 버리고 참된 항상됨을 지킨다면, 항상된 광명이 현전하여 진과 근과 식심이 즉시 사라질 것입니다. 생각의 모습이 대상이고, 식심의 정(情)이 허물이니, 이 둘을 멀리 떠나면 당신의 법안(法眼)이 즉시 맑고 밝아질 텐데 어찌 무상지각을 이루지 않겠습니까?
> 以諸衆生從無始來循諸色聲逐念流轉, 曾不開悟性淨妙常, 不循所常逐諸生滅. 由是生生雜染流轉. 若棄生滅, 守於眞常, 常光現前, 塵根識心應時銷落. 想相爲塵, 識情爲垢, 二俱遠離則汝法眼應時淸明, 云何不成無上知覺?

성정묘상(불생불멸)의 깨달음	↔	생멸을 좇음
대상(생각의 상)과 식심을 떠나기		대상과 념을 좇아 유전
상광(常光)이 현전: 진+근+식심이 소멸		오염에 물들어 윤회
청명한 법안 회복, 무상지각을 이룸		진을 좇는 식심의 삶

　우리가 생사윤회를 반복하는 것은 우리 스스로 자신의 불생불멸심의 원묘함과 항상됨을 자각하지 못하고, 스스로의 마음을 반연심과 동일시하여 대상(진)을 좇아 돌아다니기 때문이다. 그렇게 자신의 근에 매여 대상을 좇는 분주한 식심으로만 사는 것이다. 만약 자신의 본심이 대상을 따라 생멸하는 반연심이 아니라 상주하는 청정묘명심이라는 것을 알아차려서 그 항상됨을 지킨다면, 대상을 좇아 생멸하는 반연심과 그에 근거한 윤회가 멈추게 될 것이다. 마음이 그렇게 본래의 청정하고 묘한 항상된 마음으로 돌아가면, 그것을 가리는 근과 그 근에 마주하는 대상과 그 대상을 반연하는 식심이 모두 허망한 것으로서 사라진다는 것이다. 대상을 좇아 나아가지 않고 항상됨을 지

키고 있으면, 근과 진과 식심이 모두 사라진다. 그렇게 근과 진과 식심, 즉 근·경·식이
소멸하고 나면, 마음속에 다시 그런 거친 것들이 소멸하였다는 미세한 생각, 생각의
상 내지 식심의 정이 티끌 같은 허물로 드러난다. 이런 미세한 번뇌까지도 모두 극복
하면, 그때 비로소 법안이 맑아지고 무상의 깨달음을 이루게 된다는 것이다.

II

수행의 참된 요체

지금까지 수행을 통해 도달할 과지(果地)인 부처의 경지에 이르기 위해 수행하는 인지(因地)의 마음은 어떤 마음이어야 하는가를 밝혔다. 부처의 경지가 불생불멸의 마음인데, 수행 중에 있는 범부에게도 과연 그런 마음이 있는가? 아난의 이 질문에 대해 붓다는 반연심으로서 대상을 따라 생멸하는 우리의 일상의식 너머에 불생불멸의 묘명심이 활동하고 있다는 것, 우리의 본래 마음은 원담의 마음으로 근과 진의 한계를 넘어선 불생불멸의 마음이라는 것을 논하였다. 이하에서는 그러한 원명의 마음을 과연 어떻게 회복해야 하는지, 구체적으로 어떻게 근과 경의 매임으로부터 풀려날 수 있는지를 논한다.

1. 맺힌 것을 풀기

1) 매듭의 근원

아난: (붓다에게) 세존이여, 여래께서 비록 제2결정의를 말씀하셨지만, 이제 세간에서 매듭을 푸는 사람을 관찰해보니 만약 매듭의 근원을 알지 못한다면

그 사람은 끝내 풀 수 없으리라고 봅니다. 세존이여, 저와 모임 중의 유학 성문도 또한 이와 같아 무시이래로 모든 무명과 더불어 함께 멸하고 함께 생하였습니다. 비록 이처럼 다문의 선근을 얻어 명목상 출가하였지만, 마치 하루 건너의 학질병과도 같습니다. 부디 원컨대 큰 자비로 도탄에 빠져 있음을 가엽게 여겨 주십시오. ① 오늘의 몸과 마음은 어떻게 매듭지어졌고, ② 어디서부터 풀어야 합니까? 또한 미래의 고난의 중생도 윤회를 면하고 3유에 떨어지지 않도록 해 주십시오. (이렇게 말하고는 대중들과 함께 오체투지하고 눈물을 비 오듯 흘리며 정성을 다해 붓다 여래의 무상의 가르침을 기다린다.)

(阿難白佛言) 世尊, 如來雖說第二義門, 今觀世間解結之人, 若不知其所結之元, 我信是人終不能解. 世尊, 我及會中有學聲聞亦復如是從無始際與諸無明俱滅俱生. 雖得如是多聞善根名爲出家, 猶隔日瘧. 唯願大慈哀愍淪溺. ① 今日身心云何是結, ② 從何名解? 亦令未來苦難衆生得免輪廻不落三有. (作是語已, 普及大衆五體投地, 雨淚翹誠, 佇佛如來無上開示.)

아난의 질문:
　① 심신은 어떻게 해서 매듭지어졌는가? 매듭의 근원은 무엇인가?
　② 어떻게 매듭을 풀어야 하는가?

　매듭을 풀려면, 풀고자 하는 매듭이 어떻게 해서 생겨났는지, 매듭의 근원을 알아야 한다. 매듭은 중생을 윤회하게 하고 고통에 빠지게 하는 번뇌의 결박이다. 그러나 중생은 무명과 더불어 이미 생사를 거듭하는 윤회에 빠져 있기에 그러한 매듭이 어떻게 해서 생겨났는지, 매듭의 근원이 무엇인지를 알지 못하고, 따라서 매듭을 풀지도 못한다. 그래서 매듭을 풀고자 하는 아난은 ① 우선 매듭이 어떻게 해서 생겨나게 되었는지, 매듭의 근원을 묻고, ② 그다음으로 그 매듭을 어떻게 풀어야 하는지를 묻는다.

　세존: (아난과 모임 중의 유학들을 불쌍히 여기고 또 미래 일체 중생을 위해 출세의 인(因)이 되고 미래의 눈이 되게 하고자 염부단의 금빛 손으로 아난의

정수리를 어루만지자, 즉시 시방 부처세계가 6종으로 진동하면서 그 세계에 머무는 무수한 여래가 각각의 보배광명을 그 정수리로부터 내놓는다. 그 광명이 동시에 저 세계로부터 기타림으로 와서 여래의 정수리에 부어지니, 모든 대중이 미증유의 것을 얻는다.)

아난과 대중: (모두 시방의 무수한 여래가 이구동음으로 아난에게 말하는 것을 듣는다.) …

여래들: 좋습니다, 아난이여, 당신은 당신으로 하여금 근을 맺어 생사를 윤회하게 하는 구생무명을 알고자 하는데, (그것은) 오직 당신의 6근이지 다른 것이 아닙니다. 또 당신은 당신으로 하여금 안락과 해탈과 적정과 묘상을 속히 증득하게 하는 무상의 지혜를 알고자 하는데, (그것도) 또한 당신의 6근이지 다른 것이 아닙니다.

(爾時世尊憐愍阿難及諸會中諸有學者, 亦爲未來一切衆生爲出世因作將來眼, 以閻浮檀紫光金手摩阿難頂, 卽時十方普佛世界六種振動, 微塵如來住世界者各有寶光從其頂出. 其光同時於彼世界來祇陀林灌如來頂, 是諸大衆得未曾有.)

(於是阿難及諸大衆俱聞十方微塵如來異口同音告阿難言.)

善哉, 阿難, 汝欲識知俱生無明使汝輪轉生死結根, 唯汝六根更無他物. 汝復欲知無上菩提令汝速登安樂解脫寂靜妙常, 亦汝六根更非他物.

6근 ┌ 구생무명으로 근을 맺어 생사윤회하게 함
    └ 무상보리로 상락아정을 증득하게 함

아난이 울면서 질문을 던지면, 붓다는 안타까운 마음에 아난의 머리를 쓰다듬으면서 답한다. 여기에서는 무학 아라한은 제외하고 유학을 불쌍히 여긴다고 되어 있다. 지금까지 붓다가 강조한 것은 일반 중생 안에 내재되어 있는 원묘명심의 밝음이다. 그 원묘명심이 무명의 움직임을 따라 6진을 그려내고 다시 그 6진을 흡입하여 6근이 형성된다. 이렇게 해서 근의 매듭, 근과 경의 상호결박이 생겨난다. 이는 곧 원묘명심이 있음에도 불구하고 어떻게 해서 매듭이 생겨나게 되는지를 밝힌 것이다. 그러나 아난은 아직도 매듭의 근원과 매듭을 푸는 방식이 확연하지 않아 질문한다. 붓다는 이에 답하기에 앞서 먼저 신통을 발휘한다. 즉 붓다의 손짓을 따라 무수한 부처세계가 진동하면서 그 부처세계에 있는 무수한 여래들의 정수리로부터 광명이 나와서 모두 이곳의 붓다의 정수리에 부어지고, 그 모임에 있는 사람들은 그 무수한 여래들의 말을 듣는데, 그 여래들은 모두 이구동음으로 같은 내용을 말한다. 직접 붓다가 답하기 전에 시방세계 무수한 여래가 함께 아난에게 답하는 것이다. 이는 곧 모든 여래가 함께 말하는 '진리의 말씀'이라는 뜻으로 해석할 수 있다. 무수한 시방여래가 모두 동음으로 말하는 것은 중생이 무명으로 생사윤회하게 되는 것도 6근(根) 때문이고, 다시 중생이 수행을 통해 무상보리를 증득하여 해탈과 열반을 얻게 되는 것도 결국 6근 때문이라는 것이다. 6근은 허망의 근원이기도 하고 또 동시에 참된 지혜 내지 열반의 근원이기도 하다. 지혜 내지 열반의 근원도 6근이라는 것은 중생의 본심인 묘정명심의 밝음이 6근을 통해 자신을 드러내기 때문이다. 매듭지어져 6근으로 분화되어 작용하더라도 분화되기 이전의 원담의 묘명이 사라지는 것은 아닌 것이다. 『정맥소』에서는 지혜와 안락·해탈·적정·묘상에 대해 이렇게 설명한다. "무상보리는 지과(智果)에 속하니, 능증인 여여지(如如智)이다. 안락 등은 4덕의 단과(斷果)에 속하니, 소증인 여여리(如如理)이다. 안락은 락(樂)의 덕이고 해탈은 아(我)의 덕이니, 아는 자재하다는 뜻이기 때문이다. 적정은 정(淨)의 덕이고, 묘상은 상(常)의 덕이다."[1]

지과(智果)	단과(斷果): 4덕
능증(能證)인 여여지(如如智)	소증(所證)인 여여리(如如理)
무상보리(지혜)	1. 묘상: 상덕(常德) – 상
	2. 안락: 락덕(樂德) – 락
	3. 해탈: 아덕(我德) – 아
	4. 적정: 정덕(淨德) – 정

아난: (법음을 들었으나 마음으로 분명하지 않아 붓다에게 절하며 묻기를) 어째서 저로 하여금 생사윤회하게 하고 안락하고 묘하고 항상되게 하는 것이 모두 6근이고 다른 것이 아닙니까?
　붓다: (아난에게) ① 근과 진이 같은 근원이고, 속박과 해탈이 둘이 아니며, ② 식심의 성품이 허망하여 마치 허공중의 꽃과 같기 때문입니다. 아난이여, a. 대상으로 인해 지(知)가 일어나고, b. 근(根)으로 인해 상(相)이 있으며, c. 상

1　진감, 『정맥소』, 3권, 100쪽.

과 견은 자성이 없어 마치 서로 기대고 있는 갈대단과 같습니다. 그러므로 당신이 지금 지견에 지(知)를 세우면 무명의 근본이고, 지견에 견(見)이 없으면 이것이 곧 열반의 무루의 참된 청정입니다. 어찌 그 가운데 다른 것이 용납되겠습니까?

(阿難雖聞如是法音, 心猶未明, 稽首白佛云) 何令我生死輪廻安樂妙常, 同是六根更非他物?

(佛告阿難) ① 根塵同源, 縛脫無二, ② 識性虛妄猶如空花. 阿難, a. 由塵發知, b. 因根有相, c. 相見無性同於交蘆. 是故汝今知見立知卽無明本, 知見無見, 斯卽涅槃無漏眞淨. 云何是中更容他物?

6근	6진	6식	
a.	진(塵) →	지견	: 진으로 인해 지가 있음
b. 근(根) →	상(相)		: 근으로 인해 상이 있음
c.	상(相) ⇄	견(見)	: 상과 견은 상호의존적

┌ 지견을 세우면(立知): 유나 공에 치우쳐 매달리면, 매듭 따름 → 무명
└ 지견을 없애면(無見): 유나 공에 치우치지 않으면, 매듭 해체 → 열반

붓다는 존재하는 제법으로 6근·6경·6식의 18계를 제시하였는데, 어째서 윤회나 해탈의 근거 내지 매듭의 근원으로 진이나 식을 배제하고 오직 근만을 들어 말하는가? 이것이 아난의 질문이다. ① 왜 진(塵)은 아니고 근만 말하는가? 이에 대해 '근과 진은 같은 근원이다'라고 답한다. 근을 이루는 것이 내4대이고, 진을 이루는 것이 외4대이다. 안팎의 차이가 있을 뿐 4대로 이루어진 색이라는 점에서 둘은 근본적으로 서로 다르지 않다. 근은 내신(內身)으로서 몸(유근신)을 이루어 유정에 속하고, 진은 외기(外器)로서 세계(기세간)를 이루어 무정에 속하므로, 대개 근과 진을 질적으로 다른 것이라고 여기지만, 실제로 근과 진은 그 근원이 같다. '근과 진이 같은 근원'이라는 것은 근과 진, 유근신과 기세간이 모두 원담의 마음에서 비롯된 것이라는 뜻이다. 유식의 개념으로 말하자면 모두 아뢰야식의 식전변 결과인 것이다. ② 그다음 매듭의 근원으로 왜 근만 들고 식(識)을 들지 않았는가? 이에 대한 답은 6식은 6근과 6진에 근거하여 일어나는, 전진의 허망분별상일 뿐이기에 허공중의 꽃과 같다는 것이다. 그러므로

근·경·식 3사 중에서 번뇌의 근본으로서 근을 들어 말한 것이다. 말하자면 근·경·식 셋이 모두 허망한데, 그 허망함의 근본을 6근으로 대변한 것이라고 볼 수 있다. 그리고 이어 근과 진과 식이 서로 상호의존적 관계에 있어 서로가 서로를 얽어매는 관계에 있음을 밝힌다. a. '진으로 인해 지가 있다'는 것은 진으로 인해 식이 있다는 것(진→식)이고, b. '근으로 인해 상이 있다'는 것은 근으로 인해 상인 진이 있다는 것(근→진)이다. 그렇게 c. 근과 진과 식은 서로 기대고 선 갈대단처럼 서로 의지하면서 서로를 발생하게 한다. 이처럼 근·경·식 3사가 모두 무자성이고 허공화와 같은데, 그것이 환임을 모르고 실체화하면서 거기 매달려 있기에 그 환망과 순환을 벗어나지 못하고 윤회를 벗어나지 못하는 것이다. 반연심으로서든 원명정심으로서든 앎은 있다. 그 앎을 갖고 유나 공에 치우쳐 분별적 지견을 세우면 그러한 분별심을 야기하는 무명을 벗어나지 못한다. 근·경·식이 실유라고 분별하는 범부나 근·경·식이 모두 공이라고 분별하는 2승이나 모두 그들의 환화성을 여실하게 보지 못하는 무명에 빠진 것이다. 반면 유나 공이라는 지견을 세우지 않으면, 즉 상(相)을 내지 않으면, 분별 집착적 견해를 떠나 본각의 원명을 자각하여 청정한 불생불멸의 열반에 이른다.

> 붓다: (이때 세존께서 이 뜻을 거듭 밝히기 위해 게송으로 읊는다.)
> (爾時世尊欲重宣此義而說偈言.)

이하는 붓다가 대중에게 읊은 게송이다. 여기에서 붓다는 유위법과 무위법, 세간과 출세간, 진과 망을 함께 파한다. 유위와 무위가 서로 대대의 것으로 이해되는 한, 무위도 진정한 의미의 무위가 아니기 때문이다. 이는 곧 앞에서 말한 '속박과 해탈이 둘이 아님'을 설명하는 것이다.

> ① a. 진성에는 유위가 공이니, 연생이기 때문이며 환과 같다.
>   b. 무위는 기멸이 없으니, 실하지 않아서이며 공화와 같다.

② 망(妄)을 말해서 진(眞)을 드러낸다면, 망과 진이 모두 허망하다.
　진도 아니고 비진도 아니니, 어찌 견과 소견을 말하겠는가?
① 眞性有爲空, 緣生故如幻, 無爲無起滅, 不實如空花.
② 言妄顯諸眞, 妄眞同二妄. 猶非眞非眞, 云何見所見?

① a. 유위의 공성　　　　　 b. 무위의 무기멸
　　종: 유위는 공이다　　　　　종: 무위는 기멸이 없다
　　인: 연생이므로　　　　　　 인: 실이 아니므로
　　유: (동유) 환과 같이　　　　유: (동유) 공화와 같이

②　　　진(眞)　　↔　　　망(妄)
　　망을 포섭 못 하는　　　진 바깥에
　　진은 진이 아님　　　　 따로 있지 않음

① a. 유위법은 인연을 따라 성립하는 것을 말한다. 그러므로 일체 유위법은 참된 성품의 관점에서 보면 모두 무자성이고 공이며, 인연 따라 생긴 연생(緣生), 즉 인연소생으로서 실체가 아니다. 환술가가 이런저런 것들을 가지고 만들어 낸 환(幻)이 공인 것처럼 일체 유위법은 연생이기에 공이다. b. 반면 무위법은 기멸이 없는데, 이것은 무위법 자체가 실한 것이 아니기 때문이다. 허공에 그려진 꽃인 허공화가 진실한 것이 아니어서 아무 작용도 일으키지 못하는 것처럼, 무위법도 진실한 것이 아니어서 기멸이 없다. 무위법이 기멸이 없되 실이 아니라고 하는 것은 무위법이 인연에 의해 생겨나서 기멸이 있는 유위법과 대(對)를 이루기 때문이다. 즉 무기멸의 무위법은 기멸의 유위법과의 대비로서 세운 것이므로 유위법과 마찬가지로 공이다. 기멸을 상대로 설정된 무기멸은 기멸과 마찬가지로 공인 것이다. 『정맥소』의 설명이다. "기멸 그대로가 본래 무기멸이라면 두 가지가 나란히 소멸하므로 원교와 실교의 도리이지만, 기멸을 상대로 무기멸을 세운다면 둘 다 실답지 못하므로 권교와 소승의 도리임을 알아야 한다. 소승은 상 밖에서 공을 취하고, 권교는 망을 떠나야만 진이 된다고 여기기 때문이다."[2] 무위를 유위의 대립으로 이해하고 무기멸을 기멸의 반대로 간주하면, 둘 다 서로 상대

2　진감, 『정맥소』, 3권, 112쪽.

적인 것이 되어 결국 실이 아닌 허가 된다는 것이다.

유위 = 무위   유위 ↔ 무위
기멸 무기멸   기멸 무기멸
〈원교와 실교의 도리〉   〈소승과 권교의 도리〉

② 진(眞)과 망(妄)이 서로 대립으로 간주되는 한, 진은 진짜 진이 아니고 망도 진짜 망이 아니다. 참된 진이 허망한 모습인 망으로 나타나는 것이므로 진과 망은 서로를 배제하면서 서로 대가 되는 그런 대립의 관계가 아니기 때문이다. 서로 대를 이루는 것이 아니므로 '진이다' 또는 '망이다'라고 분별하여 말할 수 있는 것이 아니고, 따라서 진도 아니고 비진도 아니라고 하는 것이다. '어찌 견과 소견을 말하겠는가'에서 견은 능견의 근(根)을 뜻하고 소견은 보여지는 대상인 진(塵)을 뜻한다. 근과 진이 같은 근원에서 나온 것이기에 둘을 분리된 별개의 것으로 구분하여 말할 수 없다. 둘은 하나의 동일한 체에 근거한 것으로 서로 의거하여 존재하지 각각 자기 자성을 따로 갖고 있지 않다. 그래서 서로 기대어서 서 있는 갈대단과 같다고 한다. 그러므로 근을 잡아 매임을 해결하면 진도 따라서 해결된다고 한다.

③ 중간에 진실한 성이 없으니, 그런 까닭에 서로 기댄 갈대단과 같다.
   결박과 해탈은 원인이 같고, 성(聖)과 범(凡)은 두 길이 없다.
④ 서로 기댄 가운데 성을 관하라, 공과 유 둘 다가 아니다.
   미혹하여 어두우면 무명이고, 드러나 밝으면 해탈이다.
③ 中間無實性, 是故若交蘆. 結解同所因, 聖凡無二路.
④ 汝觀交中性, 空有二俱非. 迷晦卽無明, 發明便解脫.

③ 6근 ┌ 매듭: 윤회 - 범(범부)
        └ 풂: 해탈 - 성(성인)

④ 근과 진 ┌ 각각은 못 섬 = 무자성 = 공   - 유(有) 아님
          └ 서로 기대어 섬 = 현상구성의 작용력 = 유 - 공(空) 아님

┌ 지견에 지(知) 세우면 무명 = 미혹으로 어두움 = 범부: 유에 집착 + 수행자: 공에 집착
└ 지견에 견(見) 없으면 열반 = 드러나 밝은 해탈 = 유에 집착 안함 + 공에 빠지지 않음

③ 매듭은 결박과 윤회이고, 매듭을 푸는 것은 해탈이다. 결박과 해탈, 윤회와 해탈은 서로 다른 길이지만, 그 둘이 일어나게 되는 원인 내지 근본은 서로 같다. 풀려 있던 것이 서로 묶이는 것이 결박이고, 그렇게 결박된 것을 풀어놓는 것이 곧 해탈이니, 둘은 같은 자리에서 일어나기 때문이다. 결박되거나 해탈하는 그 자리가 바로 6근이다. 범부에로의 결박이 의거한 것도 6근이고, 성인에로의 해탈의 길이 의거하는 것도 6근이다. 그러므로 범과 성으로 나아가게 되는 두 길의 근거가 서로 다른 것이 아닌 것이다. ④ 갈대단이 서로 기대어 서 있는 것을 보면 그 가운데는 각자의 성이 없이 체가 비어 있어 공(空)이지만, 서로 기대어 확실하게 서 있어 서로 간의 작용이 있으니 유(有)이다. 그러므로 공과 유는 어느 하나를 취하고 어느 하나를 버릴 수 없다. 공이 그대로 유이고, 유가 그대로 공이어서, 결국 공도 아니고 유도 아닌 것이다. 앞에서 '지견에 지를 세우면 무명의 근본이고, 지견에 견이 없으면 이것이 곧 열반의 무루의 참된 청정이다'라고 하였다. '미혹하여 어두우면 무명이다'는 지견에 지를 세운 무명을 말한다. 즉 지를 세워서 유나 공에 치우친 것이다. 그다음 '드러나 밝으면 해탈이다'는 지견에 견이 없어 상으로 막히지 않아 본래의 밝음이 그대로 드러나는 것을 말한다. 여기까지의 게송은 앞에서 장행으로 논했던 내용을 간추려서 게송으로 말한 것이다. 이하의 게송은 앞으로 논할 새로운 내용을 미리 게송으로 언급한다.

⑤ 매듭을 푸는 데는 차례가 있으며, 6이 풀리면 1도 없다.
　근에서 원통을 골라 선택하면, 흐름에 들어 정각을 이룬다.
⑥ 아타나는 미세한 식으로, 습기가 폭류를 이룬다.
　진과 비진에 미혹할까 두려워 나는 항상 드러내 보이지 않는다.
⑤ 解結因次第, 六解一亦亡. 根選擇圓通, 入流成正覺.
⑥ 陀那微細識, 習氣成暴流. 眞非眞恐迷, 我常不開演.

진(眞)	+	비진(非眞)
아타나식(집지식)		아타나식 내 습기(종자)
미세식		폭류: 윤회의 근본
식정원명 = 근성		유근신/기세간을 이룸
이것을 떠나 따로 진이 없음		종자 망습을 제거해야 함

⑤ 매듭을 푸는 데에는 순서가 있어서 하나씩 풀어야 한다. 그래서 6이 다 풀리면 더이상 6이 아니고 따라서 1이라고 말할 필요도 없어진다. 1과 6이 서로 상대하여 성립하는 것이므로 궁극은 6도 아니고 1도 아닌 것이다. 매듭을 풀 때 6근 중에서 원통의 근을 잡아 풀면 그 하나를 풂으로써 다른 것들도 다 풀어지게 된다. 맺힌 근을 잡아서 그 근을 따라 푸는 것이므로 생사의 흐름 바깥으로 나가서가 아니라 생사의 흐름 안으로 들어와서 푸는 것이다. 그러므로 '흐름에 들어가 정각을 이룬'고 말한다. 흐름에 들어가는 입류(入流)는 곧 수행의 흐름에 들어가는 것, 예류(預流)를 뜻한다. 그 흐름에 들어가야 심층마음인 미세식과 그 안의 종자의 흐름을 감지할 수 있다. 그렇게 감지되는 식이 심층식인 아타나식이다. ⑥ 타나(陀那)는 아타나(阿陀那)로 범어 ādāna의 음역이다. 의역하면 집지(執持)이니, 아타나식은 집지식으로 일체 종자(種子)를 함장하고 있는 제8아뢰야식을 말한다. 종자를 함장한 식이란 의미에서 집지식 또는 아타나식이라고 부른다. 아타나식은 의식보다 더 깊이 있어 의식에 잘 드러나지 않으므로 '미(微)'이고, 정묘하여 거칠지 않으므로 '세(細)'인 '미세식'이다. 이 미세식의 밝음이 식정원명이며, 이 원명을 회복하는 것이 수행의 지향점이다. '습기(習氣)가 폭류를 이룬다'에서의 습기는 아타나식 안에 함장된 종자를 말한다. 종자는 지난 업(業)으로부터 남겨져서, 그에 상응하는 결과인 보(報)를 낳을 세력으로서 업이 남긴 힘, 곧 업력(業力)이다. 그러한 종자가 쌓여 습관을 만드는 힘이 되기에 습의 기운인 '습기(習氣)'라고 한다. 습기가 폭류를 이룬다는 것은 아타나식 내 종자가 고정되게 멈추어 있는 것이 아니고 매순간 생멸을 거듭하면서 변화하는 것을 의미한다. 업을 지음으로써 종자가 제8아뢰야식 안에 심겨지면(현행훈종자), 그렇게 함장된 종자가 제8식 안에서 생멸을 거듭하며 전전하다가(종자생종자), 인연이 갖추어지면 종자가 구체적 현상으로 드러나게 된다(종자생현행). 이렇게 종자가 구체화된 결과가 바로 아뢰야식의 상분인 유근신과 기세간이다. 결국 제8식 내 종자로부터 유근신과 기세간이 형성되니, 중생은 업력 종자를 따라 생사를 거듭하며 윤회하는 것이다.

이렇게 보면 제8식 자체는 원묘명심으로서 진(眞)이지만, 그 식 안에 함장된 종자는 업의 습기인 망(妄)이다. 즉 진과 망, 진과 비진(非眞)이 함께한다. 붓다가 제8식인 아타나식을 설하지 않은 이유는 그것을 들은 미혹한 중생이 혹시 망(妄)에 치우쳐 그것이 진에 해당하는 미세식임을 모르고 그 식 밖에서 따로 진을 찾으려 한다거나, 아니면 반대로 진(眞)에 치우쳐 그 안에 허망 종자가 집지되어 그 힘을 따라 생사윤회한다는 사실을 알지 못하고 업을 닦는 수행을 게을리하게 될까 염려했기 때문이다. 아타나식에 진과 비진이 함께하는데, 그것을 모르고 양 극단에 치우쳐 중도를 잃을까 봐 제8식에 대해 발설하기를 꺼린 것이다. '진과 비진에 미혹할까 두려워 드러내 보이지 않는다'는 것이 이 말이다. 『해심밀경』에서 "내가 어리석은 자에게 말하지 않으니, 그들이 분별하여 '아'라고 여길까 두렵기 때문이다"[3]라고 한 것과 마찬가지이다. 『해심밀경』에 대해 『정맥소』는 "진아로 집착할까 염려한다는 말이다. 그러나 『해심밀경』은 진에 미혹할 것만 염려하여 비진에 미혹함을 빠뜨렸으니, 뜻이 완비된 이 경만 못하다"[4]라고 말한다. 즉 『해심밀경』은 사람들이 아타나식이 망임을 보지 못하고 그것을 진이라고 여겨 진아로 집착할까봐 염려한 것이지만, 『능엄경』은 사람들이 아타나식이 진임을 못 보고 그것을 망이라고만 여기는 것의 위험성도 함께 지적한 것이라는 말이다.

⑦ 자심으로 자심을 취하면, 환 아닌 것이 환법이 된다.
    취하지 않으면 비환도 없고, 비환이 생기지 않으면,
    환법이 어찌 서겠는가?
⑦ 自心取自心, 非幻成幻法. 不取無非幻, 非幻尚不生,
    幻法云何立?

---

3 『해심밀경』, 3. 「심의식상품」, "아타나식은 매우 깊고 미세해서, 일체 종자가 폭포의 흐름과 같다. 내가 어리석은 이들에게 말하지 않으니, 그들이 분별하여 아(我)라고 할까 두렵기 때문이다.(阿陁那識 甚深細, 一切種子如瀑流. 我於凡愚不開演, 恐彼分別執爲我.)"
4 진감, 『정맥소』, 3권, 121쪽.

⑦ 근(견분) → 진(상분)   ― 환법(幻法)
    └─────────┘
           ↑ 무명업상 = 명각   ― '자심취자심'
마음(자체분) 원묘명심 = 각명   ― 환 아님

마음의 본래적 밝음인 '각명(覺明)'에 머무르지 않고 스스로 움직여 자신을 대상화하여 밝히려는 '명각(明覺)'의 활동이 무명업상이고, 그로 인해 마음의 자체분이 견분과 상분으로 이원화하게 된다. '자심이 자심을 취한다'는 것은 본각의 마음이 자신을 대상화해서 알려고 하는 것을 말하며, 곧 명각 내지 무명업상의 활동을 뜻한다. 말하자면 각명의 마음인 묘정명심은 이미 스스로를 자각하여 알고 있는데, 그 아는 방식이 이원적인 분별적 앎이 아니기에 스스로를 알지 못한다고 여기면서 다시 자기 자신을 이원화하고 대상화하여 알려고 하며, 그렇게 스스로 대상화하여 자신을 밝히려는 것이 바로 '명각'이다. 그렇게 함으로써 마음은 주와 객, 견분과 상분으로 이원화되고, 그렇게 해서 알려지는 마음은 결국 마음 자체가 아니라 대상화된 마음일 뿐이다. 본래의 마음이 아닌 환(幻)의 마음인 것이다. 그래서 마음이 마음을 대상화하여 '자심으로 자심을 취하면, 환 아닌 것(본심)이 환(대상화된 마음)이 된다'고 말한다.『정맥소』는 '자심이 자심을 취함'에 대해 이렇게 설명한다. "(미혹의) 최초를 따져보면, 견분과 상분이 하나의 자심임을 깨닫지 못하고 오인하여, 능견인 마음으로 소견인 경계를 허망하게 취한 데에서 비롯된다. 이런 까닭에 인(人)도 없고 법(法)도 없는 환 아닌 경계로부터(즉 무명업식 중) 진(塵)을 끌어당겨 근(根)을 맺고(즉 견정이 색을 비춰 색을 맺어 근을 이루어) 법상과 인상을 환으로 생기게 하므로 '환 아닌 데서 환법이 생긴다'고 하였다."[5] '취하지 않음'(불취)은 근을 돌이키고 진을 벗어나서 취착하지 않음을 말한다. 그렇게 함으로써 환(幻)을 벗어나게 되며, 그렇게 환이 없으면 비환도 없고, 따라서 비환이 없으니 또 환이라고 할 것도 없는 것이다.

⑧ 이것을 묘연화라 하고, 금강왕보각이라 하니,
    환 같은 삼마제로 단박에 무학을 넘어선다.

───────────

5   진감,『정맥소』, 3권, 123쪽.

⑨ 이 아비달마는 시방 세존이
   열반문으로 가는 한 길이다.
⑧ 是名妙蓮華, 金剛王寶覺, 如幻三摩提, 彈指超無學.
⑨ 此阿毘達磨, 十方薄伽梵, 一路涅槃門.

⑧ 묘연화: 묘법 + 연화(꽃이 핀 채로 열매를 맺음) -『법화경』┐
   금강왕: 견고함과 날카로움   -『금강경』┘『능엄경』

삼마제 = 삼매 = 등지(等持) = 정혜
 ┌ 혜(慧): 유(流)에 들어감, 리(理)를 비춤
 └ 정(定): 소(所)를 잊음. 망(妄)을 쉼

⑧ 묘연화는 묘한 연꽃으로 천태의 소의경전인『묘법연화경』, 즉『법화경』의 정신을 대변하는 개념이고, 금강왕은 선종에서 중시하며 중관 공사상을 담고 있는『금강반야바라밀경』의 정신을 대변하는 개념이다.『능엄경』이 이 두 정신을 모두 포괄함을 보여준다.『정맥소』의 설명이다. "삼마제를 '환과 같다'고 한 것은 원교 수행인은 본유인 진을 알고 본공인 망을 통달하여 닦을 것 없이 닦고, 끊을 것 없이 끊기 때문이다. 그래서 환 같다고 했으니, 실(實)에 물들어 닦는 권교와 소승과는 다르다. 또한 본래 오직 일심임을 깨닫고 능소를 멀리 떠났으나 방편으로 능문과 소문을 세워 생멸이 소멸하고 적멸이 현전한 데 곧장 이른다. … '무학을 초월한다' 함은 환 같기 때문에 하나를 닦음에 일체를 닦으며 하나를 끊음에 일체를 끊는다는 말이다. 근이 처음 풀리면 먼저 인공을 얻어서 무학과 공력이 나란하고, 공성이 원명하여 법해탈을 이루면 무학을 멀리 초월한다."[6] 근(根)의 공성을 깨달음이 곧 인공의 깨달음으로서 아라한의 경지이고, 진(塵)의 공성을 깨달음이 곧 법공의 깨달음으로서 대승 보살의 경지임을 말한다. 진과 망, 진과 속의 이원성을 넘어선 대승 원교의 관점에서 보면 중생이 이미 부처이다. 따라서 망에서 진으로 향하는 삼마제의 수행 또한 환과 같으며, 중생은 누구나 자심의 원명을 자각하면 그 자리에서 단박에 무학 아라한도 넘어선다는 것이다.
⑨ 이 아비달마는 지금까지 논한 근성에 관한 교법을 말한다. 박가범(薄伽梵)은 붓다

6 진감,『정맥소』, 3권, 126쪽.

를 칭하는 10호 중의 하나로서 자재, (광명)치성, 단엄(端嚴) 등의 뜻을 갖는다. 여기에서 논한 가르침은 붓다 및 제불이 무여열반에 이르기 위해 지나간 하나의 길, 유일한 길이라는 것이다.

붓다의 10호(號):
1. 아라한(阿羅漢)＝응공(應供), 2. 여래(如來, tathagata), 3. 정변지(正遍知)＝정등각(正等覺),
4. 명행족(明行足), 5. 선서(善逝), 6. 세간해(世間解), 7. 무상사(無上士),
8. 조어장부(調御丈夫), 9. 천인사(天人師), 10. 세존(世尊)＝박가범(薄伽梵)

2) 6을 풀면 1도 없음: 6해1망(六解一亡)

아난: (여러 대중과 더불어 붓다 여래의 무상의 자비로운 가르침을 듣는데, 기야와 가타가 섞여서 정미롭고 밝고 묘한 이치가 맑게 투철하니 심안이 밝게 열려 미증유를 얻어 찬탄한다. 합장하고 정례하며 붓다에게) 저는 지금 붓다에서 차별 없는 큰 자비로 성(性)의 맑고 신묘한 항상됨을 설하신 진실한 법구를 들었습니다. 그런데 마음은 아직도 '6이 풀리면 1도 없다'의 매듭을 푸는 순서를 알지 못합니다. 부디 큰 자비를 내려 이 모임과 미래의 중생을 가엽게 여겨 법음을 베풀어 깊은 허물을 씻어 주십시오.

(於是阿難及諸大衆聞佛如來無上慈誨, 祇夜伽陀雜糅精瑩妙理清徹, 心目開明歎未曾有. 阿難合掌頂禮白佛) 我今聞佛無遮大悲性淨妙常眞實法句. 心猶未達六解一亡舒結倫次. 惟垂大慈再愍斯會及與將來, 施以法音洗滌沈垢.

┌ 기야(祇夜, geya): 응송(應誦), 중송(重頌). 앞의 장행의 내용을 표현
└ 가타(伽陀, gātha): 풍송(諷誦) ＝ 게(偈). 새로운 내용을 표현

성(性): 정(淨) ＋ 묘(妙) ＋ 상(常) - 이 성에 이르기 위해 6근을 풂. 6근 푸는 순서를 알려달라!

아난과 대중이 붓다의 교설과 게송까지 듣고는 심안이 열려 심성의 정(淨)과 묘(妙)와 상(常)을 깨닫게 되었다. 그러나 아난은 아직 그 심성에 이르고자 매듭을 풀려고 할 때 어디에서 시작해야 하는지에 대해 확실하지 않다고 말한다. 앞에서 근으로 맺힌 매듭을 모두 풀면 '6이다, 1이다'라는 분별조차 의미가 없어진다고 하였으니, 그것이 곧

'6이 풀리면 1도 없다'는 6해1망이다. 문제는 6근의 매듭을 풀어야 하는데, 그 매듭을 어디에서부터 어떻게 풀어야 하는지 아직 알지 못한다는 것이다. 아난은 근의 매듭을 풀기 위해 과연 어디에서부터 풀어야 하는지, 그 순서를 알려달라고 청한다.

> 붓다: (사자좌에서 속옷을 정리하고 또 겉옷을 정돈하고는 7보 책상을 당겨서 그리로 손을 뻗어 겁바라천이 바친 수건을 취한다. 대중 앞에서 하나의 매듭을 묶어 아난에게 보이며) 이것을 뭐라고 합니까?
>
> 아난: (대중과 함께 붓다에게) 매듭이라고 합니다.
>
> 붓다: (매듭지어진 화건에 또 하나의 매듭을 만들고 다시 아난에게) 이것은 무엇이라고 합니까?
>
> 아난: (대중과 다시 붓다에게) 이것 또한 매듭이라고 합니다.
>
> 붓다: (이와 같이 차례로 화건을 몇 번 묶어 총 6매듭을 만들면서, 하나하나 매듭이 만들어질 때마다 모두 손에서 만들어진 매듭을 취해 아난에게 그 이름이 무엇이냐를 묻는다.)
>
> 아난: (대중과 함께 그 이름이 매듭이라고 차례로 붓다에게 응답한다.)
>
> (卽時如來於師子座整涅槃僧歛僧伽梨, 覽七寶机引手於机取劫波羅天所奉花巾, 於大衆前綰成一結, 示阿難言) 此名何等?
>
> (阿難大衆俱白佛言) 此名爲結.
>
> (於是如來綰疊花巾, 又成一結重問阿難) 此名何等?
>
> (阿難大衆又白佛言) 此亦名結.
>
> (如是倫次綰疊花巾總成六結, 一一結成, 皆取手中所成之結, 持問阿難此名何等.)
>
> (阿難大衆亦復如是, 次第酬佛此名爲結.)

근의 맺힘을 수건에 만든 매듭으로 비유한다. 근에의 맺힘이 하나하나 생겨나는 것을 비유하기 위해 매듭을 하나씩 만들고, 그 각각의 것이 무엇이라고 불리는지를 묻고, 아난은 그것을 모두 '매듭'이라고 답한다. 이와 같이 매듭을 푸는 순서를 알려달라는 아난의 청에 붓다는 우선 어떻게 해서 6개의 매듭이 있게 되는가를 제시한다. 매듭을 푸는 순서를 알기 위해 일단 매듭이 생기는 순서를 밝히려고 한 것이다. 그렇다면 6근의 매듭지어짐에 순서가 있는가? 뒤의 내용을 따라 생각해보면, 6근의 매듭지어짐에는 일정한 순서가 있지 않다. 즉 안근의 매듭, 이근의 매듭 등 매듭지음의 순서가 있지 않기에, 6근의 매듭을 푸는 방식도 어느 하나의 근부터 차례대로 풀어가는 일정한 순서가 있지 않다. 다만 6으로 나뉘기 이전의 근본을 찾는 방식으로 매듭을 풀어야 한다. 그런데 매듭이 맺히고 풀림에 있어 6근에 따른 6단계의 순서가 정해져 있지는 않지만, 이하에서 논의되는바 다음 세 가지는 말할 수 있다.

> 매듭 푸는 과정에서 알아야 할 것:
> 1. 매듭이 풀림에 따라 처음에는 인공, 다음에는 법공, 마지막으로 무생법인을 증득함
> 2. 매듭 전체를 풀기에 적당한 근이 이근이며, 그래서 이근원통임
> 3. 이근이 매듭지어지는 6결(結)의 순서가 있으므로 그 6결을 푸는 순서도 있음

붓다: (아난에게) 내가 처음 수건을 묶자 당신은 이름이 '매듭'이라고 했습니다. 거듭 묶인 이 화건은 처음에는 실제로 한 가닥이었는데, 두 번째, 세 번째 묶인 것을 어째서 당신은 '매듭'이라고 합니까?

아난: (붓다에게) 세존이여, 이 묶인 보배 화건은 짜여져 만들어진 수건으로 비록 본래는 하나의 체(體)이지만 제가 생각하기에 여래께서 한 번 묶으면 하나의 매듭이란 이름을 얻고, 만약 100번 묶으면 결국 100매듭이라고 불릴 것입니다. 하물며 이 수건은 단지 6매듭만 있을 뿐 마침내 7에 이르지 못하고 5에 멈추지도 않았는데, 어째서 여래께서는 오직 첫 번째 것만 매듭이라고 하시고 제2, 제3은 매듭이 아니라고 하십니까?

(佛告阿難) 我初綰巾汝名爲結. 此疊花巾先實一條, 第二第三云何汝曹復名爲結?

(阿難白佛言) 世尊, 此寶疊花緝績成巾, 雖本一體, 如我思惟如來一綰得一結名, 若百綰成終名百結. 何況此巾祇有六結, 終不至七亦不停五, 云何如來祇許初時, 第二第三不名爲結?

첫 번째로 묶은 것이 첫째 매듭이고, 그다음은 두 번째 매듭, 그다음은 세 번째 매듭

이 되어 무두 6개의 매듭이 된다. 여기에서는 매듭이 정확히 6개이며, 모두 매듭으로 불린다는 것을 확인하고 있다. 여기서 말하는 6매듭은 6근을 의미하기도 하지만, 매듭이 맺히고 풀리는 순서를 논할 때의 6매듭은 6근이 아니라 또 다른 의미의 6결(結)을 뜻한다. 즉 6결은 6근과 상응하는 것이 아니고 우리의 의식의 표층에서부터 심층으로 나아가면서 매듭지어지는 6개의 결박인 6결(結), 즉 동결·정결·근결·각결·공결·멸결을 말한다. 따라서 매듭을 푸는 순서는 6근을 푸는 순서가 아니라, 6결을 푸는 순서가 된다. 이 6결이 풀리면 6근이 모두 한꺼번에 풀려서 6근 바탕의 하나의 성으로 돌아간다.[7] 6결의 매듭은 순서가 있지만, 그래도 모든 매듭이 결국 풀려야 할 매듭이고 결박이란 점에서는 마찬가지임을 강조한 것이다.

붓다: (아난에게) 이 보배 화건은 당신도 알듯이 원래 한 가닥이었는데, 내가 여섯 번 묶으니 '6매듭이 있다'고 합니다. 당신은 잘 관찰하십시오. 수건의 체는 같지만, 매듭으로 인해 다름이 있습니다. 어떻게 생각합니까? 처음 묶어 매듭이 생기면 제1이라고 불리고, 이와 같이 제6매듭까지 생겼는데, 내가 지금 제6매듭을 갖고 제1매듭이라고 부르려고 하면 되겠습니까?

아난: 아닙니다, 세존이여. 6매듭이 있다면, 그 제6의 이름은 결코 제1이 아닙니다. 비록 제가 생을 거듭하며 그것을 끝까지 밝힌다 해도 어찌 이 6매듭을 어지럽게 (제1이라고) 부를 수 있겠습니까?

붓다: 6결이 같지 않으니, 본래 원인을 돌아보면 하나의 수건으로 만들어진 것이지만, 그것을 어지럽게 섞는 것은 결코 성립할 수 없습니다. 그런즉 당신의 6근도 또한 이와 같이 필경 같은 것 가운데 필경 다른 것이 생긴 것입니다.

---

7   6결(結)은 조금 뒤에 관세음보살이 이근원통을 제시하는 곳에서 상세히 논의된다. 『정맥소』는 이 6개의 매듭이 가깝거나 먼 차이 또는 미세하거나 거친 차이가 있다고 말한다. "뒤 원통에서 여섯 가지 결상을 푸는 대목을 참조하면, 동(動)·정(靜)·문(聞)·각(覺)·공(空)·멸(滅) 순이니, 앞을 통해 뒤를 보면 친소에 다름이 있고, 뒤를 통해 앞을 보면 세추가 같지 않다." 진감, 『정맥소』, 3권, 135쪽.
　　매듭: 동(動), 정(靜), 문(聞), 각(覺), 공(空), 멸(滅)

친(親)	→	소(疎)
추(麤)	←	세(細)

> (佛告阿難) 此寶花巾汝知此巾元止一條. 我六綰時名有六結. 汝審觀察巾體是同, 因結有異. 於意云何? 初綰結成名爲第一, 如是乃至第六結生, 吾今欲將第六結名成第一不?
>
> 不也, 世尊, 六結若存, 斯第六名終非第一. 縱我歷生盡其明辯, 如何令是六結亂名?
>
> (佛言) 六結不同, 循顧本因一巾所造, 令其雜亂終不得成. 則汝六根亦復如是, 畢竟同中生畢竟異.

6의 매듭 = 상(相): 1~6매듭: 서로 다름   6근: 서로 다른 것, 이(異)

↑   ↑

하나의 수건 = 성(性): 같은 하나의 것   하나의 심: 같은 것, 동(同)

하나의 수건을 묶음으로써 6개의 매듭이 생겨나지만, 생겨날 때 각각의 상황과 인연에 따라 제1매듭, 제2매듭 등 서로 다른 매듭이 생겨나며 따라서 서로 다른 이름으로 불린다. 일단 인연을 따라 생겨나는 것은 그것을 이루는 각각의 상황과 맥락이 서로 다른 만큼, 서로 상이하게 차이나는 것, 분별되는 것으로 나타난다. 하나의 성(性)으로부터 여러 가지 다양한 상(相)이 전개될 때, 성이 하나라고 해서 그것으로부터 생겨나는 상들이 모두 같은 모습을 하고 같은 이름으로 불리는 것은 아닌 것이다. 동일한 하나의 성에서 생겨나도 상들은 서로 간의 차이점이나 분별점을 잃지 않는다. 우리의 6근도 비록 그 성은 하나이지만 여러 상황과 인연에 따라 각각 서로 다른 것으로서 6개의 근으로 형성된다. 동일한 성에 근거하되 서로 상이한 차별적인 상으로서 6근이 생겨나는 것이다.

> 붓다: (아난에게) 당신이 필히 이것을 혐오하여 6매듭을 이루지 않고 하나를 이루기를 원한다면, 다시 어떻게 해야 하겠습니까?
>
> 아난: 이 매듭이 남아 있다면, 시비가 벌떼같이 일어나서 그 가운데 저절로 '이 매듭은 저것이 아니다', '저 매듭은 이것이 아니다'라고 할 것입니다. 여래께서 지금 만약 모두 풀어 버려서 매듭이 생기지 않게 하면 저것과 이것이 없게 되니, 하물며 1이라고 하지도 않을 텐데 6이 어찌 성립하겠습니까?

붓다: '6이 풀리면 1도 없다'는 것도 이와 같습니다. 당신이 무시이래로 심성이 광란함으로 인해 지견이 허망하게 일어나고 허망을 일으킴이 그치지 않아 견을 피로하게 하여 진을 일으킵니다. 마치 눈동자를 피로하게 하면 맑고 정명한 곳에 미친 꽃이 원인 없이 어지럽게 일어나는 것과 같습니다. 일체 세간의 산하대지와 생사와 열반은 모두 광란과 피로로 전도된 꽃의 모습입니다.

(佛告阿難) 汝必嫌此六結不成, 願樂一成復云何得?

(阿難言) 此結若存, 是非鋒起, 於中自生此結非彼, 彼結非此, 如來今日若總解除, 結若不生則無彼此, 尙不名一六云何成?

(佛言) 六解一亡亦復如是. 由汝無始心性狂亂, 知見妄發, 發妄不息, 勞見發塵. 如勞目睛則有狂花於湛精明無因亂起. 一切世間山河大地生死涅槃皆卽狂勞顚倒華相.

심성광란		지견망발	발망불식	노견		발진
심성이 광란하여	→	지견이 망발하고	→ 발망 불식함 →	견을 피로케 하여	→	진을 발함
(묘명본각) (무명업상)		(전상)				(세간 생사 열반)
			〈비유〉 눈동자가 피로 →	광화 일어남		

6근의 서로 다름을 없애서 하나의 근본으로 돌아가고자 한다면 어떻게 해야 하는가? 6매듭을 만들어 6을 서로 구분 짓고 분별하는 것이 싫으면, 그 매듭을 모두 풀어 버리면 된다. 그렇듯이 6근을 해체시켜 하나의 근본으로 돌아가는 것이 가능하다는 것이다. 그렇게 되면 6이라고 할 것도 없고, 다시 6과 대비되는 1을 내세울 것도 없게 된다. 그래서 '6해 1망'이라고 한다. 이어 6근이 풀어 버려야 할 환화와 같다는 것을 말하고, 1이라고 할 것도 없는 묘명심으로부터 어떻게 차별상이 만들어지게 되는지를 다시 설명한다. 즉 심성이 무명으로 실상을 알지 못해 허망한 생각인 지견(知見)을 일으켜 멈추지 않으면, 결국 견(見)이 피로해지고 그러면 그 결과로 허상인 진(塵)이 나타난다는 것이다. 마치 눈이 피로해지면 허공에 환화가 생겨나는 것과 같다. 이런 식으로 우리가 5감각으로 보고 아는 일체 산하대지 및 생사와 열반이 모두 견의 피로로 인해 그려진 것, 전도된 환화이다. 『정맥소』는 위의 구절을 다음과 같은 방식으로 6결과 연결짓는다.[8]

---

8   진감, 『정맥소』, 3권, 142쪽 참조.

심성이 광 + 란하면 → 지견이 망발 불식 → 견을 피로하게 함 → 진을 발함
(묘명본각)(무명업상) 3세성립   법집 지위   인집 지위
            ⑥ 멸결 ← ⑤ 공결 ④ 각결 ← ③ 문결(근결) ← ② 정결 ① 동결

심성의 광란으로 지견이 일어나서 결국 피로를 쌓아 근을 만들고 먼지를 쌓아 진을
형성하는 과정을 6가지 결(結)로 설명한 것이다. 여기에서의 6결은 6근의 맺힘을 포함
한 더 넓은 의미의 매듭이다.

아난: 이 피로가 매듭과 같다면, 어떻게 풀어서 없애야 합니까?

붓다: (손으로 매듭진 수건을 잡고 그 왼쪽을 잡아당기면서 아난에게) 이렇게
하면 풀리겠습니까?

아난: 아닙니다, 세존이여.

붓다: (돌려서 다시 손으로 오른쪽을 끌어당기면서 또 아난에게) 이렇게 하면
풀리겠습니까?

아난: 아닙니다, 세존이여.

붓다: (아난에게) 내가 지금 손으로 왼쪽과 오른쪽을 각각 당겼는데, 결국 풀
수가 없으니, 당신이 방법을 말해보십시오. 어떻게 해야 풀리겠습니까?

아난: (붓다에게) 세존이여, 마땅히 매듭의 중심에서 풀면 풀릴 것입니다.

붓다: (아난에게) 그렇습니다, 그렇습니다. 만약 매듭을 제거하고자 한다면,
마땅히 매듭의 중심에서 해야 합니다.

(阿難言) 此勞同結, 云何解除?

(如來以手, 將所結巾偏掣其左, 問阿難言) 如是解不?

不也, 世尊.

(旋復以手偏牽右邊, 又問阿難) 如是解不?

不也, 世尊.

(佛告阿難) 吾今以手左右各牽, 竟不能解, 汝設方便, 云何成解?

(阿難白佛言) 世尊, 當於結心解卽分散

(佛告阿難) 如是如是. 若欲除結, 當於結心.

치우친 사고 ┌ 매듭을 왼쪽으로 당김: 6근을 유(有)로 봄. 유에 막혀서 생사에 머묾
          └ 매듭을 오른쪽으로 당김: 6근을 공(空)으로 봄. 공에 빠져 열반을 추구
   ↕
중도적 사고 ─ 매듭을 중심에서 품: 유나 공으로 치우친 견을 세우지 않음

매듭을 어떻게 풀어야 하는가를 논하는 것은 피로로 맺어진 우리의 6근을 어떻게 풀어야 하는가를 말하기 위한 것이다. 매듭은 주변을 잡아당겨서 풀릴 수 있는 것이 아니라, 매듭지어진 바로 그 중심을 잡고 풀어야 한다. 즉 6근을 풀려면 유나 공으로 치우친 견을 세우지 않고 치우침 없는 중도로 풀어야 한다.

붓다: 아난이여, 내가 '불법(佛法)은 인연을 따라 생긴다'라고 말한 것은 세간에서의 화합의 거친 상을 갖고 말한 것이 아닙니다. 여래는 세간법과 출세간법을 밝혀서 그 본래 인이 연을 따라 나오는 것을 압니다. 이와 같이 심지어 항하사 세계 밖의 비 한 방울까지도 그 수효를 알며, 눈앞의 갖가지 중 소나무는 곧고 대추나무는 굽으며 고니는 희고 까마귀는 검은 그 원래 유래를 모두 압니다. 그러므로 아난이여, 당신의 마음을 따라 6근 중 선택하십시오. 근의 매듭이 만약 제거되면, 진(塵)의 모습도 저절로 멸할 것입니다. 모든 허망이 사라지면, 참되지 않은 것이 어디에 기대겠습니까?

阿難, 我說佛法從因緣生, 非取世間和合麁相. 如來發明世出世法, 知其本因隨所緣出. 如是乃至恒沙界外一滴之雨亦知頭數, 現前種種松直棘曲鵠白烏玄皆了元由. 是故, 阿難, 隨汝心中選擇六根, 根結若除, 塵相自滅. 諸妄銷亡, 不眞何待?

추상(麁相)의 인연 = 화합: 본심 못 보아 의식(식심)에 의탁, 경계를 세움, 공과 유를 서로 파함
   ↕
세상(細相)의 인연: 본심을 보아 망연을 떠남, 체용을 융합, 공과 유를 초월

붓다의 앎 = 현지(懸知) ┌ 공간의 제약을 넘어 먼 곳을 앎. 세계 밖 빗방울의 수효를 앎
               └ 시간의 제약을 넘어 먼 시간을 앎. 소나무의 굽은 유래를 앎

붓다가 아는 불법(佛法)의 인연은 추상(麤相)의 인연이 아니라고 말함으로써 인연을 추상의 인연과 세상(細相)의 인연 둘로 구분한다. 거친 인연은 범부가 아는 세간의 인연으로, 식심에 의거하고 경계를 따라 일어나는 인연이다. 반면 미세한 인연은 세간에서 범부들이 아는 인연화합과는 구분된다. 붓다가 미세한 인연을 말할 수 있는 것은 붓다의 앎이 우리 범부의 앎과 다르기 때문이다. 범부는 눈에 보이는 세간의 질서만 알지만, 붓다는 눈에 보이지 않는 세간 질서와 출세간의 법까지도 모두 안다. 세간에서의 일뿐 아니라 그것이 출세간과 이어지는 인연의 고리까지 모두 파악하고 있다는 뜻이다. 그래서 붓다의 앎은 공간적 제약을 넘어 세계 밖의 일까지, 심지어 빗방울이 몇 개인지까지도 다 알고, 시간적 제약을 넘어 온갖 것들의 변화의 유래까지도 모두 안다는 것이다. 이와 같이 붓다의 앎은 일상 범부의 앎에서 드러나는 근(根)에 의한 제한을 넘어서며, 따라서 시간과 공간의 제한을 넘어 무한히 확장되는 앎이다. 그렇듯 일상적인 근에의 매임을 풀게 되면, 앎이 멈추는 적멸에 빠지는 것이 아니라 오히려 붓다의 앎과 같은 무한한 앎으로 나아가게 된다. 이처럼 근의 매듭을 푸는 것은 인식의 끝이 아니라 오히려 인식의 확장이다. 이 사실을 믿고서 매듭처럼 맺혀 있는 우리의 6근을 풀어보라는 것이다. 6근을 푼다는 것은 곧 근의 맺힘을 해체하여 6근으로 분화되기 이전의 근본 마음의 밝음을 회복하는 것이다. 즉 두루하고 원만하며 일체를 하나로 아는 마음의 원통의 힘을 되찾는 것이다. 그렇게 해서 피로한 6근에 상응해서 나타나는 환화(幻花) 대신 그 바탕의 참된 실상을 보는 것이다.

붓다: 아난이여, 내가 이제 당신에게 묻겠습니다. 이 겁바라의 수건에 6매듭이 현전하는데, 얽힘을 동시에 풀어 함께 제거할 수 있겠습니까?

아난: 아닙니다, 세존이여. 이 매듭이 본래 순서에 따라 묶여서 생겼으므로 이제 차례에 따라서 풀어야 합니다. 6매듭이 같은 체이지만 동시에 매어지지 않았으므로 매듭을 풀 때 어찌 동시에 제거할 수 있겠습니까?

붓다: 6근을 풀어 제거하는 것도 또한 이와 같습니다. ① 이 근을 처음 풀면 먼저 인공(人空)을 얻고, ② 공성이 두루 밝아지면 법해탈이 이루어집니다. ③ 법에서 이미 해탈하여 두 공이 모두 생기지 않으면, 이것을 '보살이 삼마지를 따

라 무생법인을 얻는다'고 합니다.

阿難, 吾今問汝. 此劫波羅巾六結現前, 同時解縈得同除不?

不也, 世尊. 是結本以次第綰生, 今日當須次第而解. 六結同體, 結不同時, 則結解時, 云何同除?

(佛言) 六根解除亦復如是. ① 此根初解, 先得人空, ② 空性圓明, 成法解脫. ③ 解脫法已俱空不生, 是名菩薩從三摩地得無生忍.

매듭을 푸는 순서가 있음:

  ① 근이 풀림 – 인공 얻음: 인해탈

  ② 공성 원명 – 법공 얻음: 법해탈

  ③ 2공 불생 – 무생법인(無生法忍)을 얻음

수건의 6매듭이 하나씩 차례대로 생긴 것이면 그것을 풀 때도 하나씩 순서대로 풀어야 한다. 마찬가지로 우리의 6근도 그 맺힘을 풀기 위해서는 하나씩 순서대로 풀어야 한다. 그런데 매듭이든 근이든 맺히는 순서와 푸는 순서는 서로 역방향이 된다. 즉 맨 처음 맺힌 것부터 푸는 것이 아니고, 맨 나중에 맺힌 것부터 풀어야 한다. 맨 마지막에 맺힌 것을 가장 먼저 풀어야 하는 것이다. 감산은 매듭이든 근이든 "생기는 것은 식(識)으로 인해 있게 되고, 소멸은 색(色)으로부터 없앤다"[9]고 말한다. 6근의 해체를 통해 얻게 되는 것 중 ① 첫 번째 것은 아공(我空)이다. 아집의 매듭이 풀리면, 아집이 극복되면서 아공을 얻게 된다. ② 두 번째 단계에서 얻는 것은 법공이다. 법집의 매듭을 풀고 얻게 되는 것이 법공이고 법해탈이다. ③ 이렇게 아공과 법공을 얻으면, 일체가 모두 공이라서 공이라고 할 것도 없게 된다. 그러므로 '구공불생'이라고 한다. 이때의 마음의 경지를 일체의 생멸을 넘어선 '무생법인의 증득'이라고 한다.

---

9 "생인식유, 멸종색제(生因識有, 滅從色除)." 감산, 『수능엄경통의』, 1권, 504쪽. 이 순서는 6결을 푸는 과정의 순서이기도 하고, 색음에서 식음까지의 마상(魔相)을 제거하는 과정의 순서이기도 하다.

2. 24성인의 원통(圓通)의 길

아난: (여러 대중과 더불어 붓다의 가르침을 듣고 지혜와 깨달음이 두루 통하여 의혹이 없어졌다. 일시에 합장하고 양발에 정례하며 붓다에게) 저희들은 오늘 심신이 밝고 쾌적하며 의혹이 없어져서 비록 1과 6이 없다는 뜻은 깨달아 알겠으나 아직 원통의 본래 근(根)은 요달하지 못했습니다. 세존이여, 저희들은 표류하며 여러 겁을 외롭게 떠돌았으니, 어떤 마음과 어떤 생각으로 붓다와 천륜으로 만났겠습니까? 마치 젖을 잃은 아이가 홀연히 자비로운 어머니를 만난 것 같습니다. 만약 이 모임으로 인해 도를 이루어야 한다면, 얻어들은 비밀한 말씀이 본래 깨달은 바와 같아지니, 그런즉 듣지 않은 것과 차별이 없을 것입니다. 부디 큰 자비를 내려서 저에게 비밀스런 장엄을 베풀어 여래의 최후의 가르침을 이루어주십시오. (말을 마치자 오체투지하고 물러나 그윽한 기틀을 간직한 채 붓다의 깊은 가르침을 기다린다.) …

(阿難及諸大衆蒙佛開示, 慧覺圓通得無疑惑. 一時合掌頂禮雙足而白佛言) 我等今日身心皎然快得無礙. 雖復悟知一六亡義, 然猶未達圓通本根. 世尊, 我輩飄零積劫孤露, 何心何慮預佛天倫? 如失乳兒忽遇慈母. 若復因此際會道成, 所得密言還同本悟, 則與未聞無有差別. 惟垂大悲惠我祕嚴, 成就如來最後開示. (作是語已五體投地, 退藏密機冀佛冥授.) …

혜(慧): 시각, 묘지, 도안 ┐
　　　　　　　　　　　 │ 원통　　질문: 원통의 근(根)은?
각(覺): 본각 ────────┘

매듭이 없는 본래 마음의 묘명함이 본명의 각(覺)이며, 붓다의 가르침을 듣고 마음의 실상을 깨달아 알게 되는 것이 지혜 혜(慧)이다. 지혜로써 본각을 알게 되어 의혹이 없어졌다는 것이다. 그렇지만 어떻게 그런 원통이 성립하는지, 어떻게 원통을 이루어야 하는지, 원통을 이루기 위해 잡아야 할 근(根)이 무엇인지는 아직 알지 못한다고 말한다. 아난은 붓다를 스승으로 만난 것이 부모 형제 사이보다 더 긴밀한 인연이기에 천륜으로 만났다고 하며, 인생의 근본을 모르고 고통의 생사윤회를 반복하다가 고통으로부터 구제해줄 스승을 드디어 만났기에 젖먹이가 잃어버렸던 어머니를 만난 심정이라고 말한다. 아난은 앞에서 견도분에서 본래 마음인 원묘명심의 각명(覺明)에 대해 듣고 이해 차원의 깨달음인 오(悟)를 이루었으며, 수도분에서는 이해를 넘어 실천수행함으로써 원묘명심을 회복하고자 하였다. 본각을 모르는 불각(不覺)을 넘어 시각(始覺)으로 나아가고자 하는 것이다. 그런데 어떤 수행을 통해 원묘명심의 밝음을 가리는 6근의 매듭을 풀 수 있는지, 어떻게 원통(圓通)을 증득할 수 있는지, 붓다가 아직 그 구체적 방법을 알려주지 않았다. 따라서 아난은 지금까지 들은 것이 견도분에서 이해한 것과 다르지 않으며, 그보다 더 나아간 것이 없다고 말한다. 그래서 '들은 것이 안 들은 것과 차이가 없다'고 말한다. 다시 말해 아난이 지금까지 깨달은 것은 중생의 마음에 묘정원명의 본각(本覺)이 있다는 것이며, 본각은 누구나 이미 갖고 있다는 것이다. 다시 말해 붓다의 설법을 들어서 그에 대한 지혜가 있든 없든 누구나 이미 갖고 있는 것이다. 그러므로 붓다의 가르침을 통해 시각(始覺)을 얻지 못한다면, 설법을 들은 것과 듣지 않은 것, 본각을 아는 것과 알지 못하는 것, 그 둘 간에 실제적 차이가 없다는 것이다. 따라서 본각을 깨닫는 것을 넘어 본격적인 수행에 들어가자면, 6근의 매듭을 푸는 구체적인 방법을 알아야 한다. 즉 6근의 매듭을 풀면 본래 마음의 밝음을 얻게 된다는 것, 그러면 6도 1도 없이 원통한 마음을 회복할 수 있다는 것을 단지 이론적으로 아는 것을 넘어, 구체적으로 어떻게 그 원통을 이룰 수 있는지를 알아야 한다. 지금까지는 원통에 대해 듣기만 했지 실제적인 수행방법은 아직 알지 못하니, 결국 안 들은 것과 다를 바가 없다는 것이다. 이제부터는 구체적으로 어떻게 원통의 수행을 해야 하는지, 어떤 근을 잡아서 어떻게 매듭을 풀어야 하는지, 그에 대해 좀 더 분명한 가르침을 내려 달라고 청한다.

붓다: (대중 가운데 대보살 및 번뇌가 다한 대아라한에게 묻기를) 당신들 보살과 아라한들은 나의 법 가운데 와서 무학을 이루었으니, 내가 지금 당신들에게 묻습니다. 최초로 발심하여 18계를 깨달았을 때 무엇으로 원통을 이루었고 무슨 방편을 따라 삼마지에 들었습니까?

(爾時, 世尊普告衆中諸大菩薩及諸漏盡大阿羅漢) 汝等菩薩及阿羅漢生我法中得成無學, 吾今問汝. 最初發心悟十八界, 誰爲圓通, 從何方便入三摩地?

아난이 원통을 이루는 구체적 방법을 알려달라고 부탁하자, 붓다는 제자들에게 어떤 방편으로 수행하여 깨달음에 이르고 삼마지에 들었는지를 말해보라고 한다. 제자들은 붓다의 질문에 각각 6진, 5근, 6식 그리고 7대를 통한 원통을 순서대로 답한다. 6근 중 이근은 가장 끝에 별도로 나온다.

6진: 성진: 교진여   – 4성제를 설하는 붓다의 음성에서 깨달음

      색진: 우파니사타   – 부정관 통해 진색(塵色)과 묘색(妙色)을 깨달음

      향진: 향엄동자   – 향기의 소종래 없음을 깨달음

      미진: 약왕보살과 약상보살 – 상약관(嘗藥觀)으로 맛의 성이 공·유·즉신심·리신심 아님을 깨달음

      촉진: 발타바라   – 목욕하나가 촉감 대상인 물을 통해 깨달음

      법진: 마하가섭(두타제일) – 법진의 공성을 깨달음

5근: 안근: 아나율타(천안제일) – 시력을 잃고, 금강삼매로 원명을 회복. 선견순원(旋見循元)

      이근: 〈관세음보살〉

      비근: 주리반특가   – 기억력이 나쁨, 호흡의 생주이멸을 관찰. 반식순공(返息循空)

      설근: 교범발제   – 되새김질함, 일미법문으로 깨달음. 환미선지(還味旋知)

      신근: 필릉가바차   – 고통의 감각 중 망각에서 진각으로 나아감. 순각유신(純覺遺身)

      의근: 수보리(해공제일/금강경) – 마음의 공성과 본각을 깨달음. 선법귀무(旋法歸無)

6식: 안식: 사리불(지혜제일/반야경) – 마음의 눈으로 봄(심견)

      이식: 보현보살   – 중생의 지견과 보현행을 마음으로 들음(심문)

      비식: 손타라난타   – 수식관, 코끝의 빛을 보는 관비단백(觀鼻端白)

      설식: 부루나(설법제일)   – 변재가 무애, 설법하면서 번뇌 소멸

      신식: 우파리(지계제일)   – 몸소 계를 지켜 심신의 통달을 얻음

      의식: 목건련(신통제일)   – 인연설을 듣고 발심하여 대통달을 얻음, 마음의 빛을 밝힘

7대: 화대: 오추슬마   – 탐욕(음심)을 지혜의 불로 바꿈. 화광삼매

      지대: 지지보살   – 근신과 세간의 진(塵)이 평등함을 깨달음

      수대: 월광동자   – 몸의 물과 세계의 물이 평등함을 깨달음, 선정 중 기와조각

      풍대: 유리광보살   – 세계와 중생신과 마음이 풍력으로 허망하게 움직임을 관함

      공대: 허공장보살   – 4대의 공성을 관하여 대신통을 얻음

      식대: 미륵보살   – 유심식정(唯心識定)으로 유식을 통찰하여 원성실에 들어감

      견대(근대): 대세지 법왕자 – 염불삼매로 무생법인에 들어감. 향광장엄

1) 6진원통: 교진여·우파니시디·향엄동자·약왕약상·발타바라·마하가섭

교진여: <① 성진(聲塵)> (5비구가 자리에서 일어나서 붓다의 발에 정례하고 붓다에게) 제가 녹야원 및 계원에서 여래가 최초로 성도하신 것을 보았는데, 붓다의 음성에서 4성제를 밝게 깨달았습니다. 붓다께서 비구에게 물었을 때 제가 최초로 이해했다고 말하자, 여래께서 저를 인가해주시고 '아야다'라고 부르셨습니다. 묘한 음성이 그윽하고 원만하여 저는 음성에서 아라한을 얻었습니다. 붓다께서 원통을 물으시니, 제가 증득한 바로는 음성이 최상입니다.

(憍陳那五比丘卽從座起, 頂禮佛足而白佛言) 我在鹿苑及於鷄園觀見如來最初成道, 於佛音聲悟明四諦. 佛問比丘, 我初稱解, 如來印我名阿若多. 妙音密圓, 我於音聲得阿羅漢. 佛問圓通, 如我所證音聲爲上.

깨달음의 단서: 4성제를 설하는 붓다의 음성

붓다가 초전법륜에서 설한 것은 고집멸도 4성제이다. 초전법륜을 듣고 교진여가 5비구 중 가장 먼저 깨달았다고 한다. 교진여가 붓다의 4성제를 이해했다고 말하자, 붓다가 그를 이해(解)란 의미의 '아야다'라고 불렀다. 그런데 교진여는 깨달음을 얻게 된 직접적 계기가 설해진 4성제의 내용이 아니라, 그 내용을 설하는 붓다의 음성이었다고 말한다. 그래서 '묘한 음성이 그윽하고 원만하다'(묘음밀원)고 하였다. 묘음이 밀원하다는 것은 붓다의 설법이 인간뿐 아니라 우주 전체에 고유한 메시지를 전달한다는 뜻으로 볼 수 있다. 마음으로 스며들어 영향을 미치는 음성의 신묘한 전파력을 알게 된 것이라고 할 수 있다.

우파니사타: <② 색진(色塵)> (자리에서 일어나 붓다의 발에 정례하고 붓다에게) 저도 붓다가 최초로 성도하는 것을 보고 부정상(不淨相)을 관하다가 크게 싫어 떠나려는 마음을 내어 모든 색의 성(性)을 깨달았습니다. 부정한 백골과 미진이 공으로 돌아가고, 공과 색이 둘 다 없어져서 무학도를 이루니, 여래께서

인가하여 '니사타'라고 부르셨습니다. 대상적 색이 이미 다하고 묘한 색이 그윽하고 원만하여 저는 색상으로부터 아라한을 얻었습니다. 붓다께서 원통을 물으시니, 제가 증득한 바로는 색인(色因)이 최상입니다.

(優波尼沙陀從座起, 頂禮佛足而白佛言) 我亦觀佛最初成道, 觀不淨相生大厭離, 悟諸色性. 以從不淨白骨微塵歸於虛空, 空色二無成無學道, 如來印我名尼沙陀. 塵色旣盡, 妙色密圓, 我從色相得阿羅漢. 佛問圓通, 如我所證色因爲上.

깨달음의 단서 ┌─ 제색의 상(相): 부정(不淨)하여 염리심을 냄 ┐
               └─ 제색의 성(性): 공을 깨달음   ┘ 공과 색, 둘 다 없어짐

진색(塵色): 빛이 반사되어 나타나는 색, 탁한 색 = 색의 상(相)
 ↕
묘색(妙色): 색을 일으키는 원래의 빛, 투명한 색 = 색의 성(性). 여래장심의 빛

우파니사타는 탐욕이 많은 자였고 그래서 붓다는 그에게 부정관을 권하였다고 한다. 수행의 방편을 고를 때에는 근기의 이와 둔, 번뇌의 경과 중을 함께 고려해야 하는데, 우파니사타는 근기는 예리하지만 번뇌가 중하였으며, 이렇게 중한 번뇌를 대치하기 좋은 수행법이 부정관이다. 부정관은 시체의 아름답지 못한 부패 과정을 있는 그대로 관함으로써 물질로 향한 욕망과 집착을 끊는 수행법이다. 부정한 대상으로서의 색인 진색이 다하면 그 자리에 묘색이 드러난다고 한다. 부정관을 행하다 보면 부정한 색이 공으로 사라지고 거기에 여래장심의 묘색이 드러난다는 것이다. 우파니사타는 부정관을 행함으로써 진색이 멸하여 공으로 화하고 묘색이 드러나는 것을 체험함으로써 깨달음을 얻었다고 한다. 그가 닦은 부정관은 5정심관 중의 하나이다.[10]

---

10   5정심관(停心觀)은 다음과 같다.
  1. 부정관: 탐심을 조절
  2. 자비관: 신심을 조절
  3. 인연관: 치심을 조절
  4. 수식관
  5. 염불관

향엄동자: <③ 향진(香塵)> (자리에서 일어나 붓다의 발에 정례하고 붓다에게) 여래께서 저에게 유위상을 잘 관찰하라고 가르치시는 것을 듣고 제가 붓다를 하직하고 깨끗한 곳에서 깊이 명상하는데, 비구들이 침수향을 태우는 것을 보니 향기가 고요하게 코 안으로 들어왔습니다. 저는 이 향기가 a. 나무도 아니고 b. 허공도 아니고 c. 연기도 아니고 d. 불도 아니어서, 가도 도착하는 곳이 없고 와도 소종래가 없다는 것을 관하였습니다. 이로 인해 의(意)가 사라지고 무루를 밝히니, 여래에서 인가하여 '향엄'의 호를 얻었습니다. 대상의 기운이 문득 멸하고 묘한 향기가 그윽하고 원만하여 저는 향엄에서 아라한을 얻었습니다. 붓다에서 원통을 물으시니, 제가 증득한 바로는 향엄이 최상입니다.

(香嚴童子卽從座起, 頂禮佛足而白佛言) 我聞如來敎我諦觀諸有爲相, 我時辭佛, 宴晦淸齋, 見諸比丘燒沈水香, 香氣寂然來入鼻中. 我觀此氣 a. 非木 b. 非空 c. 非煙 d. 非火, 去無所著來無所從. 由是意銷發明無漏, 如來印我得香嚴號. 塵氣倏滅, 妙香密圓, 我從香嚴得阿羅漢. 佛問圓通, 如我所證香嚴爲上.

향기: 자생,　　　　타생,　　공생,　　무인생도 아님　－향의 상이 공, 여래장심임
　　a. 나무　　　c. 연기/d. 불　화합　　b. 허공

향기가 의식의 분별을 따라 그 소종래를 밝힐 수 없음을 말한다. 향기가 있되 a. 나무로부터 생기는 자생도 아니고, c. 연기나 d. 불로부터 오는 타생도 아니고, 또 그 둘 다 아니기에 그들의 화합으로 오는 공생도 아니고, 그렇다고 b. 아무 인연 없이 공(空)에서 생기는 무인생도 아니라는 것이다. 이처럼 향기가 인연소생으로 밝혀질 수 없기에 분별적 의(意)가 사라져 무분별의 경지로 나아가게 되며, 향기가 바로 여래장심이라는 무루를 깨달은 것이다. 향기의 장엄(향엄)은 묘한 향기로 법신을 장엄한다는 뜻이다. 우리가 현상세계에서 맡는 이런저런 향기의 본성은 현상 사물의 인연화합만으로 생기는 것이 아니고, 여래장의 두루하는 묘향이라고 할 수 있다. 향엄동자는 이러한 향기의 묘한 근원을 깨달음으로써 원통을 얻은 것이다.

약왕보살과 약상보살: <④ 미진(味塵)> (두 법왕자가 회중에 있는 5백 범천과 함께 자리에서 일어나 붓다의 발에 정례하고 붓다에게) 저는 무시이래의 세월 동안 세상의 좋은 의사로서 입으로 이 사바세계의 초목과 금석을 맛보았는데, 그 수가 무릇 10만 8천입니다. 이와 같이 쓰고 시고 짜고 담박하고 달고 맵고 등의 맛을 모두 알고 또 화합해서 생긴 맛, 본래의 맛과 변하여 생긴 맛, 차고 더운 맛, 독이 있고 독이 없는 맛을 모두 두루 능히 압니다. 여래를 섬기면서 맛의 성품은 a. 공도 아니고 b. 유도 아니고 c. 몸과 마음을 즉한 것도 아니고 d. 떠난 것도 아니라는 것을 알았습니다. 맛의 원인을 분별하여 이로 인해 개오하니, 붓다 여래께서 저희 형제를 인가하여 '약왕'·'약상' 두 보살로 부르셨습니다. 지금 모임에서도 법왕자가 되었으며, 맛으로 인해 밝게 깨달아 보살의 지위에 올랐습니다. 붓다께서 원통을 물으시니, 제가 증득한 바로는 맛의 원인이 최상입니다.

(藥王藥上二法王子幷在會中五百梵天卽從座起, 頂禮佛足而白佛言) 我無始劫爲世良醫, 口中嘗此娑婆世界草木金石名數凡有十萬八千. 如是悉知苦醋鹹淡甘辛等味, 幷諸和合俱生變異, 是冷是熱有毒無毒悉能遍知. 承事如來, 了知味性 a. 非空, b. 非有, c. 非卽身心, d. 非離身心. 分別味因從是開悟, 蒙佛如來印我昆季藥王藥上二菩薩名. 今於會中爲法王子, 因味覺明位登菩薩. 佛問圓通, 如我所證味因爲上.

맛: 고, 초, 함, (담), 감, 신,   화합(和合), 구생(俱生),   변이(變異)
   쓴맛 신맛 짠맛   단맛 매운맛   합한 맛,   본래 맛,   굽거나 볶은 맛

5미

맛의 성(性): 여래장심
  a. 비공: 맛이 공이 아님
  b. 비유: 맛이 있는 것이 아님
  c. 비즉심신: 맛(경)이 곧 신(근)이나 심(식)이 아님
  d. 비리심신: 맛(경)이 신(근)이나 심(식)을 떠난 것이 아님

약왕과 약상은 의사였기에 무수한 약초나 금석 등의 맛을 보아 온갖 맛을 다 감별할 줄 안다고 한다. 이들은 맛의 본성을 논하기에 앞서 우리가 일상적으로 경험하는 맛을

종류별로 분류하여 열거하고서, 맛의 본성은 무엇인가를 논한다. a. 맛은 확언히 느껴지므로 공이 아니지만, b. 그렇다고 그 자체 객관적으로 존재하는 것도 아니므로 유도 아니다. 그리고 심신과 관계하여서도 논하는데, 여기에서 신은 설근인 혀를 뜻하고, 심은 설근에 기반한 설식을 뜻한다. 문제는 경이 근과 식과 어떤 관계인가 하는 것이다. 우선 c. 경으로서의 맛(미경)이 있어야지 근이 식을 일으키게 되므로 맛을 근이나 식과 동일시할 수는 없다. 그러므로 맛이 곧 심신이라고, '즉심신'이라고 말할 수 없다. d. 그렇지만 맛이 있다고 해도 식이 있어야 맛으로 느껴질 수 있다. 근이나 식이 없으면 맛도 성립하지 않게 된다. 그러므로 맛이 설근이나 설식을 떠난 것도 아니다. 즉 '리심신'이라고 말할 수도 없다. 이렇게 맛의 성이 a. 비공, b. 비유, c. 비즉심신, d. 비리심신이라는 것은 곧 맛의 근본 원인은 바로 여래장심이라는 것을 뜻한다. 앞에서 4과인 5온, 6근, 12처, 18계 그리고 7대가 모두 여래장심이라고 논한 것과 같은 논리이다. 밝게 깨달았다는 것은 곧 각명(覺明)으로서 여래장심을 깨달았음을 의미한다. 맛으로 깨달음을 얻어 보살이 되었기에, 원통을 이룬 것은 바로 맛이라고 주장한다. '맛의 원인'은 맛이 깨달음의 원인이 된다는 뜻이다.

발타바라: <⑤ 촉진(觸塵)> (16도반과 함께 자리에서 일어나서 붓다의 발에 정례하고 붓다에게) 저희들은 앞서 위음왕불에게서 법을 듣고 출가하여 목욕할 때에 줄을 따라 방에 들어가다가 홀연히 물의 원인을 깨달았습니다. (촉감이) a. 때를 씻는 것도 아니고 또 b. 몸을 씻는 것도 아닌 가운데 편안하게 무소유를 얻었습니다. 오랜 습을 잊지 못하다가 지금에 이르러 붓다를 따라 출가하여 이제 무학을 얻으니, 그때 붓다께서 저를 '발타바라'라고 부르셨는데, 묘한 감촉이 밝아 불자의 지위를 이루었습니다. 붓다께서 원통을 물으시니, 제가 증득한 바로는 촉인이 최상입니다.

(跋陀婆羅并其同伴十六開士即從座起, 頂禮佛足而白佛言) 我等先於威音王佛 聞法出家, 於浴僧時隨例入室忽悟水因. a. 旣不洗塵, b. 亦不洗體, 中間安然得無所 有. 宿習無忘乃至今時從佛出家今得無學, 彼佛名我跋陀婆羅, 妙觸宣明成佛子 住. 佛問圓通, 如我所證觸因爲上.

촉감(식)은 어디에서 오는가?
    a. 대상인 때(경)에서 오는 것도 아님
    b. 주체인 몸(근)에서 오는 것도 아님

위음왕불은 『법화경』 「상불경보살품」에 나오는 과거 대겁 이전 공겁 시기의 부처로 최초의 의미를 갖는다고 한다. 발타바라와 16도반은 위음왕불에게서 설법을 듣고 깨달음을 얻었으나 증상만(增上慢)이 계속 남아 있어 무학이 되지 못하다가, 붓다를 만나고 나서 비로소 그들에게 남아 있던 증상만의 습이 제거되고 무학이 되었다고 한다. '물의 원인'인 수인은 물이 깨달음의 원인이 된다는 뜻이다. 목욕을 하다가 촉의 대상인 물을 통해 홀연히 깨달았다고 한다. 즉 물을 갖고 때를 벗기는 목욕을 하면서 물과 부딪쳐서 일어나는 감촉이 어디에서 오는지를 묻고, 그 식이 경으로부터도 아니고 근으로부터도 아님을 깨달은 것이다. 촉감은 대상만으로부터 오는 것도 아니고 대상 없이 근만으로부터 오는 것도 아니다. 근과 경이 화합하여 식이 일어나지만 그 화합의 지점은 정확히 근도 아니고 경도 아닌 그 가운데의 빈자리인 허공이며, 그 허공에 두루하는 것이 바로 여래장 묘진여성이다. 그런데 여기에서 깨달음의 원인으로 제시하는 것은 촉감 대상인 경으로서의 물이지, 촉감인 신식 내지 식을 말하는 것은 아니다. 식을 일으키는 대상이 물이기에 물을 깨달음의 원인으로 제시하고 있는 것이다. 붓다를 만나 오랜 습을 제거하고 깨달음을 얻게 되었는데, 그 깨달음의 원인을 촉의 대상인 촉진으로 보기에, 촉진을 원통을 이루는 최상의 길이라고 주장한다.

마하가섭: <⑥ 법진(法塵)> (금광 비구니 등과 함께 자리에서 일어나 붓다의 발에 정례하고 붓다에게) 제가 지난 세월 이 세계에 있을 때 '일월등'이라고 불리는 붓다가 세상에 오셨는데, 제가 가까이 있으면서 법문을 듣고 수학할 수 있었습니다. 붓다가 멸도하신 후 사리에 공양하고 연등을 계속 밝혔습니다. 자금광으로 붓다의 형상에 칠하니 그때 이래로 세세생생 몸이 항상 자금광취로 원만하였습니다. 이 자금광의 비구니들은 곧 저의 권속으로 동시에 발심하였습니다. 저는 세간의 6진이 변괴함을 관찰하고 오직 공적으로써 멸진정을 닦으니 심신이 능히 백천겁을 지나도 단지 한 찰나와 같습니다. 제가 공한 법으로 아라한

을 이루니, 세존께서 저를 '두타제일'이라고 말씀하셨고, 묘법이 밝게 열려 모
든 번뇌를 소멸시켰습니다. 붓다께서 원통을 물으시니, 제가 증득한 바로는 법
인(法因)이 최상입니다.

(摩訶迦葉及紫金光比丘尼等卽從座起, 頂禮佛足而白佛言) 我於往劫於此界
中, 有佛出世名日月燈, 我得親近聞法修學. 佛滅度後供養舍利然燈續明. 以紫光
金塗佛形像, 自爾已來世世生生, 身常圓滿紫金光聚. 此紫金光比丘尼者卽我眷屬
同時發心. 我觀世間六塵變壞, 唯以空寂修於滅盡, 身心乃能度百千劫猶如彈指.
我以空法成阿羅漢, 世尊說我頭陀爲最, 妙法開明銷滅諸漏. 佛問圓通, 如我所證
法因爲上.

멸진정 → 의근이 멸함 → 법진이 공이 됨

　'일월등'은 '일월등명불(日月燈明佛)'로『법화경』에 나오는 부처님 이름이다. 등장하
는 모든 부처님 이름이 다 '일월등명불'인데, 세상을 해로 밝히거나 달로 밝히거나 그
것도 아니면 등으로라도 밝힌다는 뜻이며, 각명(覺明)의 밝음으로 온누리를 밝게 밝힌
다는 것이다. '마하가섭'은 의역하면 '대음광(大飮光)'으로 몸이 금색이라고 하며, 금색
은 지혜의 광명을 뜻한다. 여기에서는 일월등 붓다가 멸도한 후 가섭이 그 형상에 금
빛으로 도금을 하자, 그 자신의 몸이 금빛을 발하게 되었다고 한다. 마하가섭은 세간
6진의 무상함을 관찰하고 법의 공적을 깨달아 멸진정을 이루었으며, 따라서 의근이 멸
하여 법진을 반연하지 않게 되었다. 멸진정에 들어 법진을 관찰하여 파하면, 상이 다
하고 성이 나타나 여래장심에 깨달아 들어간다. 두타는 두타행을 의미하며, 법진을 없
애는 수행을 말한다. 법진을 없애고 여래장심에 들면, 일체 번뇌가 사라진다. 따라서
일체 번뇌를 없애고 근의 매듭을 푸는 원통의 길은 바로 법진이라고 말한다.

2) 5근원통 : 아나율타 · 주리반특가 · 교범발제 · 필릉가바차 · 수보리

　지금까지 진(塵)을 통해 깨달음에 이르러서 진을 원통으로 삼았다면, 이제부터는 근
(根)에 입각해서 깨달음에 이르러 근을 원통으로 삼는다. 6근 중에서 이근은 원통을
논하는 맨 마지막 부분에서 관세음보살에 의해 제시되므로 여기에서는 5근만을 논한

다. 근을 깨달음의 원인으로 삼는다고 말할 때, 모두 '선(旋)'이나 '반(返)' 자를 말한다. 대상으로 직접 나아가지 않고 자신에게 되돌려 반조하여 깨달음을 얻기 때문이다. 일단 마음을 가라앉혀서 적(寂)에 들게 하고, 다시 적(寂)으로부터 조(照)를 일으켜 성품을 관(觀)한다. 근의 성품이 본래 여래장성이라는 것을 깨달아 아는 것이 원통이다.

아나율타: <① 안근(眼根)> (자리에서 일어나서 붓다의 발에 정례하고 붓다에게) 제가 처음 출가했을 때 늘 수면을 즐기자 여래에서 저를 축생의 종류가 된다고 힐난하셨고, 제가 붓다의 힐난을 듣고 울면서 자책하여 7일을 자지 않자 두 눈을 잃었습니다. 세존께서 저에게 견을 돌려 밝게 비추는 금강삼매를 알려주셔서 저는 눈으로 인하지 않고 시방세계를 보게 되었습니다. 정진(精眞)이 환히 밝아 손바닥 위의 과일을 보는 듯하니, 여래께서 제가 아라한을 이루었음을 인가하셨습니다. 붓다께서 원통을 물으시니, 제가 증득한 바로는 '견을 돌려 근원을 좇음'이 제1입니다.

(阿那律陀卽從座起, 頂禮佛足而白佛言) 我初出家常樂睡眠, 如來訶我爲畜生類, 我聞佛訶啼泣自責, 七日不眠失其雙目. 世尊示我樂見照明金剛三昧, 我不因眼觀見十方. 精眞洞然如觀掌果, 如來印我成阿羅漢. 佛問圓通, 如我所證旋見循元斯爲第一.

요견조명 금강삼매:

　요견(樂見): 견을 돌이켜 색진을 잊음　⎤

　조명(照明): 본래의 밝음을 비춤　　　　⎦ 육안 너머 심안을 떠서 밝게 봄

선견순원(旋見循元): 견을 돌려서 근원(여래장심)을 따름

아나율타는 아나율이라고도 하고, 붓다의 10대 제자 중의 한 명으로 붓다의 사촌동생이다. 그는 아난과 함께 출가하였는데, 수행하면서 낮잠을 많이 자다가 붓다에게 꾸중을 들었다. 그래서 잠을 안 자고 수행에 전념하면서 안근을 너무 피로하게 한 결과 시력을 잃게 되었다. 아나율타는 일상의 안근을 상실하고 나서 붓다가 가르쳐준 대로

'요견조명'함으로써 삼매에 이르렀나고 한다. '요견조명'은 견을 돌이켜서 일상의 색진을 떠나 마음 본래의 빛을 밝게 비춤을 말하며, 그렇게 함으로써 금강과도 같은 견고한 삼매에 들어가는 것이다. 금강삼매를 얻었다는 것은 범부가 육안으로 색진을 보는 것과 달리 한시도 꺼지지 않는 심안의 빛으로 일체를 훤히 보는 것을 말한다. 심안의 빛은 곧 여래장심의 밝은 각명(覺明)의 빛을 말한다. 아나율타는 깨달음의 원인을 '선견순원', 즉 '견을 되돌려 근원을 따름'이라고 말한다. 육안에 의거한 견에 머무르지 않고 견을 되돌려서 근원으로 향해 나아가 근원을 따른다는 것이다. 근원을 따른다는 것은 곧 원통에 들어가는 것을 의미하며, 그렇게 함으로써 여래장심에 이르는 것이다.

주리반특가: <② 비근(鼻根)> (자리에서 일어나서 붓다의 발에 정례하고 붓다에게) 저는 암기력이 부족해서 다문의 성품이 없습니다. 최초로 붓다를 만나 법문을 듣고 출가하여 여래의 게송 1구를 기억하는데 100일 동안 앞을 외우면 뒤를 잊고 뒤를 외우면 앞을 잊었습니다. 붓다께서 저의 어리석음을 불쌍히 여겨 저에게 안거하여 출입식을 조복하라고 가르쳐 주셨습니다. 제가 그때 호흡을 관하되 생주이멸하는 제행의 찰나를 미세하게 끝까지 궁구하니, 마음이 활짝 열리고 큰 무애를 얻었으며 나아가 번뇌가 다하였습니다. 아라한이 되어 붓다의 자리 아래에 머무르니 무학을 이루었음을 인가해주셨습니다. 붓다께서 원통을 물으시니, 제가 증득한 바로는 '숨을 돌려 공을 따름'이 제1입니다.

(周利槃特迦卽從座起, 頂禮佛足而白佛言) 我闕誦持無多聞性. 最初值佛聞法出家, 憶持如來一句伽陀, 於一百日得前遺後, 得後遺前. 佛愍我愚, 敎我安居調出入息. 我時觀息微細窮盡生住異滅諸行刹那, 其心豁然得大無礙. 乃至漏盡成阿羅漢住佛座下, 印成無學. 佛問圓通, 如我所證返息循空斯爲第一.

반식순공(返息循空): 숨을 돌이켜서 공멸(空滅)에 되돌아감, 즉 여래장성에 들어감

주리반특가는 기억력이 좋지 않아서 붓다의 설법이나 게송 하나조차도 잘 외우지 못했다고 한다. 따라서 불법을 많이 듣고 이해하는 '다문'의 특징을 갖지 못하였다. 그

렇지만 붓다를 흠모하여 믿고 따르면서 수행하여 아라한에 이르고자 하였고, 결국 호흡관을 통해 그 뜻을 이루었다. 비근에 의거한 수식(數息)은 섭심(攝心)인 지(止)로써 닦는 것이다. 호흡을 관하는 지(止)를 닦아 정(定)에 이르러 마음이 미세해지면, 그런 마음으로 호흡을 끝까지 궁구하여 호흡이 일어나고 머무르며 바뀌고 멸하는 것, 즉 호흡의 생주이멸을 미세하게 관찰하는 것이다. 활연무애에 대해『정맥소』는 이렇게 설명한다. "활연무애는 코로 쉬는 숨이 다한 곳에서 비근이 여래장성에 통함을 활연히 깨닫는 것이다. 이른바 '성성(聖性)은 통하지 않음이 없다'고 한 것이다. 여래장성은 맑고 깨끗하여 만법을 밝게 비추므로 다시는 막힘이 없는데, 어찌 기억하고 잊음이 있겠는가. 그러므로 대무애를 얻었다고 말한다."[11] 호흡을 관함으로써 마음이 활짝 열려 무애가 되면서, 일체 번뇌도 다하여 아라한이 된 것이다. 그러므로 원통의 길은 바로 호흡의 생주이멸을 관하는 것으로 비근이 제1이라는 것이다.

교범발제: <③ 설근(舌根)> (자리에서 일어나 붓다의 발에 정례하고 붓다에게) 저에게는 지난 겁에 사문을 경시하고 조롱했던 구업이 있어 세세생생 소의 되새김질을 하는 병이 있습니다. 여래께서 저에게 일미(一味)의 청정한 심지법문을 제시해주셔서, 제가 마음을 소멸하고 삼마지에 들어 맛을 아는 것이 몸도 아니고 사물도 아님을 관하였습니다. 한 찰나에 세간 번뇌를 초월하여 안으로 심신을 벗고 밖으로 세계를 벗어나 3유를 멀리 여의니 마치 새가 새장을 나온 듯하였습니다. 허물을 여의고 진(塵)을 녹여 법안이 청정한 아라한을 이루니, 여래께서 친히 무학도에 올랐다고 인가해주셨습니다. 붓다께서 원통을 물으시니, 제가 증득한 바로는 '맛을 돌려 지로 돌아감'이 제1입니다.

(驕梵鉢提卽從座起, 頂禮佛足而白佛言) 我有口業於過去劫輕弄沙門, 世世生生有牛呞病. 如來示我一味淸淨心地法門, 我得滅心入三摩地, 觀味之知非體非物. 應念得超世間諸漏, 內脫身心, 外遺世界, 遠離三有如鳥出籠. 離垢銷塵, 法眼淸淨成阿羅漢, 如來親印登無學道. 佛問圓通, 如我所證還味旋知斯爲第一.

일미청정심지법문 → 삼매에 듦: 적(寂) → 산심(散心)을 멸해 여래장성을 관함: 조(照)
관의 내용: 맛을 앎(식)은 몸(근)도 아니고 물(경)도 아님. 본성은 여래장성임

환미선지(還味旋知): 맛을 돌이키고, 지(심식의 식)로 돌아감

교범발제의 되새김질은 과거의 구업 때문이라고 한다. 이가 없는 노승이 우물거리면서 밥 먹는 것을 보고 소 같다고 조롱하였기에, 그 구업의 과보로 여러 생 동안 소의 혀를 갖고 태어나 항상 소처럼 우물거렸다는 것이다. 우리는 혀로 음식을 맛보기도 하고 말을 하기도 한다. 업을 짓고 과를 받음에는 혀로 짓는 업인 구업이 관여하니, 업 지음에 있어서는 혀로 말하는 것이 문제가 되고, 이하에서 논하는바 수행하여 삼마지에 들어감에 있어서는 혀로 맛보는 것이 관건이 된다. 교범발제는 붓다의 가르침을 따라 일미청정의 수행을 하였다. 일미로써 삼매에 드는 것이 적(寂)이고, 적적함 안에서 성성히 깨어 관함이 조(照)이다. 맛을 아는 것이 몸도 아니고 사물도 아니라는 것은 맛이 혀 자체로부터 오는 것도 아니고, 그렇다고 맛보는 자 없이 대상 자체로부터 오는 것도 아니라는 뜻이며, 따라서 맛봄의 성은 곧 여래장성이라는 깨달음으로 나아가게 된 것이다. 여래장성을 깨달음으로써 근과 진에의 매임을 풀려나게 된다. '한 찰나에 세간번뇌를 초월함'이 곧 여래장성의 깨달음을 의미하며, 그렇게 하여 '안으로 심신을 벗음'은 유근신을 초월함을 뜻하고, '밖으로 세계를 버림'은 기세간을 초월함을 뜻한다. 그와 같이 근과 경에 매인 업력으로부터 풀려난 것이다. 업력의 장애인 매듭을 풀고 자유롭게 되는 것이기에 새장을 벗은 것 같다고 말한다. 근의 매임에서 벗어나고 진이 사라지는 경지에 이르렀기에 붓다가 그를 무학 아라한에 올랐다고 하였으며, 그는 맛을 아는 설근이 원통의 제1이라고 답한다.

필릉가바차: <④ 신근(身根)> (자리에서 일어나 붓다의 발에 정례하고 붓다에게) 제가 처음 발심하여 붓다를 따라 입도할 때 여래에서 '모든 세간이 락이 아닌 것들이다'라고 설하는 것을 자주 들었습니다. 성에서 걸식하면서 마음으로 그 법문을 생각하다가 나도 모르게 길에서 독가시에 발이 찔려 온몸이 아팠습니다. 저는 a. 앎이 있기에 심한 고통을 아는데, ⓐ 비록 각(覺)이 고통을 느끼

지만 ⓑ 각의 청정심에는 고통도 고통의 느낌도 없을 것이라고 생각했습니다. b. 또 이와 같이 한 몸에 어떻게 두 가지 각이 있는가를 사유하였습니다. 생각을 거둔 지 오래지 않아 심신이 홀연히 공하여져서 21일 안에 모든 번뇌가 다 하여 아라한이 되니, 여래께서 친히 무학이라고 인가하고 수기하셨습니다. 붓다께서 원통을 물으시니, 제가 증득한 바로는 '각을 순수히 하여 몸을 버림'이 제1입니다.

(畢陵伽婆蹉卽從座起, 頂禮佛足而白佛言) 我初發心從佛入道, 數聞如來說諸世間不可樂事. 乞食城中心思法門, 不覺路中毒刺傷足, 擧身疼痛. 我念, a. 有知知此深痛, ⓐ雖覺覺痛, ⓑ覺淸淨心無痛痛覺. b. 我又思惟如是一身寧有雙覺. 攝念未久身心忽空, 三七日中諸漏虛盡成阿羅漢, 得親印記發明無學. 佛問圓通, 如我所證純覺遺身斯爲第一.

a. 각 ┌ ⓐ 망심의 망각(妄覺): 고통을 각
     └ ⓑ 청정심의 진각(眞覺): 소각도 능각도 없음 ┐ b. 두 각이 어떻게 한 몸에?

순각유신(純覺遺身): 각을 순수하게 해서 (진각 회복) 몸을 잊음

필릉가바차는 무수한 전생 동안 사회적으로 가장 높은 계층인 브라만 출신이었기에 남에게 하대하는 나쁜 습관을 버리지 못하였다고 한다. 그는 고통에 대한 법문을 많이 듣고 고통에 대해 생각하다가, 길거리에서 실제로 가시에 발이 찔려서 고통을 겪는 체험을 한다. 그리고 생각해본다. a. 우리의 일상의 마음은 고통을 직접 느끼는 식심이지만, 그렇게 느끼는 마음의 성품 자체에는 고통도 고통의 느낌 없지 않겠는가. 말하자면 고통을 느끼는 망식이 있지만, 그렇게 고통을 느낀다는 것을 아는 마음 자체는 고통 너머의 마음인 청정심이고, 그 청정심에는 고통도 고통의 느낌도 없지 않겠는가 하는 것이다. b. 그렇게 우리는 고통을 느끼는 허망한 감각인 망각과 그 망각을 알아차리는 청정한 진각, 둘을 함께 알아차린다. 그렇다면 고통을 느끼는 망각과 고통을 넘어선 진각, 두 각이 어떻게 한 몸에 함께할 수 있는 것일까? 망심과 진심이 한 몸에 함께한다는 것을 생각하다가 진속불이, 진망불이를 깨달은 것이다. 필릉가바차는 망심 너머의 진심을 생각하다 보니, 홀연히 심신이 공해졌다고 한다. 일상의 망심이 아닌 진심으로 나아가서 마음 본래자리인 여래장성의 깨달음에 이른 것이다. 그렇게 마음

을 기뒤서 망을 떠니고 진으로 돌아가기 21일 만에 번뇌가 다하여 아라한이 되었다고
한다. 심신이 활연히 열려 공하여져서 여래장성을 깨닫게 된 것이다. 그러므로 필릉가
바차는 신근을 통해 망각에서 진각으로 나아갈 수 있기에 원통의 제1은 바로 신근이라
고 말한다.

> 수보리: <⑤ 의근(意根)> (자리에서 일어나 붓다의 발에 정례하고 붓다에게)
> 저는 오랜 겁 전부터 마음이 무애하여 항하사같이 많은 생을 받았음을 스스로
> 기억합니다. a. 처음 모래에서 공적(空寂)을 알았으며, b. 이와 같이 시방세계에
> 이르도록 공을 이루고, c. 또 중생으로 하여금 공성을 증득하게 하였습니다. 여
> 래께서 성각진공을 밝혀주신 은혜를 입어 공성이 원만하고 밝아져서 아라한을
> 이루고, 단번에 여래의 보명공해에 들어 불지견과 같아지니, 무학을 이루었다
> 고 인가해주시며 해탈성공에 제가 최상이라고 하셨습니다. 붓다께서 원통을 물
> 으시니, 제가 증득한 바로는 제상이 상 아님에 들어가고 비(非)와 소비(所非)가
> 다하여 '법을 돌려 무(無)로 돌아감'이 제1입니다.
>
> (須菩提卽從座起, 頂禮佛足而白佛言) 我曠劫來心得無礙, 自憶受生如恒河沙.
> a. 初在母胎卽知空寂, b. 如是乃至十方成空, c. 亦令衆生證得空性, 蒙如來發性覺
> 眞空, 空性圓明得阿羅漢. 頓入如來寶明空海同佛知見, 印成無學, 解脫性空我爲
> 無上. 佛問圓通, 如我所證諸相入非, 非所非盡, 旋法歸無斯爲第一.

여래가 성각진공 밝혀줌 → 공성원명 → 아라한과 얻음 → 〈보명공해〉에 듦 → 〈불지견〉을 얻음
= 성공, 진각=본각   붓다의 적(寂): 열반   붓다의 조(照): 보리

선법귀무(旋法歸無): 법(아는 성품으로서의 의근)을 돌이켜 무(공)로 돌아감

수보리는 『금강경』에 나오는 붓다의 제자로서 '해공(解空)제일'이다. 마음에 걸림이
없어 일체를 모두 기억한다고 한다. 따라서 유근신과 기세간이 모두 공하다는 것을 스
스로 알고 있으며, 다른 중생들에게 그 공성을 깨우쳐주기도 하였다. 그와 같이 수보
리는 본래 태어나면서부터 이미 인공과 법공을 모두 알고 있었다. 이에 더해 붓다가
새롭게 깨우쳐준 것은 '성각진공'이다. 즉 일체의 공성, 아와 법의 공성이 바로 인간 마

음의 공성, 여래장성의 공성이란 것이며, 그 마음의 본성에 꺼지지 않는 빛인 본각(本覺)이 있다는 것이다. 마음의 본성에 본각이 있고, 그 마음이 참된 공이라는 것이 '성각진공'이다. 붓다가 수보리에게 그러한 마음의 공성과 본각을 깨우쳐주었기에, 수보리가 그 공성을 깨닫고 마음이 원만하고 밝아져서 아라한과를 얻었다고 한다. 그리고 부처와 같은 경지인 공의 세계인 열반에 들고 부처와 같은 지혜인 불지견을 얻었다고 말한다. '모든 상이 상 아님에 들어간다'(제상입비)는 것은 『금강경』에서 논하는 대로 '아상, 인상, 중생상, 수자상의 제상이 모두 상이 아니'라는 것, 모두 공이라는 것이다. '비와 소비가 다한다'(비소비진)는 부정하는 능비와 부정되는 소비가 모두 공이라는 것이다. 공 또한 공이라는 공공(空空)에 해당한다고 볼 수 있다. '법을 돌이킴'에서 법은 심법으로서 의근의 아는 성품을 말한다. 이것을 돌이켜서 의근이 공임을 깨닫는 것이다. 그러므로 수보리는 의근이 원통의 제1이라고 말한다.

3) 6식원통: 사리불·보현보살·손타라난타·부루나·우파리·목건련

지금까지 6진과 5근을 논하였고, 이하에서는 6식을 통해 깨달음에 이르는 6식원통이 제시된다. 6식은 전5식과 제6의식을 함께 칭하는 것이다. 이 중 전5식은 a. 5근과 구분되고 또 b. 제6의식(5구의식)과도 구분된다. a. 전5식이 거칠고 대략적인 분별이기에 5근의 무분별과 유사해보여 둘을 혼동하기 쉽지만, 엄밀히 말해 근은 분별이 없고 식은 분별이 있으므로 서로 다르다. b. 전5식이 생각에 따라 분별하기에 5구의식, 즉 전5식과 동시에 일어나는 제6의식의 명언적 분별과 유사해보일 수 있지만, 전5식은 명언에 따라 계탁하는 것이 아니고 5구의식은 명언에 따라 계탁하는 것이므로 서로 다르다.[12]

〈5근〉		〈전5식〉		〈제6의식: 5구의식〉
무분별		추(麤)+략(略) 분별		상세 분별
일념 부동	↔	a. 수념(隨念) 분별		수념 분별
		b. 명언 수반 안 함	↔	명언 계탁
(거울의 상)		(상을 분별)		(상을 규정)

---

12   진감, 『정맥소』, 3권, 226쪽 이하 참조.

사리불: <① 안식(眼識)> (자리에서 일어나 붓다의 발에 정례하고 붓다에게) 저는 오랜 겁 전부터 마음의 견이 청정하여 항하사같이 많은 수생과 세간과 출세간의 갖가지 변화를 한번 보면 곧 통달하여 장애가 없었습니다. 길에서 가섭 형제를 만나 인연에 대해 말하는 것을 듣고는 마음의 끝없음을 깨달았습니다. 붓다를 따라 출가하여 견각이 밝고 원만해져 대무외를 얻으니, 아라한을 이루어 붓다의 장자가 되었고 붓다의 입에서 나와 법에서 화생하였습니다. 붓다께서 원통을 물으시니, 제가 증득한 바로는 심견이 빛을 발하여 그 빛이 극에 달한 지견이 제1입니다.

(舍利弗卽從座起, 頂禮佛足而白佛言) 我曠劫來心見淸淨, 如是受生如恒河沙 世出世間種種變化, 一見則通獲無障礙. 我於路中逢迦葉波兄弟相逐宣說因緣, 悟 心無際. 從佛出家見覺明圓, 得大無畏成阿羅漢爲佛長子, 從佛口生, 從法化生. 佛 問圓通, 如我所證心見發光, 光極知見斯爲第一.

심견(마음으로 봄)이 청정, 두루 밝음 - 일견하면 통달 → 4무외를 얻음 → 아라한이 됨

사리불은 붓다의 10대 제자 중의 한 명으로 '지혜제일'이다. 『반야바라밀다심경』에 '사리자'라는 이름으로 나온다. 눈으로 보되 안근이 곧 여래장성이어서 결국 마음의 눈으로 보는 것이다. 이를 심견이 청정하다고 말한다. 심견이 청성하여서 일체를 꿰뚫어 볼 수 있다. 그래서 새로 태어나는 무수한 생명과 범부의 세간 경지와 성인의 출세간의 경지에서 일어나는 변화들까지도 모두 한번 보면 곧 파악할 수 있다고 한다. 사리불은 목건련과 함께 길에서 붓다 제자를 만나 설법을 듣고 출가하였다. 아사지의 설법을 듣고 출가하였다는 설도 있는데, 여기에서는 가섭 형제의 설법을 듣고 출가하였다고 하며, 설법의 내용은 붓다가 설한 인연법이다. 붓다에게 귀의한 이후 안식인 견각이 밝음과 원만함을 두루 갖춰 장애가 없게 되니, 아라한이 되었다고 한다. '붓다의 입에서 나옴'과 '법에서 화생하였음'에 대해 『정맥소』는 이렇게 설명한다. "붓다의 설법을 듣고 법신을 깨달았기에 '붓다의 입에서 나온다'고 하고, 교법 안에서 성태(聖胎)를 길러 이로부터 법신이 드러나지 않다가 드러났기에 '법에서 화생했다'고 말한다."[13] 이에 사

13   진감, 『정맥소』, 3권, 231쪽.

리불은 마음의 견인 안식을 원통의 제1로 간주한다.

보현보살: <② 이식(耳識)> (자리에서 일어나 붓다의 발에 정례하고 붓다에게) 저는 예전에 항하사 수만큼의 여래의 법왕자가 되었는데, 시방 여래께서 보살의 근기가 있는 제자에게 보현행을 닦도록 가르치시니, 저의 이름을 따라 부른 것입니다. 세존이여, 저는 마음으로 들음으로써 중생의 지견을 분별합니다. 만약 타방의 항하사 같은 세계 밖의 한 중생이라도 마음으로 보현행을 일으키면, 저는 바로 6어금니의 코끼리를 타고 수백 수천으로 몸을 나눠 모두 그곳으로 갑니다. 만약 그가 장애가 깊어 나를 보지 못하더라도 제가 어둠 속에서 그의 정수리를 어루만지고 옹호하고 안위하여 그가 성취하도록 합니다. 붓다께서 원통을 물으시니, 제가 본래의 인(因)을 말하자면 마음으로 들음이 발휘되어 자재하게 분별함이 제1입니다.

(普賢菩薩卽從座起, 頂禮佛足而白佛言) 我已曾與恒沙如來爲法王子, 十方如來敎其弟子菩薩根者修普賢行, 從我立名. 世尊, 我用心聞分別衆生所有知見. 若於他方恒沙界外有一衆生心中發明普賢行者, 我於爾時乘六牙象, 分身百千皆至其處. 縱彼障深未合見我, 我與其人暗中摩頂, 擁護安慰令其成就. 佛問圓通, 我說本因, 心聞發明分別自在斯爲第一.

이문이 아니라, 심문(心聞)이 됨

보현보살은 '자비제일'이다. 문수보살의 지혜와 쌍이 되어 대승의 두 이념, 지혜와 자비를 이룬다. 보현보살이 자비의 마음으로 행하는 보현행은 널리 남을 이롭게 하는 행이다. 보현보살은 스스로도 보살행을 행하고 나아가 보살행을 행하는 다른 일체 중생을 보호하고 돕는다고 말한다. 즉 그가 보살행을 행하고자 하는 일체 중생의 생각을 마음으로 듣고 알아서, 그 중생이 있는 곳으로 가서 그를 돕는다는 것이다. 중생이 그를 알아보지 못할 경우에는 보이지 않는 방식으로라도 그를 위로하고 도와서 일을 성취하게 한다고 말한다. 소리를 듣고 아는 이식의 본성이 곧 여래장성이니, 마음으로 듣는 것이 바로 심문(心聞)이다. 마음으로 듣기에 중생의 지견을 분별하여 보현행을 행하면서 그 행을 성취시킨다. 보현은 본성이 여래장성인 이식이 곧 원통의 제1이라고 말한다.

손타라난타: <③ 비식(鼻識)> (자리에서 일어나 붓다의 발에 정례하고 붓다에게) 제가 처음 출가하여 붓다를 따라 입도하고서 비록 계율은 구족하였으나 삼마제에서는 마음이 항상 흩어져 무루를 이루지 못했습니다. 세존께서 저와 구치라에게 코끝의 하얀빛을 관하라고 가르쳐주셔서 제가 처음 잘 관찰하기를 21일이 경과하니, 코 가운데 기의 출입이 연기와 같음을 보고, 심신이 안으로 밝아지고 세계가 원만히 통철하여 마치 유리처럼 두루 비고 맑아졌습니다. 연기가 점차 사라지고 코의 숨이 하얗게 되면서 마음이 열려 번뇌가 다하고 날숨과 들숨이 광명으로 화해서 시방 세계를 비추어 아라한을 얻으니, 세존께서 제가 보리를 얻으리라고 수기하셨습니다. 붓다께서 원통을 물으시니, 저는 숨을 가라앉힘으로써 숨이 오래되어 빛을 발하고 빛이 밝고 원만하여 번뇌를 멸함을 제1이라고 봅니다.

(孫陀羅難陀卽從座起, 頂禮佛足而白佛言) 我初出家從佛入道, 雖具戒律, 於三摩提心常散動未獲無漏. 世尊教我及俱絺羅觀鼻端白, 我初諦觀經三七日, 見鼻中氣出入如煙, 身心內明, 圓洞世界, 遍成虛淨猶如瑠璃. 煙相漸銷, 鼻息成白, 心開漏盡, 諸出入息化爲光明照十方界得阿羅漢, 世尊記我當得菩提. 佛問圓通, 我以銷息息久發明, 明圓滅漏斯爲第一.

관비단백(觀鼻端白): 숨을 관찰 → 코끝에 빛이 생김 → 숨이 빛이 되어 → 심신과 세계가 투명

손타라난타는 붓다의 이종사촌동생으로 출가 후에도 부인 손타라를 그리워하여 수행에 진전이 없자 붓다가 그에게 천계와 지옥을 보여주어 세속에의 욕망을 떨쳐 버리게 이끌었다고 한다. 처음에 계율은 구족했지만, 삼마제에서 산심을 잡지 못해 번뇌를 떨치지 못했다고 하니, 계에서 정과 혜로 나아가지 못한 것이다. 이때 붓다가 제시한 수행이 '관비단백'이다. 관비단백은 코끝의 출입식에 주목하다가 그곳에 나타나는 흰빛을 관(觀)하는 것이다. 일상의 숨은 번뇌가 불타고 있어서 검은색 연기처럼 보이지만, 깨끗한 관을 행하여 번뇌가 점차 소멸하면 안은 밝아지고 밖은 비어 연기가 없어져서 흰색이 된다고 한다. 안이 밝아진다는 것은 몸 안의 오장육부가 훤히 밝게 보인다는 것이고, 밖이 두루 통철한다는 것은 바깥의 온갖 세계도 훤히 다 보인다는 뜻이다. 일체가 유리처럼 투명하게 다 보인다는 말이다. 그래서 '숨이 광명으로 바뀌어서

시방 세계를 비춘다'고 말한다. 숨에 주목하면서 마음을 집중하고 비우면 마음의 번뇌가 사라지면서 숨이 밝아져 온통 밝음이 두루하게 된다. 그것이 원명정심의 밝음을 회복하는 길이다. 이처럼 손타라난타는 코의 숨을 알아차림으로써 밝음을 얻었기에 비식을 원통의 제1로 삼는다.

부루나 미다라니자: <④ 설식(舌識)> (자리에서 일어나 붓다의 발에 정례하고 붓다에게) 제가 오랜 시간 동안 말재간이 무애하여 고와 공을 설하고 실상을 깊이 통달하였습니다. 이에 항하사 수만큼의 여래의 비밀한 법문을 제가 대중에게 미묘하게 열어보여도 두려움이 없었습니다. 세존께서 제게 큰 말재간이 있음을 아시고 음성의 수레를 갖고 펼치라고 가르치셨습니다. 제가 붓다의 곁에서 붓다를 도와 법륜을 굴리어 사자후를 하여 아라한을 이루니, 세존께서 저를 설법의 최상이라고 인가하셨습니다. 붓다께서 원통을 물으시니, 저는 법음으로 악마와 원수를 항복시켜 번뇌를 소멸함을 제1이라고 봅니다.

(富樓那彌多羅尼子卽從座起, 頂禮佛足而白佛言) 我曠劫來辯才無礙, 宣說苦空深達實相. 如是乃至恒沙如來祕密法門, 我於衆中微妙開示得無所畏. 世尊知我有大辯才, 以音聲輪敎我發揚. 我於佛前助佛轉輪, 因師子吼成阿羅漢, 世尊印我說法無上. 佛問圓通, 我以法音降伏魔怨銷滅諸漏, 斯爲第一.

부루나는 '설법제일'이다. 법을 설하고 고(苦)와 공(空)을 밝혀 설하는 데에 뛰어난 재능이 있다. 말을 뛰어나게 잘하는 말재간이 '변재(辯才)'이다. 붓다가 중생에 응하는 방식이 신·구·의 3륜(輪)인데, 여기에서 부루나는 변재에 따라 구륜(口輪)을 베풀었다고 한다. 부루나는 설법을 잘하였기에 붓다의 구륜을 보좌한 것이다. 사자후를 한다는 것은 법륜을 굴리면서 중생을 교화하는 것을 말한다. 부루나는 그렇게 설법하여 중생을 교화함으로써 아라한이 되었다. 이처럼 설법을 통해 중생을 교화하고 번뇌를 소멸하니, 혀에서 일어나는 식인 설식이 원통의 제1이라고 주장한다.

우파리: <⑤ 신식(身識)> (자리에서 일어나 붓다의 발에 성례하고 붓다에게)
저는 친히 붓다를 따라 성을 넘어 출가하여 여래에서 6년간 부지런히 고행하시
는 것을 친히 보았습니다. 여래에서 모든 마구니들을 항복시키고 외도를 제도
하며 세간의 탐욕과 번뇌에서 해탈하심을 친히 보고 붓다가 가르쳐주신 계율을
받았습니다. 이와 같이 하여 3천 위의와 8만의 미세 성업과 차업이 모두 청정해
지고 심신이 적멸하여 아라한이 되었습니다. 제가 여래의 대중 가운데 기강을
잡으니 (붓다께서) 친히 저의 마음을 인가하시고, 계를 지키고 몸을 닦음에서
대중 중의 최상이라고 하셨습니다. 붓다께서 원통을 물으시니, 저는 몸을 지켜
몸의 자재를 얻고 그다음 마음을 지켜 마음의 통달을 얻은 후에 몸과 마음이 일
체에 통하게 되는 것이 제1이라고 봅니다.

(優波離卽從座起, 頂禮佛足而白佛言) 我親隨佛踰城出家, 親觀如來六年勤苦.
親見如來降伏諸魔, 制諸外道, 解脫世間貪欲諸漏, 承佛教戒. 如是乃至三千威儀
八萬微細性業遮業悉皆清淨, 身心寂滅成阿羅漢. 我是如來衆中綱紀, 親印我心,
持戒修身衆推無上. 佛問圓通, 我以執身身得自在, 次第執心心得通達, 然後身心
一切通利斯爲第一.

┌─ 성업(性業): 살, 도, 음 등의 업
└─ 차업(遮業): 성업으로 나아가게 하는 업, 술 등

우파리는 계율 부분의 일인자였다. 계를 지킴은 신구의 3업을 짓지 않도록 심신을
잘 단속하는 것인데, 우파리는 그중에서 우선 몸을 제대로 지키는 것이 제일의 과제
라고 말한다. 즉 업 중에서 구업과 신업을 삼가는 것이다. 그리고 나서 마음을 지키는
것이 필요하니, 의업을 삼가는 것이다. 그렇게 해서 몸과 마음이 자재하고 통달하여
막힘이 없게 되어야 한다. 따라서 지계제일인 우파리는 몸으로 아는 신식을 원통의
제1로 간주한다. 붓다가 가르친 계율은 곧 250항목의 비구계이다. 그다음 3천 위의(威
儀)와 8만 등의 계는 250비구계를 늘려서 말한 것이다. 어떤 방식으로 계산해서 그
숫자가 나오는지에 대해 『계환해』와 『정맥소』는 다음과 같이 다소 다른 설명을 제시
한다.

3,000 = 250(비구계) × 4(행주좌와 4위) × 3(정정취·부정취·사정취 3취聚) − 『계환해』

× 3(섭선법계·섭율의계·섭중생계) − 『정맥소』

84,000 = 3000 × 7(3신업: 살·도·음＋4구업: 망어·기어·양설·악구) × 4(4번뇌: 탐·진·치·등분번뇌)

> 목건련: <⑥ 의식(意識)> (자리에서 일어나 붓다의 발에 정례하고 붓다에게) 제가 처음 거리에서 걸식하다가 우루빈라·가야·나제 3 가섭 형제가 설하는 여래의 인연의 깊은 의미를 듣고 단박에 발심하여 대통달을 얻었습니다. 여래께서 제게 내려주신 가사가 몸에 저절로 입혀지고 수염과 머리카락이 저절로 떨어졌습니다. 제가 시방세계를 장애 없이 다니니, 신통을 발휘함에는 최상이라고 추대해주셔서 (제가) 아라한을 이루었습니다. 어찌 세존뿐이겠습니까? 시방 여래가 저의 신통력이 원만하고 밝고 청정하며 자재하고 무외하다고 찬탄하였습니다. 붓다께서 원통을 물으시니, 저는 마치 탁류를 맑게 하여 오래 두면 맑게 빛나듯이 맑음으로 돌아가 심광을 널리 밝히는 것이 제1이라고 봅니다.
>
> (大目犍連即從座起, 頂禮佛足而白佛言) 我初於路乞食, 逢遇優樓頻螺伽耶那提三迦葉波宣說如來因緣深義, 我頓發心得大通達. 如來惠我袈裟著身鬚髮自落. 我遊十方得無罣礙, 神通發明推爲無上, 成阿羅漢. 寧唯世尊? 十方如來歎我神力圓明淸淨自在無畏. 佛問圓通, 我以旋湛心光發宣, 如澄濁流久成淸瑩斯爲第一.

목건련은 사리불과 마찬가지로 가섭 형제의 설법을 듣고 붓다에게 귀의하였다. 목건련은 신통을 잘 발휘해서 신통제일로 불린 제자이다. 처음에 가섭 형제가 설한 것은 붓다가 가르친 인연법이다. 인연의 깊은 의미는 생멸하는 인연법을 넘어 불생불멸의 무생법인을 뜻한다. 반연심의 마음이 포착하는 세계, 인연 따라 생멸하는 현상의 차원을 넘어 불생불멸의 마음을 깨달았음을 의미한다. 현상세계에서 신통력을 발휘할 수 있다는 것은 그 마음이 현상 너머의 지점에 있어야 가능하다. 즉 인연 따라 생멸하는 현상 차원을 넘어선 불생불멸의 마음자리로 나아감으로써만 신통력을 발휘할 수 있다. 그러므로 시방의 모든 여래가 목건련의 신통력이 원명으로 청정하고 자유자재하여 장애가 없다고 말한 것이다. 불생불멸의 마음인 원묘명심이 바로 일체 혼탁이 제거된 후 드러나는 맑은 마음이다. 이 마음의 각성이 의식에 반영되므로 목건련은 원통의 제1은 의식이라고 말한다.

4) 7대원통: 오추슬마·지지보살·월광동자·유리광보살·허공장보살·미륵보살·대세지

오추슬마: <① 화대(火大)> (자리에서 일어나 붓다의 발에 정례하고 붓다에게) 저는 늘 기억해보니 오랜 겁 이전부터 성품에 탐욕이 많았습니다. 공(空)의 왕이라고 불리는 어떤 붓다가 세상에 나와 '음욕이 많은 사람은 맹렬한 불이 된다'고 하며 저에게 모든 뼈와 4지의 냉기와 온기를 두루 관찰하라고 가르쳤습니다. 신비한 광명이 안으로 엉기면서 많은 음심을 지혜의 불로 변화시켰고, 이로부터 모든 붓다는 모두 저를 '불'이라고 불렀습니다. 저는 화광삼매의 힘으로 아라한이 되었으며, 마음에 큰 원을 일으켜 모든 부처가 성도할 때마다 제가 역사(力士)가 되어 친히 마(魔)와 원수를 조복시키겠다고 하였습니다. 붓다께서 원통을 물으니, 저는 심신의 더운 감촉이 무애하게 유통하는 것을 잘 관찰하여 모든 번뇌가 사라지고 대보배의 불꽃이 일어나 최상의 깨달음을 증득하는 것을 제1이라고 봅니다.

(烏芻瑟摩於如來前合掌頂禮, 佛之雙足而白佛言) 我常先憶久遠劫前性多貪欲. 有佛出世名曰空王說多婬人成猛火聚, 教我遍觀百骸四肢諸冷暖氣. 神光內凝化多婬心成智慧火, 從是諸佛皆呼召我名爲火頭. 我以火光三昧力故成阿羅漢. 心發大願諸佛成道我爲力士親伏魔怨. 佛問圓通, 我以諦觀身心暖觸無礙流通, 諸漏旣銷生大寶焰登無上覺斯爲第一.

냉·온기의 관찰 → 신광(神光)이 엉김 → 음심이 지혜의 불로 바뀜: 화광삼매

오추슬마는 음욕이 강한 사람이었다고 한다. 음욕 내지 음심은 불기운과 상응한다. 음심의 불이 곧 업의 불인 업화(業火)이다. 몸 안의 불기운을 잘 관찰하여 음욕을 다스리면, 음심의 불이 곧 지혜의 불로 바뀐다고 한다. 음욕의 불이 지혜의 불로 바뀌면, 그것이 곧 화광삼매력이 된다. 그 힘으로 자신에게 있어서나 타인에게 있어서나 수행을 방해하는 일체 마구니인 마(魔)를 제어할 수 있게 된다. 이와 같이 오추슬마는 심신의 불기운이 원활하게 유통될 수 있게끔 잘 관찰하는 것이 번뇌를 제거하는 길이라고 여기며, 따라서 화대를 원통의 제1이라고 주장한다.

지지보살: <② 지대(地大)> (자리에서 일어나 붓다의 발에 정례하고 붓다에게) 제가 기억해보니 과거 보광여래께서 세상에 출현하셨을 때 저는 비구로서 항상 모든 중요한 길이나 나루 입구에서 땅이 험하고 법답지 못하여 수레와 말이 다니는 데 방해가 되면, 제가 모두 평평하게 메우거나 혹 교량을 놓거나 혹 모래와 흙을 덮었습니다. 이와 같이 부지런히 노력하기를 수많은 붓다가 세상에 출현하기까지 하였습니다. 혹 어떤 사람이 시장 안팎에서 사람에게 물건을 나르기를 요구하면, 제가 우선 지시된 곳까지 날라주고 물건을 내려주고는 돌아오면서 그 삯을 받지 않았습니다. 비사부불이 세상에 있을 때 오랜 기간 동안 기근이 들었는데 저는 사람들의 짐을 져주면서 밀고 가깝고를 묻지 않고 오직 1전만을 받았습니다. 혹은 수레를 끄는 소가 패인 곳에 빠지면, 제가 신통력으로 그 바퀴를 밀어주어 고뇌에서 건져주었습니다. 그때 국왕이 붓다를 맞아 재(齋)를 지내는데 제가 그때 땅을 평평하게 만들고 붓다를 기다렸습니다. 비사부불 여래께서 저의 정수리를 쓰다듬으며 '심지(心地)를 평탄하게 하면, 세계의 땅 전체가 모두 평탄해질 것이다'라고 말씀하셨는데, 저의 마음이 곧 열려 몸의 미진이 세계를 만드는 모든 미진과 평등하여 차별이 없음을 보았습니다. 미진의 자성이 서로 부딪치지 않고 칼이나 병기로도 역시 부딪치지 않으니, 저는 법성에서 무생법인을 깨닫고 아라한이 되었습니다. 마음을 돌이켜 이제 보살위에 들어가서, 모든 여래가 선포하신 묘연화의 불지견의 지위를 듣고 제가 먼저 증득하여 상수가 되었습니다. 붓다께서 원통을 물으시니, 저는 유근신과 기세간의 2진(塵)이 평등하여 차별 없는 본래 여래장인데 허망하게 진을 일으킨다는 것을 잘 관찰하여 진이 사라지고 지혜가 원만해져서 무상도를 이룸이 제1이라고 봅니다.

(持地菩薩卽從座起, 頂禮佛足而白佛言) 我念往昔普光如來出現於世, 我爲比丘常於一切要路津口田地險隘有不如法妨損車馬, 我皆平塡或作橋梁或負沙土. 如是勤苦經無量佛出現於世. 或有衆生於闤闠處要人擎物, 我先爲擎至其所詣, 放物卽行不取其直. 毘舍浮佛現在世時世多饑荒, 我爲負人無問遠近唯取一錢. 或有車牛被於陷溺, 我有神力爲其推輪拔其苦惱. 時國大王筵佛設齋, 我於爾時平地待佛. 毘舍如來摩頂謂我, 當平心地則世界地一切皆平, 我卽心開見身微塵, 與造世界所有微塵等無差別. 微塵自性不相觸摩, 乃至刀兵亦無所觸, 我於法性悟無生

忍, 成阿羅漢. 廻心今入菩薩位中, 聞諸如來宣妙蓮華佛知見地, 我先證明而爲上
首. 佛問圓通, 我以諦觀身界二塵等無差別本如來藏虛妄發塵, 塵銷智圓成無上道
斯爲第一.

유근신의 진   =   기세간의 진: 차별 없는 평등을 깨달음 = 여래장성의 깨달음
└─────────┴─────────┘
        여래장

    지지보살은 지상을 담당하는 보살이며, 상계(上界)를 주관하는 천장보살(天藏菩薩), 지하 유명계를 담당하는 지장보살(地藏菩薩)과 더불어 3장보살(三藏菩薩)로 불린다. 지지보살은 오랜 기간 동안 땅높이를 조절하여 땅을 평평하게 만들어서 사람들이 생활하기 편리하게 하였다고 한다. 그는 길을 평평하게 할 뿐만 아니라 그 길 위에서 사람들이 물건을 나르기를 힘들어하며 도움을 청하면 대가를 바라지 않고 다른 사람의 짐을 대신 날라주는 일도 하였다. 지지보살이 몸으로 땅을 고르는 일을 오래도록 해왔지만 그 핵심에 이르지 못했는데, 비사부불이 그를 보고 그 바른 의미를 깨우쳐주었다. 즉 길을 평탄히 하기 전에 마음의 자리를 평탄히 하라는 것이다. 마음의 자리가 평탄하면, 이 세상 전체가 평탄해진다. 길을 평탄하게 하는 것은 결국 모든 것을 평등하게 대하고 평등하게 만드는 것을 의미한다. 비사부불을 통해 깨달은 것은 근과 경, 주관과 객관의 평등함이다. 몸을 이루는 4대나 몸의 대상이 되는 세계를 이루는 4대가 근본적으로 서로 다르지 않으며, 일체는 궁극적으로 공이다. 공이기에 차별 없이 평등하다. 미진이 서로 부딪치지 않고, 칼과 병기가 서로 닿아도 부딪치지 않는 것은 일체의 본성이 바로 공성이기 때문이다. 공에 이르면 서로 닿아도 부딪침이 없다. 이러한 법성의 공성 및 일체 평등성을 깨닫는 것이 곧 무생법인을 깨닫는 것이다. 유근신과 기세간을 이루는 먼지인 진(塵)이 본래 차별 없이 평등한 여래장일 뿐인데 그것을 모르고 허망하게 진을 일으킨다는 것을 여실지견하게 되면 진이 사라진다고 한다. 무생법인을 깨닫는 본래 마음자리에 서면, 그 원묘명심의 밝음으로 허망한 진을 넘어서게 되는 것이다. 이러한 진의 허망성과 평등성을 통해 여래장성의 깨달음에 이르기에 지지보살은 지대를 원통의 제1로 간주한다. 여기에서 언급된 비사부불은 석가모니 이선에 등장한 과거7불 중 3번째 부처이다. 과거불이나 미래불 사상은 본생담(本生譚) 및

보살사상이 등장한 대승에 와서 비로소 활발하게 전개된다.[14]

월광동자: <③ 수대(水大)> (자리에서 일어나 붓다의 발에 정례하고 붓다에게) 제가 기억해보니 과거 항하사겁 전에 수천(水天)이라고 불리는 붓다가 세상에 나와서 모든 보살에게 물의 정수를 닦아 삼마지에 들라고 가르쳤습니다. 몸 가운데 물의 성품에서 덜어낼 것이 없어, 처음에 눈물과 침으로부터 그렇게 진액·정혈·대변·소변에 이르기까지 몸 안에 돌아다니는 물의 성품이 동일함을 관하고, 몸 안의 물이나 세계 밖의 부당왕찰의 향수해의 물이 모두 평등하여 차별이 없음을 보았습니다. 그때 저는 처음 이 관을 이루어서 단지 물만 볼 뿐 아직 몸의 없음을 얻지는 못했습니다. 당시 비구로서 방 안에서 편안하게 선정에 들었는데, 저의 제자가 창구멍으로 방을 관찰하니, 방 안 가득 오직 맑은 물만 보이고 달리 보이는 것이 없었습니다. 동자가 어리고 무지해서 기와 조각 하나를 취해 물 안에 던지자 물에 부딪쳐 소리를 내니 돌아보고 갔습니다. 저는 출정한 후 갑자기 심장의 통증을 느꼈는데, 마치 사리불이 위해위를 만난 것과 같았습니다. 저는 스스로 생각하기를 제가 아라한의 도를 얻은 후 오래도록 병의 인연을 떠났는데, 어째서 오늘 홀연히 심장에 통증이 생기는가, 장차 물러나게 되는 것은 아닌가 했습니다. 이때 동자가 제게 와서 위와 같은 일을 말하기에 제가 곧 당신이 물을 보거든 바로 문을 열고 그 물 가운데로 들어와서 기와 조각을 제거하라고 말했습니다. 동자가 가르침을 받들어 후에 (나의) 입정 시에 다시 물을 보니 기와 조각이 완연하여 문을 열고 들어와서 제거하고 나갔습니다. 제가 후에 출정하니 몸의 상태가 처음과 같았습니다. 무량한 붓다를 만났는데, 이와 같이 산해자재통왕여래에 이르러서야 비로소 몸의 사라짐을 얻어서 시방 세계 모든 향수해와 더불어 성이 진공과 합치하여 둘이 아니고 차별이 없게 되었으니, 지금 여래로부터 동진이란 이름을 얻어 보살회에 오게 되었습니다. 붓다께서 원통을 물으시니, 저는 수성이 일미로 유통하여 무생법인의 원만한 보리를 얻음이 제1이라고 봅니다.

---

14 과거7불 중 앞의 3불은 과거 장엄겁(莊嚴劫)에 출현, 4불은 현재 현겁(賢劫)에 출현한다고 한다. 7불은 다음과 같다. 1. 비바시불(毗婆尸佛), 2. 시기불(尸棄佛), 3. 비사부불(毗舍浮佛), 4. 구류손불(拘留孫佛), 5. 구나함모니불(拘那含牟尼佛), 6. 가섭불(迦葉佛), 7. 석가모니불(釋迦牟尼佛)

(月光童子卽從座起, 頂禮佛足而白佛言) 我憶往昔恒河沙劫, 有佛出世名爲水
天, 敎諸菩薩修習水精入三摩地, 觀於身中水性無奪, 初從涕唾如是窮盡津液精血
大小便利, 身中漩澓水性一同, 見水身中與世界外浮幢王刹諸香水海等無差別. 我
於是時初成此觀, 但見其水未得無身. 當爲比丘室中安禪. 我有弟子窺窓觀室, 唯
見清水遍在屋中, 了無所見. 童稚無知, 取一瓦礫, 投於水內, 激水作聲, 顧盼而去.
我出定後頓覺心痛, 如舍利弗遭違害鬼. 我自思惟今我已得阿羅漢道, 久離病緣,
云何今日忽生心痛, 將無退失. 爾時童子捷來我前, 說如上事, 我則告言汝更見水,
可卽開門入此水中, 除去瓦礫. 童子奉敎, 後入定時還復見水, 瓦礫宛然, 開門除出.
我後出定, 身質如初. 逢無量佛, 如是至於山海自在通王如來, 方得亡身, 與十方界
諸香水海性合眞空, 無二無別, 今於如來得童眞名, 預菩薩會. 佛問圓通, 我以水性
一味流通, 得無生忍圓滿菩提斯爲第一.

4대 중 물의 성품은 그 물이 개인의 몸에 있는 물이든 세계 사물에 있거나 바다에 있는 물이든 모두 서로 다르지 않은 하나이다. 수천이라는 부처님이 그러한 물의 성품의 동일성과 평등성 내지 무차별성을 관하는 것을 하나의 수행방편으로 삼게 가르쳤다고 한다. 수성의 평등성을 관하여 삼매에 듦으로서 근진불이, 자타불이의 경지를 얻는 것이다. 수성의 공성을 확인하는 그 자리가 바로 법계에 두루하는 여래장성의 자리이기 때문이다. 선정에 든 사람 a의 마음에 몸이 사라지고 물만 남아 있으면, 바깥에서 다른 사람 b가 볼 때에도 a의 몸이 보이지 않고 a가 있는 자리에 물만 보이는 것으로 묘사되고 있다. 그때 그 물에 타격을 가하면, 그것이 선정자의 심신에 주어지는 타격으로 계속 남겨진다는 것이다. 사리불이 위해귀를 만났다는 것도 사리불이 선정 중에 위해귀를 만나 뺨을 맞았는데, 출정 후에도 맞은 부분에 통증을 느꼈다는 것을 말한다. 감산은 "선정에서 수관(水觀)을 이루는데, 제자가 물이 방에 가득함을 본 것은 오직 식(識)의 변화일 뿐임을 알 것이다. 옛날에 승려가 산에서 화관(火觀)에 들어가면 멀리 산 전체에서 화광을 본다고 하니, 물의 성이나 불의 성이 원만하고 두루하며, 오직 업에 따라 발현한 것임을 알 것이다"[15]라고 하였다. 그런데 선정에 들었을 때 물만 보이고 몸이 보이지는 않았지만 그래도 동자가 기와를 던지니 그 흔적이 몸에 남게 되었다는 것

15   감산, 『수능엄경통의』, 1권, 539쪽.

은 아직 몸이 완전히 사라지지는 않았기 때문이다. 그래서 선정에 들어 물을 봐도 아직 몸이 남아 있었다고 한 것이다. 그 후 많은 세월이 지나고 산해자재통왕 여래를 만나고 나서야 비로소 몸도 사라지는 경지에 이르렀다고 한다. '성이 수인 진공과 성이 공인 진수'에 이르면, 물이 법계에 두루하되 일체가 여래장성일 뿐이다. 이처럼 수성이 전체에 두루한 공의 성품임을 깨닫는 것이 곧 무생법인의 깨달음이 된다. 그래서 수성으로 무생법인의 증득에 이른 월광동자는 수대가 원통의 제1이라고 말한다.

유리광보살: <④ 풍대(風大)> (자리에서 일어나 붓다의 발에 정례하고 붓다에게) 제가 기억해보니 과거 항하사겁 전에 무량성이라고 불리는 붓다가 세상에 나와서 보살의 본각의 묘명을 열어 보이시며 이 세계와 중생의 몸이 모두 허망한 인연인 풍력으로 전변한다는 것을 관하라고 하셨습니다. 저는 이때 계(界)의 안립을 관하고, 세(世)의 움직일 때를 관하며, 몸의 움직임과 멈춤을 관하고, 마음의 움직이는 생각을 관하니, 모든 움직임이 둘이 아니고 평등하여 차별이 없었습니다. 저는 그때 이 모든 동성이 와도 온 곳이 없고 가도 이르는 곳이 없어 시방의 미진 수 같은 전도된 중생이 동일하게 허망하다는 것을 관찰하였습니다. 이와 같이 3천대천세계 안의 모든 중생이 마치 하나의 그릇 안에 100마리 모기가 시끄럽게 울어대듯이 좁은 곳에서 북 치고 발광하며 소란스러운 것과 같았습니다. 붓다를 만나고 얼마 안 되어 무생법인을 얻으니, 이때 마음이 열려 동방의 부동의 불국토를 보고 법왕자가 되어 시방의 붓다를 섬기고 심신이 빛을 발해서 통철하여 장애가 없게 되었습니다. 붓다에서 원통을 물으시니, 저는 풍의 힘이 의지하는 바가 없음을 관찰하여 보리심을 깨닫고 삼마지에 들어 시방 붓다에 합하고 하나의 묘심을 전하는 것을 제1이라고 여깁니다.

(瑠璃光法王子卽從座起, 頂禮佛足而白佛言) 我憶往昔經恒沙劫, 有佛出世名無量聲, 開示菩薩本覺妙明, 觀此世界及衆生身, 皆是妄緣風力所轉. 我於爾時觀界安立, 觀世動時, 觀身動止, 觀心動念, 諸動無二等無差別. 我時了覺此群動性來無所從去無所至, 十方微塵顚倒衆生同一虛妄. 如是乃至三千大千一世界內所有衆生, 如一器中貯百蚊蚋啾啾亂鳴, 於分寸中鼓發狂鬧. 逢佛未幾得無生忍, 爾時心開乃見東方不動佛國, 爲法王子, 事十方佛, 身心發光洞徹無礙. 佛問圓通, 我以觀察風力無依, 悟菩提心入三摩地, 合十方佛傳一妙心斯爲第一.

무량성이라는 붓다가 중생에게 본각의 묘명을 열어 보여서 중생으로 하여금 근과 경, 유근신과 기세간이 모두 허망하다는 것, 풍력으로 전변한다는 것을 관하도록 하였다고 한다. 원묘명심의 마음자리에서 본각의 밝음으로 세상을 보면 일체는 중생의 업력을 따라 드러난 허망상일 뿐이라고 알게 된다. 아무 차별 없는 빈 허공에 무지한 일체 중생이 바글거리면서 업을 따라 온갖 고통으로 괴로워하며 살고 있음을 말한다. 세와 계, 즉 시간과 공간도 허망하고, 그 안에서 움직이고 있는 몸과 마음도 모두 그저 움직임만 있을 뿐 어디에서 온 소종래도 없고 어디로 가는 목적지도 없다는 것, 그저 허망하게 일어났다 사라지는 현상이라는 것을 안 것이다. 이렇게 일체의 허망을 깨닫고 난 후, 붓다를 만나고서 비로소 그러한 허망의 기반에 있는 원묘명심을 깨달아 무생법인을 증득하게 되었다고 한다. 무생법인을 증득함으로써 비로소 마음이 열려 고통의 현실 너머 부동의 불국토를 볼 수 있게 되었다는 것이다. 이처럼 유리광보살은 풍대의 허망함을 통찰하고 무생법인을 얻음으로써 묘심을 전달하게 되었으니, 풍대를 원통의 제1로 간주한다.

허공장보살: <⑤ 공대(空大)> (자리에서 일어나 붓다의 발에 정례하고 붓다에게) 제가 여래와 함께 정광불의 처소에서 무변신을 얻었는데, 이때 손에 4대 보주를 들고 시방의 미진 같은 불찰을 비춰 허공으로 변화시켰습니다. 또 스스로의 마음에 크고 원만한 거울을 드러내어 안으로 10종의 미묘한 보광을 일으켜 시방의 허공을 비추니, 모든 당왕찰이 거울 안으로 들어오고 나의 몸으로 건너 들어와서 몸이 허공과 같아져 서로 방해하거나 장애하지 않고, 몸이 능히 미진 같은 국토로 들어가서 널리 불사를 행하며 대수순을 얻었습니다. 이 대신통은 '4대가 의거할 바가 없이 망상으로 생멸하여 허공과 다름이 없고 불국토와 본래 같다는 것'을 제가 관찰함으로써 얻어지고, (이렇게) 같음을 발견하여 무생법인을 얻었습니다. 붓다께서 원통을 물으시니, 저는 허공이 끝이 없음을 관

찰하고 삼마지에 들어 묘력이 원만하고 밝아짐을 제1이라고 여깁니다.

(虛空藏菩薩即從座起, 頂禮佛足而白佛言) 我與如來定光佛所得無邊身, 爾時手執四大寶珠, 照明十方微塵佛刹化成虛空. 又於自心現大圓鏡, 內放十種微妙寶光, 流灌十方盡虛空際, 諸幢王刹來入鏡內, 涉入我身, 身同虛空, 不相妨礙. 身能善入微塵國土, 廣行佛事, 得大隨順. 此大神力由我諦觀四大無依, 妄想生滅, 虛空無二, 佛國本同, 於同發明, 得無生忍. 佛問圓通, 我以觀察虛空無邊, 入三摩地妙力圓明斯爲第一.

허공장보살은 허공과 같이 광대한 지혜와 복덕을 간직한 보살로서 주로 밀교에서 신앙의 대상이 되고 만다라에도 묘사되고 있다. 서방 승화부장불(勝華敷藏佛)의 세계에서 온 보살이라고 하며, 여기에서는 정광불의 처소에서 무변신(無邊身)을 얻었다고 한다. 무변신은 허공과 같이 광대하여 끝이 없는 몸을 말한다. 몸의 공성을 깨달으면 몸이 허공과 같이 광대한 무변으로 되고, 그러한 무변신은 허공처럼 일체의 것을 포용하여 장애가 없는 몸이 된다. 4대보주는 허공과 진찰을 비추는 지혜의 구슬로서 인공·법공·구공·진공의 4구슬이고, 대원경이 비추는 10종의 미묘보광은 하나의 대원경지(大圓鏡智)로부터 일어나는 10지(智)를 말한다. 4대가 망상으로 생멸한다는 것은 색을 이루는 4대의 체가 본래 공인데 이 공성에 미혹함으로써 4대가 결합해서 색이 형성된다는 말이다. 그러므로 다시 4대의 체의 공성을 깨달으면 스스로 공과 같은 몸을 얻게 된다. 4대가 공한데 인연 따라 허망하게 생하고 멸하며, 결국 모두 하나의 허공에 나타나는 허망상이고 따라서 본래 여래장성이니 불국토와 같은 것이다. 이것을 깨달음으로써 무생법인을 증득한다고 한다. 허공장보살은 일체의 공성을 깨달아 무생법인을 증득하였으므로 공대를 원통의 제1로 삼는다.

미륵보살: <⑥ 식대(識大)> (자리에서 일어나 붓다의 발에 정례하고 붓다에게) 제가 기억해보니 과거 미진겁 전에 일월등명이라고 불리는 붓다가 세상에 나와서 제가 그 붓다를 따라 출가하였으나, 마음은 세간의 명성을 중시하고 족

성과 함께하기를 좋아하였습니다. 이때 세존께서 저에게 유심식정(唯心識定)을 닦아 삼마지에 들라고 가르쳐주셨습니다. 여러 겁이 지나도록 이 삼매로써 항하사같이 많은 붓다를 섬기니, 세간의 명성을 구하는 마음이 쉬고 멸하여 없어졌습니다. 연등불이 세상에 출현함에 이르러서 제가 최상의 묘원한 식심삼매를 증득하고 보니, 허공 가득한 여래 극토의 깨끗함과 더러움, 있음과 없음이 모두 저의 마음의 변화로 인해 나타나는 것이었습니다. 세존이여, 제가 이와 같이 오직 심식이 있을 뿐임을 요달하였기에 식의 성품에서 무량의 여래를 유출하였으며 지금은 수기를 받아 다음의 붓다가 될 붓다를 돕는 자리에 있습니다. 붓다께서 원통을 물으시니, 저는 시방의 유식(唯識)을 관찰하여 식심이 원명하여 원성실에 들어가서 의타기와 변계소집을 멀리 떠나 무생법인을 증득함을 제1로 여깁니다.

(彌勒菩薩卽從座起, 頂禮佛足而白佛言) 我憶往昔經微塵劫, 有佛出世名日月燈明, 我從彼佛而得出家, 心重世名, 好遊族姓. 爾時世尊教我修習唯心識定, 入三摩地. 歷劫已來以此三昧事恒沙佛, 求世名心歇滅無有. 至然燈佛出現於世, 我乃得成無上妙圓識心三昧, 乃至盡空如來國土淨穢有無皆是我心變化所現. 世尊, 我了如是唯心識故, 識性流出無量如來, 今得授記次補佛處. 佛問圓通, 我以諦觀十方唯識, 識心圓明入圓成實, 遠離依他及遍計執得無生忍, 斯爲第一.

일월등명불이 미륵에게 유심식정(唯心識定)을 권함

연등불이 있을 때, 미륵보살이 식심삼매(識心三昧)를 증득

　일체 유식을 관하여 무생법인을 증득

　　1. 원성실 　— 들어감

　　2. 의타기 　┐떠남

　　3. 변계소집 ┘

미륵은 유식사상의 원조로 간주된다. 그래서 『유가사지론』의 저자를 무착 이전의 미륵이라고 한다. 여기에서는 일월등명불이 세상에 나와 미륵에게 유식의 깨달음을 통해 삼마지에 들 것을 가르쳤다고 한다. 세존이 미륵보살에게 권한 '유심식정(唯心識定)'은 오직 심식이 있을 뿐이라는 유식의 도리를 깨달아 삼마지에 들어가는 것이다. 미륵은 일체가 오직 심일 뿐임을 깨달음으로써 세상의 명예를 좇는 마음이 사라지고

평안하게 쉬게 되었다고 말한다. 연등불이 세상에 있을 때 미륵보살이 증득한 식심삼매가 곧 일체가 오직 유식일 뿐이라는 깨달음의 삼매이다. 일체가 오직 식일 뿐이기에 염과 정, 유와 무의 일체 분별이 모두 마음이 만든 허망분별임을 알게 된다. 오직 식일 뿐인 유식에 따르면 일체는 모두 식성으로부터 유출된다. 그러므로 유근신과 기세간 뿐 아니라 여래까지도 식으로부터 유출된다고 할 수 있다. 현재 보불처에 있다는 것은 미륵보살이 현재 붓다를 돕고 미래에 미륵불이 된다는 수기를 받은 것을 말한다. 유식성을 깨닫는 것은 유식의 3성 중 의타기성과 변계소집성을 떠나고 원성실성을 얻는 것이라고 설명한다. 식의 원명에 들어감으로써 아뢰야식의 업에 따른 전변활동인 의타기도 멈추는 것으로 간주된다. 여기에서 식의 원성실성이 곧 여래장심이니, 따라서 미륵보살은 식대를 원통의 제1로 본다.

대세지법왕자: <⑦ 견대(見大)/근대(根大)> (동료 52보살과 함께 자리에서 일어나 붓다의 발에 정례하고 붓다에게) 제가 기억해보니 과거 항하사겁 전에 무량광이라고 불리는 붓다가 세상에 나왔으며, 12여래가 일겁 동안 이어서 나왔고 그 최후의 붓다가 초일월광이었는데, 그 붓다께서 저에게 염불삼매를 가르쳐주셨습니다. 비유하자면 한 사람이 전적으로 기억하고 다른 한 사람이 전적으로 망각한다면, 이러한 두 사람은 만나도 만나지 않고 봐도 본 것이 아니지만, 두 사람이 서로를 기억하고 그 기억하는 생각이 깊다면, 이와 같이 이 생에서 저 생으로 나아가도 사물에 그림자가 따르듯 서로 어긋나지 않을 것입니다. 시방 여래가 중생을 가엽게 여김이 어머니가 자식을 생각하는 것과 같지만, 만약 자식이 도망가면 생각한들 무엇하겠습니까? 만약 자식이 어머니를 생각함이 어머니가 자식을 생각함과 같다면, 어머니와 자식은 여러 생을 두고 서로 멀어지지 않을 것입니다. 만약 중생이 마음으로 붓다를 기억하고 붓다를 생각한다면, 현재에나 미래에나 반드시 붓다를 보게 되며 붓다와 멀어지지 않아 방편을 빌리지 않고도 스스로 마음이 열리는 것이 마치 향이 스며든 사람의 몸에 향내가 나는 것과 같을 것이니, 이것을 '향광장엄'이라고 합니다. 저는 본래 인지에서 염불하는 마음으로 무생법인에 들었으며, 지금 이 세계에서 염불하는 사람을 거두어 정토로 돌아가게 합니다. 붓다께서 원통을 물으시니 저는 고를 것

없이 6근을 모두 포섭해서 맑은 생각이 끊어지지 않게 하여 삼마지에 드는 것을
제1로 여깁니다.

(大勢至法王子與其同倫五十二菩薩卽從座起, 頂禮佛足而白佛言) 我憶往昔恒
河沙劫, 有佛出世名無量光, 十二如來相繼一劫, 其最後佛名超日月光, 彼佛敎我
念佛三昧. 譬如有人一專爲憶, 一人專忘, 如是二人若逢不逢, 或見非見. 二人相憶,
二憶念深, 如是乃至從生至生, 同於形影不相乖異. 十方如來憐念衆生如母憶子,
若子逃逝, 雖憶何爲? 子若憶母如母憶時, 母子歷生不相違遠. 若衆生心憶佛念佛,
現前當來必定見佛, 去佛不遠, 不假方便自得心開, 如染香人身有香氣, 此則名曰
香光莊嚴. 我本因地以念佛心入無生忍, 今於此界攝念佛人, 歸於淨土. 佛問圓通,
我無選擇都攝六根, 淨念相繼得三摩地, 斯爲第一.

아미타불(무량광불~초일월광불)이 대세지보살에게 염불삼매를 가르쳐줌

어머니가 자식을 생각 = 여래가 중생을 생각
자식이 어머니를 생각 = 중생의 염불　　　　　　서로 생각하면 만나게 됨

대세지법왕자는 대세지보살이다. 서방극락세계의 보살로 아미타불의 오른쪽에 대
세지보살, 왼쪽에 관세음보살이 함께하여 아미타3존(阿彌陀三尊)을 이룬다. 아미타불
의 지혜와 자비 중 대세지보살은 지혜를, 관세음보살은 자비를 보좌한다. '무량광불'은
무량한 광명을 발하는 부처라는 뜻으로 아미타불을 의미하고 무량수불(無量壽佛)이라
고도 불린다. '초일월광불'은 햇빛과 달빛을 초월하는 광명의 부처라는 뜻으로 이 또한
아미타불의 다른 이름이다. 아미타불이 대세지보살에게 가르쳐주었다는 염불삼매는
아미타불을 염불함으로써 다른 허망한 생각인 망념을 멈추어 삼매에 드는 것을 말한
다. 여기에서는 염불삼매가 성립하는 근거를 밝히고 있다. 여래는 이미 중생을 생각하
고 있지만, 중생이 늘 세상사에 휩쓸려 거기에만 마음을 두고 근본을 망각함을 자식이
어머니를 피해 도망다니는 것과 같다고 말한다. 만약 중생이 염불로써 여래를 생각한
다면, 두 뜻이 맞아서 서로 만나게 된다는 것이다. 그런데 염불에서 만나는 불은 나 이
외의 다른 불이 아니다. 나의 마음에서 번뇌를 덜어냄으로써 바로 내 마음속 부처를
만나는 것이다. 염불수행을 행함으로써 6근이 모두 청정해지면 일체 염오를 벗어나게
되며, 따라서 정토에 들어가게 된다. 염불로써 망념을 없애고 정념을 이어감으로써 삼

마지에 드는 것이다. 감산은 선종과 정토종의 차이를 다음과 같이 설명한다. "견(見)은 바로 생사의 근본이다. 만약 참선이라면 '진을 구하려 애쓰지 말고 오직 견을 쉬어야 한다'고 말하고, 만약 염불이라면 '오염된 견을 굴려서 청정한 견을 이룬다'고 하니, 오직 하나뿐인 견분이 쓰이기도 하고, 쓰이지 않기도 한다. 여기에서 선종과 정토종이 나뉜다."[16]

선종: 견을 쉼으로써 정(淨)을 이룸   - 견을 쓰지 않음
정토종: 망견을 정견으로 바꾸어서 정(淨)을 이룸   - 견을 씀

7대는 지·수·화·풍 4대에 공대·견대·식대를 더한 것이므로 지금은 견대를 논할 차례이다. 그러나 『계환해』와 『정맥소』는 이곳에서 6근 모두를 들어 말하기에 이 제목을 견대 대신 근대라고 칭하고 있다. 반면 감산은 이 부분을 견대의 설명으로 간주한다. "이 견대가 바로 8식의 견분이다. 대원경지를 미혹해서 무명이 되어 아뢰야식을 이루는데 망견을 발하여 일으키므로 견분이 된다. 유근신과 기세간을 허망하게 보는 일체 중생이 오염을 집착해서 취하기에 예토를 이룬다. 지금은 허망을 돌이켜 진에 돌아가려 하므로 염불로 섭수하여 정토에 돌아가면 망견이 단번에 타파되면서 온갖 더러움이 단박에 제거된다."[17]

---

16   감산, 『수능엄경통의』, 1권, 548쪽.
17   감산, 『수능엄경통의』, 1권, 546-547쪽.

이근원통

1. 관세음보살의 이근원통

이하에서는 관세음보살이 이근원통을 주장하는데, 여기에서도 대화체가 아니고 관세음보살의 이야기로만 진행된다. 관세음보살은 '천수천안 대자대비 관세음보살'이며, '관자재보살(觀自在菩薩)'이라고 부르기도 하고, 『반야바라밀다심경』에 등장한다. 그 경에서는 설하는 자가 관세음보살이고 듣는 자가 사리불이며, 경은 '관자재보살, 행심 반야바라밀다시, 조견오온개공, 도일체고액'으로 시작된다. 관세음보살은 중생의 원에 따라 32응신으로 나타나며, 14무외의 공덕을 보이고, 4부사의한 묘덕을 갖고 있다.[1]

1) 6결(結) 풀기 : 동결 · 정결 · 근결 · 각결 · 공결 · 멸결

> 관세음보살: (자리에서 일어나 붓다의 발에 정례하고 붓다에게) 세존이여, 제가 기억해보니 과거 항하사겁 전에 관세음이라고 불리는 붓다가 세상에 출현하였습니다. 저는 그 붓다를 보며 보리심을 일으켰는데, 그 붓다께서 저에게 문

---

1   우리나라 영암의 도갑사에 관세음보살 32응신도가 있으며, 남해 보리암, 여수 항일암, 강화 보문사, 낙산사 홍련암이 우리나라의 4관음도량이다.

(聞)·사(思)·수(修)를 좇아 삼마지에 들라고 가르쳤습니다.

(爾時觀世音菩薩卽從座起, 頂禮佛足而白佛言) 世尊, 憶念我昔無數恒河沙劫, 於時有佛出現於世名觀世音. 我於彼佛發菩提心, 彼佛教我從聞思修入三摩地.

앞서 원통으로서 제기된 6진, 6근, 6식, 7대 중 오직 이근 하나만 등장하지 않았다. 이제 관세음보살은 바로 이근이 수행의 근본이며, 이근을 통해 일체 맺힘이 모두 풀린 다는 '이근원통'을 제시한다. 이근에 의거한 수행으로 원통을 이룬다는 것이다. 관세음 보살은 붓다가 자신에게 문·사·수를 행히여 삼마지에 들라고 권하였다고 한다. 문· 사·수는 지혜를 얻는 3단계 활동이며, 각 단계에서 그에 상응하는 지혜를 얻는다. 진리의 가르침을 들어서 얻는 지혜가 문혜(聞慧)이고, 진리를 스스로 깊이 생각하여 얻는 지혜가 사혜(思慧)이고, 몸소 수행을 행함으로써 얻는 지혜가 수혜(修慧)이다. 일반적으로 문·사·수를 말할 때는 붓다의 불법의 가르침의 내용을 듣고 그 내용을 깊이 생각하고 그 내용에 따라 수행하여 익히는 것을 말한다. 그러나 관세음보살의 이근원 통에서의 문·사·수는 이근으로 들되 그 내용에 주목하는 것이 아니다. 관세음의 '관음 (觀音)'은 소리를 관한다는 것인데, 이는 소리의 내용을 따라가는 것이 아니라 소리를 듣는 자성을 돌이켜 알아차리는 것을 말한다. 즉 '소리를 들음을 돌이켜 듣는 성품을 듣는' '반문문성(反聞聞性)'이고, 마음의 빛을 바깥 대상으로 향하지 않고 마음 자체로 되돌려 비추는 '회광반조(回光返照)'이다. 그러므로 관음수행의 문·사·수에서 문(聞) 은 들리는 소리(대상)를 좇아가지 않고 돌이키는 것이며, 사(思)는 사량분별을 일으키 지 않고 들음의 실상을 있는 그대로를 알아차리는 것이고, 수(修)는 그러한 반문문성을 깊이 닦는 것이다. 『정맥소』는 이러한 문·사·수를 앞에서 '6해1망'을 논하는 자리에서 언급했던 6결(結)과 다음과 같이 연결한다.

심성광란			지견망발 발망불식		노견		발진
심성이	광 +	란하여 →	지견이 망발하여 불식 →		견이 피로 →		진을 발함
(묘명본각)(무명업상)		3세성립	법집 지위		인집 지위		
		1.멸결	2.공결 3.각결		4.문결(근결)		5.정결 6.동결
		⑥	⑤ ④		③		② ①
			〈수혜〉 ←	〈사혜〉 ←			〈문혜〉

이하에서 논의되는 개념을 따라 미리 정리해보면 다음과 같다.

① 입류망소(유에 들어가 소를 잊음): 동결(動結)을 품 ┐
② 소입기적 동정이상불생(동정이 생기지 않음): 정결(靜結)을 품 ┘ 분별아집(견혹) 제거: 문혜
③ 여시점증 문소문진(문근이 다함): 근결(根結)을 품 ── 구생아집(사혹) 제거: 사혜
④ 진문부주 각소각공(각과 소각이 공): 각결(覺結)을 품 ── 분별법집/지애(智愛) 끊음: 수혜
⑤ 공각극원 공소공멸(공과 소공을 멸): 공결(空結)을 품 ── 구생법집/리애(理愛) 끊음: 수혜
⑥ 생멸기멸 적멸현전(생멸이 멸해 적멸 현전): 멸결(滅結)을 품 ── 구공불생(俱空不生) 얻음: 수혜

> 관세음보살: <문(聞)> <① 동결(動結) 풀기> 처음에 듣는 가운데 a. 흐름에
> 들어가서 b. 대상을 잊습니다.
>   ① 初於聞中, a. 入流 b. 亡所.

① 동결(動結) 풀기: 들음 가운데 a. 입류(흐름에 들어가) b. 망소(대상 잊기)

처음에, 즉 결정심을 내어 닦기 시작할 때, 듣는 가운데에서 반문문성을 시작하는
데, 그 첫 단계는 a. 입류, b. 망소이다. a. 소리를 들으면서 그 들음의 흐름을 따라 듣
는 대상인 소리(성진)로 나아가지 않고 오히려 흐름을 돌이켜 들음 자체를 의식한다.
들리는 대상인 소리에 주목하지 않고 듣는 마음으로 의식의 방향을 돌리는 것이다. 의
식의 흐름 바깥의 대상을 향하지 않고 흐름 자체로 돌아온다는 의미에서 이것을 '흐름
에 들어감'인 입류(入流)라고 한다. 이것이 곧 안으로 향하는 '내주(內注)'이다. b. 이
렇게 입류하면 들음의 대상 소(所)인 소리, 즉 성진(聲塵)을 벗어나게 된다. 이것이 대
상을 잊음(망소)이다. 이처럼 입류소탈하는 것이 곧 6결 중 제1의 동결(動結)을 벗어
나는 것이다.[2] 그런데 소리를 듣지 않고 문성으로 되돌아가기 위해 '들리는 소리를 잊
는다'는 '망소'는 결국 소리를 듣지 못하는 귀머거리와 같이 되라는 것인가? 이 문제에

2　소리(성聲)에 대해 『정맥소』는 다음과 같이 구분하여 설명한다.
　1. 굴곡성(屈曲聲): 의미 있는 소리. 말소리. 윤회를 벗기 위해 끊어야 할 소리
　　1) 세속굴곡 ┌ 무력 세속굴곡: 고금의 문장. 나와 상관없는 말. 마음을 산란케 함
　　　　　　　　└ 유력 세속굴곡: 탐진을 일으키는 말. 번뇌를 증장시킴
　　2) 도리굴곡: 법문의 말. 사량분별하게 함. 해 너머 행에 이르기 위해 끊어야 함
　2. 경직성(徑直聲): 의미 없는 소리. 물소리, 새소리, 짐승 소리, 북소리 등

대해 『정맥소』는 다음과 같이 논한다. "〈문〉 소리에 결국 어두워지는 것(매) 아닌가? 적멸의 때가 따로 있는 것인가? 〈답〉 매(昧)는 적(寂)과 다르다. 마음이 어두운 것이 매(昧)이고, 소리가 소멸한 것은 적(寂)이다. 자성을 오래 반문할수록 더욱 정밀하고 밝아져 마침내 어두울 때가 없다. 밖으로 성진에서 벗어나기를 오래 익히면 점차 녹아 없어져 마침내 다할 날이 온다. 성(性)은 본래 있기 때문이며, 소리는 본래 공하기 때문이다. 〈문〉 소리가 현재 있는데, 어째서 본래 공인가? 〈답〉 어떤 사람이 꿈속 천둥소리에 허망하게 떨며 두려워하는 것과 같으니, 천둥소리는 본래 공하나 꿈꾸는 순간에는 생생하게 있는 듯하지만, 어찌 참으로 있는 것이겠는가? 현전의 모든 소리도 이와 같다. 〈문〉 모든 소리가 몽환 같아서 실세가 아니고 소멸한 뒤 필경 듣는 바가 하나도 없다면, 도를 이룬 자는 모두 귀머거리 같지 않겠는가? 〈답〉 그렇지 않다. 진짜 없어진 것이 아니라 '듣는 것을 모으는 근'과 '근성을 덮는 소리'를 녹여서 메마른 고요함에 잠시 가라앉은 것일 뿐이니, '색음에 갇힘'인 '색음구우(色陰區宇)'와 같다. 눈 있는 사람이 아주 어두운 방에 처한 것과 같아서 오래지 않아 심문(心聞)이 활짝 열리면 허공에 가득할 것이니, 이른바 본명(本明)의 빛을 내는 것이다. 반드시 위로는 유정천을 듣고 아래로는 무간지옥을 들으며, 심지어 가장 가까이 곤충의 움직임과 개미 싸움같이 평소 듣지 못하던 것까지 다 들을 터인데 하물며 나머지 소리이겠는가. 귀머거리와 같다는 의심은 매우 어리석은 생각이다."[3] 우리가 듣는 소리는 우리의 이근(신경세포)의 활동을 통해 만들어진 소리이며, 이근의 활동은 우리의 원묘명심의 빛을 따라 성립한다. 원묘명의 마음 그리고 이근의 듣는 활동이 없으면, 들리는 소리도 없다. 그러니까 모든 소리는 꿈속 소리처럼 환이라는 것이다. 만들어진 환을 좇는 대신 그런 환을 만들어내는 마음의 활동에 주목함으로써 6근으로의 분화 이전의 원담의 마음에 이르면, 그 원묘명심의 묘각명의 빛을 따라 결국은 일체를 자유롭게 보고 듣게 된다는 것이다.

> 관세음보살: <② 정결(靜結) 풀기> 대상과 들어감이 이미 적막해지면, 동과 정의 2상(相)이 결국 생기지 않습니다.
>   ② 所入旣寂, 動靜二相了然不生.

---

3   진감, 『정맥소』, 3권, 342쪽.

② 정결(靜結) 풀기: 소(망소)와 입(입류)이 적막, 동(소리=동진)과 정(적막=정진) 2상이 불생

앞에서 입류하여 망소한다는 것은 소리를 떠난다는 것이다. 시끄러운 소리의 경계, 즉 동진(動塵) 내지 성진(聲塵)을 떠나는 것이다. 소리를 떠나면 고요해진다. 그 고요함을 들으면, 고요함이 들음의 대상이 되니, 이를 정진(靜塵)이라고 한다. 그런데 고요함인 정진을 의식하는 것과 문성을 의식하는 것은 서로 다르다. 문성을 반조하려면 동진뿐 아니라 적막으로 나타나는 정진까지도 모두 떠나야 한다. 이것이 '동과 정의 두 상이 생기지 않는' 상태이며, 이것을 6결 중 제2인 '정결(靜結)을 푼다'고 한다. 시끄러움과 고요함, 동과 정, 둘 다를 넘어서는 단계이다. 문성을 알아차리고 문성에 머무는 상태는 고요함을 듣는 상태와 다르기에, 문성에 이르려면 정진에 머물러서도 안 된다고 하는 것이다. 이처럼 정진과 문성을 구분해야 함에 대해 『정맥소』는 이렇게 설명한다. "〈문〉 동을 잊는 것은 소리를 잊는 것이다. 성진과 문성은 흑과 백의 차이처럼 분간하기 쉬우므로 (동진은) 잊기 쉽다. 그러나 정진과 문성은 서로 순응한다. 문성도 극히 고요하고 정진도 고요하여 한계도 없고 나뉨도 없다. 바람과 허공을 가르기 어렵듯, 물과 우유를 나누기 어렵듯 분간하기 어렵다. 그러므로 (정진을) 잊는 것이 어려울 듯 염려되니, 어떻게 보여주겠는가? 〈답〉 오직 문성을 분명히 보지 못할까만 근심할 것이다. 문성을 확연히 본다면 어찌 뒤섞일 리가 있겠는가. 문성은 마음이고, 정진은 대상이다. 마음은 신령하게 알아 어둡지 않고, 경계는 어둡고 완고하여 아는 것이 없다. 너는 너이고 나는 나이듯이 대상(경계)은 원래 대상이고 마음은 원래 마음이다. 분간하기 어려울 것이 뭐 있겠는가. 세속 범부가 사람이 없는 깊은 산속에 들어갔을 때 산속의 적정을 모두 분별하지만 실제 자기 문성은 조금도 알아차리지 못하므로, 시끄러운 시장에 와서는 그 고요함을 완전히 잃어버리는 것과 같다. 고요한 경계는 모두 산속의 고요함이었던 것이다. 그러므로 산을 떠나서 어찌 다시 고요함이 있겠는가. 경계의 고요함만을 취하는 세인은 경계를 떠나면 다 잃어버리니, 이것은 아주 '매우 거친 바깥 경계'이다. 어떤 수행인은 자심은 못 보고 오직 섭념(攝念)을 익혀 정(定)을 이루고 점점 깊이 들어간다. 그는 정력(定力)에 의거해서 무변제를 깨닫는데, 이 또한 정진(靜塵)의 경계이므로 정력이 다하면 잃어버리지 않을 수 없다. 이것은 앞의 세인에 비해 훨씬 '미세한 안의 경계'일 뿐이다. 만약 마음을 깨닫지 못하고 문성을 보지 못하면 이 두 가지가 모두 마음의 고요함이 아니라는 것을 알지 못한다. 반면 마음을 깨닫고 문

성을 분명히 보면, 이 문성이 본래 지극히 고요하여 한계가 없으며, 섭념으로 이루어지는 것도 아니고 바깥 경계에 의탁하는 것도 아님을 저절로 알 것이다."[4] 대상으로서의 고요인 정진과 시끄러운 동진의 소리를 듣되 그 대상 너머의 듣는 마음인 문성을 구분해야 한다는 것이다. 자신 안의 문성을 자각하여 거기에 머무를 줄 알면, 바깥의 크고 작은 소리의 유무나 내면의 고요함을 만드는 선정의 유무에 흔들리지 않게 된다.

문성 ↔ 대상 ┌ 동진: 시끄러운 소리 - 세인이 주로 머무는 곳
            └ 정진: 고요함   - 수행인이 섭념(攝念), 정(定)으로 집착

세인: 대상에 의해 좌우됨: 조용한 곳(대상) 빗어나면 고요를 잃음
수행인: 정력에 의해 정진에 머무름: 정(定) 벗어나면 고요를 잃음
문성을 본 자: 대상의 동과 정, 정(定)의 유무와 무관하게 고요를 유지

> 관세음보살: <사(思)> <③ 근결(根結) 풀기> 이와 같이 점점 증장하면, 듣는 것(문)과 들리는 것(소문)이 다합니다.
> ③ 如是漸增, 聞所聞盡.

③ 근결(根結) 풀기: 문(근)과 소문(경)이 다함
　　문성에서 듣는 근(根)을 해체하고, 듣는 성(性)만 남김(얼음이 녹아 물이 되듯)

동진과 정진을 둘 다 떠나면 듣는 성품인 문성(聞性)이 남겨진다. 수행의 그다음 단계는 들리는 대상(소문)과 더불어 들음(문)까지도 떠나는 것이다. 들음은 근의 활동으로 듣는다. 들리는 대상과 더불어 들음까지도 떠나는 것은 근을 떠나는 것이며, 따라서 이것을 듣는 근의 매듭인 '근결(根結)을 푼다'고 한다. 이와 같이 동결, 정결, 근결을 모두 풀면, 근을 가진 나가 공으로 드러나 인공(人空)을 얻는다. 그런데 들리는 대상인 소문뿐 아니라 돌이켜 확인하고자 하는 문, 문성(聞性) 내지 근(根)까지도 모두 다하게 된다면, 그럼 아무것도 남겨지는 것이 없는 것 아닌가? 이런 의문에 대해 『정맥소』는 다음과 같은 문답으로 설명한다. "〈문〉 오직 근성만이 더욱 밝아져 동과 정을

---

4 진감, 『정맥소』, 3권, 350-351쪽.

쌍으로 잊었는데, 지금 다시 근성(根性)도 잊는다면 전적으로 단멸이 되지 않겠는가? 〈답〉 근을 다했을 뿐인데, 어찌 성(性)이 소멸했다고 하는가? 〈문〉 근과 성이 둘이 되는가? 〈답〉 둘도 아니고 하나도 아니다. 〈문〉 무엇과 같은가? 〈답〉 근은 얼음 같고 성은 물과 같다. 얼음과 물이 본래 다른 자체가 없으므로 둘이 아니다. 그러나 얼음은 막히고 물은 통하므로 하나도 아니다. 지금 근이 다했다는 말은 다만 얼음이 녹은 것이니, 어찌 물이 마른 것과 같겠는가?"[5] 여기에서는 근은 다하되 성이 다하는 것은 아니라고 하여, 문성 내지 근성의 근(根)과 성(性)을 구분한다. 근은 안·이·비·설·신·의 6가지로 분화된 근이며, 성은 그러한 6근으로의 분화 이전의 원명담원한 묘정명성, 여래장성을 뜻한다. 본래 담원한 하나의 여래장성이 무명으로 인해 산출된 진을 흡입하여 6매듭의 6근이 만들어지니, 원만하게 하나로 소통하던 여래장성이 결국 6매듭에 막혀 버리게 된 것이다. 그러므로 근은 얼음과 같고, 근의 매듭을 풀어 되찾는 성은 물과 같다고 말한다. 그리고 물이 얼음과 불일불이이듯, 성도 근과 불일불이라고 한다. 얼음이 녹으면 물이 되듯, 6근의 매듭이 풀리면 그 자리가 바로 여래장성이다. 그렇게 ①에서 동진을 떠나고 ②에서 정진도 떠나 일체 경(境)을 떠난 후 ③에서 근경의 근(根)도 떠나면, 결국 들음을 가능하게 하는 마음의 성(性), 근진 너머의 성이 여래장성으로 드러난다.

> 관세음보살: <수(修)> <④ 각결(覺結) 풀기> 들음(문)이 다함에도 머물지 않으면, 깨달음(각)과 깨달아지는 것(소각)이 공입니다.
> ④ 盡聞不住, 覺所覺空.

④ 각결(覺結) 풀기: 문(문과 소문)이 다함에 머물지 않음, 각(지)과 소각(경)이 공
(근·진이 다했다는 각(覺)도 없앰)   (능각=소각의 빈바탕, 각이 공)

①과 ②에서 소리와 고요의 대상(소문)이 다하고 ③에서 들음(문)도 다하는 것은 곧 진(동진과 정진)과 근이 다하는 것이다. 근과 진, 능문과 소문이 다하면, 그때 그

---

5   진감,『정맥소』, 3권, 354쪽.

문(聞)의 성(性)인 여래장성이 남겨지는데, 여기에서부터는 그 성(性) 안에 포함된 또 다른 매듭을 푸는 단계가 시작된다. 즉 얼음이 녹은 물 안에 아직 남아 있는 얼음의 찌꺼기를 걷어내는 것이라고 할 수 있다. 들음의 근과 진을 다하면서 그렇게 근과 진을 다했다는 생각, 그 각(覺)의 매듭을 문제 삼는 것이다. 풀려 버린 근과 진이 공이기에, 푸는 행위 자체도 공이다. 매듭이 공이라면, 매듭의 풂도 공인 것이다. 그러므로 근과 진을 다함에 머무르지 않아야 하며, '각과 소각이 모두 공'이라고 말한다. 이렇게 능각과 소각의 공성을 깨달아 각에 머무르지 않음을 '각결을 푼다'고 한다. 능각과 소각이 공임을 알아 각결을 풀어 공으로 나아갈 때, 그 공은 능소의 대대를 넘어선 절대로서의 공, 한계가 없는 무한으로서의 공이다. 이 경지를 『정맥소』는 이렇게 설명한다. "'각과 소각이 공하다'고 하는 것은 새로 증득한 경계이니, 문이 다한 뒤에 근과 진을 멀리 벗어나서 '담일하고 무변인 경계(湛一無邊之境)'가 현전한 것이다. 그러므로 여기서 각은 경계를 비추는 지(智)이고 소각은 담일한 경(境)이다. … 각과 소각이 공하다는 말은 능각인 지와 소각인 경이 둘 다 공적해서 아무것도 다시 마주할 것이 없다는 뜻이다."[6] 지와 경은 둘 다 근과 진을 벗은 담일한 경지로서 그 자체 능소분별을 벗은 공적(空寂)의 공이다. 능각(지)과 소각(경)이 다 공이기에 각을 벗어 공으로 나아간다.

> 관세음보살: <⑤ 공결(空結) 풀기> 각을 비움(공)이 지극히 원만하면, 공과 소공도 멸합니다.
> ⑤ 空覺極圓, 空所空滅.

⑤ 공결(空結) 풀기: 각의 공화가 원만해지면, 공(지)과 소공(경)이 멸
  (두루 공만 남으면) (능공=소공, 공도 공, 공공, 공이 멸)

능각과 소각의 대대가 사라지면서 각결이 풀리면, 남겨지는 것이 무한의 공(空)이다. 그런데 이근원통의 수행은 이 공도 넘어선다. 각을 멸하여 비움으로써 각의 공성

---

6 진감, 『정맥소』, 3권, 357쪽.

이 두루 원만해지면, 공을 아는 마음의 공과 그 마음에 의해 알려지는 소공의 공이 둘다 같은 하나의 공으로서 경계가 없어지기에 결국 함께 멸한다는 것이다. 이것을 공의 매듭인 '공결(空結)을 푼다'고 한다. 앞서 각이 공임을 알아 각결을 푼 데 이어, 여기에서는 그 공도 공임을 알아, 즉 공공(空空)을 알아 공결을 푸는 것이다. 앞의 각결을 푸는 것과 지금 공결을 푸는 이 둘이 법해탈에 해당한다.

> 관세음보살: <⑥ 멸결(滅結) 풀기> 생과 멸이 멸하면, 적멸이 현전합니다.
> ⑥ 生滅旣滅, 寂滅現前.

⑥ 멸결(滅結) 풀기: 생멸도 멸하면, 적멸이 현전
　　　(동정근각공의 멸도 멸) (진속불이의 바탕, 진심의 현전)

각이 멸하고, 다시 그 각의 공도 함께 멸하면, 남겨지는 것은 멸이다. 인연 따라 생겨났던 모든 소리(①②)와 들음(③)과 각성(④)과 공성(⑤)까지도 멸하고, 그 생멸의 멸만 남겨지는 것이다. 이근원통의 수행은 이렇게 남겨지는 멸까지도 넘어서니, 이것을 멸의 매듭인 '멸결을 푼다'고 한다. 생멸의 멸까지도 모두 멸해야지 일체 생멸하는 현상의 참된 바탕, 마음 본래자리의 원묘명심의 밝음이 드러난다. 이것을 '생멸이 멸하고 적멸이 현전한다'고 말한다. 이 적멸이 드러나기까지의 일체는 모두 생멸심에 속한다. 근과 진이 멸하고, 멸한다는 생각도 멸하고, 그러한 각멸 이후의 공도 멸하면, 일체가 멸하여 멸만 남는데, 이 생멸의 멸까지도 넘어서야 진정한 적멸이 현전하며, 진정한 불생불멸의 여래장성에 이른다. 아공·법공도 생멸과 대비된 공이며, 결국 생멸에 속하므로 그 생멸까지도 멸해야 한다고 보는 것이다. 즉 공에 머무르지 않기 위해 생멸의 멸상도 멸하는 것이다.

이상의 6단계를 일귀는 『정맥소』를 따라 이렇게 정리한다. "① 동(動)을 풀어 동을 멸하면, 정(靜塵)이 생기고, ② 진(塵)(정)을 풀어 진을 멸하면, 근(根)이 생기니, 이치는 비록 무생(無生)이지만 아직 생멸이 없지 않다(인공성취). ③ 근을 풀어서 근이 멸하면, 각(覺)이 생긴다. ④ 각을 풀어 각이 멸하면, 공(空)이 생긴다. ⑤ 공을 풀어 공이 멸하면, 멸이 생긴다(법공성취). 여기서 다시 진일보하여 ⑥ 멸결을 풀고 마침내 구공(俱空)도 불생하게 된다."[7] 6결과 아공·법공·구공에 관한 위의 내용을 수행지위와 연관지어 도표화하면 다음과 같다.

1) 아공 얻음: 인해탈
　　① 동결(動結)을 품: 입류(入流)하여 망소(忘所)
　　② 정결(靜結)을 품: 동정이 생기지 않음 ┐ 분별아집(견혹) 제거 - 성문초과
　　③ 근결(根結)을 품: 문근이 다함　　　　─ 구생아집(사혹) 제거 - 아라한과
2) 법공 얻음: 법해탈
　　④ 각결(覺結)을 품: 각과 소각이 공함　─ 분별법집/지애(智愛) 끊음
　　⑤ 공결(空結)을 품: 공과 소공을 멸함　─ 구생법집/리애(理愛) 끊음
3) 2공불생: 무생법인(無生法忍)을 얻음
　　⑥ 멸결(滅結)을 품: 생멸이 소멸하면 적멸이 현전 ─ 구공불생(俱空不生) 얻음
　　　　　　　　　　　(적멸 = 일진심체)

2) 수행 결과의 공덕: 32응신·14무외·4부사의

　　관세음보살: 세간과 출세간을 홀연히 초월하니 시방이 원만하게 밝아 2가지 수승함을 얻었는데, 첫째는 위로 시방 모든 붓다의 본묘각심과 합치하여 불여래와 자비의 힘이 동일해지고, 둘째는 아래로 시방 일체 6도중생과 합치하여 모든 중생과 슬픔과 앙망이 동일해졌습니다.
　　忽然超越世出世間, 十方圓明獲二殊勝, 一者上合十方諸佛本妙覺心, 與佛如來同一慈力, 二者下合十方一切六道衆生, 與諸衆生同一悲仰.

수행결과로 얻은 수승함:
　　1. 위로 붓다의 본묘각심과 합치, 불여래와 같은 자력(慈力)
　　2. 아래로 6도중생과 합치, 중생과 같은 비앙(悲仰)

이근에 입각한 반문문성 수행은 소리를 듣는 문성을 반조하여 근원으로 돌아감으로써 여래장성의 원묘명심에 이르는 수행이다. 그렇게 밝혀진 원묘명심의 밝음으로 6근

7　일귀 역, 『수능엄경』, 419쪽, 주265.

이 하나로 통하여 원통을 이루게 되는데, 이때는 수행자 내면에서의 원통을 넘어 모든 중생과 두루 원만하게 하나로 통하는 원통을 성취하게 된다. 그러므로 이근으로 원통을 이룬 관세음보살은 그 원만한 밝음으로 두 가지 수승함을 얻게 되었다고 한다. 즉 위로는 붓다와 같아지고 아래로는 일체 중생과 같아진 것이다. 위로 붓다의 마음과 합치하여서 붓다의 지혜와 자비력을 갖게 되고, 아래로 일체 중생과 합치하여 그들의 고통과 슬픔을 함께 나누게 된다. 그래서 관세음보살은 붓다의 지혜와 자비의 힘으로 일체 중생의 고통을 덜어주는 자비행을 행한다. 관세음은 세상의 소리를 듣는다는 뜻이다. 그래서 중생의 원을 따라 다양한 방식으로 나타나서 중생의 소원을 들어주고 어려움을 해결해주며 불가사의한 묘덕을 발휘한다. 이하에서는 관세음보살이 갖는 공덕을 구체적으로 열거한다.[8]

관세음보살의 공덕:
   1. 32응신(應身)
   2. 14무외(無畏)의 공덕
   3. 4부사의(不思議)의 묘덕

(1) 32응신

> 관세음보살: 세존이여, 제가 관음여래에게 공양하였기에 여래께서 제게 환(幻)과 같은 문훈문수금강삼매를 내려주심을 받아, (제가) 불여래와 자비의 힘이 같아져서 저의 몸이 32응신을 이루어 모든 국토에 들어갈 수 있게 되었습니다.
> 世尊, 由我供養觀音如來蒙彼如來授我如幻聞薰聞修金剛三昧, 與佛如來同慈力故, 令我身成三十二應入諸國土.

여환문훈문수금강삼매:
   여환삼매: 삼매력으로 인연 따라 환과 같이 변화하여 나타남
   문훈문수: 반문으로 문성을 훈습하고 닦아나감
   금강삼매: 삼매가 금강석과도 같음

---

8 이하에서 제시되는 관세음보살의 32응신, 14무외, 4부사의 내용은 『법화경』, 7권, 25 「관세음보살보문품」에 나오는 내용과 대략 일치한다.

'여환삼매'는 그 삼매에 의지해서 인연 따라 환과 같이 변화하여 나타나기에 붙은 이름이다. '문훈문수'는 들음에서 반조(反照)하여 문성을 훈습하고(훈) 닦아나감(수)을 말하며, '금강삼매'는 그 삼매가 금강처럼 단단하기에 붙은 이름이다. 응신은 법신·보신·화신의 3불신 중 화신에 해당한다. 중생의 원에 응해서 나타나되 32상이나 80종호와 같은 상호를 갖고 나타나는 몸이 응신이고, 그런 상호 없이 나타나는 몸이 화신이다. 관세음보살은 여래의 32상과 마찬가지로 32응신으로 나타날 수 있다.

3불신(佛身):

    1. 법신

    2. 보신 ⎡ 자수용신: 수행결과를 스스로 수용
           ⎣ 타수용신: 수행결과를 남에게 수용시키고자 남을 교화함

    3. 화신 ⎡ 응신: 32상(相), 80종호(種好) 갖고 등장
           ⎣ 화신: 상호 없이 등장

응신이 하는 일은 각각의 중생의 바람과 요구에 상응하는 몸으로 나타나서 그 중생에게 다가가 그가 스스로 그 일을 할 수 있게끔 설법하는 것이지, 중생의 원을 그냥 그대로 들어준다거나 일을 해결해주는 것이 아니다. 그래서 32응신 모두 마지막 문장은 '이런 저런 몸으로 나타나 설법하여 그가 성취하도록 해준다'는 것이다. 중생은 그의 설법을 듣고 스스로 자신의 원을 이루어나가는 셈이다. 이하에서는 관세음보살이 다음과 같은 32응신의 모습으로 나타남을 차례로 설명한다.

관세음보살의 32응신: 4성인 + 7천 + 12인 + 9신

    가. 4성인: 불·벽지(독각)·연각·성문

    나. 7천(天): 범왕·제석·자재천·대자재천·대장군·4천왕·4천왕국태자

    다. 12인(人): 인왕·장자·거사·재상·바라문·비구·비구니·우바새·우바이·여주·동남·동녀

    라. 9신(神): 천·용·야차·건달바·아수라·긴나라·마후라가·인·유형무형 유상무상

이 중 4성인과 7천과 12인의 경우에는 누군가 되고자 하는 바로 그 모습으로 관세음보살이 나타나서 그도 그런 몸이 되도록 도와주고, 9신의 경우에는 누군가 벗어나고자 하는 바로 그 모습으로 관세음보살이 나타나서 그가 그런 몸에서 벗어나도록 도와준다.

가. 4성인: 불·독각·연각·성문

관세음보살: <① 불(佛)> 세존이여, 만약 보살이 삼마지에 들어 무루를 닦아서 수승한 이해가 원만하게 나타나면, 저는 붓다의 몸으로 나타나 설법하여 해탈하게 합니다. <② 독각(獨覺)> 만약 유학이 적정하고 묘명하여 수승한 묘가 원만하게 나타나면, 저는 그의 앞에 독각의 몸으로 나타나 설법하여 해탈하게 합니다. <③ 연각(緣覺)> 만약 유학이 12인연을 끊어 연이 끊긴 수승한 성품에 수승한 묘가 원만하게 나타나면, 저는 그의 앞에 연각의 몸으로 나타나 설법하여 해탈하게 합니다. <④ 성문(聲聞)> 만약 유학이 4성제의 공을 깨닫고 도를 닦아 적멸에 들어 수승한 본성이 원만하게 나타나면, 저는 그의 앞에 성문의 몸으로 나타나 설법하여 해탈하게 합니다.

① 世尊, 若諸菩薩入三摩地, 進修無漏, 勝解現圓, 我現佛身而爲說法令其解脫. ② 若諸有學寂靜妙明, 勝妙現圓, 我於彼前現獨覺身而爲說法令其解脫. ③ 若諸有學斷十二緣, 緣斷勝性, 勝妙現圓, 我於彼前現緣覺身而爲說法令其解脫. ④ 若諸有學得四諦空, 修道入滅, 勝性現圓, 我於彼前現聲聞身而爲說法令其解脫.

① 불(佛): 삼매, 무루 정진, 승해(勝解) 현전 → 등각위 부처 (관세음이 붓다의 몸으로 등장)
② 독각: 적정, 묘명, 승묘(勝妙) 현전 → 해탈 (관세음의 독각의 몸으로 등장)
③ 연각: 12연을 끊음(환멸문), 승묘 현전 → 해탈 (관세음의 연각의 몸으로 등장)
④ 성문: 4성제 공, 적멸에 듦, 승성 현전 → 해탈 (관세음의 성문의 몸으로 등장)

① 보살이 삼매에 들어 번뇌를 끊으며 승해를 갖추면, 관세음보살이 붓다의 몸으로 나타나서 그에게 설법하여 그가 자신의 근본무명을 끊고 해탈하여 부처가 되게 돕는다고 한다. ② 유학은 아직 무학 아라한이 되기 이전의 수행자이다. 본 경에서의 독각과 연각은 『법화경』에서의 벽지가라(辟支迦羅), 벽지불(辟支佛)과 같다. 벽지불은 과거 인연으로 불법을 만날 조건은 갖추어져 있는데 붓다 없는 세상에 태어나서 스승 없이 홀로 스스로 깨달은 자이다. 혼자 깨닫는다는 의미에서 '독각'이라고 하고, 12인연을 관하여 깨닫는다는 의미에서 '연각'이라고도 한다. 독각과 연각을 하나로 보기도 하고, 여기에서처럼 구분해서 둘로 보기도 한다. 구분할 경우 독각은 붓다 없는 세상에서 스스로 깨닫는 자이고, 연각은 붓다 있는 세상에서 12인연을 관찰하여 깨닫는 자이

다. ③ 세상의 생성과 변화를 관찰함으로써 12지연기의 원리를 깨닫는 자가 연각이다. 연기는 번뇌와 고통의 발생을 설명하는 생멸문과 그러한 번뇌와 고통의 지멸을 논하는 환멸문을 포함한다. 그중 환멸문을 닦아 12지연기에 따른 윤회를 벗어나고자 하는 자가 연각이다. 환멸문으로 12지연기를 끊어나감으로써 일체 연기소생의 상을 없애고 그 상에 가려져 있던 수승한 성을 드러내는 것이다. 관세음보살은 이런 수행자에게 연각의 몸으로 나타나 설법하여 그를 해탈시킨다고 한다. ④ 성문 중 수다원, 사다함, 아나함까지는 아직 번뇌가 남아 있어 공부가 더 필요한 유학(有學)이고, 마지막 아라한은 번뇌가 다한 무학(無學)이다. 성문은 4성제와 그 공성을 깨달아 알며 일체 번뇌가 멸한 석멸을 지향한다.

나. 7천(天): 범왕·제석·자재천·대자재천·대장군·4천왕·4천왕국태자

관세음보살: <① 범왕(梵王)> 만약 중생이 마음으로 밝게 깨달아 육진을 범하지 않기를 바라고 몸이 청정하기를 바라면, 저는 그의 앞에 범왕의 몸으로 나타나 설법하여 해탈하게 합니다. <② 제석(帝釋)> 만약 중생이 천주가 되어 모든 천을 통솔하기를 바라면, 저는 그의 앞에 제석의 몸으로 나타나 설법하여 성취하게 합니다. <③ 자재천(自在天)> 만약 중생이 몸이 자재하여 시방을 유행하기를 바라면, 저는 그의 앞에 자재천의 몸으로 나타나 설법하여 성취하게 합니다. <④ 대자재천(大自在天)> 만약 중생이 몸이 자재하여 허공을 날기를 바라면, 저는 그의 앞에 대자재천의 몸으로 나타나 설법하여 성취하게 합니다. <⑤ 대장군(大將軍)> 만약 중생이 귀신을 통솔하여 국토를 수호하기를 원하면, 저는 그의 앞에 하늘 대장군의 몸으로 나타나 설법하여 성취하게 합니다. <⑥ 4천왕(天王)> 만약 중생이 세계를 통솔하여 중생을 보호하기를 원하면, 저는 그의 앞에 4천왕의 몸으로 나타나 설법하여 성취하게 합니다. <⑦ 사천왕국태자> 만약 중생이 천궁에 태어나 귀신을 부리기를 원하면, 저는 그의 앞에 4천왕국의 태자의 몸으로 나타나 설법하여 성취하게 합니다.

① 若諸衆生欲心明悟不犯欲塵, 欲身清淨, 我於彼前現梵王身而爲說法令其解脫. ② 若諸衆生欲爲天主統領諸天, 我於彼前現帝釋身而爲說法令其成就. ③ 若諸衆生欲身自在遊行十方, 我於彼前現自在天身而爲說法令其成就. ④ 若諸衆生

欲身自在飛行虛空, 我於彼前現大自在天身而爲說法令其成就 ⑤ 若諸衆生愛統鬼神, 救護國土, 我於彼前現天大將軍身而爲說法令其成就 ⑥ 若諸衆生愛統世界, 保護衆生, 我於彼前現四天王身而爲說法令其成就 ⑦ 若諸衆生愛生天宮驅使鬼神, 我於彼前現四天王國太子身而爲說法令其成就

욕계6천:

  1. 4천왕천(⑥과 태자⑦): 지국천왕＋광목천왕＋증장천왕＋다문천왕(비사문천왕)

  2. 도리천 33천: 동서남북 4×8＝32천의 대장군⑤＋중심의 1천＝천주＝제석천왕(인드라)(②)

  3. 수염마천(야마yama천): 야마＝쌍(雙), 야마천과 명계(지옥) 담당, 염마(閻魔)＝염라대왕

  4. 도솔타천(도사다 tuṣita천): 내원(內院)에 미륵보살이 수행 중

  5. 낙변화천: 화락천, 자재천(③), 원하는 대로 만들어서 즐김

  6. 타화자재천(④): 마왕(魔王, 파괴신 시바, 마혜수라), 욕락을 즐김

색계18천:

  1. 초선천(3): 범천(梵天)(①범왕, 창조신 브라만)

  2. 2선천(3): 광천(光天)

  3. 3선천(3): 정천(淨天)

  4. 4선천(9): 범부천 ＋ 불환천

① 중생이 욕계의 6진인 욕진(欲塵)을 벗어나 청정한 색계(色界)에 이르기를 바라면, 관세음보살이 색계 초선천인 범천(梵天)의 왕인 범왕(梵王)의 모습으로 나타나 설법하여 그가 원하는 바를 성취하여 해탈하게 한다. ② 중생이 천주가 되기를 바라면, 천주가 곧 수미산 정상의 도리천(욕계2천)에 거주하면서 도리천 33천을 통솔하는 제석천왕이기에, 관세음보살은 제석의 모습으로 나타나 설법하여 그가 천주가 되도록 돕는다.[9] ③ 중생이 자재하게 돌아다니기를 원하면, 중생의 몸이 자재하게 다닐 수 있는 곳은 수미산 너머 허공중에 있는 공거천(제3천~제6천)이며, 그중 욕계5천인 화락천에 거하는 천이 자재천이므로, 관세음보살이 자재천의 몸으로 나타나 설법하여 그가 뜻을 이루게 한다. ④ 중생이 자재하게 허공을 날고자 하면, 그렇게 하는 자가 욕계6천인 타화자재천이기에, 관세음보살이 대자재천의 몸으로 나타난다. 욕계를 지배하

---

9 도리천의 한가운데에 있는 천신이 세석천왕이다. 이 제석천왕의 다른 이름이 석제환인이며, 우리나라 단군신화의 '환인'은 여기에서 온 이름이다.

는 타화자재천의 우두머리가 마왕(魔王)이다. ⑤ 중생이 귀신을 통솔하고 국토를 방위하기를 원하면, 그렇게 하는 자가 욕계2천에서 제석천왕의 관장하에 32천에 머무는 대장군들이므로, 관세음보살이 대장군의 몸으로 나타나 설법한다. 도리천의 중심에는 제석천왕이 있고, 그가 관장하는 대장군들이 동서남북에 각각 8천씩 나누어 거주하면서 귀신을 거느린다고 한다. 이 도리천에서 쫓겨난 귀신들이 아수라이며, 도리천에는 그런 귀신들을 통솔하면서 국토를 수호하기 위한 사리탑과 수담마라는 법당이 있다고 한다. ⑥ 중생이 인간세계를 통솔하며 중생을 보호하고자 하면, 욕계1천의 사천왕이 그런 역할을 하기에, 관세음보살은 사천왕의 모습으로 나타나서 그에게 설법하여 뜻을 성취하도록 한다. ⑦ 중생이 천궁에 태어나서 귀신을 부리기를 원하면, 욕계1천의 4천왕의 태자인 4천왕국태자들이 그런 일을 하기에, 관세음보살이 4천왕국태자의 몸으로 나타나 설법해서 그가 뜻을 이루도록 한다.

다. 12인(人): 인왕·장자·거사·재관·바라문·비구·비구니·우바새·우바이·여주·동남·동녀

관세음보살: <① 인왕(人王): 전륜성왕> 만약 중생이 사람의 왕이 되기를 즐기면, 저는 그의 앞에 사람의 왕의 몸으로 나타나 설법하여 성취하게 합니다. <② 장자(長者): 재벌> 만약 중생이 족성의 주인이 되어 세간의 추대와 양보받기를 좋아하면, 저는 그의 앞에 장자의 몸으로 나타나 설법하여 성취하게 합니다. <③ 거사(居士): 학자> 만약 중생이 명언을 말하여 자신을 청정하게 하기를 좋아하면, 저는 그의 앞에 거사의 몸으로 나타나 설법하여 성취하게 합니다. <④ 재관(宰官): 정치가> 만약 중생이 방과 읍으로 분할되는 국토를 다스리기를 좋아하면, 저는 그의 앞에 재상의 몸으로 나타나 설법하여 성취하게 합니다. <⑤ 바라문: 기술자> 만약 중생이 모든 기술로 자신을 호위하기를 좋아하면, 저는 그의 앞에 바라문의 몸으로 나타나 설법하여 성취하게 합니다. <⑥ 비구: 남자 출가승> 만약 어떤 남자가 출가하여 공부하고 모든 계율을 지키기를 좋아하면, 저는 그의 앞에 비구의 몸으로 나타나 설법하여 성취하게 합니다. <⑦ 비구니: 여자 출가승> 만약 어떤 여자가 출가하여 공부하고 모든 계율을 지키기를 좋아하면, 저는 그의 앞에 비구니의 몸으로 나타나 설법하여 성취하게 합니다.

<⑧ 우바새: 남자 재가자> 만약 어떤 남자가 5계를 지키기를 즐기면, 저는 그의 앞에 우바새의 몸으로 나타나 설법하여 성취하게 합니다. <⑨ 우바이: 여자 재가자> 만약 어떤 여자가 5계에 스스로 머물면, 저는 그의 앞에 우바이의 몸으로 나타나 설법하여 성취하게 합니다. <⑩ 여주: 여주인> 만약 어떤 여인이 살림으로 입신하여 가정과 나라를 다스리려고 하면, 저는 그의 앞에 여주인이나 국부인이나 명부나 대가의 몸으로 나타나 설법하여 성취하게 합니다. <⑪ 동남: 동정남> 만약 어떤 중생이 남근을 파괴하지 않으려고 하면, 저는 그의 앞에 동남의 몸으로 나타나 설법하여 성취하게 합니다. <⑫ 동녀: 동정녀> 만약 어떤 처녀가 처녀의 몸으로 있기를 좋아하고 폭행당하기를 원하지 않으면, 저는 그의 앞에 동녀의 몸으로 나타나 설법하여 성취하게 합니다.

①若諸衆生樂爲人主, 我於彼前現人王身而爲說法令其成就 ②若諸衆生愛主族姓世間推讓, 我於彼前現長者身而爲說法令其成就 ③若諸衆生愛談名言清淨其居, 我於彼前現居士身而爲說法令其成就 ④若諸衆生愛治國土剖斷邦邑, 我於彼前現宰官身而爲說法令其成就 ⑤若諸衆生愛諸數術攝衛自居, 我於彼前現婆羅門身而爲說法令其成就 ⑥若有男子好學出家, 持諸戒律, 我於彼前現比丘身而爲說法令其成就 ⑦若有女子好學出家, 持諸禁戒, 我於彼前現比丘尼身而爲說法令其成就 ⑧若有男子樂持五戒, 我於彼前現優婆塞身而爲說法令其成就 ⑨若有女子五戒自居, 我於彼前現優婆夷身而爲說法令其成就 ⑩若有女人內政立身以修家國, 我於彼前現女主身及國夫人命婦大家而爲說法令其成就 ⑪若有衆生不壞男根, 我於彼前現童男身而爲說法令其成就 ⑫若有處女愛樂處身, 不求侵暴, 我於彼前現童女身而爲說法令其成就

중생이 무엇인가가 되고자 하면, 관세음보살은 일단 그가 되고자 하는 인간과 동일한 종류의 인간 모습을 하고 나타나 설법하여 중생이 자신의 원을 성취하게끔 돕는다. ① 왕이 되기를 원하면, 관세음보살은 왕의 몸으로 나타나서 그에게 설법하여 그가 왕이 되는 것을 돕는다. ② 만약 중생이 족성의 주인이 되어 사람들로부터 추앙받기를 원하면, 관세음보살이 그에 응해 장자의 몸으로 나타나 설법하여 그가 뜻을 이루도록 돕는다. 여기에서 장자는 10가지 덕을 갖춘 사람이다. 감산은 10가지 덕을 이렇게 설명한다. "종성이 고귀하고, 지위가 높고, 크게 부자이고, 위세가 등등하고, 지혜가 깊고, 나이가 어른이고, 행실이 깨끗하고, 예의를 갖추고, 윗사람은 찬탄하고, 아랫사람은 귀의한다. 이 10가지 덕을 완전히 갖추면, 대장자라고 이름한다."[10] ③ 거사는 식견이 있되, 벼슬하지 않고 은거하는 사람이다. 세상사나 만물을 일반적 개념을 사용하여 논하기를 좋아하고 청정하게 사는 사람을 말한다. 이런 사람한테 관세음보살은 마찬가지로 거사의 몸으로 나타난다고 한다. ④ 사람을 다스리는 일을 하는 자가 재상이다. 각각 맡은 직책이 있어서 재관이라고 한다. 넓은 땅이 국(國) 또는 역(域)이고, 그것을 분할한 것이 방(邦) 또는 봉(封)이고, 그것을 또 분할한 것이 읍(邑)이다. ⑤ 바라문은 4성(姓) 중 최고 위치의 사람이며, 그들이 몸과 수명을 잘 유지하기 위해 활용하는 기술을 수술(數術)이라고 한다. 주금(呪禁), 산예(算藝), 조양(調養) 등의 방법이다. ⑥ 남자가 출가해서 배우고 계율을 지키기를 원하면 관세음보살이 바로 그러한 비구의 몸으로 나타나 설법하여 그가 원하는 바를 이룰 수 있도록 한다. ⑦ 여자가 출가해서 배우고 계율 지키기를 원하면 관세음보살이 비구니로 나타나 설법하여 그녀가 비구니가 되게끔 이끈다는 것이다. 이렇게 보면 내가 이상으로 여기는 삶을 이미 살고 있는 사람은 내게 관세음보살의 화신일 수 있다. 비구가 지켜야 할 비구계는 250계, 비구니가 지켜야 할 비구니계는 348계이다. 비구가 지켜야 할 계율보다 비구니가 지켜야 할 계율의 숫자가 더 많다는 것은 그만큼 성차별적 사고를 반영한다고 본다. 불교가 무자성의 공성을 강조하고 일체 중생의 평등성을 강조하는 종교로서 다른 종교에 비해 남녀차별적 요소가 적은 것은 사실이지만, 그래도 인간 문화가 갖는 시대적 한계를 모두 벗어난 것은 아니다. 붓다 당시부터 출가자 중 지도층에 속한 대부분이 남성이었기에 그들은 남성이 우월하다는 집단적 아만을 갖고 여성을 낮춰보며 여성을 남성의 상대로서 대상화해서 보는 경향이 있었다. 예를 들어 남성이 여성을 보면서 음심이 일어날 경우, 스스로 반조하여 음심이 생긴 자신을 탓하기보다 오히려 여성을 음심을 일으키게 한 원인제공자로 여기면서 탓하는 것이다. 이는 진정으로 일체 상을 여읜 절대평등의 여래장성에 이르지 못한 결과이다. ⑧ 출가승은 비구 비구니로서 250계 내지 348계를 모두 지켜야 하지만, 재가신자는 5계만 지키면 된다. 5계는 불상생·불투도·불사음·불망어·불음주이다. 남자 재가신자를 우바새라고 하고, 여자 재가신자를 우바이라고 부른다. ⑨ 여자 재가자인 우바이도 5계를 지키는 것이 기본이다. 현재 우리나

10   진감, 『정맥소』, 3권, 383쪽.

라에서는 여신도와 남신도를 각각 보살과 거사라고 부른다. ⑩ 여주는 내정으로 집과 나라를 다스리는 자이다. 『정맥소』에서는 '여주(女主)'는 천자의 후(后)이고, '국부인(國夫人)'은 소국 임금의 처이고, '명부(命婦)'는 공후(公侯)의 처이며, '대가(大家)'는 황후나 귀인의 스승 역할을 하는 여인이라고 설명한다.[11] ⑪ 동남은 성관계를 하지 않은 남자를 말하고, ⑫ 동녀는 성관계를 하지 않은 여자를 말한다. 여기에서는 남자가 성관계를 하는 것을 남근을 무너뜨린다고 말하고, 여자가 성관계를 하는 것을 침폭(侵暴)을 당한다고 말한다.

라. 8부중과 인간과 비인간: 천·용·야차·건달바·아수라·긴나라·마후라가·사람·유형·무형·유상·무상

관세음보살: <① 천> 만약 어떤 천이 천의 무리를 벗어나기를 바라면, 저는 천의 몸으로 나타나 설법하여 성취하게 합니다. <② 용> 만약 어떤 용이 용의 무리에서 벗어나기를 바라면, 저는 용의 몸으로 나타나 설법하여 성취하게 합니다. <③ 야차> 만약 어떤 야차가 그 무리를 넘어서기를 바라면, 저는 그의 앞에 야차의 몸으로 나타나 설법하여 성취하게 합니다. <④ 건달바> 만약 건달바가 그 무리를 벗어나기를 바라면, 저는 그의 앞에 건달바의 몸으로 나타나 설법하여 성취하게 합니다. <⑤ 아수라> 만약 아수라가 그 무리를 벗어나기를 바라면, 저는 그의 앞에 아수라의 몸으로 나타나 설법하여 성취하게 합니다. <⑥ 긴나라> 만약 긴나라가 그 무리를 벗어나기를 바라면, 저는 그의 앞에 긴나라의 몸으로 나타나 설법하여 성취하게 합니다. <⑦ 마후라가> 만약 마후라가가 그 무리를 벗어나기를 바라면, 저는 그의 앞에 마후라가의 몸으로 나타나 설법하여 성취하게 합니다. <⑧ 사람> 만약 중생이 사람을 즐기고 사람으로서 수행하고자 하면, 저는 사람의 몸으로 나타나 설법하여 그가 성취하게 합니다. <⑨ 유형무형, 유상무상의 존재> 만약 사람이 아니면서 형태 있는 중생, 형태 없는 중생, 생각 있는 중생, 생각 없는 중생이 그 무리를 넘어서고자 하면, 저는 그의 앞에 모두 그 몸으로 나타나 설법하여 성취하게 합니다.

---

11   진감, 『정맥소』, 3권, 389쪽 참조.

① 若有諸天樂出天倫, 我現天身而爲說法令其成就. ② 若有諸龍樂出龍倫, 我現龍身而爲說法令其成就 ③ 若有藥叉樂度本倫, 我於彼前現藥叉身而爲說法令其成就. ④ 若乾闥婆樂脫其倫, 我於彼前現乾闥婆身而爲說法令其成就. ⑤ 若阿修羅樂脫其倫, 我於彼前現阿修羅身而爲說法令其成就. ⑥ 若緊陀羅樂脫其倫, 我於彼前現緊陀羅身而爲說法令其成就 ⑦ 若摩呼羅伽樂脫其倫, 我於彼前現摩呼羅伽身而爲說法令其成就 ⑧ 若諸衆生樂人修人, 我現人身而爲說法令其成就 ⑨ 若諸非人有形無形有想無想樂度其倫, 我於彼前皆現其身而爲說法令其成就.

8부중(部衆):

　① 천(天, deba): 33천

　② 용(龍, nāga): 용궁에 거주

　③ 야차(夜叉, yakṣa): 욕계 비사문천 소속, 숲의 신 또는 지옥에서 형벌 집행을 담당

　④ 건달바(乾闥婆, gandharva): 도리천의 제석천왕을 도움, 음악 담당

　⑤ 아수라(阿修羅, asura): 도리천에서 쫓겨난 자

　⑥ 긴나라(緊那羅, kiṃnara): 반인반조(半人半鳥) 또는 반인반마(半人半馬)

　⑦ 마후라가(摩睺羅伽, mahoraga): 대사(大蛇)라는 뜻의 신

　⑧ 가루라(迦樓羅, garuda): 금시조

　　앞에서는 중생이 되고자 하는 것을 관세음보살이 돕는 것이었다면, 여기에서는 중생이 벗어나고자 하는 것을 관세음보살이 돕는다. 이하 ① 천에서 ⑦ 마후라가까지에 가루라(garuda, 금시조)를 더해서 8부중(部衆)이라고 한다. 8부중은 불법을 수호하는 8신(神)을 말한다. ① 천은 범어 deba의 의역이다. deba는 라틴어의 deus(신)와 동계열의 단어이다. 욕계·색계·무색계의 33천에 있는 천신을 말한다. 천은 중생이 머무는 세계를 뜻하기도 하고 또 그 세계 속에 거주하는 중생, 오늘날의 개념으로 천신(天神)을 뜻하기도 한다. 천에는 락만 있고 고가 없어 그곳에서는 인간계에서와 달리 수행하지 못한다. 그러므로 수행하고자 하는 중생은 천이 아닌 인간의 몸으로 태어나기를 바란다. 그렇게 천에 머무르면서 더 이상 그곳에 있기를 원치 않는다면 관세음보살이 천의 모습으로 나타나서 그들의 원이 성취되도록 돕는다는 것이다. ② 용은 범어 nāga로 바닷속 용궁에 살면서 구름을 모아 비를 내리고 광명을 발하여 천지를 비추는 중생이다. 이런 용도 인간이 되고자 해서 그 무리에서 벗어나기를 원할 수 있다. 『정맥소』에

서 설명한다. "여기부터 7취는 모두 신통과 복덕과 권위를 갖추었으나 악취와 이름이 같다. 각각 고뇌가 있기 때문에 무리에서 벗어나 사람이 되어 도를 닦고자 바라는 경우가 많다."[12] ③ 야차는 범어 yakṣa의 음역이다. 수미산 중턱의 북쪽을 지키는 비사문천왕(毘沙門天王)의 권속으로 땅이나 공중에 살면서 숲을 지키고 여러 신(神)을 보호한다. 날아다니는 포악한 귀신으로 발심할 경우 불법을 보호한다고 한다. ④ 건달바는 범어 gandharva의 음역으로 의역하면 식향(食香)·심향(尋香)이다. 향기만 먹고 산다는 뜻이다. 욕계 제2천인 도리천 가운데에 머무는 제석천왕을 섬기는 음악신이다. 만약 그가 인간이 되고 싶어 건달바에서 벗어나고자 한다면, 관세음보살이 그 원을 성취하게 돕는다는 것이다. ⑤ 아수라는 범어 asura의 음역이며, 의역하면 비천(非天)·부단정(不端正)이다. 욕계 제2천인 도리천에서 쫓겨난 중생으로 천신과 같은 힘이 있으나 행이 없고 성냄이 많으며 싸움을 일삼는 귀신이다. ⑥ 긴나라는 범어 kiṃnara의 음역으로 의역하면 의인(疑人)·인비인(人非人)이다. 노래하고 춤추는 신(神)으로 형상은 사람인지 짐승인 새나 말인지 잘 구분되지 않는 중생이라고 한다. ⑦ 마후라가는 범어 mahoraga의 음역이며, 의역하면 대망신(大蟒神)·대복행(大腹行)이다. 머리는 뱀 같고 몸은 사람 모습을 하고서 음악을 좋아하는 귀신이다. 땅으로 기어다니는 큰 용과 같다고 한다. 마후라가가 그것이 아니기를 바라면, 관세음보살이 설법하여 그렇게 돕는다고 한다. ⑧ 중생들이 사람이 되고자 하면, 관세음보살이 그에게 사람의 모습으로 나타나 설법한다고 한다. ⑨ 현재 사람이 아닌 자로서 그 무리를 벗어나고자 하는 중생이 있다면, 관세음보살이 그 각각의 몸으로 나타나서 그것을 돕는다는 것이다. 유형중생과 무형중생, 유상중생과 무상중생은 간략히 언급하면 아래와 같고, 좀더 상세한 설명은 3부 선나(증과분) 중 12류생을 논하는 부분에서 찾아볼 수 있다.

유형중생: 길흉을 알리는 휴구정명, 반딧불
무형중생: 공중에 흩어져 없어지는 공산소침, 무색계 중생
유상중생: 생각만 있는 망상(罔象) 존재, 신, 귀, 정, 령
무상중생: 생각 없는 존재, 토, 목, 금, 석

---

12   진감, 『정맥소』, 3권, 392쪽.

> 관세음보살: 이것을 '묘정한 32응신으로 국토에 들어가는 몸'이라고 하니, 모두 삼매의 문훈문수의 지은 바 없는 묘한 힘으로 자재하게 성취한 것입니다.
>
> 是名妙淨三十二應入國土身, 皆以三昧聞薰聞修無作妙力自在成就.

이상으로 관세음보살이 중생의 원에 상응해서 나타나는 32응신을 설명하였다. 이와 같은 32응신은 모두 여래가 알려준 삼매의 묘한 힘으로 인한 것임을 다시 한번 더 강조한다. 이는 앞서 관세음보살이 이근원통을 주장한 후 32응신을 열거하기에 앞서 '여환문훈문수금강삼매(如幻聞薰聞修金剛三昧)'라고 하였던 것을 다시 말한 것이다. 이 근원통이 의미하는 대로 들음을 반조(反照)하여 문성을 훈습하고(훈) 닦아나감(수)으로써 삼매에 들며, 그 삼매의 힘으로 자유자재한 응신으로 중생 앞에 나타나 중생의 원을 성취하게 해준다는 것이다.

(2) 14무외(無畏)의 공덕

> 관세음보살: 세존이여, 저는 이 문훈문수금강삼매의 지은 바 없는 묘력으로 시방 3세 6도의 일체 중생과 슬픔과 바람이 동일해졌기 때문에, 중생들로 하여금 저의 심신에서 14종의 무외공덕을 얻게 합니다.
>
> 世尊, 我復以此聞薰聞修金剛三昧無作妙力, 與諸十方三世六道一切衆生同悲仰故. 令諸衆生於我身心獲十四種無畏功德.

지금까지 관세음보살이 문훈문수금강삼매의 묘력으로 일체 중생의 슬픔과 원을 따라 32응신으로 나타나는 것을 말하였다면, 이하에서는 관세음보살이 중생의 두려움을 없애주는 14가지 무외(無畏)의 공덕을 하나씩 설명한다.

> 관세음보살: ① 첫째, 제가 소리를 관하지 않고 관하는 자를 관함으로써, 저

시방의 고뇌하는 중생으로 하여금 그 음성을 관하여 해탈을 얻게 합니다. ② 둘째, 지견을 돌이킴으로써 중생들이 설사 큰불에 들어가도 불이 태우지 못하게 합니다. ③ 셋째, 들음을 관하여 돌이킴으로써 중생들이 큰물에 휩쓸려도 물이 빠뜨리지 못하게 합니다. ④ 넷째, 망상을 끊어 없애고 마음에 살해심을 없앰으로써 중생들이 귀신의 나라에 들어가도 귀신이 능히 해치지 못하게 합니다. ⑤ 다섯째, 들음을 훈습하고 문성을 성취하여 6근이 소멸해서 소리를 들음과 같아짐으로써 중생이 해를 당하게 되어도 칼이 조각으로 부서져 병장기가 마치 물을 베는 듯하고 또 빛에 바람 부는 듯해서 성품에 요동이 없게 합니다. ⑥ 여섯째, 문훈의 정명이 법계를 두루 밝게 하여 모든 어둠의 성품이 온전할 수 없게 함으로써 약차·나찰·구반다귀·비사차·부단나 등이 중생의 주변으로 가까이 와도 (그들을) 눈으로 볼 수 없게 합니다. ⑦ 일곱째, 소리의 성품이 원만히 다하고 들음을 관하여 반조해 들어가서 허망한 경계를 떠남으로써 중생을 형틀과 족쇄로 묶으려고 해도 잡힐 수 없게 합니다. ⑧ 여덟째, 소리를 멸하고 들음을 원만히 하여 자비의 힘을 두루 일으킴으로써 중생이 험난한 길을 지나가도 도적이 겁박할 수 없게 합니다.

　①一者, 由我不自觀音以觀觀者, 令彼十方苦惱衆生觀其音聲, 即得解脫. ②二者, 知見旋復令諸衆生設入大火, 火不能燒. ③三者, 觀聽旋復令諸衆生大水所漂, 水不能溺. ④四者, 斷滅妄想, 心無殺害, 令諸衆生入諸鬼國, 鬼不能害. ⑤五者, 薰聞成聞, 六根銷復同於聲聽, 能令衆生臨當被害, 刀段段壞, 使其兵戈猶如割水亦如吹光, 性無搖動. ⑥六者, 聞薰精明明遍法界, 則諸幽暗性不能全, 能令衆生, 藥叉羅剎鳩槃茶鬼及毘舍遮富單那等, 雖近其傍目不能視. ⑦七者, 音性圓銷, 觀聽返入, 離諸塵妄, 能令衆生禁繫枷鎖所不能著. ⑧八者, 滅音圓聞, 遍生慈力, 能令衆生經過嶮路賊不能劫.

1) 8난무외: 8난으로부터의 무외(無畏)

　① 고뇌무외(苦惱無畏): 8난무외의 총설: 중생을 고통에서 벗어나게 함

　② 화소무외(火燒無畏): 불 속의 중생을 타지 않게 함

　③ 수익무외(水溺無畏): 물에 빠진 중생을 구제함

　④ 귀해무외(鬼害無畏): 귀신의 해를 입지 않게 함

　⑤ 도병무외(刀兵無畏): 병기가 조각으로 부서져 살해당하지 않게 함

⑥ 귀견무외(鬼見無畏): 야차나 나찰 등 악귀를 못 보게 함

⑦ 가쇄무외(枷鎖無畏): 중생에게 쇠고랑, 칼 등이 몸에 못 붙게 함

⑧ 도적무외(盜賊無畏): 험한 길을 가도 도적이 겁탈하지 못하게 함

① 들리는 대상인 소리를 듣지 않고 반조(反照)하여 듣는 성품을 관함으로써 근과 진 둘 다를 벗어나게 되는 것이 관세음보살이 행한 '이근원통'의 원리이며, 이것이 참된 관(진관眞觀)이다. 관세음보살이 그렇게 관하는 자를 관함으로써, 그 힘으로 다른 중생들도 그와 같이 행하여 이익을 얻게 만든다는 것이다. 고통에 빠진 중생이 관세음보살의 음성을 관하는 것은 곧 중생이 관세음보살의 진관에 참여하는 것, 그렇게 이근원통을 수행하는 것이라고 할 수 있다. 위에서 '…함으로써'에 해당하는 부분은 관세음보살이 그렇게 행한다는 것이며, 그다음 '중생으로 하여금(令諸衆生)' 이하 부분은 관세음보살의 삼매의 묘력으로 결국 중생이 그렇게 된다는 것이다. ①은 8난무외에 대한 총설에 해당하고 이하 ②부터 ⑧까지는 개별적 상황의 설명이다. ② 중생이 가장 두려워하는 것은 생명을 잃는 것이며, 그렇게 사람을 죽게 할 수 있는 자연재해의 원인이 불이나 물일 수 있다. 관세음보살은 중생을 화재로부터도 보호해줄 수 있다고 말한다. 이에 대한 『정맥소』의 설명이다. "〈문〉 보살이 지견을 돌이켜 회복한 것이 중생과 무슨 관계가 있어 중생을 불에서 벗어나게 하는가? 〈답〉 보살이 들음(문)을 돌이켜 소리에서 벗어날 때, 견(見)도 돌이켜 색(色)에서 벗어나므로 불이 태울 수 없다. 법계를 지극히 증득하여 위신력이 무량하므로 마치 산그늘에 들어가면 더위가 침범하지 못하듯이 일심으로 (관세음의) 이름을 부르는 자도 대비의 위신력에 섭수되어 불난리에 떨어지지 않는다. 자리(自利)의 여력에 비원(悲願)을 더했기에 이럴 수 있으니, 의심할 것이 없다."[13] 이하에서 논하는 일체 무외가 성립하는 까닭도 이와 마찬가지이다. ③ 화재 다음 무서운 것이 홍수나 해일 등 물로 인한 것이다. 관세음보살은 중생이 물에 빠져도 그로 인해 사망하지 않도록 보호해준다. ④ 관세음보살이 문훈문수로 얻은 삼매력으로 귀신의 망상과 살해심도 없애서 다른 중생이 귀신에 의해 해침을 당하지 않게 한다. ⑤ 관세음보살이 삼매력으로 중생을 다른 사람들의 병기로부터도 보호해준다. 누군가 칼로 찌르려고 해도 칼이 먼저 조각이 나서 중생이 상하지 않게 해준다

---

13   진감, 『정맥소』, 3권, 404~405쪽.

는 것이다. ⑥ 관세음보살이 법계를 밝게 하여 어둠의 힘을 약화시킴으로써 중생 곁으로 귀신들이 다가온다고 해도 중생이 그들을 볼 수 없게끔 보호한다. ⑦ 이근원통으로 들음을 관하여 근과 진의 분별이 사라지고 그 근원인 여래장성으로 들어가면 일체 대상이 허망하게 사라진다. 그 삼매의 힘으로 형틀이나 족쇄 등의 사물도 무력화하여 중생을 얽어매지 못하게 된다. ⑧ 들음을 반문하여 근원에서 자비력을 발휘하니, 그 삼매의 힘으로 중생이 어디를 가든 안전하게 지켜준다고 한다.

관세음보살: ⑨ 아홉째, 들음을 훈습하여 대상을 떠나 색에 의해 겁박당하지 않음으로써 음욕이 많은 모든 중생을 탐욕에서 멀리 떠나게 합니다. ⑩ 열째, 소리를 순수하게 하고 대상을 없애서 근·경이 원융하니 대립하는 것과 대립되는 것이 없게 됨으로써 분심과 원한이 있는 모든 중생을 분노에서 떠나게 합니다. ⑪ 열한째, 대상을 멸하고 밝음을 돌이켜 법계와 심신이 마치 유리처럼 투명하여 장애가 없음으로써 혼미하고 둔한 성품의 장애를 가진 모든 어리석은 자를 그 어둠으로부터 영원히 떠나게 합니다. ⑫ 열두째, 형태를 녹이고 들음을 회복하여 도량에서 움직이지 않고 세간에 들어가되 세계를 무너뜨리지 않으니 시방에 두루하여 미진수 불여래에 공양하고 각 붓다 주변의 법왕자가 됨으로써 자식 없는 법계 중생이 아들을 구하면 복덕과 지혜를 갖춘 아들을 낳게 합니다. ⑬ 열셋째, 6근이 원통하여 밝게 비추어 둘이 없이 시방 세계를 포함하고 대원경지와 공여래장을 세워 시방의 미진수 여래의 비밀법문을 계승하고 받아들여 잃지 않음으로써 자식 없는 법계 중생이 딸을 구하면 단정하고 복덕과 유순을 갖춰 사람들의 사랑과 공경을 받는 잘생긴 딸을 낳게 합니다. ⑭ 열넷째, 이 3천대천세계의 백억 개의 해와 달 아래 현재 세간에 머무는 법왕자들이 62항하사만큼 있는데 법을 닦고 규범을 따라 중생을 교화하되 중생에 수순하는 방편 지혜가 각각 같지 않습니다. 제가 얻은 원통의 근본은 묘한 이문을 일으킨 이후 심신이 묘하게 함용하여 법계에 두루함으로써 저의 이름을 지니는 중생과 저 62항하사만큼의 법왕자의 이름을 함께 지니는 중생, 그 두 사람의 복덕이 똑같고 다르지 않습니다. 세존이여, 저 한 사람의 이름과 저 많은 이름이 차이가 없는 것은 제가 참된 원통을 닦아 얻었기 때문입니다. 이것을 14무외력을 베풀어 중생에 복을 구비시킴이라고 합니다.

⑨ 九者, 薰聞離塵, 色所不劫, 能令一切多婬衆生遠離貪欲. ⑩ 十者, 純音無塵, 根境圓融, 無對所對, 能令一切忿恨衆生離諸嗔恚. ⑪ 十一者, 銷塵旋明, 法界身心 猶如瑠璃朗徹無礙, 能令一切昏鈍性障諸阿顚迦永離癡暗. ⑫ 十二者, 融形復聞, 不動道場, 涉入世間, 不壞世界, 能遍十方供養微塵諸佛如來, 各各佛邊爲法王子, 能令法界無子衆生欲求男者, 誕生福德智慧之男. ⑬ 十三者, 六根圓通, 明照無二 含十方界, 立大圓鏡空如來藏, 承順十方微塵如來祕密法門, 受領無失, 能令法界 無子衆生欲求女者, 誕生端正福德柔順衆人愛敬有相之女. ⑭ 十四者, 此三千大 千世界百億日月, 現住世間諸法王子有六十二恒河沙數, 修法垂範敎化衆生, 隨 順衆生方便智慧各各不同. 由我所得圓通本根發妙耳門, 然後身心微妙含容遍周 法界, 能令衆生持我名號, 與彼共持六十二恒河沙諸法王子, 二人福德正等無異. 世尊, 我一號名與彼衆多名號無異, 由我修習得眞圓通. 是名十四施無畏力福備 衆生.

2) 3독무외: 3독심으로부터의 무외

⑨ 탐독무외(貪毒無畏): 탐욕을 없게 함

⑩ 진독무외(瞋毒無畏): 성냄을 없게 함

⑪ 치독무외(痴毒無畏): 어리석음을 없게 함

3) 2구무외: 구부득으로부터의 무외

⑫ 구남무외(求男無畏): 복덕과 지혜 갖춘 아들을 낳게 함

⑬ 구녀무외(求女無畏): 복덕과 유순을 갖춘 딸을 낳게 함

4) 1지명무외: 관세음보살 이름을 부름으로써 무외를 얻음

⑭ 지명무외(持名無畏): '관세음보살' 한 번 부름이 62억 보살을 부름과 같은 복덕을 갖게 함

⑨ 대상을 떠나서 들음을 반조함으로써 대상인 색으로부터 자유로워지는 그 삼매력을 갖고 음심이 많은 중생이 탐욕에 이끌리지 않도록 보호한다. ⑩ 관세음보살이 대상을 순수히 하여 나와 세계, 근과 경, 주관과 객관의 대립을 없앰으로써 순일의 경지에 들어서면 그 삼매력을 통해 관세음보살을 부르는 일체 중생에게 변화를 일으킨다. 즉 분심과 원망감을 많이 갖던 중생도 화에서 멀어지게 된다. ⑪ 아전가는 선심(善心)이 없는 자로서 가장 어리석은 자들을 말한다. 이런 어리석은 사람조차도 관세음보살의 삼매력에 의해 그 어리석음을 떠날 수 있다고 한다. 관세음보살이 밝히는 밝음이 일체

유정의 심신과 법계 전체를 밝게 밝히니, 누구든 관세음보살을 부르고 생각하면 서로 통하게 되어 그 밝음을 얻을 수 있기 때문이다. 혼(昏)은 견혹을, 둔(鈍)은 사혹을 의미한다. ⑫ 관세음보살은 이근원통으로 일체 분별을 넘어 마음 근본자리에 들어가지만, 세간을 무너뜨리지 않으므로 세간 속 중생의 일상적 바람을 저버리지 않는다. 누군가 아들을 원하면 아들을 낳게 해준다고 한다. ⑬ 세간에 사는 중생이 딸을 원하면 관세음보살의 삼매의 힘으로 그 원도 성취될 수 있게 해준다고 한다. ⑭ 관세음보살이 이근원통으로 가장 깊은 근원에 이르고 그 삼매력이 법계를 모두 포함하므로 중생이 관세음보살의 이름 하나만 염불해도 62항하사 수만큼의 많은 불보살의 이름을 염불하는 것과 그 복덕을 얻음에 차이가 없다고 한다. 이상이 중생이 관세음보살을 염불함으로써 얻을 수 있는 14가지의 무외의 복덕이다.

(3) 4부사의(不思議)의 묘덕(妙德)

　　관세음보살: 세존이여, 저는 또 이 원통을 얻어 무상도를 닦아 증득하였기에, 4부사의한 지음 없는 묘한 덕을 잘 얻을 수 있습니다. ① 첫째, 제가 처음 묘하고도 묘한 듣는 마음을 얻으니 마음의 정수가 들음에서 벗어나 견문각지가 나뉘지 않는 하나의 원융한 청정보각을 이루었습니다. 그러므로 저는 능히 갖가지 묘한 모습으로 나타나 끝없는 비밀스럽고 신묘한 주문을 능히 설합니다. 그중 혹 하나의 머리·3머리·5머리·7머리·9머리·11머리로 나타나기도 하고 나아가 108머리·1000머리·10000머리·8만4천 삭가라의 머리로 나타나기도 합니다. 2팔·4팔·6팔·8팔·10팔·12팔·14·16·18·20 내지 24팔로 나타나기도 하고 이렇게 108팔·1000팔·10000팔·8만4천 모다라의 팔로 나타나기도 합니다. 2눈·3눈·4눈·9눈 내지 108눈·1000눈·10000눈·8만4천 청정보목으로 나타나기도 합니다. 혹은 자비 혹은 위엄 혹은 정(定) 혹은 혜(慧)로 중생을 구제하여 대자재를 얻게 합니다. ② 둘째, 제가 문(聞)과 사(思)로써 6진을 벗어남이 마치 소리가 담을 넘을 때 장애가 없는 것과 같아서 저는 묘하게도 능히 갖가지 형태로 나타나 갖가지 주문을 외워 그 형태와 그 주문으로 능히 모든 중생에게 무외를 베푸니 시방의 미진 극토가 모두 저를 '무외를 베푸는 자'라고 부릅니다. ③ 셋째, 제가 본래 묘한 원통의 청정근본을 닦고 익혔으므로 오가는 세계마다

모두 중생이 몸과 보배를 버리고 저의 사랑과 연민을 구하게 합니다. ④ 넷째, 제가 불심을 얻고 구경을 증득하여 진귀한 보배로써 시방 여래에 갖가지로 공양하고 나아가 법계의 6도중생에게까지 공양하니, (중생이) 처를 구하면 처를 얻고 자식을 구하면 자식을 얻고 삼매를 구하면 삼매를 얻고 장수를 구하면 장수를 얻게 합니다. 이와 같이 대열반을 구하면 대열반을 얻게 합니다.

世尊, 我又獲是圓通, 修證無上道故, 又能善獲四不思議無作妙德. ① 一者, 由我初獲妙妙聞心, 心精遺聞, 見聞覺知不能分隔, 成一圓融淸淨寶覺, 故我能現衆多妙容, 能說無邊秘密神呪. 其中或現一首三首五首七首九首十一首, 如是乃至一百八首千首萬首八萬四千爍迦囉首. 二臂四臂六臂八臂十臂十二臂, 十四十六十八二十至二十四, 如是乃至一百八臂, 千臂萬臂八萬四千母陀羅臂. 二目三目四目九目, 如是乃至一百八目千目萬目, 八萬四千淸淨寶目. 或慈或威或定或慧, 救護衆生得大自在. ② 二者, 由我聞思脫出六塵, 如聲度垣不能爲礙, 故我妙能現一一形, 誦一一呪, 其形其呪能以無畏施諸衆生, 是故十方微塵國土皆名我爲施無畏者. ③ 三者, 由我修習本妙圓通淸淨本根, 所遊世界皆令衆生捨身珍寶, 求我哀愍. ④ 四者, 我得佛心證於究竟, 能以珍寶種種供養十方如來, 傍及法界六道衆生, 求妻得妻, 求子得子, 求三昧得三昧, 求長壽得長壽. 如是乃至求大涅槃得大涅槃.

관세음보살의 4부사의 묘덕:

　　① 묘용: 여러 모습으로 나타나 중생에게 비밀신주를 설함

　　　　머리: 1, 3, 5, 7, 9, 11, … 108, 1000, 84000 삭가라(금강)

　　　　팔: 2, 4, 6, 8, 10, 12, 14, 16, 18, 20, 24, … 108, 1000, 84000 모다라(인) – 자비

　　　　눈: 2, 3, 4, 9, … 108, 1000, 84000 청정보목 – 지혜

　　② 주문: 주문으로 중생에게 무외를 베풂

　　③ 공양: 중생이 관세음보살의 애민을 구하게 함

　　④ 열반: 중생의 소원을 이뤄줌

　　관세음보살이 이근원통을 통해 최상의 도를 증득하였기에 4가지 묘덕 또한 얻게 되었는데, 그 묘덕이 어떻게 가능한지는 우리의 일상의 경험적 사유로는 사량분별하여 알 수 없기에 불가사의(不可思議)하다. 그래서 4가지 '부사의'라고 말한다. 앞서 제시

했던 32응신이나 14무외가 일어나는 근거를 종합적으로 정리한 것이라고 볼 수 있다. '무작(無作)'은 의도적으로 뜻을 세워 얻는 것이 아니라 각 상황마다 자유자재하게 드러나는 덕이기에 지은 바 없다고 한 것이다. ① 반문문성은 본래의 듣는 자성(본각)을 반조하여 듣는 것으로 시각(始覺)에 해당하지만, 들음에서 본각과 시각이 일치하는 묘한 마음이기에 '묘묘문심'이라고 한다. 그렇게 본각의 밝음을 회복하면 견문각지로의 6근의 분화를 넘어 그 바탕에 있는 본래 하나의 원융한 힘을 얻게 된다. 이것을 일체 번뇌를 떠난 청정한 깨달음인 '청정보각'이라고 하였다. 그 묘력을 발휘해서 여러 다양한 모습으로 중생 앞에 나타나 비밀하고도 신묘한 주문을 설한다는 것이다. 그리고 그 불가사의한 다양한 모습을 열거한다. 머리는 근(根)의 활동을 상징하고, 팔은 자비, 눈은 지혜를 상징한다. 삭가라는 금강, 즉 견고함을 의미하고, 모다라는 인(印), 묘인(妙印)을 의미한다. 이처럼 다양한 모습으로 나타날 수 있는 것은 우리 의식의 사량분별심으로는 알 수 없는 일이기에 '부사의묘덕'이다. 이렇게 다양한 모습으로 나타나는 것은 중생에게 도움을 주는 방식이 경우마다 다양하기 때문이다. 자비를 베푼다는 것은 기뻐하는 모습이고, 위엄을 베푼다는 것은 엄숙한 모습이다. 정(定)으로 중생을 구제하는 것은 중생이 수행할 때 산란한 마음을 가라앉히는 것을 돕는 것이며, 혜(慧)로 중생을 구제하는 것은 수행 시 혼침으로부터 성성하게 지켜주는 것을 의미한다. 또 ② 다양한 방식으로 나타나 중생에게 비밀신주를 설하여 중생을 구제하는데, 이근원통에서의 문(聞)과 사(思)를 따른다. 문은 문성을 들음이고 사(思)는 대상을 잊음이니 그렇게 해서 6진을 벗어나는 것이다. 눈은 담이 막으면 못 보지만 귀는 담이 있어도 들을 수 있듯이, 원래 들음이라는 것은 공간의 장애 없이 두루 듣는다. 그렇듯 이근원통을 얻은 관세음보살은 장애 없이 중생에게 각 상황에 맞게 각각의 모습을 가진 몸으로 나타나 각각의 주문을 외워 중생의 공포를 없애주는 무외를 베푼다. ③ 관세음보살의 원통의 힘이 중생으로 하여금 자신의 몸과 보배에 대한 탐심을 버리고 관세음보살의 애민을 구해 그에게 보시하게 만든다. 근본에 있어 서로 하나로 통하여 영향을 주고받기 때문인데, 그 이치는 사량분별로 알 수 없으니 불가사의한 묘덕 중 하나이다. ④ 관세음보살이 무외력을 갖는 것은 그가 붓다의 경지에 이르러 붓다와 동일한 힘을 갖기 때문이다. 그것을 '불심을 얻고 구경을 증득함'이라고 말한다. 그래서 붓다에게 공양하고 또 모든 6도 윤회하는 중생들에게도 공양하니, 모든 중생이 관세음보살의 삼매력과 자비력을 따라 각자마다 원하는 바를 성취하게 된다는 것이다.

> 관세음보살: 붓다께서 원통을 물으시니, 저는 이문에서 원만히 비추는 삼매로 반연심이 자재하여 흐름의 상에 들어가 삼마지를 얻고 보리를 성취하는 것이 제1이라고 여깁니다. 세존이여, 붓다 여래께서 제가 원통법문을 잘 얻었다고 찬탄해주시고 모임에서 저에게 수기하시며 관세음이라고 칭하셨습니다. 제가 들음을 관함으로 인해 시방이 원만하게 밝아지니, 관음의 이름이 시방 세계에 두루합니다.
>
> 佛問圓通, 我從耳門圓照三昧緣心自在, 因入流相得三摩地, 成就菩提, 斯爲第一. 世尊, 彼佛如來歎我善得圓通法門, 於大會中授記我爲觀世音號, 由我觀聽十方圓明, 故觀音名遍十方界.

앞에서 붓다는 무엇이 원통의 제1이냐고 물었고, 다른 24원통을 주장한 사람들과 마찬가지로 관세음보살도 이제 그 물음에 답한다. 이근을 갖고 문성을 반조하여 '원만히 비추는 삼매'(원조삼매)에 드는 것은 근의 맺힘을 풀어 원묘명심에 들어가는 것이며, 그렇게 본각의 밝음을 확인하면 이후 일체 마음의 작용이 자유자재하게 된다. 그러므로 삼매에 들고 지혜를 얻어 원통을 이루는 데에는 이근이 제1이라고 답한다. 관세음보살이 이근에서의 문성을 반조하여 관함으로써 원통을 얻었기에 붓다 여래가 수기해준 이름이 '관세음'이다. 그런데 관세음이라고 수기해준 붓다 여래가 바로 관음여래이다. 그렇게 수기를 준 스승과 수기를 받는 제자가 다 관세음이며, 또 관세음을 염불하며 감응하는 중생 또한 모두 관세음이라고 할 수 있다. 원묘명심의 밝음에서는 모두가 하나이기 때문이다. 그래서 '관음의 이름이 시방 세계에 두루하다'고 말한다.

> 붓다: (세존이 사자좌에서 5체로부터 동시에 보광을 내어 멀리 시방의 미진같이 많은 여래와 법왕자와 보살의 정수리에 비추니, 저 모든 여래도 또한 5체

에서 동시에 보광을 내어 미진같이 많은 장소로부터 붓다의 정수리에 비추고 아울러 모임 중의 대보살과 아라한에게도 비춘다. 숲의 나무와 연못과 늪이 모두 법음을 연출하며, 빛이 교차하여 서로 펼쳐지는 것이 보배실의 그물과도 같다. 대중이 미증유의 것을 얻고 모두가 널리 금강삼매를 얻는다. 그때 하늘에서 백보 연꽃이 내리는데 청황적백이 사이사이에 분분히 섞여 시방 허공이 7보색을 이룬다. 이 사바세계의 대지와 산과 강이 모두 일시에 보이지 않고 오직 시방의 미진 국토가 합하여 하나의 세계를 이루어 나타나며 범패와 영가가 저절로 연주된다.)

(爾時世尊於師子座從其五體同放寶光, 遠灌十方微塵如來及法王子諸菩薩頂, 彼諸如來亦於五體同放寶光, 從微塵方來灌佛頂, 幷灌會中諸大菩薩及阿羅漢. 林木池沼皆演法音, 交光相羅如寶絲網. 是諸大衆得未曾有, 一切普獲金剛三昧. 卽時天雨百寶蓮華, 靑黃赤白間錯紛糅, 十方虛空成七寶色. 此娑婆界大地山河俱時不現, 唯見十方微塵國土合成一界, 梵唄詠歌自然數奏)

사자좌에 앉은 붓다의 온몸으로부터 나온 빛이 멀리 모든 세계의 수많은 여래와 보살의 정수리로 나아가고, 다시 저 멀리 모든 여래의 온몸으로부터 빛이 나와 다시 이곳 붓다의 정수리 및 모임 중의 보살과 아라한들에게도 부어진다. 그러자 불보살 등의 중생뿐 아니라 숲과 나무 등 자연까지도 모두 법음을 내고 서로 빛을 교차한다고 한다. 관세음보살이 반문문성으로 6결을 풀고 깊은 삼매에 들어 중생 구제를 위한 갖가지 묘덕을 발휘한다는 것을 말하자, 그것을 들은 대중은 모두 확고한 믿음과 확신을 갖게 되니, 이를 '금강삼매'라고 한다. 모두의 깨달음이 마음에서 하나로 통하여 굳건해진 것이다. 모두의 마음이 지혜와 자비로 넘쳐나는 것을 연꽃이 내리고 허공이 칠보색으로 빛나는 것으로 표현하였다. 삼매에 든 중생의 마음에 거친 대상세계의 모습은 사라지고 묘한 환희의 소리만 들려오는 것으로 묘사되고 있다.

2. 문수보살의 선택

1) 문수의 생각

> 붓다: (문수사리법왕자에게) 당신은 지금 이 25인의 무학 대보살 및 아라한을 관찰해보십시오. 각각 최초로 성도한 방편을 말하였는데 모두 진실한 원통을 수습하였다고 말하였으며 그들의 수행은 실제 우열과 전후의 차별이 없습니다. 나는 지금 아난이 개오하기를 바라는데 25행 중에서 어느 것이 그 근기에 합당하겠습니까? 또 내가 멸한 후 이 세계의 중생이 보살승에 들어 무상도를 구한다면 어느 방편문을 써야 쉽게 성취할 수 있겠습니까?
>
> (於是如來告文殊師利法王子) 汝今觀此二十五無學諸大菩薩及阿羅漢. 各說最初成道方便, 皆言修習眞實圓通, 彼等修行實無優劣前後差別. 我今欲令阿難開悟, 二十五行誰當其根? 兼我滅後此界衆生入菩薩乘, 求無上道, 何方便門得易成就?

교진여부터 관세음보살까지 모두 25인이 원통을 이룰 방편으로 각각 성진부터 이근에 이르기까지 총 25가지를 제시하였다. 이 모든 이야기를 듣고 난 후 붓다는 이상 25수행은 실제로 우월함과 열등함의 차별 또는 앞에 오는 것과 뒤에 오는 것의 차별이 없다고 말한다. 어느 수행이든 궁극적으로 도달되는 것이 원묘명심이기에, 도달된 지점에서 보면 어느 길이나 궁극 목적에 이르는 다양한 길 중의 하나일 뿐이기 때문이다. 게다가 중생은 그 근기나 습관이나 여건이 서로 다 다르므로 획일적으로 어느 것이 낫다 또는 못하다고 판단하기 어렵다. 물론 특정 근기의 중생을 지목하여서 그런 근기의 중생에게는 어느 것이 최상이겠는가를 물을 수는 있을 것이다. 이에 붓다는 지혜제일인 문수보살에게 25가지 수행방편 중 어느 것이 아난에게 맞겠는지, 그리고 어느 방편이 불멸 후 보살승으로서 무상도를 구하는 중생에게 적합하겠는지를 묻는다. 모두 나름의 의미가 있는 방편이지만, 그래도 지혜제일인 문수의 관점에서 봤을 때 아난과 불멸 후 무상도를 구하는 중생에게 어느 것이 제1이 될 수 있는지 하나를 선택해보라는 것이다. 문수보살은 지금까지 25인이 각각 하나의 방편을 말하는 동안 본인의 의견을 내놓지 않고 있다가 이제 붓다의 질문을 받게 되었다.

> 문수: (붓다의 자비로운 뜻을 받들어 자리에서 일어나 붓다의 발에 정례하고
> 붓다의 위신력을 공경하여 붓다에게 게송으로 말한다.)
>
> (文殊師利法王子, 奉佛慈旨, 卽從座起, 頂禮佛足, 承佛威神, 說偈對佛.)

지혜제일의 문수는 붓다의 질문에 아래와 같은 게송으로 답한다.

> ① 깨달음의 바다 성품은 맑고 원만하니, 원만하고 맑은 깨달음은 원래 묘하다.
> 　　원래의 밝음이 비추어 대상을 생하니, 대상이 서면 비춤의 성이 물러난다.
> ② 미망으로 허공이 있고, 허공에 의거하여 세계가 선다.
> 　　생각의 맑음이 국토를 이루고, 지각이 중생이 된다.
> ③ 대각 가운데 허공이 생기니, 바다에 물거품 하나 일어나는 듯하다.
> 　　미진같이 많은 번뇌의 국토는 모두 허공에서 생긴 것이다.
> ① 覺海性澄圓, 圓澄覺元妙. 元明照生所, 所立照性亡.
> ② 迷妄有虛空, 依空立世界. 想澄成國土, 知覺乃衆生.
> ③ 空生大覺中, 如海一漚發. 有漏微塵國, 皆從空所生.

① 각해/원명＝각명 ──(조照＝명각)──→　소(所): 경계상

‖　　　　　　　　② 미망 → 허공 → 세계 ┌ 상(想) → 국토(의보)
　　　　　　　　　　　　　　　　　　　　└ 지(知) → 중생(정보)
③ 대각(大覺)　　　　　　　→　　　　허공 → 세계(有漏微塵國)
　　바다　　　　　　　　　　　　　　　　물거품

① 깨달음의 바다의 성품은 본각 내지 각명을 말하며, 이것은 마치 전체 육지를 하나로 품는 바다처럼 한계 없이 두루하다. 그리고 그러한 각해의 성품은 본래 맑고 원만하다, 즉 징원(澄圓)하다. 징원은 앞서 논의했던바 묘각명심(妙覺明心)이 5중으로 혼탁해져서 6근으로 분화되기 이전의 담원(湛圓)에 해당한다. 징(澄)은 맑을 담(湛)으로 아무것도 섞이지 않아 비어 있어 고요한 적(寂)을 의미하고, 원(圓)은 그 맑음이 밝음으로 막힘없이 퍼져나가며 두루 밝히는 조(照)를 의미한다.

```
          ┌─ 명심: 담(湛) = 징(澄), 맑음: 담명(湛明), 적(寂) ↔ 혼탁
묘각명심  │
          └─ 묘각: 원(圓) = 막힘없음:  원묘(圓妙), 조(照) ↔ 시청각찰로 나뉨
```

사마타(견도분) 중 4권에서 중생의 심층마음은 본래 본각의 밝음이 있는데, 즉 각명(覺明)인데, 허망하게 그 각을 밝히려는 명각(明覺)의 마음을 일으킴으로써 허망상이 생긴다고 하였다. 여기에서 '밝음이 비추어 소를 생한다'가 그것에 해당한다. 밝음으로부터 허망상이 일어나는 것이다. 그리고 그렇게 허망상이 생기면 본래의 밝음인 원명은 가려진다. 묘각명심은 뒤로 물러나고 대상에 매인 반연심인 사려분별심만 의식될 뿐이다. 그러므로 '소가 서면 비춤의 성이 물러난다'고 말한다. 본각의 원명으로 대상인 경계상이 생겨나지만, 일단 대상이 생겨나면 원래의 밝음은 대상에 의해 가려진다. 그렇게 각명은 가려지고 허망한 망명(妄明)만 남게 된다. ② 원묘명심의 밝음인 각해의 밝음을 알지 못하고 소를 비춰내는 것이 미망이다. 그렇게 원명이 어두워져서 드러나는 것이 공(空)인 허공이다. 앞에서 '회매가 공이 된다'고 한 것에 해당한다. 이 허공 안에 세계와 중생이 생겨나는데, 여기에서 국토는 생각의 맑음이 혼탁해지면서 생겨나고, 중생은 지각으로 인해 생겨난다고 말한다. 국토는 허망한 생각인 망념(妄念)으로 일어나는 허망상이고, 중생은 견문각지의 심리활동으로 뭉친 것이기 때문이다. ③ 그러나 미망도 대각 위에서 일어나는 것이다. 대각을 대각으로, 본각으로 알아차리지 못함이 미망이기 때문이다. 미망으로부터 생겨난 허공이 결국은 대각 가운데에 있는 것이다. 대각으로부터 허공이 생김을 바다에서 물거품이 일어나는 것에 비유한 것은 대각은 성(性)의 차원이고 허공은 허망상들을 수용하는 상(相)의 차원에 해당함을 의미한다. 대각은 무한하게 펼쳐진 바다와 같고, 허공은 그 위에 일어나는 작은 물방울과 같은 것이다. 물방울은 실체가 없다. 바닷물의 움직임으로 일어났다가 사라지는 가상의 모습이다. 대각 가운데 생겨나는 허공과 세계가 모두 그러한 허망상인 것이다.

④ 물거품이 멸하면 허공이 본래 없으니, 하물며 3유가 다시 있겠는가.
  근원에 귀의하면 성은 둘이 아니지만, 방편에는 여러 문이 있다.
⑤ 성스런 성(性)은 통하지 않음이 없으니, 따름과 거스름이 모두 방편이다.

초심자가 삼매에 드는 데에는 느림과 빠름이 같지 않다.

④ 漚滅空本無, 況復諸三有. 歸元性無二, 方便有多門.

⑤ 聖性無不通, 順逆皆方便. 初心入三昧, 遲速不同倫.

④ 대각(大覺)　→　공(空)　→　세계(有漏微塵國): 3유(有)

　　바다　　　　　물거품　　　　욕계·색계·무색계

　　　　　　　　허공이 무　→　　3유가 무

⑤ 성: 무이/일(一)　→　방편: 여러 문/다(多)

　　모두 통(通)　　　　순역이 모두 방편

　　　　　　　　초심자에겐 느리고 빠름이 있음

④ 대각 가운데 생겨난 허공 속에 국토세계가 일어나고 그 안에 각각의 중생이 생긴다. 모두 번뇌로 뭉친 존재들이다. 그래서 세계가 모두 허공 가운데 생긴다고 말한다. 그리고 바다에서 물거품이 사라지듯 대각 가운데 생겨난 허공이 무로 돌아가면, 그 허공 속에 등장했던 일체 존재가 모두 무로 화한다. 일체 존재인 3유(有)는 곧 인연 내지 업연을 따라 생기고 멸하는 3계인 욕계와 색계와 무색계를 말한다. 일체 존재의 근원인 묘각명심의 성이 하나라는 것은 온갖 물거품이 멸하고 난 바다가 하나인 것과 같다. 성은 하나이지만, 그 근원으로 돌아가는 수행 방편은 다양하다고 말한다. ⑤ 근원은 묘각명심이며, 그 근원의 성품은 일체를 포괄하니 그 안에는 일체 차별이 사라진다. 성은 둘이 없는 일(一)인 것이다. 그러므로 성은 불통이 없이 일체가 하나로 통(通)한다. 어느 방편을 쓰고 어느 문으로 들어오든지 모두 근원의 하나의 성품에 이르게 된다. 따라서 근원에 이르는 여러 방편은 근본에 있어서 마찬가지이다. 일시적으로 근원을 향함에 수순하는 것이든 근원을 거스르며 역하는 것이든 마지막에는 결국 모두 근원으로 나아가는 길이라는 점에서는 모두 마찬가지인 것이다. 다만 근원으로 나아가는 길이 여럿이고 방편이 여럿인 것은 수행하는 자들의 근기와 습(習)과 현재 처한 여건이 서로 다 다르기 때문이다. 그렇다면 수행을 시작하는 초보자에게는 어떤 방편이 적절할까? 앞서 붓다가 문수에게 했던 질문은 어떤 방편이 아난 및 불멸 후 중생의 근기에 적합하겠는가였다. 이 물음에 답하기 위해 문수는 25방편은 근본에 있어서는 서로 다르지 않지만, 초보자에게는 더디고 빠름의 차이를 만든다고 말한다. 그리고

이하에서는 그런 중생에게는 25방편 중 어느 것이 최선인가를 설명한다.

2) 24방편의 비판

앞에서 붓다는 지혜제일 문수보살에게 아라한들이 제시했던 25가지 수행 방편 중 어느 방편이 아난 및 불멸 후 중생들에게 가장 적합한 방편이겠는가를 물었다. 이에 문수보살은 이근원통을 제외한 나머지 24방편이 모두 한계가 있기에 이근원통이 최선이라고 답하는데, 지금까지와 마찬가지로 게송으로 답한다.

(1) 6경

<① 색진> 색은 상(想)이 맺혀서 진을 이루니, 정미한 앎으로 뚫지 못한다.
　　밝게 뚫을 수 없으니, 어떻게 원통을 얻겠는가.
<② 성진> 음성이 섞여 언어가 되니, 단지 철자(伊)·명(名)·구(句)의 의미뿐이다.
　　하나가 일체를 포함하지 못하니, 어떻게 원통을 얻겠는가.
<③ 향진> 향기는 코에 합해야 알 수 있고, (코를) 떠나면 원래 있지 않다.
　　항상 지각되는 것이 아니니, 어떻게 원통을 얻겠는가.
<④ 미진> 맛의 성품은 본연이 아니어서, 맛을 볼 때에만 있다.
　　그 맛봄이 항상된 것이 아니니, 어떻게 원통을 얻겠는가.
<⑤ 촉진> 촉진은 접촉돼야만 분명하고, 접촉됨이 없으면 촉진을 밝힐 수 없다.
　　합과 리에 성품이 일정하지 않으니, 어떻게 원통을 얻겠는가.
<⑥ 법진> 법진은 내진이라고 불리니, 진에 의지하면 필히 대상이 있다.
　　능소는 두루 미치지 못하니, 어떻게 원통을 얻겠는가.
① 色想結成塵,精了不能徹如何不明徹,於是獲圓通.
② 音聲雜語言,但伊名句味,一非含一切,云何獲圓通.
③ 香以合中知,離則元無有. 不恒其所覺,云何獲圓通.
④ 味性非本然,要以味時有. 其覺不恒一,云何獲圓通.
⑤ 觸以所觸明,無所不明觸,合離性非定,云何獲圓通.
⑥ 法稱爲內塵,憑塵必有所.能所非遍涉,云何獲圓通.

① 안근의 대상으로 주어지는 색은 어둠이 맺혀서 된 것이다. 어둠이 무명의 어둠이기에 무명 불각에 입각한 망상이 맺혀서 된 것이라고 할 수 있다. 그러므로 무명에 기반한 분별적 이해로는 색의 본질을 투철히 알 수 없다. 무명에 막혀 근원으로 나아갈 수 없으므로 원통이 될 수 없다는 것이다. 부정관으로써 색에의 집착을 끊어 아라한과를 얻은 우파니사타는 색진이 제1원통이라고 주장하지만, 문수보살은 무명과 망상에 근거한 색진으로는 원통을 얻을 수 없다고 말한다. ② 음성은 그냥 자연물에서 나오는 소리인 경직성(徑直聲)이고, 어언(語言)은 의미가 담긴 말인 굴곡성(屈曲聲)이다. 인간이 말하는 굴곡성의 소리는 각각의 이름이나 구절의 의미만을 담고 있을 뿐이지 의미 전체를 모두 포함하지 못한다. 그러므로 말의 의미를 좇아서 원통을 이루는 것은 가능하지 않다. 교진여는 붓다가 4성제를 설하는 음성에서 아라한과를 얻어 원통을 이루었다고 말하지만, 문수보살은 말소리인 음성의 한계를 들어 성진이 원통의 길이 아니라고 말한다. ③ 원통을 얻으려면 두루하는 것을 갖고 수행해야 한다. 그런데 향기는 코로 맡아야 있고 맡지 않으면 없다고 할 수 있다. 그렇게 있고 없음의 제한이 있으면, 그것을 갖고 원통에 이르기는 어렵다. 두루 퍼지는 침수향의 향기를 통해 아라한과를 증득한 향엄동자는 향진이 제1의 원통이라고 주장하지만, 문수보살은 비근이 있어야만 하는 향진의 한계를 들어 향진으로는 원통에 이를 수 없다고 말한다. ④ 맛도 향기와 마찬가지로 맛을 보는 혀가 있어야 하고, 그렇지 않으면 맛도 없다고 할 수 있다. 그러니 맛은 그 자체로 언제나 있는 것이 아니다. 그러므로 맛을 갖고 원통을 얻을 수는 없다. 의사로서 세상에 존재하는 갖가지 맛을 두루 맛보다가 맛의 여래장성을 깨달아 보살위에 오른 약왕과 약상은 미진이 제1의 원통의 길이라고 주장하지만, 문수보살은 맛이 맛보는 혀에 의존한다는 한계를 들어 미진으로는 원통에 이를 수 없다고 말한다. ⑤ 촉진은 접촉됨으로써만 있는 것이니, 접촉하는 몸이 있어야 촉진이 있다. 접촉은 접촉하는 몸과 접촉되는 대상(촉진)이 서로 맞닿는 합(合)에서는 일어나고, 둘이 서로 떨어지는 리(離)에서는 일어나지 않는다. 그러니 촉진 자체가 두루하는 것이 아니므로, 촉진을 갖고 원통에 이를 수는 없다. 발타바라는 몸의 때(촉진)를 제거하는 목욕을 하다가 촉진의 본성을 깨닫고 무소유를 얻어 아라한과를 이루었기에 촉진을 원통의 제1이라고 주장하지만, 문수보살은 촉진이 촉하는 신에 의거한다는 점에서 원통일 수 없다고 비판한다. ⑥ 5진은 색에 속하는 것으로서 외적 대상인 외진(外塵)인 데 반해, 법진은 그러한 5진의 그림자인 분별영사이며, 따라서 내적 대상인 내진(內塵)이

다. '소가 있어야 한다'는 것은 법진은 법진을 대상으로 삼는 활동(의식)에 의해 의식되어지는 것으로서, 피동형의 소(所)로 존재한다는 말이다. 즉 법진은 소(所)이고, 법진을 대상으로 사유하는 의식은 능(能)이다. 그렇게 능과 소가 분별되고 나뉘어 있다. 따라서 능소분별 위의 내적 대상인 법진을 통해 원통에 이르는 것은 가능하지 않다. 또한 의식은 사려분별하는 식으로서 일체를 동시에 알지 못하고 한 순간에 하나의 대상만을 의식할 뿐이다. 그러한 제한 때문에도 의식의 내진인 법진을 갖고 원통에 이를 수는 없다. 붓다의 설법을 듣고 법의 공성을 통해 아라한과를 얻은 가섭은 법진을 원통의 제1이라고 주장하지만, 문수보살은 의식의 대상이 되는 법진은 그 때문에 제1의 원통일 수 없다고 말한다.

(2) 5근

> <① 안근> 견의 성은 비록 밝지만, 앞은 밝고 뒤는 어둡다.
>   4모퉁이에서 반이 모자라니, 어떻게 원통을 얻겠는가.
> <② 비근> 코는 숨이 나가고 들어옴에 통하지만, 교차하는 순간에는 기운이 없다.
>   떨어져 있으면 교섭이 없으니, 어떻게 원통을 얻겠는가.
> <③ 설근> 혀는 단서가 없으면 활동하지 않으니, 맛으로 인해 맛봄이 생긴다.
>   맛이 없으면 앎이 없으니, 어떻게 원통을 얻겠는가.
> <④ 신근> 몸은 감촉되는 대상과 같아, 각각 원만한 각관이 아니다.
>   (둘이) 떨어져 있으면 어두워 통하지 않으니, 어떻게 원통을 얻겠는가.
> <⑤ 의근> 앎의 근은 산란한 사유와 섞여, 맑은 앎을 끝내 보지 못한다.
>   상념을 벗어나지 못하니, 어떻게 원통을 얻겠는가.
> ① 見性雖洞然, 明前不明後. 四維虧一半, 云何獲圓通.
> ② 鼻息出入通, 現前無交氣. 支離匪涉入, 云何獲圓通.
> ③ 舌非入無端, 因味生覺了. 味亡了無有, 云何獲圓通.
> ④ 身與所觸同, 各非圓覺觀. 涯量不冥會, 云何獲圓通.
> ⑤ 知根雜亂思, 湛了終無見. 想念不可脫, 云何獲圓通.

① 세속의 안근은 앞은 보고 뒤는 못 보며, 4모퉁이 중에서도 반만 보고 반을 못 본

다. 앞에서 '수행의 참된 기반' 중 제2결정의를 논하는 부분에서 안근을 1200 공덕 중 그 3분의 2인 800의 공덕만 갖는다고 한 것이 그것이다. 그처럼 제한이 있으므로 안근도 바른 원통의 길은 아니라고 한다. 시력을 잃었지만 시방세계를 훤히 보는 아나율타는 안근을 제1의 원통이라고 주장하지만, 문수보살은 안근의 공덕이 원래 원만하지 못하다는 것을 들어 원통이 될 수 없다고 말한다. ② 비근으로 숨을 쉬는데, 들숨과 날숨 사이에 두 숨이 교차하는 순간에는 숨이 잠시 멎고 이어지지 않는다. 들숨과 날숨이 서로 떨어져서 이어지지 않으니, 그렇게 단절이 있는 비근으로는 원통을 얻을 수 없다고 말한다. 기억력이 좋지 않은 주리반특가가 호흡관을 닦다 아라한과를 얻고는 비근이 원통이라고 주장하지만, 문수보살은 호흡이 끊어지는 한계가 있다고 비근원통을 비판한다. ③ 설근은 그 근에 상응하는 맛이 있어야 설근으로 활동하게 된다. 맛이 있으면 맛보는 활동이 있고, 맛이 없으면 맛보는 앎이 없게 되므로 항상되고 두루하는 활동이 아니다. 그러므로 설근으로 원통을 이루지는 못한다. 구업의 업보로 되새김질을 하는 교범발제가 일미법문을 통해 아라한과를 얻은 후 설근을 제1원통이라고 주장하지만, 문수보살은 맛에 의거하는 설근은 원통이 될 수 없다고 말한다. ④ 신근은 그 부딪침의 대상이 되는 촉경과 맞닿아야지만 앎이 일어나고, 따로 떨어져 있으면 식이 일어나지 않는다. 각각으로는 각관(覺觀)이 아닌 것이다. 각(覺)은 전체를 대략적으로 알아차리는 것이고, 관(觀)은 세밀하게 완전하게 아는 것이다. 신근과 촉경이 둘이 함께하여 맞닿기 전에는 전체적으로든 세밀하게든 앎이 일어나지 않는다는 것이다. 그러므로 항상된 것이 아니니 원통이 될 수 없다. 필릉가바차는 발의 고통을 통해 신근이 제1의 원통이라는 결론에 이르렀지만, 문수보살은 촉진을 필요로 하는 신근으로는 원통에 이르지 못한다고 말한다. ⑥ 의근은 산란한 사유인 제6의식과 묶여 있는 근이다. 의식이 산란한 사려분별심이기에 의근은 결코 분별 이전의 담명의 앎을 알지 못한다. 늘 의식의 지각과 생각에 매여 벗어나지 못하므로 의근을 갖고 원통에 이를 수는 없다. 기억력 좋고 일체의 공성을 깨달아 불지견에 이른 수보리는 의근을 제1의 원통으로 제시하지만, 문수보살은 사려분별적 의식의 근인 의근으로는 원통을 얻을 수 없다고 말한다.

(3) 6식

<①안식> 식으로 봄은 3사의 화합이니, 근본을 따지면 상(相)이 아니다.
  자체가 먼저 정해진 것이 없으니, 어떻게 원통을 얻겠는가.
<②이식> 마음으로 들음은 시방에 통하니, 큰 인(因)의 힘으로 생긴다.
  초심자는 들어갈 수 없으니, 어떻게 원통을 얻겠는가.
<③비식> 코를 생각함은 원래 방편이니, 다만 섭심하여 머무르게 한다.
  머문다면 마음에 머무는 것이니, 어떻게 원통을 얻겠는가.
<④설식> 설법은 말과 글을 희롱함이니, 개오(開悟)가 먼저 있어야 한다.
  명구(名句)는 무루(無漏)가 아니니, 어떻게 원통을 얻겠는가.
<⑤신식> 계를 범하지 않음은 몸을 단속함이니, 몸이 아니면 단속될 것도 없다.
  원래 일체에 두루하지 않으니, 어떻게 원통을 얻겠는가.
<⑥의식> 신통은 원래 숙세의 인연이니, 법의 분별과 무슨 상관인가.
  생각의 대상은 사물을 떠나지 않으니, 어떻게 원통을 얻겠는가.
① 識見雜三和, 詰本稱非相. 自體先無定, 云何獲圓通.
② 心聞洞十方, 生于大因力. 初心不能入, 云何獲圓通.
③ 鼻想本權機, 秪令攝心住. 住成心所住, 云何獲圓通.
④ 說法弄音文, 開悟先成者. 名句非無漏, 云何獲圓通.
⑤ 持犯但束身, 非身無所束. 元非遍一切, 云何獲圓通.
⑥ 神通本宿因, 何關法分別. 念緣非離物, 云何獲圓通.

① 의식 차원의 봄인 안식을 '식의 견'이란 의미에서 '식견(識見)'이라고 하고, 식이 근과 경이 함께하면 일어나므로, 식을 근·경·식 3사화합이라고 한다. 안식이라는 것 자체가 별도의 실체로 따로 있는 것이 아니고 근·경·식 3사의 관계에서 생겨나는 것이므로 자신의 상(相)이 별도로 있지 않다는 의미에서 '상이 아니다'라고 한다. 그 자체의 본질이 따로 없으므로 그러한 안식에 의거해서 원통을 이룰 수는 없다는 것이다. 오래전부터 심견(心見)이 청정했던 사리불은 출가 후 견각의 원명을 얻어 아라한이 되어서 안식을 제1의 원통으로 주장하지만, 문수보살은 인연소생의 안식으로는 원통에 이르지 못한다고 비판한다. ② 귀로 듣는 것이 아니라 마음으로 듣는 것은 시방으로

통하여 그 공덕이 뛰어나지만, 수행이 깊어야 가능한 것이지 초심자가 이룰 수 있는 것이 아니다. 그러므로 초심자가 이식의 방식으로 원통에 이를 수는 없다. 일체 중생의 마음을 마음으로 들어 보현행을 베푸는 보현보살은 이식을 제1의 원통이라고 주장하지만, 문수보살은 초심자가 그런 방식의 원통을 얻는 것은 가능하지 않다고 말한다. ③ 코끝에 오가는 숨에 집중하여 알아차리는 것은 흩어진 마음을 일단 거두어들이는 수행방편이다. 마음을 거두어들여 숨에 머무르게 하는 것이다. 그런데 코끝이든 숨이든 한 지점에 마음이 머문다는 것은 일체 존재에 두루 하나로 통하는 원통이 아니다. 그러므로 비식으로 원통을 얻을 수는 없다. 손타라난타는 코끝에 주목하는 호흡관을 통해 번뇌를 멸하고서 아라한과를 얻어서 비식을 제1의 원통이라고 주장하지만, 문수보살은 마음을 한곳에 머물게 하는 비식으로는 원통을 얻을 수 없다고 비판한다. ④ 설법은 붓다의 가르침을 펴는 것이니까 중요한 의미가 있지만, 그래도 혀로 말하는 설법 자체는 단지 분별적 개념과 문자를 갖고 하는 것이기에 '문자의 희롱'일 수 있다. 단순히 문자의 희롱에 그치지 않고 진정한 설법일 수 있으려면 설법자가 이미 진리의 깨달음인 개오(開悟) 내지 해오(解悟)를 갖고 있어야 한다. 문자인 이름(명)과 구절(구)은 유루법인 불상응행법에 속하는 것이므로 그 자체가 번뇌 없는 무루가 아니다. 그러므로 설법 자체만으로 원통을 이룰 수는 없다. 변재가 뛰어난 설법제일의 부루나는 설법으로 법륜을 굴림으로써 아라한을 이루었기에 설법하는 설식이 원통의 제1이라고 주장하지만, 문수보살은 문자의 희롱일 수 있는 설법만으로는 원통에 이를 수 없다고 말한다. ⑤ 살·도·음은 몸으로 계를 범하는 신업(身業)이다. 그런 계를 범하지 않는 것은 몸을 잘 단속하는 것이며, 따라서 몸을 전제한다. 원통을 이루려면 특정 조건에 제약되지 않아야 하기에 계율을 범하지 않음만으로 원통에 이르는 것은 한계가 있다고 말한다. 지계제일 우파리는 계를 지킴을 통해 몸과 마음이 모두 청정해져서 아라한이 되었다고 주장하지만, 문수보살은 몸을 단속하는 것만으로는 한계가 있어 원통에 이르기는 어렵다고 비판한다. ⑥ 의식이 범부의 제한된 의식과 달리 심층마음의 빛과 힘을 그대로 발휘하여 드러내면, 우리는 그것을 '신통'이라고 부른다. 일상의 의식은 번뇌에 가로막혀 그 본래의 빛과 힘을 통과시키지 못하기 때문이다. 그러나 그런 신통력은 무수한 수행의 결과로 얻어지는 것이지 초심자가 사려분별적 의식활동을 통해 얻을 수 있는 것이 아니다. 그러므로 대상을 반연하는 제6의식의 활동을 통해 원통에 이른다는 것은 가능하지 않다. 목건련은 출가 시 붓다 앞에서 가사가 저절로 입혀지는 등 신기한 일들이 일어나고 장애 없이 신통을 발휘하여 아라한이 되었기에 의식을 원통의 제1이라고 주장하지만, 문수보살은 반연심으로서의 의식으로 원통에 이르는 것은 가능하지 않다고 말한다.

(3) 7대

<① 지대> 지의 성품을 관찰하면, 견고함으로 장애되어 통달이 아니다.
   유위(有爲)는 성인의 성품이 아니니, 어떻게 원통을 얻겠는가.
<② 수대> 수의 성품을 관찰하면, 상념은 진실이 아니다.
   여여(如如)는 각관(覺觀)이 아니니, 어떻게 원통을 얻겠는가.
<③ 화대> 화의 성품을 관찰하면, 유를 싫어함은 진실로 떠난 것이 아니다.
   초심의 방편이 아니니, 어떻게 원통을 얻겠는가.
<④ 풍대> 풍의 성품을 관찰하면, 운동과 고요는 무대(無對)가 아니다.
   대(對)는 무상의 깨달음이 아니니, 어떻게 원통을 얻겠는가.
<⑤ 공대> 공의 성품을 관찰하면, 혼둔(昏鈍)은 애당초 각(覺)이 아니다.
   각이 없음은 보리와 다르니, 어떻게 원통을 얻겠는가.
<⑥ 식대> 식의 성품을 관찰하면, 관(觀)하는 식은 상주가 아니다.
   마음을 보존함이 허망하니, 어떻게 원통을 얻겠는가.
<⑦ 견대> 제행이 무상하니, 념(念)의 성품은 원래 생멸이다.
   인과 과가 지금 다르게 감응하니, 어떻게 원통을 얻겠는가.
① 若以地性觀, 堅礙非通達. 有爲非聖性, 云何獲圓通.
② 若以水性觀, 想念非眞實. 如如非覺觀, 云何獲圓通.
③ 若以火性觀, 厭有非眞離. 非初心方便, 云何獲圓通.
④ 若以風性觀, 動寂非無對. 對非無上覺, 云何獲圓通.
⑤ 若以空性觀, 昏鈍先非覺. 無覺異菩提, 云何獲圓通.
⑥ 若以識性觀, 觀識非常住. 存心乃虛妄, 云何獲圓通.
⑦ 諸行是無常, 念性元生滅. 因果今殊感, 云何獲圓通.

① 지대는 색(色)을 이루는 4대 중의 하나로서 견·습·난·동 중 견고함의 성질을 가

진다. 견고하기에 다른 것이 그 자리에 함께할 수 없는 불가침투성을 가지며, 그만큼 서로 간의 장애를 이룬다. 색은 유위의 세계를 이루는 기본이니, 그러한 색을 형성하는 지대를 따라 일체에 두루하는 원통을 얻는 것은 가능하지 않다. 지지보살은 흙을 평평하게 하는 일을 통해 마음을 평탄하게 하며 그 안에서 일체의 평등성을 깨달았기에 지대를 원통의 제1로 간주한다. 그러나 문수보살은 지대는 견고함으로 장애가 있으니 지대만으로 원통에 이를 수는 없다고 말한다. ② 물의 성품을 관하는 것은 사유를 통한 상념(想念)이고 각관(覺觀)이기에 상념을 넘어선 진실 또는 있는 그대로의 실상을 뜻하는 여여(如如)가 아니다. 그러므로 물의 관찰을 통해서 원통에 이를 수는 없다. 월광동자는 물의 성품을 관함으로써 몸 안이나 몸 밖이나 물이 두루 평등하여 차별 없음을 깨달아 보살의 지위를 얻어서 수대를 원통의 길로 제시하지만, 문수보살은 물의 관찰을 통해 원통에 이를 수는 없다고 말한다. ③ 집착을 끊는 수행에서 가장 먼저 해야 할 것은 자신이 집착하는 대상에 대해 싫어하여 떠나고자 하는 마음인 염리심(厭離心)을 일으키는 것이다. 그런데 그 떠남이 진정한 의미의 떠남이려면 싫어한다는 생각까지도 함께 떠나야 한다. 만약 끝까지 싫어한다는 생각이 남아 있으면 아직 집착이 남아 있는 것이며 따라서 진정으로 떠난 것이 아니다. 화의 성품은 인간에게 음욕의 불로 드러난다. 음욕을 억지로 싫어하는 것이 아니라 좋고 싫음의 생각조차 없어야 진정으로 떠났다고 할 수 있다. 오추슬마는 음욕이 많은 자여서 화를 관찰함으로써 화광삼매를 얻어 아라한이 되었기에 화대를 원통의 길로 제시하였지만, 문수보살은 그것이 초심자의 방편이 되기는 어렵다고 말한다. ④ 바람은 움직임과 고요함 사이에서 일어나며, 움직임과 고요함, 동과 적은 서로 상대를 이룬다. 즉 동이 멎으면 적이고, 적이 움직이면 동이다. 서로 상대이기에 또한 서로를 요구한다. 즉 동이 있어야 적이 있고, 적이 있어야 동이 있다. 풍대는 이러한 상대적인 것에 의존하기에 풍대를 통해 절대에 이르거나 최상의 깨달음에 이를 수 없다. 유리광보살은 풍대를 관함으로써 일체의 허망성을 깨닫고 무생법인을 얻었기에 풍대를 원통의 제1이라고 주장하지만, 문수보살은 풍대를 통해 원통에 이르기는 어렵다고 말한다. ⑤ 본각의 밝음이 어두워진 것이 허공이다. 그러므로 허공은 각(覺) 내지 보리와 달리 어둡고 깨어 있음의 특성이 없다. 그러므로 공을 통해 두루 원만한 깨달음인 원통에 이를 수 없다. 허공장보살은 허공의 관찰을 통해 무생법인을 얻었기에 공성을 원통의 제1이라고 주장하지만, 문수보살은 각성 없는 허공을 통해 원통에 이르기는 어렵다고 말한다.

```
       ┌─ 혼(昏): 어둠   ↔ 명(明): 밝음 ─┐
허공 ┤                                    ├ 보리, 각(覺)
       └─ 둔(鈍): 완고함 ↔ 령(靈): 신령함 ─┘
```

⑥ 식을 관함에 있어 관찰하는 마음(능관)과 관찰되는 식(소관)은 둘 다 불변으로 상주하는 것이 아니고 매 순간 생멸하며 변화하는 것이다. 그렇게 변화하는 것을 붙잡아 유지하는 것은 그 자체가 허망한 것이기에 그로부터 원통을 얻기는 어렵다. 미륵보살은 유식을 닦아 삼매에 들어 무생법인을 증득하였기에 식대를 제1의 원통 방편이라고 여기지만, 문수보살은 생멸하는 것에 기대어 원통을 얻을 수는 없다고 말한다. ⑦ 견은 생각 념(念)에 해당하는데, 이 또한 무상한 제행에 속하며 생멸하는 것이다. 얻고자 하는 결과가 원통이라면, 생멸하는 무상한 것을 인(因)으로 해서 얻을 수는 없다. 견에 의거해서 원통을 얻을 수 없다는 뜻이다. 대세지법왕자는 염불삼매로 무생법인을 증득하여서 념의 견대를 제1의 원통 방편으로 여기지만, 문수보살은 생멸하는 념의 견대로써 원통을 얻을 수는 없다고 말한다.

3) 이근(耳根)의 선택

지금까지 문수보살은 이근을 제외한 24방편이 모두 원통을 얻기에 부족하다는 것을 게송으로 말하였다. 이제부터는 왜 이근의 들음을 바탕으로 반문문성하는 것이 원통의 바른 길인지를 다시 게송으로 밝힌다.

① 내가 지금 세존께 말씀드리는데 붓다가 사바세계에 출현하시니,
    이 세계에서의 진실한 교체(教體)는 청정이 소리 들음에 있다는 것이다.
② 삼마제에 들기를 원하면, 실로 들음으로 들어가야 한다.
    고통을 여의고 해탈을 얻으니, 훌륭하다, 관세음이여.
③ 항하사 수만큼 오랜 겁 동안 미진같이 많은 불국토에 들어가,
    대자재의 힘을 얻어 중생에게 무외를 베푼다.
④ 묘음과 관세음과 범음과 해조음으로,
    세간을 구제하여 모두 안녕하게 하고 세간을 벗어나 상주하게 한다.

① 我今白世尊, 佛出娑婆界, 此方眞教體, 淸淨在音聞.
② 欲取三摩提, 實以聞中入, 離苦得解脫, 良哉觀世音.
③ 於恒沙劫中, 入微塵佛國, 得大自在力, 無畏施衆生.
④ 妙音觀世音, 梵音海潮音, 救世悉安寧, 出世獲常住.

① 우리 중생이 사는 이 세계에 붓다가 출현하여서 중생에게 베푼 가르침의 핵심은 중생의 청정함은 음성을 들음에서 성취된다는 것이다. 즉 음성을 듣는 이근에 의거해서 소리 들음을 돌이켜 듣는 성품을 알아차리는 '반문문성'이 중요하다는 것이다. 이것이 바로 앞서 관세음보살이 주장한 이근원통이다. ② 사마타로 원묘명심에 대한 깨달음을 얻고 난 후 그 본래 마음자리로 들어서는 삼마제를 이루려면 '반문문성'을 해야 한다. 즉 들리는 대상인 소리로 향하지 않고 의식의 흐름에 들어가 듣는 성품 자체를 알아차려야 한다. 그렇게 해야 대상을 좇는 고통의 생사윤회를 반복하지 않고 해탈을 이루게 된다. 그와 같은 반문문성의 이근원통을 이야기한 사람이 바로 관세음보살이기에 문수보살은 그를 훌륭하다고 칭송한다. ③ 관세음보살이 항하사겁만큼의 긴 시간 동안 수없이 많은 불국토를 오가면서 자유자재의 힘을 얻어서 중생에게 무외를 베푼다. 대자재의 힘은 앞에서 이미 논한바 관세음보살이 중생의 바람에 응하여 자유자재하게 32응신으로 나타나는 것을 말하고, 중생에게 베푸는 무외는 14무외를 말한다. ④ 관세음보살이 묘음과 관세음과 범음과 해조음을 두루 사용하여 중생을 고통으로부터 구제하여 편안하고 안락하게 해준다. 묘음과 관세음, 범음과 해조음에 대해『정맥소』는 관세음보살의 32응신, 14무외, 4부사의와 연결지어 설명하는데, 다음과 같이 정리된다.[14]

묘음(법을 설하는 소리): 32응신으로 법을 설함, 4부사의로 주(呪)를 설함
관세음(고통을 듣는 소리): 14무외 중 8난 구제, 4부사의로 무외 베풂
범음(불경소리): 14무외 중 3독 제거, 4부사의에서 간탐과 인색을 파함
해조음(고통에 응하는 소리): 32응신, 14무외, 4부사의에서 구하는 대로 응함

14   진감,『정맥소』, 3권, 496쪽 참조.

내가 이제 여래에게 아뢰니 관세음보살의 말과 같다.

① 사람이 고요한 곳에 있는데 시방에서 동시에 북을 치면,

  10처를 일시에 들으니, 이것이 곧 원만한 진실이다.

② 눈은 장애 바깥을 보지 못하고 입과 코도 또한 마찬가지이다.

  몸은 합함으로써만 비로소 알고 마음의 생각은 분분하여 단서가 없다.

③ 담으로 막혀도 음향을 듣고, 가깝든 멀든 모두 들을 수 있다.

  (다른) 5근은 견줄 수 없으니, 이것이 곧 원통의 진실이다.

④ 음성의 성품은 동과 정이어서 듣는 중에 있기도 하고 없기도 하다.

  소리가 없으면 들음이 없다고 하지만 진실로 들음의 성은 없지 않다.

⑤ (문성은) 소리가 없다고 멸하지 않고, 소리가 있다고 생기지 않는다.

  생과 멸 둘을 원만히 떠나니, 이것이 곧 항상된 진실이다.

⑥ 비록 꿈속이라고 해도 생각하지 않는다고 (문성이) 없지 않다.

  각관(覺觀)은 사유를 떠나니, 심신이 미치지 못한다.

⑦ 지금 이 사바세계는 음성으로 말해야 선명해지니,

  중생이 본래의 들음에 미혹하고, 음성을 따르므로 유전한다.

⑧ 아난이 비록 잘 기억해도 삿된 생각에 떨어짐을 면하지 못하니,

  어찌 대상을 따라 윤회함이 아니겠는가, 흐름을 돌이켜야 무망(無妄)을 얻는다.

我今啓如來, 如觀音所說

① 譬如人靜居, 十方俱擊鼓, 十處一時聞, 此則圓眞實.

② 目非觀障外, 身以合方知, 口鼻亦復然, 心念紛無緒.

③ 隔垣聽音響, 遐邇俱可聞, 五根所不齊, 是則通眞實.

④ 音聲性動靜, 聞中爲有無, 無聲號無聞, 非實聞無性.

⑤ 聲無旣無滅, 聲有亦非生, 生滅二圓離, 是則常眞實.

⑥ 縱令在夢想, 不爲不思無, 覺觀出思惟, 身心不能及.

⑦ 今此娑婆國, 聲論得宣明, 衆生迷本聞, 循聲故流轉.

⑧ 阿難縱强記, 不免落邪思, 豈非隨所淪, 旋流獲無妄.

① 여기에서부터는 관세음보살이 주장한 이근원통이 타당하다는 것을 설명한다. 그
것을 논증하는 근거 중의 하나는 소리의 들음은 장소에 구애됨이 없이 두루 원만하다

는 것이다. 즉 동서남북 4방과 그 사이까지 합한 8방 그리고 그 위와 아래를 더한 10방 모든 곳에서 북을 칠 경우 그 10곳의 소리를 모두 들을 수 있다. 시각처럼 뒤를 보지 못한다거나 미각이나 촉각처럼 떨어져 있으면 알지 못하는 그런 공간적 장애가 없기 때문이다. 게다가 각 장소에서 나는 소리를 시간 차이를 두고 선후로 듣는 것이 아니고 동시에 모두 들을 수 있다. 오케스트라에서 갖가지 악기가 연주되어도 그 각각을 따로 선후의 차이를 두고 듣지 않고 모두 하나로 듣는 것과 같다. 그렇게 공간적 장애를 뛰어넘으니 들음은 원만하다. ② 소리 들음의 원만성에 비해 눈으로 색을 보는 것은 벽으로 막힘이 있으면 작동하지 않는다. 코로 냄새 맡는 것이나 입으로 맛보는 것, 몸으로 감촉을 느끼는 것도 서로 한곳에 함께하여 접촉함으로써만 일어나기에 들음만큼 자유롭지 못하다. 그리고 의근이 일으키는 생각 념 또한 시시각각으로 변화하여 분분하기에 그만큼 원통의 특징을 갖지 못한다. ③ 이근은 안근과 달리 막혀 있어도 들을 수 있고, 비근·설근·신근과 달리 대상과 접촉하지 않고 멀리 떨어져 있어도 들을 수 있다. 그만큼 이근은 다른 근들과 달리 공간적 장애 없이 통하니 원통의 제1방편이된다. ④ 소리는 움직임으로써 일어나고 고요하게 멎음으로써 사라진다. 그러므로 소리의 성은 동과 정으로서 있기도 하고 없기도 하다. 우리는 대개 소리가 있으면 듣고, 소리가 없으면 듣지 않는다고 여기지만, 앞에서 '종소리 들음의 예시'에서 논했던 것처럼 있고 없고 하는 것은 듣는 대상인 소리일 뿐이고, 듣는 성품 내지 들음 자체가 그런 것은 아니다. 소리가 없을 때 소리 없음을 아는 것은 듣고 있어야 가능하기 때문이다. 들어야 들리는 소리가 없음을 알 수 있다. 그러므로 소리가 없다고 들음이 없는 것이 아니며, 들음의 성은 소리의 유무와 상관없이 있는 것이다. ⑤ 그렇게 들음은 소리의 유무에 따라 생기고 멸하는 것이 아니다. 그만큼 듣는 성품은 소리를 따라, 인연을 따라 생멸하는 것이 아니며, 생멸을 떠나서 항상되고 진실하다. 그러므로 이러한 듣는 성품을 가진 이근을 따라 원통에 이를 수 있다. ⑥ 우리는 대개 꿈속에서는 듣지 않는다고 생각하지만, 꿈에서는 깨어 있을 때처럼 생각을 하고 있지 않아도 문성은 계속 활동하고 있다. 앞에서 논하였듯이 예를 들어 누군가 다듬이질 소리를 내고 있으면, 꿈속에서 그것을 들으면서 그 소리를 종소리나 북소리로 여기기도 한다. 들음은 그 체가 각성 내지 깨어 있음의 각(覺)이고, 그 활동은 관(觀)이다. 이근의 각관은 의식적 사유보다 더 지속적으로 끊어짐 없이 유지된다. 그러므로 '이근의 각관이 사유를 떠난다'고 말한다. 따라서 이근은 의식인 심보다 그리고 몸 내지 색(色)에 속하는 나머지

4근보다 더 두루 통한다. 그러므로 '심신이 이근에 미치지 못한다'고 말한다. ⑦ 이 세계에서 초심자가 원통에 이르는 길은 이근이 제1이다. 이 중생세계에서 마음의 본래자리로 나아가는 길은 소리를 듣되 들리는 소리를 좇아가지 않고 반문하여 듣는 성품인 마음의 본래 성품을 알아차리는 것이다. 그런데 중생이 그렇게 반문문성하지 않고 들리는 소리를 좇아 대상으로만 향하기에 결국 자신의 본래 성품을 알지 못하고 경계를 좇아 경계에 매이면서 생사윤회를 반복하게 되는 것이다. ⑧ 아난이 사유로써 붓다의 설법을 아무리 잘 기억해도 자신의 본성을 돌이켜 알지 못하고 자신의 본래 마음자리에 정착하지 못했기에 바깥에서부터 밀려오는 유혹이나 삿된 생각에 흔들려 허망함에 빠진 것이다. 대상을 따라 움직일 뿐, 반문하여 자신을 자각하지 못했기 때문이다. 소리를 듣되 들리는 소리를 따라가지 않고 듣는 흐름을 돌이켜 자신의 본래 성품을 자각해야 하는데, 그러한 반문문성을 하지 못한 것이다.

아난이여, 당신은 잘 들으시오.
① 내가 붓다의 위력을 받들어서 금강왕의
　　환과 같고 부사의한 붓다의 모체인 진삼매를 설하겠다.
② 당신은 미진만큼 많은 붓다의 일체 비밀문을 들었으나,
　　욕망의 번뇌를 먼저 제거하지 않고 다문만 쌓는 과오를 범했다.
③ 들음을 갖고 붓다의 불법은 들으면서, 어째서 자신의 들음은 듣지 못하는가.
　　들음은 자연히 생긴 것이 아니며 소리로 인하여 이름이 있다.
④ 들음을 돌이켜 소리에서 벗어나면, 벗어나는 자를 누구라고 부르겠는가.
　　하나의 근이 이미 본원으로 돌아가면 6근이 해탈을 이룬다.
⑤ 견문각지는 환의 눈병과 같고, 3계는 허공 속 꽃과 같다.
　　문성을 돌려 눈병의 근거가 제거되면, 진이 사라지고 각이 원만청정해진다.
⑥ 맑음이 지극하고 빛이 통달하면, 적조(寂照)는 허공을 포함한다.
　　다시 돌아와 세간을 보면 마치 꿈속의 일과 같다.
⑦ 마등가도 꿈속의 일이니, 누가 당신의 몸을 잡을 수 있겠는가.
　　마치 세상의 교묘한 환술사가 환으로 남녀를 만든 것과 같다.

⑧ 비록 모든 근의 움직임을 보지만, 요는 하나의 기틀을 잡는 것이다.
  기틀을 쉬고 적연으로 돌아가면, 모든 환이 무성(無性)이 된다.
阿難, 汝諦聽.
① 我承佛威力, 宣說金剛王, 如幻不思議, 佛母眞三昧.
② 汝聞微塵佛, 一切祕密門, 欲漏不先除, 畜聞成過誤.
③ 將聞持佛佛, 何不自聞聞. 聞非自然生, 因聲有名字,
④ 旋聞與聲脫, 能脫欲誰名. 一根旣返源, 六根成解脫.
⑤ 見聞如幻翳, 三界若空花, 聞復翳根除, 塵銷覺圓淨.
⑥ 淨極光通達, 寂照含虛空, 却來觀世間, 猶如夢中事.
⑦ 摩登伽在夢, 誰能留汝形. 如世巧幻師, 幻作諸男女,
⑧ 雖見諸根動, 要以一機抽, 息機歸寂然, 諸幻成無性.

① 문수보살이 아난에게 붓다의 위신력에 의거해서 금강왕의 환과 같은 부사의한 삼매, 부처의 모체인 진삼매를 언급한다. 이 삼매는 앞에서 관세음보살이 32응신을 설하기 전에 언급했던 '환과 같은 문훈문수금강삼매', 즉 들음을 반조하여 문성을 훈습하고 닦아나가는 견고한 삼매를 말한다. 금강은 변하지 않는 견고함을 의미하며, 부사의는 일체 현상을 초월한 것으로서 분별적 사유로 알 수 있는 것이 아니라는 뜻이다. 붓다의 깨달음에 이르게 하는 길이기에 '불모(佛母)'라고 하였다. ② 아난은 붓다의 설법을 가장 많이 듣고 가장 잘 기억하여 다문제1이라는 이름을 얻었지만, 스스로 자신의 심성을 깨닫고 자신의 내면의 번뇌를 덜어나가는 수행에 힘쓰지 않았기에 외부의 유혹에 흔들리는 모습을 보였다. 설법을 듣되 그 내용을 분별적 사유로 이해하는 것에 그치지 않고 스스로 회광반조하여 자기 마음의 빛을 발견하는 것이 중요한데 그런 수행을 하지 않았기에 유혹을 견디지 못한 것이다. ③ 문수보살은 아난에게 붓다의 불법은 들으면서 어째서 자기 자신이 듣고 있음은 알아차리지는 못하는가를 묻는다. 들으면서 들리는 내용에 주목하는 대신 자신의 들음을 반문하여 자신의 듣는 성품을 알아차리는 '반문문성'을 하지 않은 것을 지적한 것이다. 근은 본래 자연으로 있는 것이 아니라 진을 흡입하여 만들어진다. 대상으로부터 취한 정보가 쌓여서 근이 형성된다. 듣는 근인 이근은 그 대상이 되는 소리를 흡입하여 만들어지니, 앞에서 '소리를 말아서

근을 이룬다'고 한 것이 그것이다. 소리를 축적해서 만들어진 근으로서 '이근'이라는
이름을 갖게 되기에, '소리로 인하여 이름이 있다'고 말한다. ④ 그런데 이근의 활동에
서 소리로 나아가지 않고 반문하여 이근의 근원으로 돌이킨다면, 어떤 일이 벌어지는
가? 소리를 벗어나 반문하여 되돌린다는 것은 더 이상 소리를 축적하여 이근을 강화시
키지 않는다는 말이다. 소리의 흡입을 멈추는 것이다. 그렇게 하여 들음에서 소리를
벗어나는 것이다. 들음에서 소리를 벗어난다는 것은 곧 근의 활동에서 대상에의 매임
으로부터 풀려난다는 것을 의미한다. 근과 진의 매임을 풀어 그들의 분화가 일어나기
이전으로, 근의 근원으로 되돌아가는 것이다. 그렇게 근의 활동에서 대상인 진으로 나
아가지 않고 근의 근원으로 되돌아가는 것이 곧 본래 마음자리로 나아가는 것, 본래
마음인 원묘명심의 밝음으로 들어서는 것이다. 그렇게 반문문성하여 이근의 매듭을
풀면 그로써 다른 나머지 5근의 매듭도 모두 풀리게 된다. 모두가 동일한 근원으로부
터 매듭지어진 것들이기 때문이다. 그래서 6근을 풀면 하나도 없다는 '6해1망'을 말하
였다. 이근에서 반문문성을 통해 근의 근원으로 돌아가면 결국 6근의 매임을 모두 풀
고 해탈을 이루니, 이것을 '이근원통'이라고 한다. 본래 마음인 원묘명심은 본각의 밝
음인 원명으로 일체를 두루 비추는데, 중생은 무명으로 그 빛의 밝음을 알아차리지 못
하고 어둠에 빠져 다시금 허망하게 각을 밝히려 한다. 각을 밝히려는 명각(무명업상)
으로부터 보고자 하는 견분의 활동이 일어나고, 그에 따라 보여지는 경계상이 만들어
지니, 그 경계상이 바로 근과 진, 유근신과 기세간이다. 업력을 따라 안·이·비·설·신·
의 6근이 형성되고 색·성·향·미·촉·법 6진이 생성되는 것이다. ⑤ 맑은 눈으로 세상
을 보다가 문득 눈을 비비거나 피로하게 하면 하얀 막의 눈병이 생기고, 그렇게 눈병
난 눈으로 세상을 보면 비문증의 눈에 모기가 날듯 허공중의 꽃을 보게 된다. 여기에
서는 인간 6근의 견문각지의 활동은 피로로 생겨난 눈병과 같고, 그 근에 보여지는 세
계의 모습은 허공중에 그려지는 환화와 같다는 것, 즉 중생의 동분망견을 따라 그려진
허망분별상이라는 것을 말한다. 그러므로 견문각지를 따라 진으로 향하지 않고 회광
반조하여 근원으로 돌아가면, 근의 눈병도 사라지고 진의 환화도 멀리 떠나 본래 마음
의 밝음, 본각의 원만청정함을 회복할 수 있는 것이다. ⑥ 혼탁을 벗어 본래 마음의 청
정함을 얻으면 그 마음의 밝은 빛은 막힘이 없이 모든 곳에 두루 통달한다. 대상 없이
텅 비어 고요한 적적(寂寂)을 이루면서도 잠들지 않고 성성(惺惺)하게 깨어 세상을 비
추는 마음활동은 온 천하 허공을 모두 포함한다. 그러한 적적성성의 마음으로 본래 마

음의 본각과 밝음을 확인한 후 그 마음자리에서 세간의 일들을 다시 돌아보면 세간에 등장하는 근과 진은 모두 그 마음의 피로와 먼지로부터 그려진 눈병이고 환화일 뿐이다. 그러므로 다시 세간을 돌아보면 일체가 마치 꿈속의 일과 다를 바 없다고 말한다. ⑦ 세상의 일들은 그렇게 환화와 같고 꿈속의 일과 같다. 아난이 걸려들었던 마등가의 유혹도 꿈속의 일처럼 벌어진 것이다. 세상일이 꿈속의 일과 같다는 것은 일체가 마음 본래자리에서 보면 그 자체로 실재하는 것이 아니고 마음의 피로와 먼지로 만들어진 허망상이라는 것이다. 그러나 일체 허망상을 만들어내는 마음 자체는 그러한 허망으로부터 벗어나 있다. 따라서 허망상은 허망을 벗어난 본래 마음을 건드릴 수가 없다. 마등가도 꿈속 일과 같아 아난을 붙잡을 수 없다는 말이 그것이다. 근과 진이 마음이 만들어낸 환화와 같다는 것을 환술사가 이런저런 환상의 것들을 만들어내는 것에 비유한다. 환술사가 교묘하게 마술을 부려 만들어내는 것이 일반 관중의 눈에는 마치 실재하는 것처럼 보여지기도 한다. 이 세상 사물을 비롯하여 남과 여로 존재하는 인간의 모습도 교묘한 환술사가 환으로 만들어낸 환상과 다를 바 없다는 것이다. ⑧ 환술사가 환으로 인간을 만들어서 움직이게 하면 눈과 귀와 입 등 6근의 움직임을 보일 것이다. 그러나 그것이 환술사가 환으로 만들어낸 것이라면 그 전체 움직임은 결국 그것을 움직이게 하는 기본 작동원리, 하나의 기틀에 의거한 것이다. 그 기본원리의 작동을 멈추면 환으로 만들어진 것들은 모두 사라져 적연해질 것이며, 환은 무자성의 환으로 드러날 것이다. 환술사가 환으로 남녀를 만들어 움직이게 하되 그 움직임에는 하나의 기틀이 있다는 것은 꼭두각시 놀이에서 꼭두각시를 움직이는 끈들이 모두 한 지점에 모여 있는 것과 같다. 놀이꾼은 바로 그 지점을 손에 잡고 그것을 움직여서 꼭두각시를 이리저리 움직이게 한다.

6근도 또한 이와 같다.
① 원래 하나의 정미한 밝음에 의거하되 나뉘어 6화합이 되었으니,
　　한곳에서 쉬어 회복하면, 6용이 모두 성립하지 않는다.
② 진의 허물이 순간으로 소멸하여 원명과 정묘를 이루니,
　　진이 남으면 아직 유학이고, 밝음이 지극하면 곧 여래이다.

六根亦如是.
① 元依一精明, 分成六和合, 一處成休復, 六用皆不成.
② 塵垢應念銷, 成圓明淨妙, 餘塵尙諸學, 明極卽如來.

① 인간의 움직임 또한 환술가에 의해 움직여지는 환망의 움직임과 다를 바가 없다. 각각으로 분화된 6근의 견문각지의 활동은 겉으로 보기에는 서로 무관한 각각의 활동처럼 보이지만, 실질적으로는 전체가 하나로 결집된다. 즉 6근은 그들 각각을 따로 움직여 활동하게 하는 하나의 기틀에 의거하는데, 그것이 바로 원묘명심의 정미한 밝음인 정명(精明)이다. 이 정명에 의거해서 근이 6으로 분화되어 나타난다. 6근의 활동 중 어느 것 하나에서라도 그 활동을 멈추게 하고 근원으로 돌아가게 된다면, 즉 정명을 회복하게 된다면, 결국 6근 전체가 근원으로 돌아가 하나를 이루게 된다. ② 환술가가 환의 모습을 만들어내듯이, 각각으로 분화된 6근과 그에 상응하는 각각의 6진은 모두 하나의 기틀로부터 매듭지어져서 만들어진 환영의 허망상일 뿐이다. 매듭지어지기 이전의 근원은 원묘명심의 밝음이니, 그 근원으로 되돌아가서 본래 밝음을 회복하는 것이 반문문성의 수행이다. 본래 마음자리에 서면 근과 진이 모두 환의 허망상으로 드러나니, 근과 진 어느 것에도 매이지 않는 자유자재의 마음이 된다. 그렇지 않고 분화된 근과 각각의 진에 매여 있다면, 마음공부를 계속 해야 하는 유학의 상태인 것이고, 그러한 근과 진에의 매듭을 모두 풀어서 원만한 밝음으로 나아가면 더 이상 공부가 필요 없는 붓다의 경지에 이른 것이다.

대중과 아난이여,
① 당신들의 전도된 들음의 기틀을 돌이켜 반문하여 자성을 듣는다면,
   자성이 무상도를 이루리니 원통은 진실로 이와 같다.
② 이것이 미진같이 많은 붓다가 한 길로 열반에 든 문이니,
   과거의 모든 여래가 이 문을 이미 성취하였다.
③ 현재의 모든 보살도 지금 각각 원명에 들어가며,

미래에 수행하며 공부하는 사람들도 마땅히 이와 같은 법에 의거할 것이다.

④ 나도 역시 이로부터 증득하였으니 관세음뿐만이 아니다.

진실로 붓다 세존께서 나에게 여러 방편을 물으시니,

⑤ 말세에 출세간을 구하는 자를 구제하고,

열반심을 성취하는 데에는 관세음이 최상이다.

⑥ 나머지 방편들은 모두 붓다의 위신력이니 일에 따라 번뇌를 버릴 뿐,

오래 닦고 배우거나 (근기의) 깊고 얕음에 동시에 설한 법이 아니다.

大衆及阿難,

① 旋汝倒聞機, 反聞聞自性, 性成無上道, 圓通實如是.

② 此是微塵佛, 一路涅槃門. 過去諸如來, 斯門已成就,

③ 現在諸菩薩, 今各入圓明, 未來修學人, 當依如是法.

④ 我亦從中證, 非唯觀世音. 誠如佛世尊, 詢我諸方便,

⑤ 以救諸末劫, 求出世間人, 成就涅槃心, 觀世音爲最,

⑥ 自餘諸方便, 皆是佛威神, 卽事捨塵勞, 非是長修學, 淺深同說法.

① 듣되 들리는 소리로만 향하는 것은 근원을 망각한 것이기에 전도된 것이며, 그 들음의 기틀을 돌이켜서 듣되 반문하여 들음의 자성으로 향하면 결국 들음의 근원을 증득하여 최상의 도를 이룬다. 그러므로 이근에 의거한 반문문성이 바로 원통을 이루는 바른 길이라는 것이다. 관세음보살이 이근원통을 설한 후, 붓다가 문수보살에게 6진과 6근, 6식과 7대를 합한 총 25가지 중 어느 것이 진정한 원통의 길이겠는가를 물은 것에 대한 문수보살의 최종답변이라고 볼 수 있다. 반문문성이 무상도를 이루는 진실한 원통이라는 것이다. 여기에서는 이 점을 다시 부연설명한다. ② 반문문성의 이근원통이 과거와 현재와 미래를 관통하여 모든 불보살과 공부하는 자들이 닦을 제1의 수행문이라고 강조한다. 반문문성함으로써 마음의 본성과 본각을 깨달아 탐진치의 번뇌를 모두 제거하고 근진에의 매임도 벗어나서 자유로운 열반의 경지에 들어서게 된다는 것이다. ③④ 모든 불보살과 수행자뿐 아니라 문수보살 자기 자신도 바로 이러한 이근원통에 의거하여 깨달음을 증득하였으니, 이근원통은 그것을 주장한 관세음보살뿐 아니라 모든 중생이 닦아나가야 할 바른 수행법이라고 말한다. ⑤ 또한 이 이근원통이야말로 불법이 약화된 미래 말세의 시기에 그래도 세간의 허망함을 자각하고 그

너머의 진실을 추구하는 사람, 탐진치를 멸하여 청정한 열반의 마음을 얻고자 하는 사람에게 진리로 나아가는 가장 바르고 적합한 수행의 길이라고 강조한다. ⑥ 이근원통 이외에 주장된 24가지 수행은 이미 특정한 경지에 이른 자가 삼매의 경지에서 붓다의 위신력을 갖고 행할 수 있는 일들이지 수행을 시작하는 초보자가 닦아나갈 수 있는 수행의 길이 아니다. 그러므로 나머지 방편들은 붓다의 위신력일 뿐이라고 말한다. 자신의 본래 마음자리를 깨닫고 그 본래의 원묘명심을 자각하는 것이 필수적인데, 이것은 이근에 의거한 반문문성이 최적이라는 것이다. 나머지 24방편은 근기의 깊고 얕음에 두루 통할 수 있는 방편이 아닌 데 반해, 이근원통은 근기가 깊은 자이든 얕은 자이든 모두 닦아 원통에 이를 수 있는 보편적 방편이라는 것이다.

> ① 무루이며 부사의한 여래장에 정례하니,
>   원컨대 미래 (중생)도 가피하여 이 문에 의혹이 없게 하소서.
> ② (이근원통은) 성취하기 쉬운 방편이어서 아난 및 말세에 윤회하는 자를
>   감히 가르칠 만하니, 오직 이 (이)근으로 닦아야 한다.
>   원통은 다른 방편들을 넘어서니, 진실한 마음이 이와 같다.
> ① 頂禮如來藏, 無漏不思議, 願加被未來, 於此門無惑,
> ② 方便易成就, 堪以敎阿難, 及末劫沈淪, 但以此根修.
>   圓通超餘者, 眞實心如是.

① 반문문성하여 깨닫고자 하는 본래 마음이 바로 원묘명심이며, 이것이 바로 여래가 될 수 있는 잠재적 능력인 여래장이다. 반문하여 깨달으면 중생이 곧 부처가 되는 것이다. 일체 중생 안의 보배인 여래장에 예를 갖추며, 이 여래장에 이르는 최고의 방편인 이근원통의 수행에 대해 의심하지 않기를 바라고 있다. ② 이근으로 반문문성하는 수행은 초심자도 어렵지 않게 행할 수 있다. 그러므로 아난이나 불법을 모르는 말세에 윤회에 빠진 중생들도 마음만 먹으면 쉽게 행할 수 있는 방편이라는 것이다. 이 방법이 다른 24가지 방편들보다 훨씬 더 뛰어나게 일체의 매듭을 풀어 본래 마음의 원묘명의 빛을 회복하여 원통에 이를 수 있게 한다. 이에 문수보살은 자신도 진실로 이근원통을 가장 뛰어난 원통의 길로 여긴다고 말한다.

아난과 대중: (십신이 분명해지고 큰 열림을 얻으니, 붓다의 보리와 대열반을 보는 것이 마치 어떤 사람이 일이 있어 멀리 나갔다가 아직 돌아오지 않았어도 그 집으로 돌아오는 길을 명료하게 아는 것과 같다. 널리 모인 대중 중 천룡 8부와 유학 2승 및 새롭게 발심한 일체 보살의 수가 10항하사와 같은데, 모두 본심을 얻고 번뇌를 멀리 떠나 법안의 청정함을 얻는다. 성비구니도 이 게송을 듣고 아라한이 되고, 무량한 중생이 모두 비교할 바 없는 최상의 깨달음을 구하는 마음을 일으킨다.)

(於是阿難及諸大衆, 身心了然得大開示, 觀佛菩提及大涅槃, 猶如有人因事遠遊, 未得歸還, 明了其家所歸道路. 普會大衆天龍八部有學二乘及諸一切新發心菩薩, 其數凡有十恒河沙, 皆得本心, 遠塵離垢, 獲法眼淨. 性比丘尼聞說偈已成阿羅漢, 無量衆生皆發無等等阿耨多羅三藐三菩提心.)

모임에 참여해 있던 많은 아라한과 보살들이 관세음보살의 이근원통을 포함한 24수행방편을 모두 듣고 이어 이근원통에 대한 문수보살의 생각까지 다 듣고 나니 모든 것이 명료해졌다. 비록 아직 직접 수행을 시작하지는 않았지만, 그래도 무엇이 묘정명심에 이르는 바른 길이고 붓다의 지혜와 열반을 얻는 최상의 길인지를 깨달은 것이다. 이들이 모두 본래 마음을 깨닫고 대상을 좇아가는 번뇌를 벗어 법안의 청정함을 얻게 되었다고 한다. 아난을 유혹했던 마등가녀도 붓다의 설법을 듣고 문수보살의 게송을 들으면서 깨달음을 얻어 아라한이 되었고, 그 외의 많은 중생들 또한 최상의 깨달음을 구하는 마음을 일으킨다.

IV
수행의 궤칙(軌則)

지금까지 관세음보살과 문수보살이 원묘명심에 이르는 최상의 방편으로 이근원통을 제시하였으며, 아난은 그 말을 듣고 믿음을 내어 실제로 원묘명심에 이르기 위한 구체적 수행을 실행하고자 한다. 다만 그 구체적 수행은 증과분에서 논해지며, 이하에서는 그러한 본격적 수행에 들어가기에 앞서 부차적으로 갖추어야 할 것들을 논한다. 즉 아난은 이미 이근원통에 대한 깨달음을 얻어 그것을 수행하면 되지만, 아직 그 단계에 이르지 못한 말세 중생을 위한 보조적 수행에 대한 설명이라고 할 수 있다. 그러한 보조적 수행을 이하에서는 내섭과 외섭 두 가지로 구분하여 논한다. 내섭은 불음과 불살과 부도와 불망어의 4계율을 지키는 것이고, 외섭은 수행처인 도량을 건립하고 그곳에서 능엄주를 수지하여 념송하는 것이다. 능엄주는 처음에 아난을 험지로부터 구해낸 바로 그 주문으로 이를 지송하는 것이 큰 공덕을 갖는다고 한다. 이상의 내용은 다음과 같은 순서로 논해진다.

1. 계율 지킴 — 내섭: 반문공부(이근원통)를 하기 전의 수행
2. 도량 안립 ┐
   　　　　　　 └ 외섭: 반문공부를 할 때의 보조적 수행
3. 주문 외움 ┘

1. 섭심(攝心)의 길: 내섭과 외섭

1) 4율의: 불음·불살·부도·불대망어

> 아난: (의복을 정돈하고 대중 가운데 합장하여 정례한다. 마음과 자취가 원만히 밝고 슬픔과 기쁨이 교차하여 쌓이는데, 미래의 모든 중생을 이익되게 하고자 머리 숙여 절하며 붓다에게) 대비하신 세존이여, 저는 이미 성불의 법문을 깨달아 그 가운데 수행함에 의혹이 없습니다. 여래께서 항상 자신이 제도되지 못해도 먼저 남을 제도하는 것은 보살의 발심이고, 자신의 깨달음이 이미 원만하여 능히 남을 깨닫게 하는 것은 여래의 응세(應世)라고 말씀하시는 것을 들었습니다. 저는 비록 제도되지 못했지만 말세의 일체 중생을 제도하기를 원합니다. 세존이여, 붓다가 가시고 나서 접차 멀어지면 삿된 스승의 설법이 항하사처럼 많아질 터인데, 이 모든 중생이 섭심(攝心)하여 삼마지에 들어가고자 하면, 어떻게 도량을 안립해야 마사(魔事)를 멀리하고 보살심에서 물러남이 없겠습니까?
>
> (阿難整衣服, 望大衆中合掌頂禮. 心迹圓明, 悲欣交集, 欲益未來諸衆生故, 稽首白佛) 大悲世尊, 我今已悟成佛法門, 是中修行得無疑惑. 常聞如來說如是言. 自未得度先度人者菩薩發心, 自覺已圓能覺他者如來應世. 我雖未度, 願度末劫一切衆生. 世尊, 此諸衆生去佛漸遠, 邪師說法如恒河沙, 欲攝其心入三摩地, 云何令其安立道場, 遠諸魔事, 於菩提心得無退屈?

┌ 보살: 본인 제도(濟度) 못 되어도 남을 먼저 제도하고자 함
└ 여래: 본인 깨달음 이후 남을 깨닫게 해줌

원래 『능엄경』은 아난이 음욕으로 흔들렸기 때문에 긴 이야기가 전개되었다. 아난은 본래의 원명심에 도달할 수 있는 길이 무엇인지를 물었고, 이에 대해 관세음보살과 문수보살이 원명심에 이르는 최상의 방편으로 반문문성의 이근원통을 밝혀주었으며, 그 가르침을 듣고 아난은 크게 깨달았다. 아난은 이제 진심의 깨달음에 이르는 방편은 확실하게 알았으니, 그것을 믿고 그 방식대로 수행해나가겠다고 말한다. 여기에서 아난의 마음에 슬픔과 기쁨이 교차하는 이유는 무엇일까? 가깝게는 아난 자신이 마음의 본성에 머무르지 못하고 음심에 이끌렸다는 것이 슬프고 그 후 붓다와의 대화를 통해 본

성과 수행의 길을 깨닫게 되어 기쁠 수도 있다. 아니면 수행의 길을 알아서 기쁘지만 아직 그 길을 간 것은 아니어서 슬플 수도 있다. 또는 인간 본성이 본래 부처라는 것은 기쁘지만, 그럼에도 많은 인간이 깊은 업장으로 미혹에 싸인 삶을 산다는 것이 슬플 수 있고, 아니면 자신은 본성을 자각하고 이제 수행하려 하지만, 그것을 깨닫지 못한 많은 중생들을 생각하니 슬플 수도 있다. 미래의 모든 중생을 이익되게 하고자 한다는 것을 보면 다른 중생들의 삶의 고통을 생각하며 슬퍼하는 것으로 보인다. 아난은 본인은 제도가 안 되었어도 먼저 남을 제도하겠다는 보살심을 일으키면서 질문한다. 즉 삼마제에 들고자 하면 어떻게 수행해야 하는지, 수행의 도량은 어떻게 안립해야 하는지, 어떻게 해야 보살심에서 물러나지 않게 되는지를 묻는다. 여기에서 아난이 구하는 것은 말세의 미혹한 삿된 중생을 위한 제안이다. 가장 근기가 낮은 사람들을 위한 방편을 구하는 것이라고 할 수 있다.

> 붓다: (대중 속의 아난을 칭찬하며) 좋습니다, 좋습니다. 당신이 질문하듯이 도량을 안립하여 말겁에 윤회에 빠져드는 중생을 구호하려면 당신은 이제 잘 들으십시오. 당신을 위해 말하겠습니다.
> 아난: (대중과 함께 오로지 가르침을 받들며) …
> 붓다: (아난에게) 당신은 항상 내가 계율 중에 수행의 3결정의가 있다고 널리 설하는 것을 들었을 것입니다. 소위 섭심이 계(戒)이고, 계로 인해 정(定)이 생기고 정으로 인해 혜(慧)가 생기니, 이것을 3무루학이라고 합니다.
> (爾時世尊於大衆中稱讚阿難), 善哉善哉. 如汝所問, 安立道場, 救護衆生末劫沈溺, 汝今諦聽. 當爲汝說.
> (阿難大衆唯然奉敎)
> (佛告阿難) 汝常聞我毘奈耶中宣說修行三決定義. 所謂攝心爲戒, 因戒生定, 因定發慧, 是則名爲三無漏學.

수행의 3결정의 = 3무루학: 1. 계(戒, 비나야) → 2. 정(定) → 3. 혜(慧)

수행해야 할 3학(學) 중에서 기본이 계율을 지킴이다. 계를 지키는 섭심으로부터 정이 나오고, 정으로부터 혜가 생긴다. 따라서 정과 혜에 앞서 계를 지키는 것이 필요하다. 이하에서는 지켜야 할 계를 설한다. 불교에서 계는 우선 악업을 짓지 않는 것이며, 대표적인 악업으로 다음과 같은 10악업을 든다.

10악업:

3신업(身業)	4구업(口業)	3의업(意業)
살생, 투도, 사음	망어, 기어, 양설, 악구	탐심, 진심, 치심
殺生 偸盜 邪淫	妄語 綺語 兩舌 惡口	貪心 瞋心 痴心

여기에서는 계를 섭심(攝心)이라고 설명한다. 마음을 가다듬고 한곳에 집중시켜 흔들리지 않게 하는 것이다. 섭심으로 심(心)을 강조하는 것은 계를 구업이나 신업에서의 계율(戒律)의 문제로 보지 않고, 그에 앞선 의업 차원에서의 번뇌 없음을 뜻하는 것이라고 볼 수 있다. 이하에서 음행이나 살생이나 투도 대신 음심이나 살심이나 도심을 말하는 것이 이 때문이다. 초기불교나 상좌부불교의 비구·비구니계에서는 업의 본질을 구체적인 말이나 행동으로 간주하여 실제 입이나 몸으로 거짓말을 했는가, 살생을 했는가, 음행을 했는가를 문제 삼았다면, 대승 보살계에서는 업의 본질을 말이나 행동에 앞서 그런 마음 내지 의도를 가졌는가 아닌가로 보므로 살·도·음의 마음을 일으켰는가 아닌가를 더 크게 문제 삼았다. 말하자면 일체 중생을 향한 자비심이 있는가 없는가를 더 중시한 것이다. 예를 들어 과실치사와 살인미수 중 비구계는 과실치사를 더 큰 죄로 보는 반면 보살계는 살인미수를 더 큰 죄로 본다고 할 수 있다.

(1) 불음(不淫)

붓다: 아난이여, 어째서 내가 섭심을 계라고 부르겠습니까? 만약 모든 세계의 6도 중생이 그 마음이 음란하지 않으면 생사의 상속을 따르지 않을 것입니다. 당신이 삼매를 닦는 것은 본래 번뇌를 벗어나려는 것인데, 음심이 제거되지 않으면 번뇌를 벗어날 수 없습니다. 비록 지혜가 많고 선정이 현전해도 음욕을 끊지 않으면 반드시 마(魔)의 길로 떨어져서 상품은 마왕이 되고 중품은 마의 백성이 되며 하품은 마녀가 됩니다. 저 모든 마들도 무리가 있어 각각 스스로 무상

도를 이루었다고 말합니다. 내가 멸도한 후 말법 시기에 이런 마민들이 많아져서 세간에 치성하여 널리 음을 탐하면서도 선지식으로 행세하여 중생을 애(愛)와 견(見)의 구렁텅이에 빠뜨려 보리의 길을 잃게 할 것입니다.

阿難, 云何攝心我名爲戒? 若諸世界六道衆生其心不婬, 則不隨其生死相續. 汝修三昧, 本出塵勞, 婬心不除, 塵不可出. 縱有多智, 禪定現前, 如不斷婬, 必落魔道, 上品魔王, 中品魔民, 下品魔女. 彼等諸魔亦有徒衆, 各各自謂成無上道. 我滅度後末法之中, 多此魔民熾盛世間, 廣行貪婬爲善知識, 令諸衆生落愛見坑, 失菩提路.

진로(塵勞): 6경(진)과 6근(로)의 번뇌 = 견혹(견) + 사혹(애)

음심의 결과:

    1. 지혜와 선정이 없으면: 지옥중생이 됨

    2. 지혜와 선정이 있으면: 마도(魔道)로 떨어짐, 마(魔) = 마귀(魔鬼), 마구니

       – 상: 마왕[1] = 파순 = 욕계 제6 타화자재천의 왕

       – 중: 마민

       – 하: 마녀

6도를 윤회하며 태어나게 되는 것도 음욕 때문이며, 태어나서 번뇌를 벗어나지 못하는 것도 음심 때문이다. 그러므로 음욕이 번뇌의 으뜸이다. 음욕을 극복하지 못하는 한, 윤회를 벗어나지 못한다. 대부분의 사람들처럼 지혜나 선정이 없으면서 음욕이 강하면 대개 그 업으로 인해 지옥중생이 된다고 한다. 그런데 사람 중에는 지혜가 많거나 선정이 뛰어난데도 음욕의 습을 버리지 못하기도 한다. 지혜가 있어서 설교나 법회나 강연 등에서 말을 잘하는 경우일 것이다. 또 선정이 뛰어나서 입정하여 묘한 경계를 경험하거나 갖가지 기적 등 신통력을 발휘하는 경우일 것이다. 그러면서도 음욕을 제어하지 못한 사람들은 결국 마(魔)의 길에 떨어져서 마왕이나 마민이나 마녀가 된다

---

1   마왕은 욕계의 마지막 천(제6천)인 타화자재천의 우두머리로서 타화자재천왕, 천마왕, 마라파피아스, 파순(波旬) 등 여러 이름으로 불린다. 욕계천의 맨 위에서 욕계를 지배하면서 욕계가 무너지지 않게끔 욕계 중생의 욕망의 락(樂)을 조장하는 자이다. 붓다 수행 시 처음부터 끝까지 갖가지 수법으로 수행을 방해하던 자이고, 그 후 욕계 너머를 지향하는 모든 수행자의 수행을 방해하는 자이다. 그러므로 욕망의 으뜸이라고 할 수 있는 음욕을 끊지 못하면, 결국 마의 권속이 된다고 한다.

고 한다. 정과 혜를 갖되 음심을 끊지 못한 자들은 스스로 무상도를 얻었다고 자만하는 증상만까지 갖고서 다른 사람들을 현혹시켜 혹세무민(惑世誣民)한다. 말세에 스스로 교주 행세를 하면서 다른 사람들을 번뇌와 고통으로 몰고 가는 사람들이 많아질 것을 염려하고 있다. 종교계에서 교주를 자처하면서도 음욕을 끊지 못해 성적 타락을 보이는 사례는 오늘날에도 빈번하게 발생한다.

붓다: 당신이 세상 사람에게 삼마지를 닦게 가르치려면 우선 마음에서 음욕을 끊게 해야 합니다. 이것이 여래와 과거불과 세존의 제1의 결정적인 청정하고 밝은 가르침입니다. 그러므로 아난이여, 만약 음욕을 끊지 않고 선정을 닦는다면, 그것은 마치 모래를 쪄서 밥을 만들려고 하는 것과 같아서 수백 수천 겁이 경과해도 단지 뜨거운 모래일 뿐입니다. 왜 그렇겠습니까? 이것이 밥의 근본이 아닌 모래로 되어 있기 때문입니다. 당신이 음욕의 몸으로 붓다의 묘한 과를 구한다면, 비록 묘한 깨달음을 얻는다고 해도 모두 음욕이 근본입니다. 근본이 음욕으로 이루어지면 3도 윤회를 결코 벗어날 수 없으니, 여래의 열반을 어떤 방식으로 닦아 증득하겠습니까? 반드시 음욕의 기미를 몸과 마음에서 모두 끊고, 또 끊는다는 것까지도 없어야, 붓다의 보리를 바랄 수 있습니다. 나의 이 말과 같으면 붓다의 설이고, 이 말과 다르면 마왕의 설입니다.

汝教世人修三摩地, 先斷心婬. 是名如來先佛世尊第一決定淸淨明誨. 是故阿難, 若不斷婬, 修禪定者, 如蒸沙石欲其成飯, 經百千劫祇名熱沙. 何以故? 此非飯本石沙成故. 汝以婬身求佛妙果, 縱得妙悟, 皆是婬根. 根本成婬, 輪轉三途必不能出, 如來涅槃何路修證? 必使婬機身心俱斷, 斷性亦無, 於佛菩提斯可希冀. 如我此說名爲佛說, 不如此說卽波旬說.

┌ 음욕을 끊지 않으면 - 수행을 해도 마도로 가는 정과 혜일 뿐. 〈모래로 밥 짓는 비유〉
└ 음욕을 끊어야   - 제대로 된 정과 혜가 가능

음욕을 없애지 않고 선정을 닦으면, 마의 길로 들어서게 되지 제대로 된 선정에 이르지 못한다. 음욕이 일체 번뇌의 근본이므로 그런 번뇌의 마음으로 바른 선정에 이를 수 없기 때문이다. 모래로 밥을 지을 수 없듯이 음심으로는 선정에 들 수도 열반에 이

를 수도 없다는 것이다. 음욕을 지닌 채 수행하는 것은 마치 모래로 밥을 지으려고 하는 것과 같아, 모래가 푹 쪄져서 뜨거워지면 마치 밥이 된 것처럼 보인다고 해도 그것이 실제 밥은 아니라는 것이다. 불교에서 음욕을 부정하는 것은 중생이 윤회하게 되는 근본을 음심이라고 보기 때문이다. 실제 음욕의 근본은 태어나고자 하는 욕망, 살고자 하는 욕망이다. 중음신이 음욕에 따라 태에 뛰어들고 그래서 생사윤회를 그치지 못하는 것이다. 그러니까 윤회를 벗어 열반에 들고자 하면 음욕을 끊고 다시 그렇게 끊었다는 생각마저도 넘어서야 한다고 말한다. 다만 우리는 음욕과 타인에 대한 관심과 배려를 구분하여, 음욕은 버리되 관심과 배려의 보살심까지 부정해서는 안 될 것이다.

(2) 불살(不殺)

> 붓다: 아난이여, 모든 세계의 6도 중생이 그 마음으로 살생하지 않으면 생사의 상속을 따르지 않게 됩니다. 당신이 삼매를 닦는 것은 본래 번뇌를 벗어나려는 것인데, 살심이 제거되지 않으면 번뇌를 벗어날 수 없습니다. 비록 지혜가 많고 선정이 현전해도 살심을 끊지 않으면 반드시 귀신의 길에 떨어져서 상품의 사람은 대력귀가 되고 중품은 비행하는 야차나 귀신이나 장사 등이 되며 하품은 땅을 걷는 나찰이 됩니다. 저 모든 귀신들도 무리가 있어 각각 스스로 무상도를 이루었다고 말합니다. 내가 멸도한 후 말법 시기에 이런 귀신들이 많아져서 세간에 치성하여 고기를 먹어도 보리의 길을 얻을 수 있다고 스스로 말할 것입니다.
>
> 阿難, 又諸世界六道衆生其心不殺, 則不隨其生死相續. 汝修三昧, 本出塵勞, 殺心不除, 塵不可出. 縱有多智, 禪定現前, 如不斷殺, 必落神道, 上品之人爲大力鬼, 中品卽爲飛行夜叉諸鬼帥等, 下品尙爲地行羅刹. 彼諸鬼神亦有徒衆, 各各自謂成無上道. 我滅度後末法之中, 多此神鬼熾盛世間, 自言食肉得菩提路.

살심의 결과:

　지혜와 선정이 없으면: 지옥중생이 됨

　지혜와 선정이 있으면: 신도(神道)에 떨어짐, 신(神) = 귀(鬼), 귀신(鬼神), 천신(天神)

　　- 상: 대력귀 = 나찰. 제석, 천신 등이 이 부류임

　　- 중: 비행야차, 귀, 수(帥)

　　- 하: 지행나찰

생명체는 다른 생명체를 먹고 산다. 남의 목숨을 빼앗으면 그 목숨을 빚져서 결국 자기 목숨도 빼앗기게 되고, 그렇게 빼앗긴 자기 목숨을 다시 회복하고자 또 태어나게 되어 결국 생사윤회를 반복하게 된다. 그러므로 남의 목숨을 빼앗는 살생을 하지 말라는 것이다. 음욕과 마찬가지로 살생의 마음 또한 번뇌 및 윤회의 근본이다. 그냥 살생만 하면 지옥으로 떨어지지만, 정과 혜를 닦되 살생을 하면 신도로 떨어진다고 한다. 신도는 귀신 내지 천신들의 영역을 말하며, 이들 신(神)은 모두 9품으로 나뉘는데 여기에서의 3부류는 상품 중의 3품이라고 한다. 『정맥소』는 "대력귀는 하늘을 나는 나찰이다. 지금 세상 사람들이 제석 또는 천신으로 떠받드는 자가 대개 이 부류에 해당된다"[2]고 말한다. 살생의 문제는 고기를 먹는 육식의 문제와 연결된다. 고기를 먹어도 된다고 말하는 것은 모두 살심을 버리지 않은 귀신들의 소리라는 것이다. 물론 살생의 문제가 육식의 문제에만 국한되는 것은 아니다. 불교는 먹기 위해서가 아니라 그냥 생명을 하찮게 보기 때문에 함부로 죽이는 것도 금한다. 예를 들어 파리나 모기 등의 벌레도 살아 있는 것이기에 함부로 죽여서는 안 된다고 말한다.

> 붓다: 아난이여, 내가 비구들에게 5정육을 먹게 했는데, 이 고기는 모두 나의 신통력으로 화생시킨 것으로 본래 명근이 없는 것입니다. 그대 수행자들의 땅이 많이 덥고 습한 데다 모래와 돌까지 있어 풀과 채소가 자라지 않자 내가 대비와 신통력으로 만들어서 대자비로 고기라고 가명한 것을 당신들이 맛본 것입니다. 어찌 여래가 멸도한 후 중생의 고기를 먹는 자를 불자라고 할 수 있겠습니까? 당신들은 알아야 합니다. 고기를 먹는 사람은 설령 마음이 열려 삼마지를 얻은 것 같다고 해도 모두 대나찰이어서 보가 다하면 반드시 생사의 고해에 빠져드니 불제자가 아닙니다. 이와 같은 사람은 서로 죽이고 서로 삼키고 서로 잡아먹는 것을 그치지 않으니, 어떻게 그런 사람이 3계를 벗어날 수 있겠습니까?

---

2 진감, 『정맥소』, 3권, 571쪽. 나찰은 원래 고대 인도 신화에 나오는 락샤사(Rakshasa)라고 불리는 악귀로서 식인귀(食人鬼), 속질귀(速疾鬼) 또는 악귀나찰로 불리기도 한다. 나중에 불교에 귀의한 후 불교의 수호신이 되어 12천의 하나로서 남서방(南西方)을 지키고, 야차와 함께 사천왕 중 비사문천의 권속에 속하는 자이다.

阿難, 我令比丘食五淨肉, 此肉皆我神力化生本無命根. 汝婆羅門地多蒸濕, 加以沙石草菜不生, 我以大悲神力所加, 因大慈悲假名爲肉, 汝得其味. 奈何如來滅度之後, 食衆生肉名爲釋子? 汝等當知, 是食肉人縱得心開似三摩地, 皆大羅刹, 報終必沈生死苦海, 非佛弟子. 如是之人相殺相吞, 相食未已, 云何是人得出三界?

5정육:[3]

  1. 나를 위하여 죽이는 것을 보지 않은 것

  2. 나를 위하여 죽였다고 듣지 않은 것

  3. 나를 위하여 죽였다고 의심되지 않는 것

  4. 저절로 죽은 것

  5. 새가 먹다 남은 것

붓다 당시 계율에 육식을 허용하는 것이 있기에 이런 말이 나온다. 앞의 3정육까지만 허용하였는데, 둘을 더해서 5정육이라고 설명한 것이라고 한다. 살생을 하고 육식을 하면, 3계의 6도 윤회를 벗어날 수 없음을 강조한다. 육식을 하면 수행을 해서 삼마지에 들었다 해도 대나찰로 있다가 결국은 그 보가 다하면 생사윤회 중 가장 고통스러운 곳으로 빠져들게 된다는 것이다.

붓다: 당신이 세상 사람에게 삼마지를 닦게 가르치려면 다음으로 살생을 끊게 해야 합니다. 이것이 여래와 과거불과 세존의 제2의 결정적인 청정하고 밝은 가르침입니다. 그러므로 아난이여, 만약 살심을 끊지 않고 선정을 닦는다면, 마치 어떤 사람이 스스로 자기 귀를 막고 크게 소리를 지르면서 다른 사람이 안 듣기를 바라는 것과 같으니, 이런 것을 '숨지만 더욱 드러난다'고 말합니다. 청정 비구와 보살들은 길을 다닐 때 살아 있는 풀을 밟지도 않으니 하물며 손으로 뽑겠습니까. 어찌 대비를 말하면서 중생의 피와 살을 취해 먹겠습니까? 만약 모든 비구가 동방의 실로 짠 명주와 비단이나 이 땅의 가죽신과 털옷과 우유제품을 취하지 않으면, 이와 같은 비구는 진실로 세상을 벗어나 묵은 빚을 갚고 3계를

---

3   진감, 『정맥소』, 3권, 573-574쪽.

떠돌지 않을 것입니다. 왜 그렇겠습니까? (중생의) 몸의 일부분을 취하면 모두 인연을 맺게 되는 것이 마치 사람이 땅에서 난 갖가지 곡식을 먹으면 발이 땅을 떠나지 않는 것과 같습니다. 필히 몸과 마음으로 다른 중생의 몸이나 몸의 일부를 심신의 두 갈래 길에서 입지도 먹지도 않으면, 나는 이런 사람을 참으로 해탈한 자라고 말합니다. 나의 이 말과 같으면 붓다의 설이고, 이 말과 다르면 마왕의 설입니다.

> 汝敎世人修三摩地, 次斷殺生. 是名如來先佛世尊第二決定淸淨明誨. 是故, 阿難, 若不斷殺, 修禪定者, 譬如有人自塞其耳, 高聲大叫, 求人不聞, 此等名爲欲隱彌露. 淸淨比丘及諸菩薩於岐路行不踏生草, 況以手拔. 云何大悲取諸衆生血肉充食? 若諸比丘不服東方絲綿絹帛及是此土靴覆裘毳乳酪醍醐, 如是比丘於世眞脫, 酬還宿債, 不遊三界. 何以故? 服其身分皆爲彼緣, 如人食其地中百穀足不離地, 必使身心於諸衆生若身身分, 身心二途不服不食, 我說是人眞解脫者. 如我此說名爲佛說, 不如此說卽波旬說.

살심이 남아 있으면 선정을 닦아도 결국은 진실되게 이루어지는 바가 없다. 그러므로 정과 혜를 닦기 전에 음심과 더불어 살심을 없애는 것이 우선해야 한다. 살생의 마음을 끊지 않으면 아무리 수행을 한다고 해도 원하는 성과를 얻을 수가 없다. 자신의 마음을 근본적으로 변화시키지 않고 탐진치를 그대로 내버려둔 채 성과를 얻기를 바라는 것은 말이 안 된다. 자기 귀만 막고 큰 소리를 지르면서 자기가 못 들으니 남도 못 들을 것이라고 생각하지만, 그런 식으로 얻어지는 것은 없다는 것이다. 살생을 하지 않고 육식을 하지 않아야만 3계 윤회를 벗어날 수 있다. 살생을 피하기 위해 작은 생명체들이 기거하는 식물조차도 조심스럽게 다루어야 하고, 동물 신체의 일부로 만들어진 비단옷이나 털옷도 입지 말고 가죽신도 신지 말아야 한다고 말한다. 비단옷이나 가죽신이나 털옷 등을 입게 되면 다른 생명체의 몸의 일부를 취하는 것으로 그 다른 생명체와 인연으로 묶이게 된다. 생명을 빚지는 인연을 만들면, 그 빚을 갚기 위해 다시 이 땅에 태어나야 하니 결국 3계를 벗어나지 못하고 생사윤회를 반복하게 된다는 것이다. 몸으로 다른 살아 있는 중생을 죽여서 먹지 않고 마음으로도 그런 생각을 일으키지 않아야 살생의 계를 범하지 않는 것이며, 그래야 진정으로 해탈한 자라고 할 수 있다고 말한다. 붓다의 가르침은 이렇게 살생을 금하는 것이며, 살생해도 되고 육식을 해도 된다고 말하는 것은 붓다의 설이 아니다.

(3) 부도(不盜)

> 붓다: 아난이여, 또 세계의 6도 중생이 그 마음으로 훔치지 않으면 생사의 상속을 따르지 않게 됩니다. 당신이 삼매를 닦는 것은 본래 번뇌를 벗어나려는 것인데, 도심이 제거되지 않으면 번뇌를 벗어날 수 없습니다. 비록 지혜가 많고 선정이 현전해도 도심을 끊지 않으면 반드시 삿된 길로 떨어져서 상품은 정령이 되고 중품은 요매가 되며 하품은 요매가 붙은 삿된 인간이 됩니다. 저런 일군의 삿된 자들도 무리가 있어 각각 스스로 무상도를 이루었다고 말합니다. 내가 멸도한 후 말법 시기에 이런 요사한 자들이 많아져서 세간에 치성하여 숨어서 간사하게 선지식이라고 자칭하면서, 각자 자신이 높은 법을 증득했다고 하며 무식한 사람을 현혹하고 공포로 마음을 잃게 하여 지나가는 곳마다 그 집안(재물)을 흩어지게 할 것입니다.
>
> 阿難, 又復世界六道衆生其心不偸, 則不隨其生死相續. 汝修三昧, 本出塵勞, 偸心不除, 塵不可出. 縱有多智, 禪定現前, 如不斷偸, 必落邪道, 上品精靈, 中品妖魅, 下品邪人諸魅所著. 彼等群邪亦有徒衆, 各各自謂成無上道. 我滅度後末法之中, 多此妖邪熾盛世間, 潛匿姦欺稱善知識, 各自謂已得上人法, 詃惑無識, 恐令失心, 所過之處其家耗散.

도심의 결과:

　지혜와 선정이 없으면: 지옥 중생이 됨

　지혜와 선정이 있으면: 사도(邪道)로 떨어짐, 정령, 요매(도깨비)

　　- 상: 정령(精靈) - 산정령, 물정령 등

　　- 중: 요매(妖魅) - 도깨비

　　- 하: 요매 붙은 삿된 인간

음심과 살심 다음으로 버려야 할 것은 남의 것을 내 것으로 취하여 나의 이익을 증대시키려는 도심이다. 마음으로 훔치지 않는다는 것은 마음의 탐욕을 없애는 것을 뜻한다. 나의 이익을 위해 남의 것을 탐하는 도심이 있으면 선정과 지혜를 아무리 닦아도 이루는 바가 없다. 정령이나 요매는 선(仙)이나 신(神)에 속하지 않는 다른 부류의 존재이다.[4] 정령이나 요매가 붙은 삿된 인간들이 하는 것은 혹세무민이다. 시주나 헌금 등 일반 가정의 재산을 긁어모으는 종교집단에 대한 비판이 들어 있다. 자신을 선지식이라고 사칭하면서 교주 노릇을 하여 일반 사람들을 현혹시켜 시주하게 하고 결국 가산을 탕진시키고 가정을 파탄 나게 하는 일들은 오늘날에도 적지 않다.

> 붓다: 내가 비구에게 돌아다니며 걸식하게 한 것은 탐심을 버리고 보리도를 이루게 하려는 것입니다. 모든 비구가 스스로 밥을 지어먹지 않고 남은 생을 3계의 나그네가 되어 한번 왔으니 가면 다시 오지 말 것을 보여주려고 한 것입니다. 어찌 도적들이 나의 가사를 빌려 입고 여래를 팔아서 갖가지 업을 지으면서 모두 불법(佛法)이라고 말하고, 오히려 출가하여 계를 받은 비구를 소승도라고 비방합니까. 그로 인해 무량한 중생을 의혹하게 하니 (죽으면) 무간지옥에 떨어질 것입니다.
>
> 我教比丘循方乞食, 令其捨貪成菩提道. 諸比丘等不自熟食, 寄於殘生旅泊三界, 示一往還, 去已無返. 云何賊人假我衣服, 裨販如來造種種業皆言佛法, 却非出家具戒比丘爲小乘道, 由是疑誤無量衆生墮無間獄.

붓다는 제자들에게 재산을 모으지 말고 걸식하면서 살라고 하였으니, 이것은 탐심을 없애기 위함이다. 3계에 살기를 지나가는 나그네가 잠시 머무르는 것처럼 그런 마음으로 살라는 것이다. 현재 인간으로 태어났지만, 이제 죽어서 떠나면 다시는 되돌아오지 않겠다는 마음이다. 이 세상에서 번뇌를 다 끊으면, 다시 끊어야 할 번뇌가 없으니 돌아오지 않게 된다. 여기에서는 그런 마음으로 걸식하며 사는 자를 '소승도'라고 하며 비방하지 말라고 경고한다.

---

4 정령(精靈)은 산천초목이나 물건 등에 깃들어 있는 영혼을 말하며, 주로 애니미즘적 사유를 함축한다. 요매(도깨비)와 같이 쓰이며, 요정, 요괴, 요마 등을 의미하기도 한다.

붓다: 만약 나의 멸도 후 어떤 비구가 발심하여 결정코 삼마지를 닦고자 여래의 형상 앞에서 몸으로 한 등을 켜거나 손가락 한 마디를 태우거나 몸에 한 향을 태운다면, 이 사람은 무시의 과거 빚을 일시에 갚고서 길이 세간을 떠나 영원히 모든 번뇌를 벗어난다고 나는 말합니다. 비록 무상의 깨달음의 길을 아직 밝히지 못한다고 해도 그 사람은 법에서 이미 결정심을 가진 것입니다. 만약 몸을 버리는 작은 인이라도 짓지 않으면, 설령 무위를 이루어도 반드시 사람으로 환생하여 그 숙세의 빚을 갚아야 하니, 내가 말 사료를 먹은 것과 똑같고 다름이 없습니다.

若我滅後其有比丘發心決定修三摩提, 能於如來形像之前, 身然一燈, 燒一指節, 及於身上爇一香炷, 我說是人無始宿債一時酬畢, 長捐世間永脫諸漏. 雖未卽明無上覺路, 是人於法已決定心. 若不爲此捨身微因, 縱成無爲, 必還生人酬其宿債, 如我馬麥正等無異.

일체의 탐심이 없음을 보이는 한 방편으로 몸을 버리는 일, 즉 몸을 태우거나 손가락을 태우거나 몸 위에서 향을 사르는 것을 말한다. 살면서 가장 버리기 어려운 것이 몸인데, 몸을 버리는 일을 하기로 마음먹은 것이니, 불도로 나아갈 결정심(決定心)을 가진 것이며, 이로써 숙업을 없앤다고 한다. '무상각로'는 계를 지킨 위에 정과 혜가 함께 완성되어야 성취된다. 『정맥소』에서는 "만약 한갓 몸 버리는 공덕만 사모하여 억지로 몸을 훼손한다면, 현전에 도탐 업을 짓는 셈이다"[5]라고 하여, 중요한 것은 탐욕의 도심을 버리는 것이지 자신의 몸을 훼손하는 것이 아님을 강조한다. 붓다가 말의 보리를 먹은 것에 대해 『정맥소』는 "부처님께서 숙세에 어떤 비구에게 말이 먹는 보리나 먹으라고 꾸짖은 일 때문에 과를 이루고도 비란읍에서 말먹이를 드셨으니, 숙세의 빚은 반드시 갚아야 함을 보인 것이다"[6]라고 설명한다. 비록 무위를 이루어 출세과를 얻었다고 해도 숙세의 빚은 갚아야 함을 말한다.

---

5 진감, 『정맥소』, 3권, 590쪽.
6 진감, 『정맥소』, 3권, 590쪽.

붓다: 당신이 세인에게 삼마지를 닦게 가르치려면 그다음 훔치는 것을 끊게 해야 합니다. 이것이 여래와 과거불과 세존의 제3의 결정적인 청정하고 밝은 가르침입니다. 그러므로 아난이여, 만약 투심을 끊지 않고 선정을 닦는다면, 마치 어떤 사람이 새는 잔에 물을 부으면서 그것이 차기를 바라는 것과 같아서 억겁의 시간이 경과해도 결국 채울 수 없을 것입니다. ① 만약 비구들이 옷과 발우 이외에는 아주 작은 것도 쌓아두지 않고 걸식한 여분을 굶주린 중생에게 베풀며, ② 큰 집회에서 대중에게 합장하고 예배하며 누가 때리고 욕해도 칭찬처럼 여기고, ③ 반드시 몸과 마음 둘 다를 모두 버리되 몸과 살과 뼈와 피를 중생과 함께하며, ④ 여래의 불료의설을 멋대로 해석해서 초학들을 오도하지 않는다면, 붓다는 이런 사람을 진실한 삼매를 얻은 자라고 인가합니다. 나의 이 말과 같으면 붓다의 설이고, 이 말과 다르면 마왕의 설입니다.

汝敎世人修三摩地, 後斷偸盜. 是名如來先佛世尊第三決定淸淨明誨. 是故, 阿難, 若不斷偸, 修禪定者, 譬如有人水灌漏巵, 欲求其滿, 縱經塵劫終無平復 ① 若諸比丘衣鉢之餘分寸不畜, 乞食餘分施餓衆生, ② 於大集會合掌禮衆, 有人捶罵, 同於稱讚, ③ 必使身心二俱捐捨, 身肉骨血與衆生共, ④ 不將如來不了義說廻爲己解, 以誤初學, 佛印是人得眞三昧. 如我所說名爲佛說, 不如此說卽波旬說.

도심을 극복하는 길:
  ① 의발만 남기고 소유하지 않음. 걸식한 여분을 굶주린 자에게 줌 – 탐심 제거
  ② 욕을 들어도 칭찬처럼 여김 – 만심과 진심 제거
  ③ 심신을 중생과 함께 나눔
  ④ 불법을 멋대로 해석하지 않음

도심을 없애는 것이 세 번째 계율이다. 계·정·혜 3학의 질서를 따라 정과 혜를 닦기 전에 살·도·음의 계율을 지켜야 정과 혜를 제대로 닦을 수 있다. 계를 충실히 따르지 않은 상태에서 정과 혜를 이룬다고 해도 그것은 진정한 정과 혜가 아니고 단지 그럴듯한 겉모습일 뿐이다. 탐심과 도심을 버려서 물질적 소유를 늘리지 않을 뿐 아니라, 정신적으로도 칭찬이나 명성을 탐하지 않고 일체를 평등하게 대할 수 있어야 한다는 것을 강조한다. 붓다가 특별한 상황에서 방편으로 이야기한 것이 '완전히 다 밝히지 않은 설'(불료의설)인데, 이것을 빙자해서 붓다의 설을 오도해서는 안 된다는 것이다. 붓다

의 여러 가지 방편 교설 너머 붓다의 본래 뜻을 바로 아는 것이 중요하다. 붓다의 료의 (了義)에 해당하는 것이 바로 일체 중생의 묘정명심이라고 할 수 있다.[7]

(4) 불대망어(不大妄語)

> 붓다: 아난이여, 이와 같이 세계의 6도 중생이 비록 몸과 마음에 살·도·음이 없고 3행이 이미 원만하더라도 만약 대망어를 한다면, 삼마지에서 청정을 얻지 못하고 애마(愛魔)와 견마(見魔)를 이루어 여래의 종자를 잃을 것입니다. 말하자면 아직 얻지 못하고도 얻었다고 말하거나 아직 증득하지 못하고도 증득했다고 말하거나 혹은 세간에서 제1로 존중해주기를 구하여 앞의 사람에게 '내가 이미 수다원과·사다함과·아나함과·아라한도·벽지불승·10지·지전보살위를 얻었다'고 말하여 저들의 예참(禮懺)을 구하고 공양을 탐하는 것 등입니다. 이런 일천제는 붓다의 종자를 소멸시키니, 마치 사람이 칼로써 다라목을 자르는 것과 같습니다. 붓다는 이런 사람을 '영원히 선근을 없애 다시는 지견이 없게 되고 3고해에 떨어져 삼매를 이루지 못한다'고 말합니다.
>
> 阿難, 如是世界六道衆生雖則身心無殺盜婬, 三行已圓, 若大妄語, 卽三摩提不得淸淨, 成愛見魔, 失如來種. 所謂未得謂得, 未證言證. 或求世間尊勝第一, 謂前人言我今已得須陀洹果斯陀含果, 阿那含果阿羅漢道, 辟支佛乘十地地前諸位菩薩, 求彼禮懺, 貪其供養, 是一顚迦銷滅佛種, 如人以刀斷多羅木. 佛記是人永殞善根, 無復知見, 沈三苦海, 不成三昧.

구업(口業):

1. 망어(妄語): 거짓말(실이 아닌 말) ≠ 대망어(거짓으로 과를 증득했다고 칭하는 말)
2. 기어(綺語): 기이하게 지어낸 말
3. 양설(兩舌): 이간질하는 말
4. 악구(惡口): 거친 말이나 욕

---

7   불료의설에 대해 『정맥소』는 이렇게 설명한다. "불료의에서는 소용되는 물건 중 백분의 1은 저축을 허락하고, 다만 백분의 2를 남기는 것은 금했으며, 혹 욕됨을 피하고자 큰 회중에 들어가지 않음을 허락했다. 또 신체 일부까지는 보시하지 않아도 된다고 허락했다. 그러나 여기서는 불료의교(不了義敎)에 의지하지 말고 료의교에만 의지하라는 뜻이다." 진감, 『정맥소』, 3권, 594-595쪽.

대망어는 일반적으로 말하는 4구업 중 하나인 망어와 구분된다. 망어가 일반적인 거짓말을 뜻한다면, 대망어는 불법 내지 불도와 연관해서 자기 자신을 높이는 언사를 말한다. 깨닫지 않고도 '나는 깨달았다'고 말하거나 '증득했다'고 말하는 것 등이 대망어에 속한다. 본인이 스스로 깨닫거나 증득하지 않았다고 생각하면서 그렇게 말하기에 대망어에 해당하고, 만약 본인이 스스로 깨닫거나 증득했다고 여기면서 그렇게 말한다면 그것은 증상만에 해당한다. 애마와 견마는 애번뇌와 견번뇌를 말한다. 의식적인 인식 차원의 번뇌가 견번뇌이고, 감정적인 의지 차원의 번뇌가 애번뇌이다. 다라목은 패다라 나무인데 칼로 베면 다시 살아나지 못한다고 한다. 대망어를 하면 여래의 종자를 잃어버린다고 하는 것은 일체의 선근을 끊고 성불할 종지를 잃어 성불이 불가능한 자인 일천제(一闡提)가 된다는 것이다. 그래서 나무를 자르는 것과 같다고 말한다. 대망어를 한다는 것은 득도하지도 증득하지 못한 자가 스스로 그걸 이루었다고 거짓말을 하는 것이니, 실제로 더욱 노력하여 득도하거나 증득할 마음이 없다는 것을 뜻하기 때문이다.

붓다: 내가 모든 보살 및 아라한에게 명하니, 내가 멸도한 후 (그대들이) 응신으로 저 말법의 세계에 태어나 갖가지 형태로써 저 윤회하는 자를 제도할 때, 혹 사문·백의거사·왕·재상·동남·동녀 더 나아가 음녀·과부·간사한 도둑·도살자가 되어 그들과 동사섭(同事攝)하며 불승을 찬탄하고 그들의 심신을 삼마지에 들게 하되, 결코 '나는 진짜 보살이다, 진짜 아라한이다'라고 스스로 붓다의 밀인을 누설하며 말세의 학인에게 경솔하게 말하지 마십시오. 다만 명(命)이 다할 때 은밀히 유언으로 부촉하는 것은 제외하니, 어찌 그 사람이 중생을 미혹하게 하고 혼란시키는 대망어를 하겠습니까?

我滅度後勅諸菩薩及阿羅漢應身生彼末法之中, 作種種形度諸輪轉, 或作沙門白衣居士, 人王宰官童男童女, 如是乃至姪女寡婦姦偷屠販與其同事, 稱歎佛乘令其身心入三摩地, 終不自言我眞菩薩眞阿羅漢, 泄佛密因, 輕言末學. 唯除命終陰有遺付, 云何是人惑亂衆生成大妄語?

4섭(攝): 보살이 중생을 섭수하는 4가지 행위

  1. 보시섭(布施攝): 중생에게 재물보시 · 법보시 · 무외보시를 함

  2. 애어섭(愛語攝): 중생에게 듣기 좋은 말을 함

  3. 이행섭(利行攝): 중생에게 이익이 되는 행위를 함

  4. 동사섭(同事攝): 중생과 같은 일을 함

스스로 '나는 보살이다', '나는 아라한이다'라고 말하여 자신을 높이는 것은 대망어에 들어간다. 실제 보살이나 아라한이 응신으로 출현하여 중생을 제도한다고 해도, 그 때에도 스스로를 보살이나 아라한이라고 발설하지 말라고 경계한다. 다만 목숨이 다하여 임종할 때 유언으로 알게 하는 것은 괜찮다고 하니, 죽으면서 말하는 것은 곧 세상을 떠나는 관계로 자신의 사적 이익을 구하여 하는 말이 아니고 다른 사람을 현혹시키는 것도 아니기 때문이다.

붓다: 당신이 세인에게 삼마지를 닦게 가르치려면, 이후 대망어를 끊게 해야 합니다. 이것이 여래와 과거불과 세존의 제4의 결정적인 청정하고 맑은 가르침입니다. 그러므로 아난이여, 만약 대망어를 끊지 않으면, 마치 사람의 똥을 깎아 향나무의 형태를 만드는 것과 같아서 향기를 구해도 그런 일은 없습니다. 나는 비구에게 '직심이 도량이다'라고 가르치니, 4위의의 일체 행 중 거짓된 곳이 없어야 합니다. 어찌 스스로 높은 법을 얻었다고 말하겠습니까? 비유하면 마치 궁한 자가 허망하게 제왕이라 칭하다가 죽임을 당하는 것과 같으니, 하물며 어찌 법왕을 망령되이 훔치겠습니까? 인지(因地)가 곧지 않으면 과(果)는 굽은 왜곡을 초래하여, 붓다의 보리를 구하는 것이 마치 배꼽을 물려는 사람과 같아지니, 원한다 한들 누가 성취하겠습니까? 만약 모든 비구의 마음이 곧은 현과 같다면, 일체가 진실하여 삼마지에 들어 영원히 마사(魔事)가 없을 것입니다. 나는 이런 사람은 곧 보살의 무상지각을 성취하리라고 인가합니다. 나의 이 말과 같으면 붓다의 설이고, 이 말과 다르면 마왕의 설입니다.

汝教世人修三摩地, 後復斷除諸大妄語. 是名如來先佛世尊第四決定清淨明誨. 是故, 阿難, 若不斷其大妄語者, 如刻人糞爲栴檀形, 欲求香氣無有是處. 我教比丘 直心道場, 於四威儀一切行中尙無虛假. 云何自稱得上人法? 譬如窮人妄號帝王,自取誅滅, 況復法王如何妄竊? 因地不直, 果招紆曲, 求佛菩提, 如噬臍人, 欲誰成就? 若諸比丘心如直絃, 一切眞實, 入三摩提, 永無魔事. 我印是人成就菩薩無上知覺. 如我是說名爲佛說, 不如此說卽波旬說.

┌ 인지에서 곧은 마음이 아니면: 과가 굽음. 보리를 구함이 배꼽을 물려는 것(서제)과 같음
└ 인지에서 현처럼 곧은 마음이면: 삼매에 들고 마사가 없음. 무상지각을 성취

선정 수행을 닦으려면 대망어를 범해서는 안 된다. 이후의 정과 혜의 수행이 아무리 더해진다고 해도 대망어를 끊지 않으면 앞으로 나아갈 수 없다. 직심은 곧고 바른 마음으로 정직한 말과 행동으로 표출된다. '직심도량'은 그런 직심을 유지하는 것이 바른 수행처가 된다는 뜻이다. 즉 정과 혜를 닦아 좋은 결과에 이르고자 하면, 그전에 인지(因地)에서의 마음이 항상 바르고 곧은 직심이어야 한다는 것이다. 살·도·음의 마음이 없어야 하고 대망어를 범하지 않아야 한다. 망어를 행하면서 불과에 이르고 지혜를 갖게 되기를 구하는 것은 불가능을 바라는 것이다. 마치 자신의 배꼽을 물려고 하는 것과 같아 도저히 이루어질 수 없는 것이다.

능엄경 제7권

2) 도량 안립과 수증절차

(1) 주문과 계·정·혜

붓다: 아난이여, 당신이 섭심을 물었기에, 내가 지금 우선 삼마지에 들어가는 수행의 묘문을 말하였습니다. 보살도를 구한다면 우선 이 4율의를 얼음과 서리 같이 깨끗하게 지녀야 합니다. 그러면 저절로 일체의 지엽(번뇌)이 생길 수 없어서 3가지 심업과 4가지 구업이 생겨날 원인이 필히 없게 됩니다. 아난이여, 이와 같은 4사에서 유실하지 않는다면, 마음이 색·향·미·촉을 반연하지 않으니,

일체 마사(魔事)가 어떻게 발생하겠습니까?
　阿難, 汝問攝心, 我今先說入三摩地修學妙門. 求菩薩道, 要先持此四種律儀皎
如氷霜. 自不能生一切枝葉, 心三口四生必無因. 阿難, 如是四事若不遺失, 心尙不
緣色香味觸, 一切魔事云何發生?

4사(3신업: 살·도·음+망)의 마음을 내지 않음 → 3심업+4구업 짓지 않음

아난이 도량을 짓기 전에 어떻게 섭심해야 하냐고 물었기에, 붓다가 그 대답으로 우
선 살·도·음과 대망어의 마음을 일으키지 말라고 하였다. 이 4계를 지킴이 정과 혜를
닦음의 바탕이 되기 때문이다. 여기에서는 살·도·음과 대망어를 지을 마음을 내지 않
으면, 그에 따라 결국은 탐·진·치 3의업과 망어·기어·양설·악구의 4구업도 짓지 않게
된다고 말한다. 4사와 그 외 다른 업과의 관계에 대해 『정맥소』는 다음과 같이 설명한
다. "⟨문⟩ 음·살·도는 지극히 거친 신업인데 어째서 3심업보다 미세하다고 하고, 대망
어는 극히 지중한 구업인데 어째서 4구업보다 미세하다고 하는가? ⟨답⟩ 음·살·도는
몸으로 범한다는 점에서는 극히 거칠지만, 지금은 심념에서부터 끊어서 한 생각도 나
지 않게 하므로 3심업보다 미세하다고 하였다. 대망어로 얻는 죄가 비록 중하지만 약
(約)해서 칭하므로 인과가 불확실하여 악구 등에 비해 거침과 비속함이 같지 않은 듯
하다. 그래서 4구업보다 미세하다고 한다."[8] 살·도·음을 신업으로 행하는 것은 거칠지
만, 살·도·음의 마음을 일으키는가 아닌가는 내심에서 자신만 알므로 미세하다고 하
고, 대망어 또한 그 인과관계가 4구업처럼 거칠게 드러나지 않기에 미세하다는 것이
다. 4사에서 유실하지 않는다는 것은 4사의 계를 범하지 않는다는 뜻이다. 즉 계에 어
긋나는 마음이 허망하게 일어나지 않는 것이다. 마음에서 허망한 생각이 끊어지면,
6진(塵)이 의거할 곳이 없어 6진도 끊어지게 된다. 마사는 진(塵)에 의거하여 일어나
는데, 마음이 진을 반연하지 않으면, 결국 마사도 일어나지 않게 된다. 진의 결박을 벗
은 마음, 진을 떠난 마음에 마사는 일어나지 않는다는 것이다.

8　진감, 『정맥소』, 3권, 611쪽.

붓다: 만약 숙세의 습기가 있어 (4업을) 멸제할 수 없다면, 당신은 그 사람에게 일심으로 나의 불정광명(佛頂光明)인 '마하실달다반달라'의 위없는 신비한 주문을 외우게 가르치십시오. 이것은 여래의 무견정상의 무위의 심불이 정수리로부터 광명을 내어 보배 연꽃에 앉아 설한 심주(능엄주)입니다. 당신은 숙세에 마등가와 오랜 겁에 걸친 인연이 있어 은애의 습기가 한 생 내지 일겁이 아니었으나, 내가 한번 (주문을) 선양하자 (그녀는) 사랑의 마음을 영원히 벗어나 아라한이 되었습니다. 그녀는 음녀이고 수행할 마음이 없었는데도 (주문의) 신통력에 크게 힘입어 빠르게 무학을 증득하였으니, 이 모임에 모인 성문인 당신들은 어떻겠습니까? 최상승을 구하니 결정코 성불할 것입니다. 비유하자면 먼지를 순풍에 날리는 것과 같으니, 무슨 어려움이 있겠습니까?

若有宿習不能滅除, 汝教是人一心誦我佛頂光明摩訶薩怛多般怛囉無上神呪. 斯是如來無見頂相無爲心佛從頂發輝, 坐寶蓮華所說心呪. 且汝宿世與摩登伽, 歷劫因緣恩愛習氣非是一生及與一劫, 我一宣揚, 愛心永脫, 成阿羅漢. 彼尚婬女無心修行, 神力冥資速證無學, 云何汝等在會聲聞? 求最上乘決定成佛. 譬如以塵揚于順風, 有何艱險?

수행의 길:
┌ 1. 내섭: 살·도·음·망의 마음을 없애서 일체 번뇌를 멸
└ 2. 외섭: 습(習) 때문에 살·도·음·망의 멸제가 어려우면, 능엄주를 지송

능엄주 = 마하실달다반달라 = 대백산개(大白傘蓋) = 여래장심
= 크고 청정하며 일체를 덮는 우산

만약 중생이 과거 생의 습기로 인해 4사(살·음·도+대망어)의 마음을 끊지 못하겠으면, 주문을 외우라고 권한다. 이 주문이 바로 여래장심에서 나오는 주문인 능엄주이다. 이것은 아난이 말세에 근기가 약한 중생을 어떻게 제도할 수 있는가를 물었기에 붓다가 아난에게 하는 말이다. 이 주문은 아난이 마등가녀의 유혹으로 인해 위험에 처했을 때 붓다가 아난을 구제하기 위해 설했던 바로 그 주문이다. 본래 수행할 의지가 없던 음녀인 마등가도 주문을 듣자 그 주문의 힘으로 곧 아라한이 되었는데, 이미 수행자로서 설법을 듣고자 모여 있는 모임의 청중들은 최상승을 구하고 있으니, 능엄주

염송을 통해 곧 성불하리라고 말한다. 주문은 먼지를 날리는 바람처럼 중생 안에 쌓여 있는 오랜 습기도 모두 날릴 수 있다고 한다. 이하에서는 주문을 지송하는 과정을 계·정·혜의 순서로 논한다.

붓다: <① 계> 만약 말세에 도량에 앉기를 원한다면, 먼저 비구의 청정한 금계를 지켜야 하며, 계에서 청정한 제1의 사문을 선택하여 스승으로 삼아야 합니다. 만약 진실로 청정한 사문을 만나지 못한다면 당신의 계율의 위의는 결코 성취되지 않을 것입니다. <② 정> 계가 성취된 이후 깨끗한 새 옷을 입고 향을 사르고 조용히 앉아 저 심불이 설한 신비한 주문을 108번 암송하십시오. 그런 이후 결계(結界)하여 도량을 건립하고, 시방 국토에 현재 머무는 무상 여래가 대비의 광명을 내놓아 그 정수리에 부어주기를 구하십시오. <③ 혜> 아난이여, 이와 같이 말세의 청정한 비구·비구니·재가 시주자는 마음에서 탐과 음을 멸하고 붓다의 청정한 계를 지키며, 도량에서 보살원을 일으키고 출입할 때마다 목욕하고 6번 행도를 합니다. 이와 같이 잠자지 않고 3·7일이 경과하면, 내가 스스로 몸을 나타내어 그 사람 앞에 가서 정수리를 어루만지며 안위하여 그를 개오하게 할 것입니다.

① 若有末世欲坐道場, 先持比丘清淨禁戒, 要當選擇戒清淨者第一沙門以爲其師. 若其不遇眞清淨僧, 汝戒律儀必不成就 ② 戒成已後, 著新淨衣, 然香閑居, 誦此心佛所說神呪一百八遍, 然後結界, 建立道場, 求於十方現住國土無上如來, 放大悲光來灌其頂. ③ 阿難, 如是末世清淨比丘若比丘尼白衣檀越心滅貪婬, 持佛淨戒, 於道場中發菩薩願, 出入澡浴, 六時行道. 如是不寐經三七日, 我自現身至其人前, 摩頂安慰令其開悟.

① 〈계(戒)〉 본인이 계 지킴 + 청정사문을 스승으로 삼음
② 〈정(定)〉 향 사르고 앉음 → 주문 108번 암송 → 도량 건립 → 정: 붓다의 관정(灌頂)을 구함
③ 〈혜(慧)〉 도량에서 보살 발원 → 정좌와 행도를 번갈아 함 → 21일 후 붓다의 관정으로 개오

① 도량을 안립하여 거기 앉기 전에 일단 본인도 계를 잘 지키고 또 계를 잘 지키는 사람을 신중히 선택해서 스승으로 삼아야 한다. 청정한 선지식을 만나는 것이 중요한

일임을 강조한다. ② 계를 이루고 나면, 정을 닦는다. 그러기 위해 우선 의복을 단정히 하고 향을 태우면서 주문을 암송한다. 결계(結界)는 수행처의 경계를 정하여 그 안에 수행에 장애가 될만한 것들은 일체 들이지 않는 활동을 말한다. 결계하여 그 자리에 도량을 건립하고 그 안에서 선정을 닦으면서 붓다의 관정을 구한다. 도량 건립에 대한 상세한 설명은 뒤에 나온다. ③ 3×7=21일 동안 정좌와 행도를 번갈아 하면서 수행한다. 잠자지 않는다는 것은 수행하면서 혼침에 빠지지 말라는 것이고, 정좌이든 행도이든 항상 반문하는 것을 멈추지 말라는 것이다. 그렇게 정(定)을 닦기를 21일간 계속하면 붓다가 현현하여 정수리를 만지는 관정이 일어나는데, 이때 수행자는 깨달음에 이르고 혜(慧)를 얻게 된다. 정을 닦음으로써 결국 혜를 이루게 되는 과정을 설명한 것이다. 부처의 관정에 대해『정맥소』는 이렇게 설명한다. "정심(定心)은 지혜를 생기게 하는 친인이 되고, 마정(摩頂) 안위(安慰)는 부처님의 위신력으로 조연이 되니, 이른바 줄탁동시로 밝게 대오하게 된다."[9] 백의(白衣)는 우바새(거사)와 우바이(보살) 재가자를 의미하고, 단월(檀越)은 시주자를 뜻한다. 비구와 비구니, 우바새와 우바이의 4부 대중을 모두 부른 것이다. 도량에서 수행할 때 승과 속이 함께할 수는 있지만, 남과 여가 함께하지는 않는다고 한다.

(2) 도량의 건립

> 아난: (붓다에게) 세존이여, 저는 여래의 위없는 자비의 가르침을 받아 마음이 이미 개오하여서 무학의 도를 닦아 증득하게 될 줄을 스스로 알겠습니다만, 말법의 수행자들이 도량을 건립하려면 어떻게 결계해야 붓다 세존의 청정한 궤칙에 합당하겠습니까?
>
> (阿難白佛言) 世尊, 我蒙如來無上悲誨, 心已開悟, 自知修證無學道成, 末法修行建立道場, 云何結界合佛世尊淸淨軌則?

아난은 붓다의 말씀을 듣고 이미 개오한 상태이고, 장차 무학의 도를 닦아 증득할 것임을 확신한다고 말한다. 즉 반문수행만 잘하면 굳이 도량을 건립하지 않아도 무학

---

9   진감.『정맥소』, 3권. 625쪽.

아라한에 이를 수 있다고 확신하는 것이다. 그렇지만 여기에서 아난은 말법시대의 일반 수행자들을 위해 그들이 도량을 건립하려면 구체적으로 어떤 방식으로 행해야 하는지를 묻는다. 이하에서 도량 건립에 대해 아주 구체적으로 논하는데, 『정맥소』는 다음과 같이 주의하라고 권한다. "여기서 표방한 법에 이치가 없지는 않으나 성인의 마음으로만 아는 경계이므로 본래 다 측량하기 어렵다. … 학인은 여기에 지나치게 빠져서 도리어 이문(耳門)이 바른 수행이라는 취지를 그르치지 말아야 한다."[10] 도량 건립에 관한 세세한 항목에 지나치게 얽매여 그 바른 의도를 망각해서는 안 된다는 것이다. 도량 건립에 대하여서는 이하에서 1. 바닥칠의 재료, 2. 단의 모양과 장식, 3. 단에 공양하기, 4. 불보살 모시기 순으로 논한다.

붓다: <1. 바닥칠의 재료> 만약 말세의 사람이 도량을 건립하고자 원한다면, ① 우선 산중의 비니향초를 먹은 설산의 힘센 흰 소를 구해야 합니다. 이 소는 오직 설산의 청정한 물만 먹어서 그 똥이 미세하니, 그 똥을 가져다 전단과 섞어서 그것을 지면에 바릅니다. ② 만약 설산의 소가 아니라면 (똥이) 냄새나고 더러워서 지면에 바를 수가 없으니, 별도로 평원에서 땅을 5척을 파서 그 황토를 취해 전단·침수·소합·훈육·울금·백교·청목·영릉·감송·계설향을 합하고 이 10가지를 미세하게 분을 만들어 흙과 섞어서 진흙을 만들어 도량의 지면에 바릅니다.

(佛告阿難) 若末世人願立道場, ① 先取雪山大力白牛食其山中肥膩香草. 此牛唯飲雪山清水, 其糞微細, 可取其糞和合栴檀, 以泥其地. ② 若非雪山, 其牛臭穢不堪塗地, 別於平原穿去地皮五尺已下, 取其黃土, 和上栴檀·沈水·蘇合·薰陸·欎金·白膠·青木·零陵·甘松及雞舌香, 以此十種細羅爲粉, 合土成泥以塗場地.

① 상품: 설산의 흰 소의 똥 + 전단(최고향)
② 중품: 평원의 황토 + 10향

설산의 흰 소가 청정한 향초나 청정한 물만 먹고 자라서 그 똥이 냄새나지 않으므로

10　진감, 『정맥소』, 3권, 627쪽.

그것을 전단과 섞어 도량의 바닥을 칠하라고 한다. 아니면 땅속 깊이에 있는 황토를 꺼내서 거기에 10가지 향내가 나는 재료들을 섞어서 그것으로 바닥을 칠한다. 상징적인 의미로 해석하면 청정한 마음으로 믿음을 더해서 수행처를 만든다는 뜻이다. 『계엄해』와 『정맥소』는 바닥에 칠할 재료로 언급되는 것들이 갖는 상징적 의미를 구체적으로 제시한다. 간략히 정리하면 다음과 같다.[11]

① 설산: 고토(高土), 순수하고 청정한 상품의 믿음
    흰 소: 순수하고 청정한 근본
    향초와 맑은 물: 묘선(妙善)의 청정 지혜
② 평원: 평토(平土), 중품의 믿음
    10향: 10바라밀

붓다: <2. 단의 크기와 장식> 둘레가 1장 6척이 되는 8각단을 만들고 단의 중심에는 금·은·동·목으로 만든 연꽃을 한 송이씩 안치하고, 연꽃 가운데 발우를 놓고서 발우 안을 우선 8월의 이슬로 채우고 물 안에 꽃잎을 띄웁니다. 8개의 둥근 거울을 갖다가 각 방향에 안배하여 꽃과 발우를 둘러싸고 거울 바깥에는 16송이 연꽃을 놓고 16개의 향로를 꽃 사이에 배치하여 향로를 장엄하며 오직 침수향만을 사르되 불꽃이 보이지 않게 합니다.

方圓丈六爲八角壇, 壇心置一金銀銅木所造蓮華, 華中安鉢, 鉢中先盛八月露水, 水中隨安所有華葉. 取八圓鏡各安其方圍繞花鉢, 鏡外建立十六蓮華, 十六香鑪間花鋪設莊嚴香鑪, 純燒沈水無令見火.

8각단 – 단 안에 (금·은·동·목) 연꽃 – 연꽃 가운데 발우 – 발우 안에 이슬 – 이슬 위에 꽃잎
연꽃 바깥에 8개의 거울 – 거울 바깥에 16송이 연꽃 – 꽃 사이에 16개 향로

방원(方圓)은 모남과 둥긂이 함께하는 단의 둘레를 뜻하고, 장육(丈六)은 1장(약 3m)과 6척(약 30cm×6)을 합한 대략 4m 80cm이니, 방원장육은 둘레가 480cm 정도

되는 단을 말한다. 그다음 무엇을 어떻게 배치하여 단을 장식하는가를 설명하는데, 우선 단 한 가운데에 금·은·동·목으로 만든 연꽃을 놓고, 그 안에 발우를 놓고 그 안에 이슬을 채운 후 꽃잎을 놓는다. 그리고 연꽃 주변을 8개 거울로 둘러싸고 그 거울 바깥을 다시 연꽃과 향로 등으로 장식하고 침수향을 태운다. 이처럼 단을 꾸미는 장식들을 『정맥소』는 수행처에 임하는 수행자의 마음가짐의 상징으로 해석하는데, 이를 정리하면 다음과 같다.[12]

8각단: 8정도(正道)

중심에 연꽃: 중도 묘행. 염정불이의 상징

금·은·동·목으로 만든 연꽃: 묘행의 변화, 금·은＝정미 불변, 동＝의(義), 목＝인(仁)

발우: 응기(應器) ＝ 중생에 응함

8월의 이슬: 가을의 음택(陰澤)

물에 띄운 연잎: 음덕으로 이롭게 하고 숨어서 교화함

둥근 거울: 대원경지

꽃과 발우를 둘러쌈: 지와 행이 함께함

향로: 묘덕

불꽃이 안 보임: 각관(覺觀)을 굴복시켜 적멸량지에 계합

붓다: <3. 공양하기> 흰 소의 젖을 갖고 16그릇에 담아 우유로 전병을 만들고, 사탕·유병·유미·소합·밀강·순소·순밀을 연꽃 바깥에 각각 16개로 연꽃 주변에 놓아 제불 및 대보살에게 공양 올립니다. 매 식사 때와 한밤중에 꿀 반 되와 소락 3홉을 준비하고 단 앞에 별도로 하나의 작은 화로를 안배하여 도루바 향으로 달인 향수로 숯을 씻기고 맹렬히 타도록 태우되 우유와 꿀을 향로 안에 부어 연기가 다할 때까지 태워서 불보살에 향기로 공양 올립니다.

取白牛乳, 置十六器, 乳爲煎餅, 幷諸沙糖·油餅·乳糜·酥合·蜜薑·純酥·純蜜, 於蓮華外各各十六圍繞華外, 以奉諸佛及大菩薩. 每以食時若在中夜取蜜半升, 用酥三合, 壇前別安一小火鑪, 以兜樓婆香煎取香水沐浴其炭, 然令猛熾, 投是酥蜜於炎爐內, 燒令煙盡, 饗佛菩薩.

---

12   진감, 『정맥소』, 3권, 633쪽 이하 참조.

연꽃과 발우 주변: 우유로 16개의 전병을 만듦 - 7미와 함께 공양 올림
화로에 향수로 씻은 숯을 태우고 우유와 꿀을 부어 향으로 공양 올림

우유로 만든 전병에다 7가지 맛을 섞어 16그릇을 만들어서 단의 가운데에 있는 연꽃과 발우 주변에 돌려 놓고 불보살에게 공양 올린다. 『정맥소』는 "권교(權敎)는 유락을 허락하고 실교(實敎)는 금했는데, 다시 가져다 봉헌하는 것은 권과 실을 융합하고 정과 사를 같이한다는 뜻이다"[13]라고 설명한다. 불보살에게 공양 올릴 때 향수로 씻은 숯을 화로에 태우면서 거기에 꿀과 젖을 부어 향기로도 공양한다. 『정맥소』는 "'우유와 꿀을 타는 화로에 부어 연기가 다할 때까지 태운다'고 한 것은 행법이 이루어져 미침내 막힘이 없고, 각심에서 용맹스럽게 단련하여 습기를 다 녹이고 연진영사(緣塵影事)가 모두 없어져 활연해진 경계이다. 이른바 불타는 화로에 떨어진 눈과 같으니, 그런 뒤에야 부처님이 공양을 받으신 것이 된다"[14]라고 설명한다. 여기에 나오는 개념들의 상징적 의미는 다음과 같이 정리될 수 있다.

꿀: 꽃에서 만들어짐, 융화하는 법행(法行)
소: 우유에서 만들어짐, 융화하는 법미(法味)
작은 향로: 방촌의 각심(覺心)
향수로 숯을 씻김: 깨달음을 일으키는 법

붓다: <4. 불보살 모시기> 4방 밖에는 깃발과 꽃을 두루 달아놓고 단실 안 4벽에는 시방 여래와 보살들의 형상을 세웁니다. ① 정면에는 노사나불·석가불·미륵불·아촉불·미타불을 모시고, ② 여러 가지로 변화하는 관음보살의 형상과 금강장보살을 그 좌우로 안치하고, ③ 제석·범왕·오추슬마·람지가·군다리·비구지·4천왕 등과 빈나·야가를 문의 측면 좌우에 안치합니다. 또 거울 8개를 허공에 거꾸로 달아서 도량 안에 안치된 거울과 서로 마주해서 형상의 그림자가 중중무진으로 서로 나타나게 합니다.

---

13   진감, 『정맥소』, 3권, 636쪽.
14   진감, 『정맥소』, 3권, 637쪽.

令其四外遍懸幡華, 於壇室中四壁敷設十方如來及諸菩薩所有形像. ① 應於當陽張盧舍那·釋迦·彌勒·阿閦·彌陀, ② 諸大變化觀音形像, 兼金剛藏安其左右. ③ 帝釋·梵王·烏芻瑟摩幷藍地迦·諸軍茶利與毘俱知·四天王等·頻那·夜迦張於門側左右安置, 又取八鏡覆懸虛空, 與壇場中所安之鏡方面相對, 使其形影重重相涉.

① 정면의 여래불: 노사나불,　석가불,　　미륵불,　　아촉불,　　아미타불
　　　　　　　　　(적멸도량의 주인)　(미래 주인)　(동방/지혜)　(서방/자비)

② 좌우의 두 보살: 관세음보살,　　　금강장보살
　　　　　　　　(상동하합)　　(마를 굴복, 장애 끊음)

③ 문 쪽의 외호신장: 제석, 범왕, 오추슬마,　람지가,　군다리,　비구지,　4천왕,　빈나,　야가
　　　　　　　　　(화두금강) (청면금강) (금강)　(금강역사)

도량 안에 배치되어야 할 불보살들의 이름을 열거하였다. 단실 안 정면에는 여래불의 형상을 안치하고, 그 좌우에는 보살상을 안치하며, 문 쪽으로는 여러 수호신장들을 안치한다. 그 외 장식의 상징적 의미는 다음과 같다.

도량 안에 안치된 거울: 사물과 뒤섞여 의지함. 수행인의 지혜 ┐
허공에 달아놓은 거울: 사물을 떠나 의지함 없음. 제불의 지혜 ┘ 서로 상입, 사사무애

(3) 수증절차: 능엄주 지송과 정(定)

붓다: ① 처음 7일 동안은 지성으로 시방 여래와 대보살과 아라한에게 정례하고 항상 6번 주문을 암송하면서 단을 돌고 지심으로 행도하되 매번 항상 108번씩 행합니다. ② 제2의 7일 동안은 오로지 전심으로 보살원을 일으켜 마음에 끊어짐이 없게 합니다. 내가 계율에서 이미 원(願)을 가르쳤습니다. ③ 제3의 7일 동안은 12번 한결같이 붓다의 반달라주(능엄주)를 외우십시오. 제7일에 이르면 시방 여래가 일시에 출현하여 거울의 빛이 교차하는 곳에서 붓다가 정수리를 어루만질 터이니, 바로 그 도량에서 삼마지를 닦으십시오. 이와 같이 말세에 수학하는 자는 몸과 마음이 유리처럼 밝고 맑게 될 것입니다. 아난이여, 만약 이

비구의 본래 계를 준 스승이나 같은 모임의 10비구 중 한 명이라도 청정하지 못한 자가 있다면, 이와 같은 도량은 대개 성취되지 않습니다. ④ 3·7일 이후부터는 단정하게 앉아 안거하면서 100일을 지내면, a. 예리한 근기를 가진 사람은 그 앉은 자리에서 수다원을 얻을 것입니다. b. 설령 심신이 아직 성인의 과를 이루지 못하더라도 틀림없이 성불하리라는 것을 분명히 스스로 알게 됩니다. 당신이 질문한 도량의 건립은 이와 같습니다.

① 於初七日中至誠頂禮十方如來諸大菩薩及阿羅漢, 恒於六時誦呪繞壇, 至心行道, 一時常行一百八遍 ② 第二七中一向專心發菩薩願, 心無間斷, 我毘奈耶先有願敎 ③ 第三七中於十二時, 一向持佛般怛羅呪. 至第七日十方如來一時出現, 鏡交光處承佛摩頂, 卽於道場修三摩地, 能令如是末世修學身心明淨猶如瑠璃. 阿難, 若此比丘本受戒師, 及同會中十比丘等, 其中有一不淸淨者, 如是道場多不成就 ④ 從三七後端坐安居經一百日, a. 有利根者不起于座得須陀洹. b. 縱其身心聖果未成, 決定自知成佛不謬. 汝問道場建立如是.

① 첫 7일간: 불보살과 아라한에 정례, 6번 능엄주 암송, 단을 매번 108번 돌기 – 3보에 귀의
② 두 번째 7일간: 보리원을 세움, 율에 의거해서 발원 – 4홍서원에 해당
③ 세 번째 7일간: 12번 능엄주를 지송. 21일째에 붓다의 마정이 일어남
④ 3·7일 이후 ~ 100일: 반문수행 a. 예리한 자: 수다원과 얻음
                                  b. 둔한 자: 정정취(正定聚)로서 성불의 길로 들어섬을 앎

첫날	→	7일	→	14일	→	21일	→	100일
예(禮), 념(念)		원(願)		주(呪)		붓다의 마정		정(定)
				= 능엄주				= 반문문성

도량에 단이 갖추어지고 공양할 음식들이 준비되면 그 도량 안에서 첫 7일과 두 번째 7일 그리고 다시 세 번째 7일 동안 해야 할 일을 설명하였다. 그렇게 능엄주를 지송하고 원을 세우기를 21일간 행하면, 그 마지막 날에 거울 빛이 교차하는 곳에서 붓다가 정수리를 어루만진다고 한다. 거울 빛이 교차한다는 것은 붓다와 수행자가 서로 감응하는 것을 의미하며, 그렇게 해서 마정이 일어나면 그때부터 삼마지인 정(定)을 닦으라고 한다. 이때의 삼마지가 바로 앞에서 이근원통으로 말했던 반문(反聞)이다. 그렇게 3·7일이 지나고 나서 반문을 계속하면서 정과 혜를 함께 닦으면 100일이 될 때

근기가 예리한 자는 수다원과를 이룬다고 한다. 아직 심신에 제약이 있어서 성인의 과를 얻지 못하더라도 수행을 계속하다 보면 언젠가는 반드시 성불하리라는 것을 스스로 알게 된다고 한다. 믿음이 성취되어 성불의 길로 들어서는 정정취(正定聚) 중생이 된다는 뜻이다. 그와 같이 수행할 때에는 수행하는 도량의 기운이 중요하기에, 비구가 처음 계를 받았던 스승인 본수계사나 함께 도량에 머무는 도반 중 한 명이라도 청정하지 못한 사람이 있으면 그 도량에서 아무리 수행해도 좋은 성과가 일어나기 어렵다고 말한다. 도량에서 함께 수행하는 도반 모두 몸과 마음이 청정해야만 도량에서 정과 혜가 성취될 수 있다는 것이다.

2. 다라니의 수지

1) 다라니를 청함

아난: (붓다의 발에 정례하고 붓다에게) 제가 출가한 이후 교만하게 붓다의 사랑을 믿고 다문만 구했기에 아직 무위를 증득하지 못하여 범천의 삿된 술수에 걸려들었습니다. 마음은 비록 명료하였으나 힘이 자유롭지 못해 문수를 만나 의지함으로써만 벗어날 수 있었습니다. 비록 여래의 불정신주의 은혜를 입어 암암리에 그 힘을 얻었으나 아직 친히 듣지는 못하였으니, 바라옵건대 대자비로 다시 말씀해주셔서 이 모임에서 수행하는 동료들을 자비로 구제하시고, 말세의 미래에 윤회할 사람들이 붓다의 비밀한 음성을 받들어 몸과 뜻이 해탈하게 해주십시오.

대중: (이때 모임 중의 일체 대중이 모두 예를 표하고 여래의 비밀장구를 듣고자 기다린다.) …

(阿難頂禮佛足而白佛言) 自我出家恃佛憍愛, 求多聞故, 未證無爲, 遭彼梵天邪術所禁. 心雖明了, 力不自由, 賴遇文殊令我解脫, 雖蒙如來佛頂神呪, 冥獲其力, 尙未親聞, 唯願大慈重爲宣說, 悲救此會諸修行輩, 末及當來在輪廻者, 承佛密音, 身意解脫.

(于時會中一切大衆普皆作禮, 佇聞如來秘密章句.)

┌ 신(身)의 해탈: 업(業)이 녹아 고(苦)를 떠남
└ 의(意)의 해탈: 혹(惑)을 파해 진(眞)을 증득함[15]

『능엄경』 서두에 나왔듯이 아난은 마등가를 만나 그 술수에 걸려들었다가 문수보살이 붓다의 명으로 가지고 온 능엄주를 통해 그 술수로부터 풀려날 수 있었다. 아난이 그때 주문의 힘을 경험하기는 했지만, 주문을 제대로 듣지는 못했으니 이 자리에서 다시 한번 더 주문을 말해달라고 붓다에게 청한다.

> 붓다: (세존이 육계로부터 백 가지 보배로운 빛을 내놓고 빛 가운데서 천 개의 보배 연꽃이 솟아나는데, 그 보배 연화 가운데 화신 여래가 앉아 정수리로부터 10갈래의 백보광명을 내놓는다. 하나하나의 광명에 모두 10항하사의 금강밀적이 산을 떠받치고 방망이를 쥐고서 두루 나타나니, 허공계에 가득하다.)
>
> 대중: (우러러보며 두려움과 사랑을 함께 가슴에 담고서 붓다가 불쌍히 여겨 도와주기를 구하면서 붓다의 무견정상으로부터 방출된 빛 안에서 여래가 설하는 신비로운 주문을 일심으로 듣는다.) …
>
> (爾時世尊從肉髻中涌百寶光, 光中涌出千葉寶蓮, 有化如來坐寶華中, 頂放十道百寶光明. 一一光明皆遍現十恒河沙金剛密跡擎山持杵, 遍虛空界.)
>
> (大眾仰觀畏愛兼抱, 求佛哀祐, 一心聽佛無見頂相放光如來宣說神呪.)

육계 – 100가지 빛 – 1000잎 연꽃 – 연꽃마다 화신여래, 정수리에서 광명 – 각 광명에 금강밀적
리(理)　　　지혜　　　　행(行)　　　　　　　묘과(妙果)

육계(肉髻): 볼 수 없는 정수리 = 무견정상(無見頂相), 법신의 리(理)

『정맥소』에 따르면 여래의 정수리는 법신의 리(理)를 표현한다. '육계로부터 빛을 내놓다'는 리에 의지해서 지혜를 일으킴을 말하고, '빛 속에서 연꽃이 솟아나온다'는 지혜에 의지해서 행을 일으킴을 말한다. 그리고 그렇게 솟아나온 연꽃 위에 다시 여래

---

15 진감, 『정맥소』, 3권, 651쪽 참조.

의 화신이 앉아서 그 정수리로부터 또 광명을 내놓는다. 그 각 광명마다 또 다른 밀적이 나타나는 것은 신통묘용이 끝이 없음을 보여준다. 금강밀적이 금강저를 쥐고 허공계에 두루함은 "마와 외도를 항복시키고 악을 물리침"[16]을 뜻한다. 모임에 함께하는 모든 대중이 붓다가 자신들을 불쌍히 여겨서 그 신비로운 주문인 능엄주를 다시 한번 더 설해주기를 기다리고 있다.

2) 능엄주 : 실달다반달라 주(呪)

이하 능엄주는 주문이기 때문에 의미를 따라 번역하지 않고 음역만으로 표기한다.[17] 주문을 번역하여 그 뜻을 생각하게 하지 않고 그냥 음으로 외우게만 하는 것에 대해 『정맥소』는 다음과 같이 설명한다. "성현의 넓은 교화에 현교(顯教)와 밀교(密教)가 있는 것은 마치 의원이 병을 치료하는 데 두 길이 있는 것과 같다. 첫째는 처방을 내리는 것이니, 병의 근원과 약의 성질과 약 달이는 방법 등을 설명하는 것이 붓다의 현교와 같다. 둘째는 약을 주는 것이니, 다 설명해주지 않고 다만 약을 주어 복용해서 병을 낫게 할 뿐이다. 무슨 약으로 어떻게 치료하는지 굳이 알 필요가 없는 것이 붓다의 밀교와 같다. 그러므로 지금 비밀한 주는 바로 약을 주는 것과 같아 굳이 이해할 필요가 없다. 만약 알음알이가 생기면 주(呪)가 힘을 잃으니, 중생은 믿고 수지하기만 하면 저절로 모든 이익을 얻는다."[18] 아래 제시되는 능엄주는 밀교에 속하는 내용이니, 그 문자적 의미를 알 필요 없이 믿고 암송하기만 하면 효과가 있다는 것이다.

---

16   진감, 『정맥소』, 3권, 653쪽.
17   주문, 즉 다라니를 포함해서 다른 언어로 번역하지 않는 경우를 현장은 다음과 같은 다섯 가지로 정리하여 '5종불번(五種不翻)'이라고 하였다. 이것들은 의역하지 않고 음역만 한다.
  1. 비밀스런 말. 예) 다라니(陀羅尼, dhāranī), 총지(總持)·능지(能持), 주문
  2. 여러 가지 뜻을 가진 말. 예) 박가범(薄伽梵, bhagavat), 존중받는 세존이라는 뜻
  3. 중국에 없는 것. 예) 염부수(閻浮樹), 염부제 북쪽에 있는 나무
  4. 예부터 그렇게 해온 것. 예) 아뇩다라삼먁삼보리(阿耨多羅三藐三菩提), 무상정등정각의 뜻
  5. 번역하면 그 뜻이 가벼워지는 말. 예) 반야(般若, prajñā), 지혜의 뜻
18   진감, 『정맥소』, 3권, 665쪽. 『정맥소』는 비주(秘呪)가 갖는 힘을 다음과 같이 정리한다.
  1. 이법(理法)의 힘: 글자가 갖는 묘리. 다라니라고 함
  2. 위덕(威德)의 힘: 불보살과 일체 성현의 위덕이 갖는 세력. 명호 부르기
  3. 진실한 말의 힘: 불보살과 성현의 대비심에 의해, 중생이 지송함으로써 이익을 얻음

	불교	의원
현교(顯敎):	이치를 설명	병의 근원 설명, 약을 처방함
밀교(密敎):	믿고 따르게 함	약을 주어 병을 낫게 함

이하에 제시되는 능엄주가 바로 붓다가 앞에서 언급한 '마하실달다반달라(悉怛多般怛羅)' 주이다. 이 능엄주는 한자로 427구로 되어 있는 아주 긴 주문이다. 끝 부분에 나오는 '다냐타'가 '즉설주왈'이므로 그다음의 구절인 "옴 아나례 비샤데 베라바사라다리 반다반다니 바사라방니반 호옴도로옹반 사바하"의 8구 34자가 정주(正呪) 내지 주의 핵심인 주심(呪心)에 해당한다. 능엄주 전체를 지송하는 것이 어려울 경우에는 마지막 8구만을 지송해도 좋다고 하며, 그 의미는 다음과 같다. '옴, 광명인 용감한 금강저(金剛杵)로 적들을 묶어 분리시켜 주소서! 금강수(金剛手)의 주문으로 적들을 패하게 하고 방해하는 이들을 물리쳐 주소서!'

정주 앞의 긴 글은 3보의 위신력에 귀의하면서 간청한 것이다. 내용에 따라 능엄주는 5부분으로 나뉜다. (1) 〈불보살과 성인에 귀의〉에서는 여래와 아라한과 보살, 수행자, 온갖 천신과 여신, 무드라 등에게 귀의한다고 밝히고, (2) 〈기도와 찬미〉에서는 여래불정과 신들에게 자신을 보호해달라고 기도한다. (3) 〈재앙의 극복〉에서는 갖가지 재난을 일으키는 온갖 주문들을 끊어 버리겠다고 말하고, (4) 〈공덕에 감사〉에서는 능엄주가 다른 모든 주문으로부터 나를 지켜주기를 청한다. 그리고 (5) 〈회향〉에서는 모든 귀신과 재난과 병과 재난들을 불정(佛頂)의 힘으로 조복시키기를 염송한다.

(1) 불보살과 성인에 귀의(1구~137구)

나무사다타소가다야아라하데삼먁삼불다샤 사다타불다구지스니삼 나무살바불다부디사다베바 나무사다남삼먁삼불다구지남 사스라바가싱가남 나무로계아라한다남 나무소로다파나남 나무사가리다가미남 나무로계삼먁가다남 삼먁가파라디파다나남 나무데바리시난 나무싣다야비디야다라리시난 샤바노계라하사하사라마타남 나무바라하마니 나무인다라야 나무바가바데 로다라야 오마바데 사혜야야 나무바가바데 나라야니야 반자마하삼모다라 나무싣가리다야 나무바가바데 마하가라야 디리바라

나가라　비다라바나가라야　아디목데　시마샤나니바시니　마다리가나　나
무신가리다야　나무바가바데　다타가다구라야　나무바두마구라야　나무발
사라구라야　나무마니구라야　나무가사구라야　나무바가바데　데리다슈라
세나　파라하라나라사야　다타가다야　나무바가바데　나무아미다바야　다
타가다야　아라하데　삼먁삼불다야　나무바가바데　아추베야　다타가다야
아라하데　삼먁삼불다야　나무바가바데　베사사야구로베쥬리야　바라바라
사야　다타가다야　나무바가바데　삼보스비다　살린나라라사야　다타가다
야　아라하데　삼먁삼불다야　나무바가바데　샤계야모나예　다타가다야
아라하데　삼먁삼불다야　나무바가바데　라다나계도라사야　다타가다야　아
라하데　삼먁삼불다야　데뵤나무사가리다　이담바가바다　사다타가도스니
삼　사다다바다람　나무아바라시담　바라데양기라　사라바부다게라하　니
가라하게가라하니　바라비디야치다니　아가라미리쥬　바리다라야녕게리
사라바반다나목차니　사라바도시다　도시빔바나니버라니　쟈도라시데남
가라하사하사라야사　비다붕사나가리　아시다빙샤데남　낙사차다라야사
파라사다나가리　아시다남　마하게라하야사　비다붕사나가리　살바사도로니
바라야사　호람도시님난자나샤니　비사샤시다라　아기니오다가라야사　아
피리시다구람　마하바라전지　마하딥다　마하데사　마하세다사바라　마하
바라반다라바시니　아리야다라　비리구지　서바비사야　바사라마례디　비
사로다　부드마가　바사라제하나아자　마라제바파라짇다　바사라단지　비
사라자　선다샤베제바부시다　소마로파　마하세다　아리야다라　마하바라
아파라　바사라샹가라제바　바사라구마리　구람다리　바사라하사다자　비
디야건자나마리카　구소모바가라다나　비로차나구리야　야라토스니삼　비
지람바마니자　바사라가나가파라바　로사나바사라돈치자　세다자가마라　차
샤시파라바　이데이데　모다라가나　샤베라참　굴반도　인토나마마샤

南無薩怛他蘇伽多耶阿羅訶帝三藐三菩陀寫　薩怛他佛陀俱胝瑟尼釤　南無
薩婆勃陀勃地薩跢鞞弊毘迦切　南無薩多南三藐三菩陀俱知南　娑舍囉婆迦僧
伽喃　南無盧鷄阿羅漢跢喃　南無蘇盧多波那喃　南無娑羯唎陀伽彌喃　南無
盧鷄三藐伽跢喃　三藐伽波囉底波多那喃　南無提婆離瑟赧　南無悉陀耶毘地
耶陀囉離瑟赧　舍波奴揭囉訶娑訶娑囉摩他喃　南無跋囉訶摩泥　南無因陀

囉耶　南無婆伽婆帝　嚧陀囉耶　烏摩般帝　娑醯夜耶　南無婆伽婆帝　那囉

野拏耶　槃遮摩訶三慕陀囉　南無悉羯唎多耶　南無婆伽婆帝　摩訶迦羅耶

地唎般剌那伽囉　毘陀囉波拏迦囉耶　阿地目帝　尸摩舍那泥婆悉泥　摩怛唎

伽拏　南無悉羯唎多耶　南無婆伽婆帝　多他伽跢俱囉耶　南無般頭摩俱囉耶

南無跋闍囉俱囉耶　南無摩尼俱囉耶　南無伽闍俱囉耶　南無婆伽婆帝　帝唎

茶輸囉西那　波囉訶囉拏囉闍耶　跢他伽多耶　南無婆伽婆帝　南無阿彌多婆

耶　跢他伽多耶　阿囉訶帝　三藐三菩陀耶　南無婆伽婆帝　阿芻鞞耶　跢他

伽多耶　阿囉訶帝　三藐三菩陀耶　南無婆伽婆帝　鞞沙闍耶俱盧吠柱唎耶

般囉婆囉闍耶　跢他伽多耶　南無婆伽婆帝　三補師毖多　薩憐捺囉剌闍耶

跢他伽多耶　阿囉訶帝　三藐三菩陀耶　南無婆伽婆帝　舍雞野母那曳　跢他

伽多耶　阿囉訶帝　三藐三菩陀耶　南無婆伽婆帝　剌怛那雞都囉闍耶　跢他

伽多耶　阿囉訶帝　三藐三菩陀耶　帝瓢南無薩羯唎多　翳曇婆伽婆多　薩怛

他伽都瑟尼釤　薩怛多般怛嚂　南無阿婆囉視眈　般囉帝揚岐囉　薩囉婆部多

揭囉訶　尼羯囉訶羯迦囉訶尼　跋囉毖地耶叱陀儞　阿迦囉蜜唎柱　般唎怛囉

耶儜揭唎　薩囉婆槃陀那目叉尼　薩囉婆突瑟吒　突悉乏般那你伐囉尼　赭都

囉失帝南　羯囉訶娑訶薩囉若闍　毘多崩婆那羯唎　阿瑟吒冰舍帝南　那叉刹

怛囉若闍　波囉薩陀那羯唎　阿瑟吒南　摩訶揭囉訶若闍　毘多崩薩那羯唎

薩婆舍都嚧儞婆囉若闍　呼藍突悉乏難遮那舍尼　毖沙舍悉怛囉　阿吉尼烏陀

迦囉若闍　阿般囉視多具囉　摩訶般囉戰持　摩訶疊多　摩訶帝闍　摩訶稅多

闍婆囉　摩訶跋囉槃陀囉婆悉儞　阿唎耶多囉　毘唎俱知　誓婆毘闍耶　跋闍

囉摩禮底　毘舍嚧多　勃騰罔迦　跋闍囉制喝那阿遮　摩囉制婆般囉質多　跋

闍囉檀持　毘舍囉遮　扇多舍鞞提婆補視多　蘇摩嚧波　摩訶稅多　阿唎耶多

囉　摩訶婆囉阿般囉　跋闍囉商羯囉制婆　跋闍囉俱摩唎　俱藍陀唎　跋闍囉

喝薩多遮　毘地耶乾遮那摩唎迦　啒蘇母婆羯囉跢那　鞞嚧遮那俱唎耶　夜囉

菟瑟尼釤　毘折藍婆摩尼遮　跋闍囉迦那迦波囉婆　嚧闍那跋闍囉頓稚遮　稅

多遮迦摩囉　刹奢尸波囉婆　翳帝夷帝　母陀囉羯拏　娑鞞囉懺　掘梵都　印

兔那麼麼寫

(2) 기도와 찬미(138구~178구)

옴 리시게나 파라샤싣다 사다타가도스니삼 홈 도로옹 졈바나 홈
도로옹 싣담바나 홈 도로옹 파라비디야삼박차나가라 홈 도로옹 살
바야차하라라차사 게라하야사 비등붕사나가라 홈 도로옹 쟈도라시디남
게라하사하사라남 비등붕사나라 홈 도로옹 라차 바가범 사다타가도
스니삼 파라덤사기리 마하사하사라 부수사하사라시리사 구지사하살니
데례 아볘데시바리다 다타낭가 마하바사로다라 데리부바나 만다라
옴 사시데바바도 마마 인토나마마사

烏 唎瑟揭拏 般剌舍悉多 薩怛他伽都瑟尼釤 虎 都嚧雍 瞻婆那 虎
都嚧雍 悉耽婆那 虎 都嚧雍 波羅瑟地耶三般叉拏羯囉 虎 都嚧雍 薩
婆藥叉喝囉剎婆 揭囉訶若闍 毘騰崩薩那羯囉 虎 都嚧雍 者都囉尸底南
揭囉訶娑訶薩囉南 毘騰崩薩那囉 虎 都嚧雍 囉叉 婆伽梵 薩怛他伽都
瑟尼釤 波囉點闍吉唎 摩訶娑訶薩囉 勃樹娑訶薩囉室唎沙 俱知娑訶薩泥
帝口 阿弊提視婆唎多 吒吒甖迦 摩訶跋闍嚧陀囉 帝唎菩婆那 曼荼囉
烏 莎悉帝薄婆都 麼麼 印兔那麼麼寫

(3) 재앙의 극복(179구~272구)

라사바야 주라바야 아기니바야 오다가바야 비사바야 샤사다라바야
바라자가라바야 돌비차바야 아샤니바야 아카라미리쥬바야 다라니부미
검파가바다바야 오라가바다바야 라사단다바야 나가바야 비됴다바야
소바라나바야 야차게라하 라차사게라하 피리다게라하 비샤차게라하
부다게라하 구반다게라하 부단나게라하 가타부단나게라하 시간도게라
하 아파시마라게라하 오단마다게라하 차야게라하 혜리바데게라하 사
다하리남 게바하리남 로디라하리남 망사하리남 메다하리남 마사하리
남 사다하리녀 시비다하리남 비다하리남 바다하리남 아슈자하리녀
진다하리녀 데삼살베삼 살바게라하남 비다야사친다야미 기라야

미 파리바라쟈가ᄋ리담 비다야사친다야미 기라야미 다연니ᄋ리담 비
다야사친다야미 기라야미 마하파슈파다야 로다라ᄋ리담 비다야사친다
야미 기라야미 나라야나ᄋ리담 비다야사진타야미 기라야미 다라가로
다세ᄋ리담 비다야사친다야미 기라야미 마하가라마다리가나ᄋ리담 비
다야사친다야미 기라야미 가파리가ᄋ리담 비다야사친다야미 기라야미
사야가라마도가라 살바라다사다나ᄋ리담 비다야사친다야미 기라야미
자도라바기니ᄋ리담 비다야사친다야미 기라야미 비리양ᄋ리지 난다계
사라가나파데 사혜야ᄋ리담 비다야사친다야미 기라야미 나게나사라바
나ᄋ리담 비다야사친다야미 기라야미 아라한ᄋ리담비다야사진타야미
기라야미 비다라가ᄋ리담 비다야사친다야미 기라야미바사라파니 구혜
야구혜야 가디파데ᄋ리담 비다야사친다야미 기라야미 라차망 바가밤
인토나마마사

囉闍婆夜 主囉跋夜 阿祇尼婆夜 烏陀迦婆夜 毘沙婆夜 舍薩多囉婆夜
婆囉斫羯囉婆夜 突瑟叉婆夜 阿舍儞婆夜 阿迦囉蜜唎柱婆夜 陀囉尼部彌
劍波伽波陀婆夜 烏囉迦婆多婆夜 刺闍壇茶婆夜 那伽婆夜 毘條怛婆夜
蘇波囉拏婆夜 藥叉揭囉訶 囉叉私揭囉訶 畢唎多揭囉訶 毘舍遮揭囉訶
部多揭囉訶 鳩槃茶揭囉訶 補丹那揭囉訶 迦吒補丹那揭囉訶 悉乾度揭囉
訶 阿播悉摩囉揭囉訶 烏檀摩陀揭囉訶 車夜揭囉訶 醯唎婆帝揭囉訶 社
多訶唎南 揭婆訶唎南 嚧地囉訶唎南 忙婆訶唎南 謎陀訶唎南 摩闍訶唎
南 闍多訶唎女 視比多訶唎南 毘多訶唎南 婆多訶唎南 阿輸遮訶唎女
質多訶唎女 帝釤薩鞞釤 薩婆揭囉訶南 毘陀耶闍瞋陀夜彌 鷄囉夜彌 波
唎跋囉者迦訖唎擔 毘陀夜闍瞋陀夜彌 鷄囉夜彌 茶演尼訖唎擔 毘陀夜闍
瞋陀夜彌 鷄囉夜彌 摩訶般輸般怛夜 嚧陀囉訖唎擔 毘陀夜闍瞋陀夜彌
鷄囉夜彌 那囉夜拏訖唎擔 毘陀夜闍瞋陀夜彌 鷄囉夜彌 怛埵伽嚧茶西訖
唎擔 毘陀夜闍瞋陀夜彌 鷄囉夜彌 摩訶迦囉摩怛唎伽拏訖唎擔 毘陀夜闍
瞋陀夜彌 鷄囉夜彌 迦波唎迦訖唎擔 毘陀夜闍瞋陀夜彌 鷄囉夜彌 闍耶
羯囉摩度羯囉 薩婆囉他婆達那訖唎擔 毘陀夜闍瞋陀夜彌 鷄囉夜彌 赭咄
囉婆耆儞訖唎擔 毘陀夜闍瞋陀夜彌 鷄囉夜彌 毘唎羊訖唎知 難陀鷄沙囉
伽拏般帝 索醯夜訖唎擔 毘陀夜闍瞋陀夜彌 鷄囉夜彌 那揭那舍囉婆拏訖

唎擔　毘陀夜闍瞋陀夜彌　鷄囉夜彌　阿羅漢訖唎擔毘陀夜闍瞋陀夜彌　鷄囉
夜彌　毘多囉伽訖唎擔　毘陀夜闍瞋陀夜彌　鷄囉夜彌跋闍囉波儞　具醯夜具
醯夜　迦地般帝訖唎擔　毘陀夜闍瞋陀夜彌　鷄囉夜彌　囉叉罔　婆伽梵　印
免那麼麼寫

(4) 공덕에 감사(273구~332구)

파가밤 사다다파다라 나무수도데 아시다나라라가 파라바시보타 비
가사다다바데리 스부라스부라 다라다라 빈다라빈다라친다친다 훔 훔
반닥 반닥반닥반닥반닥 사바하 헤헤반 아모가야반 아파라데하다반
바라파라다반 아소라비다라파가반 살파데볘뱌반 살바나가뱌반 살바야
차뱌반 살바간달바뱌반 살바부다니뱌반 가탁부다바뱌반 살바도랑기데
바반 살바도스비리오시데뱌반 살바시바리뱌반 살바아파시마리뱌반 살
바사라바나뱌반 살바디데계뱌반 살바다마다계뱌반 살바비다야라서자리
뱌반 사야가라마도가라 살바라타사다계뱌반 비디야자리뱌반 쟈도라바
기니뱌반 바사라구마리 비다야라서뱌반 마하파라딩양차기리뱌반 바사
라샹가라야 파라뎜기라사야반 마하가라야 마하마다리가나 나무사가리
다야반 비시나비예반 부라하모니예반 아기니예반 마하가리예반 가다
단디예반 메다리예반 로다리예반 차문다예반 가라라다리예반 가파리예
반 아디목지다가시마사나 바사니예반 연기질 살타바샤 마마인토나마
마사

婆伽梵　薩怛多般怛囉　南無粹都帝　阿悉多那囉剌迦　波囉婆悉普吒　毘
迦薩怛多鉢帝唎　什佛囉什佛囉　陀囉陀囉　頻陀囉頻陀囉瞋陀瞋陀　虎　虎
泮吒　泮吒泮吒泮吒泮吒　婆訶　醯醯泮　阿牟迦耶泮　阿波囉提訶多泮　婆
囉波囉陀泮　阿素囉毘陀囉波迦泮　薩婆提鞞弊泮　薩婆那伽弊泮　薩婆藥叉
弊泮　薩婆乾闥婆弊泮　薩婆補丹那弊泮　迦吒補丹那弊泮　薩婆突狼枳帝弊
泮　薩婆突澀比訖瑟帝弊泮　薩婆什婆唎弊泮　薩婆阿播悉摩弊泮　薩婆舍囉
婆拏弊泮　薩婆地帝鷄弊泮　薩婆怛摩陀繼弊泮　薩婆毘陀耶囉誓遮弊泮　闍

夜羯囉摩度羯囉　薩婆羅他娑陀鷄弊泮　毘地夜遮唎弊泮　者都囉縛耆儞弊泮
跋闍囉俱摩唎　毘陀夜囉誓弊泮　摩訶波囉丁羊乂耆唎弊泮　跋闍囉商羯囉夜
波囉丈耆囉闍耶泮　摩訶迦囉夜　摩訶末怛唎迦拏　南無娑羯唎多夜泮　毖瑟
拏婢曳泮　勃囉訶牟尼曳泮　阿耆尼曳泮　摩訶羯唎曳泮　羯囉檀遲曳泮　蔑
怛唎曳泮　嘮怛唎曳泮　遮文茶曳泮　羯邏囉怛唎曳泮　迦般唎曳泮　阿地目
質多迦尸摩舍那　婆私儞曳泮　演吉質　薩埵婆寫　麼麼印兎那麼麼寫

(5) 회향(333구~427구)

　도시다짇다　아마다리짇다　오사하라　가바하라　로디라하라　바사하라
마사하라　사다하라　시비다하라　바라야하라　간다하라　포사파하라　파
라하라　사사하라　파바짇다　도시타짇다　로다라짇다　약차2라라　라차
사2라하　폐다2라하　비사자2라하　부다2라하　구반다2라하　시간다
2라하　오다마다2라하　차야2라하　아파사마라2라하　타카혁다기니2
라하　리블데2라하　사미가2라하　샤구니2라하　모다라난디가2라하
아람바2라하　간도파니2라하　시버라예가혜가　듀데야가　다례데야가
쟈돌타가　니데시버라비사마시버라　박디가　비디가　시례시미가　사니파
데가　살바시버라　시로기데　말다베다로제검　아기로검　목카로검　가리
도로검　게라하2람　갈나슈람　단다슈람　흐리야슈람　말미슈람　바리시
바슈람　비리시다슈람　오다라슈람　가디슈람　바시데슈람　오로슈람　샹
가슈람　하시다슈람　바다슈람　사방앙가파라댱가슈람　부다비다다　다기
니시바라　다도로가건도로기디바로다비　살파로하링가　슈사다라사나가라
비사슈가　아기니오다가　마라볘라건다라　아가라미리두다렴부가　디뤼라
락　비리시짇가　살바나구라　사잉가뱌2라리야차다라츄　마라시볘데삼사
볘삼　시다다파다라　마하바사로스니삼　마하파라댱기람　야바도다샤유사
나　변다례나　비다야반담가로미　데슈반담가로미　파라빈다반담가로미
다냐타　옴　아나례　비샤데　볘라바사라다리　반다반다니　바사라방니
반　호옴도로옹반　사바하

突瑟吒質多　阿末怛唎質多　烏闍訶囉　伽婆訶囉　嚧地囉訶囉　婆娑訶囉
摩闍訶囉　闍多訶囉　視毖多訶囉　跋略夜訶囉　乾陀訶囉　布史波訶囉　頗
囉訶囉　婆寫訶囉　般波質多　突瑟吒質多　嘮陀囉質多　藥叉揭囉訶　囉刹
娑揭囉訶　閉多揭囉訶　毘舍遮揭囉訶　部多揭囉訶　鳩槃茶揭囉訶　悉乾陀
揭囉訶　烏怛摩陀揭囉訶　車夜揭囉訶　阿播薩摩囉揭囉訶　宅袪革茶耆尼揭
囉訶　唎佛帝揭囉訶　闍彌迦揭囉訶　舍俱尼揭囉訶　姥陀囉難地迦揭囉訶
阿藍婆揭囉訶　乾度波尼揭囉訶　什伐囉堙迦醯迦　墜帝藥迦　怛隸帝藥迦
者突託迦　昵提什伐囉毖釤摩什伐囉　薄底迦　鼻底迦　室隸瑟蜜迦　娑儞般
帝迦　薩婆什伐囉　室嚧吉帝　末陀鞞達嚧制劍　阿綺嚧鉗　目佉嚧鉗　羯唎
突嚧鉗　揭囉訶揭藍　羯拏輸藍　憚多輸藍　迄唎夜輸藍　末麼輸藍　跋唎室
婆輸藍　毖栗瑟吒輸藍　烏陀囉輸藍　羯知輸藍　跋悉帝輸藍　鄔嚧輸藍　常
伽輸藍　喝悉多輸藍　跋陀輸藍　娑房盎伽般囉丈伽輸藍　部多毖跢茶　茶耆
尼什婆囉　陀突嚧迦建咄嚧吉知婆路多毘　薩般嚧訶凌伽　輸沙怛囉娑那羯囉
毘沙喻迦　阿耆尼烏陀迦　末囉鞞囉建跢囉　阿迦囉蜜唎咄怛斂部迦　地栗剌
吒　毖唎瑟質迦　薩婆那俱囉　肆引伽弊揭囉唎藥叉怛囉芻　末囉視吠帝釤婆
鞞釤　悉怛多鉢怛囉　摩訶跋闍嚧瑟尼釤　摩訶般賴丈耆藍　夜波突陀舍喻闍
那　辮怛隸拏　毘陀耶槃曇迦嚧彌　帝殊槃曇迦嚧彌　般囉毘陀槃曇迦嚧彌　跢
姪他　唵　阿那隸　毘舍提　鞞囉跋闍囉陀唎　槃陀槃陀儞　跋闍囉謗尼
泮　虎鞞都嚧甕泮　莎婆訶.

　마지막 8구가 능엄주의 핵심인 심주(心呪) 내지 정주(正呪)이다. 이 심주를 말하기
에 앞서 수많은 불보살과 신들에 귀의하면서 그 능엄주의 힘으로 온갖 재난과 위험으
로부터 보호받기를 청한 것이다. 주문의 공덕은 주문을 외우는 자의 자력(自力)과 외
호의 타력(他力)에 의거한다고 볼 수 있다.

3) 능엄주의 공덕

붓다: 아난이여, 이 불정광취인 실달다반달라의 비밀스런 게송의 미묘한 장

구는 시방 모든 붓다를 출생시킵니다. ① 시방 여래가 이 주심(呪心)으로 무상정변의 지각을 이루고, ② 시방 여래가 이 주심을 갖고 모든 마(魔)를 항복시키고 모든 외도를 통제하며, ③ 시방 여래가 이 주심을 타고 보배 연꽃에 앉아 미진같이 많은 국토에 응하시고, ④ 시방 여래가 이 주심을 품고 미진같이 많은 국토에서 대법륜을 굴립니다. ⑤ 시방 여래가 이 주심을 갖고 능히 시방에서 정수리를 어루만지며 수기하므로 자과가 아직 이루어지지 않아도 시방에서 붓다의 수기를 받게 됩니다. ⑥ 시방 여래가 이 주심에 의거하여 시방에서 여러 고통을 뽑아 제도하니, 소위 지옥·아귀·축생·맹인·농아·벙어리·원증회고·애별리고·구부득고·5음성고 등 크고 작은 모든 횡액을 동시에 벗어나게 하고, 도적의 난·병사의 난·왕의 난·감옥의 난·바람·물·불의 난·기아·목마름·빈궁을 단번에 소멸시킵니다. ⑦ 시방 여래가 이 주심을 따라 능히 시방에서 선지식을 섬기며 행주좌와 중 뜻에 따라 공양 올리니, 항하사같이 많은 여래의 모임에서 대법왕자로 추앙됩니다. ⑧ 시방 여래가 이 주심을 행하니 능히 시방에서 친인을 섭수하고, 소승이 이 비밀장을 듣고도 놀라지 않게 합니다. ⑨ 시방 여래가 이 주문을 암송하여 무상각을 이루고 보리수에 앉아 대열반에 이릅니다. ⑩ 시방 여래가 이 주심을 전하여 멸도 후에 불법의 일을 맡겨 궁극에 머물도록 하니, 계율을 엄정히 하고 모두 청정하게 합니다. 만약 내가 이 불정광취의 반달라주에 대해 말하고자 하면, 아침부터 저녁까지 이어지는 음성으로 중간에 말을 반복하지 않는다 해도 항하사겁만큼 많은 시간이 경과하도록 말해도 결국 다 말할 수가 없습니다.

阿難, 是佛頂光聚悉怛多般怛羅祕密伽陀微妙章句出生十方一切諸佛. ① 十方如來因此呪心得成無上正遍知覺, ② 十方如來執此呪心, 降伏諸魔制諸外道, ③ 十方如來乘此呪心, 坐寶蓮華應微塵國, ④ 十方如來含此呪心, 於微塵國轉大法輪, ⑤ 十方如來持此呪心, 能於十方摩頂授記, 自果未成亦於十方蒙佛授記. ⑥ 十方如來依此呪心能於十方拔濟群苦, 所謂地獄·餓鬼·畜生·盲·聾·瘖瘂·怨憎會苦·愛別離苦·求不得苦·五陰熾盛大小諸橫同時解脫, 賊難·兵難·王難·獄難·風·水·火難·飢·渴·貧窮應念銷散 ⑦ 十方如來隨此呪心能於十方事善知識, 四威儀中供養如意, 恒沙如來會中推爲大法王子. ⑧ 十方如來行此呪心, 能於十方攝受親因, 令諸小乘聞祕密藏不生驚怖. ⑨ 十方如來誦此呪心, 成無上覺, 坐菩提樹入大涅槃. ⑩ 十方如來傳此呪心, 於滅度後付佛法事, 究竟住持, 嚴淨戒律,悉得淸淨. 若我說是佛頂光聚般怛羅呪, 從旦至暮音聲相連, 字句中間亦不重疊. 經恒沙劫終不能盡.

미묘장구를 통해 시방 여래가 갖는 묘용: 능엄주를 지송하는 중생에게 미치는 묘용

　① 무상정변지각을 이룸 – 총체적 설명

　② 마를 항복받고 외도를 제압함

　③ 중생의 원에 응함

　④ 대법륜을 굴림

　⑤ 정수리를 만지며 수기함

　⑥ 온갖 고통으로부터 벗어나게 함

　⑦ 스승을 섬기게 함, 법을 이어받게 함

　⑧ 친인(가까운 인연)을 섭수하여 소승을 포섭함

　⑨ 무상각을 이루고 대열반에 들게 함

　⑩ 불법을 부촉, 청정하게 함 – 총체적 결론

　능엄주는 서분 말미에서 묘사되었던 대로 붓다가 정수리로부터 갖가지 광명을 내놓자 그 광명 가운데 연꽃이 있고 그 연꽃 안에 나타난 붓다의 화신들이 설한 주문이며, 바로 앞에서 붓다가 도량을 장만하고 염송하라고 권했던 그 '실달다반달라' 주문이다. 일체 중생을 모두 덮어 보호할 수 있는 크고 청정한 우산, '대백산개(大白傘蓋)'라는 뜻이다. 이 주문으로부터 모든 붓다가 출생하며, 그렇게 출생한 붓다는 중생들을 위해 여러 공덕을 발휘한다. 말하자면 능엄주는 마를 항복시키고, 일체 세계 중생의 원에 응하여 나타나고, 불법을 설하고, 주문을 외우는 자에게 언제 성불하리라는 수기를 내린다. 능엄주의 독송은 모든 고통을 벗어나게 하고, 스승을 만나게 하고, 주변 사람을 포섭하게 하며, 무상각을 이뤄 열반에 들게 한다. 결국 불법을 따라 청정하게 된다는 것이다. 능엄주를 지송할 경우 제불의 묘용이 계속 이어진다. 즉 능엄주를 읊는 중생에게 붓다의 가피가 계속되는 것이다. 여기에서 언급하는바 능엄주에 힘입어 피하게 되는 고통과 난은 다음과 같이 정리된다.

고통의 종류:

　3악도의 고: 지옥고, 아귀고, 축생고

근의 부족의 고: 맹인, 농인, 벙어리

4고: 원증회고, 애별리고, 구부득고, 5음성고

8난: 적(賊), 병(兵), 왕(王), 옥(獄), 풍(風), 수(水), 화(火), 기갈(飢渴) + 빈궁(貧窮)

> 붓다: 또 이 주문을 '여래정'이라고도 합니다. 당신들 유학은 아직 윤회가 다하지 않았으니, 발심하여 지성으로 아뇩다라삼먁삼보리를 얻고자 하지만 이 주문을 지송하지 않고 도량에 앉는다면, 몸과 마음으로 모든 마사를 멀리하고자 해도 그런 경우는 없습니다. 아난이여, 만약 모든 세계의 국토에 있는 중생이 그 국토에서 자라는 나무껍질·패엽·종이·흰 모직물에 이 주문을 써서 향기 나는 주머니에 보관하되 그 사람이 마음이 혼미하여 능히 기억하여 암송하지 못한다면 혹 몸에 지니거나 혹 집 안에 글로 써두기만 해도 이 사람은 그 생애가 다하도록 일체 독도 해치지 못할 것임을 알아야 합니다.
>
> 亦說此呪名如來頂. 汝等有學未盡輪廻, 發心至誠趣向阿耨多羅三藐三菩提, 不持此呪而坐道場, 令其身心遠諸魔事, 無有是處. 阿難, 若諸世界隨所國土所有衆生, 隨國所生樺皮·貝葉·紙素·白疊, 書寫此呪, 貯於香囊, 是人心惛未能誦憶, 或帶身上, 或書宅中, 當知是人盡其生年一切諸毒所不能害.

능엄주의 효력을 얻는 길:

1. 주문의 지송: 그래야 마사를 벗어남

2. 주문의 휴대: 주문을 종이에 써서 몸에 지니거나 집에 두기, 부적처럼

이 능엄주를 '여래정'이라고 부르는 것은 능엄주가 주문 중에서 극히 존중해야 할 최상의 것이기 때문이다. 무상의 깨달음을 얻고자 도량에서 수행하면서 일체의 마사로부터 벗어나고자 한다면, 이 주문을 반드시 외워야 된다고 말한다. 그러나 주문을 직접 외워 암송하지 못한다고 해도 몸에 지니거나 집에 두기만 하여도 일체의 마사로부터 보호받을 수 있다고 한다. 이하에서는 이 능엄주를 지송하거나 휴대함으로써 얻게 되는 묘용을 좀 더 상세히 설명한다.

붓다: 아난이여, 내가 지금 당신을 위해 다시 말하니, 이 주문은 ① 세간을 구호하여 대무외를 얻게 하며, ② 중생이 출세간지를 성취하게 합니다. <① 세간 구호> 만약 내가 멸한 후 말세의 중생이 스스로 외우거나 다른 사람에게 외우게 가르치면, 이와 같이 지송하는 중생은 불도 능히 태우지 못하고 물도 능히 빠뜨리지 못하며, 큰 독(毒)과 작은 독도 능히 해하지 못하고 나아가 용·천·귀신·정지·마매 등이 가진 악주도 모두 건드리지 못한다는 것을 알아야 합니다. 마음이 삼매를 얻으므로 일체 주문으로 저주함·술법으로 해 끼침·독약·금독·은독·초목·벌레·뱀 등 만물의 독기가 그 사람의 입에 들어가도 감로의 맛이 될 것입니다. 일체 나쁜 별과 모든 귀신이 나쁜 마음으로 독해하려고 해도 이러한 사람에게는 악을 일으킬 수 없습니다. 반나·야차·모든 악귀왕과 그 권속들이 모두 깊은 은혜를 받아서 항상 더 (그를) 수호합니다.

阿難, 我今爲汝更說此呪 ① 救護世間得大無畏, ② 成就衆生出世間智. 若我滅後末世衆生有能自誦, 若敎他誦, 當知如是誦持衆火不能燒, 水不能溺, 大毒小毒所不能害, 如是乃至龍·天·鬼神·精祇·魔魅所有惡呪皆不能著. 心得正受, 一切呪咀·魘蠱·毒藥·金毒·銀毒·草木·蟲·蛇, 萬物毒氣入此人口, 成甘露味. 一切惡星幷諸鬼神磣心毒人, 於如是人不能起惡. 毘那·夜迦·諸惡鬼王幷其眷屬, 皆領深恩常加守護.

능엄주를 지송하거나 휴대함으로써 얻는 묘용:
① 세간을 구호하여 무외를 얻음
　　악연이 해하지 못함: 불, 물, 대독, 소독
　　악주(惡呪)도 해하지 못함: 용, 천, 귀신, 요정(정지), 도깨비(마, 매) 등의 악주
　　능엄주 지송 → 정(삼매/정수)에 이름 → 저주와 독도 감로로 바뀜
　　　　악한 별, 귀신이 해하려 해도 반나·야차·악귀왕이 막아줌

능엄주가 갖는 효용을 다시 두 가지로 정리하여 말한다. 하나는 세간적 삶에서 얻게 되는 이익이고, 다른 하나는 출세간적 삶에서 얻게 되는 이익이다. ① 우선 세간적 보호이다. 관세음보살이 14무외를 행하듯이 이 능엄주를 지송하는 중생은 온갖 환난으로부터 보호받게 되고 어떤 악귀에 의한 악주도 그를 해치지 못한다고 한다. 주저(呪咀)는 주문으로 저주(咀呪)함이고, 염고(魘蠱)는 좋지 않은 술수나 독 등으로 남을 해

치는 것이다. 능엄주로 삼매에 든 자에게는 온갖 독까지도 오히려 감로로 바뀐다고 한다. 즉 능엄주로 얻은 삼매의 힘이 몸에 들어온 나쁜 기운을 감로맛으로 변화시킨다는 것이다. 그러므로 어떤 것도 능엄주를 지송하는 사람을 해치지 못한다. 온갖 귀신들도 해치지 못하고, 오히려 예전에 도움을 받았던 반나나 야차 등이 그 사람을 보호한다고 한다. 여기에서 나쁜 물질에 의해 해쳐지지 않기 위해서는 삼매에 들어야 한다는 것에 대해 『정맥소』는 이렇게 설명한다. "마음이 정수(正受)를 얻었다 함은 주력이 지속되어 삼매를 이룬 것이다. 〈문〉 앞에서 악주를 물리칠 때에는 어째서 삼매를 반드시 구하지 않는가? 〈답〉 악주는 물질이 아니므로 몸에 가해지지 않도록 정주(正呪)로 막을 수 있으니, 어찌 자신의 삼매가 꼭 필요하겠는가. 그렇지만 유형의 독이 이미 몸 안에 들어왔다면, 자신의 삼매가 아니면 감로로 변화시킬 수가 없으므로 바른 삼매를 구하는 것이다."[19] 몸에 들어온 독이 그럼에도 몸을 상하지 못하게 하려면, 몸이 능엄주의 삼매에 들어 있어야 한다는 것이다.

붓다: <② 출세간적 도업 성취> 아난이여, 이 주문에는 항상 8만4천 나유타 항하사만큼 많은 금강장왕보살의 종족(의 보호)이 있고, 그 하나하나마다 모든 금강의 무리가 권속이 되어 주야로 따라다니며 모신다는 것을 알아야 합니다. 설사 중생이 삼마지가 아닌 산란심에서라도 마음으로 기억하고 입으로 외우면, 이 금강왕이 항상 그 선남자를 따라다니며 모시는데, 하물며 보리심으로 결정한 사람이야 어떻겠습니까? 이 금강보살장왕의 정밀한 마음이 은밀하고 빠르게 그에게 신식(神識)을 일으키므로 그는 즉시 마음으로 능히 8만4천 항하사겁을 기억하여 두루 알아 의혹이 없게 됩니다.

阿難, 當知是呪常有八萬四千那由他恒河沙俱胝金剛藏王菩薩種族, 一一皆有諸金剛衆而爲眷屬晝夜隨侍. 設有衆生於散亂心非三摩地心憶口持, 是金剛王常隨從彼, 諸善男子何況決定菩提心者? 此諸金剛菩薩藏王精心陰速發彼神識, 是人應時心能記憶八萬四千恒河沙劫, 周遍了知得無疑惑.

능엄주를 지송하거나 휴대함으로써 얻는 묘용:
② 출세간지를 성취하여 도업 성취
   능엄주를 지송 → 정(삼매/정수)에 이름 → 금강장왕의 힘으로 3명6통을 얻음

능엄주는 금강장보살의 종족이 모시는 주문이다. 그러므로 누군가 능엄주를 지송하면 금강장보살이 그를 보호한다. 특히 지혜를 얻고자 마음먹은 사람의 경우 금강장왕이 마음으로 그 사람의 '신묘한 식'인 신식(神識)을 열어주어 그로 하여금 일체를 두루 알게 만든다는 것이다. 8만4천 항하사겁을 기억한다는 것은 무수한 과거의 일을 모두 기억하여 밝히 알게 되는 신통력을 얻게 된다는 뜻이다. 3명6통을 얻는 것이라고 할 수 있다.

6통: 신족통, 천안통(미래를 봄), 천이통, 타심통, 숙명통(과거를 앎), 누진통(번뇌를 다함)
3명: 천안명   숙명명,   누진명

붓다: 제1겁에서부터 마지막 몸까지 태어날 때마다 야차·나찰·부단나·가타부단나·구반다·비사차 또는 모든 아귀·유형·무형·유상·무상 등과 같은 악처에 태어나게 되지 않습니다. 이 선남자가 읽거나 외우거나 쓰거나 베끼거나 지니거나 갖고 있거나 여러 방식으로 공양하면, 겁겁으로 빈궁하거나 천하거나 좋지 않은 곳에서 태어나지 않을 것입니다. 이 중생들이 설령 자기 몸으로 복된 업을 짓지 않더라도 시방 여래가 갖고 있는 공덕을 모두 이 사람에게 주므로 이로 인해 항하사 아승지같이 이루 말할 수 없는 오랜 겁 동안 항상 붓다와 더불어 한 곳에 함께 태어날 것입니다. 무량한 공덕이 마치 악차취와 같아 같은 곳에서 훈습하고 수행하여 영원히 흩어지지 않을 것입니다. 이 때문에 계를 파한 사람은 계의 뿌리를 청정하게 하고, 아직 계를 얻지 못한 사람은 계를 얻게 됩니다. 아직 정진하지 않은 자는 정진하게 되고, 지혜가 없는 자는 지혜를 얻게 됩니다. 청정하지 않은 자는 속히 청정하게 되고, 재계를 갖지 못한 자는 스스로 재계를 이루게 됩니다.

從第一劫乃至後身, 生生不生藥叉·羅剎及富單那·迦吒富單那·鳩槃茶·毘舍遮等幷諸餓鬼·有形無形·有想無想如是惡處. 是善男子若讀, 若誦, 若書, 若寫, 若帶,若藏,諸色供養,劫劫不生貧窮下賤不可樂處.此諸衆生縱其自身不作福業,十方如來所有功德悉與此人,由是得於恒河沙阿僧祇不可說不可說劫,常與諸佛同生一處.無量功德如惡叉聚,同處熏修永無分散.是故能令破戒之人戒根清淨,未得戒者令其得戒.未精進者令得精進,無智慧者令得智慧,不清淨者速得清淨,不持齋戒自成齋戒.

수행하기 좋은 곳, 부처 있는 곳에 태어남
태어난 후, 계 + 정진 + 혜 + 청정 + 재계를 이룸

제1겁인 발보리심한 때부터 마지막 몸이 성불하는 때에 이르기까지 야차나 아귀 등 악처에 태어나지 않고, 인간으로 태어나되 부유한 곳에 태어난다는 것이다. 태어나는 곳이 악처가 아니고 좋은 환경이라는 것은 그래야지만 방해받지 않고 수행을 해서 도업을 이룰 수 있기 때문이다. 능엄주를 지송하는 중생은 자기 스스로 큰 복업을 짓지 않더라도 온 세계 여래가 자신의 공덕을 수행자에게 넘겨주므로 긴 세월 동안 부처 있는 세계에 태어나게 된다고 한다. 그렇게 좋은 곳에 태어나고 그 후에도 공덕이 계속 남아서 수행을 잘 하게 되어 결국 계와 정과 혜를 모두 얻게 된다고 한다. 업의 장애 때문에 또는 스승이나 단이 없어서 재계하지 못할 경우에도 능엄주만 지니고 있으면 재계를 이루게 된다는 것이다.

붓다: 아난이여, 이 선남자가 이 주문을 지닐 때는 주문을 받기 전에 설사 금계를 범했어도 주문을 지닌 후에 모든 파계의 죄가 경중에 상관없이 일시에 소멸합니다. 설령 술을 마시고 5신채를 먹고 갖가지 부정을 행했어도 일체 제불·보살·금강·천·선·귀·신이 허물로 삼지 않을 것이며, 설혹 더럽고 떨어진 의복을 입어도 행하든 머무르든 항상 똑같이 청정할 것입니다. 설령 단을 짓지도 않고 도량에 들어가지도 않고 행도를 하지 않아도 이 주문을 외우고 지니면 단에 들어가 행도를 한 공덕과 같습니다. 만약 5역의 무간중죄와 모든 비구·비구니의 4기·8기를 짓더라도 이 주문을 외우면 이러한 중업이 마치 강한 바람이 모래

더미를 날려 버리는 것과 같아 모두 소멸하여 터럭 하나도 남지 않을 것입니다. 아난이여, 만약 어떤 중생이 무량무수겁 이래 갖고 있는 일체 경중의 죄의 장애를 전생 이후 아직 참회하지 않았어도, 이 주문을 읽거나 외우거나 쓰거나 베껴서 몸에 지니거나 별장이나 집이나 정원이나 별관 등 머무는 곳에 두면, 이와 같이 쌓인 업이 마치 끓는 물에 눈이 녹는 듯하여 오래지 않아 모두 무생법인(無生法忍)을 깨닫게 될 것입니다.

阿難, 是善男子持此呪時, 設犯禁戒於未受時, 持呪之後衆破戒罪, 無問輕重一時銷滅. 縱經飮酒食噉五辛種種不淨, 一切諸佛·菩薩·金剛·天·仙·鬼·神不將爲過, 設著不淨破弊衣服, 一行一住悉同淸淨. 縱不作壇不入道場亦不行道, 誦持此呪還同入壇行道功德. 若造五逆無間重罪及諸比丘比丘尼四棄八棄, 誦此呪已, 如是重業猶如猛風吹散沙聚, 悉皆滅除更無毫髮. 阿難, 若有衆生從無量無數劫來所有一切輕重罪障, 從前世來未及懺悔, 若能讀誦書寫此呪, 身上帶持, 若安住處莊宅園館, 如是積業猶湯銷雪, 不久皆得悟無生忍.

이전의 죄업이 모두 소멸함: 음주, 5신채, 부정한 옷, 도량 건립 안 함, 행도 안 함
이전의 5역죄, 4기, 8기도 용서됨
능엄주 지송 → 정(定)을 이룸 → 3명6통을 발현 (앞에서 언급) ┐ 출세간지혜/도업성취
        → 혜(慧)를 이룸 → 무생법인을 깨달음 ┘

능엄주를 지니면, 그전에 지었던 온갖 죄업이 모두 소멸한다고 한다. 주문을 외우는 순간 중생은 죄를 짓던 일상심의 차원이 아닌 본래 마음자리로 들어선다. 그 마음에 응하여 여래의 묘용이 작용하므로 이전의 파계의 죄는 모두 소멸한다는 것이다. 능엄주를 수지독송하면, 이전에 음주나 5신채를 먹었어도 문제가 되지 않고 도량을 건립하지 않은 것도 문제가 되지 않는다고 말한다. 정(定)에 오래 머물 수 있으면 바로 그곳이 적멸도량(寂滅道場)이다. 그러므로 실제로 형식을 갖춰 도량을 새로 건립하는가 아닌가는 중요한 것이 아니라고 할 수 있다. 5역죄는 '5무간업'이라고도 하는데, 그 업을 지으면 무간지옥으로 떨어지기 때문이다. 4기, 8기의 기(棄)는 중범죄인 바라이죄(波羅夷罪, pārājika)를 지으면 불법 바깥으로 버려진다는 의미에서 '기'이다. 4기는 앞서 언급했던 살·도·음·대망어이고, 8기는 4기에다 이성과 관련하여 넷을 더한 것으로서 비구니에게만 부과된다. 나머지 4가지가 남녀가 함께 짓는 것인데도, 비구는 빼고 비

구니에게만 부과했다는 것은 아직 성차별적 사고가 남아 있음을 보여준다. 이런 죄들까지도 그 전에 지었던 것들은 능엄주를 수지하기만 하면 모두 소멸한다고 한다. 능엄주를 수지독송하거나 써서 몸이나 머무는 곳에 두기만 해도 지난 죄업이 모두 소멸하며 결국 무생법인을 깨닫게 된다고 한다. 5역죄와 4기, 8기를 정리하면 다음과 같다.

5역죄: 부·모·아라한 죽임, 승가화합 깸, 부처 몸에 피나게 함: 5무간업(무간지옥 행)

비구의 4기(棄)＝바라이죄: 살·도·음·대망어

비구니의 8기(棄)＝바라이죄: 1.살 · 2.도 · 3.음 · 4.대망어 ＋ 5.촉(觸) · 6.팔(八) · 7.부(覆) · 8.수(隨)

  5. 마촉수락(摩觸受樂): 음욕 있는 남자가 자기 몸을 접촉하게 해서 쾌락을 얻는 죄

  6. 8사성중(八事成重): 음욕 있는 남자와 함께 있거나 밀하거나 걷는 등의 일을 하는 죄

  7. 부장타중죄(覆障他重罪): 다른 비구니의 바라이죄를 알고도 알리지 않은 죄

  8. 수순빈비구(隨順擯比丘): 빈척당한 비구를 따르거나 공양하거나 왕래한 죄

> 붓다: 또 아난이여, 만약 어떤 여인이 아직 아들이나 딸을 낳지 못해 낳기를 원하여 지극한 마음으로 이 주문을 기억하거나 이 실달다반달라를 몸에 지니면, 곧 복덕과 지혜가 있는 아들·딸을 낳을 것입니다. 장수를 구하는 자는 곧 장수하게 되고, 과보가 속히 원만해지기를 원하는 자는 속히 원만함을 얻을 것이며, 몸과 목숨과 형상과 힘도 역시 이와 같을 것입니다. 명이 다할 때에 원(願)에 따라 시방 국토에 왕생하며, 결정코 변방이나 천한 곳에 태어나지 않을 것이니, 하물며 잡스러운 형태이겠습니까.
>
> 復次, 阿難, 若有女人未生男女, 欲求生者, 若能至心憶念斯呪, 或能身上帶此悉怛多鉢怛羅者, 便生福德智慧男女. 求長命者速得長命, 欲求果報速圓滿者速得圓滿, 身命色力亦復如是. 命終之後, 隨願往生十方國土, 必定不生邊地下賤, 何况雜形.

소원성취: 득남득녀, 장수, 과보속득원만, 목숨, 건강, 좋은 곳에 태어남

앞에서는 능엄주를 지송함으로써 삶이 고통으로부터 벗어나게 된다는 것을 설명하였다면, 여기에서는 원하는 것이 성취되어 삶에 즐거움이 더해지게 된다고 말한다. 앞

에서는 비(悲)를 말하고, 여기에서는 자(慈)를 말한다고 할 수 있다. 능엄주를 지송하
거나 몸에 지니면, 무엇이든지 원하는 바를 모두 성취하게 된다고 한다. 자식을 얻는
것, 오래 사는 것, 원만한 과보를 빨리 얻는 것, 죽은 후 좋은 곳에 다시 태어나는 것
등 모든 것이 원하는 대로 이루어진다는 것이다.

붓다: 아난이여, 만약 국토나 주·현·취락에 기황·전염병·도병·도적·전쟁 등
일체 액난이 있는 곳에서도 이 신비한 신주를 베껴서 성의 4문이나 사원이나 연
단 위에 두고, 그 국토에 사는 중생들에게 그 주문을 우러러 받들고 예배 공경하
고 일심으로 공양하게 하며, 그 백성들 각각의 몸에 지니거나 각각 거처하는 집
에 놓게 하면, 일체 재액이 모두 소멸할 것입니다. 아난이여, 곳곳마다 국토 중
생에 이 주문이 있으면, 천과 용이 환희하고 풍우가 순조로워서 5곡이 풍성하고
만민이 안락할 것입니다. 또한 방향을 따라 변괴를 일으키는 일체 악성(惡星)을
진압하여 재앙이 일어나지 않을 것이며, 사람들이 횡액을 당하거나 요사하지
않고, 형틀과 칼과 쇠고랑이 몸을 구속하지 못하며, 밤낮으로 편히 자고 악몽이
없을 것입니다. 아난이여, 이 사바세계에는 재앙을 일으키는 8만4천의 악성이
있어 28개의 대악성이 우두머리가 되고 또 8개의 대악성이 주재가 되어 갖가지
모양을 지어 세계에 출현하면서 능히 중생에게 갖가지 재앙과 이적을 일으키지
만, 이 주문이 있는 곳에서는 모두 소멸하고 12유순이 결계의 땅을 이루어 모든
악한 재앙의 조짐이 영원히 들어올 수 없게 됩니다.

阿難, 若諸國土州·縣·聚落, 饑荒·疫癘或復刀兵·賊難·鬪諍, 兼餘一切厄難之
地, 寫此神呪, 安城四門幷諸支提或脫闍上, 令其國土所有衆生奉迎斯呪, 禮拜恭
敬, 一心供養, 令其人民各各身佩, 或各各安所居宅地, 一切災厄悉皆銷滅. 阿難,
在在處處國土衆生隨有此呪, 天龍歡喜, 風雨順時, 五穀豐殷, 兆庶安樂. 亦復能鎮
一切惡星隨方變怪, 災障不起, 人無橫夭, 枷械枷鎖不著其身, 晝夜安眠常無惡夢.
阿難, 是娑婆界有八萬四千災變惡星, 二十八大惡星而爲上首, 復有八大惡星以爲
其主, 作種種形出現世時, 能生衆生種種災異, 有此呪地悉皆銷滅. 十二由旬成結
界地, 諸惡災祥永不能入.

마을이나 국토의 액난을 물리침 + 자연환경이 좋아져서 재앙이 일어나지 않음

별들로 인한 재앙도 일어나지 않음

　84,000 재앙의 별: 인간 번뇌업에 응한 수

　28악성: 동서남북 각 방향마다의 7악성

　8악성이 주재: 수성·화성·금성·목성·토성과 나성(羅星)·계성(計星)·패성(孛星)

　사람들이 능엄주를 지송하고 공양하거나 몸이나 거처 등에 안치하면, 개인 차원을 넘어 마을 전체 또는 나라 전체가 여러 가지 액난을 크게 당하지 않고 무사히 통과할 것이라고 말한다. 국토 중생이 능엄주를 지송하고 따르면, 마을 전체가 여러 재앙을 피하고, 사람들도 편하게 살게 된다는 것이다. 8만4천 번뇌 수에 해당하는 그만큼의 악성이 있어 재앙을 일으킨다고 하며, 그때에도 능엄주만 있으면 일체 재앙을 벗어날 수 있다고 한다. 『정맥소』는 "'재앙과 이적을 일으킨다' 함은 선(善)을 거스른 응보일 뿐이니, 혜(彗, 꼬리별), 패(孛, 살별), 비(飛), 유(流, 유성)는 동분(同分)에 응한 것이고, 별이 그렇게 한 것은 아니다"[20]라고 설명한다.

> 붓다: 그러므로 여래가 이 주문을 선포하여 미래세의 초학의 수행자들을 보호하여 삼마지에 들게 하고 몸과 마음이 태연하여 큰 편안함을 얻게 하며, 다시는 일체 마와 귀신이 없게 하고 무시이래의 원횡·숙앙·구업·묵은 빚이 와서 괴롭히고 해치지 않게 합니다. 당신과 대중의 모든 유학인 및 미래세의 모든 수행자들이 ① 나의 전단과 도량에 의거하고 ② 여법하게 계를 지키며 ③ 수계사로 청정한 스님을 만나고 ④ 이 주심을 지니며 의심을 일으키지 않았는데도 그 선남자가 그 부모로부터 받은 몸으로 마음의 통달을 얻지 못한다면, 시방 여래가 망어를 한 것이 됩니다.
>
> 是故如來宣示此呪, 於未來世保護初學諸修行者入三摩提, 身心泰然得大安隱, 更無一切諸魔鬼神及無始來冤橫·宿殃·舊業陳債來相惱害. 汝及衆中諸有學人及未來世諸修行者, ① 依我壇場, ② 如法持戒, ③ 所受戒主逢淸淨僧, ④ 持此呪心不生疑悔, 是善男子於此父母所生之身不得心通, 十方如來便爲妄語.

20　진감, 『정맥소』, 3권, 711쪽.

현생에서 심통(수다원과/성불/숙명통)을 얻을 조건:
　① 도량 건립
　② 여법하게 계 지킴
　③ 청정한 스님을 수계사로 삼음
　④ 주심을 의심하지 않고 지님

　여래가 능엄주를 주어 세상 사람들이 수행하면서 삼매에 들게 하고 또 그들을 온갖 재앙으로부터 보호한다고 한다. 여래가 중생을 구제하기 위해 선포한 능엄주이므로 이 능엄주를 지녀 믿고 지송하면 원하는 바를 이룰 수 있다는 것이다. 특히 도량을 세우고 계를 지키며 청정한 스님을 만나고 주문을 잘 지송하면 결국은 마음의 통달을 얻을 수 있다고 한다. 만일 그렇게 되지 않는다면, 여래가 한 말이 망어인 거짓말이 된다고 말한다. 그만큼 능엄주에 관한 교설은 불교의 핵심이 되는 진리라는 것을 강조한 말이다. 지금까지 붓다가 능엄주의 효능에 대해 이야기하였다면, 이하에서는 다른 보살과 천왕들이 이 능엄주의 위력을 어떤 방식으로 적극 수호할 것인지를 덧붙여 이야기한다.

4) 신장들의 보호

　금강역사들: (붓다가 말을 마치자 모임 중의 무량한 수백 수천 금강이 일시에 붓다 앞에 합장하고 정례하며 붓다에게) 붓다의 말씀대로 저희는 이와 같이 보리를 닦는 자를 성심으로 보호하겠습니다.
　범왕·제석·사대천왕: (붓다에게 동시에 정례하고 붓다에게) 이와 같이 수학하는 선인이 있으면, 저희는 마땅히 진심과 지성으로 보호하여 그가 일생에 하는 일이 원하는 대로 되도록 하겠습니다.
　야차대장·나찰왕·부단나왕·구반다왕·비사차왕·빈나·야가·대귀왕·귀사: (붓다 앞에 합장하고 정례하며) 저희도 또한 이 사람들을 보호하여 보리심이 속히 원만해지기를 서원합니다.
　일천자·월천자·풍사·우사·운사·뢰사·전백·년세순관·성권속: (모임에서 붓다의 발에 정례하고 붓다에게) 저희도 역시 이 수행인을 보호하여 도량을 안립하며 무소외를 얻도록 하겠습니다.

산신·해신·토지신·수륙신·공행의 만물 정기·풍신왕·무색계천: (여래 앞에 동시에 머리 숙이고 붓다에게) 저희들도 이 수행인을 보호하여 보리를 얻어 영원히 마사(魔事)가 일어나지 않도록 하겠습니다.

(說是語已, 會中無量百千金剛一時佛前, 合掌頂禮而白佛言) 如佛所說, 我當誠心保護如是修菩提者.

(爾時梵王幷天帝釋四天大王亦於佛前同時頂禮而白佛言) 審有如是修學善人, 我當盡心至誠保護令其一生所作如願.

(復有無量藥叉大將·諸羅刹王·富單那王·鳩槃茶王·毘舍遮王·頻那夜迦·諸大鬼王及諸鬼帥亦於佛前合掌頂禮) 我亦誓願護持是人令菩提心速得圓滿.

(復有無量日·月天子·風師·雨師·雲師·雷師幷電伯等·年歲巡官·諸星春屬亦於會中頂禮佛足而白佛言) 我亦保護是修行人安立道場得無所畏.

(復有無量山神海神·一切土地·水陸空行萬物精祇幷風神王·無色界天於如來前同時稽首而白佛言) 我亦保護是修行人得成菩提永無魔事.

능엄주를 지송하는 사람을 금강장왕보살이 수호할 것이라는 붓다의 말에 힘을 실어주기 위해 금강역사들이 실제로 그렇게 하겠다고 말한다. 여기에서의 금강신은 뒤에 나오는 금강장왕보살과는 다른 인물이다. 나아가 천을 통솔하는 범왕, 제석, 사천왕들도 모두 능엄주를 지송하는 사람들을 보호하고 그 뜻을 성취시키도록 도움을 주겠다고 말한다. 이어 8부를 통솔하는 야차와 나찰 등 여러 천신들도 마찬가지로 능엄주를 지닌 사람들을 보호하고 그들의 원이 이루어지며 보리심이 원만해지도록 하겠다고 말하고, 자연신인 일천자, 월천자 등 자연현상을 총괄하는 주재자들도 모두 능엄주를 지송하는 수행자를 보호하겠다고 말한다. 토지신인 산신이나 해신 등 많은 자연신들도 능엄주를 지송하는 수행자를 일체 마사로부터 보호하겠다고 말한다.

금강장왕보살: (8만4천 나유타 항하사같이 많은 금강장왕보살이 모임 중의 자리에서 일어나 붓다의 발에 정례하고 붓다에게) 세존이여, 저희들은 닦은 공덕의 업으로 오래전에 보리를 이루었지만, 열반을 취하지 않고 항상 이 주문을

따라 말세에 삼마지를 닦는 바른 수행자를 보호하여 구제하겠습니다. 세존이
여, 이와 같이 마음을 닦아 정정(正定)을 구하는 사람이 도량에 있거나 경행을
하거나 나아가 산란심으로 취락에서 놀더라도 저희들은 항상 따라다니면서 이
사람을 모시고 지키겠습니다. 설령 마왕인 대자재천이 (해칠) 방편을 구해도 끝
내 얻지 못하게 하며, 작은 귀신들도 이 선인으로부터 10유순 밖으로 떨어지게
하되, 발심하여 선(禪)을 닦고자 하는 귀신만 제외하겠습니다. 세존이여, 이와
같이 악마나 마의 권속이 와서 이 선한 자를 침입하여 포섭하려고 하면 우리가
보배 방망이(금강보저)로 그의 머리를 분쇄하여 미진으로 만들어 항상 이 사람
(수행자)이 하는 일이 소원대로 되도록 하겠습니다.

(爾時八萬四千那由他恒河沙俱胝金剛藏王菩薩在大會中卽從座起, 頂禮佛足
而白佛言) 世尊, 如我等輩所修功業久成菩提, 不取涅槃, 常隨此呪, 救護末世修三
摩提正修行者. 世尊, 如是修心求正定人, 若在道場及餘經行, 乃至散心遊戲聚落,
我等徒衆常當隨從, 侍衛此人, 縱令魔王大自在天求其方便, 終不可得, 諸小鬼神
去此善人十由旬外, 除彼發心樂修禪者. 世尊, 如是惡魔, 若魔眷屬欲來侵擾是善
人者, 我以寶杵殞碎其首猶如微塵, 恒令此人所作如願.

마지막으로 금강장왕보살이 능엄주를 따라 삼마지를 닦는 자를 보호하겠다고 말한
다. 그는 수행의 공덕으로 이미 보리를 이루고 열반에 들 수 있지만, 중생 구제를 위해
열반을 취하지 않는 보살이다. 그는 능엄주를 지송하는 수행자를 보호하여 모두 선나
를 닦아 자신의 원을 성취할 수 있도록 돕겠다고 말한다. '금강장왕보살(金剛藏王菩
薩)'이라는 이름에 대해『정맥소』는 이렇게 설명한다. "구경견고의 이치를 증득했기에
'금강'이라고 하고, 자취를 숨기고 주(呪)를 지닌 자를 수호하기에 '장'이라고 하며, 자
비로운 위신력이 존귀하고 수승하여 굴복과 섭수를 병행하기에 '왕보살'이라고 한다.
마군을 항복받을 때 금강저를 갖고 분노하는 금강의 모습을 나타내기에 그렇게 부른
다."[21] 금강장보살은 능엄주를 지송하는 중생이 삼마지를 닦든 잠시 마음이 흩어지든
언제나 그들을 대자재천인 마왕의 방해나 귀신의 훼방으로부터 보호하겠다고 말한다.
다만 귀신들 중에서 발심해서 선을 닦는 귀신은 그 스스로도 수행하려 하므로 수행자

---

21   진감, 『정맥소』, 3권, 721쪽.

와 가까이해도 내버려두겠다고 한다.

　여기까지 제2부 삼마제에서 이근원통 반문(反聞) 수행인 정수(正修)와 그 외 도량 건립과 주문지송 등 조행(助行)을 함께 말하였다. 아난은 예리한 근기이므로 반문(反聞)으로 충분하지만, 아난이 말법시대 일반 중생의 구제를 위한 길을 물었기에 지금까지 도량건립과 주문지송을 논한 것이다. '사마타'가 본성의 자각으로서 화옥을 눈앞에서 바라보아 아는 것이라면, '삼마제'는 그 화옥의 문을 통과하여 집 안으로 들어가는 것이다. 지금까지 논한 이문(耳門) 내지 도량과 지주(持呪)가 그것이다. 이제 남은 것은 집 안에서 마당을 거쳐 마루에 오르고 방으로 들어가는 것인데, 이것은 이어지는 제3부 '선나(증과분)' 부분에서 다룬다.

제3부

선나: 증과분

사마타가 중생의 마음을 원묘명심으로 밝히는 활동이고, 삼마제가 그 원묘명심으로 직접 나아가는 활동이라면, 선나는 구체적인 수행의 단계를 거쳐 그 원명을 증득해가는 과정이라고 할 수 있다. 제2부 '삼마제'에서 이근원통의 반문(反聞) 수행과 수능엄주의 지송을 밝혔고, 이제 제3부 '선나'에서는 원묘명심의 증득에 이르기까지의 점차적인 수행과정을 세세하게 밝힌다. 비유적으로 말하면 사마타가 밖에서 화옥을 보는 것이고, 삼마제가 대문을 통과하여 화옥에 들어서는 것이라면, 선나는 마당을 거쳐 마루로 올라가고 방으로 들어가는 과정에 해당한다.

사마타   →   삼마제   →   선나
화옥을 봄   집에 들어감   방으로 걸어감
견도분   수도분   증과분
              수행의 첫 단계   점차적 수행 단계

아난: (자리에서 일어나 붓다의 발에 정례하고 붓다에게) 저희가 우둔하여 다문만 좋아하고 번뇌의 마음에서 벗어나기를 구하지 않다가 붓다의 자비로운 가르침을 받고 바른 흔습과 수행을 얻어서 몸과 마음이 상쾌하여 큰 이익을 얻었습니다. 세존이여, 이와 같이 붓다의 삼마지를 수증하여 열반에 이르기 전에 ① 무엇을 간혜지라고 하고, ② 44심에서 어느 점차에 이르러야 수행의 이름을 얻으며, ③ 어느 지점에서 지(地)에 들어간다고 하고, ④ 어떤 것을 등각보살이라고 합니까? (이렇게 말하고는 5체투지하고 대중과 한마음으로 붓다의 자비로운 음성을 기다리면서 (붓다를) 응시하며 우러러 바라본다.)

붓다: (아난을 칭찬하며) 좋습니다, 좋습니다. 당신들은 널리 대중과 삼마제를 닦아 대승을 추구하는 말세의 일체 중생을 위하여 범부에서부터 대열반에 이르기까지 최상의 바른 수행의 길을 드러내고자 합니다. 당신은 잘 들으십시오. 당신을 위하여 말하겠습니다.

아난과 대중: (합장하며 마음을 비우고 말없이 가르침을 받고자 한다.) …

(阿難卽從座起, 頂禮佛足而白佛言) 我輩愚鈍好爲多聞, 於諸漏心未求出離, 蒙佛慈誨得正熏修, 身心快然獲大饒益. 世尊, 如是修證佛三摩提未到涅槃. ① 云何名爲乾慧之地, ② 四十四心至何漸次得修行目, ③ 詣何方所名入地中, ④ 云何名爲等覺菩薩?(作是語已五體投地, 大衆一心佇佛慈音瞪瞢瞻仰.)

  (爾時世尊讚阿難言) 善哉善哉, 汝等乃能普爲大衆及諸末世一切衆生修三摩提
求大乘者, 從於凡夫終大涅槃, 懸示無上正修行路. 汝今諦聽. 當爲汝說.

  (阿難大衆合掌刳心, 默然受敎.)

앞의 삼마제에서 원묘명심에 들어가는 최적의 방편은 들리는 소리로 나아가지 않고
들음으로 돌아오는 '반문(反聞)'이라는 것을 밝혔으며, 이를 '문훈문수'라고 하였다. 여
기에서 말하는 '바른 훈습과 수행'인 '성훈수'는 바로 이러한 문훈문수를 뜻한다. 아난
은 앞에서의 붓다의 가르침을 듣고 몸과 마음이 상쾌해졌다고 말한다. 그러면서 원묘
명심을 확실하게 증득하고 실현하는 구체적인 수행 단계에 대해 묻는다. 위의 질문과
이하에서 논해질 수행지위를 미리 정리해보면 다음과 같다.

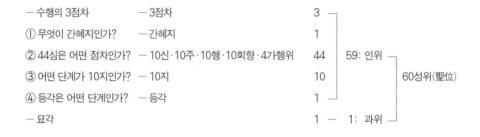

붓다는 아난이 묻고 있는 것이 바로 범부의 수준에서부터 대열반에 이르는 수행의
길이라는 것을 분명히 하며, 아난과 대중은 그것에 대한 붓다의 설명을 듣기를 기다린
다. 여기에서 밝히고자 하는 수행 단계는 범부에서부터 대열반에 이르기까지의 단계
로서 그보다 더 위가 없는 최상의 바른 수행, 즉 불료의가 아닌 료의(了義)의 수증
이다.

I

전의와 2종 전도

제3부 선나 부분은 부처의 과위에 이르기까지의 수행 단계를 논하는 것이 주된 내용이지만, 여기에서는 그에 앞서 왜 그런 수행이 필요한지, 즉 중생이 왜 원묘명심에 머무르지 않고 생멸의 허망상에 빠져 있는지를 먼저 설명한다. 허망에서 진으로 나아가는 것이 전의(轉依)라면, 중생이 원묘명심에 머물러 있지 않고 허망한 유위상에 빠져 있는 것은 전도(顚倒)이다. 즉 중생이 전도되어 있기에, 그것을 다시 되돌리는 전의의 수행이 요구되는 것이다. 따라서 수행을 논하기에 앞서 우선 전도를 논한다.

1. 중생전도

1) 전도(顚倒)와 전의(轉依)의 관계

붓다: 아난이여, 묘한 성품은 원만하고 밝아 모든 이름과 모습을 떠났으며 본래 세계와 중생이 없다는 것을 알아야 합니다. 망(妄)으로 인해 생이 있고 생으로 인해 멸이 있기에, 생멸을 망이라고 합니다.

(佛言) 阿難. 當知妙性圓明離諸名相, 本來無有世界衆生. 因妄有生, 因生有滅, 生滅名妄.

```
묘성원명  → 〈무명 = 망(妄)〉 → 세계(기세간/의보) + 중생(유근신/정보)
 원명(본각)                   〈생 → 멸〉:    망(妄)
명(名)과 상(相)을 떠남         발생 → 괴(壞): 세계(무정)  ┐
                            수생 → 사(死): 중생(유정)  ┘ 명(名)과 상(相)의 현상
```

묘성은 원묘명심으로서 여래장 진여이다. 진여는 언설인 이름 명(名)을 떠난 것이며, 드러난 모습인 상(相)도 떠난 것이다. 실재하는 것은 그렇게 이름과 상을 떠난 진여이다. 그러므로 이름과 모습으로 드러난 것들, 우리가 실재한다고 여기는 세계와 중생은 본래 실재하는 것, 본래 있는 것이 아니다. 그렇다면 본래 없는데, 왜 세계와 중생, 그런 이름과 그런 모습이 있게 된 것일까? 마음이 묘성의 원명에 머물러 있시 않고 허망한 무명 불각으로 빠져들기에, 그로부터 허망하게 생이 있고 또 멸이 있게 된 것이다. 허망한 인연화합을 따라 세계와 중생이 일어나는 것이 생이고 그렇게 생겨난 것이 다시 사라지는 것이 멸이다. 이와 같은 생과 멸을 망(妄)이라고 한다.

> 붓다: 망을 멸하는 것을 진(眞)이라고 하니, 이것이 여래의 무상보리와 대열반의 두 가지 전의(轉依)의 기호입니다. 아난이여, 당신이 참된 삼마지를 닦아 여래의 대열반에 곧장 나아가고자 하면, 우선 중생과 세계로의 두 전도의 원인을 알아야 합니다. 전도가 일어나지 않으면 그것이 곧 여래의 참된 삼마지입니다.
>
> 滅妄名眞, 是稱如來無上菩提及大涅槃二轉依號. 阿難, 汝今欲修眞三摩地, 直詣如來大涅槃者, 先當識此衆生世界二顚倒因. 顚倒不生, 斯則如來眞三摩地.

```
          〈원명/본각〉 ↔ 〈무명/불각〉
〈망연기〉   명    →    무명   →  중생과 세계   〈전도(顚倒)〉
〈정연기〉   진    ←    망              〈전의(轉依)〉
         무상보리  ←   번뇌   ┐
         대열반   ←   생사   ┘〈2전의〉
```

망이 없는 것이 곧 진여(眞如), 한마디로 진(眞)이다. 생멸의 망(妄)으로부터 원명으로 돌아가서 회복되는 진이 바로 무상의 보리이고 열반이다. 이와 같이 망을 바꿔 진으로 전환하는 것, 번뇌를 보리로 전환하고 생사를 열반으로 전환하는 것을 '전의(轉

依)'라고 한다. 그리고 이러한 전의 과정이 곧 수행의 과정이다. 그런데 무명의 망을 진으로 돌이키는 전의의 수행과정을 밝히기 위해서는 그에 앞서 먼저 진으로부터 망으로의 전도(顚倒)가 어떻게 해서 일어나는지, 전도의 원인이 무엇인지, 또 전도를 통해 어떻게 중생과 세계가 생겨나는지 등이 분명히 밝혀져야 한다. 따라서 이하에서는 2가지 전도, 중생전도와 세계전도를 논하는데, 여기에서 중생은 정보인 유근신이고, 세계는 의보인 기세간이다. 일반적으로 언급되는 3종세간은 이러한 중생세간(유정세간)과 기세간(국토세간)에다 그 둘의 근거로서의 5음세간 또는 그 5온의 공성을 아는 부처의 지정각세간을 더한 것이다.

3종세간(loka):

1. 유정세간: 중생세간 = 정보 = 중생(중생전도) = 중생의 몸
2. 국토세간: 기세간   = 의보 = 세계(세계전도) = 12류 중생계
3. 5음세간: 5온의 세계(중관, 천태)

또는 지정각세간(智正覺世間)(화엄): 5온의 공을 아는 세계, 부처의 세계

2) 혹·업·고의 중생전도

> 붓다: 아난이여, 무엇이 중생전도입니까? <① 구생혹/수혹> 아난이여, a. 본성이 밝은 심의 성이 밝고 원만한 까닭에 b. 명(明)으로 인해 성을 드러내고 c. 성에서 망견이 생기니, d. 필경 무로부터 결국 유가 이루어집니다.
>
> 阿難, 云何名爲衆生顚倒? 阿難, a. 由性明心性明圓故. b. 因明發性, c. 性妄見生, d. 從畢竟無成究竟有.

a. 유성명심성명원고,   b. 인명발성,   c. 성망견생,   d. 종필경무성구경유

진성/진명   ↔   망명   →   망성   →   망견   →   유

=각명   =명각/무명   =업상   = 능견상   = 경계상

a. 진여는 '성명심'이다. 그 성이 밝은 마음이기에 성명심이고, 원만하고 맑고 밝은 마음이기에 '원정명심'이다. 제1부 '사마타'에서 인간의 본래 마음으로 밝힌 원묘명심이 바로 이 성명심이며, 이것이 곧 진여심이고 진여체이다. 여기에서는 이 성명심이

밝고 원만하다고 하는데, 이 성명심의 밝음이 곧 본각이고, 본각의 본래 밝음이 '각명 (覺明)'이다. b. 그런데 범부가 이 본각의 명을 알아차리지 못하고 불각 무명에 빠져서 그 명을 다시 밝히려고 하는 것이 허망한 '명각(明覺)'이다. 명각의 명은 무명으로 인 해 일어난 허망한 망명(妄明)이며, 이 망명으로 인해 밝혀지는 성은 더 이상 본래의 진 성이 아닌 허망한 망성(妄性)이다. 이것을 여기에서는 '명으로 인해 성이 발함'(인명발 성)이라고 하였다. 여기에서 망성은 무명으로 인해 마음이 움직이는 업상(業相)이라고 할 수 있다. c. 무명의 업상이 있으면, 그에 따라 봄의 활동이 일어나니, 이것을 '망성 으로부터 허망한 견이 일어난다'(성망견생)고 하였다. 망성의 업상으로부터 일어난 견 은 능견상에 해당한다. d. 망견인 능견상이 있으면, 그에 따라 보여지는 경계가 일어나 니, 이것을 '무로부터 유(有)가 이루어진다'고 하였다. 능견상으로부터 허망한 경계상 들이 형성되는 것을 말한다. 이렇게 형성되는 경계상인 유가 곧 중생과 세계, 유근신 과 기세간이다.

> 붓다: 이 유(有)와 소유(所有)가 인(因)도 소인(所因)도 아니며, 주(住)와 소주 (所住)의 상에도 결국 근본이 없습니다. 이 머무를 바 없음을 근본 삼아 세계 및 중생이 건립됩니다.
> 此有所有非因所因, 住所住相了無根本. 本此無住建立世界及諸衆生.

무명 → 행 → 식 → 명색 → 옥압처 → 촉 → 수 → 애 → 취 → 유 → 생 → 노사
↑혹 업(력)   고(과)   혹   업(력)   고(과) ↓

혹(애) + 업(취) →   고   → 혹(무명) + 업 → 고
유(인)/(소주)   →   소유(과)/(주)
              = 중생(인)/(소주) → 유(과)/(주)

혹에서 업이 행해지고, 그 업력으로 인해 고통의 생사가 있게 된다. 그런데 그 고통 의 생사로부터 다시 무명이 일어나고 그 혹으로 인해 다시 업이 있다. 이처럼 끝없는 순환이 있으므로 어느 것은 인(因), 어느 것은 그 인으로 인한 소인(所因)인 과(果)

라고 규정하기 어렵다. 즉 '유(有)와 그것에 의해 있게 된 소유(所有)' 중에서 유는 곧
중생의 허망한 업과 업력이고, 소유는 그로 인해 생겨난 중생과 세계인데, '유가 인
이고 소유가 과(소인)'라고 단정하기 어려운 것이다. 왜냐하면 소유(세계 속 중생)가
다시 유(업과 업력)를 일으키므로 그러면 '소유가 인이고 유가 과(소인)'가 되기 때문
이다. 따라서 '유와 소유'를 그대로 '인과 소인'으로 등치할 수 없다. 이처럼 연기하는
것들이 서로 순환을 이루므로 무엇(능주)이 무엇(소주)의 기반 위에 머무는 것인지,
'주와 소주'에서 근본을 말하기 어렵다. 그러므로 머무름이 없는 '무주(無住)'를 말하
게 된다. 이처럼 세계와 중생은 연기의 순환 안에, 즉 머무름 없는 과정 안에 건립된
다. 이는 곧 세계와 중생은 의거하는 근본이 없다는 것, 허망하게 생겨난다는 것을
의미한다.

> 붓다: 본래의 원명에 미혹해서 허망이 생겼으니, 허망의 성품은 체가 없고 소
> 의가 있는 것도 아닙니다. 장차 진(眞)을 회복하려고 해도 진을 바라는 것이 이
> 미 참된 진여성이 아닙니다. 진이 아닌 데서 회복을 구하면, 완연히 바르지 않은
> 상을 이룹니다.
> 迷本圓明是生虛妄, 妄性無體非有所依, 將欲復眞, 欲眞已非眞眞如性. 非眞求
> 復, 宛成非相.

```
본원+본명   ↔   미혹   →   허망: 중생
 =각명          =명각       체(體) 없음
```

망은 미혹으로 인해 생겨난 것이므로, 그 자체가 없고 또 그것이 생겨나게 되는 소
의도 없다. 그래서 허망하다고 하는 것이다. 본래 본각의 명(明)의 바탕 위에서 그 명
에 미혹해서 무명이 되므로, 무명은 의거하는 바가 없는 허망한 것이다. 이는 곧 본래
의 명(明)과 본래의 원(圓)은 불변의 진(眞)이며, 따라서 망(妄)에 의해서 가려지거나
없어질 수 없다는 말이기도 하다. 본래의 원명(圓明)의 진(眞)이 그렇게 항상하기에,
무명은 근거 없는 것, '체도 없고 소의도 없는 것'이며, 그래서 망(妄)이라고 한다. 망
은 말 그대로 망이기에 떠나야 할 것도 없고, 진은 진정한 진이기에 다시 회복할 것도

없다. 망은 진짜 망이기에 이미 없고, 진은 진짜 진이기에 항상 있기 때문이다. 그러므로 굳이 망에서 진으로 돌아가고자 할 것이 없다. 돌아갈 것으로서 진을 바라고 있으면, 그 진은 진정한 의미의 진, 참된 진여성이 아니다. 망 아닌 진을 회복하려고 추구하는 한, 그렇게 추구되는 진은 이미 두루하는 원명의 참진이 아니고, 망과 대비되는 진, 진망 분별 속의 대대의 진이기 때문이다. 참진이 아닌 것을 추구하므로 그렇게 해서 얻게 되는 것은 그릇된 상, 잘못된 상, 비상(非相)이 된다. 결국 생기게 하는 인이나 머물게 되는 과에 대해서도, 마음이나 마음의 대상에 대해서도 모두 잘못된 인식을 갖게 되는 것이다. 이는 곧 진여심은 수행을 통해 비로소 얻어지는 것이 아니라는 것, 부처는 수행을 통해 비로소 되는 것이 아니라는 것을 뜻한다. 이미 부처이고 본래 부처라는 것을 확인하는 것이 아니라면, 비로소 부처가 되는 일은 있을 수 없다는 말이 된다. 그래서 『정맥소』에서는 "내교 소승인과 대승 권교(權敎) 점인(漸人)을 들어서 바른 이치에 따라 진에 돌아갔다는 것도 모두 진여성을 참으로 얻은 것이 아님을 나타낸다. 떠날 것이 없는데도 억지로 떠나려 하고, 회복할 것이 없는데도 억지로 회복하려 하기 때문이다. 오직 원교(圓敎)의 돈인(頓人)의 떠날 것 없는 떠남과 회복할 것 없는 회복이라야 비로소 얻음이 됨을 알 수 있다"[1]고 말한다. 수행은 자신이 이미 부처임을 단박에 깨닫는 것이지, 비로소 부처가 되려고 하는 것이 아닌 것이다.

```
소승
대승 권교(權敎), 점(漸)  ┐ 수행으로 부처가 됨
대승 원교(圓敎), 돈(頓)  ─ 본래 부처
```

> 붓다: <② 분별혹/견혹> (비상으로서) 비생과 비주와 비심과 비법이 전전하여 발생합니다. (그리하여) <업> 생하는 힘이 일어나서 훈습하여 업을 이룹니다. <고/과> 동업(同業)이 서로 감응하며, 감응하는 업이 있기 때문에 상멸하고 상생하니, 이로 인해 중생의 전도가 있습니다.
>
> <혹> 非生非住非心非法展轉發生. <업> 生力發明, 熏以成業. <고> 同業相感, 因有感業相滅相生, 由是故有衆生顚倒.

---

1   진감, 『정맥소』, 3권, 743-744쪽.

비상(非相) → 비생, 비주, 비심, 비법 = 견혹(見惑) = 생력 → 훈습 → 성업
　　　　　邪因 邪果 邪智 邪境　『정맥소』　　〈혹(惑)〉　　　〈업(業)〉
　　　　　무명 업식 견분 상분　(선화상인)　　　업종자를 이룸: 업력으로 쌓임

동업의 감응 ┌ 순하는 업: 은애(恩愛)의 업 → 상생
　　　　　　└ 역하는 업: 원한(怨恨)의 업 → 상멸

〈혹〉 생이 아닌데도 생이라고 생각하는 것이 잘못된 생인 '비생'이고, 주가 아닌데도 주라고 생각하는 것이 주에 대한 잘못된 생각인 '비주'이다. 심도 아닌 것을 심으로 여긴 것이 '비심'이고, 법도 아닌 것을 법으로 여기는 것이 '비법'이다. 모두 허망한 잘못된 생각인 견혹이다. 비생, 비주, 비심, 비법에 대해 『정맥소』는 이렇게 설명한다. "비생(非生)은 인(因)이 아닌 것을 인이라고 헤아리는 것이니, 삿되게 닦으면서도 과를 낼 인이 된다고 하는 허망한 계교이다. 비주(非住)는 과(果)가 아닌 것을 과라고 헤아리는 것이니, 모든 무상처를 상주과라고 하는 허망한 계교이다. 비심(非心)은 삿된 지혜이니, 삿되고 허망한 견해를 모두 거두어 종지를 표방하고 각각 스스로 본래심을 밝혔다고 하는 것이다. 비법(非法)은 삿된 경계이니 삿되고 허망한 수증을 모두 거두어 법문을 건립하고 각각 스스로 무상법을 얻었다고 하는 것이다."[2] 〈업〉 이와 같이 생이나 주, 마음이나 법에 대해 그릇된 생각인 견혹을 가지면, 그러한 미혹된 견혹이 마음에 축적되는 것이 훈습이다. 혹이 축적되어 습이 되면 결국은 그다음 결과를 낳을 업(業)으로 성립하게 되니, 이것이 성업이다. 그릇된 생각이 훈습되어 업을 이룸으로써 그로부터 그 결과의 보가 형성된다. 〈고〉 업이 남긴 업력으로 인해 그 보로서 중생의 삶이 다시 시작되니, 곧 중음신으로서 태에 뛰어들어 다시 태어나는 것이다. 불교는 같은 생각을 하는 동업(同業)이면 서로 순하여 좋아하면서 상생하고, 비동업이면 서로 역하여 미워하면서 상멸한다고 말한다. 이와 같이 혹과 업을 따라 그 보로서 고(苦)의 중생의 삶이 시작된다. 이것이 중생전도의 모습이다.

2　진감, 『정맥소』, 3권, 745쪽.

2. 세계전도

지금까지 혹·업·고로서 중생이 발생하게 되는 과정인 중생전도를 설명하였다면, 이제 부터는 그런 중생이 함께 그 안에 의거해 사는 기세간이 성립하게 되는 과정인 세계전 도를 말한다. 그런데 세계는 중생을 떠나 따로 있는 것이 아니고, 중생의 업력에 의해 만들어지는 것이기에, 중생세간과 국토세간은 별도의 것이 아니다. 즉 업에 따라 12종 류의 중생이 생겨나므로 결국 그 중생이 거주하는 12류의 세계가 있게 되는 것이다. 따라서 여기에서 세계전도의 설명은 기세간의 6진이 어떻게 성립하는지를 밝힌 후 이 어 그런 세계를 이루는 12류의 중생이 어떻게 발생하는지를 설명하는 방식으로 진행 된다.

1) 6진(塵)의 성립

> 붓다: 아난이여, 어떤 것을 세계전도라고 합니까? 유와 소유로 분단생사가 허 망하게 생기니, 이로 인해 계(界)가 세워집니다. 인(因)도 소인(所因)도 아니고 주(住)도 소주(所住)도 없이 천류하여 머무름이 없으니, 이로 인해 세(世)가 성 립합니다. 3세와 4방이 화합하고 교섭하여 변화하는 중생이 12류를 이룹니다.
>
> 阿難, 云何名爲世界顛倒? 是有所有分段妄生, 因此界立. 非因所因, 無住所住, 遷流不住, 因此世成. 三世四方和合相涉, 變化衆生成十二類.

〈계〉혹과 업(유)으로 분단생사 성립 → 계(界): 공간 — 4방
〈세〉인과 소인, 주와 소주의 순환
　　 천류하여 머무르지 않음(不住) → 세(世): 시간 — 3세

중생전도에 이어 세계전도를 논한다. 여기에서의 세계는 정보인 중생 유근신들이 함께 사는 기세간을 의미한다. 능유인 무명과 망견에 의해 소유인 중생의 몸, 즉 분단 생사가 허망하게 생긴다. 분단생사의 유근신이 생기면서 그 유근신들이 함께하는 처 소인 기세간이 성립하게 된다. 계(界)는 공간을 의미한다. 선화상인은 "우리가 태어나 서 죽을 때까지 각자 하나의 몸을 가지는데 이것이 일 분(分)이고, 태어나서 죽을 때까

지의 시간적 개념을 일 단(段)이라고 한다"[3]고 설명한다. 분은 하나의 몸을 의미하고, 단은 탄생에서 죽음까지의 시간을 의미한다. 분단생사인 중생이 겪는 생노사는 허망에 입각하여 나온 것이다. 무명을 인으로 해서 중생의 생노사가 생기지만, 중생의 생노사로 인해 다시 무명이 결과되니, 어느 것이 인이고 어느 것은 과라고 규정할 수 없다. 중생이 능히 머무르는 것(주)이고 무명은 중생이 의거하는 것(소주)이라고 하기도 어렵다. 일체가 계속되는 순환 속에 있기 때문이다. 그렇게 일체는 허망하고 머무름 없는 무주이다. 머무름 없이 흘러가는 것이 천류(遷流)이며, 이 천류가 바로 시간의 흐름인 세(世)이다. 이렇게 중생의 성립과 더불어 그들이 함께하는 세와 계, 세계가 형성된다. 세계의 세는 과거·현재·미래의 3세이고, 계는 동·서·남·북의 4방이다. 이것이 서로 교차하면서 3×4＝12가 성립한다. 혹과 업으로 인해 태어나는 분단생사인 중생 종류가 12가지이며, 따라서 그 중생들이 의거해 사는 기세간이 12가지가 된다.

> 붓다: 그러므로 세계는 움직임으로 인해 소리가 있고, 소리로 인해 색이 있고, 색으로 인해 향이 있고, 향으로 인해 촉이 있고, 촉으로 인해 미가 있고, 미로 인해 법을 압니다.
> 是故世界因動有聲, 因聲有色, 因色有香, 因香有觸, 因觸有味, 因味知法.

6진의 성립 순서:
마음의 동(動) → 성 → 색 → 향 → 촉 → 미 → 법: 6진 세계

우리가 그 안에 사는 기세간은 색·성·향·미·촉의 세계이며, 거기에 의식대상인 법경이 더해지면 6진의 세계가 된다. 여기에서는 6진이 어떻게 일어나는가를 통해 세계가 어떻게 발생하는가를 설명한다. 무엇인가가 발생한다는 것은 움직임이 일어나는 것이며, 움직임이 있으면 소리가 생긴다. 원묘명심의 마음이 무명 불각으로 움직이기 시작하면 마음에 움직임의 소리가 생기고, 그 소리를 듣는 마음은 이어 모습을 이루는 색을 보게 된다. 그 색을 보는 마음에 향이 일어나고, 그 향기를 맡는 마음에는 촉이

3   선화상인, 『능엄경강설』(정원규 역, 불광출판사, 2012), 2권, 349쪽.

생긴다. 그 촉감을 느끼는 마음에 맛이 생기고, 맛을 보는 마음에는 법이 생긴다. 이렇게 마음에 6진이 생기는 것이 곧 6진의 세계가 형성되는 과정이 된다.『정맥소』는 이것을 중생이 생을 받는 수생(受生) 시에 일어나는 과정으로 풀이한다. 즉 "수생(受生)은 비록 외진이 마음을 끌어당김으로 말미암지만 최초에 자심이 발동해야 비로소 소리를 들을 수 있다. 그러므로 '동으로 인해 소리가 있고'라고 했다. 진이 와서 마음에 응할 때, 소리가 반드시 먼저 이른다. 소리가 가장 멀리 통하고 귀가 특히 영특하므로 소리가 6난(亂) 중에 맨 앞에 있는 것이다. 소리를 따라 반드시 색을 찾는 데 이르므로 다음에 '소리로 인하여 색을 본다'고 한다. 색에 가까워지면 반드시 냄새를 맡는 데 이르고, 냄새를 맡으면 반드시 촉을 느끼는 데 이르고, 촉을 느끼면 반드시 맛을 보는 데 이르고, 맛을 보면 반드시 법을 아는 데 이른다. 법을 안다는 것은 반연하는 생각을 버리지 못한다는 말이다. 먼 데서 가까운 데로 전환하면서 점차 근접하고 취착하는 상을 이루니, 일체 중생의 전도된 취생이 모두 이로 말미암는다."[4] 수생 시에 드러나는 6진은 수생 이후 태어나서 경험하게 되는 6진 세계와 다를 바 없다. 이와 같이 중생심에 어떻게 6진이 성립하게 되는가를 설명한 것이다.

6진의 성립: 진(塵)을 흡입하는 순서

마음의 동(動) → 성   색   향   촉   미   법: 6진 세계
            ↓ ↗ ↓ ↗ ↓ ↗ ↓ ↗ ↓ ↗
            들음 봄 맡음 만짐 맛봄 앎
            문   견   문   각   각   지

붓다: 6(진)의 어지러운 망상이 업성을 이루어 12가지 구분이 있고, 이로 인해 윤회하게 됩니다. 이런 까닭에 세간의 성향미촉(6진)이 12가지로 변화하기를 다하면, 이것이 한 번 돌아오는 주기가 됩니다.

六亂妄想成業性故, 十二區分由此輪轉. 是故世間聲香味觸窮十二變爲一旋復.

6난상(亂想): 색·성·향·미·촉·법 → 업성(業性) → 12구분 → 윤전(輪轉)
            〈6진〉   + 〈6근/6식〉 = 12류 중생

---

4   진감,『정맥소』, 3권, 751쪽.

'6진의 망상이 업성을 이룬다'는 것은 6진과 관계하면서 일어나는 업이 쌓여서 습(習)이 됨으로써 업성(業性)이 이루어진다는 것이다. 각각의 진(塵)과 관계하며 그 진을 흡입하는 과정이 업을 짓는 과정이고, 그 업으로 인해 종자가 훈습되어 습(習)이 만들어지고 그 결과 근(根)이 형성된다. 업성은 곧 업의 결과 만들어지는 성품으로 6근을 의미하며, 그러한 근과 진의 화합으로 일어나는 6식을 포함한다고 볼 수 있다. 이와 같이 6진과 그로 인해 생겨나는 업성을 따라 12가지 구분이 있고, 중생은 그 안에서 윤회한다. 즉 6진 난상으로 인해 생겨나는 다양함이 12가지이며, 중생은 그러한 12가지의 다양한 방식을 따라 윤회하는 것이다. 이하에서는 그 12가지 변화의 종류를 논한다.

2) 12류생의 성립: 난·태·습·화·유색·무색·유상·무상·비유색·비무색·비유상·비무상

> 붓다: 이러한 유전하는 전도상을 따르기 때문에 세계에는 난생·태생·습생·화생·유색·무색·유상·무상·비유색·비무색·비유상·비무상이 있습니다.
> 乘此輪轉顚倒相故, 是有世界卵生·胎生·濕生·化生·有色·無色·有想·無想·若非有色·若非無色·若非有想·若非無想.

6진 난상에 의한 12구분 → 윤회하는 전도상(顚倒相) → 12류의 존재

난·태·습·화는 소위 4생이고, 유색·무색의 색(色)은 형태를 말하고, 유상·무상의 상(想)은 생각을 말한다. 색과 상은 곧 색과 심에 해당한다고 볼 수 있다. '비유색'은 형태가 있는 유색이 아니지만 그렇다고 무색도 아닌 비유비무색, '비무색'은 형태가 없는 무색이 아니지만 그렇다고 유색도 아닌 비무비유색, '비유상'은 생각이 있는 유상이 아니지만 그렇다고 무상도 아닌 비유비무상, '비무상'은 생각이 없는 무상이 아니지만 그렇다고 유상도 아닌 비무비유상을 말한다. 이하에서 이상 12류 중생에 대해 좀 더 상세히 설명하는데, 차례대로 논할 12류 중생의 양상을 먼저 간단히 정리해보면 다음과 같다.

① 난생: 허망(虛妄)윤회/ 동(動)전도/ 기(氣)와 화합/ 비침(飛沈)난상(亂想) - 새, 물고기

② 태생: 잡염(雜染)윤회/ 욕(欲)전도/ 자(滋)와 화합/ 횡수(橫竪)난상 - 짐승, 인간

③ 습생: 집착(執著)윤회/ 취(趣)전도/ 난(煖)과 화합/ 번복(飜覆)난상 - 벌레

④ 화생: 변역(變易)윤회/ 가(假)전도/ 촉(觸)과 화합/ 신고(新故)난성 - 나비

⑤ 유색: 유애(留礙)윤회/ 장(障)전도/ 저(著)와 화합/ 정요(精耀)난상 - 정명(精明)

⑥ 무색: 소산(銷散)윤회/ 혹(惑)전도/ 암(暗)과 화합/ 음은(陰隱)난상 - 무색계중생

⑦ 유상: 망상(罔象)윤회/ 영(影)전도/ 억(憶)과 화합/ 잠결(潛結)난상 - 귀신, 정령

⑧ 무상: 우둔(愚鈍)윤회/ 치(癡)전도/ 완(頑)과 화합/ 고교(枯槁)난상 - 흙, 나무, 쇠, 돌

⑨ 비유색: 상대(相待)윤회/ 위(僞)전도/ 염(染)과 화합/ 인의(因依)난상 - 해파리

⑩ 비무색: 상인(相引)윤회/ 성(性)전도/ 주(呪)와 화합/ 호소(呼召)난상 - 저주신

⑪ 비유상: 합망(合妄)윤회/ 망(罔)전도/ 이(異)와 화합/ 회호(迴互)난상 - 나나니벌

⑫ 비무상: 원해(怨害)윤회/ 살(殺)전도/ 괴(怪)와 화합/ 식부모(食父母)난상 - 올빼미, 파경

(1) 난·태·습·화 4생

붓다: <① 난생> 아난이여, 세계에서 허망으로 윤회하는 동(動)의 전도로 인해 기(氣)와 화합하여 8만4천의 날고 잠기는 난상이 이루어집니다. 이런 까닭에 난생의 갈라람이 국토에 유전하여 물고기·새·거북·뱀 등의 부류가 가득합니다. <② 태생> 세계에서 잡염으로 윤회하는 욕(欲) 전도로 인해 번식과 화합하여 8만4천의 횡과 종의 난상이 이루어집니다. 이런 까닭에 태생의 알포담이 국토에 유전하여 사람·가축·용·신선 등의 부류가 가득합니다. <③ 습생> 세계에서 집착으로 윤회하는 취(趣) 전도로 인해 따뜻함과 화합하여 8만4천의 뒤집어엎는 난상이 이루어집니다. 이런 까닭에 습상의 폐시(蔽尸)가 국토에 유전하여 꿈틀거리며 움직이는 함준연동의 부류가 가득합니다. <④ 화생> 세계에서 변역으로 윤회하는 가(假) 전도로 인해 촉(觸)과 화합하여 8만4천의 새것과 옛것의 난상이 이루어집니다. 이런 까닭에 화상의 갈남(羯南)이 국토에 유전하여 허물을 벗고 날아다니는 부류가 가득합니다.

① 阿難, 由因世界虛妄輪廻, 動顛倒故, 和合氣成八萬四千飛沈亂想. 如是故有卵羯邏藍流轉國土, 魚·鳥·龜·蛇, 其類充塞. ② 由因世界雜染輪廻, 欲顛倒故, 和合滋成八萬四千橫竪亂想. 如是故有胎遏蒲曇流轉國土, 人·畜·龍·仙, 其類充塞. ③ 由因世界執著輪廻, 趣顛倒故, 和合軟成八萬四千飜覆亂想, 如是故有濕相蔽

尸流轉國土,含蠢蠕動,其類充塞 ④ 由因世界變易輪廻,假顛倒故,和合觸成八萬
四千新故亂想.如是故有化相羯南流轉國土,轉蛻飛行,其類充塞

① 난생: 허망(虛妄)윤회/ 동(動)전도/ 기(氣)와 화합/ 비침(飛沈)난상(亂想)/ 갈라람

　　　 = 상(想)으로 생, 상(想)이 가벼워 뜸, 기로 교접　　비(새) + 침(물고기, 거북, 뱀)

② 태생: 잡염(雜染)윤회/ 욕(欲)전도/ 자(滋)와 화합/ 횡수(橫竪)난상/ 알포담

　　　 = 정(情)으로 생,　　　　정(精)으로 교접　　　횡(짐승) + 수(인간)

③ 습생: 집착(執著)윤회/ 취(趣)전도/ 난(煖)과 화합/ 번복(飜覆)난상/ 폐시

　　　 = 합(合)으로 감득 = 들러붙음　　　　　　함준연동(벌레)

④ 화생: 변역(變易)윤회/ 가(假)전도/ 촉(觸)과 화합/ 신고(新故)난상/ 길남

　　　 = 이(離)로 감득　　　　　　　　　　　몸을 바꿈(나비)

① 난생은 알로 태어나는 중생이다. 난생의 중생은 허망함으로 인해 윤회하며 움직임의 뒤바뀜인 동전도로 생겨나고, 날고 잠기는 어지러운 생각(난상)을 내는 것이라고 한다. 나는 것은 새를 말하고, 잠기는 것은 물고기나 거북이나 뱀 등을 말한다. 갈라람은 인도에서 태아(胎兒)의 266일간을 5단계로 나누었을 때, 수정 후 7일까지의 첫 단계의 태아를 일컫는 명칭이다. 원래 갈라람이 난생에만 해당하는 것이 아니지만, 난생을 난·태 미분의 존재로 간주하여 여기에서 난생을 갈라람이라고 하였다. 태내 5위의 명칭은 다음과 같다.

태내 5위:

　1. 갈라람(羯剌藍, kalala, 응활凝滑·화합和合) 1-7일. 수정란과 중유의 화합, 난과 태의 미분

　2. 알부담(頞部曇, arbuda, 포포·포결胞結·연육軟肉): 8-14일. 우유처럼 엉김, 난과 태의 분리

　3. 폐시(閉尸, peśi, 혈육血肉·응결凝結): 15-21일. 혈과 육으로 응결, 습생의 초상(初相)

　4. 건남(鍵南, ghana, 견육堅肉·응후凝厚): 22-28일. 단단해짐, 화생의 초상

　5. 발라사거(鉢羅奢佉, praśākhā, 지절支節): 29-출산. 각 지절이 생김

② 태생은 태 안에서 몸이 갖추어져서 태어나는 중생이며, 정(情)인 애욕으로 인해 생겨나므로 '욕전도'라고 한다. 사람과 짐승이 여기에 속한다. 횡수난상에서 횡은 서지 않고 엎드려 다니는 편(偏)의 짐승을 말하고, 수는 수직으로 서서 다니는 정(正)의 인간을 말한다. 난과 태가 분리되는 알포담 단계를 거쳐 태생이 성립하기에 태생을 알포

담 또는 알부담이라고 칭한다. ③ 습생은 습하고 더운 곳에서 저절로 생겨나는 중생을 말하며, 이들을 집착인 합(合)으로 윤회한다고 설명한다. 당시 사람들이 벌레를 습한 곳에서 저절로 생겨난다고 여긴 것이다. 이곳저곳을 돌아다니는 취(趣)로 인해 전도되어 생겨난다고 하며, 따뜻한 곳에서 태어나므로 난(煖)과 화합한다고 한다. '함준연동'의 함(含)은 영성을 가진다는 것이고 준(蠢)과 연(蝡)은 꿈틀거린다는 것이니, 살아서 꿈틀거리며 움직이는 것을 말한다. '폐시'는 의역하면 '연육(蝡肉)'으로 꿈틀거리는 고기를 뜻하기에, 습생을 폐시라고 하였다. ④ 화생은 변화하여 몸을 바꿔 태어나는 중생을 말한다. 즉 변하고 바뀜으로써 윤회하며 남의 것을 빌림(假)으로 전도되어 생겨난다. 옛것과 새것이라는 생각을 따라 옛것을 버리고 새것을 취함으로써 화생하는데, 예를 들어 애벌레에서 나비로 변하는 것이 화생이다. 『정맥소』에서 말한다. "천상·지옥·귀신 등을 논한다면 모두 화생의 형상이 있으니, 없는 데서 홀연히 생긴 부류를 화생에 넣어야 한다는 오홍의 말도 일리가 있다. … 경에서 지옥과 천은 낱낱이 모두 화생이라고 했으니, 업에 끌려 변화한 것도 다 화생에 포함되어야 한다. 천상은 처(處)에 물들고 지옥에서는 비린내를 맡기 때문이다. 다만 빠르게 화생하는 데 어려움이 없을 뿐 모두 업에 의탁하여 변화하므로, 없는 데서 홀연히 생겨났다고 해서 의생신의 묘한 변화는 아니다."[5] 4생 중의 하나인 화생은 홀연히 새 모습으로 드러나되 업에 따라 변화하는 화생이지, 중생 구제의 뜻에 따라 모습을 드러내는 묘한 변화인 의생신으로서의 화신이 아닌 것이다. 갈남(羯南)은 단단한 고기를 뜻하며, 화생뿐 아니라 뒤의 8부류도 모두 이 갈남이 된다고 말한다.

화생(업화)과 화신(묘화)의 차이

- 애벌레가 나비로 변화
- 천상, 지옥, 귀신으로 변화: 업에 따른 변화 ┐ 화생 – 업화(業化)

- 화신(化身): 의생신(意生身) ── 화신 – 묘화(妙化)

(2) 유색(有色)·무색(無色)·유상(有想)·무상(無想)

---

5 진감, 『정맥소』, 3권, 758–759쪽.

붓다: <⑤ 유색> 세계에서 장애에 머무름으로 윤회하는 장애의 전도로 인해 집착과 화합하여 8만4천의 정미롭고 빛나는 난상이 이루어집니다. 이런 까닭에 색상(色相)의 갈남이 극토에 유전하여 길하거나 흉한 정명의 부류가 가득합니다. <⑥ 무색> 세계에서 흩어져 멸함으로 윤회하는 혹(惑) 전도로 인해 어둠과 화합하여 8만4천의 음으로 가려진 난상이 이루어집니다. 이런 까닭에 무색(無色)의 갈남이 극토에 유전하여 비워 흩어지고 녹아 가라앉는 부류가 가득합니다. <⑦ 유상> 세계에서 허상으로 윤회하는 그림자의 전도로 인해 기억과 화합하여 8만4천의 가라앉아 맺히는 난상이 이루어집니다. 이런 까닭에 상상(想相)의 갈남이 극토에 유전하여 신·귀·정·령의 부류가 가득합니다. <⑧ 무상> 세계에서 우둔으로 윤회하는 어리석음의 전도로 인해 완고함과 화합하여 8만4천의 말라죽는 난상이 이루어집니다. 이런 까닭에 무상(無想)의 갈남이 극토에 유전하여 정신이 변화한 토·목·금·석의 부류가 가득합니다.

⑤ 由因世界留礙輪廻, 障顚倒故, 和合著成八萬四千精耀亂想. 如是故有色相羯南流轉國土, 休咎精明, 其類充塞 ⑥ 由因世界銷散輪廻, 惑顚倒故, 和合暗成八萬四千陰隱亂想. 如是故有無色羯南流轉國土, 空散銷沈, 其類充塞 ⑦ 由因世界罔象輪廻, 影顚倒故, 和合憶成八萬四千潛結亂想. 如是故有想相羯南流轉國土, 神·鬼·精·靈, 其類充塞 ⑧ 由因世界愚鈍輪廻, 癡顚倒故, 和合頑成八萬四千枯槁亂想. 如是故有無想羯南流轉國土, 精神化爲土·木·金·石, 其類充塞.

⑤ 유색: 유애(留礙)윤회/ 장(障)전도/ 착(著)과 화합/ 정요(精耀)난상/ 휴구정명(精明) – 반딧불
⑥ 무색: 소산(銷散)윤회/ 혹(惑)전도/ 암(暗)과 화합/ 음은(陰隱)난상/ 공산소침 – 무색계 중생
⑦ 유상: 망상(罔象)윤회/ 영(影)전도/ 억(憶)과 화합/ 잠결(潛結)난상/ 신·귀·정·령
⑧ 무상: 우둔(愚鈍)윤회/ 치(癡)전도/ 완(頑)과 화합/ 고교(枯槁)난상/ 토·금·목·석

⑤ 유색은 색의 모습인 색상(色相)이 있는 중생이다. 색의 장애로 인해 윤회하고 장애로 전도된 존재이다. 집착과 화합한다고 한다. 『정맥소』의 설명이다. "일·월·수·화를 섬겨서 광명에 화합하여 견고하게 집착하고 버리지 않는 것을 '유애'라고 한다. 가리고 막혀서 통하지 않기에 '장전도'라고 한다. … 반딧불이나 진주 등이 이런 종류이다."[6] 선

---

6   진감, 『정맥소』, 3권, 759-760쪽.

화상인은 다음과 같이 설명한다. "휴(休)는 길상한 일을 뜻하고, 구(咎)는 길상하지 못한 일을 가리킨다. 정은 총명한 것이다. 이런 형상이 있는 물건이 있으면 어떤 사람은 그것을 보고 길상한 것이라고 생각하고, 어떤 사람은 길상하지 않은 것으로 본다. 이런 물건은 비록 형상이 있지만 항상 볼 수 있는 것이 아니다. 이런 종류의 중생도 이 우주에 충만하다."[7] 유색의 휴구정명은 눈에 잘 띄지는 않지만 어쩌다가 나타나면 형태가 있어 알아볼 수 있는 것으로 흔히 길하다거나 흉하다고 말하는 그런 부류의 존재를 말한다. 위의 설명에 따르면 반딧불 등이 그것이다. ⑥ 무색은 색이 없는 중생, 즉 색이 없는 무색계에 태어나는 중생이다. "유를 싫어하고 공에 집착하여, 몸을 멸하고 무에 돌아가려 하기에 '소산윤회'이다. 루(漏)에 미혹하여 돌이켜 듣지 못하니 '혹전도'이다."[8] 공산소침의 부류를 선화상인은 차례대로 4무색계천의 중생으로 풀이한다. "공은 공무변처천이고, 산은 식무변처천이며, 소는 무소유처천이고, 침은 비상비비상처천이다. 이런 하늘은 신체가 없고 색상이 없다. 그러므로 4공처천의 중생을 공산소침이라고 한다. 이 중생은 색상은 없지만, 업식만은 가지고 있다."[9] 이에 반해『정맥소』는 다음과 같이 설명한다. "앞의 두 부류(공+산)는 무색계천이니 외도뿐 아니라 범부와 성인도 포함된다. 성인은 둔근 아나함이니, 업으로 받은 업과색(業果色)은 없고 정으로 이룬 정과색(定果色)만 있다. 공과 산이니, 산심(散心)이 곧 공이고 무색상이다. 뒤 부류(소+침)는 주공신(主空神)이고 순수 외도이며 업과색과 정과색 둘 다 없다. 소와 침이니, 공의 어둠을 잘못 취해 녹아 없어진다."[10]

	선화상인		『정맥소』	
공(空): 공무변처천		공		
산(散): 식무변처천		산	무색계천: 외도/범부/아나함: 업과색 없고 정과색 있음	
소(銷): 무소유처천		소		
침(沈): 비상비비상처천		침	외도/주공신: 업과색과 정과색 다 없음	

⑦ 유상은 생각만 있는 중생이다. 망상(罔象) 중 없는 것 같은 것이 망(罔)이고, 있

---

7   선화상인, 『능엄경강설』, 2권, 359쪽.

8   일귀 역, 『수능엄경』, 549쪽, 주40, 41.

9   선화상인, 『능엄경강설』, 2권, 360-361쪽.

10   진감, 『정맥소』, 3권, 761쪽.

는 것 같은 것이 상(象)이다. 그렇게 있는 듯 없는 듯하지만 생각하는 식은 있는 그림 자와 같은 존재라고 할 수 있다. 신이나 귀, 정이나 령을 말한다. 귀신은 삿된 것도 있고 바른 것도 있는 반면 정령은 바르지 못한 요괴를 가리킨다고 한다. 『정맥소』는 "신(神)이 밝지 못하므로 어두워서 귀(鬼)가 되고, 정(精)이 온전치 못하므로 흩어져서 영(靈)이 되니, 실색(實色)이 없고 상상(想相)만 있다"[11]고 설명한다.

신(神) ─(밝지 못하면)→ 귀(鬼)
정(精) ─(온전치 못하면)→ 령(靈)

⑧ 무상은 생각이 없는 중생이다. 생각이 어리석음으로 인해 마르고 굳어 버리면, 그런 정신이 변화해서 토·목·금·석이 된다고 한다. 그럴 경우 다시 무수한 시간이 지나고 나면 토·목·금·석이 다시 유정으로 바뀐다고 말할 수 있을 것이다. 『정맥소』에서 "외도는 무정도 생명이 있다고 계교한다. 금석같이 단단하게 굳어지며 정(定)을 익혀 시커멓게 응결하고 생각이 메말라가다가 마음이 경계를 따라 변화하면 외물을 만나 형상을 이룬다. 저 화표(華表)의 생정(生精)과 황두(黃頭) 외도가 돌로 변화한 예가 이런 부류다"[12]라고 설명한다. 큰 돌이나 바위, 큰 나무 등을 지각과 생명이 있던 중생이 변화해서 화석화된 것이라고 보며, 그런 것들을 무상이라고 한 것이다.

(3) 비유색(非有色)·비무색(非無色)·비유상(非有想)·비무상(非無想)

> 붓다: <⑨ 비유색> 세계에서 기다림으로 윤회하는 허위(僞) 전도로 인해 오염과 화합하여 8만4천의 의지하는 난상이 이루어집니다. 이런 까닭에 비유색의 상(相)이면서 색을 이룬 갈남이 생겨 국토에 유전하여 새우로 눈을 삼는 해파리 같은 부류가 가득합니다. <⑩ 비무색> 세계에서 끌어당김으로 윤회하는 성(性) 전도로 인해 주문과 화합하여 8만4천의 호소하는 난상이 이루어집니다. 이런 까닭에 비무색의 상(相)이면서 색이 없는 갈남이 국토에 유전하여 저주(詛呪)하는 부류가 가득합니다. <⑪ 비유상> 세계에서 허망에 합함으로 윤회하는 망

---

11 진감, 『정맥소』, 3권, 762쪽.
12 진감, 『정맥소』, 3권, 763쪽.

(罔) 전도로 인해 다름과 화합하여 8만4천의 서로 돌아가는 난상이 이루어집니다. 이런 까닭에 비유상의 상(相)이면서 상(想)을 이룬 갈남이 국토에 유전하여 저 나나니벌처럼 이질적인 모습을 이루는 부류가 가득합니다. <⑫ 비무상> 세계에서 원해(怨害)로 윤회하는 살(殺) 전도로 인해 괴(怪)와 화합하여 8만4천의 부모를 먹는 난상이 이루어집니다. 이런 까닭에 비무상의 상(相)이면서 상(想)이 없는 갈남이 국토에 유전하여 올빼미처럼 흙덩이를 불잡고 새끼로 삼거나 파경새처럼 독수과를 품고 자식으로 삼되 자식이 자라면 부모가 모두 잡아먹히는 그런 부류가 가득합니다. 이것을 중생의 12종류라고 이름합니다.

⑨ 由因世界相待輪廻, 僞顚倒故, 和合染成八萬四千因依亂想. 如是故有非有色相成色羯南流轉國土, 諸水母等以蝦爲目, 其類充塞. ⑩ 由因世界相引輪廻, 性顚倒故, 和合呪成八萬四千呼召亂想. 由是故有非無色相無色羯南流轉國土, 呪咀厭生, 其類充塞. ⑪ 由因世界合妄輪廻, 罔顚倒故, 和合異成八萬四千廻互亂想. 如是故有非有想相成想羯南流轉國土, 彼蒲盧等異質相成, 其類充塞. ⑫ 由因世界怨害輪廻, 殺顚倒故, 和合怪成八萬四千食父母想. 如是故有非無想相無想羯南流轉國土, 如土梟等附塊爲兒, 及破鏡鳥以毒樹果抱爲其子, 子成父母皆遭其食, 其類充塞. 是名衆生十二種類.

⑨ 비유색: 상대(相待)윤회/ 위(僞)전도/ 염(染)과 화합/ 인의(因依)난상 - 해파리, 몸속 벌레

⑩ 비무색: 상인(相引)윤회/ 성(性)전도/ 주(呪)와 화합/ 호소(呼召)난상 - 주문(呪文)의 신

⑪ 비유상: 합망(合妄)윤회/ 망(罔)전도/ 이(異)와 화합/ 회호(廻互)난상 - 나나니벌

⑫ 비무상: 원해(怨害)윤회/ 살(殺)전도/ 괴(怪)와 화합/ 식부모(食父母)난상 - 올빼미, 파경

⑨ 비유색은 유색이 아닌 모습이지만 그렇다고 무색도 아닌 중생, 즉 비유비무색의 중생을 말한다. 예를 들어 해파리는 비유색의 모습이지만 실제로 무색도 아니라는 것이다. 이에 대한 설명이다. "해파리는 물거품으로 몸을 삼고 새우로 눈을 삼는다. 본래 색질이 있는 것이 아니지만 타물을 기다려 색질을 이루며, 스스로 작용하지 못하지만 타물을 기다려 작용한다. 미혹하여 천진을 잃어버리고, 계속해서 달라붙고 허위로 떠서 피차 다른 물질들이 서로 물든 연(緣)으로 합하기 때문에 인의(因依)라고 한다. … 사람이 먹기도 하므로 '무색(無色)'은 아니다. 다만 남의 몸에 의지해서 작용하므로 자

기 색력을 온전히 쓰지 못하므로 '비유색'이라고 한다."¹³ ⑩ 비무색은 무색이 아닌 모습이지만 그렇다고 유색도 아닌 중생, 즉 비무비유색의 중생을 말한다. 예를 들어 주문의 신은 주문으로 부르면 나타나기에 무색이 아니지만, 그렇다고 색이 있는 유색도 아니라는 것이다. 능엄주를 독송하면 나타나는 존재도 흔히 귀신이라고 하지만, 주신(呪神)이지 보통의 귀신이 아니다. 이에 대해 선화상인은 이렇게 설명한다. "티베트의 밀종에 이런 법이 있다. 그가 살기를 원하지 않으면 하나의 주문을 염하면서 7일간 이 법을 닦으면 곧 죽는다. 자기도 죽을 수 있을 뿐 아니라 다른 사람도 죽게 할 수 있다."¹⁴ 주문의 신은 무색도 아니고 유색도 아닌 것이다. ⑪ 비유상은 유상(有想)이 아닌 모습이지만 그렇다고 생각이 없는 것도 아닌 중생, 즉 비유비무상의 중생을 말한다. 예를 들어 나나니벌은 다른 애벌레(나비목 애벌레)를 자기 자식으로 삼으므로 생각이 있지 않은 것 같지만, 실제로 나나니벌은 나비목 애벌레를 마취시켜 끌고 와서 그 안에다 자기 알을 까고, 그러면 나중에 그 알들이 부화해서 애벌레를 잡아먹고 나나니벌로 자란다고 한다. 그러니까 생각이 없는 것도 아니라는 말이다. 나나니벌과 나비목 애벌레가 서로 다른 것이기에 이질적인 모습이라고 말한 것이다. ⑫ 비무상은 무상이 아닌 모습이지만 그렇다고 생각이 있는 것도 아닌 중생, 즉 비무비유상의 중생을 말한다. 예를 들어 올빼미는 흙을 붙잡고서 자식처럼 여기고, 파경새는 독 있는 과일을 자기 자식처럼 여기고 키우다 결국 그것에 잡아먹힌다고 한다. 무엇인가를 자식으로 생각하고 키우니 생각이 없는 것도 아닌 것 같지만, 자신을 파멸로 이끄는 괴이한 생각을 하므로 생각이 없다고 하는 것이다.

이상과 같이 중생전도와 세계전도를 논하며 12류 중생을 제시한 것은 그러한 전도를 다시 되돌려 본래의 묘정명심에 이르는 전의(轉依)를 말하기 위함이다. 윤회 너머 해탈, 번뇌 너머 열반에 이르는 길이 곧 수행이다.

---

13   진감, 『정맥소』, 3권, 765쪽.
14   선화상인, 『능엄경강설』, 2권, 365쪽.

II
수행의 단계

앞에서 제3부 선나(증과분)를 시작할 때, 아난이 어떤 방식으로 수행해야지 삼마지를 닦아 증득하여 열반에 이를 수 있냐고 물었다. 제2부 삼마제(수도분) 부분에서 논한 이근원통으로 삼마지를 증득해가는 과정을 좀 더 구체적으로 밝혀달라는 것이다. 이하에서 논하는 수행의 3점차 및 57위의 수행과정은 모두 이근원통으로 삼마지를 증득해가는 구체적 수행과정이라고 볼 수 있다. 3점차는 그런 수행과정에 들어가는 첫 단계에 해당한다.

1. 수행의 3점차

붓다: 아난이여, 이러한 중생 하나하나의 부류에 각각 12전도가 구비되어 있어서, 마치 눈을 누르면 어지러운 꽃이 발생하듯이 신묘하고 원만한 참된 정명심을 전도시켜 이와 같은 허망한 난상(亂想)을 구족하게 됩니다.

阿難, 如是衆生一一類中亦各各具十二顚倒, 猶如捏目亂花發生, 顚倒妙圓眞淨明心, 具足如斯虛妄亂想.

염연기: 정(淨) →   염(染)

　　정명심 → 12 전도 → 12 허망 난상

　　　　　　〈눈을 누름 → 환화가 발생〉

　　　　　　　〈근〉　　　　〈경〉

　　지금까지 논한 12가지의 전도가 각 중생마다에 모두 구비되어 있다고 한다. 이것은 천태에서 6도의 범부세계와 성문·연각·보살·불의 4계를 합한 10계 하나하나 안에 다시 10계가 모두 포함되어 있다는 성구설(性俱說)의 주장과 같다. 일심 안에 무시이래의 업력 종자가 모두 포함되어 있으므로 중생이 구체적 현실에서는 그중 하나의 세계 속에 산다고 해도 그 마음 안에 나머지 세계가 모두 구비되어 있기에 다른 세계를 직감하기도 하고 공명하기도 하고 영향을 주고받기도 하는 것이다. 이처럼 각 중생 안에 일체가 구비되어 있음을 '리구(理具)'라고 하고, 현재 특정한 종류 하나가 일어남을 '사조(事造)'라고 한다. 마음과 눈으로 보는 세계는 그 마음에 구비되어 있던 업력 종자의 현현이기에 마치 피로해진 눈이 그려놓은 환화와 같으며, 따라서 이를 전도된 생각이 일으킨 허망한 난상이라고 한다.

　　붓다: 당신이 붓다의 삼마지를 닦아 증득하고자 하면, 그 본래의 인인 원래의 난상(亂想)에 3점차를 세워야 비로소 (난상을) 제거할 수 있습니다. 마치 맑은 그릇 안의 독밀을 제거하려면 끓는 물과 재와 향으로 그릇을 세척한 후에야 감로를 담을 수 있는 것과 같습니다. 무엇을 3점차라고 합니까? 첫째는 수습이니 그 (업장의) 보조적 인을 제거하는 것이고, 둘째는 진수이니 그 (업장의) 정확한 성품을 가려내는 것이고, 셋째는 증진이니 그 현재적 업을 거스르는 것입니다.

　　汝今修證佛三摩地, 於是本因元所亂想立三漸次, 方得除滅. 如淨器中除去毒蜜, 以諸湯水并雜灰香, 洗滌其器後貯甘露. 云何名爲三種漸次? 一者修習除其助因, 二者眞修刳其正性, 三者增進違其現業.

```
        정(淨)              염(染)
염연기: 정명심 ─(전도)→  허망 난상(亂想)
정연기: 정명심 ←(삼마지)─ 허망 난상       비유) 맑은 그릇  ←  독밀 오염
    =이문삼매     ↑    =12류전도의 난상     (감로 담기)  ↑
        〈3점차〉                    끓는 물·재·향으로 세척
```

중생은 12가지 난상으로 윤회한다. 그렇게 윤회하는 중생의 삶을 떠나 본래의 청정한 정명심으로 돌아가는 것이 붓다의 삼마지를 닦는 수행인데, 이는 곧 윤회의 인이 되는 난상을 제거하는 것이다. 원묘명심의 빛을 밝히기 위해 난상을 제거해야 하는 것은 맑은 그릇에 감로를 담기 위해 독밀을 제거하는 것과 같다. 독밀을 제거하는 방식, 탐·진·치 3독심을 제거하는 방식, 중생을 윤회로 이끄는 12난상을 제거하는 방식이 바로 3점차이다. 위에서 언급한 3점차는 다음과 같이 정리되며, 더 상세하게는 이하에서 순서대로 논한다.[1]

```
3점차: 〈수(修)〉       〈단(斷)〉
 1. 수습(修習): 업장의 조인(助因)을 제거    - 오신채 안 먹기
 2. 진수(眞修): 업장의 정성(正性)을 가려냄   - 4중죄 금하기
 3. 증진(增進): 나타나는 업(현업現業)을 거스름 - 12처를 소멸(근·경의 매임을 끊음)
```

1) 수습(修習): 업장 조인(助因)의 제거

붓다: 무엇이 (업장의) 보조적 인입니까? 아난이여, 이와 같은 세계의 12류 중생은 스스로 보전할 수가 없어 4식(食)에 의거해서 머무니, 소위 단식·촉식·사식·식식이 그것입니다. 그러므로 붓다는 '일체 중생이 모두 식에 의거해서 머문다'고 하셨습니다.

---

1 『정맥소』는 3점차가 삼마지에 들어가 이근원통을 취하기 위한 수행과정임을 강조하며, 3점차와 이근원통의 반문수행을 다음과 같이 연결한다. 진감, 『정맥소』, 4권, 13쪽 참조.
  1. 수습(修習): 처음 들면서 유(流)에 들어가 소(所)를 잊음, 마음이 흩어져 일편(一片)을 못 이룸
  2. 진수(眞修): 소(所)와 입(入)이 고요해져 동정(動靜)이 생기지 않음, 일편을 이룸
  3. 증진(增進): 점증하여 문(聞)과 소문(所聞)이 다함, 진(塵)을 잊고 근(根)을 다함

云何助因? 阿難, 如是世界十二類生不能自全, 依四食住, 所謂段食觸食思食識食. 是故佛說一切衆生皆依食住.

4식:

1. 단식(段食): 음식을 씹어 먹어야 배부름 — 인간, 축생, 수라, 6욕천
2. 촉식(觸食): 음식을 흠향하면 배부름 — 귀(아귀)
3. 사식(思食): 생각만으로 배부름 — 4색계천
4. 식식(識食): 마음만으로 배부름 — 무색계 공처천

살아 있는 생명체는 자신의 생명을 자신만의 힘으로 유지하지 못하고 무엇인가를 섭취하여야 살아갈 수 있다. 단식은 인간처럼 바깥의 음식을 씹어 먹어서 사는 것이고, 촉식은 귀신처럼 음식의 냄새를 맡아서 사는 것이다. 사식(思食)은 4색계천처럼 수행을 생각하면서 그 생각의 힘으로 사는 것이고, 식식(識食)은 무색계 공무변처천처럼 특정한 생각을 떠올림이 없이 마음의 힘으로 사는 것을 말한다.

붓다: 아난이여, 일체 중생은 단것을 먹으면 살고 독을 먹으면 죽으니, 이 모든 중생이 삼마지를 구한다면 마땅히 세간의 5신채를 끊어야 합니다. 5신채는 익혀서 먹으면 음욕이 일어나고 날로 먹으면 성냄을 더합니다. 이와 같이 세계에서 5신채를 먹는 사람은 설령 12부경을 널리 설한다고 해도 시방 천신이나 신선이 그 나쁜 냄새를 싫어하여 모두 멀리 떠나고, 모든 아귀 등이 그가 식사할 때 그 입술을 핥아 항상 귀신과 함께 머무르므로 복덕이 날로 사라지고 이익은 오래도록 없을 것입니다.

阿難, 一切衆生食甘故生, 食毒故死. 是諸衆生求三摩地, 當斷世間五種辛菜. 是五種辛熟食發婬, 生啖增恚. 如是世界食辛之人, 縱能宣說十二部經, 十方天仙嫌其臭穢, 咸皆遠離, 諸餓鬼等因彼食次, 舐其脣吻, 常與鬼住, 福德日銷, 長無利益.

5신채(辛菜): 파, 마늘, 부추, 달래, 흥거(한·중·일에는 없음. 한국에서는 양파를 금지)

사찰에서 쓰는 양념: 다시마, 들깨, 방앗잎, 제피가루, 버섯

5신채 먹으면, 경(經)을 설해도 듣지 않음
- 멀리하는 자: 천(천신), 선(신선)
- 다가오는 자: 아귀 등의 귀(鬼)

단것은 우리가 먹고 살아갈 수 있는 것을 의미하고, 독은 몸에 좋지 않아 먹으면 죽게 되는 것을 의미한다. 먹고 살아가야 하는 중생이기에 무엇을 먹는가가 삶을 유지하는 데 중요한 역할을 한다는 것을 강조한 말이다. 불교에서는 5신채를 먹는 것을 금하는데, 그것은 5신채가 음심이나 진심을 일으키기 때문이기도 하고, 나아가 5신채를 먹은 사람에게서 풍기는 독한 냄새 때문이기도 하다. 즉 5신채를 먹어서 풍기는 냄새를 천신이나 신선 등 천선은 싫어해서 피하려고 하고, 반대로 아귀 등 귀신은 그 냄새를 좋아해서 그 사람 가까이에 머물려고 한다는 것이다. 귀신은 촉식을 하므로 5신채를 먹은 사람을 핥아서 그 냄새를 취한다고 한다. 그렇게 아귀 등 귀신이 가까이 붙어 있으면 좋은 복덕이 사라져 이익될 바가 없다는 것이다. 12부경은 붓다의 교설을 12가지로 분류한 것으로, 12부경을 설한다는 것은 불법을 설하는 의미 있는 활동을 뜻한다. 그런데 그걸 설하는 입으로 5신채를 먹는다면 냄새가 나서 귀신이나 가까이하니, 그 때문에 복덕이 점차 사라진다는 것이다. 12부경은 『능엄경 강해 1』 '사마타' 부분 말미에 정리되어 있다.

붓다: 5신채를 먹는 사람은 삼마지를 닦아도 보살과 천신과 신선과 시방의 선한 신들이 수호하러 오지 않기 때문에, 힘이 센 마왕이 그 기회를 얻어 붓다의 몸으로 꾸미고 나타나서 설법하여 금계가 맞지 않다고 비방하고 음심과 분노와 어리석음을 찬양할 것입니다. (그 사람이) 명이 다하면 저절로 마왕의 권속이 되었다가 마로 인한 복이 끝나면 무간지옥에 떨어집니다. 아난이여, 보리를 닦는 자는 영원히 5신채를 끊어야 하니, 이것을 수행을 증진하는 제1점차라고 합니다.

是食辛人修三摩地, 菩薩·天·仙·十方善神不來守護, 大力魔王得其方便, 現作佛身來爲說法, 非毁禁戒讚婬怒癡. 命終自爲魔王眷屬, 受魔福盡, 墮無間獄. 阿難, 修菩提者永斷五辛, 是則名爲第一增進修行漸次.

5신채 먹으면, 정(定)을 닦아도 보호받지 못함, 사후 마왕의 권속으로 복을 받다 결국 지옥에 떨어짐
┌ 멀리하는 자: 보살, 천, 선, 선한 신(神)
└ 다가오는 자: 마왕(魔王), 붓다의 몸으로 와서 설법. 계를 비방함

5신채를 먹으면 선한 신들의 보호를 받지 못하고 결국 마왕의 술수에 넘어가게 된다. 마왕이 붓다의 몸을 가장하고 나타나서 5신채를 먹어도 된다고 말하면서 계를 훼손하고 음심과 분심과 치심을 찬탄한다는 것이다. 그렇게 마왕의 술수에 넘어가면, 결국 죽어서 마왕의 권속이 되고 그러다가 마가 보호해주는 힘이 끝나면 지옥으로 떨어진다고 한다. 그러므로 진정으로 수행을 하고자 하면 5신채를 먹지 말아야 하니, 이것이 수행의 3점차 중 첫 번째 단계이다.

2) 진수(眞修): 청정계율을 지켜 심신 단속

> 붓다: 무엇이 (업장의) 정확한 성(性)입니까? 아난이여, 이와 같이 중생은 삼마지에 들고자 하면, 우선 청정계율을 엄정히 지켜야 합니다. 음심을 영원히 끊고 술과 고기를 먹지 않으며 불로 음식을 정화하여 날것을 먹지 말아야 합니다. 아난이여, 수행하는 사람이 만약 음심과 살생심을 끊지 않는다면, 3계를 벗어나는 그런 경우는 없습니다. 항상 음욕을 보기를 마치 독사나 원수나 도적을 보는 것처럼 해야 합니다. 우선 성문의 4기와 8기를 지켜서 몸이 동요하지 않게 단속하고, 그 다음 보살의 청정율의를 행해서 마음이 일어나지 않게 단속합니다. 금계를 성취하면 세간에서 서로 낳고 서로 죽이는 업이 영원히 없게 되고, 훔침과 빼앗음을 하지 않아 서로 빚짐이 없게 되니 세간에서 숙세의 빚을 갚지 않아도 됩니다.
>
> 云何正性? 阿難, 如是衆生入三摩地, 要先嚴持淸淨戒律, 永斷婬心, 不飡酒肉, 以火淨食無啖生氣. 阿難, 是修行人若不斷婬及與殺生, 出三界者無有是處. 常觀婬欲猶如毒蛇如見怨賊. 先持聲聞四棄八棄, 執身不動, 後行菩薩淸淨律儀, 執心不起. 禁戒成就, 則於世間永無相生相殺之業, 偸劫不行, 無相負累, 亦於世間不還宿債.

계(戒) → 정(定):
┌ 성문의 계율: 4기(음·살·도·망)와 8기(4기+촉·팔·부·수)   - 몸 단속: 3신업 + 4구업
└ 보살의 계율: 청정율의   - 마음 단속: 3의업

계를 지킴: 불음욕(낳지 않음) + 불살생(죽이지 않음) + 불투도(뺏고 훔치지 않음)

업장의 정성(正性)은 무명과 무명에서 비롯되는 탐진치의 마음이다. 수행을 완성하여 삼마지에 들려면, 일단 계율을 잘 지키는 것이 필요하다. 계·정·혜 3학의 순서대로 계를 잘 지켜야 그다음 정에 들 수 있다. 지켜야 할 계는 살·도·음과 대망어의 업을 짓지 않는 것인데, 그러기 위해서는 무엇보다도 술과 고기를 먹어서는 안 된다고 말한다. 삼마지에 드는 일을 가로막는 것이 바로 음심과 살심이므로, 수행을 완성하기 위해서는 음욕과 살생심을 끊는 것이 필수이다. 음욕은 습이 되어 단박에 끊기가 쉽지 않으므로 늘 독사나 원수나 도적 보듯이 경계하라고 한다. 성문의 계율이 신업과 구업에 치중하고 있다면, 보살의 계율은 그러한 신업이나 구업을 일으키는 마음의 움직임에 더 주목한다. 여기에서 '우선 성문의 4기와 8기를 지켜 몸을 단속하고, 그다음 보살 청정율의를 행하라'고 하는 것은 일단 구업이나 신업을 짓지 않도록 몸을 잘 단속하고, 이어 마음을 잘 지키라는 것이다. 음심이 음행에 앞서고, 살심이 살생에 앞서지만, 우선 경계하고 단속해야 할 것으로 의업이 아닌 구업과 신업을 말한 것이다. 마음의 움직임이 더 깊고 더 미세해서 단속하기가 더 어렵기 때문이다. 일단 말과 행동부터 조심하고 나서 그다음 마음의 움직임을 알아차리고 경계하여 단속해야 한다. 윤회하는 삶이 태어나고 죽는 것인데, 음욕으로 인해 나와 남을 태어나게 하고 살생으로 인해 남을 죽게 만든다. 음욕과 살생을 끊어 태어나고 죽음을 멈추라는 것이다. 몰래 취하는 투(偸)나 강제로 빼앗은 겁(劫) 등은 남의 것을 취하는 것이니, 결국 다음 생에 다시 태어나 그 빛을 갚아야 한다. 투도뿐 아니라 살생도 남의 생명을 훔친다는 의미에서 빼앗고 빚지는 것이다. 그러므로 생사윤회를 벗어나고 싶으면 음·살·도를 모두 벗어나야 한다. 현생에서 육식을 하면 남의 생명을 빚진 것이 되므로 내생에 그 빛을 갚아야 한다. 또 대망어도 남을 속임으로써 이익을 취하면 결국 남에게 빚지는 것이며, 다시 그 빛을 갚게끔 태어나게 된다. 결국 현생에서 음·살·도·망의 금계를 잘 지켜 빚을 지지 말라는 것이다.

붓다: 이 청정한 사람이 삼마지를 닦으면 ① 천안을 얻지 않아도 부모가 준 육신(의 눈)으로 자연히 시방 세계를 보고, ② 붓다를 보고 법문을 들으며 친히 성

인의 뜻을 받들며, ③ 큰 신통을 얻어 시방세계를 노닐고,④⑤숙명이 청정해져서 험난함이 없을 것입니다. 이것을 수행을 증진하는 제2점차라고 합니다.

是淸淨人修三摩地,① 父母肉身不須天眼, 自然觀見十方世界,② 觀佛聞法, 親奉聖旨,③ 得大神通, 遊十方界,④⑤ 宿命淸淨得無艱嶮. 是則名爲第二增進修行漸次.

① 육안으로 시방 세계를 봄: 색음이 다함 – 시방이 환하게 열림   / 안근 청정   — 초신(信)

② 붓다를 보고 법문을 들음: 수음이 다함 – 왕래자유, 의생신 얻음 / 이근 청정   ⎤

③ 대신통을 얻어 시방세계에 노닒: / 비, 설, 신근 청정 ⎦ 2,3신

④⑤ 숙명이 청정, 험난 없음: 상음이 다함 – 생사 시종을 앎   / 의근 청정   — 4,5신/아나함

음·살·도·망의 계를 지켜 청정해진 사람이 정(定)을 닦으면 일상의 인식능력을 넘어서는 신통의 일들이 일어나게 된다. 천안이 아니어도 시방 세계를 관한다는 것은 우리의 감각적 대상세계인 기세간을 넘어 더 많은 세계를 자유자재로 본다는 말이고, 숙명이 청정해진다는 것은 시간상 이전 생을 관하는 숙명통을 얻는다는 것이다. 여기에서는 신통의 현상을 네 가지로 정리하였는데, 『정맥소』는 이것을 5음이 하나씩 다해가는 과정과 6근이 하나씩 청정해지는 과정으로 설명하며, 나아가 천태의 10신위(信位)에 배대(配對)하여 설명하였다.[2] 부모가 낳아준 육신이 갖는 눈은 육안이다. 수행을 하면 또 다른 눈이 열리게 되는데, 불교는 수행과정에서 얻게 되는 눈을 다음과 같이 5가지로 말한다.

5안(眼): 수행을 통해 점차 얻게 되는 눈

1. 육안(肉眼): 가려져 있는 것은 보지 못하는 범부의 눈

2. 천안(天眼): 겉만 보고 본성은 못 봄. 욕계 · 색계의 천(天)이 갖는 눈

3. 혜안(慧眼): 현상 이치는 보되 중생 구제 방법은 모름. 성문(聲聞) · 연각(緣覺)의 눈

4. 법안(法眼): 현상 이치와 중생 구제 방법을 앎. 보살의 눈

5. 불안(佛眼): 일체를 앎. 부처의 눈

---

2   진감, 『정맥소』, 4권, 28-29쪽 참조.

3) 증진(增進): 현업(現業)을 거스르기

붓다: 무엇이 나타나는 업입니까? 아난이여, 이와 같이 청정하게 금계를 지키는 사람은 마음에 탐과 음이 없어 바깥의 6진으로 달려가지 않습니다. ⑥ (6진으로) 달려가지 않기 때문에 근원으로 저절로 되돌아옵니다. 이미 6진(塵)을 반연하지 않으므로 근(根)도 상대가 없습니다. ⑦ 흐름을 되돌려 전체가 하나가 되면 6작용이 행해지지 않습니다. ⑧ 시방 국토가 밝고 청정하여 마치 유리 안에 밝은 달을 걸어놓은 듯합니다. ⑨ 몸과 마음이 쾌적하고 신묘하며 원만하고 평등하여 큰 안은(安隱)을 얻고, ⑩ 일체 여래의 비밀스럽고 원만하고 맑은 묘함이 모두 그 안에 나타납니다.

云何現業? 阿難, 如是淸淨持禁戒人心無貪婬, 於外六塵不多流逸. ⑥ 因不流逸, 旋元自歸. 塵旣不緣, 根無所偶. ⑦ 反流全一, 六用不行. ⑧ 十方國土皎然淸淨, 譬如琉璃內懸明月. ⑨ 身心快然妙圓平等, 獲大安隱. ⑩ 一切如來密圓淨妙皆現其中.

⑥ 6진으로 나가지 않고 근원으로 돌아옴 = 정(定): 근이 상대가 없음　-6신
⑦ 반문함으로써 근(根)이 하나가 됨　　　　　　　　　　　　-7신
⑧ 일체를 훤히 봄: 일체의 공을 봄, 무상지각, 법집이 소멸, 색자재　-8신
⑨ 묘원평등, 심신이 쾌적, 안은: 공도 공인 경계,　　　심자재　-9신
⑩ 여래의 밀원정묘가 현전: 적멸이 현전함과 같음　　　　　-10신

현업(現業)은 현재적으로 드러나는 업이다. 과거의 업력에 의해 현재 작동하여 드러나는 업이며, 대개의 사람들은 그렇게 나타나는 업을 따라 행위하기 마련이다. 즉 심층의 정명심을 망각한 채 현업에 따라 표층에 드러나는 대상을 좇아 그리로 나아간다. 그렇게 우리는 과거의 업에 따라 특정한 근을 가지고 그 근에 상응하는 경인 기세간 안에 살면서, 그런 방식으로 근과 경의 매임으로부터 풀려나지 못해 근은 늘 경을 향해 나아간다. 그러나 계율을 지키고 마음을 단속하면서 반문수행을 하다 보면, 마음은 대상으로 향해 나아가지 않는다. 마음이 대상으로 나아가지 않는다는 것은 곧 과거로부터 쌓인 업이 현세에 드러나는 것을 그대로 따르지 않고 거스르면서 업의 흐름을 되돌린다는 뜻이다. 이것을 '현업을 거스름'이라고 한다. 대상으로 나아가지 않고 안으로

되돌려 마음의 본래 밝음을 알아차리는 회광반조이고 반문문성이다. 이와 같이 현업으로 나아가지 않고 업을 거슬러 돌이켜 원묘명심으로 나아가는 것이 제3점차인 증진이다. 이 증진의 과정을 『정맥소』는 앞의 제2점차에 이어 10신의 지위에 연결하여 설명한다.[3] ⑥ 현재 일어나는 마음을 따라 대상인 6진으로 나아가지 않고, 근원을 향해 방향을 돌이키는 것은 결국 근과 경의 매임을 푸는 것, 근의 매듭을 푸는 것이며, 그렇게 근이 진과의 매임으로부터 풀려나는 것을 근이 청정해진다고 말한다. ⑦ 대상으로 나아가는 흐름을 따르지 않고 흐름을 되돌리면, 6근의 분별적 작용이 일어나지 않고, 따라서 6식 각각의 작용도 일어나지 않게 된다. 그래서 '6작용이 행해지지 않는다'고 말한다. 근이 6으로 분화되어 각각의 대상을 반연하는 것이 아니고 근 전체가 단일해져서 하나로 통하는 원통이 일어나는 것이다. ⑧ 그렇게 근의 매듭이 풀려 원통이 이루어지면 분화되기 이전의 전일한 마음의 빛으로 세상을 보고 듣게 된다. 마음의 원묘명의 밝음으로 세상을 보니, 산하대지가 곧 무상지각으로 변화하여 유정과 기계의 구분이 없어진다고 한다. 색자재지에 해당한다고 볼 수 있다. ⑨ 그러면 심신이 쾌적하고 묘원평등해지니, 속박이 없고 걸림이 없어진다. 이 단계는 9신에 해당하며 심자재지에 가깝고, 결국 여래의 경지로 나아가게 된다. ⑩ 붓다의 경지가 밀(密)·원(圓)·정(淨)·묘(妙)이니, 수행이 완성되면 이러한 붓다의 경지에 이른다.

> 붓다: 이 사람은 곧 무생법인(無生法忍)을 얻을 것이니, 이로부터 점차 닦아나가며 행을 일으키는 데에 따라 성인의 지위를 얻을 것입니다. 이것을 수행을 증진하는 제3점차라고 합니다.
>
> 是人卽獲無生法忍, 從是漸修, 隨所發行, 安立聖位. 是則名爲第三增進修行漸次.

마음이 묘명과 청정을 얻는 것을 '무생법인'을 얻는다고 말한다. 마음 본래의 밝음과 청정이 곧 생멸을 넘어선 자리이기 때문이다. 본래의 마음자리로 돌아가 마음 본래의 밝음을 증득하는 것이 바로 무생법인의 증득이다. 이 자리에서 계속 수행을 해나가면

---

3 진감, 『정맥소』, 4권, 34-35쪽 참조.

결국 성인의 지위에 이른다고 한다. 그렇다면 지금까지 논한 3점차와 이제부터 논할 57위는 어떤 관계인가?『정맥소』는 "간혜지 뒤에 따로 10신(信)이 있어 이름은 일상적인 신(信)을 빌렸으나, 뜻은 초주를 연 것이고, 일반적인 10신은 도리어 3점차에 은연중 포함시켰다"[4]고 설명한다.『능엄경』에서의 개념과『정맥소』의 풀이를 연결지어 정리하면 다음과 같다.

```
『능엄경』          『정맥소』의 해석
3점차: 수습
        진수    =    1신~5신   ┐
                              ├ 10신
        증진    =    6신~10신  ┘  ‖
간혜지         =    1신~10신   ─ 10신
10신          =    초주 = 발심주 ┐
                                ├ 10주
10주          =    초주-10주    ┘
```

2. 수행 57위(位)

지금까지 수행의 3점차를 논한 데 이어 이하에서는 다시 차례대로 57위를 구분하여 설명한다. 3점차에 이어 이하에서 논할 전체 수행 계위를 미리 정리하면 다음과 같다.

```
0. 3점차(수습, 진수, 증진):            소위 10신에 해당
1. 〈간혜지〉: 욕애가 말라 버리고 지혜만 남음    앞의 10신
2. 10신: 초주를 풀어놓은 것(고산의 설)    ┐
3. 10주: 정(定)으로 리(理)에 회통 진(眞)에 계합 ┘ 10주: 화엄의 10지와 같음[5]
4. 10행: 진(眞)에 의거하여 행을 일으킴
5. 10회향: 리지(理智)와 대비(大悲)와 원행(願行)이 회통
6. 〈4가행〉
7. 10지: 자비와 지혜로 덕(德)을 성취
8. 등각
9. 〈금강혜〉
10. 묘각
```

---

4 진감,『정맥소』, 4권, 42쪽
5 진감,『정맥소』, 4권, 125쪽 이하에서『능엄경』의 10주가『화엄경』의 10지와 통한다고 상세히 논한다. 본 강해 290쪽, 주15 참조.

1) 간혜지(乾慧地)

> 붓다: 아난이여, 이 선남자가 욕애(欲愛)가 말라서 근과 경이 짝이 되지 않으면, 현전하는 남은 성질이 다시는 계속 생기지 않습니다(1신-7신). 집착하던 마음이 비고 밝아져 순수하게 지혜만 있게 되니, 지혜의 성품이 밝고 원만하여 시방 세계가 환해집니다. (애욕이) 마르고 그 지혜만 있는 것을 '간혜지'라고 합니다(8신-10신).
>
> 阿難, 是善男子欲愛乾枯, 根境不偶, 現前殘質不復續生. 執心虛明純是智慧, 慧性明圓瑩十方界. 乾有其慧名乾慧地.

마음에서 음욕이 말라 버리면 근과 경의 매임이 풀리고 근의 매듭이 풀린다. 근의 매듭이 풀리면, 마음은 본래 마음자리인 묘명의 자리로 나아간다. 그 마음자리에 머무르면 다시 번뇌에 휩싸여 새로운 업을 짓게 되지 않기 때문에, 습이 된 무명이 더 이상 새로 생겨나지 않게 된다. 그렇게 마음이 일체 번뇌를 떠나 비고 밝아지면, 그때는 더 이상 망상을 일으키지 않고 오직 순수한 지혜만 남겨지며, 그 지혜가 두루 밝게 빛난다. 애욕이 모두 말라 버린 상태에서 지혜만 밝게 빛나므로 이 단계를 '마른 지혜의 지위'인 '간혜지'라고 한다. 선화상인은 "간혜지는 또 금강초심이라고 한다. 금강은 파괴되지 않는다는 뜻이다. 파괴되지 않는 금강심의 첫 걸음을 간혜지라고 한다"[6]고 설명한다. 『정맥소』는 근과 경이 짝이 되지 않아 더 이상 번뇌가 일어나지 않는다는 부분은 1신에서 7신까지와 상응하고, 마음이 허명해지고 지혜가 명원해지는 부분은 뒤의 3신(8신-10신)과 상응한다고 설명한다.[7] 이 점에서 간혜지의 단계는 앞서 논한 3점차의 진수와 증진 단계와도 상응한다.

〈진수/증진〉	〈간혜지〉
마음에 탐애가 없음	욕애가 말라 버림
6작용이 행하지 않음	근과 경이 짝하지 않음(1-7신)
몸과 마음이 쾌연함	공한 지혜가 순수함

---

6   선화상인, 『능엄경강설』, 2권, 386쪽 .
7   진감, 『정맥소』, 4권, 39쪽, 41쪽 참조.

시방국토가 청정함   지혜의 성품이 원명하여 시방세계를 비춤
제불의 묘리가 온전히 나타남   지혜가 성취됨(8-10신)

> 붓다: 애욕의 습기가 마르기 시작하되 아직 여래의 법류수와 접하지는 못한
> 것입니다.
> 欲習初乾, 未與如來法流水接.

애욕의 습기가 마름 → 진여 법류수에 접함
간혜지(10신)   초주

간혜지에서는 탐욕, 음욕 등 애욕의 습기가 마르기 시작하여 대상을 향해 나아가는 습은 떠났지만 아직 정명한 마음의 흐름인 법의 흐름에 들어간 것은 아니다. 그러므로 '여래의 법류수와 접하지 못했'고 말한다. 아직 법류수에 적셔지지 않았기에 마른 지혜만 있다고 '간혜지'라고 한다. 욕류(欲流)는 이미 말랐으나, 아직 무명류(無明流)가 남아 있는 상태라고 볼 수 있다. 진여의 법의 흐름에 들어가 적셔져야 욕애를 벗은 마른 지혜의 마음이 무명까지도 벗어 자비로 윤택해지게 된다.

2) 10신(信): 5근(根)과 5력(力)

『정맥소』에 따르면 이하의 단계는 10신이라고 분류되지만 그 내용은 초주에 해당한다. 10단계 중 6단계의 이름이 ~주(住)로 불리는 것이 그것을 말해준다고 한다. 10신의 단계 중 전반부는 5근(根), 후반부는 5력(力)과 일치한다.

> 붓다: <① 신심주(信心住)> 이 (간혜지의) 마음이 안으로 안으로 흘러들어가면 원묘(圓妙)가 열려 펼쳐집니다. 참된 묘원으로부터 참된 묘가 거듭 일어나 묘한 믿음이 상주하고 일체의 망상이 남김없이 멸진하니, 중도가 순수하고 참된 것을 '신심주'라고 합니다. <② 념심주(念心住)> 참된 믿음이 명료하고 일

체가 원통하면 음·처·계 셋이 장애가 되지 못합니다. 이와 같이 과거와 미래의 무수한 겁 동안 몸을 버리고 몸을 받던 일체의 습기가 모두 현전하게 되는데, 이 선남자가 모두 기억하고 잊어버리지 않는 것을 '념심주'라고 합니다. <③ 정진심(精進心)> 묘원이 순수하고 참되면 참된 정(精)이 변화를 일으켜 무시의 습기가 하나의 정명(精明)으로 통합니다. 오직 정명으로써 참된 맑음으로 나아가는 것을 '정진심'이라고 합니다. <④ 혜심주(慧心住)> 마음의 정수가 현전하여 지혜만 순수하게 있는 것을 '혜심주'라고 합니다. <⑤ 정심주(定心住)> 지혜의 밝음을 집지하여 고요한 맑음이 두루하며 적묘가 항상 응결하는 것을 '정심주'라고 합니다. <⑥ 불퇴심(不退心)> 선정의 빛이 밝게 드러나 밝은 성품에 깊이 들어가서 오직 나아가고 물러섬이 없는 것을 '불퇴심'이라고 합니다. <⑦ 호법심(護法心)> 마음 정진의 편안함을 잃지 않고 보호유지하여 시방 여래의 기분과 교접하는 것을 '호법심'이라고 합니다. <⑧ 회향심(廻向心)> 각명을 보호유지하여 묘력으로써 붓다의 자비 광명을 돌이켜 붓다를 향해 안주하는 것이 마치 한 쌍의 거울의 광명이 서로 마주하여 그 가운데 묘한 영상이 중중으로 상입하는 것과 같은 것을 '회향심'이라고 합니다. <⑨ 계심주(戒心住)> 마음의 빛을 비밀히 돌이켜 붓다의 항상된 응연함과 무상의 묘한 맑음을 얻어 무위에 안주하여 유실이 없는 것을 '계심주'라고 합니다. <⑩ 원심주(願心住)> 계에 자재하게 머물며 시방에 노닐어도 가는 곳마다 원을 따르는 것을 '원심주'라고 합니다.

① 卽以此心中中流入, 圓妙開敷, 從眞妙圓, 重發眞妙, 妙信常住, 一切妄想滅盡無餘, 中道純眞名信心住. ② 眞信明了, 一切圓通, 陰·處·界三不能爲礙. 如是乃至過去未來無數劫中, 捨身受身一切習氣皆現在前, 是善男子皆能憶念, 得無遺忘名念心住. ③ 妙圓純眞, 眞精發化, 無始習氣通一精明. 唯以精明進趣眞淨名精進心. ④ 心精現前, 純以智慧名慧心住. ⑤ 執持智明周遍寂湛, 寂妙常凝名定心住. ⑥ 定光發明明性深入, 唯進無退名不退心. ⑦ 心進安然保持不失, 十方如來氣分交接名護法心. ⑧ 覺明保持, 能以妙力廻佛慈光, 向佛安住, 猶如雙鏡光明相對, 其中妙影重重相入名廻向心. ⑨ 心光密廻, 獲佛常凝無上妙淨, 安住無爲得無遺失名戒心住. ⑩ 住戒自在能遊十方, 所去隨願名願心住.

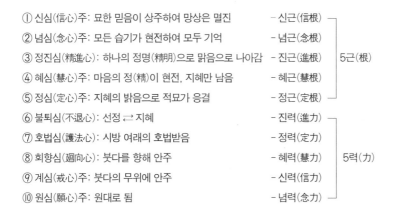

① 초주인 〈신심주〉는 간혜지의 마음이 법류수가 흐르는 불법의 세계에 들어가 원묘가 열려 묘신을 얻는 단계이다. 원(圓)은 6근의 매듭이 풀리면서 드러난 마음의 원만함이고, 묘(妙)는 그러한 원통이 갖는 신묘함이다. 원묘가 열리면, 붓다와 중생이 둘이 아니고 나도 성불하게 되리라는 묘한 믿음인 묘신(妙信)을 갖게 된다. 3점차와 간혜지에서 언급한 10신을 완전히 성취하는 단계이다. ② 〈념신주〉는 앞에서 6근의 매듭이 풀려 원통을 얻었기에 자신의 근과 경의 한계를 넘어 과거 무수한 겁 동안 마음에 주어졌던 일체의 습기를 자유롭게 알아볼 수 있는 단계이다. ③ 〈정진심〉은 앞의 〈신심주〉에서 얻은 묘원의 정(精)에 〈념심주〉에서 얻은 지혜의 명(明)을 더해 정기의 밝음인 정명(精明)을 확립해서 이 정명을 참된 맑음인 진정(眞淨)으로 이끌어가는 정진의 단계이다. 정명의 명은 지(智)를, 진정의 정은 리(理)를 뜻한다고 보면, 리지계합에 이르는 것이라고 할 수 있다. ④ 〈혜심주〉는 정명으로 도달한 진정 안에서 마음의 정기가 밝은 지혜로 드러나는 단계이다. ⑤ 〈정심주〉는 그 지혜를 붙잡아 지킴으로써 고요한 맑음(적담)과 고요한 묘함(적묘)에 머무는 것이다. 선화상인은 "적담은 적이상조(寂而常照)이고, 적묘는 조이상적(照而常寂)이다. 항상 응결한다(凝)는 것은 바로 정(定)을 말하고, 지혜가 선정력을 가진다는 것이다"[8]라고 설명한다. 깊은 선정에 들어 적(寂)과 묘한 깨어 있음의 비춤인 조(照)를 함께 유지하는 것이다. ⑥ 〈불퇴심〉은 앞의 〈혜심주〉의 지혜와 〈정심주〉의 선정을 함께 유지하면서 뒤로 물러나지 않는 단계이다. 선정의 빛이 밝게 드러나는 '정광발명'은 정으로써 혜에 들어가는 것이고, 밝은 성품에 깊

---

8   선화상인, 『능엄경강설』, 2권, 390쪽.

이 들어가는 '명성심입'은 혜로써 정에 들어가는 것이다. 그렇게 정과 혜를 함께 강화하여 전진할 뿐 뒤로 물러섬이 없는 것이다. ⑦〈호법심〉은 정과 혜를 함께 닦아나가면서 편안한 '안연(安然)'을 유지하다 어느 순간부터 시방 여래의 기운과 교접하여 보호받게 되는 단계이다. 안으로 마음을 지키고 보호하며, 밖으로 불법을 보호하여 마(魔)를 굴복시키는 것이 호법의 두 측면이다. ⑧〈회향심〉은 선정 중에 붓다 여래의 호법을 받다가 어느 순간 붓다의 자비광명이 나의 마음속에 들어와 나의 마음속 부처의 자비광명과 하나가 되어 서로 분리되지 않는 단계를 말한다. 마치 마주한 거울이 중중무진으로 서로를 반조하듯이, 나의 원명정심의 각명과 붓다의 자비광명이 서로 상입하여 하나를 이루는 것이다. ⑨〈계심주〉는 나의 마음의 빛과 붓다의 마음의 빛이 비밀스럽게 하나로 통하고 서로 연결되어서 내가 붓다의 항상되는 묘정을 얻어 무위에 머무르는 단계이다. ⑩〈원심주〉는 계에 머무르던 마음이 자유자재로 노닐어도 계속 원을 실천하고 실현함을 벗어나지 않는 단계이다.

3) 10주(住): 불계에 태어남

지금까지 10신의 단계를 논하였고, 이제부터는 그러한 믿음에 바탕한 본격적 수행의 단계인 10주·10행·10회향으로 나아간다. 『대승기신론』에서는 믿음이 확립되어 주·행·회향으로 나아가는 중생을 '정정취중생(正定聚衆生)'이라고 부른다. 바른 길로 정해진 중생, 물러서지 않는 불퇴위에 이른 중생이라는 뜻이다. 그 첫 단계가 10주(住)이다. 불가에 태어나서 거기 머무르게 되는 과정을 말한다. 수행자가 불계에 태어나기까지의 과정을 논하는 10주의 단계는 중음신이 세상에 태어나기까지의 과정에 비유되고 있다.

주(住)의 2가지 의미:
  1. 견고히 상주함: 행(行)과 념(念)이 모두 불퇴
  2. 불가에 태어나 머묾: 화옥에 안주함, 원정(圓定)에 머묾

붓다: <① 발심주(發心住)> 아난이여, 이 선남자가 진여 방편으로 이 10십(신

심)을 일으켜서 마음의 정(精)이 빛을 발하고 10용이 서로 섭입하여 일심(一心)을 원만하게 이루는 것을 '발심주'라고 합니다. <② 치지주(治地住)> 마음 가운데 밝음을 발하는 것이 마치 맑은 유리 안에 정수의 금이 드러나는 것과 같으니 앞의 묘심으로 밟아 땅을 이루는 것을 '치지주'라고 합니다. <③ 수행주(修行住)> 심(心)과 지(地)가 서로 통하여 알아 함께 명료해지니 시방을 밟고 다녀도 장애가 없는 것을 '수행주'라고 합니다. <④ 생귀주(生貴住)> (수행자의) 행이 붓다와 같아서 붓다의 기분을 받는 것이 마치 중음신이 스스로 부모를 구할 때 은밀한 믿음이 깊이 통하듯이 (그렇게) 여래의 종성에 들어가는 것을 '생귀주'라고 합니다. <⑤ 구족주(具足住)> 이미 도(道)의 태에 노닐면서 친히 붓다의 후사를 받음이 마치 태가 이미 완성되어 사람 모습에 결함이 없는 것과 같으니 (이것을) '방편구족주'라고 합니다. <⑥ 정심주(正心住)> 용모가 붓다와 같고 심상도 (붓다와) 동일한 것을 '정심주'라고 합니다. <⑦ 불퇴주(不退住)> 몸과 마음이 합하여서 나날이 더욱 증장하는 것을 '불퇴주'라고 합니다. <⑧ 동진주(童眞住)> 10개 몸의 신령한 모습이 일시에 구족되는 것을 '동진주'라고 합니다. <⑨ 법왕자주(法王子住)> 형태가 완성되어 태를 벗어나 친히 불자가 되는 것을 '법왕자주'라고 합니다. <⑩ 관정주(灌頂住)> 사람이 되었음을 공표하는 것이 마치 나라의 대왕이 국사를 태자에게 나누어 위임할 때 저 찰리왕이 세자가 장성하면 세워놓고 관정하는 것과 같으니 (이것을) '관정주'라고 합니다.

① 阿難, 是善男子以眞方便發此十心, 心精發揮, 十用涉入, 圓成一心名發心住. ② 心中發明, 如淨瑠璃內現精金. 以前妙心履以成地名治地住. ③ 心地涉知俱得明了, 遊履十方得無留礙名修行住. ④ 行與佛同受佛氣分, 如中陰身自求父母, 陰信冥通入如來種名生貴住. ⑤ 旣遊道胎親奉覺胤, 如胎已成人相不缺名方便具足住. ⑥ 容貌如佛, 心相亦同名正心住. ⑦ 身心合成, 日益增長名不退住. ⑧ 十身靈相一時具足名童眞住. ⑨ 形成出胎, 親爲佛子名法王子住. ⑩ 表以成人, 如國大王以諸國事分委太子, 彼刹利王世子長成陳列灌頂名灌頂住.

〈수행자의 수행 단계〉	〈중음신의 입태와 출태〉
① 발심주(發心住): 마음의 빛으로 일심(묘심)을 이룸	― 중음신을 형성함
② 치지주(治地住): 묘심(발심주)으로 밟아 땅을 이룸	― 중음신이 업력을 따라 지(地)를 얻음

③ 수행주(修行住): 심(업)과 지(계)가 명료해짐   ― 중음신이 갈 곳을 보고 나아감

④ 생귀주(生貴住): 붓다의 기를 받아 여래종성에 들어감   ― 중음신이 부모에 입태함

⑤ 구족주(具足住): 법계에 머물며 붓다의 자식이 됨   ― 태아가 갈라람이 됨

⑥ 정심주(正心住): 용모와 심상이 붓다와 같아짐   ― 태아의 외모와 내심이 부모를 닮음

⑦ 불퇴주(不退住): 붓다의 심신을 이뤄 물러섬이 없음   ― 태아의 심신이 증장함

⑧ 동진주(童眞住): 10신의 모습을 모두 갖춤   ― 태아가 사람 모습이 됨

⑨ 법왕자주(法王子住): 완전한 불자가 됨   ― 태아가 출태하여 법왕자가 됨

⑩ 관정주(灌頂住): 제불의 지수(智水)로 관정받음   ― 수기를 받아 태자가 됨

①〈발심주〉인 초주는 앞서 10신 단계에서 논한 10신심을 모두 일으켜 마음의 정수가 빛을 발하여 일심이 원만하게 되는 단계이다. 즉 10신 전체가 초주에 해당한다고 볼 수 있다. 묘한 믿음의 일심으로 불계에 태어나는 10주가 시작되므로 이 발심주를 중생 탄생에 비유하면 중음신이 형성되는 단계에 해당한다. ②〈치지주〉는 앞서 확립된 묘심의 지혜로써 붓다 세계의 땅을 밟아 지(地)를 이룬다는 뜻에서 '치지'라고 한다. 묘심 내지 일심의 각명(覺明)이 밝게 빛나는 것이 유리 안의 금이 빛나는 것과 같으며, 비유하자면 중음신이 업력을 따라 나아갈 지(地)를 얻는 것과 같다. ③〈수행주〉는 묘심의 지(智)와 그것이 얻은 지(地)의 리(理)가 서로 교섭하고 소통하여 알게 되는 단계이다. 수행자가 불계를 향해 자유롭게 나아가는 것이니, 중음신이 목적지를 향해 나아가는 것과 같다. ④〈생귀주〉는 불계로 나아가는 수행을 통해 그 행이 붓다와 같아져서 붓다의 기운을 받게 되는 단계이다. 결국 여래와 같은 종성으로 태어날 자격을 갖추는 것이고, 이는 중음신이 같은 부류의 부모의 태로 들어가는 것과 같다. ⑤〈구족주〉는 붓다의 자식으로 불계에 태어나기까지 도의 태에 머물면서 붓다의 모습을 갖춰가는 단계이며, 태에 든 중음신이 태 안에서 사람의 모습으로 완성되어가는 것과 같다. ⑥〈정심주〉는 결국 외적 생김새나 내적 마음 모두 붓다와 같아지는 단계이며, 태아가 태내에서 성장하여 몸과 마음이 모두 부모와 유사해지는 것과 같다. ⑦〈불퇴주〉는 심신이 붓다와 같아진 후 수행에서 물러섬이 없는 단계이니, 태아가 태 안에서 나날이 부모와 같아짐에 물러섬이 없는 것과 같다. ⑧〈동진주〉는 붓다의 10신(身)의 신령한 모습을 구족하는 단계이니, 태아가 태내에서 꾸준히 성장하여 결국 완전한 사람의 모습을 갖추게 되는 것과 같다. ⑨〈법왕자주〉는 붓다와 같은 심신을 갖추고서 결국 붓다의 자녀인 불자 내지 법왕자가 되는 단계이니, 태내에서 태아가 인간의 모습으로

완성된 후 태 밖으로 태어나는 것과 같다. ⑩〈관정주〉는 붓다가 수행자에게 관정(灌頂)하여 불계의 불자로 인정하는 단계이다. 관정은 정수리에 물을 뿌리는 의식으로 지혜의 물인 지수(智水)를 붓는 것이며, 왕이 태자를 책정하는 것과 같다.

붓다의 10신(身):

보리신(菩提身), 원신(願身), 화신(化身), 역지신(力持身), 상호신(相好身)＝장엄신

위세신(威勢身), 의생신(意生身), 복덕신(福德身), 지신(智身), 법신(法身)

4) 10행(行): 6바라밀

10주(住)가 불가에 태어나 불가의 업을 이어받는 지위라면, 10행은 불사(佛事)를 행하는 지위이다. 여기에서의 행은 중생제도의 이타행으로서 6바라밀(波羅蜜)이다. 바라밀은 범어 바라밀다paramita의 음역으로 피안(param)＋도달(ita) 또는 피안에 도달한(parami)＋상태(ta)의 결합이다. 일반적으로 '(깨달음의 언덕인) 피안에 건너감'의 의미로 '도피안(到彼岸)'이라고 의역하며, 최상, 완성, 성취의 뜻을 가진다. 대개 '바라밀'이라고 할 때는 깨달음에 도달하는 수행을 의미하며, 6바라밀, 10바라밀(6바라밀＋방편方便, 원願, 역力, 지智 바라밀)이 있다.

붓다: <① 환희행(歡喜行)> 아난이여, 이 선남자가 불자가 되어서 무량한 여래의 묘덕을 구족하여 시방에 수순하는 것을 '환희행'이라고 합니다. <② 요익행(饒益行)> 일체 중생을 능히 이익되게 하는 것을 '요익행'이라고 합니다. <③ 무진한행(無瞋恨行)> 스스로 깨닫고 남을 깨닫게 하되 어김과 거절이 없는 것을 '무진한행'이라고 합니다. <④ 무진행(無盡行)> 갖가지 류(12류)가 (붓다로) 출생하게끔 미래제가 다하도록 3세에 평등하고 시방에 통달하는 것을 '무진행'이라고 합니다. <⑤ 리치란행(離癡亂行)> 일체가 갖가지 법문과 합치하여 어긋남과 오류가 없는 것을 '리치란행'이라고 합니다. <⑥ 선현행(善現行)> 동일함 가운데서 여러 차이를 드러내고, 낱낱의 다른 모습에서 각각 동일함을 나타내는 것을 '선현행'이라고 합니다. <⑦ 무착행(無著行)> 이와 같이 시방 허공에 가득한 미진에서 그 낱낱의 미진에 시방 세계를 나타내되 미진을 나타내

든 세계를 나타내든 서로 장애가 없는 것을 '무착행'이라고 합니다. <⑧ 존중행(尊重行)> 갖가지 현전하는 것이 모두 제1바라밀다인 것을 '존중행'이라고 합니다. <⑨ 선법행(善法行)> 이와 같이 원융하여 시방 제불의 궤칙을 이룬 것을 '선법행'이라고 합니다. <⑩ 진실행(眞實行)> 낱낱이 모두 청정 무루이고 하나의 참된 무위이니, 성이 본래 그러한 것을 '진실행'이라고 합니다.

① 阿難, 是善男子成佛子已, 具足無量如來妙德, 十方隨順名歡喜行. ② 善能利益一切衆生名饒益行. ③ 自覺覺他得無違拒名無瞋恨行. ④ 種類出生窮未來際, 三世平等十方通達名無盡行. ⑤ 一切合同種種法門, 得無差誤名離癡亂行. ⑥ 則於同中顯現群異, 一一異相各各見同名善現行. ⑦ 如是乃至十方虛空滿足微塵, 一一塵中現十方界, 現塵現界不相留礙名無著行. ⑧ 種種現前咸是第一波羅蜜多名尊重行. ⑨ 如是圓融能成十方諸佛軌則名善法行. ⑩ 一一皆是清淨無漏一眞無爲, 性本然故名眞實行.

① 환희행(歡喜行): 중생을 기쁘게 함 = 두루 보시함   - 보시바라밀

② 요익행(饒益行): 중생을 이익되게 함 = 계를 지키게 함   - 지계바라밀

③ 무진한행(無瞋恨行): 깨달음으로 진한이 없게 함   - 인욕바라밀

④ 무진행(無盡行): 일체 중생이 성불하기까지 노력함   - 정진바라밀

⑤ 무치란행(無癡亂行): 일념 정심(定心)을 유지   - 선정바라밀

⑥ 선현행(善現行): 동(同)과 이(異)의 무애   - 이사무애지 ┐

⑦ 무착행(無著行): 일 미진에 시방세계 포함   - 사사무애지 │

⑧ 존중행(尊重行): 일체 현전의 긍정   - 구경피안지 │ 지혜바라밀

⑨ 선법행(善法行): 불법의 바른 이해를 엶   - 궤생물해지 │

⑩ 진실행(眞實行): 일체가 무루이고 무위임   - 불위실상지 ┘

① <환희행>은 중생의 뜻에 수순하여 중생을 기쁘게 하는 행위이다. 무엇인가를 필요로 하는 중생이 있으면 그에게 보시함으로써 그를 기쁘게 만드는 것이니, '보시바라밀'에 해당한다. ② <요익행>은 중생을 이롭게 하는 행위이다. 중생이 계를 지켜 탐진치를 극복하여 열반에 이르게끔 돕는 것이니, '지계바라밀'에 해당한다. ③ <무진한행>은 무상과 무아와 고를 깨달아 위(違)와 순(順)에 흔들리지 않음으로써 분노인 진한을 일으키지 않는 행위이며, '인욕바라밀'에 해당한다. 여기에서의 인(忍)은 관인(觀忍)에

해당한다고 볼 수 있다.[9] ④〈무진행〉은 끝없이 닦아가는 행위이다. 12류 일체 중생이 모두 생사윤회를 벗어나 성불하기까지 미래 시간이 다하도록 힘쓰되, 과거·현재·미래 3세에 항상 똑같이 평등한 마음으로 온 시방 세계 끝까지 나아가는 것이므로 '정진바라밀'에 해당한다. ⑤〈리치란행〉은 법문을 따라 합치하여 어긋나지 않는 행위를 말한다. 법문을 알고 따르는 마음상태가 바로 선나(禪那), 선정(禪定), 정(定)이고 정려(靜慮)이다. 려(慮)로써 법문을 항상 지니기에 치(癡)를 떠나고, 정(靜)으로써 법문을 따르기에 난(亂)을 떠나므로 '리치난행'이라고 하며, '선정바라밀'에 해당한다. ⑥〈선현행〉은 같음에서 차이를 보고 차이에서 같음을 보는 융섭적 행위를 말한다. 이것은 앞의 5바라밀에 이은 '지혜바라밀'에 해당하며, 여기서 같음은 리(理)이고 차이는 사(事)이므로, 리와 사의 무애를 아는 '이사무애의 지혜'에 해당한다. ⑦〈무착행〉은 일 미진과 시방 세계, 가장 작은 것과 가장 큰 것 간에 장애가 없는 무착을 아는 것이며, 이는 곧 일 미진에 시방세계가 구족되어 있다는 화엄의 '사사무애(事事無碍)의 지혜'에 해당한다. ⑧〈존중행〉은 일체의 현전이 제1바라밀다임을 아는 것이다. 제1바라밀다는 여래의 궁극의 과지(果地)인 무여대열반을 의미하니, 이는 '구경피안의 지혜'에 해당한다. ⑨〈선법행〉은 중생에게 법문을 열어 보여 바른 이해를 얻게 하는 행위이다. 사물의 이해를 낳는 궤범인 '궤생물해(軌生物解)'의 지혜에 해당한다. ⑩〈진실행〉은 무루이고 무위인 진실한 행위를 말한다. 무루와 무위에 대해 『정맥소』는 이렇게 설명한다. "'청정무루'는 범부와 외도의 욕유무명을 탐착하는 오염된 행이 아니라는 말이고, '일진무위'는 권교와 소승처럼 힘들어 수고롭게 수증하지 않는다는 말이다. … 진실행이라는 이름으로 결론 내린 이유는 무루로 말미암아서 망수(妄修)와 섞이지 않고, 구경에 진인(眞因)을 이루기에 진행(眞行)이라고 하고, 무위로 말미암아서 조작의 성(性)이 아니고 필경 실제적 과가 있기에 실행(實行)이라고 한 것이다."[10]

---

9   참을 인(忍)은 수행이 깊어짐에 따라 그 차원이 달라지는데, 불교는 이를 6단계로 구분한다.
6인(忍):
  1. 역인(力忍): 성내는 마음을 잊지 못하나 다만 보복하지 않음
  2. 망인(忘忍): 상대를 용납하여 욕을 보지 없는 것처럼 함
  3. 반인(反忍): 자기를 돌이켜 스스로 꾸짖고 남을 탓하지 않음
  4. 관인(觀忍): 안팎으로 자타가 모두 꿈 같은 줄을 통달함. 이하 리(理)를 얻은 단계
  5. 희인(喜忍): 나의 참는 힘이 성취됨을 기뻐함
  6. 자인(慈忍): 욕을 가한 사람의 어리석음에 연민을 느껴 제도할 마음을 발원
10   진감, 『정맥소』, 4권, 79쪽.

```
        청정무루,              일진무위
          ↑                    ↑
    범부/외도의 유루     소승/권교의 유위(수성)
```

5) 10회향(廻向): 중생·불도·진여에 회향

회향(廻向)은 발원(發願)의 뜻이다. 중생 구제를 발원하는 것은 중생에로의 회향이고, 불도로 나아가기를 발원하는 것은 불도에로의 회향이며, 진여로 나아가기를 발원하는 것은 진여에로의 회향이다. 물론 이 셋은 분리되지 않고 서로를 포함하며, 다만 어느 부분이 드러나는가의 차이가 있을 뿐이다.

붓다: <① 리(중생)상회향(離衆生相廻向)> 아난이여, 이 선남자가 신통을 구족하고 불사를 이루어서 순결하고 정미롭고 참되어 모든 남겨진 근심을 멀리하면서, 중생을 제도해도 제도한다는 상을 멸하여 무위심으로 돌아가 열반의 길로 향하는 것을 '일체 중생을 구호하되 중생상을 여의는 회향'이라고 합니다. <② 불괴회향(不壞廻向)> 무너뜨릴 것은 무너뜨리고 떠나야 할 것은 멀리 떠나는 것을 '무너지지 않는 회향'이라고 합니다. <③ 등(일체)불회향(等一切佛廻向)> 본각이 담연하여 깨달음이 붓다의 깨달음과 같아지는 것을 '일체 붓다와 평등한 회향'이라고 합니다. <④ 지(일체)처회향(至一切處廻向)> 정미한 참됨이 빛을 발하여 지위가 불지와 같아지는 것을 '일체 처에 이른 회향'이라고 합니다. <⑤ 무진(공덕장)회향(無盡功德藏廻向)> 세계와 여래가 서로 섭입하여 장애가 없는 것을 '공덕이 무진장한 회향'이라고 합니다. <⑥ (수순)평등(선근)회향(隨順平等善根廻向)> 불지와 같아져서 지(地)마다 각각 청정인을 내고, 인에 의거해서 빛을 발하여 열반도를 성취하는 것을 '평등한 선근에 수순하는 회향'이라고 합니다. <⑦ 등관(일체중생)회향(等觀一切衆生廻向)> 참된 근이 이루어지면 시방 중생이 모두 나의 본성이니, 성이 원만하게 성취되어 중생을 잃어버리지 않는 것을 '일체 중생에 수순하여 평등하게 관하는 회향'이라고 합니다. <⑧ 여상회향(如相廻向)> 일체 법에 즉하고 일체 상을 떠나되 즉과 리 들에 집착하지 않는 것을 '진여상회향'이라고 합니다. <⑨ (무박)해탈회향(無縛解脫廻

向)> 진실되게 여여(如如)를 얻어 시방에 장애가 없는 것을 '결박 없는 해탈 회향'이라고 합니다. <⑩ (법계)무량회향(法界無量廻向)> 성덕이 원만하게 이루어져 법계의 량이 소멸하는 것을 '법계무량회향'이라고 합니다.

① 阿難, 是善男子滿足神通, 成佛事已, 純潔精眞, 遠諸留患, 當度衆生, 滅除度相, 廻無爲心向涅槃路名救護一切衆生離衆生相廻向. ② 壞其可壞, 遠離諸離名不壞廻向. ③ 本覺湛然, 覺齊佛覺名等一切佛廻向. ④ 精眞發明, 地如佛地名至一切處廻向. ⑤ 世界如來互相涉入, 得無罣礙名無盡功德藏廻向. ⑥ 於同佛地地中各各生淸淨因, 依因發揮, 取涅槃道名隨順平等善根廻向. ⑦ 眞根旣成, 十方衆生皆我本性, 性圓成就不失衆生名隨順等觀一切衆生廻向. ⑧ 卽一切法離一切相, 唯卽與離二無所著名如相廻向. ⑨ 眞得所如, 十方無礙名無縛解脫廻向. ⑩ 性德圓成, 法界量滅名法界無量廻向.

① 리상회향(離相廻向): 중생 제도하되 중생상을 떠남/ 자비＋지혜 ┐
② 불괴회향(不壞廻向): 중생상을 떠나되 중생제도를 멈추지 않음/ 지혜＋자비 ┘ 중생에 회향

③ 등불회향(等佛廻向): 본각 ＝ 붓다의 구경각 ┐
④ 지처회향(至處廻向): 인지 ＝ 과지 │
⑤ 무진회향(無盡廻向): 세계와 여래의 상입 │ 불도에 회향
⑥ 평등회향(平等廻向): 청정인(선근) → 열반도(과지) │
⑦ 등관회향(等觀廻向): 중생 본성 ＝ 나의 본성 ┘

⑧ 여상회향(如相廻向): 법에 즉, 상을 리, 즉과 리에 집착 안 함 ＝ 진여 ┐
⑨ 해탈회향(解脫廻向): 진여, 법계에 무애 │ 진여에 회향
⑩ 무량회향(無量廻向): 진여, 법계가 무량 ┘

①〈리중생상회향〉은 중생을 제도하되 제도한다는 상을 내지 않는 회향이다. 이는 곧 유위가 아닌 무위(無爲)의 마음, 무상(無相)의 마음을 내는 것이고, 그렇게 함으로써 결국은 생사의 길이 아닌 열반의 길로 나아가게 된다. 『금강경』에서 아상·인상·중생상·수자상을 내지 않음이 이에 해당한다. ②〈불괴회향〉은 제도한다는 상을 내지 않은 채 중생 제도의 행위를 끝내지 않음을 말한다. ③〈등일체불회향〉은 담연한 본각으로써 붓다의 본각에로 나아가 붓다의 법신과 평등해지는 것으로 붓다에의 회향이다. ④〈지일체처회향〉은 각명의 밝음이 드러나는 묘용에 있어서까지 붓다와 같아지게끔 붓다의 지위로 나아가 일체 처에서 붓다의 경계를 실현하려는 회향이다. ⑤〈무진공덕

장회향〉은 붓다의 무량한 장엄과 무량한 공덕이 모두 실현되어, 여래와 세계가 하나로 상통하고 상입하여 아무 장애가 없게 되게 하는 회향이다. ⑥ 〈수순평등선근회향〉은 붓다의 경계가 수행자의 평등한 선근으로서 청정한 인지(因地)로 작용해서 그 각명의 빛을 따라 열반으로 나아가게 하는 회향이다. ⑦ 〈등관일체중생회향〉은 선근이 나뿐 아니라 모든 중생에게 갖추어진 평등한 본성이므로 나와 중생이 둘이 아니라는 자타불이의 통찰을 갖고 일체 중생을 평등하게 관하는 회향이다. ⑧ 〈여상회향〉은 일체 중생의 평등성을 관하되 드러나는 차이의 상(相)도 여여하게 수용하는 회향이다. 말하자면 즉(即)에도 집착하지 않고 리(離)에도 집착하지 않는 것이다. 일체법을 따르면서 즉에 집착하면 범부처럼 일체법을 실체화하는 오류를 범하게 되고, 일체상을 떠나면서 리에 집착하면 이승처럼 공에 집착하여 일체를 무화시키는 악취공에 빠지는 오류를 범하니, 그 둘을 모두 떠나 중도를 가는 것이다. ⑨ 〈무박해탈회향〉 즉과 리, 유와 공 어디에도 결박되지 않고 해탈로 향하는 회향이다. 중생으로 살면서 참된 법계에의 왕래가 자유로워지는 무애의 경지가 되는 것이다. ⑩ 〈법계무량회향〉은 진여성의 공덕이 원만해지고 일체 헤아림이 무량해지는 회향이다. 『정맥소』의 설명이다. "집착 없는 진여회향으로 성덕(性德) 전체를 얻고, 걸림 없는 해탈회향으로 성덕의 대용을 얻으니, 체와 용을 구족하였기에 '성덕이 원만히 이루어진다'고 한다. … 무착은 반야이고, 무애는 해탈이고, 무량은 법신이다."[11] 이로써 붓다의 3덕인 반야·해탈·법신이 하나로 귀결된다.

```
⑧ 여상회향 = 무착 = 반야 ┐
⑨ 해탈회향 = 무애 = 해탈 ├ 붓다의 3덕(德)
⑩ 무량회향 = 무량 = 법신 ┘
```

6) 4가행위(加行位): 난위·정위·인위·세제일법위

가행이라는 것은 진정한 수행(진수)에 들어가기 위해 수행을 더한다는 뜻이다. 지금까지 닦은 41지의 기반 위에서 다시 10지로 나아가기 위해서는 그 사이에 다음의 4선근(善根)을 더해야 한다. 이 지위를 '행을 더하는 위'라는 의미에서 '가행위'라고 한다.

---

11   진감, 『정맥소』, 4권, 96쪽.

붓다: 아난이여, 이 선남자가 이러한 청정한 41심을 모두 다하면, 그 다음에는 4가지 묘하고 원만한 가행을 이룹니다. <① 난지(煖地)> 붓다의 깨달음으로 자신의 마음을 삼지만, 나가는 것 같아도 아직 나가지 못한 것이 마치 불을 피울 때 나무에 불이 붙을 것 같은 것을 '난지'라고 합니다. <② 정지(頂地)> 자기 마음으로 붓다가 밟은 것을 이루어 나가지만, 의거하는 듯해도 의거하지 않는 것이 마치 높은 산에 올라 몸이 허공에 들어가도 아래에 미세한 장애가 있는 것 같은 것을 '정지'라고 합니다. <③ 인지(忍地)> 마음과 붓다 둘이 같아서 중도를 잘 얻지만, 마치 인욕하는 사람이 (화를) 품지도 않고 벗어나지도 않은 것 같은 것을 '인지'라고 합니다. <④ 세제일지(世第一地)> 일체 헤아림이 소멸하여 미혹과 깨달음의 중도에서 그 둘로 지목될 것이 없는 것을 '세제1지'라고 합니다.

阿難, 是善男子盡是淸淨四十一心, 次成四種妙圓加行. ① 卽以佛覺用爲己心, 若出未出, 猶如鑽火欲然其木名爲煖地. ② 又以己心成佛所履, 若依非依, 如登高山身入虛空, 下有微礙名爲頂地. ③ 心佛二同, 善得中道, 如忍事人非懷非出名爲忍地. ④ 數量銷滅, 迷覺中道二無所目名世第一地.

① 난지(煖地): 부처심을 나의 마음의 인심(因心)으로 삼음 ─ 부처가 곧 마음(불즉심)
② 정지(頂地): 붓다의 마음(인심)으로 붓다의 과지(果地)를 닦음 ─ 마음이 곧 부처(심즉불)
③ 인지(忍地): 즉심즉불의 중도를 얻음 ─ 즉심즉불
④ 세제일지(世第一地): 헤아림이 소멸 ─ 비심비불

① 〈난지〉는 붓다의 깨달음을 나의 마음으로 삼는 단계이다. 붓다의 깨달음을 취해 내 마음으로 삼기에 불지로 나아간 듯하지만, 아직 완전히 성취하지는 못했기에 나아가지 못한 것 같기도 한 상태이다. 마치 나무에 불을 붙일 때 뜨거워지기 시작해서 불이 붙은 듯하기도 하고 아직 아닌 것 같기도 한 그런 상태이다. 더워지기 시작한다는 의미에서 '난지'라고 한다. ② 〈정지〉는 나의 마음을 붓다의 경지로 끌어올리는 단계이다. 불지(佛地)에 들어선 것이 마치 높은 산에 올라 허공에 선 것 같아도 발 아래 땅(장애)이 없지 않은 것과 같은 상황이며, 그래도 최고의 꼭대기에 올랐기에 '정지'라고 한다. ③ 〈인지〉는 앞에서 불각을 나의 마음으로 삼고 또 나의 마음을 붓다의 경지로 끌어올려 결국 심과 불이 둘이 아닌 중도에 이른 단계이다. 그렇게 궁극의 불지에 이른 것 같지만 또 아직 아닌 것 같기도 한 것이 마치 인욕 시에 잊은 것 같기도 하고 또 아직 잊지 못한 것 같

기도 한 것과 같아, 이 단계를 '인지'라고 부른다. ④ 〈세제일지〉는 앞에서 지향했던 '즉심즉불'과 달리 '심이다 불이다'의 헤아림을 넘어 '비심비불'로 나아가는 단계이다. 일체의 헤아림이 소멸하므로 미(迷)와 각(覺)의 분별조차도 넘어 중도로 나아가는 것이며, 일체 분별을 넘어선 무분별, 무경계의 경지라고 할 수 있다. 이처럼 일체의 분별적 헤아림을 넘어서는 것은 사량분별적 세간법에 있어서는 최고의 경지이기에 이를 '세간상 제1의 지위'라는 의미에서 '세제1지'라고 한다. 이 단계를 통과하여 출세간으로 나아가게 된다.

유식에서는 가행을 거친 후의 10지를 성위(聖位)라고 하며, 따라서 그 지위에 들어가기 위한 가행위를 강조한다. 유식의 수행 5위는 다음과 같다.

유식 수행 5위:

1. 자량위(資糧位): (10신) + 10주 + 10행 + 10회향
2. 가행위(加行位): 4선근(善根)[12]
3. 통달위(通達位): 초지에 입(入)   견도 - 범부/현인(賢人)
4. 수습위(修習位): 초지에 주(住) ~ 10지에서 출(出)   — 수도 - 성인(聖人)
5. 구경위(究竟位): 불지   — 무학도

---

12   유식에서의 4가행위도 여기에서와 같이 난위·정위·인위·세제일법위로 불린다. 내용적으로는 명(名)과 의(義), 이름과 대상, 개념과 사물(事), 인식과 존재의 관계에 대한 통찰인 심사관과 여실지관을 포함한다. 즉 명과 의가 서로 일치하지 않는다는 것을 깊이 생각하고, 따라서 명을 통해 확인되는 사물의 자성과 차별(다른 것과의 차이)이 임시적으로 설정된 가설이라는 것을 깊이 생각하는 것이 심사관이다. 일체가 가설하는 마음의 산물이라는 것을 아는 것이다. 그렇게 명, 의, 자성, 차별이 모두 공(空)이고 가(假)라는 것을 알고 나아가 그렇게 분별되는 소취뿐 아니라, 그렇게 아는 능취 또한 공이라는 것을 여실하게 아는 것이 여실지관이다. 좀 더 구체적으로 말하면, 내가 인식하는 개념, 주관적 표상에 해당하는 것이 명(名)이고, 그 개념에 상응하는 객관 실재라고 생각되는 것이 사(事) 내지 의(義)이다. 사물 x를 y로 인식할 때, x는 사, y는 명에 해당한다. 우리는 그 둘이 일대일 대응관계에 있다고 생각한다. 명에 상응하는 사가 있다고 여긴다. 주관과 객관, 개념과 실재, 표상과 물자체가 일치한다고 여긴다. 그러나 그렇지 않다는 것을 깊이 생각하고 여실하게 아는 것이 4선근이다. 이 어긋남을 여실하게 알 때, 단순한 논리적 인식 너머에 대한 탐색, 진정한 수행이 시작된다. 명이 사와 일치하지 않으므로, 명이 허명일 뿐이고, 나아가 우리는 명을 통해서 사에 이르므로 허명으로 알게 되는 그 사 또한 가설에 불과한 것이다. 인식틀(y)에 따라 대상(x)이 규정되고, 그 대상에 따라 다시 인식틀이 강화되는 그런 순환 안에 있는 인식과 대상, 명과 사는 모두 가설이고 가상인 것이다. 이상 과정을 정리하면 다음과 같다.

① 난위(煖位): 명득정(明得定)에서 하품 심사관 일으킴
           명·의·자성·차별이 공임을 관, 명과 의가 일치하지 않음을 관
② 정위(頂位): 명증정(明增定)에서 상품 심사관 일으킴
           명·의·자성·차별이 마음이 만드는 가설임을 관
③ 인위(忍位): 인순정(印順定)에서 하품 여실관 일으킴
           소취뿐 아니라 능취도 공함을 인증, 일체의 공성을 깨달음

반면 『능엄경』에서는 지금까지의 수행위 전체를 성위(聖位)라고 하고, 그러면서도 10지 전에 가행위를 두었다. 그렇다면 여기에서의 가행은 유식에서의 가행과 어떤 관계인가? 이에 대해 『정맥소』는 문답으로 설명한다. "〈문〉 이 경에서 붓다는 60위를 모두 성위(聖位)라 하였는데, 어째서 유식과 같이 다시 범부와 성인을 나누는가? 〈답〉 주는 것(與)과 빼앗는 것(奪), 같음(同)과 다름(別), 둘 다에 걸림이 없기 때문이다. 원교에 따르면 처음부터 '본래 부처'를 단번에 깨닫기 때문에 똑같이 성위라고 인정한다. 그러나 별교의 심천으로 헤아린다면 신해(信解)에서 바라보는 진수(眞修)는 범부와 성인의 다름이 있다 해도 무방하다."[13] 『능엄경』은 '본래 부처'의 관점에 있기 때문에 범부나 현인의 지위도 모두 성인의 지위라고 칭한 것이지만, 엄밀히 보면 차이를 말할 수 있다는 것이다. 수행위에서의 차이를 『정맥소』는 다시 다음과 같이 문답으로 정리한다. "〈문〉 이미 순수한 중도로 진에 나아가 속을 벗어나고 진속으로 순수한 중도를 원만히 하면 지극한 증득일 텐데, 어째서 이 위에서 다시 가행을 하며 10지에서 다시 닦는가? 〈답〉 10신의 사수(似修)는 실제 신심(信心)만 원만히 하고, 3현의 사수(似修)는 실제 해심(解心)만 지극하니, 모두 진수(眞修)가 아니다. 여기서는 신해를 원만히 하고, 진수에 들어갈 것이므로 가행을 설했다. 아직 진수도 아닌데 어찌 급하게 극증을 말하겠는가? 신위 앞(간혜지)에는 어째서 신심도 해심도 진수도 없다고 하는가? 모두 상사신과 상사해일 뿐이다."[14] 이상 『정맥소』가 『능엄경』의 수행과정을 풀이하는 관점을 정리하면, 다음과 같다.

---

④ 세제일법위(世第一法位): 무간정(無間定)에서 상품 여실관 일으킴
　　　　　　능취와 소취가 다 공함을 인증, 능소의 분별을 넘어섬

13　진감, 『정맥소』, 4권, 98-99쪽. 여기에서 원교와 별교의 구분은 화엄교판에서와 같다. 즉 원교는 천태와 화엄을 말하고, 별교는 천태와 화엄 이외의 다른 교, 즉 중관과 유식과 여래장사상을 말한다.

14　진감, 『정맥소』, 4권, 100쪽. 그러면서 『정맥소』는 유식과 능엄을 다음과 같이 비교한다. "유식의 초지가 비로소 능엄의 초주와 나란하다. 그러므로 유식의 지전 4가행은 능엄의 주전 (10신의) 10심에 해당한다. 이런 까닭에 유식의 4정과 4관이 대략 10신 가운데 정력, 혜력, 근력과 유사하지만 실제로는 치우침과 두루함이 다르다. 하물며 능엄의 4가행은 이미 유식에서 말하는 부처님의 18위를 초월하므로 어찌 함께 말할 수 있겠는가"(106-107쪽). 진감이 주장하는 유식과 능엄의 수행위의 연결은 다음과 같이 정리될 수 있는데, 유식을 권교로, 능엄을 실교로 보며 차별화하는 것을 볼 수 있다.

```
유식:              〈4가행위〉    10지
                      ‖          ‖
능엄:  간혜지   10신   10주 + 10행 + 10회향  〈4가행〉  10지
```

41심: 〈 간혜지   +   10신   +   3현위(10주+10행+10회향) 〉 → 가행위 → 10지
    상사신/상사해   신심(信心)완성   해심(解心)완성
                             └─────────────┘   ‖
                         사수(似修)   진수(眞修)

7) 10지(地): 불지로 나아감

10지는 대승 보살이 불지에 이르기 직전의 10단계의 수행위로서 성자(聖者)의 단계
이다. 『화엄경』에 「십지품」이 있는데, 이것은 1-2세기쯤 성립하였다가 후에 『화엄경』
에 편입된 것으로 추정된다.[15]

붓다: <① 환희지(歡喜地)> 아난이여, 이 선남자가 대보리에 잘 통달하여 깨
달음이 여래와 통해 붓다의 경계를 다하는 것을 '환희지'라고 합니다. <② 이
구지(離垢地)> 다른 성이 동일함에 이르고 동일한 성도 또한 멸하는 것을 '이구
지'라고 합니다. <③ 발광지(發光地)> 청정이 지극하여 밝음이 일어나는 것을
'발광지'라고 합니다. <④ 염혜지(焰慧地)> 밝음이 지극하여 깨달음이 충만한
것을 '염혜지'라고 합니다. <⑤ 난승지(難勝地)> 일체의 같음과 다름으로 이를
수 없는 것을 '난승지'라고 합니다. <⑥ 현전지(現前地)> 무위 진여의 성이 맑
고 밝게 드러나는 것을 '현전지'라고 합니다. <⑦ 원행지(遠行地)> 진여의 끝
까지 다한 것을 '원행지'라고 합니다. <⑧ 부동지(不動地)> 하나의 진여심을
'부동지'라고 합니다. <⑨ 선혜지(善慧地)> 진여의 용을 일으키는 것을 '선혜

---

15 『정맥소』는 이하에서 논할 10지가 앞에서 논한 10주와 상통하는 면이 있음을 다음과 같이 밝힌다.
"〈문〉『능엄경』에서는 어째서 10주가 화엄의 10지와 같게 나타나는가? 〈답〉 붓다의 말씀이 자재하여 양
쪽 길을 쓰기 때문이다. 첫째는 융섭의 뜻이니, 하나에 일체를 섭수하는 종지에 따르면 초주에 초행, 초회
향, 초지를 섭수하고, 10주에 10행, 10회향, 10지를 섭수한다. 그러니 각각의 10이 같으니, 어찌 주와
지의 4위(4주, 8주, 9주, 10주)만 같겠는가. 둘째는 개합의 뜻이니, 붓다의 말씀은 고정된 틀이 없이 열고
합한다. 『능엄경』은 『화엄경』의 주, 행, 회향을 합하여 10신으로 삼는다." 진감, 『정맥소』, 4권, 125-126쪽.
진감의 『화엄경』과 『능엄경』에 대한 생각을 정리하면 다음과 같다.

화엄: 10신   10주 10행 10회향 10지
           ‖   └──────────┘   ‖
능엄: 초주   10신   10주

지'라고 합니다. 아난이여, 이 모든 보살이 여기에서부터는 수습의 공을 다해서 공덕이 원만하니, 이 지위를 가리켜 '수습위'라고 합니다. <⑩ 법운지(法雲地)> 자비의 그늘과 묘한 구름이 열반의 바다를 덮은 것을 '법운지'라고 합니다.

① 阿難, 是善男子於大菩提善得通達, 覺通如來, 盡佛境界名歡喜地 ② 異性入同, 同性亦滅名離垢地 ③ 淨極明生名發光地 ④ 明極覺滿名焰慧地 ⑤ 一切同異所不能至名難勝地 ⑥ 無爲眞如性淨明露名現前地 ⑦ 盡眞如際名遠行地 ⑧ 一眞如心名不動地 ⑨ 發眞如用名善慧地. 阿難, 是諸菩薩從此已往修習畢功, 功德圓滿亦目此地名修習位. ⑩ 慈陰妙雲覆涅槃海名法雲地.

① 환희지(歡喜地): 일체 견혹(見惑) 끊고 성자가 되어 환희가 넘침   - 정심지(淨心地)

② 이구지(離垢地): 이성(異性)도 동성(同性)도 넘어섬   - 구계지(具戒地)

③ 발광지(發光地): 선정으로 지혜의 광명이 나타나는 명지(明地)

④ 염혜지(焰慧地): 지혜의 광명이 번뇌를 태우는 염지(焰地)

⑤ 난승지(難勝地): 번뇌를 모두 끊음, 속지와 진지가 조화

⑥ 현전지(現前地): 반야바라밀의 대지(大智), 무위진여가 현전

⑦ 원행지(遠行地): 2승의 각(覺)을 넘어 진제(眞諦)에 이름   - 무상방편지(無相方便地)

⑧ 부동지(不動地): 번뇌로 동요하지 않음   - 색자재지(色自在地)

⑨ 선혜지(善慧地): 지혜의 작용이 자재, 10력(力) 얻음   - 심자재지(心自在地)

⑩ 법운지(法雲地): 대법신을 얻어 자재. 대자비   - 보살진지(菩薩盡地)

① 〈환희지〉는 대보리에 통달하여 여래와 통하면서 붓다의 경계에 들어섬으로써 법열 내지 환희를 느끼는 단계이다. 지혜인 보리는 수행 단계에 따라 다른 이름으로 불리는데, 여기서 말하는 대보리는 무상보리를 뜻한다.[16] 무상보리는 최상의 보리로서 보살지인 10지 너머 등각에서 얻는 보리이다. 초지에서는 아직 이 궁극의 무상보리를 증득한 것은 아니기에 통한다고 말한다. ② 〈이구지〉는 세간의 일체 차별상 너머 동일성으

---

16   각 수행 단계에 따라 보리는 다음과 같이 상이한 이름으로 불린다.

  1. 발심보리(發心菩提): 10신

  2. 복심보리(伏心菩提): 3현위

  3. 명심보리(明心菩提): 초지-제7지

  4. 출도보리(出到菩提): 제8지-제10지

  5. 무상보리(無上菩提): 등각

로 나아가되 그 동일성에도 머무르지 않고 동성(同性)도 넘어서는 단계이다. 그렇게 차이와 동일성, 이와 동의 분별을 넘어서며 그에 따른 일체 번뇌도 떠나기에 '이구'라고 한다. ③〈발광지〉는 일체 분별과 유루 번뇌를 떠나 무루의 바탕에 이르러 청정이 빛을 내는 '발광'의 단계이다. 본각이 드러나고 각명이 빛을 발하는 것이다. ④〈염혜지〉는 앞의 밝음이 지극해지면서 그로부터 깨달음, 지혜가 두루 생기는 단계이다. 그 지혜의 밝음이 모든 번뇌를 태우기에 불꽃 지혜인 '염혜'라고 한다. ⑤〈난승지〉는 충만한 깨달음의 힘으로 동과 이, 같음과 다름, 진과 속 등 일체의 분별로는 이를 수 없는 곳으로 멀리 나아간 단계이다. ⑥〈현전지〉는 일체 분별 너머 무위 진여의 성인 청정함과 밝음이 비로소 드러나는 단계이다. 아직은 무위 진여의 성(性)이 비로소 현현할 뿐, 진여 전체를 증득한 것은 아니다. ⑦〈원행지〉는 무위 진여의 성뿐 아니라 진여의 행도 끝까지 모두 발현되는 단계이다. 이제 비로소 진여 전체가 드러나 무위에 들어선다고 할 수 있다. 이 단계에서 비로소 수행자는 아공(我空)을 증득하여 아집(我執)이 다하고 무학의 아라한이 된다. ⑧〈부동지〉는 수행자가 진여를 증득하여 스스로 일심, 진여심이 되어 부동의 마음자리에 들어서는 단계이다. 진여의 체를 얻어 일체 현상의 근원의 자리에 들어서므로, 현상적 색(色)인 유근신과 기세간의 장애를 벗어나고 색을 자유자재로 운용할 수 있게 된다. 따라서 이 단계를 '색자재지(色自在地)'라고도 부른다. ⑨〈선혜지〉는 색으로부터 자재할 뿐 아니라 일체를 형성하는 능변식(能變識)의 심리적 활동의 장애로부터도 자유로운 단계이다. 진여의 체를 얻을 뿐 아니라, 진여의 묘용까지 자유자재하게 일으키는 것이다. 스스로 진여심으로서 지혜와 자비를 자유롭게 활용하는 단계이기에 이를 '심자재지(心自在地)'라고도 부른다. 10신에서부터 10주·10행·10회향의 30현위 그리고 수도에 들어가기 위한 가행인 4가행위는 모두 수도 이전의 견도의 지위에 해당한다. 수도에 해당하는 수습위는 일반적으로 보살10지 전체를 뜻하는데, 여기에서는 초지부터 제9지까지를 수습위라고 부른다. 불지로 나아가기 전의 수습을 뜻하는 것이다. ⑩〈법운지〉는 수습이 완료되어 진여의 지혜가 수승해지고 자비가 가득하여 그로부터 묘한 지혜의 구름으로 열반의 바다를 덮어 자비와 지혜가 함께하는 단계이다.

8) 등각(等覺): 금강혜

보살10지 이후 도달되는 단계가 '등각위'이다. 등각(等覺)은 중생 안의 불성이 완전

히 실현된 단계로서 일체가 평등한 단계, 중생과 부처가 하나인 단계, 평등(平等) 일여
(一如)의 깨달음의 단계이다. 『기신론』 등에서는 등각을 10지에 포함시키거나 묘각에
포함시켜 따로 논하지 않지만, 여기에서는 등각위를 따로 논한다.

> 붓다: 여래는 흐름을 거스르지만, 이와 같이 보살이 순행으로 나아가 깨달음
> 의 실제에 들어가 만나는 것을 '등각'이라고 합니다.
> 如來逆流, 如是菩薩順行而至, 覺際入交名爲等覺.

여래역류,	보살순행,	각제입교명위등각
묘각에서부터 역류	시각에서부터 순행	둘이 만나는 곳 = 등각

　수행은 대상을 좇아가는 일상심에서 벗어나 반조(反照) 내지 반문(反聞)함으로써
열반으로 향한 흐름에 들어가서 그 흐름을 따라가는 것이다. 그러므로 수행의 흐름은
곧 생사로부터 열반으로 향해 나아가는 흐름이다. 그런데 붓다 여래는 그 흐름 너머의
묘각에서부터 출발하여 일체 중생의 생사를 일으키므로 흐름을 거스른다고 할 수 있
다. 반면 보살의 10지의 수행과정은 그 흐름을 따라 순행하는 것이다. 즉 불각(不覺)에
서 시작하는 시각으로부터 본각 내지 붓다의 묘각을 향해 나아가는 것이다. 그렇게 둘
이 흐름의 역류와 순행으로서 서로 다른 방향인 것 같지만, 보살 수행이 완성되어 궁
극에 이르면 결국 보살의 구경각이 곧 여래의 깨달음과 만나게 되는 지점이 바로 이
등각이다. 『정맥소』의 설명이다. "여래는 이미 묘각 과해를 증득해 들어가므로 다시 나
아감이 없고 다만 중생을 버리지 않아 자비의 배를 타고 역류해서 나온다. 보살이 순
행으로 도달한다는 것은 나아감이 끝난 것이 아니므로 비로소 과해를 향해 순류로 들
어간다는 뜻이다. '각의 실제에 들어가 만난다'고 함은 보살의 시각과 붓다의 묘각이
분제는 같으나 순역의 다름이 있을 뿐이라는 의미이다."[17] 궁극지점(묘각)에 있기에 역
류하는 여래와 그 지점을 향해 순행하는 보살이 서로 만나게 되는 지점이 등각인 것
이다.

17　진감, 『정맥소』, 4권, 130쪽.

```
생사  ↔  열반/묘각
     ←  여래: 역류(묘각에서 출발, 생사로 역행)
     →  보살: 순행(생사에서 출발, 묘각으로 향함)
```

> 붓다: 아난이여, 간혜심으로부터 등각에 이르러서야 비로소 이 깨달음이 금
> 강심 가운데 초간혜지를 얻습니다.
>
> 阿難, 從乾慧心至等覺已, 是覺始獲金剛心中初乾慧地

```
3점차 → 간혜지 → 10신 → 10주·행·회향 → 10지 → 등각 → 간혜지
       = 초심 간혜                              = 금강간혜
                                             = 구경간혜(묘장엄해 못 접함)
```

3점차를 통해 얻어진 간혜심에서부터 수행의 여러 단계를 거쳐 도달된 등각에 이르
고 나면 그때 비로소 깨달음이 금강처럼 확고한 절대불변의 깨달음이 된다. 이를 앞서
의 간혜심과 구분해서 '금강간혜' 또는 '구경간혜'라고 한다. 수행 초반 10신 이전의 간
혜와 이름은 같지만, 모든 수행 단계를 거치고 나서 얻어진 지혜이므로 첫 간혜와 구분
하여 '금강' 내지 '구경'이라는 수식어를 붙인 것이다. 이 금강간혜를 등각에 포함시키
기도 하고, 등각 다음이면서 아직 묘각에는 이르지 않은 중간 지위로 논하기도 한다.

```
                            〈2단계로 구분〉  〈3단계로 구분〉
등각                                            등각
                           ┐   등각
금강혜/묘간혜지              │                   금강간혜
                           ┘
묘각: 무명을 완전히 끊은 단계     묘각            묘각
```

9) 묘각(妙覺)

> 붓다: 이와 같이 거듭 단수와 복수로 12를 거쳐야 비로소 '묘각'을 다하여 무상
> 도를 이루게 됩니다. 이 갖가지 지위는 모두 금강으로 10가지 환과 같은 깊은 비

> 유를 관한 것이니, 사마타 가운데 모든 여래의 비파사나를 써서 청정하게 수증
> 하여 점차 깊이 들어갑니다.
>
> 　如是重重單複十二, 方盡妙覺成無上道. 是種種地皆以金剛, 觀察如幻十種深
> 喩.奢摩他中用諸如來毘婆舍那,清淨修證,漸次深入.

단수: 간혜지, 난지, 정지, 인지, 세제일지, 등각, 금강간혜: 7
복수: 10신, 10주, 10행, 10회향, 10지　　　　　　: 5　　총 12개(57위) → 묘각
　　　　　　　　　　　　　　　　　　　　　　　　　　　‖　　　　　‖
　　　　　　　　　　　　　　　　　　　　　　　　인(因)　　과(果): 무상도

┌ 사마타:　지(止) → 정(定) – 금강삼매에서
└ 비파사나: 관(觀) → 혜(慧) – 금강으로 관찰하기

　12단계의 수행을 모두 마치고 도달한 결과가 묘각이므로 더 이상 수행으로 오를 단
계가 없기에 '무상도를 이룬다'고 말한다. '사마타 중 비파사나를 쓴다'는 것은 지(止)
와 관(觀)을 함께 수행하여 정(定)과 혜(慧)를 함께 얻는다는 것이다. 수행의 모든 단
계에서 대상을 좇아가는 산란심을 멈춤으로써(지) 반조의 흐름에 들어가 선정에 들면
서(정) 또 동시에 성성하게 깨어 여실하게 관함으로써(관) 실상에 대한 지혜를 얻는
(혜) 것이다. 수행 단계에서 제시되었던 10가지 비유는 다음과 같다.

10가지 비유: 금강으로 관찰하기

　1. 업/환, 환인(幻人)

　2. 법/불꽃, 양염(陽焰)

　3. 몸/물속 달, 수월(水月)

　4. 색/허공화, 공화(空華)

　5. 소리/메아리, 곡향(谷響)

　6. 불국토/건달바의 성, 건성(乾城)

　7. 불사(佛事)/꿈, 몽(夢)

　8. 불신(佛身)/그림자 영(影),

　9. 보신(報身)/우상, 상(像)

　10. 법신(法身)/화(化)

> 붓다: 아난이여, 이와 같이 모두 3증진을 행함으로써 55지위의 참된 보리의 길을 잘 성취할 수 있습니다. 이렇게 관하는 것을 정관(正觀)이라고 부르고, 다르게 관하는 것을 삿된 관이라고 합니다.
>
> 阿難, 如是皆以三增進故, 善能成就五十五位眞菩提路. 作是觀者名爲正觀, 若他觀者名爲邪觀.

3증진은 곧 3점차 중의 증진이다. 3점차로부터 시작해서 55위를 닦는 것이다. 55위는 앞서 논한 대로 〈10신 + 30현위 + 4가행 + 10지 + 등각(금강혜를 포함)〉이다. 여기에서는 앞의 간혜지도 빼고, 수행의 과인 뒤의 묘각도 뺀다. 둘 다 수행의 길에 별도로 포함되지 않는다고 보기 때문이다. 전체 수행위를 숫자로 다시 정리해보면 아래와 같다. 수행지위는 55위로 말해질 수도 있고, 간혜지와 묘각을 넣어 57위 또는 진수와 증진과 금강혜를 더 넣어 60위로 말해질 수도 있다.

수행 지위

0. 3점차(수습, 진수, 증진)

1. 간혜지   범부위 – 불각

2. 10신: 5근과 5력
___

3. 10주: 불계에 태어남

4. 10행: 바라밀행(이타행)   3현위 – 상사각

5. 10회향: 중생 · 불도 · 진여에 회향
___

6. 4가행
___

7. 10지: 불지로 나아감   성위 – 수분각

8. 등각

9. 금강혜
___

10. 묘각   불위 – 구경각

       55위: 10신 + 30현위 + 4가행 + 10지 + 등각(금강간혜를 포함)

       57위: 간혜지(3점차 포함) + 55 + 묘각

       60위: 진수 + 증진 + 57 + 금강간혜(등각과 분리)

제4부

결경분: 경의 제목

> 문수사리 법왕자: (이때 대중 가운데서 자리에서 일어나 붓다의 발에 정례하고 붓다에게) 이 경을 무엇이라고 불러야 하겠습니까? 저와 대중이 어떻게 받들어 지녀야 하겠습니까?
>
> (爾時文殊師利法王子在大衆中卽從座起, 頂禮佛足而白佛言) 當何名是經? 我及衆生云何奉持?

지혜제일 문수보살이 일어나서 붓다에게 지금까지 설한 이 경의 이름을 묻고, 이에 붓다는 다섯 제목을 말한다. 미리 적어보면 다음과 같다.

1. ① 대불정 실달다반다라 무상보인 시방여래 청정해안
   大佛頂 悉怛多般怛羅 無上寶印 十方如來 淸淨海眼
2. 구호친인 도탈아난 급차회중성비구니 득보리심 입편지해
   救護親因 度脫阿難 及此會中性比丘尼 得菩提心 入遍知海
3. ② 여래밀인 ③ 수증료의
   如來密因   修證了義
4. 대방광 묘연화왕 시방불모다라니주
   大放光 妙蓮華王 十方佛母陀羅尼呪
5. 관정장구 ④ 제보살만행 ⑤ 수능엄
   灌頂章句   諸菩薩萬行   首楞嚴

이 다섯 제목 중에서 다섯 구절을 추려서 『능엄경』의 제목인 '대불정 여래밀인 수증료의 제보살만행 수능엄경'이 만들어졌다. 다섯 제목 중 밑줄 친 부분이 그 구절이다. 이 다섯 구절의 의미만 먼저 정리해보면 다음과 같다.

① 대: 체·상·용 3대
   불+정: 3불 + 지혜
② 여래밀인: 성불의 인(因)   - 사마타/견도분: 수능엄정을 해오(解悟)
③ 수증료의: 수증의 방법   - 삼마제/수도분: 수능엄정에 입(入)
④ 제보살만행: 57위 수행   - 선나/증과분: 수능엄정을 주지(住持) 수증(修證)
⑤ 수능+엄: 구경+견고=여래장/불성
   경: 수트라

붓다: <제목1> (문수사리에게) 이 경은 '큰 붓다 정상인 실달다반달라로 무상의 보배인 시방여래의 청정한 해안'이라고 불립니다.

(佛告文殊師利) 是經名 '大佛頂悉怛多般怛囉, 無上寶印十方如來清淨海眼'.

		밀제(蜜題)	현제(顯題)
《① 대불정,	실달다반달라,	무상보인,	시방여래청정해안〉
리체(理體)	대 백산개(白傘蓋)	제1의제	마음 바다를 비추는 지혜의 눈
체대	상대+용대	해인삼매	

① '대불정'은 큰 붓다의 정상이란 뜻으로 진리의 본체를 뜻한다. '실달다반달라'는 능엄주의 이름인데, 번역하면 대백산개, 즉 일체를 두루 덮는 크고 청정한 우산을 말한다. '무상보인'은 최고의 보배도장이며, '시방여래청정해안'은 일체 존재를 비추는 지혜의 눈을 뜻한다.

붓다: <제목2> 또 '친인을 구호하고 아난과 이 대중 중의 성비구니를 제도하고 해탈하게 하여 보리심을 얻고 변지해에 들게 하는 경'이라고 불립니다.

亦名 '救護親因, 度脫阿難及此會中性比丘尼得菩提心, 入遍知海'.

〈구호친인,	도탈아난급차회중성비구니,	득보리심,	입변지해〉 : 모두 현(顯)
	아난 + 마등가	3제원융의 마음	3제를 비추는 해인

그다음 제목은 아난과 마등가를 제도하여 해탈에 이르게 한다는 뜻을 담고 있는 제목이다. 직접적으로는 아난을 제도하고자 하고, 나아가 아난을 유혹하여 그런 상황을 야기한 인연이 된 마등가를 제도하고자 한 것이다. 미혹한 중생 나아가 중생을 미혹하게 하는 더 미혹한 중생 모두를 제도하여 해탈하게 하고 보리심을 얻게 하고자 하는 경의 목적을 드러내는 제목이다.

붓다: <제목3> 또 '여래의 밀인으로 수행하여 증득하는 료의'라고 불립니다.
亦名 '如來密因, 修證了義'.

밀(蜜)	현(顯)
《② 여래밀인,	③ 수증료의》
감춰진 불성 = 성불의 진인	닦아 증득함을 모두 드러냄
→ 불성의 해오: 사마타(견도분)	→ 반문문성: 삼마제(수도분)

② 여래밀인은 여래가 될 수 있는 직접적 근거이되 깊이 감추어져 있어 대개 잘 알지 못하는 비밀스런 인을 말한다. 인간의 심층마음의 본각, 그 본각의 밝음인 각명(覺明)을 우리가 잘 알지 못하기에 우리는 자기 마음을 표층 제6의식이라고 오인한다. 인간의 본래 마음이 대상을 따라 대상을 반연하는 표층식이 아니라 그보다 더 깊이에서 활동하는 원만하며 묘하고 밝은 원묘명심이라는 것을 밝히는 것이 『능엄경』의 사마타 부분의 내용이다. 바로 그 정명심이 여래가 되는 밀인인 것이다. ③ 수증료의는 사마타(견도분)에 이어지는 삼마제(수도분) 부분의 내용이다. 인간 안의 원묘명심을 바로 자기 자신의 마음으로 직접 확인하기 위해 닦아 증득하는 과정을 모두 드러내어 논하기에 료의(了義)이지 불료의가 아니다. 소리를 듣는 이근의 활동에서 대상을 따라가지 않고 듣는 자신으로 주의를 기울이는 반문문성을 통해 6근의 매듭을 풀어 원통을 얻는 것이다.

붓다: <제목4> 또 '대방광이며 묘연화의 왕이고 시방 붓다의 모체인 다라니주'라고 불립니다.
亦名 '大方廣妙蓮華王, 十方佛母陀羅尼呪'.

현(顯)	밀(密)
《대 방 광, 묘연화왕,	시방불모, 다라니주》
일심의 체 상 용 연화	붓다를 출생시킴 = 다라니, 신주(神呪), 총지(總持)

'다라니주'가 직접 언급되는 제목이다. 다라니주가 지극히 크고 방정(方正)하고 광대한 작용력을 갖기에 '대방광'이라고 하고, 다라니주로부터 허공 속 묘한 연꽃과 시방 붓다가 생겨나기에 묘연화의 왕이고 붓다의 모체라고 말한다. 이 다라니주를 경의 제목으로 삼은 것이다.

붓다: <제목5> 또 '관정의 장구, 모든 보살의 만행의 수능엄'이라고 불립니다. 당신은 그렇게 받들어 지니십시오.
亦名'灌頂章句, 諸菩薩萬行, 首楞嚴'. 汝當奉持.

〈관정장구,   ④ 제보살만행,   ⑤ 수능엄〉
          57위 수행: 선나(증과분)   = 여래장

④ '제보살만행'은 선나 부분에서 논의한 57위의 수행을 말하고, ⑤ '수능엄'은 구경의 견고함으로 여래장 내지 불성을 의미한다. 보살이 이 경을 따라 수행하면 결국 붓다의 위치에 오르게 되기에, 이 경이 보살에게 앞으로 붓다가 되리라고 수기하며 관정하는 책이라는 뜻이다.

아난과 대중: (이 말을 마치자 곧 아난과 대중이 여래가 개시한 밀인(密印)인 반달라의 의미를 얻고 또 이 경의 료의(了義)인 이름까지 듣고서, 선나로 성위(聖位)를 닦아 나아가는 증상의 묘리를 단박에 깨닫는다. 마음의 생각이 텅 비고 엉겨서 3계의 닦는 마음 중 6품의 미세한 번뇌를 끊는다.)
(說是語己, 卽時阿難及諸大衆得蒙如來開示密印般怛囉義, 兼聞此經了義名目, 頓悟禪那修進聖位增上妙理. 心慮虛凝, 斷除三界, 修心六品微細煩惱.)

〈밀인=반달라〉 + 〈료의=경명〉 듣고서, 선나로 성위를 닦는 증상묘리를 돈오

지금까지 사마타, 삼마제, 선나의 과정을 모두 거치고, 이제 경의 제목까지 듣고 난

대중들은 깊고 묘한 이치를 깨달아, 텅 빈 마음이 되어 미세한 번뇌를 끊었다고 한다. 6품의 미세번뇌를 끊는다는 것은 사다함과를 얻는다는 것이며, 아난은 이 자리에서 비로소 사다함과를 얻었다. 3계 9지는 욕계와 4색계와 4무색계를 합하여 말하는 것이며, 이 3계 9지(地)의 각 지마다 9품의 번뇌가 있다. 각 지마다 있는 9품의 번뇌는 탐·진·치·만 4가지 번뇌를 상중하로 나누고 다시 또 상중하로 나누어 9품이 된다.

4과(果):
1. 수다함과(입류, 예류): 견혹(見惑)을 끊음 = 정신(淨信)을 얻음 = 범부 벗고 성도에 듦 = 입류
   사다함향: 5품까지 끊음
2. 사다함과(일래): 탐, 진의 정화 = 욕계의 사혹(思惑) 9품 중 6품을 끊음 = 욕계에 한 번 옴
   아나함향: 8품까지 끊음
3. 아나함과(불래, 불환): 탐, 진을 끊음 = 욕계의 사혹 9품을 끊음 = 색계에 들어감
4. 아라한과(살부, 응공, 불생): 치까지 끊음 = 3계를 벗어남

정종분을 크게 둘로 나누면 여기까지가 전반부로서 사마타, 삼마지, 선나를 논하는 본론 및 경의 제목을 제시한 부분이고, 이후부터는 본론을 돕는 내용들이다. 그래서 조도분이라고 부른다.

제5부

조도분: 7취와 마사

I

7취(趣)의 발생

중생이 업에 의해 6도 윤회하기에 그 윤회의 세계는 중생을 따라 크게 6취(趣)로 나뉜다. 지옥, 귀(아귀), 축생, 인간, 천, 수라가 그것이다. '취(趣)'는 중생이 업에 이끌려 그중 하나의 세계로 달려나가 거기 머문다는 의미에서 달릴 취(趣)이다. 그런데 『능엄경』에서는 6취에 신선(神仙)을 더해 7취를 논한다. 제5부는 아난의 질문으로 시작된다. 아난은 일체 중생이 모두 진여심의 존재라면 7취가 왜 그리고 어떻게 해서 있게 된 것인지를 묻고, 붓다가 이에 답하고 나서 7취에 대해 상세하게 설명하는 방식으로 논의가 전개된다.

1. 7취의 성립

1) 진여심과 7취

> 아난: (자리에서 일어나 붓다의 발에 정례하고 합장 공경하며 붓다에게) 큰 위덕의 세존의 자비로운 음성은 가리지 않고 중생의 미세한 깊은 미혹을 잘 드러내주어 오늘 저로 하여금 몸과 뜻을 편안하게 하며 큰 이익을 얻게 하십니다.

세존이여, 만약 이 묘명하고 참된 정묘심이 본래 두루하고 원만하다면, 이러한 대지와 초목과 꿈틀거리는 벌레까지도 근본이 원래 진여일 것이며, 그런즉 여래의 성불하는 참된 체일 것입니다. <문1> 붓다의 본체는 진실인데, 어째서 다시 지옥·아귀·축생·수라·인·천 등의 길이 있는 것입니까? <문2> 세존이여, 이러한 길은 본래 스스로 있는 것입니까, 아니면 중생의 허망한 습으로 인해 생긴 것입니까?

(卽從座起頂禮佛足, 合掌恭敬而白佛言) 大威德世尊慈音無遮, 善開衆生微細沈惑. 令我今日身意快然, 得大饒益. 世尊, 若此妙明眞淨妙心本來遍圓, 如是乃至大地草木蠕動含靈本元眞如, 卽是如來成佛眞體. <문1> 佛體眞實, 云何復有地獄·餓鬼·畜生·修羅·人·天等道? <문2> 世尊, 此道爲復本來自有, 爲是衆生妄習生起?

일체 존재가   본원 진여   +   여래 성불 진체
    = 성구(性具)의 리(理)   = 수성(修成)의 실(實)

〈질문1〉 모든 중생이 본래 진여인데, 7취는 왜 있는가?
〈질문2〉 7취는 본래 있는 것인가? 아니면 망습의 결과인가?

붓다의 말씀이 '무차(無遮)'라는 것은 중생 중 어리석고 무지한 자를 배제하지 않고 두루 배려하여 이야기한다는 것이다. 미세한 깊은 미혹인 '미세침혹'은 견도에서 끊어지는 견혹이 아닌 수도에서 끊어지는 수혹(修惑)을 말한다. 수혹은 의식적 견해를 통해 생겨나는 분별기번뇌가 아니라 근에 타고나는 번뇌인 구생기번뇌를 뜻한다. 앞에서 선나인 증도분에서 수도소단의 번뇌가 멸하는 단계를 논하였고, 그 말을 듣고 아난은 수혹 6품까지의 번뇌를 멸하여 사다함에 이르렀다. 이처럼 미세 번뇌까지 모두 밝혀주기에 아난은 몸과 마음이 편안해졌다고 감사를 표한다. 그리고 이어 몇 가지 질문을 던진다. 존재하는 것들은 두루하는 원묘명심의 드러남이며, 따라서 일체 존재는 모두 본래 진여이다. 진여는 성불의 근본이며 성불의 체이다. 여기에서는 유정의 동물뿐 아니라 초목 나아가 대지까지도 모두 정묘심을 가진 진여라고 말한다. 그렇다면 일체가 모두 진여인데, 현실은 왜 그렇지 않은가? 이것이 아난의 질문이다.

〈질문1〉은 일체 존재의 본성이 청정한 정명심 내지 진여이고, 그것이 붓다의 깨달음

에 이르는 본체라면, 어째서 모든 존재가 그런 청정심에 머물러 있지 않고 오히려 그와는 상반되는 6도 윤회의 길로 빠져드는가를 묻는다. 즉 본래 진여인 중생이 왜 성불하지 않고 윤회의 길로 나아가게 되는가를 묻는 것이다. 〈질문2〉는 우리가 윤회하는 길인 6도는 본래 있는 것인가, 아니면 중생의 업 내지 허망한 습 때문에 비로소 생겨나는 것인가를 묻는다. 여기서 질문은 6도에 해당하는 지옥이나 아귀 등의 세계가 본래 있는가 아닌가의 질문이라기보다는 그에 앞서 우선 중생이 왜 지옥중생이나 아귀 등으로 나아가게 되는가이다. 즉 본래 그런 중생이 따로 있는가 아니면 망습을 따라 그런 중생이 되는 것인가를 묻는 것이다.

아난: 세존이여, 예를 들어 보련향 비구니는 보살계를 지니다가 사사로이 음욕을 행하고는 '음행은 살생도 아니고 투도도 아니어서 업보가 없다'고 망언을 하여 이 말을 마치자 먼저 그녀의 여근에서 큰 불이 일어나고 그 후 마디마디에서 큰 불이 나서 연소하고는 무간지옥에 떨어졌습니다. 유리왕과 선성비구는 유리왕이 석가족을 해치고 선성이 '일체 법은 공하다'라고 망령되이 말하자 산 몸으로 아비지옥에 떨어졌습니다. 〈문3〉 이러한 모든 지옥은 정해진 곳이 있습니까, 아니면 자연스럽게 각자가 업을 지어 각각 사적으로 받는 것입니까? 부디 큰 자비를 드리워 어리석음을 일깨워주어서 계를 지키는 모든 중생이 결정된 의미를 듣고 기뻐하며 머리 위로 받들어 청결하게 유지하며 (계를) 범하지 않도록 해주십시오.

붓다: (아난에게) 통쾌합니다. 이 질문은 모든 중생으로 하여금 삿된 견해에 빠지지 않게 할 것입니다. 당신은 이제 잘 들으십시오. 당신을 위해 말하겠습니다.

世尊, 如寶蓮香比丘尼持菩薩戒, 私行婬欲, 妄言行婬非殺非偸無有業報, 發是語已, 先於女根生大猛火, 後於節節猛火燒然, 墮無間獄. 瑠璃大王善星比丘, 瑠璃爲誅瞿曇族姓, 善星妄說一切法空, 生身陷入阿鼻地獄. 〈문3〉 此諸地獄爲有定處, 爲復自然彼彼發業各各私受? 唯垂大慈發開童蒙, 令諸一切持戒衆生聞決定義, 歡喜頂戴謹潔無犯.

(佛告阿難) 快哉. 此問令諸衆生不入邪見. 汝今諦聽, 當爲汝說.

업으로 인해 지옥취가 된 예들:

    보련향비구니: 불음+불대망어를 범함 → 현생에서 불에 탐, 사후 무간지옥

    유리왕: 불살생을 범함(분노) → 산 채로 아비지옥

    선성비구: 불대망어를 범함(어리석음) → 산 채로 아비지옥

〈질문3〉 망습소산인 지옥 등은 정처(定處)인가? 아니면 각각의 업을 사적으로 받는 것인가?

    = 별업(別業) · 동보(同報)　　　　　= 별업(別業) · 별보(別報)

유리왕(비두다바왕)은 카필라국 석가족의 조카이며 코살라국 파사익왕의 태자인데, 부왕을 폐하고 왕위에 오른 후 이전부터 품고 있던 원한 때문에 석가족을 몰살하였다고 한다.[1] 산성비구도 붓다의 사촌이며, 인과법을 부정하였다고 한다. 그들은 불살생이나 불음, 부도나 불대망어의 계를 지키지 않고 계를 범하여서 무간지옥 내지 아비지옥으로 떨어진 것이다. 중생이 이런저런 업을 지어서 결국 지옥에 떨어진다고 말하는 것은 지옥에 태어나게 되는 것이 업의 결과라는 것을 말해준다. 따라서 이런 예들을 열거한 후 아난은 질문한다. 〈질문3〉은 지옥중생이 되는 것이 업의 소산이라고 할 때, 어떤 방식으로 그런 보를 받게 되는가를 묻는 것이다. 즉 각자가 업을 짓되 그 보를 받을 중생들이 모두 함께 있게 되는 그런 공통의 장소로서 지옥이란 곳이 있는가, 아니면 지옥은 각자가 자신의 업에 따라 사적으로 받는 것인가? 우리는 업을 지어서 그 보로서 6도를 윤회하게 된다. 업을 짓는다는 것은 불법을 여실하게 알지 못하는 어리석음과 탐심으로 계를 범하기 때문이다. 이에 아난은 진실을 알려줘서 어리석음을 떨치고 계를 지킬 수 있도록 해달라고 청한다. 아난의 질문과 부탁을 듣고 붓다는 아난이 제기한 질문들에 대한 답을 알게 되면, 중생이 바른 견해를 가져 삿된 견해인 사견에 빠지지 않게 될 것이라고 말한다. 이하에서는 아난이 제기한 첫 번째 질문, 즉 일체가 모두 진여심인데, 어째서 7취 중생이 있게 된 것인가부터 답한다.

---

1   석가 성도 후 코살라국의 파사익왕이 카필라국(석가족)의 정반왕(석가의 부친)에게 아내로 맞을 공주를 보내달라고 했는데, 순수 혈통에 집착한 정반왕이 공주를 가장한 시녀(바사바캇티야)를 보냈고, 그 둘 사이의 아들이 비두다바였다. 비두다바가 어린 시절 석가족을 방문했을 때 석가족이 자신을 종의 자식이라고 비웃는 것을 경험한 후, 그는 계속 석가족에 대한 원한을 품고 있다가 파사익왕을 몰아내고 왕(유리왕)이 되자 카필라국을 침략하여 석가족을 몰살하였다.

2) 내분과 외분: 정(情)과 상(想)

> 붓다: 아난이여, 일체 중생은 실제로 본래 참되고 맑은데, 저 망견으로 인하여 망습이 생깁니다. 이로 인해 내분과 외분이 나뉘게 됩니다.
>
> 阿難, 一切衆生實本眞淨, 因彼妄見有妄習生. 因此分開內分外分.

중생심 진정 → 망견 → 망습 → ┌ 내분: 자신의 취에 해당하는 세계
진여/청정   혹(惑) 업(業) └ 외분: 자신의 취 바깥의 세계

일체 중생은 본래 진여이고 청정하지만, 자신의 청정한 진여성을 알지 못하는 무명으로 인해 허망한 소견인 망견을 내어 밖으로 향해 업을 짓고 그것이 습관이 된 망습을 따라 6도를 윤회하게 된다. 망견과 망습에 의해서 중생이 어느 취로 태어나는가가 결정되는 것이다. 그렇게 취가 결정됨으로써 자신의 취에 해당하는 세계가 내분이 되고, 자신의 취 바깥의 세계가 외분이 된다. 그러므로 '망견과 망습으로 인해 내분과 외분이 나뉘게 된다'고 말한다. 자기가 있는 세계인 내분 안에 계속 머물고자 애착하는 것이 정(情)이고, 자기가 있는 세계 너머의 세계인 외분으로 나아가고자 지향하는 것이 상(想)이다. 이하에서는 내분을 정으로, 외분을 상으로 차례대로 설명한다.

┌ 내분: 자기 취의 세계   - 내분을 지향하는 정(情) = 애(愛)
└ 외분: 자기 취 밖의 세계 - 외분을 지향하는 상(想) = 의(意)

> 붓다: <① 내분: 정(情)> 아난이여, 내분(內分)은 중생의 분내입니다. 모든 애(愛)의 염오로 인해 망정이 일어나고, 정(情)이 멈추지 않고 쌓여 애수(愛水)를 생기게 합니다. 그런 까닭에 중생은 a. 마음이 맛있는 음식을 기억하면 입에 침이 나오고, b. 마음이 옛사람을 기억하여 혹 연민하거나 혹 한을 품으면 눈에 눈물이 고입니다. c. 재물 보배를 탐하여 구하면 마음이 애욕의 침을 흘려 온몸에 윤기가 나고, d. 마음이 음행에 집착하면 남녀 2근에 자연히 액이 흐릅니다. 아난이여, 모든 애욕이 비록 다 다르지만 흐르고 맺히는 것은 같습니다. 윤습한 것은 올라가지 않고 자연히 흘러내리니, 이것을 내분이라고 합니다.

> 阿難, 內分卽是衆生分內. 因諸愛染發起妄情, 情積不休能生愛水. 是故衆生, a.心憶珍羞, 口中水出, b.心憶前人或憐或恨, 目中淚盈 c.貪求財寶, 心發愛涎擧體光潤, d.心著行婬, 男女二根自然流液 阿難, 諸愛雖別, 流結是同. 潤濕不昇, 自然從墜, 此名內分.

애염(愛染) → 망정(妄情) → 정이 쌓임 → 애수(愛水) 생김

경계에 애착　　　탐착, 집착의 애　　　습관이 되어 탐업　　　추락할 업이 되어 떨어짐

내분의 성(情)으로부터 물이 생겨 흘러내리는 예들:

　　a. 음식 생각 → 입에 침

　　b. 연민이나 한(恨) → 눈에 눈물

　　c. 재물을 탐함 → 몸에 광윤(윤기)

　　d. 음행에 집착 → 남녀근에 애액

'내분'은 중생이 현재 머무르는 세계를 말한다. 업력에 의해 태어나는 분단생사에서 분(分)은 특정 취를 의미하고 단(段)은 그 취로서 사는 기간을 말한다. 내분은 그 분을 말한다. 일단 하나의 취로 살게 되면, 중생은 자신이 속한 그 세계에 대한 애착과 집착을 갖게 된다. 그 취에 머무르려는 애착과 집착이 곧 사랑 애(愛)이며, 이 사랑으로부터 온갖 허망한 감정이 일어나는데, 애에서 비롯되는 정이 쌓여서 애수를 생기게 한다. 물이 아래로 흐르듯 애수 또한 아래로 흘러내리니, 애탐의 정에서 비롯되는 업은 결국 중생을 아래로 추락하게 만든다. 즉 현재 취에 대한 애착이 애수를 생겨나게 하며, 따라서 내분에 머문 중생을 아래로 추락하게 만든다. 예를 들어 음식을 먹거나 누군가를 그리워하는 것, 무엇인가를 탐하거나 음욕이 일어나는 것, 이런 것들은 모두 자신의 취에 머무르려는 집착심에 기반해서 일어나는 것이다. 내분에 대한 집착과 망정이 애를 일으키며 그 애탐으로 인해 물이 생겨서 아래로 흐르니, 위에서 든 예들은 모두 그런 상황을 제시한 것이다. 물이 아래로 흐르듯이 애욕의 애수는 중생을 아래로, 즉 지옥이나 아귀나 축생의 3악도로 떨어지게 만든다.

붓다: <② 외분: 상(想)> 아난이여, 외분은 중생의 분외입니다. 모든 갈망과 앙모로 인해 빈 생각이 일어나고, 생각이 멈추지 않고 쌓여 수승한 기운을 생기게 합니다. 그런 까닭에 중생이 a. 마음에 금계를 지니면 온몸이 가볍고 청정해지며, b. 마음에 주문을 지니면 시선이 의연해집니다. c. 마음이 천에 태어나기를 바라면 꿈에 날아다니고, d. 마음이 불국토에 있으면 성스런 경계가 그윽하게 나타나며, e. 선지식을 섬기면 스스로 몸과 목숨을 가볍게 여깁니다. 아난이여, 모든 상(想)이 비록 다 다르지만, 가볍게 오르는 것은 같습니다. 날아서 움직이는 것은 가라앉지 않고 자연히 초월하니, 이것을 외분이라고 합니다.

阿難, 外分卽是衆生分外. 因諸渴仰發明虛想, 想積不休能生勝氣. 是故衆生, a. 心持禁戒, 擧身輕淸. b. 心持呪印, 顧眄雄毅. c. 心欲生天, 夢想飛擧. d. 心存佛國, 聖境冥現, e. 事善知識, 自輕身命. 阿難, 諸想雖別, 輕擧是同. 飛動不沈, 自然超越, 此名外分.

갈앙(渴仰) → 허상(虛想) → 생각이 쌓임 → 수승한 기(氣)
　　　　　　　빈 생각　　　관(觀)이 이루어짐　　가볍게 뜨는 묘인(妙因)이 됨

외분의 상(想)에 의해 위로 향하는 예들:

　a. 금계 지님 → 몸이 가볍고 청정

　b. 주문을 지님 → 시선이 의연

　c. 천에 태어나기 바람 → 꿈에 날아다님

　d. 불국토에 있기 바람 → 성인의 경계가 나타남

　e. 선지식 섬김 → 몸과 목숨을 가볍게 여김

외분은 중생이 현재 머무는 곳 바깥의 다른 세계를 말한다. 중생이 하나의 취에 머무르되 그 안에 갇혀 거기에만 탐착하고 집착하는 것이 아니라, 그 이상을 지향하고 생각하는 것이 외분이다. 자신이 처한 취 이상을 갈망하고 믿는 것이다. 그러므로 여기에서의 상(想)은 애탐으로 분내에 집착하는 것이 아닌 생각, 애탐을 벗어나고 분내의 집착을 떠난 생각, 번뇌와 집착으로부터 자유로운 생각, 취의 한계를 넘어선 생각, 한마디로 애탐의 정(情)에 물들지 않은 생각을 뜻한다. 그래서 번뇌와 집착을 벗은 빈 생각이란 의미에서 '허상(虛想)'이라고 하였다. 이런 빈 생각을 거듭하면, 그것이 관(觀)이 되어 수승한 기운이 되고, 이 기운은 중생을 위로 비상하게 한다. 내분의 정(情)인 애(愛)가 아래로 추락하게 한다면, 외분의 상(想)은 위로 날아오르게 한다. 여

기에서는 상으로 인해 가볍게 비상하는 예들을 제시하였다. 마음에 금계를 지니면 계율을 따라 생활하므로 심신이 청정해지고, 마음에 주문을 지니고 늘 염송하면 마음이 편안해질 뿐 아니라 주문으로 칭해진 불보살과 감응하며 호법을 받을 수도 있으니 시선이 의연해진다. 마음으로 인간계가 아닌 천계에 태어나기를 바라면 그 생각이 꿈으로 실현되기도 하고, 불국토를 기원하면 그 경계가 나타나기도 한다. 수행을 이끌어주는 선지식을 믿고 따르면 목숨도 가볍게 여기게 된다고 한다. 이처럼 현재의 취를 넘어서고자 하는 생각을 계속하면 수승한 기운이 생겨 심신을 가볍게 만들어 위로 날아오르게 한다. 아래로 추락함은 인간 아래의 3악도로 떨어지는 것이고, 위로 날아오르는 것은 천계로 향하는 것이다. 이처럼 자신의 취 너머로 나아가고자 하는 생각은 그 내용이 서로 달라도 모두 심신을 가볍게 하여 결국 3악도로 떨어지지 않고 현재에 머무르지도 않으며 그 너머로 초월하게 만든다.

3) 정(情)과 상(想)에 따른 윤회의 길

상(想)/생각: 갈앙(渴仰) → 기(氣), 올라가려 함
정(情)/감정: 애염(愛染) → 수(水), 내려가려 함

생을 마칠 무렵 위로 오르려는 상(想)과 아래로 내려가려는 정(情)이 어떤 비율로 함께하는가에 따라 천으로 오르느냐 지옥으로 떨어지느냐가 결정된다고 한다. 이하에서는 상과 정이 함께하는 비율에 따라 태어나게 되는 취가 다름을 순서대로 설명한다.

```
          〈상:정〉
① 순상,  10:0  – 천(4천왕천 너머의 3계 천) 또는 3계 너머 정토(극락)
② 상〉정,  9:1  – 신선
          8:2  – 대력귀왕/아수라
          7:3  – 비행야차
          6:4  – 지행나찰
③ 상=정,  5:5  – 인간
④ 상〈정,  4:6  – 축생
⑤        3:7  – 아귀
⑥        2:8    유간지옥
          1:9  – 무간지옥
⑦ 순정,  0:10  – 아비지옥
```

> 붓다: 아난이여, 일체 세간에서의 생사의 상속에서 생은 수순하는 습을 따르고 죽음은 변화하는 흐름을 따르니, 목숨이 끝나가는 때에 임박해서 아직 따뜻한 감촉(暖觸)을 버리기 전에 일생의 선과 악이 동시에 갑자기 나타나며 죽음의 역습과 생의 순습, 2습이 서로 교차합니다.
>
> 阿難, 一切世間生死相續, 生從順習, 死從變流, 臨命終時未捨暖觸, 一生善惡俱時頓現, 死逆生順二習相交.

생사상속 시   ↔   임종 시

```
┌ 생: 삶의 흐름을 따름: 내분의 정(情) = 생의 순습 ┐ 2습이 교차함/ 선악이 갑자기 나타남
└ 사: 변류를 따름:      외분의 상(想) = 사의 역습 ┘
```

　자신의 취인 내분에 계속 머무르려고 하는 것이 생의 흐름이다. 생의 습은 그 생의 흐름을 '따르는 습'인 순습(順習)이다. 반면 죽음은 생을 벗어나 사로 나아가는 것이므로 생의 흐름을 '거스르는 습'인 역습(逆習)이다. 순습과 역습은 각각 '삶의 본능'과 '죽음의 본능'을 이룬다고 볼 수 있다. 임종 시에는 삶의 기운인 순습과 죽음의 기운인 역습, 그 두 습이 서로 교차한다. 호흡이 떠나고 최후에 남는 것은 온기인 난촉이다. 난촉이 남아 있으면 아직 죽은 것이 아니며, 바로 이때 살면서 업으로 축적해놓은 선과 악이 돈현하면서 2습이 교체한다고 한다. 생의 습인 수순하는 습은 취에 머무르려는 내분의 정(情)을 이루고, 죽음의 습인 역하려는 습은 취를 떠나는 외분의 상(想)을 이룬다. 임종 시 2습의 교차는 곧 정과 상의 교차이며, 이 정과 상이 어떤 방식으로, 어떤 비율로 결합하는가에 따라 사망하는 중생이 상을 따라 위로 오르는지, 정을 따라 아래로 떨어지는지가 결정된다고 한다. 이하에서는 상과 정의 비율을 따라 중생이 어디로 어떻게 나아가게 되는지를 각각 설명한다.

> 붓다: <① 순상: 천이나 정토> 순수하게 생각만이면 a. 날아서 반드시 천상에 태어납니다. b. 만약 오르는 마음에 복과 지혜를 겸하고 청정한 원까지 함께하면, 자연히 마음이 열려 시방의 붓다를 보고 원을 따라 일체 정토에 왕생하게 됩니다.

純想卽, a. 飛必生天上. b. 若飛心中兼福兼慧及與淨願, 自然心開見十方佛, 一切
淨土隨願往生.

① 순상: a. 천(욕계 제2천 이상의 천)에 태어남
　　　 b. 복과 혜와 원이 있으면, 3계 너머 정토(극락)에 왕생

　오직 오르는 상(想)만 있고 내려가게 하는 정(情)이 없으면, 그 마음은 a. 천계에 태
어나거나 b. 정토에 태어난다. 여기서 a. 천은 욕계천 중 제1천인 4천왕보다 더 높은
욕세2천 이상의 욕계천, 색계천, 무색계천을 말한다. b. 만약 순수한 생각에다 복(福)
과 혜(慧)와 원(願)까지 겸하면, 3계 너머 정토에 왕생한다. 정토는 윤회하는 3계 너머
붓다가 있는 세계이다. 아미타불의 서방 극락세계, 약사불의 동방 정유리세계(淨琉璃
世界) 등이 정토이다.

　붓다: <② 상>정: 신선> 정이 적고 상이 많으면, a. 가볍게 일어나도 멀리는
못 갑니다. 그런즉 날아다니는 신선·대력귀왕·날아다니는 야차·땅을 걸어다
니는 나찰이 되어 4천을 노닐며 가는 곳마다 장애가 없습니다. b. 그중에 만약
선한 원과 선한 마음이 있어서 나의 법을 보호 유지하거나, 혹 금계를 보호하여
계를 지키는 사람을 따르거나, 혹 신비한 주문을 지켜 주문을 지닌 자를 따르거
나, 혹 선정을 보호하여 법인을 지키거나 하면, 이들은 여래의 자리 아래에 친히
머무르게 됩니다.
　情少想多, a. 輕擧非遠. 卽爲飛仙·大力鬼王·飛行夜叉·地行羅刹, 遊於四天, 所
去無礙 b. 其中若有善願善心護持我法, 或護禁戒隨持戒人, 或護神呪隨持呪者,
或護禪定保綏法忍, 是等親住如來座下.

② 상)정: a. 비선(9:1), 대력귀왕(8:2), 비행 야차(7:3), 지행 나찰(6:4) 등으로 4천을 노닒
　　　 b. 선원 선심으로 불법 유지, 금계, 신주, 선정을 보호하면, 여래 자리 아래에 머묾

　a. 상이 정보다 많으면 아래로 떨어지지 않고 위로 날아오르거나 땅을 걷는 존재가

되지만, 그래도 정이 섞여 있기 때문에 멀리 나아가지 못하고 4천까지만 나아가고, 오래 머물지 못하고 잠시 노니는 정도가 된다. 4천은 수미산 중턱에 있는 동쪽의 지국천(持國天), 남쪽의 증장천(增長天), 서쪽의 광목천(廣目天), 북쪽의 다문천(多聞天)이다. 4천으로 비상할 때, 정의 비율이 어느 정도인가에 따라 다시 4종류로 구분하여 말하였다. b. 상이 정보다 많으면서 계율이나 주문 또는 선정을 보호하면, 여래의 자리 아래에 머무르게 된다고 한다. 여래의 자리 아래는 불법을 지키는 신장(神將)들이 있는 자리로서 8부에 해당한다. 8부는 천(天), 용(龍), 야차(夜叉), 건달바(乾達婆), 아수라(阿修羅), 가루라(迦樓羅), 긴나라(緊那羅), 마후라가(摩睺羅伽)의 8신인 용신8부(龍神八部)를 말하는데, 이들은 4천왕을 돕는 자이기도 하여, 앞의 4천에 노니는 존재하고 겹치는 부분이 있다.

붓다: <③ 상=정: 인간> 상과 정이 균등하면, 날지도 않고 떨어지지도 않아서 인간에 태어납니다. 생각은 밝아서 총명하고, 감정은 어두워서 우둔합니다.
情想均等, 不飛不墜生於人間. 想明斯聰, 情幽斯鈍

③ 상과 정이 균등: 인간으로 태어남 ┌ 상: 밝고 총명
└ 정: 어둡고 우둔

위로 오르려는 상과 아래로 떨어지려는 정이 동등해서 균형을 유지하면 위의 천계로 날아가지도 않고 아래 축생이나 지옥계로 떨어지지도 않아서 인간으로 태어나게 된다. 인간취를 넘어서려는 생각과 인간취에 집착하는 감정이 적절히 함께해야 다시 또 인간으로 태어나게 된다는 것이다. 인간이 갖고 있는 총명함은 생각에서 비롯되고, 인간이 갖고 있는 우둔함은 감정에서 비롯된다고 설명한다.

붓다: <④ 상<정, 4:6, 축생> 정이 많고 상이 적으면, 축생으로 흘러 들어가 무거운 것은 털 있는 무리가 되고 가벼운 것은 날개 있는 족속이 됩니다.

> <⑤ 3:7, 아귀> 정이 7할이고 상이 3할이면, 수륜 아래로 가라앉아 화륜의 경계에 태어납니다. 맹렬한 화기를 받아 몸이 아귀가 되어 항상 불에 타며 물도 능히 몸을 해치므로 먹지도 마시지도 못한 채 백천겁을 경과합니다. <⑥ 2:8, 유간지옥, 1:9, 무간지옥> 정이 9할이고 상이 1할이면, 아래로 화륜을 뚫고 지나가 몸이 풍륜과 화륜 들이 교차하는 지점으로 들어갑니다. 가벼우면 유간지옥, 무거우면 무간지옥, 2종의 지옥에 태어납니다.
>
> <4:6> 情多想少, 流入橫生, 重爲毛群, 輕爲羽族 <3:7> 七情三想, 沈下水輪生於火際. 受氣猛火, 身爲餓鬼常被焚燒, 水能害己無食無飮經百千劫. <2:8, 1:9> 九情一想, 下洞火輪, 身入風火二交過地, 輕生有間, 重生無間二種地獄.

상<정

④ 4:6 - 축생: 들짐승 + 날짐승   - 수륜

⑤ 3:7 - 아귀: 수륜을 통과하여 화륜의 아귀계에 태어남   - 화륜

⑥ 2:8 - 유간지옥
1:9 - 무간지옥   화륜을 통과, 화륜과 풍륜이 교차하는 지옥에 태어남 - 화륜+풍륜

위로 향하는 상보다 아래로 향하는 정이 더 많을 경우는 인간 이하의 3악도, 축생이나 아귀나 지옥에 태어나게 된다. ④ 그나마 정의 비율이 그렇게까지 크지 않을 경우 축생으로 태어난다. 축생 중에서도 업이 무거우면 땅을 걸어다니는 털 있는 짐승이 되고, 업이 가벼우면 하늘을 날아다니는 날개 있는 새의 부류가 된다. ⑤ 정이 상보다 많되 그 정의 비율이 축생보다 더 커지면 인간계나 축생계보다 더 아래에 있되, 인간이 감각하지 못하는 아귀계에 태어난다. 아귀계는 화륜의 지역에 있어, 아귀는 늘 불에 타면서 물조차도 마시면 불로 바뀌어 고통당한다고 한다. 아귀를 괴롭히는 불은 곧 탐욕의 불길이다. 욕망은 불처럼 타오르는데, 먹지도 마시지도 못해 끝없는 고통을 받는 것이 아귀이다. ⑥ 아귀보다 더한 고통을 받게 되는 것이 지옥중생이다. 취착하는 정이 가장 많을 경우 지옥에 떨어지며, 그나마 정이 좀 덜하면 고통을 받는 사이에 멈춤이 있는 유간지옥에 태어나고, 정이 더 많으면 쉼 없이 고통을 받는 무간지옥에 떨어진다. 지옥계는 화륜을 뚫고 더 아래에 있는 화륜과 풍륜이 교차하는 지점에 있다고 한다. 불교에서는 지옥을 8열지옥과 8한지옥으로 구분한다. 8열지옥 중 아비지옥이 고통이 끊이지 않는다는 의미에서 무간지옥으로 불리는데, 『능엄경』에서는 아비지옥을

무간지옥보다 더 심한 지옥으로 구분하고 있다.

8열지옥:

  1. 등활지옥(等活地獄)

  2. 흑승지옥(黑繩地獄)

  3. 중합지옥(衆合地獄)

  4. 규환지옥(叫喚地獄)

  5. 대규환지옥(大叫喚地獄)

  6. 열뇌지옥(熱惱地獄)

  7. 대열뇌지옥(大熱惱地獄)

  8. 아비지옥(阿鼻地獄): 흔히 이것을 무간지옥으로 간주함

> 붓다: <⑦ 순정: 아비지옥> 순정이면 가라앉아 아비지옥에 들어갑니다. 만약 가라앉는 마음에 대승을 비방하거나 붓다의 금계를 훼방하거나 광망하게 법을 설하거나 허황되게 신자의 보시를 탐내거나 외람되게 공경을 받거나 5역죄나 10중죄를 짓는다면, 다시 시방의 아비지옥에 태어납니다.
>
> 純情卽沈入阿鼻獄. 若沈心中有謗大乘, 毁佛禁戒, 誑妄說法, 虛貪信施, 濫膺恭敬, 五逆十重, 更生十方阿鼻地獄.

⑦ 순정: 대승비방, 금계훼방, 광망설법, 허탐보시, 5역죄, 10중죄 범하면 아비지옥

아비지옥의 아비(阿鼻)는 범어 아비치avici의 음역으로 간격이 없다는 무간(無間)의 의미이다. 그러므로 흔히 아비지옥이 곧 무간지옥을 뜻하는데, 여기에서는 이 둘을 구분하여 아비지옥을 무간지옥보다 더 고통이 심한 최악의 지옥으로 논한다. 생각이 하나도 없고 오직 집착적 정만 있을 경우 아비지옥에 빠진다고 한다. 대승을 비방하는 것도 아비지옥에 떨어지는 근거가 된다고 말한다. 5역죄와 10중죄는 다음과 같다.

5역죄(逆罪): 부·모·아라한 죽임, 승가화합 깸, 부처 몸에 피나게 함

10중죄(重罪): 1. 불살, 2. 부도, 3. 불음, 4. 불대망어,

　　　　　　5. 불고주(不酤酒): 술 마시지 말 것

　　　　　　6. 불설4중과계(不說四衆過戒): 4부대중의 허물을 말하지 말 것

7. 부자찬훼타계(不自讚毀他戒): 자기를 높이고 남을 헐뜯지 말 것
8. 불간석가훼계(不慳惜加毀戒): 내 것을 아끼려고 남을 헐뜯지 말 것
9. 부진심불수회(不瞋心不受悔): 성내어 남의 참회를 거부하지 말 것
10. 불방3보계(不謗三寶戒): 3보를 비방하지 말 것

> 붓다: a. 지은 악업에 따라 자초한 것이지만, b. 중동분들이 함께 받는 원래의
> 지(地)가 있습니다.
> a.循造惡業雖則自招, b.衆同分中兼有元地.

〈물음2〉 7취는 본래 있는가, 업으로 인한 것인가? 〈답〉 a. 업으로 자초한 것
〈물음3〉 각 취는 정처가 있는가, 각자의 보인가? 〈답〉 b. 공보인 정처(定處), 원지(元地)가 있음

앞에서 아난이 물은 〈물음2〉는 7취의 세계가 본래 있는 것인가, 아니면 업으로 인한 것인가이다. a는 이에 대한 답이다. 7취는 업에 따라 각 취로 태어난다는 것이다. 각자가 지은 업에 따라 어느 취로 태어나는가가 결정되기 때문이다. 앞의 〈물음3〉은 각 취의 세계에 정처(定處)가 있는가, 아니면 각자 자기 보를 받는 것인가이다. 즉 각자가 자기 보를 각각 따로 받는가, 아니면 중동분이 함께 받는가이다. b는 이에 대한 답이다. 즉 각자 자신의 별업을 따라 보를 받기는 하지만, 중동분이 함께 받는 공보로서의 처소가 있다는 것이다. 원래의 지(地)인 원지(元地)는 중생이 태어날 정해진 처소를 말한다. 처소는 같은 부류의 중생인 중동분이 함께 공보로서 받는 것이므로 정해진 처소가 있다고 말한다.

이상으로 일체 중생이 그 본심은 여래장이고 진여심이지만 무명 불각으로 망념에 빠져 업을 지음으로써 7취로 윤회하게 된다는 것을 논하였다. 이하에서는 그러한 7취의 세계를 하나씩 좀 더 상세히 논한다.

2. 7취

7취 중에서 지옥, 귀, 축생의 3악도를 먼저 설명하는데, 그중에서도 가장 최악인 지옥

취부터 설명한다. 정(情)의 애탐이 많아서 악업을 많이 지으면, 일단 지옥으로 떨어져서 고통을 당하다가 그 보가 다하면 그다음 귀로 태어나고 다시 축생으로 태어나고 그리고 나서 인간으로 태어나게 되므로 가장 낮은 단계에서 시작해서 점점 상승하는 방식으로 설명하는 것이다. 또는 지금까지 상과 정의 배합에 따라 윤회하게 되는 세계를 논하면서 상이 가장 많은 천계에서부터 시작해서 정이 가장 많은 아비지옥까지 이야기하였으니, 이제 이것에 이어 다시 맨 아래의 지옥계에서부터 시작하여 천계까지 위로 올라가는 설명방식을 취한다고도 볼 수 있다.

1) 지옥취(地獄趣): 10습인(習因), 6교보(交報)

> 붓다: 아난이여, 이런 것들은 모두 저 중생들 자신의 업에 의해 얻어진 것입니다. 10가지 습의 인(因)을 지어 6가지 교차하는 보(報)를 받습니다.
>
> 阿難, 此等皆是彼諸衆生自業所感. 造十習因, 受六交報.

7취는 업으로 인해 지어진 것, 소감(所感) = 소작(所作)

    10인   =   습인   →   6보
탐진치 등 번뇌 혹   업   6근의 작용

7취 내지 지옥중생은 모두 중생 자신의 업에 의해 귀결된 자업소감이다. 이것은 앞서 아난의 〈질문1〉을 통해 대답된 것이기도 하다. 업에 의해 어떤 취의 중생으로 태어나는가가 결정되는 것이다. 각 취가 그 안에 거하게 되는 세계는 그 자체로 따로 존재하는 것이 아니라 그 안에 사는 중생에게만 나타나는 세계, 중생이 마음의 업력으로 형성해낸 세계이다. 정보(正報)에 의해 드러나는 의보(依報)이며, 이 점에서 대승의 법공(法空)이 성립한다. 앞에서 중생이 7취로 나뉘게 되는 것을 설명하기 시작하면서 "중생은 본래 참되고 맑은데 망견으로 인해 망습이 생긴다"고 하였다. 중생이 가지고 있는 습이 업을 짓게 하고 그 업으로 인해 다음 생의 취가 결정되므로 결국 어느 취로 태어나는가에는 습이 결정적인 역할을 한다. 그래서 습을 취를 이끄는 원인이라고 말한다. 이하에서는 지옥취로 태어나게 되는 10가지 습을 설명한다. 그리고 그에 이어

10가지 습에 의해 드러나는 결과인 6가지 보(報)를 설명한다.

(1) 10가지 습인(習因)

> 붓다: 무엇이 10가지 인(因)입니까?
>
> 云何十因?

지옥으로 떨어지게 만드는 10가지 습인을 논한다. 10인은 혹이고, 그것이 습이 된 것이 업이므로 10습인으로서 혹과 업을 함께 말한 것으로 볼 수 있다. 이하에서 순서대로 논할 10인을 미리 정리하면 다음과 같다.

```
10인:        〈근본   +   파생〉                   〈10악〉
 ①음(淫):           탐의 으뜸                   신업(음)
 ②탐(貪):    V                          의업(탐)
 ③만(慢):    V    치를 따르는 자만
 ④진(瞋):    V                          의업(진), 신업(살)
 ⑤사(詐):         탐을 따르는 유인              신업(도), 구업(망언, 기어, 양설)
 ⑥광(誑):         탐을 따르는 속임              신업(도), 구업(망언, 기어, 양설)
 ⑦원(冤):         진을 따르는 원한              신업(살)
 ⑧견(見):    V                          의업(치)
 ⑨왕(枉):         진을 따르는 모함                 구업(망언, 양설, 악구)
 ⑩송(訟):         진을 따르는 송사                 구업(망언, 양설, 악구)
```


> 붓다: <① 음(淫)의 습> 아난이여, 첫째는 음란한 습입니다. 교접은 서로의 마찰에서 일어나니, 마찰이 그치지 않으면 이 때문에 크고 강한 화광이 그 가운데 발동합니다. 마치 사람이 손으로 서로 마찰하면 열이 일어나는 것과 같습니다. 2습이 서로 불타므로 (지옥에서) 철 평상과 구리 기둥 등의 일이 있게 됩니다. 그러므로 시방의 일체 여래는 음행을 지목하여 욕화(欲火)라고 부르고, 보살은 음욕 보기를 불구덩이 피하듯 합니다.

阿難, 一者婬習. 交接發於相磨, 研磨不休, 如是故有大猛火光於中發動. 如人以手自相磨觸, 暖相現前. 二習相然, 故有鐵床銅柱諸事. 是故十方一切如來色目行婬同名欲火, 菩薩見欲如避火坑

① 음욕 음(婬): 마찰 → 교접 → 계속함 →   화광이 발동
　　　　　　 = 업의 습　　 = 종자의 습　 = 결과(지옥)

〈1. 업습〉　　　　　　　　〈1+2습의 결과〉
　　업(業): 남을 괴롭힘　　　　보(報): 지옥에서 내가 괴롭힘 당함
형행훈종자↓　　　　　　　↑종자생현행
　　종자 ─────────→ 종자
　　　　　　　　　　　　〈2. 종습〉

　음의 업은 서로 간의 마찰이다. 그러한 마찰을 그치지 않는다는 것은 업을 계속 지어서 종자를 훈습하여 그것이 습(習)이 된다는 말이다. 그렇게 업을 짓고 종자가 쌓이면, 그로부터 화광이 일어난다. 마치 손바닥을 계속 마찰하면 열이 생기는 것처럼, 음란한 마찰을 계속하고 그게 습이 되면, 그로부터 맹화광이 일어나니 이것이 곧 지옥불이 된다. 여기서 말하는 2습은 중생이 다음 생에 특정한 취로 태어나게 되는 2가지 원인을 말한다. 업을 지어 그 보로서 다음 생을 받을 때, 첫 번째 원인은 이전에 지은 업이고, 두 번째 원인은 그 업이 남긴 세력인 종자이다. 첫 번째를 업의 습인 '업습(業習)'이라고 하고, 두 번째를 종자의 습인 '종습(種習)'이라고 한다. 마찰의 업을 지어 종자를 심음이 '업습'이고, 그 종자가 습이 되어 화광을 일으키는 것이 '종습'이다. 이 업습과 종습을 합하여 2습이라고 한다. 업습과 종습인 2습의 힘이 욕망의 타는 불을 일으킨다. 『정맥소』는 "두 가지 습은 현행과 종자이다. 즉 업습과 종습 두 가지이니, 업습은 종자를 훈습하고 종습은 과를 주관한다"[2]고 설명한다.

　2습(習): 다음의 취로 나아가게 하는 인과 연
　　1. 업습(業習): 현행 업으로 종자를 훈습 - 인(因)이 됨: 탐진치 등의 종자를 남김
　　2. 종습(種習): 종자로서 과를 이끎   - 연(緣)이 됨: 상응하는 상(相)이 나타남

2　진감, 『정맥소』, 4권, 189쪽.

『정맥소』의 다음 설명은 이하 10인(因) 전체에 해당하는 설명이다. "2습 이하에서 비로소 과(果) 중에서 받는 실제 경계를 말하므로 모두 갖가지 일로 결론하니, 실로 업습이 인(因)을 갖추고 종습이 연(緣)을 일으킨다. … 하품 왕생을 앞둔 자는 비록 고인(苦因)을 갖추었더라도 불수레의 상이 나타나면 급히 염불해서 종습이 일으킨 경계의 연을 받아들이지 않아야 고사(苦事)를 무너뜨려 지옥과를 이루지 않는다. 이른바 인이 있어도 연이 없으면 (과는) 생기지 않는다. 이는 붓다의 힘(力)에 의지한 것이지 자신의 지(智)의 분(分)에 의거한 것이 아니다. 마음을 깨닫고자 하는 사람은 지옥뿐 아니라 일체 사업(事業)에 매이는 것도 평소 진실한 노력으로 그 인(因)을 단박에 끊어야 한다. 그리고 다시 임종 때 기억해야 하니, 그 연(緣)을 받아들이지 말아야 한다. 몸 바꾸는 곳에서 일체 경계가 현전해도 그것을 따라가지 않아야 생사에 조금이나마 자재를 얻을 것이다."[3] 업을 지어 그 결과로 지옥의 상이 나타나더라도 그것이 마음이 형성한 허망상임을 알고 그 대상(연)에 이끌려가지 말아야 한다는 것이다.

붓다: <② 탐(貪)의 습> 둘째는 탐하는 습입니다. 집착은 흡입에서 일어나니, 흡입하여 취함이 그치지 않으면 이 때문에 차가움이 쌓여 얼음으로 굳고 그 안에서 얼어 갈라집니다. 마치 사람이 입으로 풍기를 흡입하면 차가운 감촉이 생기는 것과 같습니다. 2습이 서로 침범하므로 추워 떨림(타타파파라라)이 있으며, 청련·적련·백련이 얼어붙는 등의 일이 있게 됩니다. 그러므로 시방 일체 여래는 많은 것을 구함을 지목하여 탐욕의 물이라고 부르고, 보살은 탐욕을 보기를 병든 바다 피하듯 합니다.

二者貪習. 交計發於相吸, 吸攬不止, 如是故有積寒堅氷於中凍冽. 如人以口吸縮風氣, 有冷觸生. 二習相凌, 故有吒吒波波囉囉, 靑赤白蓮寒氷等事. 是故十方一切如來色目多求同名貪水, 菩薩見貪如避瘴海.

②탐욕 탐(貪): 흡입 → 계교 →　계속함　→　물 + 차가움 = 얼음
　　　　　　〈업습〉　　　〈종습〉　　　〈결과〉

3   진감, 『정맥소』, 4권, 214–215쪽.

계(計)는 집착이다. 집착은 흡입에서 생기는데, 흡입은 취해서 내 것으로 여기는 것을 말한다. 흡입하여 내 것으로 취하려는 탐심은 탐욕 내지 애욕이므로 물을 생겨나게 한다. 앞에서 정이 물을 부른다고 한 것에서 볼 수 있다. 그리고 그렇게 탐심으로 흡입하여 들어오는 것은 찬 기운이다. 내 것으로 흡입하니, 빼앗긴 쪽에서 발생하여 내게 다가오는 기운이 차가운 기운이기 때문이라고 본다. 그리고 그렇게 흡입된 찬 기운으로 인해 물은 얼음이 되며, 결국 분열되고 파열된다. 이와 같이 탐욕은 찬 기운을 일으키며, 찬 기운은 몸을 얼어 떨게 만든다. '타타파파라라'는 추워서 내는 소리를 음사한 것이다. 탐습의 업을 짓고 그것이 습이 되면, 결국 얼어붙듯 추운 고통에 떨게 되는 지옥으로 떨어진다는 것이다. 그러므로 탐심을 일으키거나 탐욕의 업을 짓기를 경계한다.

붓다: <③ 만(慢)의 습> 셋째는 자만하는 습입니다. 능멸은 (자신의 세력을) 믿음에서 일어나니, 치달려 흐름이 그치지 않으면 이 때문에 치솟게 되고 파도가 일며 파도가 쌓여 물이 됩니다. 마치 사람이 혀로 스스로 맛을 보면 그로 인해 물이 생기는 것과 같습니다. 2습이 서로 돋우므로 피의 강, 재의 강, 뜨거운 모래, 독의 바다, 구리를 끼얹거나 마시는 등의 일이 있게 됩니다. 그러므로 시방 일체 여래는 아만을 지목하여 어리석은 물 마시기라고 부르고, 보살은 아만을 보기를 큰 익사를 피하듯 합니다.

三者慢習. 交凌發於相恃, 馳流不息, 如是故有騰逸奔波, 積波爲水. 如人口舌自相綿味, 因而水發. 二習相鼓, 故有血河·灰河·熱沙·毒海·融銅灌吞諸事. 是故十方一切如來色目我慢名飮癡水, 菩薩見慢如避巨溺.

③ 거만 만(慢): 세력 믿음 → 능멸 → 계속함 → 솟구치는 물
　　　　　　　〈업습〉　　〈종습〉　　〈결과〉

거만은 자신이 잘났다고 믿으면서 자신을 높이 세우고 남을 능멸하는 행위이다. 이러한 자만의 업을 계속 짓고 그것이 습이 될 경우 결국은 그 기운으로 인해 물이 솟구치는 결과를 갖게 된다. 아만이 자신을 높이 세우고자 솟구치는 감정이기에, 아만의

업을 짓고 그것이 습이 된 중생은 목숨이 다하면 솟구치는 핏물·잿물·독물 등에 끼얹어지거나 그런 것들을 삼키게 되는 등의 일들이 일어나는 지옥으로 떨어지게 된다고 한다. 아만은 아공과 법공을 모르는 어리석음에서 비롯되는 것이기에 어리석은 물인 치수(癡水)를 마시는 것과 같다고 말한다.

붓다: <④ 진(瞋)의 습> 넷째는 화내는 습입니다. 충돌은 거슬림에서 일어나니, 거슬림의 맺힘이 그치지 않으면 마음의 열이 불이 되어 기운을 녹여 쇠가 되며 이 때문에 칼산·쇠말뚝·칼나무·칼수레·도끼·작두·창·톱 등이 있습니다. 마치 사람이 충돌하면 살기가 날아오르는 것과 같습니다. 2습이 서로 공격하므로 궁형당함·손발잘림·머리잘림·찍힘·썰림·찔림·맞음·치임 등의 일이 있게 됩니다. 그러므로 시방 일체 여래는 진애를 지목하여 날카로운 칼이라고 부르고, 보살은 성냄 보기를 주륙을 피하듯 합니다.

四者瞋習. 交衝發於相忤, 忤結不息, 心熱發火, 鑄氣爲金, 如是故有刀山·鐵橛·劍樹·劍輪·斧·鉞·鎗·鋸. 如人銜冤殺氣飛動. 二習相擊, 故有宮·割·斬·斫·剉·刺·搥·擊諸事. 是故十方一切如來色目瞋恚名利刀劍, 菩薩見瞋如避誅戮.

④ 성낼 진(瞋): 거슬림 → 충돌 → 계속함 → 마음의 불이 쇠를 녹여 살기의 도구를 만듦
　　　　　　〈업습〉　　　〈종습〉　　　〈결과〉

미워하는 진은 거슬림으로 인해 일어나는 충돌이다. 그런 거슬림이 끝없이 일어나면 서로 부딪쳐 열이 나서 결국 불꽃 튀는 일들이 발생하게 된다. 미워하는 감정으로 타오르는 마음의 불길이 쇠를 녹여 갖가지 살기의 도구를 만들어내는 것이다. 진노의 업의 습과 그로 인한 종자의 습으로 인해 중생이 죽으면 신체가 칼로 베이고 찢기는 등 온갖 일들을 당하는 지옥으로 떨어지게 된다. 성냄은 이전에 쌓아놓은 모든 공덕을 없애 버리니, 화가 갖는 파괴력은 일체를 불태워 사라지게 하는 불과 같다. 그래서 성냄을 불길 같다고 하고, 일체를 부수어 망가뜨리며 신체를 고통으로 몰아넣는 갖가지 도구를 생성한다고 말한다. 화내는 마음으로 업을 짓고 그것이 습이 되면, 결국 그 마음이 만들어내는 지옥의 세계로 이끌려가는 것이다.

붓다: <⑤ 사(詐)의 습> 다섯째는 속이는 습입니다. 유인은 꼬임에서 일어나니, 꼬임이 일어나 멈추지 않으면 이 때문에 밧줄과 나무로 목졸림과 비틀림이 있습니다. 마치 물이 밭에 들어가면 초목이 생장하는 것과 같습니다. 2습이 서로 뻗으므로 쇠고랑·수갑·칼·족쇄·채찍·곤장·회초리·몽둥이 등의 일이 있게 됩니다. 그러므로 시방 일체 여래는 간사함과 거짓을 지목하여 참소하는 도적이라고 부르고, 보살은 간사함을 보기를 승냥이나 이리 두려워하듯 합니다.

五者詐習. 交誘發於相調, 引起不住, 如是故有繩木絞挍. 如水浸田草木生長. 二習相延, 故有杻·械·枷·鎖·鞭·杖·撾·棒諸事. 是故十方一切如來色目姦僞同名讒賊, 菩薩見詐如畏豺狼.

⑤ 속일 사(詐): 꼬임(조) → 유인(유) → 계속됨 → 밧줄로 끌어당김
　　　　　　　　〈업습〉　　　〈종습〉　　　〈결과〉

속일 사(詐)는 미끼를 갖고 유인해서 빠져들게 하여 속이는 것이다. 유인 유(誘)는 속임수를 써서 유인하는 것이고, 꼬임 조(調)는 말로 꼬여대는 것이다. 그래서 사습은 꼬이고 유인하여 밧줄 등으로 얽어매고 비트는 것과 같다고 한다. 남을 유인하여 속이고 얽어매어 고통을 주면, 결국 스스로도 그런 과보를 받게 된다. 속여서 남을 유인하고 결박하여 괴롭힌 만큼 본인이 지옥에 떨어져서 온갖 물건들에 묶이고 붙잡혀서 괴롭힘을 당하게 되는 것이다. 참소(讒訴)는 중상모략하는 것이다.

붓다: <⑥ 광(誑)의 습> 여섯째는 속이는 습입니다. 기만은 얽음에서 일어나니, 무고로 얽음이 그치지 않으면 들뜬 마음이 간사해져서 이 때문에 먼지와 흙과 오줌처럼 더럽고 부정한 것이 있습니다. 마치 먼지가 바람을 따르면 아무것도 보이는 것이 없는 것과 같습니다. 2습이 서로 더해가므로 익사·위로 던짐·비행과 추락·가라앉음 등의 일이 있게 됩니다. 그러므로 시방 일체 여래는 기만적 속임을 지목하여 겁살이라고 부르고, 보살은 속임 보기를 뱀이나 살모사 밟듯 합니다.

六者誑習. 交欺發於相罔, 誣罔不止, 飛心造姦, 如是故有塵土·屎尿·穢污不淨.
如塵隨風, 各無所見. 二習相加, 故有沒溺·騰擲·飛墜·漂淪諸事. 是故十方一切如
來色目欺誑同名劫殺, 菩薩見誑如踐蛇虺.

⑥ 속일 광(誑): 얽음(무망) → 기만(기) →   계속함   →   들뜬 마음의 간사함
            〈업습〉   〈종습〉   〈결과〉

앞의 속임 사(詐)가 남을 유인하여 빠져들게 해서 속이는 것이라면, 여기에서의 속
임 광(誑)은 무고나 거짓말 등으로 속이는 것이다. 즉 무고(誣告)나 사기(詐欺)와 기만
(欺瞞) 등의 방식으로 속이는 것이다. 다른 사람을 무고와 기만 등으로 속이면 그 마음
이 들뜨고 간사해져서 온갖 더러움을 뒤집어쓰게 되며, 결국은 본인 스스로도 현실을
제대로 알아볼 수 없게 된다. 그러므로 더러운 먼지가 바람에 날려 아무것도 보이지
않는 것과 같다고 한다. 그와 같이 무고와 기만 등의 속임으로 마음이 이리저리 날리
면, 결국 사망 시에 그 마음이 이리저리 내던져지면서 고통당하는 지옥으로 떨어지게
된다.

붓다: <⑦ 원(寃)의 습> 일곱째는 원망하는 습입니다. 혐오는 한을 품음에서
일어나니, 이 때문에 돌 던짐·바위 던짐·상자에 가둠·감옥에 실음·독에 담음·
포대에 넣어 메침 등이 있습니다. 마치 음흉하고 독한 사람이 악을 품어 쌓아놓
는 것과 같습니다. 2습이 서로 삼키므로 던짐·묶임·때림·메침·쏘임·당김·쥐어
짬 등의 일이 있게 됩니다. 그러므로 시방 일체 여래는 원망을 지목하여 위해하
는 귀라고 부르고, 보살은 원망 보기를 짐독주 마시듯 합니다.

七者怨習. 交嫌發于銜恨, 如是故有飛石·投礰·匣貯·車檻·甕盛·囊撲. 如陰毒
人懷抱畜惡. 二習相吞, 故有投擲·擒·捉·擊·射·挽·撮諸事. 是故十方一切如來
色目怨家名違害鬼, 菩薩見怨如飲鴆酒.

⑦ 원망 원(寃): 한(恨) → 혐오 →   계속함   →   돌에 맞거나 갇힘
            〈업습〉   〈종습〉   〈결과〉

남에게 원한을 품고 미워하면, 그 원망으로 마음에 악이 쌓여서 스스로 그 감정에 의해 몰매를 맞거나 악의 느낌 안에 갇혀 버리게 된다. 자기 마음에 돌이나 바위를 던지고 스스로 답답한 곳에 갇히는 것과 같은 상태가 된다. 그러므로 마음에 악을 품고 남을 미워하고 원망하는 것을 하지 말라는 것이다. 원한의 마음을 갖고 죽으면, 그 마음이 불러일으키는 갖가지 해를 당하게 되니, 그곳이 바로 고통받는 지옥이다. '위해귀'는 암암리에 사람을 해치는 가장 악한 귀신이라고 한다. '짐주'는 짐조(鴆鳥)의 깃털을 넣은 술인데, 마시면 창자가 다 잘릴 정도로 독이 무척 강하다고 한다.

붓다: <⑧ 견(見)의 습> 여덟째는 견해의 습입니다. 살가야견·견취견·계금취견·사견의 업과 같은 분별은 어기고 거부함에서 일어나니, 서로 반목을 일으켜 이 때문에 왕사나 관리가 문서로 증명하여 고집함이 있습니다. 마치 길가는 사람이 오가며 서로 마주치는 것과 같습니다. 2습이 서로 교류하므로 대질심문·거짓 따짐·심문함·따짐·수색·들춰냄·조회 그리고 선동자와 악동자가 손에 문서와 장부를 들고 논쟁하는 일이 있게 됩니다. 그러므로 시방 일체 여래는 악견을 지목하여 견의 구덩이라고 부르고, 보살은 허망한 변집 보기를 독구덩이에 들어가는 듯 합니다.

八者見習. 交明如薩迦耶·見·戒禁取·邪悟諸業發於違拒, 出生相返, 如是故有王使主吏證執文籍. 如行路人來往相見. 二習相交, 故有勘問·權詐·考訊·推鞫·察訪·披究·照明·善惡童子手執文簿辭辯諸事. 是故十方一切如來色目惡見同名見坑, 菩薩見諸虛妄遍執如入毒壑.

⑧ 악견 견(見): 위거(정법에 반함) → 분별(明) → 계속함 → 상반(반목)을 낳음
　　　　　　　　〈업습〉　　　　　〈종습〉　　　　〈결과〉

망견은 분별하여 밝히려는 명(明)으로서 아견(살가야견)·견취견·계금취견·사견 등의 업이며, 이는 서로 간에 어기고 거부하는 쟁론에서 비롯된다. 그렇게 해서 서로 반목함이 이어지면, 서로 싸우고 논쟁하고 다투게 된다. 견해는 어느 한 관점에서 전체를 설명하려고 함으로써 결국 다른 견해와 부딪치고 상반되며 대립할 수밖에 없다. 마

치 길을 다니다 보면 오가는 사람이 서로 마주치게 되는 것처럼 견해는 그 반대되는 견해와 부딪치기 마련이다. 그래서 불교에서는 상견과 단견 모두를 부정하면서 삿된 견해에 치우치지 않는 중도를 주장한다. 허망하게 분별하고 자기 입장을 고수하면서 다른 입장을 부정하고 반박하는 업을 짓다 보면 결국 자기 자신이 따져 묻고 심문당하고 추궁당하는 고통을 겪게 된다. 그렇게 추궁당하는 고통의 지옥으로 떨어지게 되는 것이다. 불교가 논하는 5악견은 다음과 같다.

5악견(惡見):
1. 실가아견 = 신견 = 이건: 내 몸을 아(我)라고 여김
2. 변견: 단멸이나 상주에 집착
3. 사견 = 사오(邪悟): 인과가 없다고 부정
4. 견취견: 과(果)를 못 이루고 과를 이뤘다고 계교 (무상천을 열반으로 생각)
5. 계금취견: 인(因)이 아닌 것을 인이라고 계교 (계율지킴을 인으로 생각)

붓다: <⑨ 왕(枉)의 습> 아홉째는 모함의 습입니다. (죄를) 씌움은 무고와 비방에서 일어나니, 이 때문에 산과 돌에 합하고 절구와 맷돌에 부서지고 갈립니다. 마치 중상하는 도둑이 선량한 자를 핍박하고 모함하는 것과 같습니다. 2습이 서로 배척하므로 누름·비틂·때림·뭉갬·침·쥐어짬·구겨넣음 등의 일이 있게 됩니다. 그러므로 시방 일체 여래는 원망과 비방을 지목하여 중상하는 호랑이라고 부르고, 보살은 모함 보기를 날벼락 만난 듯 합니다.

九者枉習. 交加發於誣謗, 如是故有, 合山合石碾磑耕磨. 如讒賊人逼枉良善. 二習相排, 故有押·捺·搥·按·蹙·漉·衡度諸事. 是故十方一切如來色目怨謗同名讒虎, 菩薩見枉如遭霹靂.

⑨ 모함 왕(枉): 무고비방 → 죄 씌움(가) → 계속함 → 핍박당하고 압제당함
          〈업습〉   〈종습〉   〈결과〉

모함 왕(枉)은 남을 모함하여 없는 죄를 덮어씌우는 행위이다. 모함은 도둑이 선량한 자를 중상모략하고 핍박하면서 괴롭히는 것과 같다. 그렇게 하면 결국 본인도 그런

보를 받게 된다. 모함으로 남을 괴롭히면 그것은 눌리고 맞고 비틀림 당하는 등의 고
통을 남에게 주는 행위와 같다. 그렇게 하면 결국 본인도 남에 의해서 배척당하고 온
갖 괴롭힘을 당하게 되는 상황에 몰리게 된다. 즉 눌리고 비틀리고 찔리는 등의 고통
이 있는 지옥으로 떨어지게 된다.

> 붓다: <⑩ 송(訟)의 습> 열째는 소송하는 습입니다. 들춰냄은 까발림에서 일
> 어나니, 이 때문에 거울로 비춤·불로 밝힘 등이 있습니다. 마치 해가 있으면 그
> 림자를 감출 수 없는 것과 같습니다. 2습이 서로 펼치므로 나쁜 친구·업의 거
> 울·불구슬·숙업을 드러냄·대면하여 징험함 등의 일이 있게 됩니다. 그러므로
> 시방 일체 여래는 까발림을 지목하여 숨은 도적이라고 부르고, 보살은 까발림
> 을 높은 산을 이고 큰 바다를 밟는 듯 합니다.
> 十者訟習. 交諠發於藏覆, 如是故有鑒見·照燭. 如於日中不能藏影. 二習相陳,
> 故有惡友·業鏡·火珠·披露宿業·對驗諸事. 是故十方一切如來色目覆藏同名陰賊,
> 菩薩觀覆如戴高山覆於巨海.

⑩ 송사 송(訟): 까발림(복장) → 들춰냄(훤) →   계속함   →   들춰내짐
　　　　　　　　　〈업습〉　　　　〈종습〉　　〈결과〉

앞의 모함 왕(枉)이 없는 죄를 덮어씌우는 모함이라면, 여기 송사 송(訟)은 타인의
감춰진 죄를 들추어내어 따지는 일이다. 감추어 덮으려고 하는 다른 사람의 죄를 군이
끄집어내어 까발리면서 괴롭히는 것을 말한다. '감견'과 '조촉'은 업경대(業鏡臺)라고
한다. 남의 죄를 들춰내었던 만큼 명부에서 본인의 죄가 모두 밝혀진다는 것이다. 남
의 죄를 들추어내어 괴롭히는 업을 짓고 그것이 습관이 되면, 결국은 그 자신의 죄도
모두 들추어져서 고통을 당하는 그런 상황에 내몰리게 된다. 그런 곳이 바로 지옥이
니, 지옥은 그 마음이 지은 업대로 받게 되는 곳이다.

(2) 6교보(交報): 6근에서 일어나는 보

지금까지 지옥에 떨어지게 되는 10가지 습인을 제시하였고, 이하에서는 그러한 인으로 인해서 받게 되는 지옥의 과보를 6가지로 설명한다.

> 붓다: 어떤 것이 6과보(果報)입니까? 아난이여, 일체 중생이 6식으로 업을 짓지만, 초래되는 악한 과보는 6근에서 나옵니다. 어째서 악한 과보가 6근에서 나오겠습니까?
> 云何六報? 阿難, 一切衆生六識造業, 所招惡報從六根出. 云何惡報從六根出?

〈근 + 경〉 → 식 　→ 근 + 경
　　인연 　　→ 과
　　　　　 인(업) → 보(정보+의보)

근과 경이 화합하여 그것이 인연이 되서 식이 일어나므로 근·경이 인이고 식이 과이지만, 다시 식이 업을 지어서 근과 경이 정보와 의보로 형성되므로 식이 인이고 근·경이 과가 된다. 이것은 근·경·식 3사의 상호의존성과 순환성을 보여주는 것이다. 여기에서는 업을 짓는 것은 6식이고, 그 업의 보는 6근으로 나타난다는 것을 말한다. 즉 현행식이 업을 지으면 종자를 남기고, 종자로부터 드러나는 과보는 색인 유근신(정보)과 기세간(의보)인 것이다. 이는 곧 심리적인 것과 물리적인 것이 어떻게 서로 관계 맺는가를 보여주는 것이기도 하다. 업은 뜻이 움직여 마음이 6식으로 짓는 것이지만, 그 과보로 나타나는 유근신과 기세간은 색으로 드러나기 때문이다. 이하에서는 어떻게 6근으로부터 과보가 나오게 되는가를 설명한다. 7취 중 지옥취를 설명하는 과정에서 업으로 인한 과보를 논하는 까닭은 일체 현상이 마음으로부터 만들어진다는 것을 강조하기 위함이다. 즉 업으로 인해 일어나는 특정한 과보의 현상, 예를 들어 맹화나 넘치는 파도 등 지옥의 형상을 보거나 듣게 되면, 그때 그것에 휩쓸려 가지 말고 그 보거나 듣는 것이 모두 마음이 만든 허망한 것임을 관하여 마음이 흔들리지 않으면 그것으로부터 벗어날 수 있다는 것이다. 그렇게 하면 지옥으로 떨어지는 것을 면할 수 있다.

이하에서 논하는 6과보를 미리 정리해보면 다음과 같다.

```
업(6식)          보(6근)
① 견(見) → 안근: 화(火)
② 문(聞) → 이근: 수(水)
③ 취(臭) → 비근: 기(氣) = 풍(風)
④ 미(味) → 설근: 얼음과 맹화
⑤ 촉(觸) → 신근: 산과 칼
⑥ 사(思) → 의근: 토(土) = 지(地)
```

붓다: ① <견(見)의 보> 첫째, 견의 보가 악과를 불러오니, 이 견업이 다가오면 임종 시에 먼저 맹렬한 불이 시방 세계에 가득함으로 보며, 망자의 신식(神識)은 날다 떨어져 연기를 타고 무간지옥에 들어갑니다. 두 가지 상이 나타나는데, 1. 첫째는 밝은 견이니, 갖가지 악한 것들을 두루 보아 무량한 두려움이 일어나고, 2. 둘째는 어두운 견이니, 적연하여 못 보므로 무량한 공포가 생깁니다. a. 이와 같은 견의 불이 b. 들음을 태우면 끓는 솥에 삶김과 구리 녹는 소리가 되고, c. 숨을 태우면 검은 연기와 붉은 불꽃이 되고, d. 맛을 태우면 뜨거운 철환과 쇳물죽이 되고, e. 촉감을 태우면 뜨거운 재와 숯이 되고, f. 심을 태우면 별의 불을 일으켜 허공에 타오르게 합니다.

一者, 見報招引惡果, 此見業交, 則臨終時先見猛火滿十方界, 亡者神識飛墜乘煙入無間獄. 發明二相, 1. 一者明見, 則能遍見種種惡物, 生無量畏, 2. 二者暗見, 寂然不見, 生無量恐. a. 如是見火 b. 燒聽能爲鑊湯·洋銅, c. 燒息能爲黑烟·紫焰, d. 燒味能爲燋丸·鐵糜, e. 燒觸能爲熱灰·爐炭, f. 燒心能生星火逆灑煽鼓空界.

```
견(見) → a. 안근에서 오는 과보: 맹화 ┌ 1. 명견: 악한 것들을 다 보아 두려움
= 식                              └ 2. 암견: 아무것도 못 보아 공포
```

안식과 연관되는 업으로 인해 나타나는 보(報)는 안근을 중심으로 나타난다. 임종시에 눈에 맹렬한 불길이 보이고 망자의 식이 그 불꽃 연기를 타고서 불길 가득한 무간지옥으로 떨어진다. 지옥에 들어서면서 1. 밝게 봄과 2. 어둡게 봄 두 가지 현상이

나타나는데, 둘 다 두려움과 공포를 일으킨다. 업을 지을 때 안식이 주가 되고 다른 식들도 함께하듯이, 그 보를 받음에도 각 근이 서로 얽혀서 함께 일어난다. 즉 a. 안식으로 인한 결과로서 맹화를 보는 것이 안근에 그치지 않고 나머지 5근에 영향을 미쳐 각 근마다 거기 상응하는 현상들이 나타나게 된다. b. 불꽃이 이근에서는 끓는 소리의 지옥으로 나타나고, c. 비근에서는 타는 냄새 나는 검은 연기가 되고, d. 미근에서는 쇠맛이 되며, e. 신근에서는 재와 숯의 감촉이 되고, f. 의근에서는 더 강렬한 맹화로 타오르게 된다.

붓다: <② 문(聞)의 보> 둘째, 문의 과보가 악과를 불러오니, 이 문업이 다가오면 임종 시에 먼저 파도가 천지를 삼키는 것을 보며, 망자의 신식은 아래로 떨어져 흐름을 타고 무간지옥에 들어갑니다. 두 가지 상이 나타나는데, 1. 첫째는 열린 들음이니, 갖가지 시끄러움을 들어 정신이 혼란스럽고, 2. 둘째는 막힌 들음이니, 고요하고 들리는 것이 없어 혼백이 침몰합니다. 이와 같이 들음의 파도가 b. 들음에 쏟아지면 문책과 힐난이 되고, a. 봄에 쏟아지면 우레와 큰소리와 악한 독기가 되며, c. 숨에 쏟아지면 비와 안개가 되어 독충을 뿌려 몸에 가득하게 하고, d. 맛에 쏟아지면 고름과 피 등 갖가지 잡된 오염이 되고, e. 촉에 쏟아지면 축생과 귀신의 똥과 오줌이 되고, f. 뜻에 쏟아지면 번개와 우박이 되어 혼백을 부숩니다.

二者, 聞報招引惡果, 此聞業交, 則臨終時先見波濤沒溺天地, 亡者神識降注乘流, 入無間獄. 發明二相, 1. 一者開聽, 聽種種鬧, 精神愗亂. 2. 二者閉聽, 寂無所聞, 幽魄沈沒. 如是聞波, b. 注聞則能爲責爲詰, a. 注見則能爲雷爲吼爲惡毒氣, c. 注息則能爲雨爲霧, 灑諸毒虫, 周滿身體, d. 注味則能爲膿爲血種種雜穢, e. 注觸則能爲畜爲鬼爲屎爲尿, f. 注意則能爲電爲雹摧碎心魄.

문(聞) → 이근에서 오는 과보: 파도 ┌ 1. 개청: 시끄러움 듣고 혼란스러움(무란)
　　　　　　　　　　　　　　　　　　└ 2. 폐청: 아무것도 못 들어 침몰

이식으로 짓는 업은 소리와 연관된 것으로서 화내는 소리, 따져 묻는 소리 등을 내는 행위에 해당한다. 귀가 물기운과 연관되기에 그러한 업의 결과로 임종 시에 밀려오는 파도를 보게 된다. 파도침에 따라 일어나는 소리를 듣는 것이 이근을 따라 일어나는 보가 된다. 큰 파도가 밀려와 천지를 집어삼키는 것을 보면서 죽은 자의 식이 그 파도를 타고 무간지옥으로 빠져들어가며, 그때 1. 열린 들음은 온갖 소리를 들어 정신없이 혼란스러워지고, 2. 막힌 들음은 고요함으로 인해 정신이 가라앉아 버린다. 이식의 업의 보로서 들리는 소리는 b. 이근에서는 문책하고 따지는 소리가 되고, a. 눈에서는 우레가 되고, c. 코에서는 독충처럼 뿌려지고, d. 혀에서는 피고름 맛이 나고, e. 몸에서는 귀신의 똥오줌 같은 감촉이 되고, f. 의에서는 번개처럼 혼백을 부순다. 이처럼 이식의 업이 6근 전체에 그 영향력을 끼친다.

붓다: <③ 취(臭)의 보> 셋째, 냄새 맡음의 과보가 악과를 불러오니, 이 후업이 다가오면 임종 시에 먼저 독기가 원근에 가득 차는 것을 보며, 망자의 신식은 땅으로부터 용출하여 무간지옥으로 들어갑니다. 두 가지 상이 나타나는데, 1. 첫째는 통하는 냄새 맡음이니, 악한 기운을 맡아 마음이 어지러워지고, 2. 둘째는 막힌 냄새 맡음이니, 기가 막혀서 통하지 않으므로 땅에 기절하게 됩니다. 이와 같이 맡음의 기가 c. 숨에 충돌하면 막힘이 되고 통함이 되며, a. 견에 충돌하면 불이 되고 횃불이 되며, b. 청에 충돌하면 빠져 익사하고 넘쳐 들끓게 되며, d. 맛에 충돌하면 변질되어 버리고, e. 촉에 충돌하면 터지고 문드러져 백천의 눈이 있는 큰 고기산이 되어 무량하게 빨아먹히고, f. 생각에 충돌하면 재가 되고 병이 되며 날리는 모래돌이 되어 신체를 부숩니다.

三者, 嗅報招引惡果, 此嗅業交, 則臨終時先見毒氣充塞遠近. 亡者神識從地涌出, 入無間獄. 發明二相, 1. 一者通聞, 被諸惡氣, 薰極心擾, 2. 二者塞聞, 氣掩不通, 悶絕於地. 如是嗅氣. c. 衝息則能爲質爲履, a. 衝見則能爲火爲炬, b. 衝聽則能爲沒爲溺爲洋爲沸. d. 衝味則能爲餒爲爽, e. 衝觸則能爲綻爲爛, 爲大肉山有百千眼無量咀食, f. 衝思則能爲灰爲瘴, 爲飛砂礰擊碎身體.

취(臭) → 비근에서 오는 과보: 독기(毒氣) ─┌ 1. 통문: 악한 기를 맡아 어지러움
　　　　　　　　　　　　　　　　　　　　 └ 2. 색문: 기가 막혀서 기절함

냄새를 좇아서 비식으로 짓는 업은 향기를 탐해서 갖가지로 지은 업이므로 그 결과로 독기를 불러온다. 따라서 임종 시 그 보로서 독기가 밀려오는 것을 맡게 되며, 망자의 식이 무간지옥으로 떨어진다. 그러면서 두 가지 현상이 나타나는데, 1. 후각이 열려 악기를 가득 마시거나, 2. 후각이 막혀 기가 끊겨서 기절하게 된다. c. 후각의 나쁜 기운이 비근에서 막히거나 통하는 것 이외에 나머지 5근에도 영향을 주어서 갖가지 괴로운 형상들이 나타나게 된다. a. 눈에서 불꽃이 되거나 b. 귀에서 익사하게 되거나 d. 혀에서 먹지 못해 굶주리게 되고, e. 몸에서 문드러지고, f. 의에서 병이 되어 몸을 부순다. 비식의 업이 비근뿐 아니라 6근 전체에 영향을 미치는 것이다.

붓다: <④ 미(味)의 보> 넷째, 맛봄의 과보가 악과를 불러오니, 이 미업이 다가오면 임종 시에 먼저 철망의 맹염이 치열하게 세계를 덮음을 보며, 망자의 신식은 아래로 떨어지다가 망에 걸려 머리가 거꾸로 매달린 채 무간지옥에 들어갑니다. 두 가지 상이 나타나는데, 1. 첫째는 흡기이니, 찬 얼음이 되어 몸의 살을 얼어 터뜨리고, 2. 둘째는 토하는 기이니, 날아서 맹화가 되어 골수를 태웁니다. 이와 같이 맛보는 맛이 d. 맛에 닿으면 승복과 인종이 되고, a. 견에 닿으면 불타는 쇠와 돌이 되고, b. 청에 닿으면 예리한 병기와 칼이 되고 c. 습에 닿으면 큰 철 새장이 되어 국토를 덮어 버리고, e. 촉에 닿으면 활과 화살과 큰활이 되고 활을 쏨이 되며, f. 생각에 닿으면 날아가는 뜨거운 철이 되어 공중에서 비 오듯 내려옵니다.

四者, 味報招引惡果, 此味業交, 則臨終時先見鐵網猛炎熾烈周覆世界. 亡者神識下透挂網, 倒懸其頭, 入無間獄. 發明二相, 1. 一者吸氣, 結成寒氷, 凍裂身肉, 2. 二者吐氣, 飛爲猛火, 燋爛骨髓. 如是嘗味, d. 歷嘗則能爲承爲忍, a. 歷見則能爲然金石, b. 歷聽則能爲利兵刃, c. 歷息則能爲大鐵籠, 彌覆國土, e. 歷觸則能爲弓爲箭爲弩爲射, f. 歷思則能爲飛熱鐵, 從空雨下.

미(味) → 설근에서 오는 과보: 맹염 ┌ 1. 흡기: 찬 얼음이 되어 몸을 얼어 터뜨림
                                └ 2. 토기: 맹화가 되어 골수 태움

맛보는 설식으로 짓는 업은 맛을 따라 짓는 업이다. 불로 구워 먹는 맛은 다른 것을 먹어서 얻는 것이므로 설근에서 나타나는 과보는 먹을 것을 죽일 때 쓰는 철망의 불꽃

(맹염)이다. 철망의 불꽃으로 맛봄의 업을 지으면서 다른 중생을 괴롭혔기에 그 보로서 철망의 불꽃이 일어남을 보고 그 망에 이끌려 무간지옥으로 떨어진다. 그리고 1. 흡입한 찬 기운이 몸을 얼게 하고, 2. 내뱉는 더운 기운은 불길이 되어 몸을 태운다. 맛봄의 업의 보로서 d. 설근에서 일어나는 불길은 나머지 5근에 있어서도 마찬가지로 a. 타는 금석이 되거나 b. 칼이 되거나 c. 철장이 되고, e. 화살이나 f. 철 등 중생을 끝없이 괴롭히는 것들로 나타나니, 그런 것들이 가득한 곳이 바로 지옥이다. 먹고 맛보기 위해 다른 중생을 죽이며 괴롭힌 과보를 6근 전체를 통해 되받는 것이다.

붓다: <⑤ 촉(觸)의 보> 다섯째, 촉의 과보가 악과를 불러오니, 이 촉업이 다가오면 임종 시에 먼저 큰 산이 4면에서 다가와 합쳐져서 다시 벗어날 길이 없음을 보게 되며, 망자의 신식은 큰 철성의 불뱀·불개·호랑이·사자를 보고 우두옥졸과 마두나찰이 손에 창과 삼지창을 들고 성문으로 몰아넣어 무간지옥으로 향하게 하는 것을 봅니다. 두 가지 상이 나타나는데, 1. 첫째는 합촉이니, 산을 합해 몸을 핍박하여 뼈와 살과 피가 터져나가고, 2. 둘째는 리촉이니, 칼이 몸에 부딪쳐 심장과 간장을 떼어내는 것입니다. 이와 같이 합촉이 e. 촉에 닿으면 (지옥)길이 되고 집이 되고 관청이 되고 심문소가 되며, a. 견에 닿으면 태우고 사르며, b. 청에 닿으면 때리고 치며 찌르고 쏘고, c. 슴에 닿으면 조이고 자루에 담기고 두들겨지고 묶이며, d. 맛에 닿으면 갈리고 칼이 씌워지고 베이고 잘리며, f. 생각에 닿으면 추락하고 날리고 삶기고 급히게 됩니다.

五者, 觸報招引惡果, 此觸業交, 則臨終時先見大山四面來合無復出路, 亡者神識見大鐵城火蛇·火狗·虎狼·師子, 牛頭獄卒馬頭羅刹手執槍矟, 驅入城門向無間獄. 發明二相, 1. 一者合觸, 合山逼體, 骨肉血潰, 2. 二者離觸, 刀劍觸身, 心肝屠裂如是合觸, e. 歷觸則能爲道爲觀爲廳爲案, a. 歷見則能爲燒爲爇, b. 歷聽則能爲撞爲擊爲剚爲射, c. 歷息則能爲括爲袋爲拷爲縛, d. 歷嘗則能爲耕爲鉗爲斬爲截, f. 歷思則能爲墜爲飛爲煎爲炙.

촉(觸) → 신근에서 오는 과보: 산이 합침 ┬ 1. 합촉: 산이 합해져서 몸을 압축함
└ 2. 리촉: 칼로 장기가 찢기고 파열됨

신식이 짓는 업 중 제일 엄중한 것이 음욕으로 짓는 업이다. 그래서 이로 인해 나타나는 과보의 상이 강력한 모습을 띤다고 한다. 신식 내지 음욕의 업으로부터 신근에서의 합촉이나 리촉의 모습이 나타나는데, 합촉은 사방의 산에 의해 그 몸이 압축당하는 것이고, 리촉은 칼이나 검 등으로 몸이 찢겨 파열되는 것이다. e. 촉에 닿으면, 지옥 가는 길인 도(道), 염라왕 궁궐 옆의 누각인 관(觀), 죄를 다스리는 곳인 청(廳) 또는 안(安)이 나타나고, 그래서 그곳에서 갖가지 고문을 당하게 된다. 그렇게 단지 촉에만 머무르지 않고 나머지 5근에 있어서도 갖가지 방식으로 고통받게 된다. a. 견에서는 태워지고, b. 청에서는 맞고 찔리고, c. 숨에서는 조이고 묶이며, d. 맛에서는 잘리고 베이고, f. 생각에서는 삶기는 등의 고통을 당하게 된다.

붓다: <⑥ 사(思)의 보> 여섯째, 생각의 과보가 악과를 불러오니, 이 사업이 다가오면 임종 시에 먼저 악한 바람이 불어 국토를 무너뜨리는 것을 보며, 망자의 신식은 바람에 불려 허공에 올라갔다가 바람을 타고 돌면서 추락하여 무간지옥에 떨어집니다. 두 가지 상이 나타나는데, 1. 첫째는 불각(不覺)이니, 미혹이 지극하여 황망하고 분주하여 멈추지 않으며, 2. 둘째는 불미(不迷)이니, 각지하여 고통스럽고 무량하게 삶기고 태워지는 고통이 깊어 참기 어렵습니다. 이와 같이 삿된 생각이 f. 생각에 맺히면 (고통받는) 장소가 되고, a. 견에 맺히면 거울이 되고 증거가 되며, b. 청에 맺히면 합해지는 바위와 얼음과 서리가 되고 흙과 이슬이 되며, c. 숨에 맺히면 큰 화차와 불타는 배와 불감옥이 되고, d. 맛에 맺히면 대규환이 되고 후회하고 울게 되며, e. 촉에 맺히면 큰 지옥과 작은 지옥이 되어 하루에도 만 번 태어나고 만 번 죽어 엎어지고 자빠지게 됩니다.

六者, 思報招引惡果, 此思業交, 則臨終時先見惡風吹壞國土. 亡者神識被吹上空, 旋落乘風, 墮無間獄. 發明二相, 1. 一者不覺, 迷極則荒, 奔走不息, 2. 二者不迷, 覺知則苦, 無量煎燒, 痛深難忍. 如是邪思, f. 結思則能爲方爲所, a. 結見則能爲鑒爲證, b. 結聽則能爲大合石爲氷爲霜爲土爲霧, c. 結息則能爲大火車火船火檻, d. 結嘗則能爲大叫喚爲悔爲泣, e. 結觸則能爲大爲小爲一日中萬生萬死爲偃爲仰.

사(思) → 의근에서 오는 과보: 악한 바람 ┌ 1. 불각(不覺)＝미(迷): 미혹이 극해서 분주함 - 생
                                      └ 2. 불미(不迷)＝각(覺): 참기 어려운 고를 자각 - 멸

의식의 사(思)로 짓는 업에 의한 보로는 악풍이 불어와 국토를 무너뜨리는 것을 보게 되며, 보를 받는 자는 국토를 무너뜨리는 그 악풍에 실려 무간지옥으로 떨어지게 된다. 그러면서 두 가지 현상이 나타나는데, 1. 미혹에 머무는 불각이면 그저 분주할 뿐이고, 2. 미혹이 깨져 각이 되면 고통의 느낌이 더 강해진다. 삿된 생각의 업을 지으면 그 보로서 국토가 무너지고 망자는 지옥으로 떨어지게 되는데, 이때 삿된 생각이 f. 의근에 맺혀서 모든 곳이 처벌받는 장소가 된다. 그뿐 아니라 나머지 5근에도 영향을 주어 a. 견에서는 죄를 밝히는 거울이 되고, b. 이근이나 c. 비근에서는 얼음, 화차가 되고, d. 설근이나 e. 촉근에서는 비명이나 끝없이 나고 죽는 수많은 지옥으로 나타나게 된다.

> 붓다: 아난이여, 이것이 지옥의 10인 6과이니, 모두 중생의 미망으로 만들어진 것입니다.
>
> 阿難, 是名地獄十因六果, 皆是衆生迷妄所造.

10습인(習因): 업습과 종습   - 6식(識)으로 업을 지음
6과보: 미망의 2습으로 만들어진 경계   - 6근(根)을 따라 연(緣)인 6경(境)이 나타남

지옥은 미망으로 만들어진 것, 업을 따라 형성된 허망한 것이지 마음 바깥의 객관 실재가 아니다. 지옥뿐 아니라 모든 취가 그렇다. 그러므로 업을 지어 습을 만들고 그 습을 따라 또 업을 짓는 등 원인을 제공하지 않는 것도 중요하지만, 그런 인을 따라 반연되는 연(緣)인 경계가 나타났을 때 그 경계가 모두 허망상임을 알아차리고 그것에 이끌려 가지 않는 것도 중요하다. 허망상인 줄 모르고 대상을 따라가면 그 취로 태어나게 되지만, 허망상임을 알아 이끌려가지 않으면 허망경계에 태어나는 것을 면하게 된다고 한다.

(3) 지옥의 종류

아비지옥 〉 8무간지옥 〉 18지옥 〉 36지옥 〉 108지옥

> 붓다: ① 만약 중생이 악업을 두루 지으면, 아비지옥에 들어가서 무량한 고통을 받으면서 무량겁을 지냅니다. ② 6근이 각각 짓되 그 지은 것이 경을 겸하고 근을 겸하면, 그 사람은 8무간지옥에 들어갑니다. ③ 신·구·의 셋으로 살·도·음을 지으면, 이 사람은 18지옥에 들어갑니다. ④ 3업을 모두 짓지 않고 중간에 살생 하나 또는 도둑질 하나를 하면, 이 사람은 36지옥에 들어갑니다. ⑤ 견을 견하되 하나의 근으로 단지 하나의 업만 범하면, 이 사람은 108지옥으로 들어갑니다. 이와 같이 중생이 각각 따로 업을 짓지만 세계 중에서 동분의 지옥에 들어가는데, 이것은 허망한 생각으로 발생하는 것이지 본래 있는 것이 아닙니다.
>
> ① 若諸衆生惡業圓造, 入阿鼻獄, 受無量苦經無量劫. ② 六根各造及彼所作兼境兼根, 是人則入八無間獄. ③ 身口意三作殺盜婬, 是人則入十八地獄. ④ 三業不兼, 中間或爲一殺一盜, 是人則入三十六地獄. ⑤ 見見, 一根單犯一業, 是人則入一百八地獄. 由是衆生別作別造, 於世界中入同分地, 妄想發生非本來有.

중생 각각의 업 → 중동분(衆同分)의 지(地)로 들어감

　① 악업을 두루 지음: 10습인으로 항상 다 지음 → 아비지옥

　② 6근 각각으로 업 짓고, 경과 근을 겸하면 → 8무간지옥

　③ 신·구·의로 살·도·음 3업을 다 지음 → 18지옥(8열지옥 + 10냉지옥)

　④ 신·구·의로 살·도·음 중 2업 지음 → 36지옥

　⑤ 신·구·의로 살·도·음 중 1업 지음 → 108지옥

　① 악업을 두루 짓는다는 것은 10습인을 매번 모두 짓는다는 말이다. 그 죄가 가장 중하기에 결국 가장 고통스런 아비지옥에 빠져 무량겁을 지내게 된다. ② 6근이 10습인을 전부 짓기는 하는데, 한꺼번에 짓는 것은 아니라는 말이다. 업을 지을 때 근과 경을 함께하여 짓는 경우이다. 두루 짓는 것보다는 죄가 덜해서 아비지옥보다는 가벼운 무간지옥에 떨어진다. 무간지옥은 8열지옥(熱地獄)의 하나이며, 그곳에서 받는 고통이 간극(間隙)이 없이 계속되기에 '무간'이라고 한다. ③ 신·구·의로 살·도·음 3업을

겸해서 지으면, 18지옥에 떨어지는데, 18지옥은 무간지옥보다 가벼운 지옥으로 8열지옥과 10냉지옥을 더한 것이라고 한다. ④ 신·구·의로 살·도·음 중 하나 빼고 2업을 짓는 경우를 말한다. 그러면 18지옥보다 조금 덜한 36지옥으로 간다. ⑤ 여기에서 견견(見見)은 (망)견을 보는 것, 즉 드러나는 경계가 망경계임을 보는 것을 뜻한다. 그러면서도 살·도·음 중 하나의 업을 짓는다면, 제일 약한 108지옥에 들어간다고 한다. 지옥은 그 자체로 있는 것이 아니고 중생 각자의 업으로 인해 있는 것이다. 각자의 업으로 인해 생겨나지만, 각자가 각각 따로 가서 따로 있는 각자만의 세계가 아니라, 그 안에 거하는 중생 모두의 공통의 보로서 존재하는 하나의 공통의 처소이다. 중동분이 공유하는 하나의 처소인 것이다. 중생 각자의 악업으로 인해 생겨나되 그 안에 거하는 중동분들이 함께 공유하는 공통의 처소가 된다.

2) 귀취(鬼趣)

이하에서 귀나 축생이나 인간을 논할 때는 각 취에 속하는 중생 전체를 논하지 않고 그 전 단계의 취에서 나온 중생에만 국한해서 논한다. 예를 들어 귀는 다음과 같은 네 부류인데, 이 중 세 번째 종류의 귀에 대해서만 논하는 것이다.

귀의 4부류:
1. 수승한 취에서 떨어진 부류 　　　┐ 상품 귀
2. 진심과 살심을 가진 채 수행하는 부류 ┘
3. 지옥 후 귀 　　　　　　　　　　 ─ 중품 귀 ─ 이하 귀취에서는 이것만 다룸
4. 지옥 전 화보(華報): 과보(果報)는 지옥 ─ 하품 귀(극심한 고통)

> 붓다: 다음으로 아난이여, 중생이 a. 계율을 비방하고 파하거나 b. 보살계를 범하거나 c. 붓다의 열반을 폄훼하거나 또 그 밖의 업을 지으면 억겁 동안 불타고, 그 후 다시 죄가 다하면 귀신의 형을 받게 됩니다.
>
> 復次, 阿難, 是諸衆生, a. 非破律儀, b. 犯菩薩戒, c. 毀佛涅槃諸餘雜業, 歷劫燒然, 後還罪畢受諸鬼形.

악업(귀취가 될 악업): 일단 〈지옥〉에서 불탐 → 그 후 〈귀취〉로 태어남

　a. 계율을 비방(인과를 부정)하거나 파함

　b. 보살계를 범함

　c. 법을 비방. 열반의 도리를 훼방

　악업을 지으면 일단 지옥에 갔다가 다시 귀취가 된다고 한다. 지옥에서 업의 보가 모두 끊어지지 않고 남은 인연이 있기에 다시 귀취가 되는 것이다. 즉 지옥에 빠지게 하는 것이 10습인인데, 그 10인으로부터 남은 여력이 중생을 다시 귀취로 윤회하게 만든다. 『정맥소』에서는 ① 중음신과 ② 지옥중생과 ③ 귀(鬼)를 구분하고 또 귀 중에서 ④ 신(神)이 어떤 부류인지도 구분하여 설명한다. "〈① 중음신〉 죄와 복이 모두 하열한 사람이 죽었을 때 처음에는 당장 생을 받지 못하고 홀연히 몸이 있게 되는데, 이것이 중음신이다. 중음신은 어느 취에도 속한 데가 없이 홀연히 화생(化生)한다. 이 부류는 흔히 벌거벗은 형상으로 키는 3척이다. 6근을 예리하게 자각하며 막힘없이 빠르게 오가지만 남이 보면 그림자와 같을 뿐이다. 죽었다가 7일 만에 다시 살아나는데, 수명은 길어도 7×7일인 49일이고 짧으면 2×7(14)일 또는 3×7(21)일에 생을 다시 받는다. 세속에서는 귀혼(鬼魂)이라고 하지만 귀는 아니다 … 〈② 지옥중생과 ③ 귀의 구분〉 세속에서는 지옥에 있으면 모두 귀라고 하지만 만약 그렇다면 두 취를 하나로 하지 어째서 둘로 나누겠는가. 많은 점에서 다르니, 수생에서 차이가 있다. 논에서 밝힌 바 지옥은 순전히 화생(生)뿐이다. 귀는 태난습화 4생이 다 있다. … 〈③ 귀와 ④ 신의 구분〉 간혹 부모 형제 등 권속이 있는데, 그중 수승한 것을 신이라고 하고, 하열한 것을 귀라고 한다. 신이 바로 복덕 있는 귀인 줄 세속에서 알지 못할 뿐이다. 그러나 이 취(귀)에는 수승한 무리는 적고 하열한 무리가 많다. 9품으로 나누면 상상품만을 다재(多財)라 하니, 이름난 신들이다. 상중품 이하는 신의 이름을 감당하지 못한다. 위로부터 떨어진 것이면 상상품에 많지만, 지금 지옥으로부터 나온 것들은 반드시 중하품에 속하고 상상품이 아니다."[4] 이상 내용을 정리하면 다음과 같다.

　① 중음신(中陰身): 화생, 수명 1칠일~7칠일, 흔히 귀혼(鬼魂)이라고 부르지만 귀 아님

　② 지옥(地獄): 화생

---

4   진감, 『정맥소』, 4권, 246쪽.

③ 귀(鬼): 태·난·습·화생 ── 상상품: 위에서 떨어짐, 수승한 귀 = ④ 신(神)
　　　　　　　　　　　　└─ 상중품 이하: 지옥에서 나온 귀(鬼) - 이하에서는 이런 귀만 다룸

　악업을 지으면 그 보로서 일단 지옥에 들어갔다가 그곳에서 보를 받고 난 후 귀의 형상을 갖게 된다. 10습인으로 인해 지옥을 갔는데도 그 습의 여력이 남아서 다시 귀취로 태어나게 되는 것이다. 『능엄경』 본문에서는 지옥으로 이끄는 습인과 귀로 이끄는 업인을 직접 연결짓지 않지만, 『정맥소』는 내용에 입각해서 그 둘을 연결짓는다. 즉 귀취가 되게 하는 업인이 앞서 지옥으로 이끈 10습인 중 어떤 것으로부터 남겨진 여력인지를 밝힌다.

> 붓다: <① 괴귀(怪鬼)> 만약 본래의 인(因)이 사물을 탐한 죄이면, 이 사람은 죄가 끝나면 사물을 만나 형을 이루니, 이를 '괴귀'라고 합니다. <② 발귀(魃鬼)> 색을 탐한 죄이면, 이 사람은 죄가 끝나면 바람을 만나 형을 이루니, 이를 '발귀'라고 합니다. <③ 매귀(魅鬼)> 미혹을 탐한 죄이면, 이 사람은 죄가 끝나면 축생을 만나 형을 이루니, 이를 '매귀'라고 합니다. <④ 고독귀(蠱毒鬼)> 원한을 탐한 죄이면, 이 사람은 죄가 끝나면 벌레를 만나 형을 이루니, 이를 '고독귀'라고 합니다. <⑤ 여귀(癘鬼)> 기억을 탐한 죄이면, 이 사람은 죄가 끝나면 쇠함을 만나 형을 이루니, 이를 '여귀'라고 합니다. <⑥ 아귀(餓鬼)> 오만을 탐한 죄이면, 이 사람은 죄가 끝나면 기(氣)를 만나 형을 이루니, 이를 '아귀'라고 합니다. <⑦ 염귀(魘鬼)> 속임(망)을 탐한 죄이면, 이 사람은 죄가 끝나면 어둠을 만나 형을 이루니, 이를 '염귀'라고 합니다. <⑧ 망량귀(魍魎鬼)> 밝음을 탐한 죄이면, 이 사람은 죄가 끝나면 정(정령)을 만나 형을 이루니, 이를 '망량귀'라고 합니다. <⑨ 역사귀(役使鬼)> 성취를 탐한 죄이면, 이 사람은 죄가 끝나면 밝음(주문)을 만나 형을 이루니, 이를 '역사귀'라고 합니다. <⑩ 전송귀(傳送鬼)> 무리를 탐한 죄이면, 이 사람은 죄가 끝나면 사람을 만나 형을 이루니, 이를 '전송귀'라고 합니다.
>
> ①若於本因貪物爲罪, 是人罪畢, 遇物成形名爲怪鬼 ②貪色爲罪, 是人罪畢, 遇風成形名爲魃鬼 ③貪惑爲罪, 是人罪畢, 遇畜成形名爲魅鬼 ④貪恨爲罪, 是人罪

畢, 遇蟲成形名蠱毒鬼. ⑤ 貪憶爲罪, 是人罪畢, 遇衰成形名爲癘鬼. ⑥ 貪憾爲罪, 是人罪畢, 遇氣成形名爲餓鬼. ⑦ 貪罔爲罪, 是人罪畢, 遇幽爲形名爲魘鬼. ⑧ 貪明爲罪, 是人罪畢, 遇精爲形名魍魎鬼 ⑨ 貪成爲罪, 是人罪畢, 遇明爲形名役使鬼 ⑩ 貪黨爲罪, 是人罪畢, 遇人爲形名傳送鬼.

〈지옥〉을 이끈 습인 = 업인		→ 과보 =	〈귀〉
2. 탐(貪)의 습	물(物)을 탐	물건에 붙음	① 괴귀(怪鬼)
1. 음(婬)의 습	색(色)을 탐	바람에 붙음	② 발귀(魃鬼)
6. 광(誑)의 습	혹(惑)을 탐	축생에 붙음(┬미호)	③ 매귀(魅鬼)
4. 진(瞋)의 습	한(恨)을 탐	벌레에 붙음(독충)	④ 고독귀(蠱毒鬼)
7. 원(寃)이 습	억(憶)을 탐	쇠(衰)에 붙음(전염병)	⑤ 여귀(癘鬼)
3. 만(慢)이 습	오(憾)를 탐	기(氣)에 붙음	⑥ 아귀(餓鬼)
9. 왕(枉)이 습	망(罔)을 탐	유(幽)에 붙음	⑦ 염귀(魘鬼)
8. 견(見)의 습	명(明)을 탐	정(精)에 붙음	⑧ 망량귀(魍魎鬼)
5. 사(詐)의 습	성(成)을 탐	명(明)에 붙음	⑨ 역사귀(役使鬼)
10. 송(訟)의 습	당(黨)을 탐	인(人)에 붙음	⑩ 전송귀(傳送鬼)

① 강한 탐심으로 탐욕의 업을 지으면 흡입하는 냉기로 인해 얼어붙는 듯 고통스런 지옥에 떨어져서 그 죄의 대가를 치른 다음 남은 여습을 따라 사물에 붙는 귀가 된다. 사물에 대한 탐심으로 사물을 집착하였기에 사물에 붙는 귀가 되니, 이런 귀를 '괴귀'라고 한다. ② 색을 탐하여 음욕으로 업을 지으면 음행의 화광으로 불타는 지옥에 떨어진다. 그리고 남는 여습으로 귀가 되는데, 이 귀가 바람에 붙어 존재하는 '발귀'이다. 발귀는 '풍발귀'로 가뭄을 불러 비가 오지 않게 하는 귀라고 한다. ③ 남을 미혹시키면서 속이는 탐욕의 인간은 속이는 광(誑)의 습으로 익사하거나 내던져지는 지옥으로 떨어졌다가 그 여습으로 축생에게 붙는 귀가 된다. 요사스런 짐승이나 괴상한 맹수에 붙은 귀, 구미호 등이 이런 귀이다. 이렇게 축생에 붙는 귀를 '매귀'라고 한다. ④ 원한 등 화를 잘 내는 사람은 그 살기가 만든 온갖 살인 도구에 스스로 고통받는 지옥에 떨어졌다가 남은 여습으로 벌레에 붙는 귀가 된다. '고독(蠱毒)'은 지독한 독을 가진 벌레를 말한다. 이렇게 독한 벌레에 붙은 귀를 '고독귀'라고 한다. ⑤ 좋지 않은 것을 기억하며 원망하고 화내는 사람은 돌로 맞거나 갇히는 지옥에 떨어졌다가 기운이 쇠하는

때를 노려 쇠함에 붙는 귀가 된다. 일정 지역에 기운이 쇠하여 전염병이 도는 것도 그 쇠한 기운에 귀가 붙기 때문으로 보니, 이렇게 쇠함에 붙은 귀를 '여귀' 또는 '역려귀 (疫癘鬼)'라고 한다. ⑥ 오만함의 업을 지으면 핏물이나 잿물 등에 끼얹어지는 지옥에 떨어졌다가 남은 여력으로 귀가 되는데, 이를 기(氣)에 붙는 '아귀'라고 한다. 교만과 인색함으로 인해 아귀는 아무리 먹어도 포만감을 느끼지 못하고 굶주림을 느끼는 고통을 받는다. ⑦ 거짓으로 남을 속여서 모함하고 괴롭히면 눌리고 비틀리는 등의 고통을 당하는 지옥에 떨어졌다가 여습의 힘으로 어둠에 붙는 귀가 되니, 이런 귀를 가위 눌려 숨 막히게 하는 귀인 '염귀'라고 한다. ⑧ 사태를 밝히고자 자신의 견해를 확립하기를 탐하다 보면 다른 사람들과 견해 차이로 인해 반목하게 되고 다투게 된다. 그러한 죄로 인해 심문당하고 추궁당하는 고통의 지옥에 떨어졌다가 여습으로 정령에 붙는 귀가 되니, 이런 귀를 '망량귀'라고 한다. ⑨ 자신의 뜻을 성취하기 위해 남을 속여 이용하는 업을 지으면 속박당하는 지옥에 떨어졌다가 여습으로 명(明)에 붙어서 남의 일을 성취시키는 귀인 '역사귀'가 된다. 자신의 성취만을 탐한 결과 귀가 되어서는 남의 주문대로 일해주게 된다. ⑩ 편을 짜서 남을 괴롭히는 자는 지옥에 떨어져서 괴롭힘을 당하다가 여습으로 무당 등의 사람에게 들러붙는 귀가 되니, 이를 '전송귀'라고 한다.

붓다: 아난이여, 이런 사람은 모두 정(情)만 있음으로 인해 (지옥으로) 추락하였다가 업화(業火)가 타서 마르면 위로 나와 귀(鬼)가 된 것입니다. 이는 모두 자신의 망상의 업에 의해 초래된 것이니, 만약 보리를 깨달으면 묘원명하여 본래 있는 것이 아닙니다.

阿難, 是人皆以純情墜落, 業火燒乾, 上出爲鬼. 此等皆是自妄想業之所招引, 若悟菩提, 則妙圓明本無所有.

순정으로 인한 취는 아비지옥인데, 여기서 순정이라고 한 것은 지옥으로 추락한 까닭이 순정이라는 뜻이다. 인간 취를 벗어나려는 상(想)은 없고 오로지 취에 집착하는 정(情)만 있어 업을 짓고는 그 업력을 따라 지옥취로 윤회하여 고통받다가 그 업화가 다하면 다시 귀취로 태어난다는 것이다. 귀취도 다른 취와 마찬가지로 망상의 업으로 인해 형성되는 허망상이지 그 자체로 존재하는 것이 아니라는 것을 강조한다. 그러므로 유근신이나 기세간이 모두 허망상이고 일체가 원묘명심임을 깨달으면 그 허망상에서 벗어날 수 있다.

3) 축생취(畜生趣)

이하에서는 10가지 축생 부류를 설명한다. 10가지 경우 모두 귀(鬼)로서의 업을 감소시킨 후 다시 각자 자신의 남은 기운을 따라 특정 부류의 축생으로 태어나는 경우이다. 그런데 본문에서 '대개'라고 말하는 것은 모든 귀가 반드시 특정한 축생이 되는 것도 아니고, 또 모든 축생이 전부 특정한 귀에서 나온 것도 아님을 말한다. 예를 들어 괴귀가 올빼미의 종류로 태어날 수도 있지만 탐습이 가벼우면 그렇지 않을 수도 있고, 또 모든 올빼미가 다 괴귀의 과보를 다하고 태어난 것도 아닌 것이다. 축생 중에는 그 이상의 상취로부터 떨어진 부류도 있다는 말이다. 다만 여기에서는 귀취로부터 온 것들만을 갖고 그 순서에 따라 논한다.

> 붓다: 다음으로 아난이여, 귀(鬼)의 업이 이미 다하면, 정(情)과 상(想)의 두 가지가 다 공해져서 비로소 세간에서 원래 빚진 자와 원수로 서로 만나게 되는데, 그 몸이 축생이 되어 숙세의 빚을 갚는 것입니다.
>
> 復次, 阿難, 鬼業旣盡, 則情與想, 二俱成空, 方於世間, 與元負人, 怨對相値, 身爲畜生, 酬其宿債.

	지옥	→	귀	→	축생
정:상 =	10:0 ~ 8:2		7:3		6:4

정과 상을 다함, 숙세의 빚 갚음

아비지옥 내지 지옥은 정:상이 10:0에서 8:2까지이고, 그다음 귀취는 정:상이 7:3이다. 순정이 아비지옥을 거치면서 정 3분이 상으로 바뀌면 귀가 되고, 다시 귀에서 정 1분이 상으로 바뀌어 정:상이 6:4가 되면 축생이 된다. 태워 마를 수 있는 정이 이미 다했다는 의미에서 정과 상이 공하다고 할 수 있으며, 그다음 축생으로 태어날 보가 남은 것은 전생의 빚을 갚기 위한 것이라고 한다. 이하에서 축생을 10가지로 구분하여 논하는데, 앞서 논한 귀가 그 과보가 다해서 그다음에 축생으로 태어난다고 한다.

붓다: <① 올빼미류> 물건에 붙었던 귀(괴귀)는 물건이 없어져 과보가 다하면, 세간에 태어나 대개 올빼미 부류가 됩니다. <② 구징류> 바람에 붙었던 귀(풍발귀)는 바람이 사라져 과보가 다하면, 세간에 태어나 대개 허물의 징조가 됩니다. <③ 여우류> 일체 이상한 부류로 축생에 붙었던 귀(매귀)는 축생이 죽어 과보가 다하면, 세간에 태어나 대개 여우 부류가 됩니다. <④ 독충류> 벌레에 붙었던 귀(고독귀)는 벌레가 없어져 과보가 다하면, 세간에 태어나 대개 독충의 부류가 됩니다. <⑤ 회충류> 쇠함에 붙었던 귀(여귀)는 쇠함이 다하여 과보가 다하면, 세간에 태어나 대개 회충 부류가 됩니다. <⑥ 먹잇감류> 기(氣)를 받았던 귀(아귀)는 기가 사라져 과보가 다하면, 세간에 태어나 대개 먹잇감 부류가 됩니다. <⑦ 의복류> 어둠에 붙었던 귀(엽승귀)는 어둠이 사라져 과보가 다하면, 세간에 태어나 대개 의복 재료의 부류(누에나 우마)가 됩니다. <⑧ 철새류> 정령과 화합했던 귀(망량귀)는 화합이 사라져 과보가 다하면, 세간에 태어나 대개 (때에 응하는) 철새의 부류가 됩니다. <⑨ 휴징류> 밝고 영험했던 귀(역사귀)는 밝음이 멸하여 과보가 다하면, 세간에 태어나 대개 상서로움 징조의 부류가 됩니다. <⑩ 순종의 류> 인간에게 의지했던 모든 종류의 귀(전송귀)는 사람이 죽어 과보가 다하면, 세간에 태어나 대개 사람을 따르는 부류가 됩니다.

①物怪之鬼, 物銷報盡, 生於世間多爲梟類. ②風魅之鬼, 風銷報盡, 生於世間多爲咎徵 ③一切異類畜魅之鬼, 畜死報盡, 生於世間多爲狐類. ④蟲蠱之鬼, 蟲滅報盡, 生於世間多爲毒類. ⑤衰癘之鬼, 衰窮報盡, 生於世間多爲蛔類. ⑥受氣之鬼, 氣銷報盡, 生於世間多爲食類. ⑦綿幽之鬼, 幽銷報盡, 生於世間多爲服類. ⑧和精之鬼, 和銷報盡, 生於世間多爲應類. ⑨明靈之鬼, 明滅報盡, 生於世間多爲休徵 ⑩一切諸類依人之鬼, 人亡報盡, 生於世間多於循類.

〈지옥〉을 이끈 습인	= 업인	→	과보	=	〈귀〉	→	〈축생〉
2. 탐(貪)의 습	물(物)을 탐		물건에 붙음		괴귀(怪鬼)		① 올빼미 부류
1. 음(婬)의 습	색(色)을 탐		바람		발귀(魃鬼)		② 구징(흉사의 징조)
6. 광(誑)의 습	혹(惑)을 탐		축생, 구미호		매귀(魅鬼)		③ 여우류
4. 진(瞋)의 습	한(恨)을 탐		벌레, 독충		고독귀(蠱毒鬼)		④ 독충류
7. 원(寃)이 습	억(憶)을 탐		쇠(衰), 전염병		여귀(癘鬼)		⑤ 회충류
3. 만(慢)이 습	오(憾)를 탐		기(氣)		아귀(餓鬼)		⑥ 먹잇감류
9. 왕(枉)이 습	망(罔)을 탐		유(幽)		염귀(魘鬼)		⑦ 의복류, 누에 등
8. 견(見)의 습	명(明)을 탐		정(精)		망량귀(魍魎鬼)		⑧ 철새류
5. 사(詐)의 습	성(成)을 탐		명(明)		역사귀(役使鬼)		⑨ 휴징(봉황, 기린 등)
10. 송(訟)의 습	당(黨)을 탐		인(人)		선송귀(傳送鬼)		⑩ 순종 부류(애완류)

　① 괴귀가 붙어 있던 물건이 훼손되거나 무너지면 따라서 괴귀의 수명도 다해 죽게 된다. 그러면 그 괴귀가 올빼미류로 몸을 바꿔 태어난다는 것이다. 올빼미가 흙덩이를 새끼로 삼는다고 여겨 올빼미를 토효(土梟)라고도 하는데, 흙덩이에 귀가 붙었다가 그 것이 올빼미로 태어난다고 보는 것이다. ② 풍발귀는 색을 탐하다가 바람에 붙은 귀인데, 가뭄을 이끌어온다고 한다. 바람이 멸하면 귀도 수명이 다하고 다시 태어나는데, 풍발귀가 가뭄을 끌어오듯이 좋지 않은 불길한 일들의 징조가 되는 구징의 축생으로 태어난다. ③ 남을 속이는 여습으로 축생에 붙어서 남을 미혹하게 하던 매귀는 그 축생이 죽어 거기에 붙었던 귀도 수명이 다하면 다시 여우처럼 남을 홀리는 간사한 축생으로 태어난다고 한다. ④ 남을 미워하고 원망하는 분노의 여습으로 벌레나 독충에 붙었던 한(恨)의 고독귀는 그 벌레가 죽어 귀도 수명이 다하면 다시 축생으로 태어나는데, 남을 해치는 독충이나 뱀이나 전갈류로 태어난다. ⑤ 원통해하는 원(寃)의 여습으로 쇠하는 것들에 붙어 있다가 전염병 등을 일으키던 여귀(癘鬼)는 그러한 쇠함이 다하여 여귀도 수명이 다하면 축생으로 태어나는데, 사람 몸에 기생하며 함께 살아가는 회충류의 기생충으로 태어난다. ⑥ 자만과 인색의 여습으로 기에 붙어 굶주림으로 고통받던 아귀는 기가 쇠하여 아귀도 수명이 다하면 다시 축생으로 태어나는데 다른 중생에게 잡아먹히는 먹잇감으로 태어난다고 한다. ⑦ 남을 속이는 여습으로 어둠에 붙어 있으면서 사람을 가위 눌리게 하는 염귀는 어둠이 쇠하여 염귀의 수명도 다하면 축생으로 태어나는데, 사람의 옷이 될만한 누에 등으로 태어난다고 한다. 사람을 힘들게 한 만큼 사람의 옷이 되어 빚을 갚는다는 것이다. ⑧ 망견의 여습으로 밝게 보는 정령

에 붙어 있는 망량귀는 그 정령과의 화합이 쇠하여 망량귀의 수명도 다하면 다시 축생으로 태어나는데, 밝게 보는 습으로 인해 계절과 이동경로를 밝게 알아 철을 따라 이동하는 철새 등의 부류로 태어난다. ⑨ 남을 속이는 사(詐)의 여습으로 다른 사람의 일을 성사시키기 위해 밝음(주문)에 붙는 역사귀는 그 명이 멸하여 역사귀의 수명도 다하면 축생으로 태어나는데, 상서로운 일을 알리는 봉황이나 기린 등 휴징의 축생이 된다고 한다. ⑩ 남의 죄를 따져 밝히던 송(訟)의 여습으로 무당과 같이 다른 사람에 붙어 있던 전송귀는 그 사람이 죽어 전송귀도 수명이 다하면 사람에 의지하고 주인을 따르는 애완동물로 태어난다고 한다.

> 붓다: 아난이여, 이들은 모두 업화가 말라 숙세의 빚을 갚고자 축생이 된 것입니다. 이들도 모두 자신의 허망한 업에 의해 초래된 것이니, 만약 보리를 깨닫고 보면 이 허망한 인연이 본래 있는 것이 아닙니다. 당신이 말한 보련향 비구니와 유리왕과 선성비구 등의 그러한 악업은 본래 자신들이 일으킨 것이지, 하늘에서 내려온 것도 아니고 땅에서 솟아난 것도 아니며 타인이 부여한 것도 아닙니다. 자신의 허망함에 의해 초래된 것을 다시 자신이 받는 것일 뿐이니, 보리심 가운데 부유하는 빈 망상의 응결일 뿐입니다.
>
> 阿難, 是等皆以業火乾枯, 酬其宿債, 傍爲畜生. 此等亦皆自虛妄業之所招引, 若悟菩提, 則此妄緣本無所有. 如汝所言寶蓮香等及瑠璃王善星比丘, 如是惡業本自發明, 非從天降, 亦非地出, 亦非人與. 自妄所招還自來受, 菩提心中皆爲浮妄虛想凝結.

지옥취, 귀취와 마찬가지로 축생취 또한 모두 전생의 업에 따라 결과된 것으로서 허망한 존재임을 말한다. 업을 따라 전생에 진 빚을 갚고자 특정한 종류의 축생으로 태어난다는 것이다. 그렇게 모두 업에 따른 허망상일 뿐 그 자체로 존재하는 것이 아니다. 그것이 자신의 마음에서 비롯되고 자신의 업에서 비롯된 것임을 깨달아 알면, 본래 마음자리로 돌아가 더 이상 허망상에 이끌리지 않을 수 있다.

지금까지 논한 지옥, 귀, 축생의 3악도에 등장하는 모든 고통스런 삶의 모습은 하늘의 신이 내려준 결과물도 아니고 자연이 인과법칙에 따라 형성해놓은 것도 아니며, 다

른 사람이 강제적으로 덮어씌운 것도 아니다. 그것은 모두 중생 자신의 마음에서 비롯
되고 업에서 비롯된 결과인 것이다. 3악도 전체가 각 중생의 업의 결과로서 중생 마음
바깥의 객관적 실재가 아니라는 것을 다시 한번 더 강조한 말이다. 어떤 취로 태어나
는가, 지옥취인가 귀취인가 축생취인가는 그 중생이 어떤 근을 가진 몸으로 태어나는
가를 말하는데, 그 근 자체가 자신의 업을 따라 형성되기 때문이다.

4) 인취(人趣)

지옥, 귀, 축생의 3악도를 논한 후 이제부터는 인간취를 논하는데, 여기에서도 모든
인간을 다 논하는 것이 아니라 인간 중에서 축생의 빚을 다 갚은 뒤 사람의 몸을 회복
하여 얻은 부류의 인간만을 논한다. 여기에서 논하는 인간 부류에 대한『정맥소』의 설
명이다. "이 취가 온 곳은 성인이 시현한 경우를 제외하면 모든 취에 통하니, 인취는
닦아 나아가는 공통의 길이다. 모든 취가 다 인취에 태어나기를 소원하는 것은 속히
성불하기를 구하기 때문이다. … 인취의 우열에도 한없는 차별이 있다. 부귀하고 자비
롭고 선한 자는 천상과 유사하고, 총명한 자는 신선과 비슷하고, 강폭한 자는 아수라
와 비슷하고, 빈천한 자는 아귀와 비슷하고, 어리석은 자는 축생과 비슷하고, 죄수로
묶인 자는 지옥과 비슷하다. 비슷한 것이 많다면, 온 곳이 많음을 알 수 있다. 지금 인
취도 순서대로 말하였기에 축생으로부터 온 것만을 취해 나머지를 의중에 포함시킨
것이다."[5]

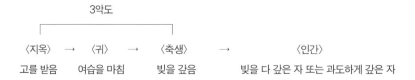

```
                        3악도
           ┌─────────────────────┐
   〈지옥〉  →   〈귀〉   →   〈축생〉      →          〈인간〉
   고를 받음   여습을 마침   빚을 갚음        빚을 다 갚은 자 또는 과도하게 갚은 자
```

축생에서 인간이 되는 것은 자기 과보를 다하였기에, 즉 자기 빚을 다 갚았기에 가
능한 것이다. 또는 축생으로 있으면서 빚을 초과해서 갚은 경우에는 인간으로 태어나
그 빚을 되찾는다고 한다.

5   진감, 『정맥소』, 4권, 271-272쪽.

붓다: 다시 아난이여, 축생(A)이 지난 빚을 갚을 때 만약 갚는 것이 갚아야 할 것을 넘어서면 그 중생은 다시 인간(A)으로 태어나 그 남은 것을 도로 찾게 됩니다. 만약 (더 받은 자인) 그(B)가 힘이 있고 복덕까지 겸비했으면 사람으로서 사람의 몸을 버리지 않고 그 더 받은 것을 도로 갚겠지만, 만약 복이 없는 자라면 다시 축생이 되어 그 나머지를 갚게 됩니다. 아난이여, (A가 축생으로) 돈이나 물건을 이용하거나 혹 힘을 써서 갚으면, (B는) 만족하고 스스로 멈출 줄을 알아야 합니다. 만약 그러는 중에 그 (A의) 목숨을 죽이거나 그 고기를 먹으면, 그렇게 미진겁이 경과해도 (A와 B가) 서로 먹고 서로 죽이게 될 것입니다. 마치 굴러가는 바퀴가 서로 오르고 내리고 하듯이 멈춤이 없을 것이니, 사마타를 닦거나 붓다가 세상에 나오지 않는 한 그칠 수 없을 것입니다.

復次, 阿難, 從是畜生酬償先債, 若彼酬者分越所酬, 此等衆生還復爲人返徵其剩. 如彼有力兼有福德, 則於人中不捨人身酬還彼力, 若無福者, 還爲畜生償彼餘直. 阿難, 當知若用錢物或役其力, 償足自停. 如於中間殺彼身命或食其肉, 如是乃至經微塵劫相食相誅. 猶如轉輪互爲高下無有休息, 除奢摩他及佛出世不可停寢.

	현생	내생
A:	축생으로서 빚 갚되 초과해서 갚음 →	A: 인간으로 태어나 초과분을 되받으려 함
B:	사람으로서 A에게서 더 많이 받음 →	B ┌ 힘(사람 유지)+복덕(부귀) 있는 자: 사람으로서 갚음
		└ 힘없는 자: 축생이 되어 갚음

빚을 진 자(A)가 빚을 갚아야 하는 과보로 축생으로 태어나서 빚진 자(B)에게 빚을 갚되, 갚아야 할 빚보다 과도하게 더 갚으면, B에게 그 초과분을 다시 되받기 위해 A가 사람으로 태어난다는 것이다. 이때 B가 복덕이 있으면 사람으로서 A에게 빚을 갚겠지만, 그런 복덕이 없으면, 이번에는 B가 축생이 되어 A에게 그 초과된 만큼의 빚을 갚게 된다는 것이다. 지옥에서 고통을 받고 귀취로서 습인을 다했어도 업이 남아 있는 한, 중생은 축생이 되어 남아 있는 빚을 마저 다 갚아야 한다. 그렇게 축생(A)으로서 주인에게 빚을 갚을 때, 돈이나 물건을 이용해 빚을 갚는다는 것은 축생이 일을 해서 주인에게 돈이나 물건을 벌어준다는 뜻이고, 힘을 써서 갚는다는 것은 축생이 노동을 해서 주인을 편하게 해준다는 뜻이다. 그럴 경우 축생으로부터 진 빚을 받고 있는 사

람(B)은 딱 그 정도로 그 축생을 통해 돈이나 물건이나 노동력을 받는 데 그쳐야지, 그 축생의 생명까지를 취해서는 안 된다는 것이다. 어느 중생도 생명을 빚지는 것은 아니라는 뜻으로 볼 수 있다. 그렇지 않고 주인(B)이 축생(A)을 죽이거나 고기를 먹거나 하면, 자기가 받을 것보다 더 많은 것을 받아 다시 본인이 A에게 빚을 지는 것이 된다. 그렇게 되면 결국 B가 다시 축생으로 태어나 A에게 그만큼의 초과분의 빚을 되갚아야 한다. 이런 식으로 서로 빚지고 빚 갚는 것이 반복되면, 결국 번갈아 축생으로 태어나게 되고, 또 서로 죽이고 살생당하는 관계, 먹고 먹히는 관계가 반복되게 된다. 그러니 누구든 축생을 과도하게 부리거나 굶기거나 살생하지 말라는 것이다. 축생으로서 지난 빚을 다 갚거나 그보다 더 갚으면, 인간으로 태어난다. 이하에서는 그렇게 태어나는 인간 부류를 10종류로 나눠 설명하는데, 전생에 축생이었다가 현생에 인간으로 태어나는 인간 부류만 논하므로 앞의 축생의 논의와 이어진다.

> 붓다: 당신은 이제 알아야 합니다. <① 완고한 자> 저 올빼미류가 충분히 갚고 형상을 회복하여 인간세계에 태어나면 완고한 부류에 속하게 됩니다. <② 어리석은 자> 저 구징류가 충분히 갚고 형상을 회복하여 인간세계에 태어나면 어리석은 부류에 속하게 됩니다. <③ 심슬궂은 자> 저 여우류가 충분히 갚고 형상을 회복하여 인간세계에 태어나면 심슬궂은 부류에 속하게 됩니다. <④ 용렬한 자> 저 독 있는 류가 충분히 갚고 형상을 회복하여 인간세계에 태어나면 용렬한 부류에 속하게 됩니다. <⑤ 미천한 자> 저 회충의 류가 충분히 갚고 형상을 회복하여 인간세계에 태어나면 미천한 부류에 속하게 됩니다. <⑥ 유약한 자> 먹잇감류가 충분히 갚고 형상을 회복하여 인간세계에 태어나면 유약한 부류에 속하게 됩니다. <⑦ 일하는 자> 의복류가 충분히 갚고 형상을 회복하여 인간세계에 태어나면 노동하는 부류에 속하게 됩니다. <⑧ 글하는 자> (때에) 응하는 류(철새)가 충분히 갚고 형상을 회복하여 인간세계에 태어나면 글을 아는 부류에 속하게 됩니다. <⑨ 총명한 자> 휴징류가 충분히 갚고 형상을 회복하여 인간세계에 태어나면 총명한 부류에 속하게 됩니다. <⑩ 통달한 자> 따르는 류가 충분히 갚고 형상을 회복하여 인간세계에 태어나면 통달하는 부류에 속하게 됩니다.

①汝今應知彼梟倫者酬足復形生人道中,參合頑類.②彼咎徵者酬足復形生人道中,參合愚類.③彼狐倫者酬足復形生人道中,參於很類.④彼毒倫者酬足復形生人道中,參合庸類.⑤彼蛔倫者酬足復形生人道中,參合微類.⑥彼食倫者酬足復形生人道中,參合柔類.⑦彼服倫者酬足復形生人道中,參合勞類.⑧彼應倫者酬足復形生人道中,參於文類.⑨彼休徵者酬足復形生人道中,參合明類.⑩彼諸循倫酬足復形生人道中,參於達類.

〈지옥〉을 이끈 습인 = 업인		→ 과보 =	〈귀〉	→	〈축생〉	→	〈인간〉
고를 받음			여습을 다함		빚을 갚음		
2. 탐(貪)의 습	물(物)을 탐	물건에 붙음	괴귀(怪鬼)		올빼미류		① 완고한 자
1. 음(婬)의 습	색(色)	바람	발귀(魃鬼)		구징(흉사)류		② 어리석은 자
6. 광(誑)의 습	혹(惑)	축생	매귀(魅鬼)		여우류		③ 심술궂은 자
4. 진(瞋)의 습	한(恨)	벌레	고독귀(蠱毒鬼)		독충류		④ 용렬한 자
7. 원(冤)의 습	억(憶)	쇠(衰)	여귀(癘鬼)		회충류		⑤ 미천한 자
3. 만(慢)의 습	오(傲)	기(氣)	아귀(餓鬼)		먹잇감류		⑥ 유약한 자
9. 왕(枉)의 습	망(罔)	유(幽)	염귀(魘鬼)		의복류		⑦ 노동하는 자
8. 견(見)의 습	명(明)	정(精)	망량귀(魍魎鬼)		철새류		⑧ 문자 아는 자
5. 사(詐)의 습	성(成)	명(明)	역사귀(役使鬼)		휴징(길조)류		⑨ 총명한 자
10. 송(訟)의 습	당(黨)	인(人)	전송귀(傳送鬼)		애완류		⑩ 통달한 자

① 완고할 완(頑)은 어리석고 고집 세다는 뜻이다. 올빼미는 흙덩이를 새끼로 알고 키우며 결국 자식이 부모를 잡아먹기에 여습이 완고하고 어리석다. 그런 올빼미류의 축생이 자신의 빚을 다 갚으면 인간으로서도 완고한 자로 태어난다고 한다. ② 구징은 흉허물을 알리는 것이다. 『정맥소』에서 "가뭄이 들 때 정수리에 입과 눈을 가진 채 태어난 어린애와 몸이 정상과 다른 괴이한 부류가 모두 이들이다"[6]라고 한 것을 보면, 장애를 갖고 태어난 인간을 재앙의 조짐이라고 보며 폄하하는 것 같다. 장애인에 대한 이러한 평가는 시대적 한계를 반영한 것이라고 본다. ③ 여우류로 있던 축생이 보를 다하면 인간이 될 때 남의 말을 잘 안 듣고 많이 다투는 심술궂은 흔(很)의 부류에 속

---

6 진감, 『정맥소』, 4권, 279쪽.

하게 된다는 것이다. 『계환해』는 "여우는 축성으로 스스로 고집만 따르기 때문에 사나워서 거느릴 수가 없다"[7]고 한다. 반면 『정맥소』는 원문에서 ③의 흔(很)과 ④의 용(庸)이 바뀐 것으로 판단하고 둘을 바꿔서 풀이하였다. 즉 여우가 용렬한 부류가 되고, 독충이 사나운 부류로 태어난다는 것이다.[8] 사나운 독충류의 축생이 사나운 인간으로 태어난다는 설명이 더 설득력이 있어 보인다. ④ 독이 있는 무리였던 축생이 인간으로 태어나면 용렬한 부류가 된다고 한다. 『계환해』는 "독은 독벌레로서 스스로 혼미하기에 용렬하고 더럽고 민첩하지 못하다"[9]고 설명하지만, 『정맥소』는 원문을 바꿔서 독 있는 류의 축생이 표독하고 무자비한 인간으로 태어난다고 말한다. ⑤ 남의 몸에 기생해서 사는 축생인 회충류는 인간으로 태어나도 떳떳하지 못하고 미천한 부류의 인간으로 태어난다고 한다. ⑥ 축생으로도 먹잇감이었던 자는 인간으로 태어날 때도 유약한 부류에 속한다. 유약하여 자립하지 못하고 남에게 의존적인 자를 말한다. ⑦ 염귀에서 누에나 우마의 축생이 되었다가 다시 사람이 될 때는 노동하는 부류로 태어나게 된다고 한다. ⑧ 철새처럼 계절의 변화를 알아 움직이는 축생은 인간으로 태어날 때 글을 아는 부류의 인간으로 태어난다. 여기서는 삿된 견해를 피력하는 작은 글재주를 말하지 진리를 논하는 뛰어난 인재를 말하는 것은 아니다. ⑨ 주문의 힘에 의지하여 일을 이룸에 붙어 있던 역사귀가 봉황과 같은 길조를 알리는 휴징류로 있다가 인간으로 태어날 때는 세간 일들을 잘 분별하여 밝히는 총명한 무리로 태어난다. 물론 세간적 일들을 잘 분별한다는 것이지 지혜로움은 아니다. ⑩ 애완동물처럼 인간을 따르던 축생은 오랫동안 인간을 의지하였기에 사람으로 태어날 때 인간 세계의 여러 가지 일들에 통달한 부류가 된다고 한다.

붓다: 아난이여, 이들은 모두 숙세의 빚을 다 갚고 인간의 형상을 회복하였지만, 모두 무시이래로 업에 얽혀 전도되어서 서로 낳고 서로 죽이며 여래를 만나지 못하거나 정법을 듣지 못하여 피로와 먼지 속에서 (인연)법을 따라 윤회하는

---

7   일귀 역, 『수능엄경』, 638쪽, 주132.
8   진감, 『정맥소』, 4권, 280쪽 참조.
9   일귀 역, 『수능엄경』, 639쪽, 주133.

자들입니다. 이러한 무리를 가련한 자라고 부릅니다.

阿難, 是等皆以宿債畢酬復形人道, 皆無始來業計顚倒, 相生相殺, 不遇如來, 不
聞正法, 於塵勞中法爾輪轉. 此輩名爲可憐愍者.

지금까지 논한 10가지 부류의 인간은 인간 전체를 논한 것이 아니고 축생으로서 과
도하게 빚을 갚았기에 인간으로서 그 잉여분을 되찾을 기회를 얻게끔 인간계에 태어난
자들이다. 그러므로 이전의 축생의 습과 행태가 비슷하게 남아 있는 부분이 있으며, 결
국 업으로 인해 다른 중생과 얽힌 관계를 벗어나지 못하므로 '가련한 자'라고 한다.

5) 선취(仙趣)

지금까지 지옥, 귀, 축생을 지나 인간까지는 10습과 빚으로 인해 서로 이어지는 관
계를 밝혔지만, 선취 이상은 10습과 무관한 존재이다. 업이나 습으로 얽혀 현생에 머
무르고자 하는 정(情)보다는 현재 처한 취를 벗어나고자 하는 상(想)이 더 많은 존재
이다. 여기에서 논하는 선취는 불교의 소위 6도 윤회에서는 배제되고 다뤄지지 않는
다. 신선이 독특하다고 해도 결국 인간이므로 별도의 취로 취급하지 않은 것이다. 신
선은 흔히 도교에서 추구하는 존재이다. 『정맥소』에서도 이 점을 지적한다. "이 지방
(중국)의 선도는 유도와 원류가 같고, 노장은 모두 유교의 태상청정(太上淸淨)인데,
신선을 배우는 자가 견강부회한 것이다. 장마와 구유 등의 방술을 자세히 보면 모두
대략 노자를 조상으로 하고 태극과 건곤감리설을 매우 숭상하니, 그 연원은 『주역』이
다. 역시 장생불사에 뜻을 둘 뿐이다."[10] 이렇게 보면 『능엄경』이 6취 대신 선취를 더하
여 7취를 논하는 것은 이 경이 중국에서 쓰여졌음을 방증하는 것이 아닌가라는 의심을
가능하게 한다. 『정맥소』도 이 점을 의식하면서, 단호하게 그렇지 않다고 말한다. "서
천의 상고시대 외도가 마혜수라천을 숭배하여 교주로 삼았더니, 붓다가 출세하자 일
체지인(一切智人)이라 일컬었다. 근기를 따라 방편을 수립하여 인승(人乘)도 나열했
는데, 어찌 선도가 없었겠는가. 또 관음보살이 선승(仙乘)의 교주라는 소리도 들었

---

10   진감, 『정맥소』, 4권, 286–287쪽.

다."[11] 인도에서도 선취가 인정되고 논의되었다는 것이다. 세친의 유식논서『유식이십론』도 게송19 전후로 아련야 선인(仙人) 등 몇몇 성선(聖仙)의 분노를 언급하고 있다. 그러니 인도에서도 선(仙)의 존재를 인정하고 있었음을 알 수 있고, 따라서 인도에서 이미 7취를 논했을 수도 있다. 그런데 이하 선취의 내용을 보면 대부분 도교의 수련과 일치한다. 이렇게 보면『능엄경』자체는 중국에서 저술된 것이 아니지만, 번역하면서 이 부분만 새로 끼워 넣은 것일 수도 있겠다.

> 붓다: 아난이여, 또 사람으로서 정각(正覺)에 의거하여 삼매를 닦지 않고 따로 망념을 닦아서 생각을 보존하고 형을 견고히 하여 사람이 미치지 않는 산림을 노니는 10선인의 부류가 있습니다.
> 阿難, 復有從人不依正覺修三摩地, 別修妄念, 存想固形, 遊於山林人不及處有十仙種.

〈불교〉   〈신선교/도교〉
정각에 의지, 삼매를 닦음 ↔ 망념을 닦음: 생각을 보존, 몸을 견고히
= 본각진심 = 수능엄정

　수행을 하려면 망념을 떠나 정각 내지 본각에 의지해야 할 텐데, 그렇지 않고 오히려 망념을 따르고 몸을 견고히 하여 결국 죽지 않고 오래 살고자 하는 존재가 바로 신선이다. 신선류의 수행이 어떤 의미에서 '정각(正覺)에 의거한 삼매 닦음'이 아닌지를 『정맥소』는 불교에 대한 도교의 오래된 비판을 끌어와서 반박하며 논한다. "〈문〉 신선을 닦는 자가 '석교는 성(性)은 닦으나 명(命)을 닦지 않아서 만겁에 음령(陰靈)이 성위에 들어가기 어렵다'고 망언을 하니, 이 말에 미혹한 자가 매우 많다. 이에 대해 변론하여 깊은 미혹을 깨닫게 해주었으면 한다. 〈답〉 그들이 말하는 성과 명은 둘 다 참되지 않다. 대개 몸 안의 신혼(神魂)을 성(性)이라고 하고, 몸 안의 기가 맺힌 명근을 명(命)이라고 한다. 따라서 '성만 닦는 자는 음혼귀신이 되어서 장생의 몸은 없으며, 명

11　진감,『정맥소』, 4권, 286쪽.

까지 겸하여 닦는 자라야 비로소 정묘한 장생의 몸을 얻는다'고 하여 몸과 정신이 모두 묘하다고 자랑한다. 그러나 붓다께서 설하신 성은 사람마다 본래 가지고 있는 진여성해(眞如性海)여서 한량없는 천지와 한량없는 만물의 본체임을 어찌 알겠는가. 이 성을 증득한 이가 어찌 한량없는 묘신만을 나타낼 뿐이겠는가, 무량한 천지와 만물도 나타내며, 나타낸 것이 어찌 백천만세에만 머물겠는가, 진사호겁 동안도 머물게 된다."[12] 도교의 성과 불교의 성을 구분하면서 진여성에 기반한 불교의 수행만이 정각(正覺)에 의거한 삼매일 수 있음을 강조한 것이다. 이하는 그런 신선을 10가지 부류로 구분한다.

붓다: <① 지행선(地行仙)> 아난이여, 저 중생들이 견고하게 약을 먹으며 쉬지 않아 식도(食道)가 원만하게 성취되면 '지행선'이라고 합니다. <② 비행선(飛行仙)> 견고하게 초목을 먹으며 쉬지 않아 약도(藥道)가 원만하게 성취되면 '비행선'이라고 합니다. <③ 유행선(遊行仙)> 견고하게 금석을 먹으며 쉬지 않아 변화의 도가 원만하게 성취되면 '유행선'이라고 합니다. <④ 공행선(空行仙)> 견고하게 움직임과 그침을 유지하며 쉬지 않아 기(氣)와 정(精)이 원만하게 성취되면 '공행선'이라고 합니다. <⑤ 천행선(天行仙)> 견고하게 진액을 먹으며 쉬지 않아 윤택한 덕이 원만하게 성취되면 '천행선'이라고 합니다. <⑥ 통행선(通行仙)> 견고하게 정기의 색을 유지하며 쉬지 않아 흡수가 원만하게 성취되면 '통행선'이라고 합니다. <⑦ 도행선(道行仙)> 견고하게 주문과 금함을 갖고 쉬지 않아 술법이 원만하게 성취되면 '도행선'이라고 합니다. <⑧ 조행선(照行仙)> 견고하게 사념을 유지하고 쉬지 않아 생각과 기억이 원만하게 성취되면 '조행선'이라고 합니다. <⑨ 정행선(精行仙)> 견고하게 교구를 유지하며 쉬지 않아 감응이 원만하게 성취되면 '정행선'이라고 합니다. <⑩ 절행선(絕行仙)> 견고하게 변화를 유지하며 쉬지 않아 각오가 원만하게 성취되면 '절행선'이라고 합니다.

① 阿難, 彼諸衆生堅固服餌而不休息, 食道圓成名地行仙. ② 堅固草木而不休息, 藥道圓成名飛行仙. ③ 堅固金石而不休息, 化道圓成名遊行仙. ④ 堅固動止而

不休息, 氣精圓成名空行仙. ⑤ 堅固津液而不休息, 潤德圓成名天行仙. ⑥ 堅固精色而不休息, 吸粹圓成名通行仙. ⑦ 堅固呪禁而不休息, 術法圓成名道行仙. ⑧ 堅固思念而不休息, 思憶圓成名照行仙. ⑨ 堅固交遘而不休息, 感應圓成名精行仙. ⑩ 堅固變化而不休息, 覺悟圓成名絕行仙.

10선(仙):

① 지행선(地行仙): 약(불로 달군 환) 먹음/익혀 먹음	식도 완성	땅 위 걸음	
② 비행선(飛行仙): 초목(자초, 창포 등) 먹음/날것	약도 완성	가까이 낢	외단
③ 유행선(遊行仙): 금석(납, 수은 등 단사丹砂) 먹음	화도 완성	멀리 낢	
④ 공행선(空行仙): 동(動)과 지(止): 정기신 단련	기정 완성	허공을 낢	내단
⑤ 천행선(天行仙): 진액 : 수승화강	윤덕 완성	천상을 낢	
⑥ 통행선(通行仙): 정색(精色) 취함: 이슬 먹기	흡수 완성	정신이 흘러 조화와 통	
⑦ 도행선(道行仙): 주문과 금함: 주문 지님	술법 완성	세간 구제의 도심 있음	
⑧ 조행선(照行仙): 사념 지속: 신을 출신, 단을 단련	사억 완성		
⑨ 정행선(精行仙): 교구 지속: 감(坎)과 이(離)의 교구	감응 완성		
⑩ 절행선(絕行仙): 변화 지속	각오 완성		

  ① 약을 먹어서 불로장생하려는 자를 땅을 걸어다니는 신선이란 의미에서 '지행선'이라고 부른다. 먹이 이(餌)는 신선들이 불로 굽고 단련하여 만들어 먹는 약이다. ② 몸이 건강해지고 가벼워지는 풀과 나무를 꾸준히 먹어서 몸이 개운하고 가벼워지면 마치 나는 듯이 활보할 수 있는 신선이 된다고 한다. 이런 신선을 나는 듯 다닌다는 의미에서 '비행선'이라고 한다. ③ 금석은 납과 수은 등을 끓여 단사(丹砂), 주사(朱砂)로 단련한 것이다. '변화'는 일반의 몸을 변화시켜서 가벼운 몸으로 만드는 것이다. 비행선보다 더 멀리 날아다니기에 '유행선'이라고 한다. ④ 정(精)과 기(氣)를 잘 단련하여 신선이 되면 허공을 날아다니게 되니, 이를 '공행선'이라고 한다. 이는 도교의 수행인 내단에서의 수행과 같다. 내적 단학에서는 '정을 단련하여 기로 변환함'을 '연정화기(鍊精化氣)'라고 하고, 기를 단련하여 신으로 변환함을 '연기화신(鍊氣化神)'이라고 하며, 신을 단련하여 허에 돌아감을 '연신환허(鍊神還虛)'라고 한다. ⑤ 단전호흡을 하면서 입에 나오는 침을 진액이라고 한다. 이 진액을 삼키기를 계속하여 윤택한 덕을 완성하면 '천행선'이 된다. 허공을 다니는 공행을 넘어 천상에 이르므로 천행이라고 한

다. 천행선에 이르는 수행을 수승화강(水昇火降)으로 설명하는데, 신체 안에서 차가운 수기(水氣)를 몸 뒤쪽의 독맥(督脈)을 따라 위로 올리고, 따뜻한 화기(火氣)를 몸 앞쪽의 임맥(任脈)을 따라 아래로 내리는 것이 수승화강이다. ⑥ 자연으로부터 꾸준히 정기를 취해서 정기의 몸을 유지하면 일체 자연과 자유롭게 통하는 신선인 '통행선'이 된다. 음식이나 호흡을 통해 마시는 기를 정기(精氣)라고 한다.[13] ⑦ 주문이 적힌 부적 등의 물건을 갖고 중생을 지키는 일을 하는 신선을 도심을 가진 신선 또는 도를 행하는 신선이란 의미에서 '도행선'이라고 한다. ⑧ 사념을 확고하게 하여 생각과 기억을 원만하게 하는 신선을 '비추는 행'을 하는 '조행선'이라고 한다. ⑨ 교구(交遘)는 감(坎, ☵)과 리(離, ☲)의 관계 맺음이다. 수기와 화기의 기운을 잘 조절하여 본연의 상태를 회복하는 신선을 '정행선'이라고 한다. 감괘와 리괘의 교구에 대해서는 두 가지 해석이 가능하다. 1. 감을 수의 기운, 리를 화의 기운으로 간주하고, 교구를 수승화강의 활동을 통해 둘을 만나게 함으로써 감과 리의 가운데 효를 바꾸어 순양의 건괘, 즉 양신(陽神)을 산출하는 것으로 본다. 2. 감을 중남(차남), 리를 중녀(차녀)로 간주하고, 교구를 감을 취해 리를 채우는 성적 교접으로 보는 것이다. 순수 수행으로 보면 전자가 맞지만, 도교가 방생술로도 읽힌 것을 보면 후자의 의미도 배제할 수 없는 것 같다. 『정맥소』는 정행선을 후자로 간주하면서, 불교와는 완전히 다른 사교라고 비판한다. ⑩ 꾸준히 변화해가면서 깨달음을 완성해가는 신선을 '절행선'이라고 한다. 여기에서의 신선의 각오는 도교적 각오로서 불교의 깨달음과는 구분되어야 한다. 이상 ① 지행선에서 ⑤ 천행선까지에서의 행(行)은 다닌다는 의미의 행이고, ⑥ 통행선부터 ⑩ 절행선까지에서의 행은 공부로 얻어진 덕행인 공행(功行)의 의미의 행이다.

붓다: 아난이여, 이들은 모두 사람 중에서 마음을 단련하되 정각(正覺)을 닦지는 않고 따로 생의 이치를 얻어 천만세를 누리면서 깊은 산이나 큰 바다의 섬 같이 인적이 없는 곳에서 삽니다. 이도 또한 윤회이어서 망상이 유전합니다. 삼매

---

[13] 일반적으로 기(氣)는 다음과 같이 구분된다.
  1. 원기(元氣): 태어나면서 받은 기
  2. 정기(精氣): 음식이나 호흡으로 얻는 기
  3. 진기(眞氣): 수행으로 얻는 기

를 닦지 않으므로 과보가 다하면 다시 돌아와 온갖 취에 흩어져 들어가게 됩니다.

　阿難, 是等皆於人中, 錬心不循正覺, 別得生理壽千萬歲, 休止深山或大海島絕
於人境. 斯亦輪廻妄想流轉. 不修三昧, 報盡還來, 散入諸趣.

　신선은 이런저런 수련방식을 통해 좀 더 긴 수명을 누리면서 인간세계와 떨어진 곳
에서 여유롭게 생활하지만 불교가 말하는 바른 수행을 닦지 않고 바른 깨달음을 얻지
못하기에 윤회를 벗어나지 못한다. 그러므로 결국 6도로 다시 돌아오게 된다.

능엄경 제9권

6) 천: 욕계 6천 · 색계 18천 · 무색계 4천

　지금까지 지옥·귀·축생의 3악도와 인간 그리고 신선을 논하였다면, 이하에서는 천
을 논하고, 그다음에 수라를 논한다. 지옥과 마찬가지로 천도 중생이 머무는 공간 내
지 세계를 뜻하는 것이 아니라 중생 취를 칭하는 것이다. 선(仙)과 천(天)이 비슷해 보
일 수 있지만, 선은 인간에 속하는 존재로서 인간의 몸을 떠나기를 싫어하여 인간의
몸으로 불로장생하기를 희망하는 자이고, 천은 이미 인간의 몸을 갖고 있는 자가 아니
다. 선은 주로 봉래산, 곤륜산 등 산에 머물지만, 천은 수미산 중턱의 천상이나 그 너
머의 천상에 머무는 차이가 있다. 이하에서는 욕계 6천과 색계 4천 그리고 무색계 4공
천을 차례대로 논한다.

(1) 욕계 6욕천(欲天): 10선(善)을 닦은 과보
(2) 색계 4선천(禪天): 10선(善) + 4선(禪)을 닦은 과보
(3) 무색계 4공천(空天): 4무색정(無色定)을 닦은 과보

(1) 욕계 6천

　욕계는 중생의 욕망인 식욕과 수면욕과 음욕이 남아 있는 세계이다. 이 욕망 중 중

생을 6도 윤회하게 하는 근본 욕망은 바로 음욕이며, 음욕의 정도에 따라 6욕천이 서로 구분된다.

6욕천: 수미산 허리에 1천, 수미산 정상에 1천, 허공에 4천

　　식욕·수면욕·음욕을 가지며, 음욕 내지 음념을 기준으로 6천이 구분됨

붓다: <① 4천왕천(四天王天)/4대왕중천> 아난이여, 세간 사람들이 상주를 구하지 않으며 처첩의 은애를 버리지 못해도 삿된 음(婬)에 마음을 유실하지 않아 맑고 밝게 빛을 내면, 목숨이 다한 후 해와 달에 이웃하게 되니, 이와 같은 부류를 '4천왕천'이라고 합니다. <② 도리천(忉利天)/33천> 처에 대해서도 음애가 미미하고 청정하게 머물러 온전한 맛을 얻지 않으면, 목숨이 다한 후 해와 달의 밝음을 초월하여 인간의 정상에 거하니, 이와 같은 부류를 '도리천'이라고 합니다. <③ 수염마천(須焰摩天)/야마천> 음욕대상을 만나면 잠시 교제할 뿐 지나가면 기억하는 생각이 없어 인간세계에 비해 움직임이 적고 고요함이 많으면, 목숨이 다한 후 허공중에 밝게 안주하여 해와 달의 광명이 그곳까지 위로 비춰오지 못해도 그들 자신에게 광명이 있으니, 이와 같은 부류를 '수염마천'이라고 합니다. <④ 도솔타천(兜率陀天)/도사다천/지족천> 일체 시에 고요하다가 촉감이 오면 응하여 거절하지 못하면, 목숨이 다한 후 정미한 곳으로 상승하여 하계의 인간이나 천의 경계와 접하지 않고 괴겁에도 3재가 미치지 못하니, 이와 같은 부류를 '도솔타천'이라고 합니다. <⑤ 락변화천(樂變化天)/화락천> 본인은 음욕의 마음이 없으나 상대에 응해서 음행을 하게 되어 진행돼도 맛이 밀랍을 씹는 것과 같으면, 목숨이 다한 후 변화를 초월한 곳에 태어나니, 이와 같은 부류를 '낙변화천'이라고 합니다. <⑥ 타화자재천(他化自在天)/마천> 세간에 마음이 없어도 세간의 일을 함께하며 일을 함에도 확실하게 초월하면, 목숨이 다한 후 '변화가 있고 없는 경지'를 두루 초월하니, 이와 같은 부류를 '타화자재천'이라고 합니다.

① 阿難, 諸世間人不求常住, 未能捨諸妻妾恩愛, 於邪婬中心不流逸, 澄瑩生明, 命終之後隣於日月, 如是一類名四天王天. ② 於己妻房婬愛微薄, 於淨居時不得全味, 命終之後超日月明, 居人間頂, 如是一類名忉利天. ③ 逢欲暫交, 去無思憶,

於人間世動少靜多, 命終之後於虛空中朗然安住, 日月光明上照不及, 是諸人等自有光明, 如是一類名須焰摩天 ④ 一切時靜, 有應觸來未能違戾, 命終之後上昇精微, 不接下界諸人天境, 乃至劫壞三災不及, 如是一類名兜率陀天 ⑤ 我無欲心應汝行事, 於橫陳時味如嚼蠟, 命終之後生越化地, 如是一類名樂變化天 ⑥ 無世間心同世行事, 於行事交了然超越, 命終之後遍能出超化無化境, 如是一類名他化自在天

① 4천왕천/4대왕중천: 수미산 허리에 거주(지거천). 일월과 나란. 처첩과 교접 ⎤ 형교(形交)
② 도리천/33천: 수미산 정상에 거주(지거천). 처와만 교접, 음애가 단박함 ⎦
③ 수염마천/야마천: 허공에 거주(공거천). 욕경계 만나면 교제, 청정한 맛 — 재포(纔抱)
④ 도솔타천/도사다천: 음욕 없음, 경계 거절 못 함, 괴겁에도 3재 못 미침 — 집수(執手)
⑤ 낙변화천/화락천: 스스로 변화를 만들어 즐김. 교접 시 맛 없음 — 상향소(相向笑)
⑥ 타화자재천/마천: 타의 변화를 자재하게 수용, 화(제5천)와 무화(1-4천)를 초월 — 상시(相視)

① 음욕을 완전히 없애지는 못하고 세간의 락과만을 바랄 뿐 출세간의 상주법을 구하지 않는 사람이 죽으면 욕계천의 4천왕천이 된다. 음욕이 있어도 사음에 빠지지 않는다는 것은 처첩과만 관계한다는 것이다. 4천왕천은 수미산 허리 동서남북에 각각 한 왕씩 거주하니, 동쪽에 지국천왕(持國天王), 서쪽에 광목천왕(廣目天王), 남쪽에 증장천왕(增長天王), 북쪽에 다문천왕(多聞天王)이 있다. 이 4천왕은 도리천의 왕인 제석천을 섬긴다. ② 자신의 처에 대해서도 그다지 음욕을 느끼거나 음행을 즐기지 않고 청정하게 머무르면, 죽어서 도리천이 된다. 도리천은 사천왕천보다 좀 더 높은 곳인 수미산 정상에, 해와 달을 넘어선 곳에 거주한다. 모두 33천으로, 수미산 동서남북에 각각 8천씩 거해서 모두 32천이고, 그 중앙에 그들 32천을 통솔하는 천이 바로 제석천왕이다. 제석천왕의 다른 이름이 석제환인이며, 우리나라 「단군신화」에 나오는 환웅의 아버지 '환인(桓因)'이란 이름과 같다. 도리천이 있는 그곳에는 그곳에서 쫓아낸 귀신 및 아수라로부터 그곳을 보호하기 위해 세워진 사리탑과 법당도 있다고 한다. ③ 음심을 일으키는 대상을 만나면 잠시 교제할 뿐이고 돌아서면 연연해하지 않아 흔들림 없이 고요한 삶을 살면, 죽어서 수염마천이 된다. 수염마천은 햇빛과 달빛이 미치지 못하는 높은 허공중에 거하는 공거천이다. ④ 평상시에 음심 없이 고요한 마음을 유지하다가 혹 부딪쳐오는 대상이 있으면 거절하지 못하고 응하는 사람은 죽으면 도솔타천이 된다. 도솔타천은 인간이나 그 아래의 욕계천이 근접하여 알지 못하는 정미한 존재이며,

그곳에는 내원과 외원이 있는데, 내원궁은 성인이 사는 곳으로 정미하여 괴겁에도 화재·수재·풍재의 3재를 벗어나 있다고 한다. ⑤ 음심이 전혀 없으므로 상대에 응하여 교제한다고 해도 그 맛을 전혀 느끼지 못하는 사람은 목숨이 다하면 낙변화천이 된다. 낙변화천은 일체를 넘어서 자유롭게 변화하는 곳에 거주하며, 스스로 변화를 만들어내어 즐기므로 낙변화천이라고도 부른다. 다만 스스로 변화한 것에 마음이 매어 있는 한계가 있다고 한다. ⑥ 세상일에 마음을 두지 않으면서도 세간의 일에 함께하고 상대와 교제한다고 해도 마음이 이미 일체를 초월해 있는 사람은 죽으면 타화자재천이 된다. 타화자재천은 변화 있음과 변화 없음 둘 다를 모두 초월한 자이다. 그중 타화자재천왕은 욕계 최상의 천왕으로서 일체 욕계 중생의 욕망적 락(樂)을 즐기는 마왕(魔王)이다.

> 붓다: 아난이여, 이와 같은 6천은 몸은 비록 움직임을 넘어서지만 마음의 자취에는 아직 교제가 있으니, 여기까지를 '욕계'라고 합니다.
> 阿難,如是六天形雖出動,心跡尙交,自此已還名爲欲界.

이상의 욕계6천은 마음에 아직 음욕이 남아 있으므로 욕계에 속하는 천이다. 마음에 이성에 대한 애욕이 남아 있기에 '욕계천'이라고 불린다.

(2) 색계 18천

선정을 닦음으로써 몸으로든 마음으로든 또는 마음의 자취로든 음욕을 완전히 떠나면 죽어서 욕계를 떠나 색계에 머무르는 색계 선천(禪天)이 된다. 색계는 욕(欲)은 떠나되 아직 색으로 된 몸은 남아 있는 세계이다. 색계천은 선의 단계에 따라 4가지 선으로 나뉘는데, 미리 정리하면 다음과 같다.

a. 초선 3천(① 범중천 · ② 범보천 · ③ 대범천): 심사 있음, 계(戒)와 함께 계덕이 수승 - 심사: 불에 감응
　　　　이생희락지(욕을 떠남에서 생기는 희락)
b. 제2선 3천(④ 소광천 · ⑤ 무량광천 · ⑥ 광음천): 희(喜)와 함께 광명이 뛰어남　　　 - 희락: 물에 감응
　　　　정생희락지(정에서 생기는 희락) - 탐진치 조복. 예류과(수다원)
c. 제3선 3천(⑦ 소정천 · ⑧ 무량정천 · ⑨ 변정천): 락(樂)과 함께 정락이 뛰어남　　　 - 출입식: 풍에 감응

이희묘락지(희를 떠난 묘락) - 계금취 유신견 벗음. 일래과(사다함)
d. 제4선 9천(범부천3천＋외도1천＋불환천5천) : 사(捨, 평정)와 념(念, 사띠)을 갖춤
　　　사념청정지(사와 념을 갖춘 청정) - 색애를 벗음. 불환과(아나함)
┌ 범부천 3천(⑩ 복생천 · ⑪ 복애천 · ⑫ 광과천): 복덕이 뛰어남　　　 - 3재(災)에 부동 ∴ 부동지
│ 외도 1천(⑬ 무상천): 사(捨)의 정(무상정)이 뛰어남
└ 불환천 5천(⑭ 무번천 · ⑮ 무열천 · ⑯ 선견천 · ⑰ 선현천 · ⑱ 색구경천)

a. 초선의 3천: 〈이생희락지〉 욕을 떠남에서 생기는 희락

초선의 3천은 계덕이 수승한 단계이다. 계에 의거해서 선정과 지혜가 일어나므로 참된 정혜가 아니다. 참된 정은 제2선부터 시작된다.

> 붓다: <① 범중천(梵衆天)> 아난이여, 세간에서 일체 마음을 닦는 사람이 선나에 의지하지 않아 지혜가 없어도 다만 몸을 지켜서 음욕을 행하지 않고 걷든 앉든 상(想)과 념(念)이 모두 없어져 애염이 일어나지 않아 욕계에 머물지 않으면, 이 사람은 즉시 몸이 범천의 백성이 되니, 이와 같은 부류를 '범중천'이라고 합니다. <② 범보천(梵輔天)> 음욕의 습이 없어지고 욕을 떠난 마음이 나타나서 모든 율의를 좋아하고 수순하면, 이 사람은 즉시 범천의 덕을 행하니, 이와 같은 부류를 '범보천'이라고 합니다. <③ 대범천(大梵天)/범천> 몸과 마음이 신묘하고 원만하여 위의에 결함이 없고 청정한 금계에 밝은 깨달음이 더하지면, 이 사람은 즉시 범중을 통솔하여 대범왕이 되니, 이와 같은 부류를 '대범천'이라고 합니다. 아난이여, 이 수승한 세 부류는 일체 고뇌에 의해 핍박받을 수 없으니, 비록 참다운 삼마지를 바르게 닦는 것은 아니지만 청정심 안에서 일체 번뇌가 일어나지 않으므로 초선이라고 합니다.
>
> ① 阿難, 世間一切所修心人, 不假禪那無有智慧, 但能執身不行婬慾, 若行若坐想念俱無, 愛染不生無留欲界, 是人應念身爲梵侶, 如是一類名梵衆天. ② 欲習旣除離欲心現, 於諸律儀愛樂隨順, 是人應時能行梵德, 如是一類名梵輔天. ③ 身心妙圓, 威儀不缺, 淸淨禁戒加以明悟, 是人應時能統梵衆爲大梵王, 如是一類名大梵天. 阿難, 此三勝流一切苦惱所不能逼, 雖非正修眞三摩地, 淸淨心中諸漏不動名爲初禪.

① 범중천(梵衆天): 몸으로 음욕 행하지 않음(계)   → 범려, 범민(凡民)
② 범보천(梵輔天): 마음으로 음욕 없이 율의 수순(계) → 범천의 덕을 행함 = 천신(天臣)
③ 대범천(大梵天): 심신이 묘원(계), 명오(明悟) 더함 → 범중을 통솔: 대범왕 = 범천/천왕

① 음행을 하지 않도록 몸을 청정하게 지키면서 사랑의 번뇌가 일어나지 않게끔 애
쓰는 사람은 욕계를 떠나 색계에 이르러 범중천이 된다. 아직 선정을 통해 지혜에 이
른 것은 아니지만 음욕을 따르지 않기에 청정한 색계에서 범천의 백성인 범려가 된다.
② 음행을 하지 않음으로써 음욕의 습을 없애면 비로소 '욕을 떠난 마음'이 현현한다.
욕을 떠난 마음은 욕이 없으므로 율의를 좋아하고 편안하게 수순하게 된다. 이 단계는
계를 지킴에서 한 단계 더 나아가 계를 따름을 좋아하고 저절로 수순하게 되는 단계이
다. 이것을 마음이 정(定)을 유지함이라고 볼 수 있지만, 이때의 정은 계를 따름에서
오는 정이지, 무루의 삼마지는 아직 아니다. 이 단계의 중생을 '범보천'이라고 한다. 몸
으로 계를 지켜 음욕을 행하지 않으면 범중천이 되고, 음욕을 떠난 마음으로 계를 좋
아하고 수순하면 범보천이 되는 것이다. ③ 그렇게 몸과 마음이 신묘해진 위에 계에
대한 밝은 깨달음인 명오(明悟)가 더해지면, 범중을 통솔하는 대범왕인 '대범천'이 된
다.[14] 계에 대한 명오는 삼마지에서 오는 지혜와는 다르다. 초선은 계에 충실한 단계이
며, 아직 정과 혜가 함께하는 진정한 삼마지는 아니다. 번뇌가 일어나지 않고 고뇌에
의해 괴롭혀지지 않으며 희락이 있는 상태이다. 희락이 정(定)으로 인해 생긴 희락이
아니고 욕계를 떠남에서 생긴 희락이기에 '욕계를 떠남에서 희락이 생기는 지위'라는
의미에서 '이생희락지(離生喜樂地)'라고 부르며, '선정으로부터 희락이 생기는 지위'인
'정생희락지(定生喜樂地)'의 제2선과는 구분된다.

---

14   불교에서 소위 창조자는 범천으로 간주된다. 중생이 선해져서 악업이 다하면 공겁의 시기가 시작
된다. 이때는 지옥계부터 비게 되어 아귀, 축생, 인간, 수라 순으로 세계가 텅 비게 되니, 공겁이다. 공
겁에는 색계 초선천까지 비게 되며, 중생들은 모두 2선천 이상에 머문다. 색계 초선천까지의 천신은 지
수화풍 4대로 만들어진 존재이고, 2선천은 빛으로 만들어지는 존재이다. 그러다가 다시 선업이 다해 성
겁의 시기가 시작되면, 색계 2선천에 있던 자 하나가 먼저 초선천으로 떨어지고, 그 후에 다시 여러 중
생이 초선천으로 떨어지게 되는데, 그들은 자기들보다 먼저 와 있던 자가 자기네들을 창조하였다고 생
각해서 그 범천을 창조주로 섬긴다. 창조주 관념은 그래서 생겨난다. 사실은 창조주가 우주를 만드는
것이 아니고, 각 중생이 자신의 업을 따라 윤회하면서 우주를 만드는 것이다. 불교가 봤을 때 인도의 우
주창조자 브라만, 서양 기독교의 야웨 등은 모두 초선천의 범천으로 제2선천처럼 빛이 나는 존재이다.

b. 제2선의 3천: 〈정생희락지〉 정(定)에서 생기는 희락: 광(光)의 세계

초선천이 음욕을 다스리는 계에 의거하는 천이라면, 제2선천은 계에 의거할 필요 없이 선정을 닦아 그 선정의 힘으로 빛을 내는 천이다. 광명의 밝음에 따라 3천으로 구분된다.

> 붓다: <④ 소광천(少光天)> 아난이여, 그다음 범천이 범인을 통섭하여 범행을 원만히 하면, 맑은 마음이 움직이지 않아 고요한 맑음이 빛을 내니, 이와 같은 부류를 '소광천'이라고 합니다. <⑤ 무량광천(無量光天)> 빛과 빛이 서로 어울려 비춤의 광휘가 끝나지 않으면, 시방세계를 비추어 두루 유리 같아지니, 이런 부류를 '무량광천'이라고 합니다. <⑥ 광음천(光音天)/극광정천/광천> 원만한 빛을 흡입하고 유지하여 가르침의 체를 성취하면, 교화가 청정하고 응용이 다함이 없으니, 이와 같은 부류를 '광음천'이라고 합니다. 아난이여, 이 수승한 세 부류는 일체 우수(憂愁)에 의해 핍박받을 수 없으니, 비록 참다운 삼마지를 바르게 닦는 것은 아니지만 청정심 안에서 거친 번뇌를 이미 조복받으므로 2선이라고 합니다.
>
> ④ 阿難, 其次梵天統攝梵人圓滿梵行, 澄心不動, 寂湛生光, 如是一類名少光天. ⑤ 光光相然照耀無盡, 映十方界, 遍成瑠璃, 如是一類名無量光天. ⑥ 吸持圓光成就敎體, 發化淸淨, 應用無盡, 如是一類名光音天. 阿難, 此三勝流一切憂愁所不能逼, 雖非正修眞三摩地, 淸淨心中麤漏已伏名爲二禪.

④ 소광천(少光天): 징심 부동(정) → 적담(寂湛)에서 빛(조照)을 냄
⑤ 무량광천(無量光天): 조요(照耀) 무진 → 유리처럼 맑아짐
⑥ 광음천(光音天): 광명을 흡입, 교체(敎體)를 성취 → 교화청정, 응용무진

④ 초선의 대범천이 범인을 통솔하는 행을 계속해나가면, 마음이 맑아져 부동이 되고, 적(寂)이 깊어져서 제2선의 소광천이 된다. 적이 깊어져서 빛을 낸다는 것은 적으로부터 비춤(조照)이 일어난다는 것이다. 제2선부터는 맑은 마음이 움직이지 않고 고요함이 깊어지니, 선정을 닦는다는 뜻이다. 선정을 닦음으로 인해 생겨나는 희와 락이 있으며, 선정의 힘으로 광명이 드러나는 경지이다. ⑤ 선정의 힘으로 비추는 광명이

두루하여 시방세계를 투명하게 만드는 자가 무량광천이다. 그 빛이 대천세계까지는 아니고 소천세계를 비춘다고 한다. ⑥ 선정에서 나오는 광명을 흡입함으로써 진리를 전달하는 가르침의 체인 교체(敎體)를 완성한 자가 광음천이다. 광음천은 광명의 교체로부터 가르침을 펴니 교화가 청정하게 이루어진다. 빛이 음성처럼 교화를 전달하는 수단이 되기 때문에 '광음천'이라고 부른다. 제2선 이상으로 가면 언어적 사량분별인 심(尋)과 사(伺)를 넘어서며, 말 대신 빛이 작용력을 가진다. 제2선은 심사가 멈추고 희수(喜受)가 드러나는 단계이다. 희수가 있다는 것은 우수(憂受)가 없다는 것이고 그래서 제2선을 '정으로부터 생기는 희락이 있는 지위'라는 의미의 '정생희락지(定生喜樂地)'라고 한다. 따라서 여기에서는 우수에 의해 괴롭혀지지 않는다고 말한다. 2선은 거친 번뇌가 조복된 단계로 탐·진·치가 조복된 예류과(수다원)에 해당한다. 참다운 삼마지를 닦는 것이 아니라는 것은 아직 3선과 4선이 남아 있기 때문이다.

c. 제3선의 3천: ⟨이희묘락지⟩ 희를 떠난 묘락: 음(音)의 세계, 적멸락의 천

정(定)이 깊어짐에 따라 초선에서 제2선이 되면 초선에서의 심사가 사라지고 그 아래에 있던 희(喜)가 드러나며, 다시 제3선이 되면 제2선에서의 희가 사라지고 그 아래 있던 락(樂)이 드러난다. 제3선은 희를 떠난 묘락이 드러나는 단계이다. 제2선이 광명의 세계라면, 제3선은 광명이 음(音)이 된 음의 세계라고 할 수 있다.

붓다: ⟨⑦ 소정천(少淨天)⟩ 아난이여, 이러한 천인이 원만한 광명으로 음(音)을 이루며 음을 열어 묘를 드러내면, 정행을 성취하여 적멸락(寂滅樂)에 통하니, 이와 같은 부류를 '소정천'이라고 합니다. ⟨⑧ 무량정천(無量淨天)⟩ 청정한 허공이 현전하여 무변제를 이끌어오면, 심신이 경안이 되어 적멸락을 성취하니, 이와 같은 부류를 '무량정천'이라고 합니다. ⟨⑨ 변정천(遍淨天)/정천⟩ 세계와 심신 일체가 원만하고 맑아져서 맑은 덕이 성취되면, 수승한 의락이 현전하여 적멸락으로 돌아가니, 이와 같은 부류를 '변정천'이라고 합니다. 이 수승한 세 부류는 큰 수순을 갖추고 몸과 마음이 안은(安隱)하여 무량한 락(樂)을 얻습니다. 비록 참된 삼마지를 바르게 얻은 것은 아니지만 안은심 중에 환희가 필히 갖추어져 있

으므로 3선이라고 합니다.

⑦ 阿難, 如是天人圓光成音, 披音露妙, 發成精行通寂滅樂, 如是一類名少淨天. ⑧ 淨空現前引發無際, 身心輕安成寂滅樂, 如是一類名無量淨天. ⑨ 世界身心一切圓淨, 淨德成就, 勝託現前歸寂滅樂, 如是一類名遍淨天. 阿難, 此三勝流具大隨順, 身心安隱, 得無量樂. 雖非正得眞三摩地, 安隱心中歡喜畢具名爲三禪.

⑦ 소정천(少淨天): 광(光)을 음(音)으로, 묘를 이룸 → 정행성취, 적멸락에 통함

⑧ 무량정천(無量淨天): 공(空)이 현전, 무한에 이름 → 심신경안, 적멸락을 성취

⑨ 변정천(遍淨天)/정천: 세계와 심신이 원만청정 → 수승한 의탁, 적멸락에 돌아감

⑦ 제2선에서의 광명이 제3선에 이르면 음으로 바뀌며, 음을 통해 묘함을 드러내고 그 묘함에 상응하는 정묘한 행을 이루어 적멸의 즐거움인 적멸락에 이른다. 이 단계의 천이 소정천이다. 물론 이 단계의 묘락인 적멸락은 궁극적 락인 구경락이 아니다. 제4선으로 가면 이 락도 넘어선 사(捨)로 나아가기 때문이다. ⑧ 소정천이 정미로운 행을 이루어 적멸락에 통하다 보면, 청정한 허공이 드러나고 무한이 펼쳐진다. 그러면 심신의 경안과 적멸락을 얻게 되니, 이 단계의 천이 무량정천이다. 무량정천이 몸과 마음의 청정에 머무는 것이라면, 그다음 ⑨ 변정천에서는 정(定)의 힘을 통해 심신뿐 아니라 세계까지도 맑아진다고 한다. 심신 너머 세계까지도 융섭하여 모두 청정해져서 맑은 덕이 성취되면, 적멸락으로 귀의하게 되니, 이 단계가 변정천이다. 제3선은 몸과 마음이 안은하여 락을 얻는다. 안은(安隱)은 자재하게 수용한다는 뜻이다. 제3선은 제2선의 희락을 떠나 묘락이 드러나는 경지이다. 아직 제4선이 남아 있으므로 참된 삼마지를 바르게 얻은 것은 아니라고 말한다.

d. 제4선의 9천: 〈사념청정지〉 사와 념을 갖춘 청정: 4범부천 + 5불환천

제4선은 욕계를 떠남에서 오는 초선의 희락도 넘어서고, 제2선의 선정에서 오는 희락도 넘어서며, 제3선의 묘락도 넘어서는 단계이다. 우희와 고락을 모두 넘어서서 일체 념을 버리고 청정에 머무르는 경지이다. 이는 다음과 같이 정리된다.

	초선	→	제2선	→	제3선	→	제4선
심소:	심사		희수		락수		사수(捨受)
			(우수 버림)		(고수 버림)		(고수와 락수 버림)
	이생희락지		정생희락지		이희묘락지		사념청정지
	離生喜樂地		定生喜樂地		離喜妙樂地		捨念淸淨地
성문4과:			예류과(수다원) →		일래과(사다함) →		불환과(아나함) → 아라한

이하에서 순서대로 논할 제4선천은 범부천 4천과 불환천 5천으로 되어 있다. 범부천은 견혹(見惑)을 끊은 단계에서 선정의 힘으로 사혹(思惑)을 조복하기는 하였으나 아직 습기가 남아 있어서 선정에서 나오면 곧 욕계로 돌아간다. 반면 불환천은 선정의 힘으로 탐·진·치·만 사혹(思惑)을 끊음으로써 습기가 제거되어 다시 욕계로 돌아가지 않기에 불환천이라고 부른다.

범부천/4천: 견혹은 끊고, 사혹은 조복. 습기가 남아 있어 욕계로 돌아감
불환천/5천: 탐·진·치·만 사혹을 끊음, 습기가 끊겨 욕계로 불환

붓다: <⑩ 복생천(福生天)> 아난이여, 또 천인은 심신을 핍박하지 않아 고(苦)의 원인이 다하지만 락(樂)도 상주하지 않아 오래되면 필히 무너집니다. 고와 락의 두 마음을 동시에 단박에 버리면, 거칠고 무서운 상이 멸하여 청정한 복의 성품이 일어나니, 이와 같은 부류를 '복생천'이라고 합니다. <⑪ 복애천(福愛天)> 사(捨)의 마음이 원융하고 승해가 청정하면, 복이 막힘이 없어 미래세가 다하도록 묘한 수순을 얻으니, 이와 같은 부류를 '복애천'이라고 합니다. 아난이여, 이 천으로부터 두 갈림길이 있습니다. <⑫ 광과천(廣果天)> 만약 앞의 마음에서 무량한 청정한 빛으로 복덕의 원명(圓明)을 수증하여 머무르면, 이와 같은 부류를 '광과천'이라고 합니다. <⑬ 무상천(無想天)> 만약 앞의 마음에서 고락을 쌍으로 싫어해서 사(捨)의 마음을 정밀히 연구하기를 끊임없이 계속하여 사(捨)의 도를 원만히 궁구하면, 심신이 모두 멸하고 심려가 재로 변하여 5백 겁이 지나갑니다. 이런 사람은 이미 생멸을 인으로 삼기에 불생불멸을 발현하지 못하므로 초반 겁에 멸하였다가 후반 겁에 생하니, 이와 같은 부류를 '무상천'이라고 합니다. 아난이여, 이 수승한 네 부류는 일체 세간의 고락의 경지에

의해 움직여지지 않습니다. 비록 무위의 참된 부동지는 아니지만 그 얻고자 하
는 마음에 공용(功用)이 순숙하므로 4선이라고 합니다.

阿難, 次復天人不逼身心苦因已盡. 樂非常住久必壞生. 苦樂二心俱時頓捨, 麁
重相滅, 淨福性生, 如是一類名福生天 ⑪ 捨心圓融, 勝解清淨, 福無遮中得妙隨順
窮未來際, 如是一類名福愛天. ⑫ 阿難, 從是天中有二岐路. 若於先心無量淨光,福
德圓明修證而住, 如是一類名廣果天. ⑬ 若於先心雙厭苦樂, 精研捨心相續不斷,
圓窮捨道, 身心俱滅, 心慮灰凝經五百劫. 是人旣以生滅爲因, 不能發明不生滅性,
初半劫滅, 後半劫生, 如是一類名無想天. 阿難, 此四勝流一切世間諸苦樂境所不
能動. 雖非無爲眞不動地, 有所得心功用純熟名爲四禪.

4범부천:

  ⑩ 복생천(福生天): 고(고고)＋락(괴고)이 멸, 평정의 사(捨)에 들어감 → 추중상멸, 청정한 복이 쌓임

  ⑪ 복애천(福愛天): 사(捨)심 원융, 승해(勝解) 청정 → 복(福)이 생김, 대자재

복애천 후 2길:

  ┌ ⑫ 광과천(廣果天): 불자의 길: 선정의 빛으로 복덕의 원명을 수증
  └ ⑬ 무상천(無想天): 외도의 길(일체의 멸을 열반으로 생각하는 외도)

        사심(捨心)과 사도(捨道)에 머무름, 신심이 모두 멸, 생멸에 머묾

⑩ 제3선에서 심신이 안은하여 묘락을 느끼면 고가 없다. 그런데 락도 상주하는 것
이 아니고 필히 무너지는 괴고(壞苦)이므로 락 또한 사라진다. 그러므로 제4선에서는
고와 락이 함께 버려진다. 고락을 다 버리므로 락을 누릴 복이 쌓이게 되기에 이 단계
의 천을 '복(福)의 성품이 생기는 천'이란 의미의 '복생천'이라고 한다. ⑪ 고와 락에 치
우치지 않는 사(捨)의 마음이 원융하게 유지되면서 승해(勝解)가 일어나면, 복이 계속
되어 모든 일이 순조롭게 되는데, 이 단계의 천을 '복애천'이라고 한다. 복애천 다음에
는 두 가지 천으로 나뉜다. ⑫ 첫 번째 천은 복애천의 마음으로부터 나오는 청정한 선
정의 빛이 복덕으로 이어지도록 수행을 계속하는 천이다. 선정수행을 계속하여 복덕
이 원만하고 밝게 되면, 이런 자를 넓은 과를 부르는 천이라는 의미에서 '광과천'이라
고 한다. ⑬ 두 번째 천은 사수(捨受)의 마음을 유지하며 심려인 상(想)을 없애는 무상
정(無想定)을 닦아서 되는 '무상천(無想天)'이다. 불생불멸의 원명심은 알지 못한 채
생멸심에서 상(想)을 없애 신심이 멸한 어둠인 회매의 상태로 빠져든다. 그렇게 심신

이 멸한 상태를 열반으로 잘못 여기기에 이를 외도가 지향하는 천이라고 비판한다. 생멸심인 제6의식으로 닦기에 결국 생멸을 넘어서지 못하는 단계다. 500겁 중 초반 겁에 멸하고 후반 겁에 다시 생한다는 것은 초반겁에 망상심이 멸하지만, 후반겁에 다시 이 망상심을 낸다는 것이다. 즉 4선천의 경계에 이르러 4과의 아라한을 증득했다는 망상심 때문에 해탈에 이르지 못하고 윤회하게 된다. 이상 제4선의 4천은 세간의 고와 락을 따라 움직이지 않는 부동의 존재이다. 그들의 부동의 경지는 무위가 아니고 유위이며 따라서 생멸하지만 그래도 유위의 공능의 활용이 무르익는다고 한다. 그런데 제4선에는 이상의 4천 이외에 5천이 더 있다. 지금까지 논한 4천이 범부천인 데 반해, 이하에서 논할 5천은 불환천이다.

붓다: 아난이여, 여기에 다시 5불환천이 있습니다. 아래 세계의 9품 습기가 동시에 멸하여 고와 락이 쌍으로 없어져서 아래에 기거할 곳이 없으므로 사심(捨心)의 중동분에 거처를 안립합니다. <⑭ 무번천(無煩天)> 아난이여, 고와 락이 둘 다 멸하면 싸우는 마음이 교차하지 않으니, 이러한 부류를 '무번천'이라고 합니다. <⑮ 무열천(無熱天)> 일어나고 그침이 홀로 행해지면 끼어들 곳이 없으니, 이와 같은 부류를 '무열천'이라고 합니다. <⑯ 선견천(善見天)> 시방 세계에 묘견이 원만하고 맑으면 다시는 세계의 모습과 일체 가라앉는 때가 없으니, 이와 같은 부류를 '선견천'이라고 합니다. <⑰ 선현천(善現天)> 정미한 봄이 현전하면 빚어냄(도주)에 장애가 없으니, 이와 같은 부류를 '선현천'이라고 합니다. <⑱ 색구경천(色究竟天)/유정천> 모든 기미를 다하고 색성의 성을 궁구하면 무변제에 들어가니, 이와 같은 부류를 '색구경천'이라고 합니다. 아난이여, 이 불환천은 저 4선의 4위의 천왕들이 단지 듣고 흠모할 뿐이지 알아보지는 못합니다. 마치 세간의 넓은 들판과 깊은 산의 성스러운 도량이 모두 아라한에 의해 주지되지만 세간의 거친 자들이 보지 못하는 것과 같습니다.

阿難, 此中復有五不還天. 於下界中九品習氣俱時滅盡, 苦樂雙亡, 下無卜居, 故於捨心衆同分中安立居處. ⑭阿難, 苦樂兩滅, 鬪心不交, 如是一類名無煩天. ⑮機括獨行, 硏交無地, 如是一類名無熱天. ⑯十方世界妙見圓澄, 更無塵象一切沈垢, 如是一類名善見天. ⑰精見現前, 陶鑄無礙, 如是一類名善現天. ⑱究竟群幾, 窮色性性, 入無邊際, 如是一類名色究竟天. 阿難, 此不還天彼諸四禪, 四位天王獨有欽聞, 不能知見. 如今世間曠野深山聖道場地, 皆阿羅漢所住持故, 世間麤人所不能見.

5불환천:

⑭ 무번천(無煩天): 고와 락이 함께 멸 → 교차(다툼/번뇌)가 없음

⑮ 무열천(無熱天): 일어남(기機)과 그침(괄括)이 함께 멸 → 고락이 끼어들 바가 없음

⑯ 선견천(善見天): 묘견이 원징 → 경계와 번뇌가 없어짐

⑰ 선현천(善現天): 정미한 견이 현전 → 빚어냄에 장애 없음

⑱ 색구경천(色究竟天): 기미를 다함 → 무변제(4공천)에 들어감

```
┌ 견혹(見惑)/분별/추혹: 악견
└ 사혹(思惑)/구생/세혹: 탐·진·치·만 = 9품 습기 → 멸하면 불환천으로
```

색계 4선천에는 4가지 범부천 이외에 5가지 불환천이 더 있다. 성문4과 중 제3 아나함(불환)과에 이른 성인은 탐과 진을 모두 끊어 다시 욕계에 돌아오지 않으므로 '불환천'이라고 부른다. 불환천이 되기까지 남아 있는 습기는 구생기의 사혹 종자로서 탐·진·치·만의 습기이다. 앞의 4범부천은 수혹이 완전히 제거된 것이 아니어서 욕계로 다시 태어나게 되지만, 이제부터 논하는 5불환천은 습기가 모두 제거되어 다시 욕계로 되돌아가지 않는다. ⑭ 고를 싫어하고 락을 좋아하여 그 마음이 서로 싸우기에 번뇌가 된다. 고와 락 둘 다를 멸하면 마음에 번뇌가 없기에 번뇌 없는 '무번천'이 된다. ⑮ 고와 락이 없고 오직 사수(捨受)만이 있으면, 생각이 일어나고 멸할 때에도 그 생각에 고와 락 또는 좋아하고 싫어함이 끼어들지 않는다. 생각이 고락과 상관없이 독자적으로 일어나서 번다하게 얽히지 않기에, 이를 '무열천'이라고 한다. 무번천이 좋아하고 싫어함이 일어나지 않아 뜨거운 번뇌가 없는 천이라면, 무열천은 일체의 얽힘이 사라져 미미한 뜨거움인 열(熱)도 없는 천이다. ⑯ 맑은 천안으로 시방 세계, 대천세계를 두루 맑게 꿰뚫어 보면, 더 이상 시야를 막는 먼지의 대상세계도 없고, 경에 의해 막혀서 침체되는 마음도 없다. 이러한 천을 제대로 잘 본다는 의미에서 '선견천'이라고 한다. ⑰ 봄이 정미로워지면서 빚어냄(도주)에 장애가 없게 되니, 이를 '선현천'이라고 한다. 도주(陶鑄)는 옹기나 주물을 만드는 것으로 심신을 단련 내지 도야한다는 뜻도 되고 또는

사물을 자유자재하게 빚어낸다는 뜻도 된다. 『정맥소』는 후자의 의미로 설명한다. "앞
천은 정(定)의 체는 원만하되 정의 작용이 수승하지 못했다면, 이 천은 체와 용이 둘
다 수승하다. 따라서 첫 구에서 앞 천의 묘한 체를 들었고, 다음 구에서 이 천의 수승
한 작용을 밝혔다. '빚어냄에 장애가 없음'은 마음대로 만물을 만들어내는 마혜수라천
같이 자재하다는 뜻이니, 도공이 기와를 구워내듯 대장장이가 쇠를 녹여내듯 한다는
말이다. 〈문〉 성인이 어찌 마(魔)가 하는 것과 같은가? 〈답〉 이미 동분(同分)이라고 했
으니, 당연히 같은 능력을 가졌을 뿐이다. 어찌 권세를 탐하고 함부로 주재하는 것까
지 똑같겠는가."[15] 마(魔)와 천(天)은 동분이다. 사물을 만들어내는 능력은 둘 다 갖고
있으며, 다만 탐하는 마음이 있는가 없는가의 차이를 보일 뿐이라고 한다. ⑱ 색의 성
품을 모두 다 발휘하여 색의 끝까지 나아간 천을 색을 다하였다는 뜻에서 '색구경천'이
라고 한다. 색구경천은 미세한 습기까지 모두 멸하여 색으로부터 자유로워진 천이라
고 할 수 있다. 끝이 없는 무변제에 들어간 것은 색계 너머로 나아간다는 것을 뜻한다.
이상 논의한 5불환천은 앞서 초선부터 제4선까지의 천왕들이 이름을 들어서 알고 흠
모하기는 하지만 직접 보거나 알지는 못하는 존재라고 한다. 이것은 마치 현실에서 깊
은 산의 도량에 아라한이 주지하고 있어도 일반 사람들은 그 이름만 들어서 알 뿐 직
접 경험하지 못하는 것과 같다. 불환천은 번뇌 습기를 모두 멸해 무위에 머무는 자들
이므로 유루의 중생이 알아보기 쉽지 않다는 것이다.

붓다: 아난이여, 이 18천은 어울리지 않고 홀로 다니지만 아직 형태에의 묶임
을 끝내지 못했기에 여기까지를 색계라고 합니다. 다시 아난이여, 이 유정천인
색변제로부터 다시 두 갈래의 길이 있습니다. 만약 사(捨)의 마음에서 지혜를
발하여 지혜의 빛이 원통해지면 곧 진계를 벗어나 아라한이 되고 보살승에 들
어가니, 이와 같은 부류를 회심한 대아라한이라고 합니다.

阿難, 是十八天獨行無交, 未盡形累, 自此已還名爲色界. 復次, 阿難, 從是有頂色
邊際中, 其間復有二種岐路. 若於捨心發明智慧, 慧光圓通, 便出塵界, 成阿羅漢, 入
菩薩乘, 如是一類名爲廻心大阿羅漢.

---

15   진감, 『정맥소』, 4권, 345쪽.

4선천 마지막 천인 색구경천에서 다시 두 갈래 길
　　┌─ 1. 이근: 무루 지혜 일으켜 3계를 초월, 무색계천으로 나아가지 않음: 회심한 대아라한(보살)
　　└─ 2. 둔근: 4무색정으로 나아감: 둔근의 아라한

　이상 초선부터 4선까지의 천 그리고 5불환천을 더한 18천은 모두 색계의 천으로서 욕망에 이끌리지 않으므로 교제하지 않고 독행하지만 그래도 아직 형태가 남아 있고 색에 매여 있는 한계가 있기에 '색계천'이라고 부른다. 전체 색계의 마지막 단계인 색구경천(유정천)에서 길이 두 갈래로 나뉘어, 예리한 근기(이근)는 그곳에서 아라한을 성취하고, 둔한 근기(둔근)는 4공천으로 나아간다. 즉 이근은 유정천에서 수행을 계속해서 사심(捨心)으로부터 지혜의 빛을 발하여 윤회세계인 3계를 벗어나 아라한이 되고 다시 보살이 된다. 그러나 예리하지 못한 둔한 근기의 수행인은 3계를 넘어서지 못하고, 색구경천에서 다시 더 위로 올라가 무색계천인 공천(空天)으로 나아간다. 이하에서는 이 두 번째 길인 무색계 4천을 논한다. 이 4공천으로 나아가는 것은 성인의 색구경천 이외에 제4선에서 범부의 광과천, 외도의 무상천에서도 가능하다. 즉 광과천, 무상천, 색구경천이 모두 4공천에 이웃해 있다고 한다.

제4선천〈색계천〉에서 4공천〈무색계천〉으로 나아가는 길:
　　　　　　　　　┌─ 광과천: (범부) 유루도로 혹을 조복　→ 공무변처
(4선천 범부천)
　　　　　　　　　└─ 무상청: (외도)　　　　　　　　　→ 공무변처
(4선천 불환천) 색구경천: (아나함) 무루도로 혹을 끊고　→ 공무변처

(3) 무색계 4천

　색계를 넘어서면서 아라한을 거쳐 보살의 길로 나아갈 수도 있지만, 색이 없는 무색계로 나아갈 수도 있다. 무색계의 4천은 윤회하는 3계를 벗어나지 못하는 둔근의 아라한 또는 그들이 머무는 처소로 말한다.

붓다: <① 공무변처천(空無邊處天)> 만약 사(捨)의 마음에서 버리고 싫어함을 성취하여 몸이 장애가 됨을 깨달으면 장애(색)를 없애고 공에 들어가니, 이와 같은 부류를 '공처'라고 합니다. <② 식무변처천(識無邊處天)> 모든 장애(색)가 이미 소멸하고 장애 없음(공)도 멸하면, 그 가운데 단지 아뢰야식 전체와 말나식의 반인 미세부분만 남게 되니, 이와 같은 부류를 '식처'라고 합니다. <③ 무소유처천(無所有處天)> 공과 색이 이미 멸하고 식심도 모두 멸하면, 시방이 적연하고 아득하여 갈 곳이 없으니, 이와 같은 부류를 '무소유처'라고 합니다. <④ 비상비비상처천(非想非非想處天)> 식의 성품이 부동이기에 멸로써 궁구하면, 다함이 없는 중에 다하는 성품이 드러나서 있는 듯하되 있지 않고 다한 듯하되 다하지 않으니, 이와 같은 부류를 '비상비비상처'라고 합니다.

① 若在捨心捨厭成就, 覺身爲礙, 銷礙入空, 如是一類名爲空處. ② 諸礙旣銷, 無礙無滅, 其中唯留阿賴耶識全於末那半分微細, 如是一類名爲識處. ③ 空色旣亡, 識心都滅, 十方寂然逈無攸往, 如是一類名無所有處. ④ 識性不動以滅窮研, 於無盡中發宣盡性, 如存不存若盡非盡, 如是一類名爲非想非非想處.

① 공무변처천(空無邊處天): 사염성취, 몸=색=장애를 깨달음 → 색을 없애고 공으로 감
② 식무변처천(識無邊處天): 색도 멸, 공도 멸 → 식만 남음: 아뢰야식 + 말나식 미세 부분
③ 무소유처천(無所有處天): 색도 멸, 공도 멸, 식심도 멸 → (식성이) 적연
④ 비상비비상처천(非想非非想處天): 식성(각명)은 부동 → 멸해서 없는 듯, 멸하니 있는 듯

① 4선은 사념청정지이다. 고락을 떠난 생각인 사념(捨念), 즉 평정에 머무르는 것이다. 이러한 사(捨)인 버림과 색을 싫어하는 염(厭)을 성취하면, 그는 고·락·사를 일으키는 몸인 색을 장애로 깨닫게 되어, 그 장애인 색을 넘어 공에 나아가려는 노력을 하게 된다. 이렇게 해서 색을 멸하고 공으로 나아간 무리를 '공무변처천'이라고 한다. ② 색이 멸하면 공으로 나아가지만, 그 공은 색의 반대로서만 존재한다. 색이 소멸하면, 그 소멸과 더불어 공도 함께 멸한다. 색과 색이 없음인 공이 함께 멸하면서, 결국 색과 공을 아는 식만 남겨진다. 이렇게 남겨지는 식은 어떤 식(識)인가? 그것은 대상인 색이나 공이 없을 때도 깨어 있는 식이어야 한다. 대상이 멸하고 몸(색)이 멸할 때 신근이 함께 멸하므로 6식(전5식 + 5식의 그림자로서의 제6식)은 없게 된다. 대상의 식인 의식이 사라진다고 할 수 있다. 의식은 의근(意根)인 말나식에 의거하는데, 그렇

게 말나식이 일으키는 의식이 없게 되므로 말나식의 반은 없다고 할 수 있다. 말나식의 활동 중에서 6진을 반연하는 의식을 일으키는 거친 활동은 멈춘다는 뜻이다. 그러므로 말나식의 미세한 반만 남고, 그보다 더 심층의 아뢰야식이 남게 된다. 공무변처에서는 색이 멸하여 6근과 6경이 멸하고 공이 무변(無邊)이지만, 식무변처에서는 공도 따라 멸하고 그렇게 대상의식인 6식도 멸하고, 그보다 더 심층의 식인 아뢰야식과 말나식 반만 무변(無邊)으로 남겨진다. 여기서 다시 ③ 무소유처에 이르면 식심도 멸한다. 여기서 식심을 멸한다는 것은 남아 있던 말나식과 아뢰야식의 현행을 조복한다는 뜻이다. 즉 말나식이 아뢰야식을 반연하여 능과 소로, 아와 세계로 여기는 미세한 마음활동을 멈추는 것이다. 깊은 정(定)으로 들어가 심층식의 활동까지 정지시키면 일체가 적연하고 아득해진다. 이렇게 색과 공과 심층식의 현행까지 모두 멸하여 일체의 유위가 없어 시방이 모두 적연해지는 천을 무소유처천이라고 한다. 이것은 7식과 8식까지 모두 멸한 멸진정이며, 외도의 명제(冥諦)에 해당한다. ④ 무소유처에서 멸한 식은 심층식의 현행인데, 그렇게 현행식이 멸하므로 일체가 적연하여 갈 곳이 없게 된다. 이 적연함을 여기에서는 식의 성품, 식성(識性)이라고 하는데, 이 식성은 곧 아뢰야식 자체의 깨어 있는 성품인 본각 내지 각명이라고 할 수 있다. 이 각명의 식성까지도 멸진정의 힘으로 멸하려고 애쓰는 것이 비상비비상처 단계이다. 정(定)의 힘을 쏟으면, 식성까지도 마치 다한 것처럼 느껴지지만, 실제로 마음의 본래적 밝음인 각명은 어느 단계에서도 없어질 수 없다. 정(定)으로써 없애려 하기에 상(想)이 없는 것 같지만, 그렇게 없애는 마음이 있기에 상이 없는 것도 아닌 것 같은 상태이다. 있지 않은 것 같기에 비상(非想)이고, 없지 않은 것 같기에 비비상(非非想)이므로, 비상비비상처천이라고 한다. 이는 곧 마음으로 마음을 부정하는 자기모순적 상황을 보여주는 것이다.

붓다: 이들(4무색천)은 공을 궁구하되 공의 리(理)를 다하지 못하였기에 불환천으로부터 성도를 다한 이와 같은 부류를 회심하지 않은 둔근의 아라한이라고 합니다. 만약 무상천이나 외도천들로부터 공을 궁구하되 돌아오지 못하여 유루에 미혹하거나 법문을 듣지 못하면, 윤회에 빠지게 됩니다. 아난이여, 이 모든 천상의 천인은 각각 범부의 업과로서 받은 보이니, 그 보가 다하면 윤회에 들어

갑니다. 저 천왕은 보살로서 삼마지에 노니면서 점차 증진하여 성인들이 수행하는 길로 회향합니다. 아난이여, 이 4공천은 몸과 마음이 멸진하고 정(定)의 성품이 현전하여 업과색(業果色)이 없으니, 이로부터 끝까지를 '무색계'라고 합니다.

此等窮空不盡空理, 從不還天聖道窮者, 如是一類名不廻心鈍阿羅漢. 若從無想諸外道天窮空不歸, 迷漏無聞, 便入輪轉. 阿難, 是諸天上各各天人, 則是凡夫業果酬答, 答盡入輪. 彼之天王卽是菩薩, 遊三摩地漸次增進, 廻向聖倫所修行路. 阿難, 是四空天身心滅盡, 定性現前, 無業果色, 從此逮終名無色界.

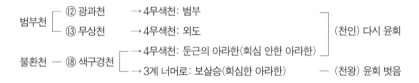

4공천: 업과색(業果色)은 없고, 정과색(定果色)만 있음. 그러므로 무색계천

공을 궁구한다는 것은 공을 다하여 멸한다는 것을 말한다. 4색계의 4선천을 마치면서 윤회를 벗어나는 아라한이 되거나 보살이 되는 것이 가능한데도 그렇게 하지 않고 4무색계로 들어가는 것은 근기가 예리하지 못하기 때문이다. 4무색계천으로 나아가면 결국 3계를 벗어나지 못하고 다시금 윤회를 거듭하게 된다. 불환천에 이르지 못한 범부의 광과천이나 외도의 무상천도 무색천이 되어 윤회하게 되는 것은 마찬가지이다. 욕계뿐 아니라 색계와 무색계도 윤회하는 3계이므로 천상에서 누릴 과가 다하면 다시 그 아래의 세계인 욕계로 떨어져 윤회를 계속하게 된다. 색계 마지막인 색구경천에서 예리한 근기의 성인만이 삼마지 수행을 계속하여 윤회를 벗어나는 해탈의 길로 들어선다. 4공천이 무색계인 것은 업과색(業果色)이 없기 때문이다. 업과색은 업의 결과로 생겨난 색이며, 선정의 힘으로 생기는 정과색(定果色)과 구분된다. 업에 의해 형성되는 유근신과 기세간은 업과색으로서 업에 의해 규정받는 중생에게 실재하는 색처럼 나타하지만, 정과색은 선정의 힘으로 만들어지는 것으로 선정을 수행하는 중생이 자유자재로 형성하며 수용하는 색이다. 무색계천은 업과색으로 이루어져 있지 않기에 무색계라고 한다.

> 붓다: 이것은 모두 묘각명심을 깨닫지 못하고 망(妄)을 쌓아 생을 일으켜 허망하게 3계가 있게 된 것입니다. 그 가운데 허망하게 7취를 따라 빠져들므로 보특가라(중음신)가 각기 그 부류를 따릅니다.
>
> 此皆不了妙覺明心, 積妄發生妄有三界. 中間妄隨七趣沈溺, 補特伽羅各從其類.

묘각명심의 자각 ↔ 허망 → 3계 윤회, 7취 탄생

천은 중생의 본래 마음인 묘각명심을 알지 못하는 무명으로 인해 윤회하는 중생 중의 한 부류이다. 업에 따라 중음신을 거쳐 그다음 생의 중생으로 태어나는데, 그 중음신을 개별적 아(我)를 뜻하는 '보특가라'라고 하였다. 윤회하는 7취 중 지옥, 귀, 축생 3악도 중생 그리고 인간과 신선은 모두 욕계 중생인 데 반해, 천은 욕계천·색계천·무색계천 3계의 중생이다. 이하에서는 7취 중 남은 하나인 아수라를 논한다.

7) 아수라

> 붓다: 다음으로 아난이여, 이 3계 중에 4종의 아수라 부류가 있습니다.
>
> 復次, 阿難, 是三界中復有四種阿修羅類.

지금까지는 업과를 따라 낮은 데에서부터 출발하여 논하였다. 즉 지옥, 귀, 축생, 인간 순으로 논하고 그 위에 선과 천을 논하였다. 지금 아수라를 마지막에 놓은 것은 아수라에 수승함과 하열함이 함께 갖추어져서 4생이 모두 포함되어 있기 때문이다. 7취 전체를 4생으로 구분하여 보면 다음과 같다.

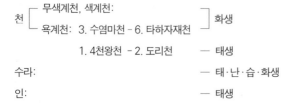

```
         ┌ 들짐승:              ── 태생
축생 ─┤
         └ 날짐승              ── 난생
         벌레:                  ── 습생
귀:                            ── 태·난·습·화생
지옥:                          ── 화생
```

아수라는 욕계 중의 허공이나 물이나 하늘에 사는 존재이며, 4생의 다양한 방식으로 존재한다. 이하에서 4생을 따라 논한다.

붓다: <① 난생/귀취의 아수라> 만약 귀도에서 호법력(護法力)으로 신통을 얻어 허공에 들어가면, 이 아수라는 알에서 생기며 귀취(鬼趣)에 속합니다. <② 태생/인취의 아수라> 만약 천에서 덕이 줄어들면서 아래로 떨어져 그 거처 하는 곳이 해와 달과 가까우면, 이 아수라는 태에서 나오며 인취에 속합니다. <③ 화생/천취의 아수라> 어떤 아수라왕은 세계를 집지하는 힘이 크고 두려움 이 없어 범왕과 제석천과 사천왕과 더불어 능히 권력을 다투니, 이 아수라는 변 화로 생겨 천취에 속합니다. <④ 습생/축생취의 아수라> 아난이여, 별도로 일 부 하열한 아수라는 큰 바다에서 생겨 물구멍에 잠겨 있으면서 아침에는 허공 에서 놀고 저녁에는 물로 돌아와 자니, 이 아수라는 습기로 인해 있으며 축생취 에 속합니다.

① 若於鬼道以護法力成通入空, 此阿修羅從卵而生, 鬼趣所攝. ② 若於天中降 德貶墜, 其所卜居隣於日月, 此阿修羅從胎而出, 人趣所攝. ③ 有修羅王執持世界 力洞無畏, 能與梵王及天帝釋四天爭權, 此阿修羅因變化有, 天趣所攝. ④ 阿難, 別 有一分下劣修羅, 生大海心沈水穴口, 旦遊虛空, 暮歸水宿, 此阿修羅因濕氣有, 畜 生趣攝.

① 난생 아수라: 귀취에서 신통을 얻어 허공에 삶   ─ 귀취에 속
② 태생 아수라: 천에서 떨어져 해와 달 부근에 위치(사천왕 부근), 인간계에 삶 ─ 인취에 속
③ 화생 아수라: 세계를 집지, 귀신을 부리고 인간에게 화복 주며 천에 삶   ─ 천취에 속
④ 습생 아수라: 바닷물, 습기로부터 생겨서 허공과 바다에 삶   ─ 축생취에 속

① 귀취에서 발심하여 법을 지키는 힘으로 신통력을 갖게 된 아수라는 난생으로 귀취에 속한다. ② 천취에 있는 동안 덕이 모자라서 하늘 아래의 해와 달이 있는 곳으로 떨어진 아수라는 태생으로 인취에 속한다. 덕이 모자라는 것은 천복이 다하거나 또는 천에서 덕을 감하는 잘못을 범하기 때문이다. ③ 아수라왕은 천계에서 큰 힘을 갖고 있고 겁도 없어서 인간에게 화복을 주려고 하면서 다른 범천이나 제석천이나 사천왕 등과 권력다툼을 벌이는데, 그 세력이 다른 천만 못하기 때문에 계속 분노하면서 싸운다고 한다. 이런 아수라는 화생으로 천취에 속한다. ④ 아수라 중에는 물속에 살면서 습기로 인해 생긴 습생의 아수라도 있다고 한다. 물속에 있다가 낮에는 허공을 돌아다니다가 저녁에 다시 물로 돌아와서 잠을 자는 하열한 부류로서 이들은 축생취에 속한다. 이처럼 아수라는 4생의 방식으로 태어나 각각 다른 취에 속하는 네 가지 종류로 구분된다.

3. 7취의 허망함

> 붓다: 아난이여, 이러한 지옥·아귀·축생·인·신선·천·아수라의 7취를 정밀히 연구하면, 모두 혼침의 유위상이니 망상으로 생을 받고 망상으로 업을 따를 뿐입니다. 묘원명의 무작 본심에서 보면 모두 공화와 같아 원래 집착할 바가 없으며 단지 하나의 허망일 뿐 다시 근거가 없습니다.
> 阿難, 如是地獄·餓鬼·畜生·人及神仙·天·洎修羅, 精研七趣, 皆是昏沈諸有爲想, 妄想受生, 妄想隨業. 於妙圓明無作本心, 皆如空花元無所著, 但一虛妄更無根緒.

묘원명심 ↔ 7취가 모두 허망한 공화, 근거 없음

7취가 모두 중생의 망심으로 인해 일어난 망상이라는 것을 강조한다. 묘원명의 본심을 자각하고 그 묘심에 머무르민 망상을 일으키지 않아 업을 짓지 않고 7취로 떨어지는 윤회를 하지 않게 된다. 그런데 무분별의 묘심에 머무르지 못하고 허망분별을 일으킴으로써 업을 짓고 그 과보로 7취에 떨어지는 것이다.

> 붓다: 아난이여, 이들 중생이 본심을 알지 못하고 윤회를 받으면서 무량겁을 경과해도 참된 깨끗함을 얻지 못하는 것은 모두 살·도·음에 수순하기 때문입니다. 이 셋을 거스르면 살·도·음이 없는 곳에 출생하는데, (살·도·음이) 있으면 귀취라고 하고 없으면 천취라고 하며, 있는 곳과 없는 곳을 왔다 갔다 하면서 윤회의 성을 일으킵니다. 만약 묘삼마지를 발하면, 묘가 항상하고 고요해져서 유와 무 둘이 없어지고 둘 없음도 멸하여서 불살·불투·불음도 없게 되니, 어찌 다시 살·도·음의 일을 따르겠습니까?
>
> 阿難, 此等衆生不識本心, 受此輪廻經無量劫, 不得眞淨, 皆由隨順殺·盜·婬故. 反此三種又則出生無殺盜婬, 有名鬼倫, 無名天趣, 有無相傾起輪廻性. 若得妙發三摩地者, 則妙常寂, 有無二無, 無二亦滅, 尙無不殺·不偸·不婬, 云何更隨殺·盜·婬事?

본심 깨닫기   ↔   불각: 살·도·음에 수순 = 윤회

= 묘삼마지 수행   ┌ 악업(염) → 살·도·음이 있음 - 귀취

유·무 넘어섬   └ 선업(정) → 살·도·음이 없음 - 천취

살·도·음에 수순한다는 것은 살·도·음이 있음과 살·도·음이 없음에 두루 통한다. 살·도·음이 있으면 악업을 짓고, 살·도·음이 없으면 선업을 짓는다. 선업이어도 살·도·음에 수순한다고 하는 것은 아직 살·도·음의 무에 머물러 유·무의 분별을 떠나지 못하기 때문이다. 즉 유무를 초월한 불이의 차원, 진정한 청정의 차원, 본심의 자각으로 나아가지는 못했기 때문이다. 이는 살·도·음의 현행이 있지 않을 뿐, 살·도·음의 종자 내지 번뇌는 아직 남아 있어서 인연이 갖추어지면 언제라도 현행이 일어날 수 있기에 그런 것이다. 그러므로 살·도·음이 없다고 해도 장애를 완전히 벗어난 것이 아니고 따라서 3유를 벗어나지 못하며 윤회를 계속한다고 한다. 그래서 살·도·음을 짓지 않은 과보로 도달한 천취도 아직 윤회를 벗어나지 못하는 것이다. 반면 묘삼마지는 유무의 분별, 선악의 분별을 모두 넘어선 묘(妙)로 나아가는 것이며, 따라서 항상되고 적연부동이다. 이런 본심의 경지에 이르러서만 선과 악, 유와 무가 다 없게 되고 그 없음까지도 함께 멸하게 된다. 그렇게 되면 살·도·음을 행함도 없고 행하지 않음도 없어 그런 분별을 따르지 않게 된다. 이와 같이 묘삼마지를 닦아야 윤회를 넘어서게 된다. 지금까지 윤회하는 세계인 7취를 드러낸 후, 이와 같은 7취로 윤회하게 되는 것은 결

국 본심을 모르기 때문이고, 묘삼마지를 닦지 않기 때문이라는 것을 다시 한번 더 강
조하였다. 묘삼마지는 앞에서 논했던 이근원통이라고 할 수 있다.

> 붓다: 아난이여, 3업을 끊지 못해서 각각의 사(私)가 있고, 각각의 사로 인하
> 지만 사가 모여 중동분(衆同分)이 되니, 정해진 처인 정처(定處)가 없지 않습니
> 다. 자신의 망상으로 생을 일으키니, 허망을 일으킴에는 인이 없어 찾고 궁구할
> 것이 없습니다.
> 阿難, 不斷三業各各有私, 因各各私衆私同分非無定處. 自妄發生, 生妄無因, 無
> 可尋究.

〈각각의 업〉   →   〈공동의 과보〉
개인의 업   중동분의 처(處), 정처(定處)가 있음

각각이 업을 짓지만, 그 과보를 받을 때는 함께 받아 동분의 지(地)에 함께 거주하게
된다. 동분의 지가 있어도 결국은 각각의 업으로 인해 생긴 것이며, 그렇게 업을 짓는
중생의 마음을 떠나 따로 있는 것이 아니기에 허망하다고 말한다. 7취의 중생과 그 중
생들이 함께 머무는 공통의 세간은 모두 각 중생의 업을 따라 만들어진 허망상에 불과
하다. 허망하게 생긴 것이기에 그것을 생겨나게 하는 특정한 원인이 따로 있는 것이
아니다. 그러므로 실제적 원인을 상정하면서 그것을 찾아낼 수는 없다는 것이다.

> 붓다: 당신이 힘써 수행하여 보리를 얻고자 한다면 반드시 3혹(惑)을 제거해
> 야 합니다. 3혹을 없애지 않으면 설혹 신통을 얻는다고 해도 모두 세간의 유위
> 의 공용이어서 습기가 멸하지 않는 한, 마(魔)의 길로 떨어지게 되며 망을 제거
> 하려고 해도 허위만을 배가할 뿐이니, 그래서 여래가 '가련한 자'라고 말합니
> 다. 당신이 허망하게 스스로 지은 것이지, 보리의 허물이 아닙니다. 이렇게 설하
> 면 정설이고, 이와 다르게 설하면 마왕의 설입니다.

汝勗修行欲得菩提, 要除三惑. 不盡三惑, 縱得神通, 皆是世間有爲功用, 習氣不滅, 落於魔道, 雖欲除妄, 倍加虛僞, 如來說爲可哀憐者. 汝妄自造, 非菩提咎. 作是說者名爲正說, 若他說者卽魔王說.

3혹: 살·도·음을 짓는 악업의 혹 + 살·도·음을 짓지 않는 선업의 혹
　　　(현행 차원의 혹)　　　　　　　(종자 차원의 혹)

윤회를 벗어나려면 악업뿐 아니라 선업도 짓지 않아 선악분별을 넘어서야 한다. 즉 3혹의 있음을 제거할 뿐 아니라 3혹의 없음까지도 제거해야 한다. 3혹의 없음을 제거한다는 것은 스스로 살·도·음을 행하지 않는다는 의식도 없어야 한다는 것이며, 다시 말해 살·도·음의 종자까지도 멸해야 한다는 것이다. 종자가 남아 있는 한, 연이 갖춰지면 곧 현행으로 일어날 수 있기 때문이다. 선업으로 천의 영역의 신통을 가진다 해도 아직 3혹이 남아 있으면 마의 길로 떨어지기 쉽다. 신통은 신선과 천취가 가지는 힘이다. 그런 신통력은 세간의 유위의 공용일 뿐, 진정한 청정은 아니다. 그 안에 아직 살·도·음의 번뇌 습기가 남아 있으면 그런 신통마저도 결국은 마의 길로 떨어지게 된다. 이상으로 어떻게 해서 7취가 있게 되는가에 대한 설명을 마무리한다. 일체는 모두 우리 중생 스스로의 마음의 허망분별에서 빚어지는 것이지, 그 외의 다른 원인 내지 근거가 있지 않다는 것이다. 이것이 정확한 불설이라는 것을 강조한다.

II

수행시 일어나는
마사(魔事)

중생은 지난 업에 따라 특정한 근(根)을 가진 몸으로 태어나며, 그 근에 상응하는 경 (境)으로서의 세계 안에 살아간다. 그러므로 세계는 각 중생의 업력이 허망하게 만든 가상세계이되, 같은 종류의 근을 가진 중동분이 함께 참여하여 만들고 그 안에서 함께 소통하면서 유지해나가는 하나의 공통의 가상세계이다. 이는 마치 각각의 촛불이 각 각의 빛을 내되 그 빛들이 함께 어우러져서 하나의 빛의 세계를 만들어내는 것과 같 다. 중생이 윤회하는 3계 중 색계와 무색계를 뺀 욕계는 중생의 탐·진·치의 욕망과 업 에 의해 만들어지고 유지되는 세계이다. 이 욕계 중 최고의 위치가 욕계6천 중 마지막 천인 타화자재천이며 그곳의 타화자재천왕이 바로 마왕(魔王)이다. 마왕은 자기 휘하 의 욕계를 지배하며 만족을 느끼고, 그런 욕계가 끝없이 지속되기를 바란다. 욕계 안 에 살면서 발심하지 않는 범부의 삶은 그대로 마의 뜻에 따르고 마의 힘에 이끌리는 삶이라고 할 수 있다. 우리는 대개 망견에 빠져 눈앞의 것을 실유로 간주하며 탐·진· 치의 번뇌에 물들어 집착을 버리지 않으니 욕계에서 풀려나지 못한다. 거기에는 특별 히 마에 거슬리는 것이 없으니, 마의 간섭이 일어나지 않는다. 반면 수행자가 자신의 색·수·상·행·식 5음 중 거친 색음에서부터 미세한 식음에 이르기까지 순서대로 그 음 을 이루는 업력을 녹여내기 시작하면, 그것은 마의 뜻에 거슬리기에 그 수행자의 수행 을 방해하는 마의 작업이 시작되니, 이것이 바로 마사(魔事)이고 마장(魔障)이다. 이 는 수행자가 수행을 통해 자신의 5음의 업력을 녹여내면 그로 인해 그의 욕계가 무너지고, 이는 결국 욕계 중생 공통의 욕계 전체에 미세한 진동을 일으켜 무너짐을 예고하기에, 마가 이것을 싫어하기 때문이다. 마치 100개의 촛불이 더해져서 하나의 빛을 이룰 때, 촛불 하나가 꺼지면 미세한 변동이 일어나는 것과 같다. 그런 미세한 변동을 우리의 의식은 알아차리지 못해도 마왕은 그것을 알아차리며, 그는 욕계의 무너짐을 원치 않기에 끝까지 수행을 방해하려고 마장을 일으키는 것이다. 마사는 수행자가 수행의 다음 단계로 넘어가지 못하고 현 단계에 갇혀 그 안에 머물게 하려는 방해 공작이다. 수행자가 각 단계마다 일어나는 것이 마장임을 알아차리고 거기에 걸려들지 않고 그것을 넘어서면 마사는 저절로 사라지게 된다. 색음의 마사부터 식음의 마사까지 모두 벗어나야 비로소 마의 힘을 완전히 벗어난 것이 된다. 이하에서는 수행과정에서 일어나는 마사를 논한다.

1. 마사(魔事)의 본질

> 붓다: (이때 여래가 법좌를 파하려다가 사자좌에서 7보궤를 잡고서 자금산 같은 몸을 돌려 다시 기대어 앉아 널리 대중과 아난에게) 당신들 유학인 연각과 성문이 오늘 마음을 돌이켜 대보리 무상묘각에 나아가고자 하기에 내가 이미 참된 수행법을 설하였습니다. 그러나 당신은 사마타와 비파사나 수행시의 미세한 마사를 아직 알지 못합니다. 마의 경계가 현전해도 당신이 알지 못하여 마음을 닦는 것이 바르지 못하면, 삿된 견해로 떨어지게 됩니다.
> (卽時如來將罷法座, 於師子床攬七寶机, 廻紫金山再來凭倚, 普告大衆及阿難言) 汝等有學緣覺聲聞, 今日廻心趣大菩提無上妙覺, 吾今已說眞修行法. 汝猶未識修奢摩他毘婆舍那微細魔事. 魔境現前汝不能識, 洗心非正, 落於邪見.

아난을 비롯하여 여기 모인 청중들은 대부분 수다원, 사다함, 아나함의 유학이지 무학의 아라한이 아니다. 무학이라면 마의 경계가 거칠지 않아 색음의 마부터 설할 필요가 없는 데 반해 여기에서는 5음의 마를 모두 설하므로 유학에 치중한 것이라고 할 수 있다. 지금까지 논한 수행법은 2승과 보살을 넘어 부처의 경지인 묘각에까지 나아가는 묘삼마지인 이근원통의 수행법이다. 그런데 그 궁극의 경지로 나아가기 위해 사마타와 비파사나를 닦음에 진척이 있으면 그 수행을 방해하는 마사가 일어나게 되는데, 수행자가 그것이 수행을 방해하는 마사임을 알지 못하고서 그것을 신통력인 줄 여기며 거기 집착한다면 오히려 삿된 길로 빠질 수 있다. 그러므로 수행에서 일어나는 여러 가지 마사를 드러내어 밝혀서 수행을 바른 길로 인도하려는 것이다.

붓다: 혹 당신의 음마나 천마나 귀신이 붙거나 도깨비를 만났을 때, 마음이 밝지 못하면 적을 자식으로 오인하게 됩니다. 또 그 가운데 적은 것을 얻고도 만족하여, 마치 제4선을 얻은 무문 비구가 '성위를 증득했다'고 망언을 하다 천보가 다하여 쇠하는 모습이 현전하자 '아라한의 몸도 후유를 받는다'고 비방하여 아비지옥에 떨어지는 것과 같습니다. 당신은 잘 들으십시오. 내가 이제 당신을 위하여 자세히 분별하겠습니다.

아난: (일어나서 그 회중의 유학들과 함께 환희하여 정례하고 엎드려 자비로운 가르침을 기다린다.) …

或汝陰魔或復天魔或著鬼神或遭魑魅, 心中不明認賊爲子. 又復於中得少爲足如第四禪無聞比丘妄言證聖, 天報已畢衰相現前, 謗阿羅漢身遭後有, 墮阿鼻獄汝應諦聽. 吾今爲汝仔細分別.

(阿難起立幷其會中同有學者歡喜頂禮伏聽慈誨.)

마사에 걸림:

　1. 적을 자식으로 여김: 음마, 천마, 귀신, 리매를 만나 귀히 여김

　2. 작은 것에 만족함: 대망어, 제4선을 성위라고 망언, 아라한이 후유를 받는다고 망언

마사에 걸리는 경우를 두 가지로 구분한다. 1. 음마나 천마나 귀신이나 리매를 만나 헷갈려서 적을 자식으로 여기는 경우이고, 2. 적은 것을 얻고 만족해하는 경우이다. 마사에 걸려 자식을 못 알아보거나, 작은 것에 만족하여 큰 것을 놓치게 되는 것이니, 결국 마사는 수행자가 자식이나 큰 것 등 진짜 귀한 것을 성취하지 못하게끔 수행자를 방해하는 것이다. 『정맥소』에 따르면 이 두 가지 경우는 각각 색음·수음·상음의 마장과 행음·식음의 마장에 해당한다. "10가지 색음마상은 초심(初心)이 스스로 나타낸 경

계이고 아직 외마가 없기 때문에 '당신의 음마'라고 하였다. 10가지 수음마상은 이미 외마를 부른 경계이나, 우선 몸 안에 잠입하여 마가 몸을 드러내지는 않았다. 10가지 상음마상에서야 천마와 귀신과 리매가 있다. … 행음에서 발생하는 10가지 심마와 식음에서 발생하는 10가지 견마는 모두 외경이 없고 단지 적은 것을 얻고 만족하는 데서 오는 자심의 삿된 견해이다."[1] 이상 내용을 정리하면 다음과 같다.

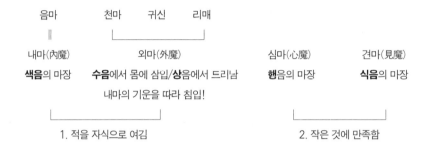

마장을 미리 알아두지 않으면, 그러한 마의 일을 대단한 것으로 여기어서 정작 진짜 귀한 것을 놓치게 되기 때문에 문제가 된다. 도적을 자식으로 오인하거나 작은 것에 만족하지 않고 진짜 자식을 찾고 진짜 큰 것을 얻도록 하는 것이 붓다가 지향하는 것이다.

> 붓다: (아난과 대중에게) 당신들은 마땅히 알아야 합니다. 유루세계 12류 중생의 본각 묘명의 각의 원만한 심체는 시방 붓다와 들이 없고 차별이 없습니다. (그런데) 당신의 망상으로 인해 리(理)에 미혹함이 허물이 되어 어리석음과 애착이 발생합니다. 발생해서 두루 미혹하기에 공성이 있고, 미혹의 변화가 그치지 않아 세계가 생겨납니다. 그런즉 시방의 미진 국토는 무루가 아니며 모두 미혹과 완공의 망상으로 안립된 것입니다.
>
> (佛告阿難及諸大衆) 汝等當知有漏世界十二類生, 本覺妙明覺圓心體與十方佛無二無別. 由汝妄想迷理爲咎, 癡愛發生. 生發遍迷故有空性. 化迷不息有世界生. 則此十方微塵國土非無漏者, 皆是迷頑妄想安立.

---

1   진감, 『정맥소』, 4권, 385쪽.

붓다 ＝ 중생: 〈본각묘명, 각원심체〉는 동일

붓다 ↔ 중생: 망상:　〈미혹〉　→　치　＋　애　→　공성　→　　세계

근본무명　　업상　　전상/견분　〈완공〉　　경계상/상분

공(空)　&　색(色)

　　수행을 행하면서 가장 먼저 확실하게 알아야 하는 것은 12류 중생의 마음 자체는 붓다와 둘이 아니라는 것이다. 중생의 원묘명심인 심층마음은 본래적 각성인 본각을 갖고 있고 묘하게 밝은 묘명이 있다. 그래서 '본각묘명의 각원심체'는 중생과 붓다 사이에 다른 점이 없다는 것이다. 중생은 붓다와 다르지 않은 본각묘명의 밝은 심체를 갖고 있으면서도 그만 허망한 생각인 망상에 사로잡혀 그 사실을 자각하지 못하고 불각무명에 빠져 있다. 그것이 존재의 이치인 리(理)에 미혹한 근본무명이다. 본각의 각명(覺明)을 알지 못하고 그 마음활동인 각을 다시 밝히려고 하는 명각(明覺)이 일어나게 되는 것이 근본무명이다. 그렇게 미혹으로 흔들리는 마음이 어리석음이고, 그 어리석음으로부터 집착하고 애착하는 마음이 일어난다. 여기서 어리석음은 업상, 애착은 전상이라고 볼 수 있다. 그 어리석음과 애착으로부터 공성이 있게 된다는 것은 업상과 전상에 이어 현상의 터전이 되는 공성이 생겨난다는 뜻이다. 어리석음과 애착으로부터 공성이 생기고, 미혹이 계속됨으로써 그 공 가운데에 현상세계가 일어난다. 미혹으로 인해 전상과 현상, 견분과 상분이 생겨나게 되는 것을 말한다. 공 가운데에 경계상이 생겨나는 것은 앞에서 '허공이 회암 중에 어둠을 맺어서 색이 되었다'고 설명한 것과 일치한다. 허공과 세간, 공과 색이 모두 미혹으로부터 생겨난 것이다. 미혹의 특징은 견분에 드러나고, 허공중에 만들어지는 것은 경계상이다. 미혹이 견분을 낳고 그 미혹과 완공으로부터 미진국토인 세계가 생겨난다.

　　붓다: 마땅히 알아야 합니다. 허공이 당신의 마음 안에 생기는 것이 마치 조각 구름이 맑은 하늘에 생기는 것 같은데, 게다가 세계는 허공 안에 있습니다. 당신들 중 한 명이 참됨을 발하여 근원으로 돌아가면, 시방 허공이 모두 녹아서 사라질 텐데, 어떻게 허공중의 국토가 흔들려 무너지지 않겠습니까? 당신들이 선을 닦아 삼마지를 이루어 시방 보살과 무루 대아라한들과 심정이 통하고 합하여

> 그 자리가 담연해지면, 일체 마왕과 귀신과 범부천들은 그들의 궁전이 까닭 없이 붕괴되고 대지가 진동하여 갈라지는 것을 보게 되고, 물과 뭍에 날고 뛰는 것들 중 놀라고 두려워하지 않는 것이 없는데, 범부만 혼미하고 어두워서 변화를 알아보지 못합니다. 저들(마들)은 5신통을 얻어도 누진통은 얻지 못해 이 번뇌를 연모하니, 어찌 당신으로 하여금 그 처소를 무너뜨리게 하겠습니까? 그러므로 귀신과 천마와 망량과 요정이 (당신이) 삼매를 닦을 때 몰려와 당신을 괴롭힙니다.
>
> 當知虛空生汝心內, 猶如片雲點太淸裏, 況諸世界在虛空耶. 汝等一人發眞歸元, 此十方空皆悉銷殞. 云何空中所有國土而不振裂? 汝輩修禪飾三摩地, 十方菩薩及諸無漏大阿羅漢心精通淴當處湛然, 一切魔王及與鬼神諸凡夫天見其宮殿無故崩裂大地振坼, 水陸飛騰無不驚慴, 凡夫昏暗不覺遷訛. 彼等咸得五種神通唯除漏盡戀此塵勞, 如何令汝摧裂其處? 是故神鬼及諸天魔魍魎妖精, 於三昧時僉來惱汝.

삼마지를 닦으면 담연해져 경계가 무너짐 ↔ 마왕, 귀신, 범부천(凡夫天)이 경계 무너짐을 봄

그들은 경계를 연모 ∴ 삼매를 방해함 = 마사

마음 안에 허공이 생기고, 그 허공 안에 세계인 경계상이 나타난다. 그러므로 세계는 마음 안에 그려진 허망상이다. 마음 안에 허공이 생기는 것을 맑은 하늘에 구름이 생기는 것과 같다고 말한다. 앞에서 '허공이 대각 안에 생기는 것이 마치 바다에 물거품 하나가 생기는 것과 같다'고 말한 것과 마찬가지이다. 마음의 대각 안에 그 각을 망각한 허공이 생기는 것이 맑은 바다 위에 작은 물거품 하나가 일어나는 것과 같다. 그렇게 깊은 바다 위에 물거품이 생기고 맑은 하늘 위에 조각구름이 생기듯, 묘정명심의 마음 안에 그 각명을 가리는 허공이 생기고, 그 허공 안에 허망상들이 그려진다. 우리가 객관 실재라고 생각하는 세계가 바로 그렇게 마음 안 허공 속에 떠오른 허망상인 것이다. 수행자 한 낱이 묘각명심을 깨달아 마음의 본래자리인 원명의 근원으로 복귀하면, 그의 마음이 만든 허공이 녹고 그 안의 국토세간이 흔들려 무너진다. 이에 대해 『정맥소』에서는 다음과 같이 의문을 제기하고 답한다. "〈문〉 범부와 성인이 각각 모두 만법과 일심이라 피차가 무관하다. 그러므로 많은 부처가 도를 이루어도 중생세계는

의연한데, 지금 한 사람이 근원으로 돌아가는데 중생세계가 무슨 상관이 있어 흔들리고 찢어지는가? 이미 흔들리고 찢어졌다면 어찌 모두 소멸하지 않는가? 의심을 풀어 달라. 〈답〉 범부와 성인이 함께 하나의 법계여서 자도 아니고 타도 아니며 이(離)도 아니고 즉(卽)도 아니다. 마치 천 개의 등이 방 안에 함께 켜진 것과 같다. 같은 곳 같은 때에 비록 각각 비춤이 있으나 방 안에 가득한 빛을 그 누가 피와 차로 나눌 수 있겠는가. 만약 홀연히 한 등이 방 밖으로 나가면 비록 모든 등과는 무관하지만, 밖으로 나갈 때 나머지 빛이 어찌 다 요동하지 않겠는가. 그러나 이미 나간 뒤에는 모든 등이 예전처럼 무관하리니, 생각해보면 알 수 있다."[2] 근원으로 돌아간 부처가 무수히 많아도 중생세계는 그대로 있는데, 어떻게 한 명의 중생이 근원으로 돌아간다고 중생세계가 무너질 수 있겠는가를 물은 것이다. 이에 대해 이 세계는 각자의 마음이 만들어내지만, 모두 함께 하나의 세계를 만들어내는 것이 마치 천 개의 등이 한 곳에서 빛을 밝혀 서로 구분되지 않는 하나의 빛을 만들어내는 것과 같다고 답한다. 이것은 『성유식론』에서 각자의 아뢰야식이 세계를 만들지만 그럼에도 불구하고 그 세계가 그 안에 등장하는 중생들의 공통의 기세간이 되는 까닭을 설명하면서 제시한 비유이다.[3] 각 중생의 식의 원명이 모여서 하나의 기세간을 이루는 것은 천 개의 등이 각각 빛을 내되 모여서 하나의 빛을 이루는 것에 비유될 수 있다. 그런데 그중 등 하나가 꺼지면 미세하게나마 변동이 있을 수밖에 없다. 천 개가 차례로 꺼져서 모두 다 꺼지면 빛이 모두 사라지게 되듯이 각각의 빛이 각각 전체에 그만큼의 영향을 미치고 있는 것이다. 그렇게 한 명의 수행자가 바른 삼마지를 닦아 마음 본래자리로 돌아가서 여러 보살들과 심정이 통하여 담연해져 허공 속 허망상이 무너져내리면 그만큼 공통의 기세간에 적지 않은 진동이 있고 요동이 있게 된다. 이 변화를 보통의 인간은 알아차리지 못하지만, 마왕과 귀신 등은 그것을 알아차리고 그들의 궁전에 해당하는 중생계가 무너지는 것을 원치 않기에 그것을 막기 위해 마장을 일으키는 것이다. 마왕 등은 5신통은 얻되 누진통은 얻지 못해서 번뇌가 남아 있어 번뇌의 경계에 집착하므로 수행자가 번뇌 경계를 무너뜨리는 것을 좋아하지 않는다. 그래서 수행자가 수행을 완성하지 못하도록 몰려와서 방해한다. 그래야 그들이 번뇌 경계에 편안히 머물 수 있기 때문이다. 수행을 통

---

2 진감, 『정맥소』, 4권, 392쪽.
3 한자경, 『성유식론 강해 I』, 서광사, 2019, 218쪽 참조.

해 얻을 수 있는 6신통은 다음과 같다. 마들은 이 중 누진통을 제외한 나머지 5신통을
가진다.

6신통:

1. 천안통(天眼通): 일체를 막힘없이 꿰뚫어 봄

2. 천이통(天耳通): 일체 소리를 다 들음

3. 숙명통(宿命通): 중생의 전생을 봄

4. 타심통(他心通): 남의 마음을 봄

5. 신족통(神足通): 마음대로 다니거나 만듦

6. 누진통(漏盡通): 번뇌를 다 힘

> 붓다: 그러나 마가 비록 크게 분노하더라도 그들은 번뇌 속에 있고 당신은 묘각 중에 있으니, 마치 바람이 빛에 부는 것과 같고 칼이 물을 베는 것과 같아 서로 접촉하지 못합니다. 당신은 끓는 물과 같고 저들은 굳은 얼음과 같아 온기가 점차 가까워지면 날을 넘기지 못하고 녹아 사라지게 되니, (마는) 비록 신통력이 있어도 단지 객일 뿐이고, 어지럽힘을 당하는 것은 당신 마음속 5음의 주인 때문입니다. 만약 주인이 미혹하면 객이 그 방편을 얻지만, 선나를 닦는 그 자리에서 깨달아 미혹이 없다면, 저 마사도 당신을 어찌하지는 못합니다.
>
> 然彼諸魔雖有大怒, 彼塵勞內, 汝妙覺中, 如風吹光如刀斷水, 了不相觸. 汝如沸浪, 彼如堅氷, 煖氣漸隣不日銷殞, 徒恃神力但爲其客, 成就破亂由汝心中五陰主人. 主人若迷, 客得其便, 當處禪那覺悟無惑, 則彼魔事無奈汝何.

주: 〈5음 주인〉   ↔   객: 〈마〉

미혹이 있으면   객이 득세

미혹이 없으면   객이 미약

묘각 중에 있는 수행자와 진로에 묶인 마는 그들이 있는 위치가 다르므로 가질 수
있는 힘이 서로 다르다. 묘각은 담연하고 두루하여 거침이 없는 데 반해, 진로는 객일
뿐이고 실재성이 없다. 마가 수행자의 정(定)에 가까이 다가오면, 마치 불 앞에 얼음이
녹듯이 힘을 쓰지 못하게 된다는 것이다. 마가 가질 수 있는 5신통이란 것은 별것이

아님을 알 수 있다. 수행자가 마로 인해 어지럽게 방해받는다고 해도, 그렇게 일을 벌이는 마는 어디까지나 밖에서 들어오는 객일 뿐이고, 실제로 그런 어지럽힘을 당하는가 아닌가는 전적으로 수행자 자신의 마음, 5음의 주인이 어떤 태도로 임하는가에 달린 것이다. 즉 주인이 깨달아 미혹이 없으면 마도 힘을 쓰지 못하고, 주인이 미혹하면 마가 득세하게 된다. 그러므로 마장에 걸리는가 아닌가의 결정적 요인은 마가 아니라 수행자 자신의 마음자세인 것이다.

붓다: 5음이 녹아서 밝음에 들어가면, 저 삿된 것은 모두 어두운 기운을 받은 것이므로 밝음이 능히 어둠을 파하듯이 가까이 가면 저절로 녹아 사라집니다. 어찌 감히 머물러서 선정을 요란하게 하겠습니까. 만약 밝게 깨닫지 못해 5음으로 미혹해지면, 당신 아난은 반드시 마의 자식이 되어 마인이 될 것입니다. 마등가같이 하열한 사람도 당신에게 주문을 걸어 붓다의 율의를 파하게 하여 8만 수행 중 1계를 훼손하려 하였으나, (당신의) 마음이 청정하기에 빠져들지 않았습니다. 이들(마)은 당신의 보각 전신을 무너뜨리려 하니, 마치 재상의 집안이 홀연히 호적을 몰수당하고 완전히 영락하면 가련하게도 구제할 수 없는 것과 같습니다.

陰銷入明, 則彼群邪咸受幽氣, 明能破暗, 近自銷殞. 如何敢留擾亂禪定. 若不明悟被陰所迷, 則汝阿難必爲魔子成就魔人, 如摩登伽殊爲眇劣, 彼雖呪汝破佛律儀, 八萬行中祇毀一戒, 心淸淨故尙未淪溺, 此乃隳汝寶覺全身, 如宰臣家忽逢籍沒, 宛轉零落無可哀救

마등가 = 하열한 자	↔	마(魔) = 세력 있는 자
아난에게 주문을 걸어 1계를 훼손하려 함		보각 전신을 무너뜨리려 함

수행은 5음에 덮여 있는 번뇌를 모두 제거하여 5음을 녹여 밝게 만드는 것이라고 할 수 있다. 반면 마는 번뇌의 어둠에 머무르는 자이다. 밝음이 어둠을 몰아내듯이 5음이 어둠에서 밝음으로 전환하면 저절로 마의 삿된 기운은 사라지게 된다. 즉 5음을 덮고 있는 어둠의 번뇌를 선정의 힘으로 소멸시켜서 5음의 어둠을 밝음으로 바꾸는 것이 필

요하다. 5음을 덮고 있는 번뇌를 제거하지 못하고 어둠에 빠져 있으면, 그 어둠을 타고 마가 스며들어 오고 중생은 그 마의 뜻에 의해 이끌리게 된다. 그러므로 그런 사람을 마의 자식 또는 마의 사람인 '마인'이라고 한다. 마등가는 힘없는 자라서 아난에게 주문을 걸어 딱 한 가지 계체를 훼손하려 했지만, 마는 훨씬 더 힘 있는 자로서 수행자들을 방해하여 그들의 보각 전신을 무너뜨리려고 한다. 보배로운 깨달음의 본체를 훼손당하면 깨달음에 이르지 못하고 지옥 등 악취에 빠지게 되니, 미리 잘 알아서 경계해야 한다는 것이다.

2. 5음의 마사(魔事)

5음의 마사를 언급한다고 해서 개인의 심신에만 국한된 논의가 아니다. 색음은 가깝게는 유근신의 색이지만, 내외가 둘이 아니므로 기세간의 11색법을 함께 말한다. 그러므로 색음이 다하면 몸만 밝게 보이는 것이 아니고 세계 전체가 밝게 드러난다. 수·상·행·식도 마찬가지이다. 각 단계의 음의 마사는 그 음을 아직 완전히 녹여내어 파하지 못한 단계에서 일어나는 현상들이다. 말하자면 색음의 마사는 색음을 파하고자 하나 아직 파하지 못한 단계에서 일어나는 경계이다. 각 음의 마사는 5중 혼탁과 연관지어 논의된다. 5중 혼탁은 『능엄경』 4권 삼마제(수도분) 초반에서 '수행의 참된 기반'으로서 '결정의'를 설명할 때 이미 논한 것이다. 그곳 설명에 사용했던 도표와 연결하여 5음 마사를 정리해보면 다음과 같다.

묘각명심:		담(湛)		원(圓)
↓				↓
5종 혼탁: 1겁탁(劫濁),	2견탁(見濁),	3번뇌탁(煩惱濁),	4중생탁(衆生濁)	5명탁(命濁)
상직: 공+견	내4대(각)+외4대(무각)	지견(의식)+진(대상)	지견(생)+업운(사)	동+이
무명업상	전상/현상	지상/상속상/집취상/계명자상	기업상	업계고상
결과물: 색음	수음	상음	행음	식음
견고망상	허명망상	융통망상	유은망상	선도망상

앞에서는 5중 혼탁이 겁탁부터 명탁까지 순서에 따라 어떻게 형성되는가를 설명하

였다면, 이곳에서는 그러한 5중 혼탁으로 빚어지는 5음을 하나씩 제거해나가는 수행 과정에서 그 각각의 단계마다 마가 어떤 방식으로 개입하는지를 설명한다. 겁탁에서 시작해서 견탁, 번뇌탁으로 나아가면 혼탁함이 점점 더 더해져서 가장 기저에 있는 겁 탁의 어둠이 점점 더 깊어지고 짙어진다고 할 수 있다. 색음의 혼탁 위에 수음의 혼탁 이 더해지고 다시 그 위에 상음의 혼탁이 더해지는 것이다.『기신론』은 표면의 어둠인 추상(麤相)부터 제거하고 점차 세상(細相)의 제거로 나아가는 것으로 수행을 설명한 다. 반면『능엄경』은 이와 반대로 색음의 마부터 극복하고 수음과 상음과 행음을 거쳐 식음의 마의 극복으로 나아가는 것으로 설명한다. 어둠이 가장 짙은 곳인 색음의 겁탁 에 그 마가 가장 잘 드러나기 때문일 것이다. 기저의 망상부터 들춰내는 것이라고 볼 수 있다. 이러한 순서의 뒤바뀜은 5음이 서로 순환관계에 있기에 그럴 수 있다. 즉 색 에 입각해서 수와 상이 있고, 수와 상에 입각해서 행이 있지만, 그 행음이 식음을 낳고 그 식음으로부터 다시 색음이 형성되기 때문이다. 그렇게 보면 색음이 근과 경으로서 가장 표층에 드러난 현상이기에 거기에서 마장 또한 가장 쉽게 드러난다고 볼 수 있 다. 이하에서 차례대로 논의하는 5음 마사를 미리 정리하면 아래와 같다.

1) 색음: 겁탁(劫濁)으로 생긴   몸의 견고성   = 견고(堅固)한 망상   - 세간의 형성
2) 수음: 견탁(見濁)으로 생긴   느낌의 허명성   = 허명(虛明)한 망상   - 자아식의 출현
3) 상음: 번뇌탁(煩惱濁)으로 생긴   생각의 융통성   = 융통(融通)한 망상   - 의식의 번뇌
4) 행음: 중생탁(衆生濁)으로 생긴   의도의 은밀성   = 유은(幽隱)한 망상   - 업을 지음
5) 식음: 명탁(命濁)으로 생긴   식의 전도성   = 전도(顚倒)된 망상   - 보를 받음

1) 색음의 마사

붓다: 아난이여, 마땅히 알아야 합니다. 당신이 도량에 앉아서 모든 생각을 멸 하여 그 생각이 다하면, 생각을 떠나서 일체가 정미롭게 밝아 동과 정이 이동하 지 않고 기억과 잊음이 하나가 될 것입니다. (a) 이 자리에 머물면서 삼마지에 들어가면, 마치 밝은 눈을 가진 자가 어두운 곳에 있는 것과 같아 정미한 성은 묘하고 맑지만 마음이 아직 빛을 발하지 못하니, 이것을 '색음에 갇힘'이라고 합니다. (b) 만약 눈이 밝아지면, 시방이 통개하여 어두운 곳이 없게 되니, 이것

을 '색음이 다함'이라고 이름합니다. 이 사람은 능히 겁탁을 초월하니, 그 연유
를 살펴보면 견고망상을 근본으로 삼기 때문입니다.

阿難, 當知汝坐道場, 銷落諸念, 其念若盡, 則諸離念一切精明, 動靜不移, 憶忘如
一. (a) 當住此處入三摩地, 如明目人處大幽暗, 精性妙淨, 心未發光, 此則名爲色陰
區宇. (b) 若目明朗, 十方洞開, 無復幽黯, 名色陰盡. 是人則能超越劫濁, 觀其所由,
堅固妄想以爲其本.

념(念)을 없앰: 적적 → 일체가 정명(精明): 성성 → 동정이 정지, 억념이 하나

(a) 색음에 갇힘(색음구우): 정명한 곳에서 삼매에 듦
     ┌ 성: 묘(妙) + 정(淨)
     └ 심: 광을 발하지 못해 유암(幽暗) 상태 → 〈색음에 갇힘〉
(b) 색음이 다함: 심광이 밝음 → 일체가 통달 → 〈색음이 다함〉
    견고망상의 색음을 넘어섬 = 겁탁을 초월함

도량에 앉아 생각을 멸하여 그 생각을 다하게 한다는 것은 일체 떠오르는 생각을 따
라가지 않고 반문(反聞)에 집중하는 것이다. 그렇게 생각을 떠나는 것이 적적이고, 그
상태에서 유지되는 정미한 밝음이 성성이다. 그렇게 마음이 그 본래자리에 머무르면,
바깥에서 일어나는 동과 정의 차이 또는 마음속에 떠오르는 영상의 오고 감이 마음 자
체에 아무 영향도 미치지 못하게 된다. (a) 적적성성한 마음자리에서 삼매에 들어가
면, 이 세상의 밝음이 꿈속 밝음처럼 사실은 어둠이고 무명이라는 것을 비로소 깨닫게
된다. 삼마지에서 깨닫는 어둠은 곧 중생이 색음에 갇혀 있기에 일어나는 어둠이다.
이처럼 색음에 갇힌 것을 '색음구우'라고 한다. '색음의 굴레'라고 할 수 있다. (b) 색음
에 갇혀 있으면 밝은 눈으로 어두운 곳에 갇혀 있는 것 같다가, 색음이 다하면 어두운
곳이 없어지고 시방이 탁 트이면서 모두 밝게 보이게 된다. 이것이 색음이 다해 마음
이 빛을 발하고 눈이 밝아진 것이라고 말한다. 원묘명심의 밝음을 가리던 무명 번뇌와
그로 인한 5음의 막이 벗겨지면서 마음 본래의 광명이 그대로 드러나는 것이다. 5음의
막 중에서 처음의 막인 색음의 막이 벗겨지는 것을 색음이 다했다고 한다. 오랜 동안
의 번뇌와 업과 습으로 인해 볼 수 있는 기능이 눈에만 모이면서 마음의 원명의 빛이
어두워져 눈으로 볼 수 있는 것이 제한되어 있는 것이 색음에 막힘이라면, 다시 마음

의 빛이 밝아져 안팎을 자유롭게 볼 수 있는 것이 색음이 다함이다. 색음에 막히고 갇히는 것은 묘명심의 맑음이 겁탁으로 흐려지기 때문이다. 겁탁은 공(空)과 견(見)이 서로 짜여서 허망하게 이루어지는 제1의 탁함이며, 4대와 산하 등 성주괴공의 무한한 시간인 겁(劫)이 그 안에 모두 포함되어 있기에 겁탁이라고 한다. 묘정명심의 맑음이 겁탁으로 흐려지면서 생겨나는 견고해진 망상이 곧 색음이다. 그러므로 색음이 다하여 색음으로부터 자유로워지는 것은 곧 견고망상을 벗어나고 겁탁을 넘어서는 것이 된다. 이하에서는 수행자가 색음에 갇힘에서 나와서 색음이 다하기까지 그 중간 단계에서 부딪치게 되는 여러 가지 마의 장애들을 열거한다. 미리 정리하면 다음과 같다.

색음구우에서 색음이 다하기까지 나타나는 10가지 색음의 마사(魔事):

(1) 몸이 물질적 장애를 벗어남	- 암중에 묘명을 연마하면 잠시 몸의 장애를 벗음
(2) 몸에서 회충을 꺼냄: 병 고치기	- 심광이 몸 안을 비춤
(3) 허공에서 설법을 들음	- 혼백과 정신이 번갈아 주객이 됨
(4) 금빛 불국토와 여래의 출현	- 심혼이 깨달으면 심광이 밝아 세계를 비춤
(5) 허공이 보색으로 드러남	- 반문공부가 깊어져서 적광묘토에 근접
(6) 어둠 속 사물을 봄: 귀신 보기	- 심광이 엉겨 명암에 불변, 어둠을 뚫고 봄
(7) 몸에 감각이 없어짐	- 몸이 비고 융통하여 몸을 잊음
(8) 불국토와 천계와 지옥을 두루 봄	- 청정이 지극하여 광명이 통하면 정토와 제불을 봄
(9) 멀리 있는 것을 보고 들음	- 마음이 확연히 두루함
(10) 갖가지 선지식을 봄	- 색음이 곧 파함에 마군이 놀라 요란케 함

(1) 몸이 물질적 장애를 벗어남

붓다: 아난이여, 이러한 가운데 정미롭게 연마하여 묘하게 밝아지면, 4대가 짜이지 않아서 잠깐 동안 몸이 능히 장애를 벗어나니, 이것을 '정미로운 밝음이 앞의 경계로 흘러넘침'이라고 합니다. 이것은 단지 공용(功用)으로 잠시 이렇게 된 것이지 성인의 증거가 아니니, 성인이라는 마음을 내지 않으면 좋은 경계라고 하겠지만 성인이라는 견해를 내면 곧 많은 삿됨을 받게 됩니다.

阿難, 當在此中精研妙明, 四大不織, 少選之間身能出礙, 此名精明流溢前境. 斯但功用暫得如是非爲聖證, 不作聖心名善境界, 若作聖解卽受群邪.

묘명을 정미하게 연마 → 4대가 느슨해짐 → 잠깐 몸이 장애를 벗음 → 정명이 흘러넘침

일상에서 4대로 이루어진 색온의 몸은 그 견고성이나 불가침투성 등 물리적 특성으로 인해 장소이동 등의 제한을 가진다. 그런데 선정에서 묘명을 밝히면 몸이 4대의 색온에서 오는 장애를 잠시 벗어나게 된다고 한다. 마음의 빛인 정명이 발산되어 4대의 짜임이 잠시 풀리면서 몸이 가벼워진다거나 사물을 통과한다거나 자유자재로 이동하게 되는 등의 일이 일어난다는 것이다. 다만 이것이 계속되는 것이 아니라, 잠시 그런 현상이 있을 뿐이다. 이러한 현상은 묘명을 정미하게 닦는 수행 덕분에 4대의 교직이 흩어질 때 잠시 색온의 한계 너머로 나아가는 것이므로 단지 일시적인 현상일 뿐이다. 성인의 경우라면 수행을 통해 얻은 경지가 일시적이 아니고 계속 지속되므로, 이렇게 일시적으로 일어나는 현상과는 다르다. 이런 일시적 현상을 갖고 그것이 마치 수행이 완성된 성인의 경지인 듯한 견해를 일으키면 오히려 마의 기운을 부르게 된다고 경계한다. 이 마지막 구절은 10가지 색음의 마사에 모두 공통적으로 언급되고 있다.

(2) 몸에서 회충을 꺼냄: 병 고치기

> 붓다: 아난이여, 다시 이 마음으로 정미롭게 연마하여 묘하게 밝아 몸 안에 사무치면, 이 사람은 홀연히 그 몸 안에서 요충과 회충을 끄집어내도 몸의 모습이 완연하고 상해가 없으니, 이것을 '정미로운 밝음이 몸에 흘러넘침'이라고 합니다. 이것은 단지 정미로운 행이 잠시 이렇게 된 것이지 성인의 증거가 아니니, 성인이라는 마음을 내지 않으면 좋은 경계라고 하겠지만 성인이라는 견해를 내면 곧 많은 삿됨을 받게 됩니다.
> 阿難, 復以此心精研妙明其身內徹, 是人忽然於其身內拾出蟯蛔, 身相宛然亦無傷毀, 此名精明流溢形體. 斯但精行暫得如是非爲聖證, 不作聖心名善境界, 若作聖解卽受群邪.

마음의 빛으로 몸을 꿰뚫어 보면 4대가 짜여 있지 않기에 몸 안을 훤히 볼 수 있고, 그 몸 안의 기생충이나 안 좋은 것들을 몸을 상하지 않고 꺼낼 수 있다고 한다. 종교행사나 부흥회 등에서 병을 치료하는 등의 일들이 일어날 수 있는 것이 이 때문일 것이

다. 이것도 수행으로 생겨나는 일이지만 잠깐의 현상일 뿐 수행이 완성된 성인의 경지
는 아니다. 여기에서 성인이라는 견해를 일으키면 오히려 마에 걸려들게 된다.

(3) 허공에서 설법을 들음

> 붓다: 또한 이 마음으로 안팎으로 정미롭게 연마하면, 이때 혼백과 의지와 정
> 신이 집수(執受)의 몸을 제외하고 그 밖에 모두 건너 들어와 서로 손님도 되고
> 주인도 되어 홀연히 허공에서 설법하는 음성을 듣거나 시방에서 동시에 펼쳐지
> 는 밀의(密義)를 듣게 되니, 이것을 '정미로운 혼이 번갈아 떨어졌다 합했다 하
> 면서 선한 종자를 성취함'이라고 합니다. 잠시 이렇게 된 것이지 성인의 증거는
> 아니니, 성인이라는 마음을 내지 않으면 좋은 경계라고 하겠지만 성인이라는
> 견해를 내면 곧 많은 삿됨을 받게 됩니다.
>
> 又以此心內外精研, 其時魂魄意志精神, 除執受身餘皆涉入互爲賓主, 忽於空中
> 聞說法聲, 或聞十方同敷密義, 此名精魂遞相離合成就善種. 暫得如是非爲聖證,
> 不作聖心名善境界, 若作聖解卽受群邪.

혼 백 의   지 정신 - 5장의 주재자
간 폐 비장 신장 심장 - 5장(감산의 설명)[4]

(1)은 묘명으로 밖을 연마할 때 일어나는 현상이고, (2)는 묘명으로 안을 연마할 때
일어나는 현상이라면, (3)은 안과 밖을 함께 연마할 때 일어나는 현상이다. 여기에서
는 정미로운 혼이 안팎을 오가면서 주와 객으로 나뉘어서 한쪽은 설법을 하고 다른 한
쪽은 설법을 듣는다고 한다. 설법의 음성을 허공에서 들으면 안의 주가 말하고 밖의
객이 듣는 것이고, 밖에서 펼쳐지는 밀의를 안에서 들으면 밖의 객이 설하고 안의 주
가 듣는 것이다. 집수(執受)의 몸은 제8아뢰야식의 상분인 몸인데, 이러한 집수신을
제외한 혼백, 의지, 정신이 서로 주 또는 객이 되어 서로 이야기를 주고받는다고 한다.
풀리지 않던 문제에 대해 꿈속에서 답을 얻는다거나 불현듯 신의 계시를 받는다거나

---

4 감산, 『수능엄경통의』, 2권, 368쪽 참조.

또는 소위 환청을 듣는 것 등이 이런 현상일 것이다.

(4) 금빛 불국토와 여래의 출현

> 붓다: 또 이 마음으로 맑게 드러내고 밝게 사무쳐 내면의 빛이 밝아지면, 시방이 두루 염부단의 금색이 되고 모든 종류가 여래로 변화하며 이때 홀연히 비로사나불이 천광대에 앉아 있고 천불이 둘러싸고서 백억 국토와 연화가 동시에 출현하는 것을 보게 되니, 이것을 '심혼이 신령한 깨달음에 물들고 심광이 연마로 밝아져 세계를 비춤'이라고 합니다. 잠시 이렇게 된 것이지 성인의 증거가 아니니, 성인이라는 마음을 내지 않으면 좋은 경계라고 하겠지만 성인이라는 견해를 내면 곧 많은 삿됨을 받게 됩니다.
>
> 又以此心澄露皎徹內光發明, 十方遍作閻浮檀色, 一切種類化爲如來, 于時忽然見毘盧遮那踞天光臺千佛圍繞, 百億國土及與蓮華俱時出現, 此名心魂靈悟所染, 心光研明照諸世界. 暫得如是非爲聖證, 不作聖心名善境界, 若作聖解卽受群邪.

수행을 계속 하다 보면 색음이 풀리면서 내면의 빛이 드러나서 여러 가지 모습을 보게 된다. 마치 눈앞의 실제 광경처럼 제불이나 불국토나 연화 등 갖가지 모습들이 생생하게 나타난다. 이것도 오랫동안 설법을 들으면서 훈습되었던 습기들이 마음속에 남아 있다가 선정의 힘으로 자극받아 금빛 세계와 연꽃 및 제불 등 구체적 영상으로 드러나는 것이라고 할 수 있다. 심광으로 보는 일시적 현상이라고 한다.

(5) 허공이 보색으로 드러남

> 붓다: 또 이 마음으로 정미롭게 연마하여 묘하게 밝아져서 쉬지 않고 관찰하여 누르고 항복받고 제지하고 초월하면, 이때 홀연히 시방 허공이 7보색이나 100보색으로 바뀌어 동시에 두루하되 서로 장애되지 않아 청황적백이 각각 순수하게 나타나니, 이것을 '누르는 공력이 한도를 넘은 것'이라고 합니다. 잠시 이렇게 된 것이지 성인의 증거는 아니니, 성인이라는 마음을 내지 않으면 좋은

경계라고 하겠지만 성인이라는 견해를 내면 곧 많은 삿됨을 받게 됩니다.

又以此心精硏妙明觀察不停, 抑按降伏制止超越, 於時忽然十方虛空成七寶色或百寶色, 同時遍滿, 不相留礙, 靑黃赤白各各純現, 此名抑按功力踰分. 暫得如是非爲聖證, 不作聖心名善境界, 若作聖解卽受群邪.

수행을 깊이 계속하여 반문공부가 끊어지지 않게 하면, 어느 순간 허공이 청황백색의 갖가지 색으로 드러난다. (4)에서는 국토나 부처 등 구체적 형상이 나타난 데 반해, 여기 (5)에서는 구체적 형상이 아니라 순수한 갖가지 빛으로 드러난다. 이것 또한 심층마음 안에 훈습되어 있던 것들이 선정으로 격발되어 다양한 빛으로 잠시 드러나는 것이며, 결국 마음이 그려내는 상인 것이다.

(6) 어둠 속 사물을 봄: 귀신 보기

붓다: 또 이 마음으로 연구하여 맑게 사무쳐서 정미로운 빛이 어지럽지 않으면, 홀연히 밤에 어두운 방 안에서 갖가지 사물을 보는 것이 밝은 낮과 다르지 않고 어두운 방 안의 물건이 없어지지도 않으니, 이것을 '마음이 미세하게 그 견을 맑게 하여 보여진 것이 어둠을 통과한 것'이라고 합니다. 잠시 이렇게 된 것이지 성인의 증거는 아니니, 성인이라는 마음을 내지 않으면 좋은 경계라고 하겠지만 성인이라는 견해를 내면 곧 많은 삿됨을 받게 됩니다.

又以此心硏究澄徹精光不亂, 忽於夜合在暗室內, 見種種物不殊白晝, 而暗室物亦不除滅, 此名心細密澄其見所視洞幽. 暫得如是非爲聖證, 不作聖心名善境界, 若作聖解卽受群邪.

수행을 통해 마음의 정묘한 빛을 흔들림 없이 지켜내다 보면, 일상적으로 어두워서 잘 보지 못하던 것도 밝게 보게 된다고 한다. 마음이 견을 미세하게 밝혀서 어둠을 넘어 사물을 볼 수 있게 되는 것이다. 『정맥소』는 "갖가지 사물이란 방 안에 있던 물건이 아니라 어둠 속에서 출현한 괴이한 물건들이다. 대개 귀신과 도깨비(정매精魅)가 항상 사람이 사는 곳에 섞여 있어도 서로 보지 못하다가 이제 심광이 치밀하게 밝아져서 어둡게 숨은 것이 드러날 때가 되자 갖가지가 출현한 것이다"[5]라고 설명한다. 어두운 곳에서 보게 되는 갖가지 사물에는 우리가 육안으로 보지 못하던 귀신이나 도깨비까지 포함된다는 것이다.

(7) 몸의 감각이 없어짐

> 붓다: 또 이 마음으로 원만하게 들어가 비고 원융해지면, 사지가 홀연히 초목과 같아져서 불로 태우고 칼로 잘려도 느껴지는 것이 없고 또 화광이 태우지 못하며 설혹 그 몸을 잘라도 나무를 깎는 것 같게 되니, 이것을 '미진과 더불어 4대의 성까지 버려서 일체가 순수에 들어간 것'이라고 합니다. 잠시 이렇게 된 것이지 성인의 증거는 아니니, 성인이라는 마음을 내지 않으면 좋은 경계라고 하겠지만 성인이라는 견해를 내면 곧 많은 삿됨을 받게 됩니다.
>
> 又以此心圓入虛融, 四肢忽然同於草木, 火燒刀斫曾無所覺, 又則火光不能燒爇, 縱割其肉猶如削木, 此名塵併排四大性一向入純. 暫得如是非爲聖證, 不作聖心名善境界, 若作聖解卽受群邪.

선정수행을 계속하면 4대의 짜임이 풀리게 되고, 그러면 마음이 4대로 짜여진 몸에 머무르지 않고 그 사이의 비어 있는 곳으로 들어가기 때문에, 몸에 상해를 가해도 그로 인해 고통을 받지 않게 된다고 한다. 초목과도 같은 상태가 되어 몸의 느낌이 없어진다는 것이다. 신체에 상해가 가해져도 느낌이 없다거나 아니면 아예 상해 자체가 가해지지 않는다는 뜻도 들어 있다. 등신불에서 고통스럽지 않은 표정이 가능한 것은 상해가 가해지지만 마음이 빈 곳에 들어가 느낌이 없는 경우일 것이다.

(8) 불국토와 천계와 지옥을 두루 봄

> 붓다: 또 이 마음으로 청정을 성취하여 맑은 마음의 공력이 지극해지면, 홀연

---

5   진감, 『정맥소』, 4권, 425-426쪽.

히 대지와 시방 산하가 모두 불극토가 되어 7보를 구족하고 광명이 두루함을 보게 되며, 또 항하사만큼의 제불 여래가 공계에 두루 가득하고 누각과 보전의 화려함을 보게 되며, 아래로 지옥을 보고 위로 천궁을 봄에 장애가 없게 되니, 이것을 '좋아하고 싫어하는 생각이 응결되고 날로 깊어져서 생각이 오래되어 변화하여 나타난 것'이라고 합니다. 성인의 증거가 아니니, 성인이라는 마음을 내지 않으면 좋은 경계라고 하겠지만 성인이라는 견해를 내면 곧 많은 삿됨을 받게 됩니다.

又以此心成就清淨淨心功極, 忽見大地十方山河皆成佛國, 具足七寶光明遍滿, 又見恒沙諸佛如來遍滿空界樓殿華麗, 下見地獄上觀天宮得無障礙, 此名欣厭凝想日深想久化成. 非爲聖證, 不作聖心名善境界, 若作聖解卽受群邪.

선정을 계속하여 마음이 청정하고 맑아지면, 제불여래뿐 아니라 아래로 지옥과 위로 천계까지도 모두 바라봄에 장애가 없게 된다. 이것은 마음 안에 쌓여 있던 훈습된 습기의 힘과 응결된 생각이 선정의 힘으로 촉발되어 나타난 모습이라고 할 수 있다. 그것이 실제 불국토나 천이나 지옥을 본 것이라고 할 수 있는 것은 불국토나 천이나 지옥이 실제로도 그 마음 바깥에 따로 있는 것이 아니기 때문이다. 어느 경우이든 마음 안에 훈습된 종자가 발현되어 드러나는 모습인 것이다.

(9) 멀리 있는 것을 보고 들음

붓다: 또 이 마음으로 연마하고 궁구하여 심원해지면, 홀연히 밤중에 먼 곳의 시정과 길거리에 있는 친족과 권속을 멀리 보거나 그 말소리를 듣게 되니, 이것을 '마음을 다그치기를 극심하게 하면 날아오르므로 많이 막힌 것도 보는 것'이라고 합니다. 성인의 증거가 아니니, 성인이라는 마음을 내지 않으면 좋은 경계라고 하겠지만 성인이라는 견해를 지으면 곧 많은 삿됨을 받게 됩니다.

又以此心研究深遠, 忽於中夜遙見遠方市井街巷親族眷屬或聞其語, 此名迫心逼極飛出故多隔見. 非爲聖證, 不作聖心名善境界, 若作聖解卽受群邪.

심층마음은 6근으로 분화되어 작용하는 표층의식보다 더 멀리 나아가 더 많은 정보를 수용하고 있다. 일상의 감각기관은 색의 장애로 인해서 보고 듣는 것에 제한이 있지만, 색음의 짜임이 풀리고 느슨해지면 마음은 그러한 제한을 벗어나 더 많은 것을 보고 들을 수 있다. 밤중에 이런 식으로 아주 먼 곳의 사람을 보고 또 그 먼 곳의 말소리를 듣기도 한다는 것이다.

(10) 갖가지 선지식을 봄

> 붓다: 또 이 마음으로 연마하고 궁구하여 정비로움이 지극해지면, 선지식의 형체가 바뀜을 보는데 잠깐 사이에 단서 없이 갖가지로 바뀌니, 이것을 '삿된 마음이 도깨비를 받아들이거나 천마가 그 마음속에 들어가 단서 없이 묘의를 통달하는 설법을 하는 것'이라고 합니다. 성인의 증거가 아니니, 성인이라는 마음을 내지 않으면 마사가 소멸하지만 성인이라는 견해를 내면 곧 많은 삿됨을 받게 됩니다.
>
> 又以此心研究精極, 見善知識形體變移, 少選無端種種遷改, 此名邪心含受魑魅 或遭天魔入其心腹無端說法通達妙義. 非爲聖證, 不作聖心魔事銷歇, 若作聖解卽 受群邪.

수행을 하여 마음이 정미해지면 문득 선지식이 이런저런 모습으로 변화하여 나타난다고 한다. 이것은 도깨비(리매)나 천마가 일으킨 모습이라고 하는데, 여기에서 리매는 마음속에서 일어나는 망상이고, 천마는 밖에서 마음속으로 들어오는 것으로 설명되고 있다. 마음속에 남아 있던 선지식의 종자들이 갑자기 드러나는 것인데, 수행하여 색음을 파하려고 하므로 마가 달려들어 방해하는 것이다.

> 붓다: 아난이여, 이와 같은 10가지 선나의 경계가 나타나는 것은 모두 색음과 용심이 서로 작용하기 때문에 나타나는 일입니다. 중생이 완고하고 미혹하여 스스로 헤아리지 못하니, 이런 인연을 만나면 미혹하여 스스로 알지 못하고 성

인에 올랐다고 말하여 대망어를 범해 무간지옥에 떨어집니다. 당신들은 마땅히 의지하여 여래가 멸도한 후 말법시대에 이 뜻을 드러내어 천마가 그 방편을 얻지 못하게 하며, (중생을) 보호하고 지켜 무상도를 이루게 하십시오.

阿難, 如是十種禪那現境, 皆是色陰用心交互故現斯事. 衆生頑迷不自忖量, 逢此因緣, 迷不自識謂言登聖大妄語成, 墮無間獄. 汝等當依如來滅後, 於未法中宣示斯義, 無令天魔得其方便, 保持覆護成無上道.

색음(色陰) = 견고망상 ┐
　　　　　　　　　　　├ 교호(交互)
용심(用心) = 선나　　┘

지금까지 설명한 10가지 현상은 모두 수행을 통해 색음의 견고망상의 한계를 넘어섬으로써 드러나는 모습이다. 여기에서는 이것을 색음의 망상과 수행의 마음인 용심, 둘 간의 상호 작용(교호) 때문이라고 설명한다. 수행의 용심이 색음을 넘어서면 일상과는 다른 특이한 현상이 나타나게 되는 것이다. 그러나 이것은 수행과정 상에 드러나는 일시적 현상일 뿐 성인의 단계에 이르렀다는 증거는 아니다. 그런데도 이러한 현상을 성인의 증거라고 생각하며 거기 집착하는 것은 오히려 수행을 통해 그다음 단계로 나아가려는 것을 방해하려는 마의 공작일 수 있으니, 거기에 넘어가면 안 된다고 경고한다. 그래서 이것을 마가 일으키는 마사(魔事)이며 마장(魔障)이라고 하는 것이다. 수행과정에서 색음이 다하고 나면, 수행자는 다음 단계로 수음을 파하려고 하고, 그러면 그것을 방해하기 위한 수음의 마사가 일어난다.

2) 수음의 마사

붓다: 아난이여, 저 선남자가 삼마제와 사마타를 닦는 중에 색음이 다하면, 마치 밝은 거울에 영상이 나타나듯이 붓다의 마음을 볼 것입니다. (a) 얻은 것이 있는 듯하나 아직 능히 사용하지 못하는 것이 마치 가위눌린 자가 손발이 완연하고 보고 들음이 헷갈리지 않는데도 마음이 삿된 객에 눌려 움직일 수 없는 것과 같으니, 이것을 '수음에 갇힘'이라고 합니다. (b) 만약 가위눌린 허물이 멈추

면, 그 마음이 몸을 떠나 돌이켜 그 얼굴을 보게 되며 가고 옴이 자유롭게 되어 다시 장애가 없게 되니, 이것을 '수음이 다함'이라고 합니다. 이 사람은 견탁을 초월하니, 그 연유를 살펴보면 허명망상을 근본으로 삼기 때문입니다.

阿難, 彼善男子修三摩提奢摩他中色陰盡者, 見諸佛心如明鏡中顯現其像. (a) 若有所得而未能用, 猶如魘人手足宛然見聞不惑, 心觸客邪而不能動, 此則名爲受陰區宇. (b) 若魘咎歇, 其心離身, 返觀其面, 去住自由, 無復留礙名受陰盡. 是人則能超越見濁, 觀其所由, 虛明妄想以爲其本.

(a) 수음에 갇힘: (객인 느낌에 눌려) 붓다의 마음을 보지만, 자재하지 못함
　　　　　　예) (가위에 눌려) 보고 들으면서도, 움직이지 못함
(b) 수음이 다함: 느낌으로부터 자유로워짐
　　　　　　허명망상의 수음(느낌)을 넘어섬 = 견탁을 초월함

사마타는 지(止)이고, 삼마제는 정(定)이다. 반문(反聞)을 시작하여 '류(流)에 들어가 소(所)를 잊음'이 지(止)이고, 반문을 계속하여 원정명심으로 나아가는 것이 정(定)이다. 그렇게 반문으로 지와 정을 닦다 보면, 색음이 다하여 색음을 벗은 마음에 직면하게 된다. 중생의 마음이 곧 본래 부처의 마음이므로 색음이 다한 상태에서 중생은 거울에 영상이 나타나듯이 붓다의 마음을 본다. 거울을 가리는 어둠(색)이 사라지면 거울에 영상이 나타나듯 색음이 다한 자리에서 자기 마음을 보는 것이다. 그런데 그 마음은 우선 그 안에 쌓여 있는 느낌과 함께 드러나며, 그렇게 드러나는 느낌에 사로잡히게 되는 것이 바로 수음에 갇히는 것이다. 실제로 그 느낌은 자신의 업과 습에 따라 나타난 업의 잔여물인데도 수행자가 그것을 모르고 거기에 집착함으로써 수음의 마에 걸려들게 된다. (a) 색음의 한계를 벗어나 색음 너머의 붓다의 마음을 보는 단계이다. 그래서 '얻은 것이 있는 듯하다'고 말한다. 그러나 그 붓다의 마음을 자유자재하게 보지 못하고 '몸을 집착하여 받아들이는' 집수(執受)를 따라서만 본다. 마음이 집수로 인해 자유롭지 못하고 몸에 매여 있는 상태인 것이다. 따라서 이것을 가위눌린 것에 비유한다. 보고 듣는 마음의 작용이 몸과 상관없는데도 몸에서 일어나는 느낌에 갇혀서 일어나는 것이다. 그래서 수음에 갇힘이다. (b) 집수를 벗어나면 마음이 몸에 매이지 않고 자유로워져서 얼굴도 볼 수 있게 된다고 한다. 이것이 집수를 벗어나 수음

으로부터 자유로워지는 것이다. 마음이 몸에 갇히는 것은 수음에 의한 것이며, 따라서 수음이 다하면 마음이 몸에 갇힘으로부터 풀려나서 자유로워진다. 견탁은 본래 무정의 4대가 견문각지와 짜이면서 생겨나는 제2의 혼탁으로 수음을 일으키는 혼탁이다. 묘정명심의 맑음이 견탁으로 흐려지면서 생겨나는 '비어 있되 분명한 망상'인 허명망상이 곧 느낌인 수음이다. 그러므로 수음이 다하여 수음으로부터 자유로워지는 것은 곧 허명망상을 벗어나고 견탁을 초월하는 것이다. 수행을 하다가 선정에 치우치고 지혜가 부족하면, 여러 가지 치우친 느낌을 갖게 되니, 이것을 수음의 마에 걸린 것이라고 한다. 수음에 갇힌 상태에서 갖가지 수음의 마의 모습을 보게 되고, 수음이 다하면 그 상들이 사라지게 된다. 이하에서 논할 10가지 수음의 마사는 다음과 같다.

수음구우에서 수음이 다하기까지 나타나는 10가지 수음의 마사:

(1) 자기를 억제하여 슬픔에 빠짐: 우울증   – 연민하다가 비마(悲魔)를 만남

(2) 자신을 붓다와 나란히 여김: 자기도취   – 자만하다가 광마(狂魔)를 만남

(3) 정(定)에 치우쳐 침울함: 편집증   – 침억하다가 억마(憶魔)를 만남

(4) 혜(慧)에 치우쳐 자신을 노사나불로 여김   – 항심(恒心)을 잃고 지족마(知足魔)를 만남

(5) 험난을 알고 근심이 많아짐: 자살충동   – 근심하다가 우수마(憂愁魔)를 만남

(6) 편안함 깨닫고 기쁨이 많아짐: 조증   – 경안하다가 희락마(喜樂魔)를 만남

(7) 수승함을 알아 남을 업신여김: 자만   – 아만을 내다가 만마(慢魔)를 만남

(8) 지혜로 경안을 얻어 만족: 과대망상   – 경청 중에 경마(輕魔)를 만남

(9) 공에 집착해서 계를 훼손함: 단견과 막행   – 공에 떨어져 공마(空魔)를 만남

(10) 유에 집착해서 음욕을 자행: 음행   – 애욕에 빠져 욕마(欲魔)를 만남

(1) 자기를 억제하여 슬픔에 빠짐, 우울증: 비마(悲魔)

붓다: 아난이여, 저 선남자가 이런 중에 대광요를 얻어 그 마음이 밝아져 안으로 억누름이 과분해지면, 홀연히 그곳에 무한한 슬픔이 생겨서 모기나 등에를 보고도 어린아이같이 여겨 마음에 연민이 생겨 모르는 사이에 눈물을 흘리니, 이것을 '(수행의) 공용으로 억누름이 과도한 것'이라고 합니다. 깨달으면 허물이 없지만 성인의 증거는 아니니, 자각하면 미혹되지 않고 오래 두면 저절로 사라집니다. 만약 성인의 견해를 내면 슬픔의 마가 그 마음에 들어와 사람만 보면 곧 슬퍼서 한없이 울게 되니, 삼매를 잃어 추락하게 됩니다.

阿難, 彼善男子當在此中得大光耀, 其心發明內抑過分, 忽於其處發無窮悲, 如
是乃至觀見蚊虻猶如赤子, 心生憐愍不覺流淚, 此名功用抑摧過越. 悟則無咎非爲
聖證, 覺了不迷久自銷歇. 若作聖解則有悲魔入其心府, 見人則悲啼泣無限, 失於
正受當從淪墜.

대광요는 빛이 널리 퍼짐이니, 대광요를 얻는다는 것은 마음이 널리 열려서 심광이
빛을 발하는 것이다. 심광이 빛을 발하여 존재의 실상을 보고 나면, 일체 중생을 향한
자비의 마음이 흘러넘치는데, 그것이 그대로 자비행으로 이어지지 않고 안으로 쌓이
고 눌리기에 슬픔의 감정으로 표출된다. 대광요를 얻어 자비심으로부터 일어나는 슬
픔은 수행이 한 단계 진전되었다는 표시이다. 그러므로 그 자체 허물이 없지만, 그것
을 갖고 자신이 대자대비의 성인이나 부처가 된 것처럼 여겨 그 슬픔으로부터 헤어나
지 못하면, 그것은 곧 슬픔의 마인 비마(悲魔)가 접근하여 마음속으로 들어와 수행을
방해하고 있는 것이다.

(2) 자신을 붓다와 나란히 여김, 자기도취: 광마(狂魔)

붓다: 아난이여, 또 저 선정 중에 선남자가 색음이 다하고 수음이 명백함을 보
되 수승한 상이 현전하여 감격이 과분해지면, 홀연히 그 가운데 무한한 용기가
생겨서 그 마음이 매우 예리해져 붓다와 같아지려는 뜻을 품고 3아승지를 일념
에 능히 초월한다고 말하니, 이것을 '공부함에 능멸이 과도한 것'이라고 합니
다. 깨달으면 허물이 없지만 성인의 증거는 아니니, 자각하면 미혹되지 않고 오
래 두면 저절로 사라집니다. 만약 성인의 견해를 내면 광기의 마가 그 마음에 들
어와 사람만 보면 과시와 아만이 비할 데 없어 그 마음이 위로 붓다를 보지 않고
아래로 사람을 보지 않으니, 삼매를 잃어 추락하게 됩니다.

阿難, 又彼定中諸善男子見色陰銷受陰明白, 勝相現前感激過分, 忽於其中生無
限勇. 其心猛利志齊諸佛, 謂三僧祇一念能越, 此名功用凌率過越. 悟則無咎非爲
聖證, 覺了不迷, 久自銷歇. 若作聖解則有狂魔入其心腑, 見人則誇我慢無比, 其心
乃至上不見佛下不見人, 失於正受當從淪墜.

수행을 하는 과정에서 색음이 멸하면서 자기 마음을 보게 되니, 그동안 익혀 알던 '중생즉부처'라는 가르침을 따라 본인이 바로 부처가 되었다고 과분한 감정 내지 대용맹심을 일으키는 것을 말한다. '중생즉부처'이니 3아승지겁이라는 긴 시간의 수행도 불필요하며 당장 한 찰나의 일념에 이미 부처가 되었다고 과신하는 것이다. 이와 같이 '중생즉부처'의 믿음에 따라 부처의 마음을 보는 감격을 느끼는 것 자체는 허물이 아니다. 그러나 그 느낌에 빠져서 스스로 성인이라는 견해를 내면, 그 아만의 자리에 광기의 마인 광마(狂魔)가 끼어든다. 그러면 그 이상으로 나아가는 수행력을 상실하게 되니 수음의 마를 조심해야 하는 것이다.

(3) 정(定)에 치우쳐 침울함, 편집증: 억마(憶魔)

> 붓다: 또 저 선정 중에 선남자가 색음이 다하고 수음이 명백함을 보되 앞으로 새로 증득할 것도 없고 돌이켜 예전 거주지도 없어서 지력이 쇠미해져 중휴지에 들어가 멀리 보이는 것이 없으면, 마음에 홀연히 큰 고갈이 생기고 계속 침울한 기억이 흩어지지 않아 이것을 갖고 정진의 모습을 삼게 되니, 이것을 '마음을 닦되 지혜가 없어 자신을 잃어버린 것'이라고 합니다. 깨달으면 허물이 없지만, 성인의 증거는 아니니, 만약 성인의 견해를 내면 침울의 마가 그 마음으로 들어와 조석으로 마음을 잡아 한 곳에 매달리게 하니, 삼매를 잃어 추락하게 됩니다.
>
> 又彼定中諸善男子見色陰銷受陰明白, 前無新證歸失故居, 智力衰微入中墮地, 逈無所見, 心中忽然生大枯渴, 於一切時沈憶不散, 將此以爲勤精進相, 此名修心無慧自失. 悟則無咎非爲聖證, 若作聖解則有憶魔入其心腑, 旦夕撮心懸在一處, 失於正受當從淪墜.

색음이 소멸하여 예전 거주지가 없어졌지만, 아직 수음이 남아 있어서 앞으로 새로 증득할 것도 없는 상태에 이른다. 이 과정에서 반문 수행을 계속 밀고 나가지 못하고, 지력이 약하여 수음의 상이 허망상임을 알지 못해 그 느낌에 휘둘려서 고갈되고 침잠해 버리게 되는 일이 일어나게 된다. 그러면서 오히려 이런 고갈되고 침잠된 느낌을 정진력으로 삼으려고 한다면, 이것은 곧 지혜의 부족으로 자신을 잃어버린 것이라고 말한다. 고갈된 느낌이나 침울한 느낌에 빠져들고 마는 것은 수행과정에서 일어나는 일이다. 이때 정(定)의 힘만큼 지력(智力)을 발휘하여 그 단계를 뛰어넘어가야 하는데, 오히려 그런 침울한 느낌을 갖고 그것이 성인의 모습인 듯 생각한다면, 그 틈새로 침울의 마인 억마(憶魔)가 끼어든다. 그럴 경우 수행자는 계속 그 마음을 벗어나지 못해 바른 수행에 이르지 못하니, 이를 마장이라고 하는 것이다.

(4) 혜(慧)에 치우쳐 자신을 노사나불로 여김: 지족마(知足魔)

붓다: 또 저 선정 중에 선남자가 색음이 다하고 수음이 명백함을 보되 지혜의 힘이 선정을 초과하여 너무 예리해지면, 수승한 성품을 마음에 품어 자기 마음이 이미 노사나불이 아닌가 의심하며 적게 얻은 것에 만족하게 되니, 이것을 '마음을 쓰되 항상 살피지 못해 지견에 빠진 것'이라고 합니다. 깨달으면 허물이 없지만 성인의 증거는 아니니, 만약 성인의 견해를 내면 곧 하열하여 쉽게 만족하는 마가 그 마음에 들어가 타인을 보면 스스로 '나는 무상제일의제를 얻었다'고 말하게 되니, 삼매를 잃어 추락하게 됩니다.

又彼定中諸善男子見色陰銷受陰明白, 慧力過定失於猛利, 以諸勝性懷於心中, 自心已疑是盧舍那, 得少爲足, 此名用心亡失恒審溺於知見. 悟則無咎非爲聖證, 若作聖解則有下劣, 易知足魔入其心腑, 見人自言我得無上第一義諦, 失於正受當從淪墜.

(3)이 지력보다 선정력이 과도해서 기분이 침잠하는 문제가 있었다면, 여기 (4)는 선정력보다 지혜력이 지나치게 넘치는 경우의 문제이다. 지혜력이 앞서서 자신의 수승한 성품을 보고 스스로 노사나불이라고 여기면서 현재 상태에 만족하여 머무르게 되는 것을 말한다. 이것을 항상되게 살피지 못하고 지견(知見)에 빠진 것이라고 비판한다. 수행하는 과정에서 자신의 지력을 발휘하여 예민하게 생각할 수는 있지만, 그렇다고 현재 상태의 자신을 노사나불이라고 여기면서 만족하여 거기 머무르면 더 이상의 진척이 없게 되니, 쉽게 만족하게 만드는 지족마(知足魔)가 끼어들어 수행을 방해한 것이다. 마가 마음에 들어와 '나는 수행을 완성하였고 무상의 깨달음을 얻었다'라고 여기면 그 이상으로 나아가지 못하게 되기 때문이다.

(5) 험난을 알고 근심이 많아짐, 자살충동: 우수마(憂愁魔)

붓다: 또 저 선정 중에 선남자가 색음이 다하고 수음이 명백함을 보되 새로 증득하지는 못하고 이전 마음은 이미 사라져서 두 가지를 두루 고찰하여 스스로 어렵다고 생각하면, 마음에 홀연히 끝없는 근심이 일어나 쇠걸상에 앉은 것 같고 독약을 마시는 것 같으며 마음이 살고 싶지 않아 항상 타인에게 자기 목숨을 끊어 빨리 해탈하게 해달라고 구하게 되니, 이것을 '수행하다 방편을 잃은 것'이라고 합니다. 깨달으면 허물이 없지만 성인의 증거는 아니니, 만약 성인의 견해를 내면 항상 근심의 마가 그 마음에 들어와 손에 칼을 잡고 스스로 그 몸을 해치며 목숨을 버리기를 바라거나 또는 항상 근심에 빠져 산림으로 달아나 사람을 보지 않으려고 하니, 삼매를 잃어 추락하게 됩니다.

又彼定中諸善男子見色陰銷受陰明白, 新證未獲故心已亡, 歷覽二際自生艱險, 於心忽然生無盡憂, 如坐鐵床如飮毒藥, 心不欲活, 常求於人令害其命早取解脫, 此名修行失於方便. 悟則無咎非爲聖證, 若作聖解則有一分常憂愁魔入其心腑, 手執刀劍自割其肉, 欣其捨壽或常憂愁走入山林不耐見人, 失於正受當從淪墜.

색음이 멸하고 수음이 분명히 드러날 때, 부정적인 느낌에 휩싸여서 근심과 걱정이 늘어나고 살기 싫어 죽고 싶다는 생각에 사로잡히는 것을 말한다. 이것을 수행과정에서 정당한 방편을 잃은 것이라고 한다. 수행과정에서 근심과 걱정이 밀려오고 삶을 싫어하여 떠나려는 염리심이 일어날 수 있지만, 그것은 수행상에서 일어나는 일시적 현상으로 알아차려야지 그것을 갖고 자신이 속세를 떠난 성인의 경지에 이른 것이라고 여기면, 근심과 걱정의 우수마(憂愁魔)가 마음 깊숙이 들어와 수행자를 해치며 더 이상 수행을 할 수 없게 만든다.

(6) 편안함을 깨닫고 기쁨이 많아짐, 조증: 희락마(喜樂魔)

붓다: 또 저 선정 중에 선남자가 색음이 다하고 수음이 명백함을 보되 청정에 처하여 마음이 안은해지면, 홀연히 스스로 무한한 기쁨이 일어나 마음에 희열

을 그치지 못하게 되니, 이것을 '경안을 금할 지혜가 없음'이라고 합니다. 깨달으면 허물이 없지만 성인의 증거는 아니니, 만약 성인의 견해를 내면 희락을 좋아하는 마가 그 마음에 들어가 사람만 보면 웃고 길거리에서 스스로 노래하고 춤추며 스스로 자신이 무애해탈을 얻었다고 말하니, 삼매를 잃어 추락하게 됩니다.

又彼定中諸善男子見色陰銷受陰明白, 處清淨中心安隱後, 忽然自有無限喜生, 心中歡悅不能自止, 此名輕安無慧自禁. 悟則無咎非爲聖證, 若作聖解則有一分好喜樂魔入其心腑, 見人則笑, 於衢路傍自歌自舞自謂已得無礙解脫, 失於正受當從淪墜.

수행과정에서 (5)가 부정적 느낌에 침몰하는 것이라면 여기 (6)은 안온하고 편안한 마음인 기쁜 마음에 사로잡혀서 희열의 감정을 그치지 못하는 것이다. 이것을 경안을 멈출만한 지혜가 없는 상태라고 말한다. 수행과정에서 마음이 편안해지면서 기쁨과 환희의 느낌이 일어날 수 있다. 이때 그것을 수행상 잠시 일어나는 느낌이라고 생각하면 문제가 없는데, 그것을 자신이 성인의 단계에 이른 것이라고 여기면 문제가 된다. 성인이라는 자기도취적 견해를 일으키면 희락을 즐기는 희락마(喜樂魔)가 마음에 들어와서 자신을 해탈한 자로 여기게 하여 그다음의 수행 단계로 나아가는 것을 가로막기 때문이다.

(7) 수승함을 알아 남을 업신여김, 자만: 만마(慢魔)

붓다: 또 저 선정 중에 선남자가 색음이 다하고 수음이 명백함을 보되 스스로 만족하면, 홀연히 단서 없이 큰 아만이 일어나고 나아가 만과 과만 및 만과만 또는 증상만 또는 비열만이 동시에 함께 일어나 마음속에 시방 여래도 경시하니 하물며 하위의 성문과 연각에 대해서는 어떻겠습니까? 이것을 '수승함만 보고 자신을 구제할 지혜가 없음'이라고 합니다. 깨달으면 허물이 없지만 성인의 증거는 아니니, 만약 성인의 견해를 낸다면 대아만의 마가 마음에 들어와 탑묘에

예배하지 않고 경전과 불상을 훼손하며 시주(단월)에게 '이것(불상)은 금동이 거나 토목이고 경전은 나뭇잎이나 첩화이지만 육신은 참되고 항상되니 스스로를 공경하지 않고 오히려 토목을 숭배함은 실로 전도이다'라고 말합니다. 그를 깊이 믿는 자가 그를 따라 (불상을) 훼손하고 부수고 땅에 묻어 중생을 의혹케 하여 무간지옥에 들어가게 하니, 삼매를 잃어 추락하게 됩니다.

又彼定中諸善男子見色陰銷受陰明白, 自謂已足, 忽有無端大我慢起, 如是乃至慢與過慢及慢過慢或增上慢或卑劣慢一時俱發, 心中尚輕十方如來, 何況下位聲聞緣覺? 此名見勝無慧自救. 悟則無咎非爲聖證, 若作聖解則有一分大我慢魔入其心腑, 不禮塔廟, 摧毁經像, 謂檀越言此是金銅或是土木, 經是樹葉或是疊花, 肉身眞常, 不自恭敬却崇土木實爲顚倒. 其深信者從其毁碎埋棄地中, 疑誤衆生入無間獄, 失於正受當從淪墜.

선정 중에 색음이 없어지고 나면 자신이 대단하다는 아만 등 온갖 자만의 느낌이 다 일어나서 성문 연각 등 수행자뿐 아니라 여래도 내려다보게 되는 것을 말한다. 이것은 자신의 수행의 결과를 수승하다고 여기면서 그것이 하나의 일시적 단계라는 것을 알지 못한 탓이며, 자신을 더 높은 단계로 이끌 수 있는 지혜가 없기 때문이다. 수행의 수승함을 알아보는 것은 의미가 있지만, 그것은 일시적 현상일 뿐이지 그것이 곧 자신이 성인의 단계에 들어갔다는 것을 뜻하는 것이 아니다. 갖가지 만(慢)을 일으키는 만마(慢魔)가 마음에 들어와 온갖 불경스런 일들을 저지르니, 수행의 길이 막혀 버리고 만다. 불교는 만을 다음과 같이 구분하여 논한다.

7만(慢):

1. 아만(我慢): 자기를 믿고 남을 업신여김

2. 만(慢): 덕이 같은 사람끼리 서로 잘난체함

3. 과만(過慢): 동등한 자보다 자기가 높다고 생각하고, 높은 자와 자기가 동등하다고 생각

4. 만과만(慢過慢): 수승한 자를 자기보다 못하다고 생각

5. 증상만(增上慢): 깨닫지 못하고도 얻었다고 생각

6. 비일만(卑劣慢): 월등히 나은 자에 대해 자기가 조금 못하다고 생각

7. 사만(邪慢): 덕이 없으면서 자기가 덕이 있다고 생각

(8) 지혜로 경안을 얻어 만족, 과대망상: 경마(輕魔)

> 붓다: 또 저 선정 중에 선남자가 색음이 다하고 수음이 명백함을 보되 정묘한 밝음 중에 정묘한 리(理)를 원만하게 깨달아 큰 수순함을 얻으면, 그 마음에 홀연히 무량한 경안(輕安)이 생겨 스스로 성인이 되어 대자재를 얻었다고 말하니, 이것을 '지혜로 인해 경안과 청정을 얻음'이라고 합니다. 깨달으면 허물이 없지만, 성인의 증거는 아니니, 만약 성인의 견해를 낸다면 청정과 경안을 좋아하는 마가 마음으로 들어와서 스스로 만족한다고 하면서 다시 구하여 나아가지 않을 것입니다. 이런 무리는 무문비구가 되어 이후 중생을 의심으로 유인해서 아비지옥에 떨어지게 하니, 삼매를 잃어 추락하게 됩니다.
>
> 又彼定中諸善男子見色陰銷受陰明白, 於精明中圓悟精理得大隨順, 其心忽生無量輕安, 己言成聖得大自在, 此名因慧獲諸輕淸. 悟則無咎非爲聖證, 若作聖解則有一分好淸輕魔入其心腑, 自謂滿足更不求進. 此等多作無聞比丘, 疑謗後生墮阿鼻獄, 失於正受當從淪墜.

수행 중에 색음이 다하면 그 정묘한 밝음으로 리를 깨달아 더 이상 막힘이 없는 수순함을 성취하게 된다. 그때 마음이 경안을 얻어서 스스로 성인이 되고 대자재를 얻었다고 여기면서 더 이상 듣고 배우려 하지 않는 무문비구가 되는 것은 문제가 있다. 마음이 경안과 청정을 얻고 자유자재를 얻은 것 같은 느낌이 드는 것은 수행과정에서 잠시 일어나는 것이지, 그것이 성인이 되었다는 뜻은 아니기 때문이다. 만약 수행자가 스스로 성인이 되었다는 견해를 일으키면, 청정과 경안을 좋아하는 경마(輕魔)가 마음에 들어와서 그 이상의 수행 단계로 나아가지 못하게 만든다.

(9) 공에 집착해서 계를 훼손함, 단견과 막행: 공마(空魔)

> 붓다: 또 저 선정 중에 선남자가 색음이 다하고 수음이 명백함을 보되 밝은 깨달음 중에 허명성을 얻으면, 그때 홀연히 영원한 멸(滅)로 돌아가 '인과가 없다'고 말하고 한결같이 공에 들어 공한 마음이 현전하니, 마음에 단멸의 견해가 자

랍니다. 깨달으면 허물이 없지만 성인의 증거는 아니니, 만약 성인의 견해를 낸다면, 공(空)의 마가 마음으로 들어가 계를 지키는 자를 비방하여 소승이라고 칭하고, 보살은 공을 깨달았으니 어찌 지킴과 범함이 있겠냐고 합니다. 이 사람은 항상 신심 있는 시주 앞에서 술을 마시고 고기를 먹으며 음행을 행하되, 마의 힘으로 그 앞의 사람을 포섭하여 의심이나 비방을 일으키지 않게 합니다. 귀(鬼)의 마음이 들어와 오래되면 오줌이나 똥을 먹어도 술이나 고기와 더불어 한 종류로 공하다고 하면서 붓다의 율의를 파하고 사람을 잘못 이끌어 죄짓게 하니, 삼매를 잃어 추락하게 됩니다.

又彼定中諸善男子見色陰銷受陰明白, 於明悟中得虛明性, 其中忽然歸向永滅, 撥無因果, 一向入空空心現前, 乃至心生長斷滅解. 悟則無咎非爲聖證, 若作聖解則有空魔入其心腑, 乃謗持戒名爲小乘, 菩薩悟空有何持犯. 其人常於信心檀越飮酒噉肉廣行姪穢, 因魔力故攝其前人不生疑謗. 鬼心久入或食屎尿與酒肉等一種俱空, 破佛律儀, 誤入人罪, 失於正受當從淪墜.

수행과정에서 색음이 소멸하면 비고 밝은 성품인 허명성을 얻게 되는데, 이를 통해 공(空)을 깨닫게 된다. 그런데 공의 비어있음에 집착하다 보면 인과를 부정하고 멸을 고집하는 단멸의 견해인 단견(斷見)에 치우칠 수가 있다. 일체가 공하다는 단견을 갖는 사람은 일상적인 선악 분별이나 계율조차도 쉽게 무시하면서 막행을 하기 쉽다. 이 것을 수행자를 악취공에 빠뜨리는 공마(空魔)가 마음에 들어온 것이라고 말한다. 그 마음이 적절한 사려분별력을 상실한 채 공에 휘둘리기 때문이다. 수행과정에서 깊이 공을 깨달아 상견을 버리는 것은 의미가 있지만, 그렇다고 그것으로써 성인의 경지에 이르는 것은 아니다. 반대편 극단으로 가서 단멸론의 단견에 휘둘리는 것은 더 심각한 폐단을 낳는다.

(10) 유에 집착해서 음욕을 자행, 음행: 욕마(欲魔)

붓다: 또 저 선정 중에 선남자가 색음이 다하고 수음이 명백함을 보되 그 허명에 맛 들여 마음과 골수에 깊이 들어가면, 그 마음에 홀연히 무한의 애(愛)가 생

겨나서 애가 극에 달하면 발광하여 탐욕을 일으키니, 이것을 '선정의 경지에 편안히 수순해 들어가는 마음에 자신을 지킬 지혜가 없어 욕망에 잘못 빠짐'이라고 합니다. 깨달으면 허물이 없지만 성인의 증거는 아니니, 만약 성인의 견해를 낸다면 욕(欲)의 마가 그 마음에 들어가 한결같이 욕망을 보리도라고 설하고, 보통사람을 교화하여 음욕을 행하게 하고 음행하는 자를 불자라고 칭합니다. 귀신의 힘으로 말세에 어리석은 범부를 포섭하여 그 수가 백에 이르고 이와 같이 1백 2백 또는 5,6백에서 수천만이 되기도 합니다. 마의 심이 염증을 느껴 그 몸을 떠나면 위덕이 사라져서 왕난에 빠지고 중생을 의혹되게 오도하여 무간지옥에 들어가게 하니, 삼매를 잃어 추락하게 됩니다.

又彼定中諸善男子見色陰銷受陰明白, 味其虛明深入心骨, 其心忽有無限愛生, 愛極發狂便爲貪欲 此名定境安順入心, 無慧自持誤入諸欲. 悟則無咎, 非爲聖證. 若作聖解, 則有欲魔入其心腑, 一向說欲爲菩提道, 化諸白衣平等行欲, 其行婬者名持法子. 神鬼力故於末世中攝其凡愚, 其數至百如是乃至一百二百或五六百多滿千萬. 魔心生厭離其身體, 威德旣無陷於王難, 疑誤衆生入無間獄, 失於正受當從淪墜.

색음이 소멸하면서 선명하게 보게 되는 텅 비고 밝은 느낌을 좋아하다가 애욕의 감정이 깊어져서 탐욕이 될 수가 있다. 이는 선정의 편안함을 좋아가다가 자신을 지키는 지혜가 모자라서 탐욕으로 빠져들고 마는 것이다. 수행을 하다 보면 욕망에 대해서도 있는 그대로를 긍정하면서 편안하게 대할 수 있지만, 그렇다고 그것이 성인의 경지이거나 일어나는 욕망을 그대로 좇아도 된다는 뜻은 아니다. 편안함은 잠시의 현상일 뿐, 탐욕이나 음욕을 좇아 행하다 보면 욕탐의 마인 욕마(欲魔)가 끼어들어 정신을 어지럽히게 된다.

붓다: 아난이여, 이와 같은 10가지 선나의 경계가 나타나는 것은 모두 수음과 용심이 서로 작용하기 때문에 나타나는 일입니다. 중생이 완고하고 미혹하여 스스로 헤아리지 못하니, 이런 인연을 만나면 미혹하여 스스로 알지 못하고 성

인에 올랐다고 말하여 대망어를 범해 무간지옥에 떨어집니다. 당신들은 여래의 말을 가져다 내가 멸한 후 말법시대에 전하여 중생이 이 뜻을 깨달아 천마가 그 방편을 얻지 못하게끔 보호하고 지켜 무상도를 이루게 하십시오.

阿難, 如是十種禪那現境, 皆是受陰用心交互故現斯事. 衆生頑迷不自忖量, 逢此因緣迷不自識謂言登聖大妄語成, 墮無間獄. 汝等亦當將如來語, 於我滅後傳示末法, 遍令衆生開悟斯義, 無令天魔得其方便, 保持覆護成無上道.

수음(受陰) = 허명망상
용심(用心) = 선나   ] 교호(交互)

이상의 모습은 수음에서 작용하는 마음이 서로 얽혀서 드러나는 현상들이다. 색음이 멸한 후 수음이 풀리면서 드러나는 갖가지 느낌에 이끌려 기쁨이나 슬픔, 단견이나 상견, 허망감이나 탐욕심 등 극단에 이끌려 중도를 잃는 것을 경계한 것이다. 이러한 수음의 마에 걸려들지 않고 다음 단계로 나아가면 상음의 막힘이 녹으면서 일어나는 현상들이 등장한다.

3) 상음의 마사

붓다: 아난이여, 저 선남자가 삼마지를 닦아 수음이 다하면, 비록 번뇌가 아직 다하지 않았어도 마음이 그 몸을 떠난 것이 마치 새가 새장을 벗어난 것 같아 범부의 몸으로부터 위로 보살의 60성위를 거쳐 의생신을 얻기까지 나아감에 장애 없음을 이미 성취합니다. (a) 비유하자면 어떤 사람이 깊이 잠들어 잠꼬대를 하면, 그 사람은 비록 알지 못해도 그 말이 이미 음운의 순서를 이루기에 잠자지 않는 사람들이 그 말을 알아듣는 것과 같으니, 이것을 '상음에 갇힘'이라고 합니다. (b) 만약 움직이는 념이 다하고 들뜬 생각이 소멸하여 각명심에서 먼지와 허물이 제거되는 듯하면, 한 종류의 생사의 시작과 끝을 두루 비취니, 이것을 '상음이 다함'이라고 합니다. 이 사람은 능히 번뇌탁을 초월하니, 그 연유를 살펴보면 융통망상을 근본으로 삼기 때문입니다.

> 阿難, 彼善男子修三摩提受陰盡者, 雖未漏盡, 心離其形如鳥出籠, 已能成就從是凡身上歷菩薩六十聖位得意生身隨往無礙 (a) 譬如有人熟寐寢言, 是人雖則無別所知, 其言已成音韻倫次, 令不寐者咸悟其語, 此則名爲想陰區宇. (b) 若動念盡浮想銷除, 於覺明心如去塵垢, 一倫死生首尾圓照名想陰盡. 是人則能超煩惱濁, 觀其所由, 融通妄想以爲其本.

(a) 상음에 갇힘: 소통 가능한 말을 하되 꿈속 잠꼬대 같은 말을 함
(b) 상음이 다함: 동념과 들뜬 생각이 사라져, 생사의 시종을 두루 앎
　　　융통망상의 상음(생각)을 넘어섬 = 번뇌탁을 초월함

색음이 없어지면 몸을 떠나 자유가 되지만 실제는 느낌에 가려져서 진정한 자유를 느끼기 어렵다. 수음이 다하여야 그때 비로소 새가 새장을 벗어나듯, 몸을 내리누르는 가위눌림에서 벗어나듯, 마음이 자유로워지며, 수행자가 '보살의 60성위'로 나아가는 것도 가능해진다. 그러나 (a) 아직 생각 상(想)에 가려져 있으면, 마치 잠속에서 잠꼬대를 하는 것처럼 본인이 스스로 생각하는 것 같아도 실은 자신의 자유로운 생각이 아니고 자신도 모른 채 바깥에서부터 입력된 생각, 입력된 개념을 따라 자체적으로 부풀려진 생각을 일으키는 것일 뿐이다. 이런 상태를 '상음에 갇힌 것'이라고 한다. 잠꼬대는 본인이 꿈속에서 꿈인 줄 모르고 하는 소리이지만, 듣는 사람은 그 말뜻을 알아들으며, 그 말을 통해 그의 마음을 채운 생각이나 사념, 망념을 읽어낼 수 있다. 상음에 막혀 일어나는 생각도 이와 같다. (b) 상음이 다한다는 것은 허망하고 들뜬 생각이 다하고, 마음 본래의 밝음과 맑음을 되찾는 것이다. 번뇌탁은 지견(知見)과 6진(塵)이 서로 짜여져서 생겨나는 제3의 혼탁이다. 의식이 기억하고 분별하며 외고 익힐 때 대상인 6진과 얽혀서 일어나는 혼탁이 번뇌탁이다. 묘정명심의 맑음이 번뇌탁으로 흐려지면서 생겨나는 망상이 어디든 막힘없이 두루 통하기에 '융통망상'이라고 하며, 상음은 바로 번뇌탁으로 인한 융통망상이다. 수행을 통해 상음이 다하여 상음으로부터 자유로워지는 것이 곧 융통망상을 벗어나고 번뇌탁을 넘어서는 것이다. 이하에서는 수행자가 상음에 갇힌 상태에서 나와서 상음이 다하기까지 그 중간단계에서 부딪치게 되는 10가지 상음의 마사를 밝힌다. 미리 정리하면 다음과 같다.

상음구우에서 상음이 다하기까지 나타나는 10가지 상음의 마사:

(1) 선교(善巧)를 탐하여 구하다, 괴귀(怪鬼)가 붙은 자에게 현혹됨

(2) 경력(經歷)을 탐하여 구하다, 발귀(魃鬼)가 붙은 자에게 현혹됨

(3) 계합(契合)을 탐하여 구하다, 매귀(魅鬼)가 붙은 자에게 현혹됨

(4) 변석(辯析)을 탐하여 구하다, 고독귀(蠱毒鬼)가 붙은 자에게 현혹됨

(5) 명감(冥感)을 탐하여 구하다, 여귀(癘鬼)가 붙은 자에게 현혹됨

(6) 정밀(靜謐)을 탐하여 구하다, 대력귀(大力鬼)가 붙은 자에게 현혹됨

(7) 숙명(宿命)을 탐하여 구하다, 산림 등의 귀(鬼)가 붙었다가 마가 된 자에게 현혹됨

(8) 신력(神力)을 탐하여 구하다, 정기 등의 괴(怪)가 붙었다가 마가 된 자에게 현혹됨

(9) 심공(深空)을 탐하여 구하다, 정령 등의 영(靈)이 되었다가 마가 된 자에게 현혹됨

(10) 영세(永歲)를 탐하여 구하다, 자재천마가 붙은 자에게 현혹됨

(1) 선교(善巧)를 탐하여 구함: 괴귀(怪鬼)

붓다: 아난이여, 저 선남자(A)가 수음이 비어 묘하되 삿된 사려를 만나지 않으면 원정(圓定)이 밝아지니, 삼마지 중에 마음이 원명(圓明)을 좋아해서 정미로운 사유를 예리하게 하여 선교(善巧)를 탐하여 구하면, 이때 천마(天魔)가 기회를 기다렸다가 정(精)을 날려 어떤 사람(B)에게 붙어서 입으로 경전의 법을 설하게 합니다. 그 어떤 사람(B)은 마가 붙었음을 알지 못하고 자신이 무상열반을 얻었다고 말하면서, 저 기교를 구하는 선남자(A)가 있는 곳에 와서 자리를 펴고 설법을 합니다. 그 (B의) 모습이 잠깐 동안 혹 비구가 되어 그 사람(A)이 보게 하기도 하고 혹 제석이 되거나 혹 부녀나 혹 비구니가 되기도 하고 혹 어두운 방에서 자는데 몸에서 광명이 나기도 합니다. 이 사람(A)은 어리석고 미혹에서 그 사람(B)을 보살로 여기고 그의 교화를 믿어 그 마음이 흔들려 방탕하고 붓다의 율의를 파하고 몰래 탐욕을 행합니다. (B는) 입으로 재앙과 상서로움과 변이를 말하기를 좋아하고 혹 여래가 어느 곳에 출세한다고 말하기도 하고 혹 겁화나 역병을 말하기도 하여 사람들을 공포스럽게 만들고 그(A)의 집의 재산을 까닭 없이 흩어지게 만듭니다. 이것을 '괴귀가 늙어서 마가 된 것'이라고 합니다. (마가) 사람을 고뇌스럽고 혼란스럽게 하다가 지겨운 마음이 생겨 그(B)의 몸을 떠나면, 제자(A)와 스승(B)이 함께 왕난에 빠집니다. 당신이 먼저 깨달으면 윤회에 들어가지 않지만, 미혹하여 알지 못하면 무간지옥에 떨어집니다.

> 阿難, 彼善男子受陰虛妙, 不遭邪慮圓定發明, 三摩地中心愛圓明, 銳其精思貪求善巧, 爾時天魔候得其便, 飛精附人口說經法. 其人不覺是其魔著, 自言謂得無上涅槃, 來彼求巧善男子處敷座說法. 其形斯須或作比丘令彼人見, 或爲帝釋或爲婦女, 或比丘尼或寢暗室身有光明. 是人愚迷惑爲菩薩, 信其教化搖蕩其心, 破佛律儀潛行貪欲. 口中好言災祥變異, 或言如來某處出世, 或言劫火或說刀兵, 恐怖於人令其家資無故耗散. 此名怪鬼年老成魔. 惱亂是人, 厭足心生去彼人體, 弟子與師俱陷王難. 汝當先覺不入輪廻, 迷惑不知墮無間獄.

삼마지에서 수행자(A)가	→	천마가 정(精)을 날려 설법자(B)에 붙고
원명을 좋아해서 선교를 탐함		설법자가 수행자에게 와서 수행자를 굴복시킴

마가 붙은 설법자가 비구나 제석이 되거나 몸에서 광명을 내어, 선교를 구하는 선남자를 현혹시킴

선교(善巧)는 교묘한 방편을 적절하게 활용하는 것이다. 색음과 수음을 벗은 수행자가 삼매 중에서 선교방편을 구하면, 천마가 그것을 기회로 삼아서 그를 선교를 통해 교란시킨다. 단 천마가 수행자(A)에게 직접 붙지 않고 다른 사람(B)에게 붙어서 그(B)를 통해 수행자(A)를 현혹시킨다. 『정맥소』는 그 까닭을 "다른 사람에게 붙어서 먼저 삿된 미혹을 받아들이게 한다. 수음이 다한 사람의 마음속에는 들어가지 못하기 때문에 곁의 사람을 빌려와서 미혹시켜 결국 스스로 뇌란하게 만든다"[6]고 설명한다. 상음의 마사는 모두 이런 방식으로 진행된다. 마가 붙은 설법자가 기이한 행태를 나타내는 것을 보고 선남자는 혹하여 그를 보살로 여기며 방탕하게 된다. 마가 원하는 것은 계율을 파하고 음욕을 행하는 것이므로 일반인들은 그러한 방향으로 이끌려간다. 마가 붙은 설법자가 비구, 비구니, 제석 등 모습을 바꿔가면서 수행자에게 나타나는 것은 수행자가 그 모습을 보며 자신이 구하는 선교가 펼쳐지는 것으로 여겨 그를 믿고 따르게 하기 위함이다. 그런 방식으로 마가 붙은 사람이 다가와서 수행자를 혼란하게 하여 결국 수행자로 하여금 율의를 파하고 탐욕을 행하며 음욕을 따르게 한다. 마에 씌운 자가 일반인들을 현혹시키는 여러 방식을 제시하는데, 재앙과 길상 및 기이한 이

---

6   진감, 『정맥소』, 4권, 482쪽.

야기들을 말하고, 부처의 출현 또는 겁화나 역병을 말해서 사람들을 겁준다고 한다. 그렇게 하면 일반인들은 재물을 가져다 바친다고 하니, 오늘날까지도 이런 수법이 통용되는 것을 볼 수 있다. 괴귀(怪鬼)는 사물을 만나서 형태를 이룬 귀이다. 괴귀가 늙어서 된 마가 사람에게 붙어서 그 사람으로 하여금 설법하여 수행자들을 마가 원하는 길로 이끌어가는 것이다. 마가 붙은 사람은 설법하는 스승이고, 수행자는 그 스승에 현혹되어 계율을 파하며 흔들리는 제자이다. 마가 스승을 통해 수행자를 교란하다가 때가 되면 스승의 몸에서 빠져나가는데, 그러면 스승과 제자 둘 다 곤경에 처하게 된다. 수행자가 '먼저 깨닫는다'는 것은 그런 일들이 마에 의한 마사(魔事)라는 것을 알고서 그것에 휘둘리지 않는다는 것이다. 그렇게 되면 화를 면하게 되지만, 끝까지 알지 못하고 마에 휘둘리고 마에 순종하며 마에 속한 마민으로 남으면, 결국 마지막에는 무간지옥에 떨어진다. 마가 세력이 있어서 마가 붙어 있는 동안은 화를 당하지 않지만, 언젠가 마가 떠나면 결국 화를 당해 지옥으로 떨어지게 되는 것이다.

　(2) 경력(經歷)을 탐하여 구함: 발귀(魃鬼)

　　붓다: 아난이여, 또 선남자(A)가 수음이 비어 묘하되 삿된 사려를 만나지 않으면 원정(圓定)이 밝아지니, 삼마지 중에 마음이 놀기를 좋아해서 그 정미로운 사유를 날려 경력을 탐하여 구하면, 이때 천마가 기회를 기다렸다가 정(精)을 날려 어떤 사람(B)에게 붙어서 입으로 경전의 법을 설하게 합니다. 그 어떤 사람(B)은 마가 붙었음을 알지 못하고 자신이 무상열반을 얻었다고 말하면서, 저 놀기를 구하는 선남자(A)가 있는 곳에 와서 자리를 펴고 설법을 합니다. 자신(B)의 모습은 변화가 없지만, 법을 듣는 사람(A)이 홀연히 자기 몸이 보련화에 앉아 있고 전체가 자금광취로 화함을 보며 모든 청중도 각각 이와 같아서 미증유를 얻었다고 합니다. 이 사람(A)은 어리석고 미혹해서 (B를) 보살로 여기고 그 마음이 음란해져서 붓다의 율의를 파하고 몰래 탐욕을 행합니다. (B가) 입으로 붓다가 세상에 나타남을 말하기를 좋아하여, '어디의 어느 사람이 어느 붓다의 화신으로 여기에 왔다, 어느 사람은 모 보살인데 인간을 교화하려고 왔다'고 말하면, 그 사람(A)은 (그런 것을) 보기 때문에 마음에 쏠리는 갈망이 생겨 삿된 견해가 암암리에 일어나 지혜 종자가 소멸합니다. 이것을 '발귀가 늙어서 마

가 된 것'이라고 합니다. (마가) 사람을 고뇌스럽고 혼란스럽게 하다가 지겨운 마음이 생겨 그 몸(B)을 떠나면, 제자와 스승이 함께 왕난에 빠집니다. 당신이 먼저 깨달으면 윤회에 들어가지 않지만, 미혹하여 알지 못하면 무간지옥에 떨어집니다.

阿難, 又善男子受陰虛妙, 不遭邪慮圓定發明, 三摩地中心愛遊蕩, 飛其精思貪求經歷, 爾時天魔候得其便, 飛精附人口說經法, 其人亦不覺知魔著, 亦言自得無上涅槃, 來彼求遊善男子處敷座說法. 自形無變, 其聽法者忽自見身坐寶蓮華, 全體化成紫金光聚, 一衆聽人各各如是得未曾有. 是人愚迷惑爲菩薩, 婬逸其心破佛律儀潛行貪欲. 口中好言諸佛應世, 某處某人當是某佛化身來此, 某人卽是某菩薩等來化人間, 其人見故心生傾渴, 邪見密興種智銷滅. 此名魅鬼年老成魔. 惱亂是人厭足心生去彼人體, 弟子與師俱陷王難. 汝當先覺不入輪廻, 迷惑不知墮無間獄.

삼마지에서 수행자(선남자A)가   →   천마가 정기를 날려 설법자(B)에 붙고
놀기 좋아해서 경력을 탐함   설법자가 수행자에게 와서 수행자를 타락시킴

돌아다니기 원하는 선남자가 자기 몸이 보련화에 앉아 자금광을 내는 것을 봄

색음과 수음까지 모두 비워진 마음의 수행자가 삼마지에서 놀러 돌아다니기를 좋아하고 그렇게 돌아다니는 경력을 탐하면, 천마가 그런 마음을 이용하여 마민으로 삼으려 한다. 즉 천마가 정기를 날려서 누군가에게 붙어 그를 그 수행자에게 다가가 경전의 말씀을 설법하게 한다. (1)에서는 마가 붙은 설법자가 자신의 모습을 변화시켰다면, 여기 (2)에서는 설법을 듣는 수행자가 자신의 몸이 변화하는 것을 본다. 즉 수행자 자신이 보련화에 앉고 주변이 금빛으로 빛나는 것을 보게 된다. 수행자가 돌아다니고 싶어 하는 욕심을 갖기 때문에 그런 환상을 보게 되는 것이다. 그러면서 수행자는 설법자를 보살로 여기고 스승을 만났다고 믿고 그를 따라 방탕한 행동을 하게 된다. 마가 붙은 설법자가 이런 저런 말을 하면, 수행자는 혹하여서 그의 말을 믿고 삿된 견해를 일으키면서 결국 지혜가 없어지게 된다. 마음에 망념이 없어야 하는데, 이런저런 탐욕적 생각으로 무엇인가를 구하면, 결국 그 틈새를 타고 마에 의해 휘둘려지게 되는

것이다. 발귀는 바람을 만나서 형태를 이룬 귀이다. 그 귀가 늙어서 된 마가 사람에게 붙어 그로 하여금 설법하여 수행하는 자를 옳지 못한 길로 이끌게 한다. 마가 붙은 자는 설법을 하는 스승이고, 그 스승에 의해 현혹되는 자는 돌아다니는 경력을 탐하여 구한 제자이다. 마가 스승에서 빠져나가면, 스승과 제자 둘 다가 마에 순종하던 자로서 결국 무간지옥으로 떨어지게 된다고 한다.

(3) 계합(契合)을 탐하여 구함: 매귀(魅鬼)

붓다: 또 선남자(A)가 수음이 비어 묘하되 삿된 사려를 만나지 않으면 원정(圓定)이 밝아지니, 삼마지 중에 마음이 면면히 일치함을 좋아해서 그 정미로운 사유를 맑게 하여 계합(契合)을 탐하여 구하면, 이때 천마가 기회를 기다렸다가 정을 날려 어떤 사람(B)에게 붙어서 입으로 경전의 법을 설하게 합니다. 그 어떤 사람(B)은 마가 붙었음을 알지 못하고, 자신이 무상열반을 얻었다고 말하면서, 저 계합을 구하는 선남자(A)가 있는 곳에 와서 자리를 펴고 설법을 합니다. 그(B)의 형상이나 법을 듣는 사람(A)이나 밖으로는 변화가 없지만 그 듣는 자(A)로 하여금 법을 듣기도 전에 마음이 저절로 개오하게 하여 생각마다 달라져서 혹은 숙명통을 얻고 혹은 타심통이 생기고 혹은 지옥을 보고 혹 인간의 좋고 나쁜 일들을 알기도 하고 혹 게송을 말하기도 하고 혹 경을 외우기도 하여 각각 미증유의 것을 얻었다고 환희합니다. 이 사람(A)이 어리석고 혼미하여 그(B)를 보살로 여기고 그 마음에 애착이 생겨 붓다의 율의를 파하고 몰래 탐욕을 행합니다. (B가) 입으로 '붓다에 크고 작음이 있다, 어떤 붓다가 앞선 붓다이고 어떤 붓다는 후불이다, 그중에는 진짜 붓다도 있고 가짜 붓다도 있다, 남자 붓다도 있고 여자 붓다도 있다, 보살 또한 그렇다'라고 말하면, 그 사람(A)은 (그런 것을) 보므로 본심을 놓쳐 버리고 삿된 깨달음에 쉽게 빠져듭니다. 이것을 '매귀가 늙어서 마가 된 것'이라고 합니다. (마가) 사람을 고뇌스럽고 혼란스럽게 하다가 지쳐운 마음이 생겨 그 몸을 떠나면, 제자와 스승이 함께 왕난에 빠집니다. 당신이 먼저 깨달으면 윤회에 들어가지 않지만, 미혹하여 알지 못하면 무간지옥에 떨어집니다.

又善男子受陰虛妙, 不遭邪慮, 圓定發明. 三摩地中心愛綿脗, 澄其精思貪求契

合, 爾時天魔候得其便, 飛精附人口說經法. 其人實不覺知魔著, 亦言自得無上涅
槃, 來彼求合善男子處, 敷座說法. 其形及彼聽法之人外無遷變, 令其聽者未聞法
前心自開悟, 念念移易, 或得宿命或有他心, 或見地獄或知人間好惡諸事, 或口說
偈或自誦經, 各各歡喜得未曾有. 是人愚迷惑爲菩薩, 綿愛其心破佛律儀潛行貪
欲. 口中好言佛有大小, 某佛先佛, 某佛後佛, 其中亦有眞佛假佛男佛女佛, 菩薩亦
然. 其人見故, 洗滌本心, 易入邪悟, 此名魅鬼年老成魔. 惱亂是人厭足心生去彼人
體, 弟子與師俱陷王難. 汝當先覺不入輪廻, 迷惑不知墮無間獄.

삼마지에서 수행자(선남자A)가　　→　　천마가 정기를 날려 설법자(B)에 붙고
　　계합을 좋아해서 계합을 탐함　　　　　설법자가 수행자에 와서 수행자를 타락시킴

진리와 계합하기 원하는 선남자가 숙명통, 타심통, 천안통, 천이통 등을 갖게 됨

수행자가 색음과 수음이 비워지고 나서 삼마지에서 묘한 이치와 그대로 하나가 되
어 깨닫기를, 즉 계합하기를 구하면, 천마가 그렇게 계합하고자 하는 마음을 이용하여
그를 마민으로 삼고자 작업한다. 즉 천마가 정기를 날려 누군가에게 붙어서 그가 앞의
수행자에게 다가가 설법하게 한다. 마가 붙은 자가 스승으로서 설법을 하면, 설법을
듣는 수행자가 개오하여서 숙명통, 타심통이 생기거나 지옥을 보거나 길흉을 미리 알
기도 하며, 미증유의 것을 얻어서 스스로 진리와 계합한다고 여기면서 그 스승을 보살
로 여기게 된다. 그러면서 율의를 파하고 탐욕을 행하게 되는 것이 문제이다. 스승이
온갖 삿된 분별의 이야기를 하여도 수행자는 그 말을 받아들여서 본심을 잃고 삿된 견
해에 빠져들고 만다. 매귀는 구미호 등 축생을 만나서 형태를 이루는 귀이다. 그런 매
귀가 늙어서 된 마가 계합을 원하는 수행자를 오도하기 위해 다른 사람에게 붙어 그를
스승으로 내세워 수행자를 혼란스럽게 만드는 것이다. 마가 붙은 자는 설법을 하는 스
승이고, 그 스승에 의해 현혹되는 자는 계합을 구한 제자이다. 마가 스승에게서 빠져
나가면, 스승과 제자 둘 다 마에 순종하던 자로서 무간지옥으로 떨어지게 된다.

(4) 변석(辯析)을 탐하여 구함: 고독귀(蠱毒鬼)

붓다: 또 선남자(A)가 수음이 비어 묘하되 삿된 사려를 만나지 않으면 원정(圓定)이 밝아지니, 삼마지 중에 마음이 근본을 좋아해서 사물의 변화하는 성품의 시종을 궁구하고 그 마음을 정미롭게 하여 분별과 분석을 탐하여 구하면, 이때 천마가 기회를 기다렸다가 정을 날려 어떤 사람(B)한테 붙어서 입으로 경전의 법을 설하게 합니다. 그 어떤 사람(B)은 마가 붙었음을 알지 못하고 자신이 무상열반을 얻었다고 말하면서, 근원을 구하는 선남자(A)가 있는 곳에 와서 자리를 펴고 설법을 합니다. (B의) 몸에 위신력이 있어 (근원을) 구하는 자(A)를 굴복시키고, 그 자리 아래의 사람들로 하여금 비록 법을 듣지 못해도 자연히 마음으로 복종하게 하여, 그 사람들이 '붓다의 열반과 보리와 법신이 나의 육신에 현전하고, 아버지와 아들이 대를 이어 낳는 것이 곧 법신이 상주하여 끊어지지 않는 것이다'라고 말하고 '현재가 불극토이지 특별히 청정한 거처나 금색 형상은 없다'고 말하게 합니다. 이 사람(A)이 믿고 받아들여 앞선 마음을 잊어버리고 신명을 다해 귀의하면서 미증유의 것을 얻었다고 합니다. 이들(A들)은 어리석고 혼미하여 그(B)를 보살로 여기고 그 마음을 추구하여서 붓다의 율의를 파하고 몰래 탐욕을 행합니다. (B가) 입으로 '안·이·비·설이 모두 정토이고 남녀 2근이 곧 보리와 열반의 진정한 처소이다'라고 말하면, 저 무지한 자(A)들은 이 더러운 말을 믿습니다. 이것을 '고독귀나 염승귀 등 악귀가 늙어서 마가 된 것'이라고 합니다. 사람을 고뇌스럽고 혼란스럽게 하다가 지겨운 마음이 생겨 그 몸을 떠나면, 제자와 스승이 함께 왕난에 빠집니다. 당신이 먼저 깨달으면 윤회에 들어가지 않지만, 미혹하여 알지 못하면 무간지옥에 떨어집니다.

又善男子受陰虛妙, 不遭邪慮圓定發明, 三摩地中心愛根本, 窮覽物化性之終始, 精爽其心貪求辯析, 爾時天魔候得其便, 飛精附人口說經法. 其人先不覺知魔著, 亦言自得無上涅槃, 來彼求元善男子處, 敷座說法. 身有威神摧伏求者, 令其座下雖未聞法自然心伏. 是諸人等將佛涅槃菩提法身, 卽是現前我肉身上, 父父子子遞代相生, 卽是法身常住不絶, 都指現在, 卽爲佛國無別淨居及金色相, 其人信受忘失先心身命歸依得未曾有. 是等愚迷惑爲菩薩, 推究其心破佛律儀潛行貪欲. 口中好言眼耳鼻舌皆爲淨土, 男女二根卽是菩提涅槃眞處, 彼無知者信是穢言. 此名蠱毒魘勝惡鬼年老成魔, 惱亂是人厭足心生去彼人體, 弟子與師俱陷王難. 汝當先覺不入輪廻, 迷惑不知墮無間獄

삼마지에서 수행자(선남자A)가   →   천마가 정기를 날려 설법자(B)에 붙고
근본을 좋아해서 분석을 탐함   설법자가 수행자에게 와서 수행자를 타락시킴

근본을 찾는 선남자가 '열반, 보리, 법신이 각자 육신에 현존, 여기가 불국토' 라고 여기게 됨

색음과 수음이 비어 있는 수행자가 근본을 추구하고 시종을 궁구하여 분별과 분석을 얻고자 하면, 천마가 그 마음을 이용해서 그를 현혹시키려고 한다. 천마가 정기를 날려 어떤 사람에게 붙어서 그 사람이 그 수행자에게 다가가 설법하게 한다. 마가 붙은 스승이 근원을 알고 싶어 하는 수행자에게 열반과 보리와 법신이 내 몸에 있다고 하고, 자식으로 대를 잇는 것이 법신의 상주라고 실하여서 수행자를 현혹히고 혼미하게 만든다. 그러면 수행자가 그 스승의 말을 믿고 그를 따라 율의를 파하고 탐욕을 행하게 된다. 마가 씌운 자가 인간의 인식기관을 그대로 정토라고 하면서 성기에 보리와 열반이 있다고 말하여 결국 수행자의 마음을 흔들어놓고 음행을 하게 만든다. 고독귀는 독충 등의 벌레를 만나서 형태를 이룬 귀이다. 이 고독귀나 염승귀가 늙어서 된 마가 근본을 탐구하고자 하는 수행자의 마음을 이용하여 그의 수행을 방해하고자, 그의 스승 역할을 할 사람에게 붙어서 설법하게 하여 제자가 된 수행자를 혼란스럽게 만든다. 그 마가 몸을 빠져나가고 나면, 스승이나 제자나 모두 마민이었던 결과로 지옥에 떨어지게 된다.

(5) 명감(冥感)을 탐하여 구함: 여귀(癘鬼)

붓다: 또 선남자(A)가 수음이 비어 묘하되 삿된 사려를 만나지 않으면 원정(圓定)이 밝아지니, 삼마지 중에 마음이 높은 감응을 좋아해서 두루 정미롭게 연마하고 궁구하여 그윽한 감응을 탐하여 구하면, 이때 천마가 기회를 기다렸다가 정(精)을 날려 어떤 사람(B)에게 붙어서 입으로 경전의 법을 설하게 합니다. 그 어떤 사람(B)은 마가 붙었음을 알지 못하고 자신이 무상열반을 얻었다고 말하면서, 감응을 구하는 선남자(A)가 있는 곳에 와서 자리를 펴고 설법을 합니다. (B가) 듣는 사람(A)으로 하여금 잠깐 동안에 그(B)의 몸이 백천년 된 것처럼 보게 하여 (A의) 마음이 애착으로 물들어 (B를) 떠나지를 못하고 몸이 노예가 되어 갖가지로 공양하되 피로를 느끼지 않게 합니다. 그 자리 아래의 사람(A)으

로 하여금 각각 마음으로 그(B)를 전생의 스승이나 본래의 선지식으로 알게 하여 특별히 법애를 일으켜 아교를 칠한 것처럼 집착하여 미증유를 얻었다고 하게 합니다. 이 사람(A)이 어리석고 혼미하여 그(B)를 보살로 여기고 그 마음을 친근히 하여 붓다의 율의를 파하고 몰래 탐욕을 행합니다. (B가) 입으로 '내가 전세의 어느 생에서 어떤 사람을 제도하였는데 당시 나의 처첩과 형제이었다가 오늘에 이르러 서로 제도하고 서로 따르니 (장차) 어느 세계에 가서 어느 붓다를 공양할 것이다'라고 호언하고, 혹은 '따로 대광명천이 있어 붓다가 거기 머무르고 일체 여래가 쉬는 곳이다'라고 말하면, 저 무지한 자(A)들은 그 허황한 말을 믿고 본심을 잃어버립니다. 이것을 '여귀가 늙어서 마가 된 것'이라고 합니다. 사람을 고뇌스럽고 혼란스럽게 하다가 지겨운 마음이 생겨 그 몸을 떠나면, 제자와 스승이 함께 왕난에 빠집니다. 당신이 먼저 깨달으면 윤회에 들어가지 않지만, 미혹하여 알지 못하면 무간지옥에 떨어집니다.

又善男子受陰虛妙, 不遭邪慮圓定發明, 三摩地中心愛懸應, 周流精研貪求冥感, 爾時天魔候得其便, 飛精附人口說經法. 其人元不覺知魔著, 亦言自得無上涅槃, 來彼求應善男子處, 敷座說法. 能令聽衆暫見其身如百千歲, 心生愛染不能捨離身爲奴僕, 四事供養不覺疲勞. 各各令其座下人心知是先師本善知識, 別生法愛, 粘如膠漆, 得未曾有. 是人愚迷, 惑爲菩薩, 親近其心, 破佛律儀, 潛行貪欲 口中好言我於前世於某生中先度某人, 當時是我妻妾兄弟, 今來相度與汝相隨, 歸某世界供養某佛, 或言別有大光明天, 佛於中住, 一切如來所休居地, 彼無知者信是虛誑, 遺失本心. 此名厲鬼年老成魔. 惱亂是人厭足心生去彼人體, 弟子與師俱陷王難. 汝當先覺不入輪廻, 迷惑不知墮無間獄

삼마지에서 수행자(선남자A)가　　→　　천마가 정기를 날려 설법자(B)에 붙고
　감응을 좋아해서 감응을 탐함　　　　설법자가 수행자에게 와서 수행자를 타락시킴

감응을 원하는 선남자에게 설법자가 백천년 전 스승이 감응한 것처럼 나타나서 애착하게 만듦

수행하는 자가 삼마지 중 성인들과 감응하기를 바라고 다른 사람에게도 그윽이 감응을 주고자 원하면, 천마가 그 마음을 이용하여 그를 방해하고자 정기를 날려 다른 사람에게 붙어 그를 통해 수행자에게 접근한다. 마에 씌운 스승이 설법을 하면서 자신

의 몸을 수천 년 전의 스승인 것처럼 보이게 해서 수행자로 하여금 옛 성인과 감응한다고 여겨 그 설법자를 스승으로 공양하고 추종하며 집착하게 만든다. 그래서 그 스승을 따라 율의를 어기고 탐욕을 행하게 만든다. 마가 붙은 스승이 전생을 끌어와서 수행자와 서로 인연 있다고 말을 하면, 수행자는 그런 허황된 말을 그대로 믿고서 본래의 마음을 잃어버리고 만다. 여귀는 전염병 등 쇠한 기운을 만나 형태를 이루는 귀이다. 그런 귀가 늙어서 된 마가 씌운 자가 스승이고, 그 스승에게 현혹된 제자가 본심을 잃어버리고 만다. 그러다가 마가 스승의 몸을 떠나 버리면, 제자와 스승 둘 다 마민으로 지낸 보로서 지옥으로 떨어진다.

(6) 정밀(靜謐)을 탐하여 구함: 대력귀(大力鬼)

붓다: 또 선남자(A)가 수음이 비어 묘하되 삿된 사려를 만나지 않으면 원정(圓定)이 밝아지니, 삼마지 중에 마음이 깊이 들어감을 좋아해서 애써 힘들여 어둡고 고요한 곳에 즐겨 처하여 고요함을 탐하여 구하면, 이때 천마가 기회를 기다렸다가 정(精)을 날려 어떤 사람(B)에게 붙어서 입으로 경전의 법을 설하게 합니다. 그 어떤 사람(B)은 마가 붙었음을 알지 못하고 자신이 무상열반을 얻었다고 말하면서, 어두운 고요함을 구하는 선남자(A)가 있는 곳에 와서 자리를 펴고 설법을 합니다. (B가) 듣는 사람(A)으로 하여금 각자 전생의 업을 알게 하거나 혹 그곳의 한 사람에게 '당신은 지금 죽기 전에 이미 축생이다'라고 말하며, 다른 사람에게 뒤에서 꼬리를 밟게 해서 갑자기 그 사람이 일어나지 못하게 만들면, 이때 모든 대중이 갑자기 마음으로 복종하게 됩니다. 어떤 사람이 마음을 일으키면 (B가) 먼저 그 기미를 알아채고, 붓다의 율의 외에 더 정미롭고 힘든 것을 더하여서 비구를 비방하고 대중을 꾸짖으며, 다른 사람의 일을 폭로함에 원망과 혐의를 거리끼지 않습니다. (B가) 입으로 미래의 복과 화를 호언하는데, 그때에 이르면 조금도 어긋남이 없습니다. 이것을 '대력귀가 늙어서 마가 된 것'이라고 합니다. 사람을 고뇌스럽고 혼란스럽게 하다가 지쳐운 마음이 생겨 그 몸을 떠나면, 제자와 스승이 함께 왕난에 빠집니다. 당신이 먼저 깨달으면 윤회에 들어가지 않지만, 미혹하여 알지 못하면 무간지옥에 떨어집니다.

又善男子受陰虛妙, 不遭邪慮圓定發明, 三摩地中心愛深入, 克己辛勤樂處陰寂貪求靜謐, 爾時天魔候得其便, 飛精附人口說經法. 其人本不覺知魔著, 亦言自得無上涅槃, 來彼求陰善男子處, 敷座說法. 令其聽人各知本業或於其處, 語一人言汝今未死已作畜生, 勅使一人於後踏尾, 頓令其人起不能得, 於是一衆傾心欽伏. 有人起心已知其肇, 佛律儀外重加精苦, 誹謗比丘罵詈徒衆, 訐露人事不避譏嫌. 口中好言未然禍福, 及至其時毫髮無失. 此大力鬼年老成魔, 惱亂是人, 厭足心生去彼人體, 弟子與師多陷王難. 汝當先覺不入輪迴, 迷惑不知墮無間獄.

삼마지에서 수행자(선남자A)가　　→　　천마가 정기를 날려 설법자(B)에 붙고
깊음을 좋아해서 적막을 탐함　　　　설법자가 수행자에게 와서 수행자를 타락시킴

적막을 원하는 선남자에게 설법자가 숙명통, 타심통, 천이통, 천안통을 보여주어 복종케 함

수행자가 깊은 선정의 고요함인 정밀(靜謐)을 탐하면, 천마가 그 마음을 이용하여 수행을 방해하고자 정기를 날려 다른 사람에게 붙는다. 그 다른 사람이 마의 힘을 빌려 수행자에게 설법하여서 수행자를 어지럽게 만든다. 수행자에게 전생의 업인 본업을 말하거나 내생의 보가 축생이라고 말하는 것은 전생 또는 내생을 보는 숙명통으로 가능하다. 다른 사람이 마음을 일으킬 때 그 남의 마음을 알아챌 수 있는 것은 타심통이며, 남의 일을 폭로하고 들춰낼 수 있는 것은 천안통이나 천이통으로 가능하다. 많은 부분은 마의 힘을 빌려 일어날 수 있는 일이지만, 진실의 모습이 아닌 거짓 모습이다. 그런 방식으로 수행자를 현혹하고 속여 수행을 방해한다. 숙명통으로 미래의 일을 아는 것에 있어서는 잘 맞아떨어질 수도 있다고 말한다. 마가 그런 힘을 갖고 있기 때문이다. 대력귀는 신통력이 큰 귀이다. 대력귀가 늙어서 된 마가 붙은 자가 정밀을 구하는 수행자에게 접근하여 그를 타락시키다가, 마가 떠나면 둘 다 마민이었던 보로서 지옥에 떨어지게 된다.

(7) 숙명(宿命)을 탐하여 구함: 산림·토지 등의 귀(鬼)

붓다: 또 선남자(A)가 수음이 비어 묘하되 삿된 사려를 만나지 않으면 원정(圓定)이 밝아지니, 삼마지 중에 마음이 지견을 좋아해서 부지런히 애써 연마하고 찾아 숙명통을 탐하여 구하면, 이때 천마가 기회를 기다렸다가 정(精)을 날려 어떤 사람(B)에게 붙어서 입으로 경전의 법을 설하게 합니다. 그 어떤 사람(B)은 마가 붙었음을 알지 못하고 자신이 무상열반을 얻었다고 말하면서, 지견을 구하는 선남자(A)가 있는 곳에 와서 자리를 펴고 설법을 합니다. 이 사람(B)이 단서 없이 설법하는 곳에서 큰 보배구슬을 얻기도 하고, 그 마가 어떤 때는 축생으로 변해서 입으로 구슬이나 갖가지 보배나 문서나 부적 등 기이한 물건을 가져다가 그 사람(A)에게 우선 전해주고 나중에 그(A)의 몸에 붙입니다. 혹은 청중을 유혹하고자 땅에 감추게 하고서 명월주로 그곳을 비추어 빛나게 하니, 모든 청중이 미증유를 얻었다고 합니다. 주로 약초만 먹고 음식을 먹지 않혹 하루에 마 하나와 보리 하나만 먹고도 그 몸이 살찌기도 하니, 마의 힘으로 유지되기 때문입니다. 비구를 비방하고 대중을 꾸짖으며 원망과 혐오를 거리끼지 않습니다. (B는) 입으로 다른 지방의 보배와 시방 성현이 숨어 있는 곳을 말하기를 좋아하니, 그를 뒤따르는 사람이 왕왕 기이한 사람이 있음을 봅니다. 이것을 '산림이나 토지나 성황당이나 내천이나 산악의 귀가 늙어서 마가 된 것'이라고 합니다. 혹 음을 행하여 붓다의 계율을 파하고, 이를 계승하는 자와 몰래 5욕을 행하며 혹 정진하면서 순전히 초목만 먹고 특정한 일이 없기도 합니다. 사람을 고뇌스럽고 혼란스럽게 하다가 지겨운 마음이 생겨 그 몸을 떠나면, 제자와 스승이 함께 왕난에 빠집니다. 당신이 먼저 깨달으면 윤회에 들어가지 않지만, 미혹하여 알지 못하면 무간지옥에 떨어집니다.

又善男子受陰虛妙, 不遭邪慮圓定發明, 三摩地中心愛知見, 勤苦研尋貪求宿命, 爾時天魔候得其便, 飛精附人口說經法. 其人殊不覺知魔著, 亦言自得無上涅槃, 來彼求知善男子處, 敷座說法. 是人無端於說法處得大寶珠, 其魔或時化爲畜生, 口銜其珠及雜珍寶簡策符牘諸奇異物, 先授彼人後著其體. 或誘聽人藏於地下, 有明月珠照耀其處, 是諸聽者得未曾有. 多食藥草不飡嘉膳, 或時日飡一麻一麥, 其形肥充, 魔力持故, 誹謗比丘, 罵詈徒衆, 不避譏嫌. 口中好言他方寶藏, 十方聖賢潛匿之處, 隨其後者往往見有奇異之人. 此名山林土地城隍川嶽鬼神年老成魔. 或有宣婬, 破佛戒律, 與承事者潛行五欲, 或有精進純食草木無定行事. 惱亂彼

人, 厭足心生去彼人體, 弟子與師多陷王難. 汝當先覺不入輪廻, 迷惑不知墮無間獄

삼마지에서 수행자(선남자A)가	→	천마가 정기를 날려 설법자(B)에 붙고
지견을 좋아해서 숙명통을 탐함		설법자가 수행자에게 와서 수행자를 타락시킴

지견과 숙명통을 구하는 수행자에게 마(魔)의 힘으로 그런 기이한 일들을 조작하여 보여줌

　수행하는 사람이 지견을 좋아하고 숙명통을 갖고자 원하면, 천마가 그 마음을 이용해서 파고들어온다. 마가 다른 사람에게 붙어서 그를 통해 수행자를 방해한다. 수행자가 숙명통을 원하는 것을 이용해서 마가 그에게 다가와 미래를 점치는 것처럼 보이는 일들을 꾸며내어 그를 현혹시키는 것이다. 여기에서는 그런 일들이 마의 도움으로 조작되어 행해지는 것이지 수행 결과로 얻어지는 진짜 신통력이 아님을 강조한다. 설법자가 신통력으로 보물이 있는 곳이나 성현이 있는 곳을 알아보는 것 같지만, 그런 일들이 마의 도움으로 조작된 일이라는 것이다. 여기에서 수행을 방해하는 마는 10귀 중 하나의 귀가 늙어서 된 마가 아니고, 산림이나 토지, 성황당이나 내천이나 산악의 귀가 늙어서 된 마이다. 마가 설법자인 스승에게 붙어 수행자를 현혹시키다가 그 스승을 떠나면 스승과 제자가 함께 지옥으로 떨어지게 된다.

　(8) 신력(神力)을 탐하여 구함: 산천초목의 정(精)과 매(魅)

　붓다: 또 선남자(A)가 수음이 비어 묘하되 삿된 사려를 만나지 않으면 원정(圓定)이 밝아지니, 삼마지 중에 마음이 신통의 갖가지 변화를 좋아해서 변화의 원리를 연마하고 궁구하여 신통력을 탐하여 구하면, 이때 천마가 기회를 기다렸다가 정(精)을 날려 어떤 사람(B)에게 붙어서 입으로 경전의 법을 설하게 합니다. 그 어떤 사람(B)은 마가 붙었음을 알지 못하고 자신이 무상열반을 얻었다고 말하면서, 신통력을 구하는 선남자(A)가 있는 곳에 와서 자리를 펴고 설법을 합니다. 이 사람(B)은 혹 손으로 화광을 잡기도 하고 손으로 그 화광을

들어서 듣고 있는 4부대중의 머리 위에 날려 모든 청중의 정수리 위에 화광이 몇 척씩 이어지게 하지만 뜨겁게 하거나 태우지는 않습니다. 혹 물 위를 평지 걷듯이 다니고 혹 공중에 편안히 앉아 움직이지 않습니다. 혹 병 안으로 들어가거나 주머니 안에 있기도 하고, 들창으로 나가거나 담을 투과함에 장애가 없으나 다만 칼과 병기에는 자재하지 못합니다. 스스로 붓다라고 말하면서 몸에 백의를 입고 비구의 예를 받으며 선과 계율을 비방하고, 대중을 꾸짖고 다른 사람의 일을 폭로함에 원망과 혐의를 거리끼지 않습니다. (B가) 입으로 항상 신통이 자재하다고 말하고 혹 사람들에게 불국토를 보게 만드니, 이는 마의 힘으로 사람을 미혹하게 한 것이지 진실이 아닙니다. 음행을 찬탄하고 추한 행위도 탓하지 않으며, 외설을 갖고서 법을 전한다고 합니다. 이것을 '천지의 대력산의 정기, 바다의 정기, 바람의 정기, 하천의 정기, 토지의 정기, 일체 초목에 오랫동안 쌓인 정매나 용매 또는 수명이 끝난 신선이 다시 살아나서 된 매(魅) 혹은 신선이 기한이 끝나 햇수로 보면 응당 죽어야 하는데 그 몸이 바뀌기 전 다른 괴(怪)가 붙은 것 등이 늙어서 마가 된 것'이라고 합니다. 사람을 고뇌스럽고 혼란스럽게 하다가 지겨운 마음이 생겨 그 몸을 떠나면, 제자와 스승이 함께 왕난에 빠집니다. 당신이 먼저 깨달으면 윤회에 들어가지 않지만, 미혹하여 알지 못하면 무간지옥에 떨어집니다.

又善男子受陰虛妙, 不遭邪慮圓定發明, 三摩地中心愛神通種種變化, 研究化元貪取神力, 爾時天魔候得其便, 飛精附人口說經法. 其人誠不覺知魔著, 亦言自得無上涅槃, 來彼求通善男子處, 敷座說法. 是人或復手執火光, 手撮其光, 分於所聽四衆頭上, 是諸聽人頂上火光皆長數尺, 亦無熱性, 曾不焚燒, 或上水行如履平地, 或於空中安坐不動. 或入瓶內, 或處囊中, 越牖透垣曾無障礙. 唯於刀兵不得自在. 自言是佛, 身著白衣, 受比丘禮, 誹謗禪律. 罵詈徒衆, 訐露人事, 不避譏嫌. 口中常說神通自在, 或復令人傍見佛土, 鬼力惑人非有眞實. 讚歎行婬, 不毁麁行, 將諸猥媟以爲傳法. 此名天地大力山精, 海精風精河精土精, 一切草樹積劫精魅, 或復龍魅或壽終仙再活爲魅, 或仙期終計年應死, 其形不化他怪所附年老成魔. 惱亂是人, 厭足心生去彼人體, 弟子與師多陷王難. 汝當先覺不入輪廻, 迷惑不知墮無間獄.

삼마지에서 수행자(선남자A)가	→	천마가 정기를 날려 설법자(B)에 붙고
신통을 좋아해서 신통을 탐함		설법자가 수행자에게 와서 수행자를 타락시킴

신통력을 구하는 선남자에게 불을 잡거나 물 위 걷고 공중을 나는 등 신통력을 보여줌

수행자가 신통력을 구하면 마가 그런 마음을 이용해서 그를 현혹시키고자 한다. 앞의 경우들과 마찬가지로 마가 설법자에 붙고, 설법자는 신통력을 구하는 선남자에게 와서 설법을 한다. 그 마에 힘입어 설법자는 온갖 신통스런 기이한 일들을 벌인다. 불을 손으로 잡고 그 불빛을 대중들의 머리 위로 날리기도 하고, 물 위를 걷거나 공중을 날기도 하고, 병 속으로 들어가고 담을 통과하기도 한다고 한다. 신통을 부리거나 다른 사람에게 불국토를 보게도 하지만, 이런 것들은 모두 마의 힘을 빌려 잠시 현혹시키는 것이지, 수행에 의해 얻어지는 진실한 신통력은 아니라고 한다. 설법자가 여러 가지 신통을 부릴 수 있도록 천마가 천지와 바람 등 자연의 온갖 정기와 도깨비(매)나 요괴 등을 동원해서 기이한 일을 벌이는 것이다. 그러다가 그 마가 사람을 떠나면, 모두 무력해지고 마민이었던 대가로 지옥으로 떨어지게 된다.

(9) 심공(深空)을 탐하여 구함: 정령 등의 영(靈)

붓다: 또 선남자(A)가 수음이 비어 묘하되 삿된 사려를 만나지 않으면 원정(圓定)이 밝아지니, 삼마지 중에 마음이 입멸을 좋아해서 변화의 성품을 연마하고 궁구하여 깊은 공을 탐하여 구하면, 이때 천마가 기회를 기다렸다가 정(精)을 날려 어떤 사람(B)에게 붙어서 입으로 경전의 법을 설하게 합니다. 그 어떤 사람(B)은 마가 붙었음을 알지 못하고 자신이 무상열반을 얻었다고 말하면서, 공을 구하는 선남자가 있는 곳에 와서 자리를 펴고 설법을 합니다. (B가) 대중 안에서 그 형태가 홀연히 공이 되어 대중에게 보이지 않다가 다시 허공으로부터 홀연히 나타나서 출몰이 자재해집니다. 혹은 그 몸이 유리처럼 투명해지기도 하고 혹은 손발을 내리면 전단향기가 나기도 하고 혹은 대소변이 두꺼운 석밀 같기도 하며 계율을 비방하고 출가를 가볍고 천하게 여깁니다. (B는) 입으로 항상 '무인무과이고 한번 죽으면 영원히 멸하여 다시 이후의 몸을 받음이 없고

범부와 성인도 없다'고 말합니다. 비록 공적을 얻어도 몰래 탐욕을 행하며, 욕
망을 받아들이는 자도 또한 공한 마음을 얻어 인과가 없다고 합니다. 이것을
'일식과 월식의 정기, 금·옥·지·초·기린·봉황·거북·학 등이 천만년을 경과해
도 죽지 않고 영(靈)이 되어 국토에 출생하였다가 늙어서 마가 된 것'이라고 합
니다. 사람을 고뇌스럽고 혼란스럽게 하다가 지겨운 마음이 생겨 그 몸을 떠나
면, 제자와 스승이 함께 왕난에 빠집니다. 당신이 먼저 깨달으면 윤회에 들어가
지 않지만, 미혹하여 알지 못하면 무간지옥에 떨어집니다.

又善男子受陰虛妙, 不遭邪慮圓定發明, 三摩地中心愛入滅, 妍究化性, 貪求深
空, 爾時天魔候得其便, 飛精附人口說經法. 其人終不覺知魔著, 亦言自得無上涅
槃, 來彼求空善男子處, 敷座說法. 於大衆內其形忽空衆無所見, 還從虛空突然而
出, 存沒自在. 或現其身洞如瑠璃, 或垂手足作栴檀氣, 或大小便如厚石蜜, 誹毁戒
律, 輕賤出家. 口中常說無因無果, 一死永滅, 無復後身及諸凡聖. 雖得空寂潛行貪
欲, 受其欲者亦得空心撥無因果. 此名日月薄蝕精氣, 金玉芝草麟鳳龜鶴, 經千萬
年不死爲靈出生國土, 年老成魔, 惱亂是人, 厭足心生去彼人體, 弟子與師多陷王
難. 汝當先覺不入輪廻, 迷惑不知墮無間獄.

삼마지에서 수행자(선남자A)가 　→　 천마가 정기를 날려 설법자(B)에 붙고
입멸을 좋아해 공(空)을 탐함 　　　 설법자가 수행자에게 와서 수행자를 타락시킴

공을 좋아하는 선남자 앞에서 설법자가 존재했다 사라졌다 하면서 그를 현혹함

　수행자가 적멸과 공(空)을 좋아하고 추구하면, 천마가 그 마음을 이용해서 그를 현
혹시키려 한다. 천마가 정기를 날려 설법자에게 붙으면, 그 설법자가 그 수행자를 찾
아와서 설법하여 결국 그를 흔들어놓는다. 마가 붙은 설법자는 공을 좋아하는 선남자
에게 나타났다가 다시 갑자기 사라져 공이 되기도 하고, 있다가 투명하게 사라지기도
하는 등 기이한 현상을 보인다. 설법자는 붓다의 업보의 가르침과는 다른 무인무과를
주장하며 인과를 부정한다. 수행자가 공을 좋아하므로, 마가 그를 현혹하기 위해 공을
내세우면서 일체가 공이므로 모두 사라져 인과도 없는 것이라고 주장하는 것이다. 일
식이나 월식 등의 자연정기 또는 기린 봉황 등 불사의 영(靈)이 늙어서 마가 되며, 그
마가 설법자에 붙어서 수행자를 현혹한다. 그것이 마의 짓임을 알아차리면 문제가 없

지만, 끝까지 알지 못하고 마민으로 지내면 결국 지옥에 떨어지고 만다.

(10) 영세(永歲)를 탐하여 구함: 자재천마(自在天魔)

붓다: 또 선남자(A)가 수음이 비어 묘하되 삿된 사려를 만나지 않으면 원정(圓定)이 밝아지니, 삼마지 중에 마음이 장수를 좋아해서 애써 기미를 연마하여 영원한 생을 탐하여 구하며, 분단생사를 버리고 단박에 변역생사를 얻어 미세한 상이 상주하기를 희망하면, 이때 천마가 기회를 기다렸다가 정(精)을 날려 어떤 사람(B)에게 붙어서 입으로 경전의 법을 설하게 합니다. 그 어떤 사람(B)은 마가 붙었음을 알지 못하고 자신이 무상열반을 얻었다고 말하면서, 영생을 구하는 선남자(A)가 있는 곳에 와서 자리를 펴고 설법을 합니다. (B가) 다른 지방에 가고 옴에 걸림이 없다고 호언하면서 혹 만리 멀리 갔다가 순식간에 돌아오면서 그곳의 특산물을 가져오기도 하고, 혹 어느 한 집에서 얼마 안 되는 거리를 다른 사람에게 동에서 서쪽 벽으로 가라고 하는데 그 사람이 급히 몇 년을 가도 도달하지 못하게 만듭니다. 이로 인해 (A가) 마음으로 믿으며 붓다가 현전한다고 생각하게 됩니다. (B가) 입으로 항상 '시방 중생이 모두 나의 자식이고 내가 모든 붓다를 낳았고 내가 세계를 만들었으며, 내가 원래 붓다이므로 자연히 출생하였지 닦아서 얻은 것이 아니다'라고 말합니다. 이것을 '세상에 머무는 자재천마가 그의 권속인 차문다와 사천왕 비사동자 등 아직 발심하지 않은 자로 하여금 그 비고 밝음을 이용하여 그 정기를 먹게 한 것'이라고 합니다. 혹 스승(B)을 거치지 않고 수행하는 사람(A)에게 (천마가) 친히 나타나서 집금강이라고 자칭하며 당신을 장수하게 해주겠다고 하고, 미녀의 몸으로 나타나 탐욕을 부리게 해서 일 년도 지나지 않아 간과 뇌를 고갈시켜서 (A가) 입으로 혼잣말을 해도 마치 요매 소리처럼 들려 앞에 있는 사람도 알아듣지 못하게 합니다. (마가 몸을 떠나면) 대부분 왕난에 빠져 형을 받기 전에 이미 말라 죽게 되며, 사람을 고뇌스럽고 혼란스럽게 하여 죽음에 이르게 합니다. 당신이 먼저 깨달으면 윤회에 들어가지 않지만, 미혹하여 알지 못하면 무간지옥에 떨어집니다.

又善男子受陰虛妙, 不遭邪慮圓定發明, 三摩地中心愛長壽, 辛苦研幾, 貪求永歲, 棄分段生, 頓希變易, 細相常住, 爾時天魔候得其便, 飛精附人口說經法, 其人竟不覺知魔著, 亦言自得無上涅槃, 來彼求生善男子處, 敷座說法. 好言他方往還無滯, 或經萬里瞬息再來, 皆於彼方取得其物, 或於一處在一宅中數步之間, 令其從東詣至西壁, 是人急行累年不到. 因此心信, 疑佛現前. 口中常說十方眾生皆是吾子, 我生諸佛, 我出世界, 我是元佛出生自然, 不因修得. 此名住世自在天魔 使其眷屬如遮文茶及四天王毘舍童子未發心者, 利其虛明, 食彼精氣 或不因師其修行人親自觀見, 稱執金剛與汝長命, 現美女身盛行貪欲, 未逾年歲肝腦枯竭. 口兼獨言, 聽若妖魅, 前人未詳. 多陷王難未及遇刑先已乾死, 惱亂彼人以至殂殞. 汝當先覺不入輪廻, 迷惑不知墮無間獄

삼마지에서 수행자(선남자A)가 　　→　　천마가 정기를 날려 설법자(B)에 붙고
　장수를 좋아해 영생을 탐함　　　　　　설법자가 수행자에게 와서 수행자를 타락시킴

영생을 원하는 선남자 앞에서 설법자가 신족통을 보이며 그를 현혹함

수행자가 영생을 탐하여 분단생사이기를 그만두고 기한이 정해지지 않고 태어나는 변역생사로 살기를 희망하면, 천마가 그 마음을 이용하여 그를 현혹시킬 기회를 잡으려고 한다. 마에 씌운 설법자가 만리를 순식간에 갔다 오거나 다른 사람으로 하여금 짧은 거리도 결코 도달할 수 없게 하는 등 기이한 일을 보임으로써 수행자가 설법자를 붓다로 여기게끔 만든다. 설법자는 자신이 원래 붓다로서 일체 존재의 근원이고 본래 부처이니 나고 죽음이 없다고 설하여, 영생을 원하는 수행자가 마음으로 그를 믿게 만든다. 자재천마가 수행자를 장수하게 해준다고 현혹한 후 탐욕과 음욕으로 삶을 피폐하게 만들고, 그러다가 마가 떠나면 결국 오래 살지 못하고 죽게 된다고 한다. 그 전에 깨달아서 마사를 벗어나면 괜찮지만 끝까지 미혹하면 지옥에 떨어지고 만다.

붓다: 아난이여, 이 10종의 마가 말세에 나의 법 가운데 출가하여 수도하면서 혹 다른 사람의 몸에 붙기도 하고 혹 스스로 형태를 나타내기도 하여 모두 정변지각을 이루었다고 말하면서, 음욕을 찬탄하고 붓다의 율의를 파하여 먼저 악

한 마의 스승과 마의 제자가 음욕을 서로 전할 것입니다. 이와 같이 삿된 정기가 그 심장과 장기를 매혹시켜 가깝게는 9생 동안, 많으면 100생에 걸쳐 참된 수행자들을 모두 마의 권속이 되게 하니, 목숨이 다한 후 필경 마민이 되어 정변지를 잃고 무간지옥에 떨어집니다. 당신은 지금 먼저 적멸을 취하지 마십시오. 설사 무학을 얻었다고 해도 원(願)을 내서 저 말법 가운데 들어가 대자대비를 일으켜 바른 마음과 깊은 믿음을 가진 중생을 제도하여 마가 붙지 못하게 하고 바른 지견을 얻게 하십시오. 내가 지금 당신을 제도하여 생사를 벗어나게 하였으니, 당신도 붓다의 말을 따르는 것이 붓다의 은혜에 보답하는 것입니다.

阿難, 當知是十種魔於末世時在我法中出家修道, 或附人體或自現形, 皆言已成正遍知覺, 讚歎婬欲破佛律儀, 先惡魔師與魔弟子婬婬相傳. 如是邪精魅其心腑, 近則九生多踰百世, 令眞修行總爲魔眷, 命終之後畢爲魔民, 失正遍知墮無間獄. 汝今未須先取寂滅. 縱得無學留願入彼末法之中起大慈悲, 救度正心深信衆生, 令不著魔, 得正知見. 我今度汝已出生死, 汝遵佛語名報佛恩.

이상 10가지 상음의 마사는 마가 다른 사람의 몸에 붙는 방식으로 또는 마가 직접 모습을 드러내는 방식으로 작동한다. 마가 사람을 현혹시키는 제1의 방식이 바로 음욕을 일으켜 율의를 파하게 하는 것임을 또 한번 강조한다. 마의 삿된 정기가 사람에게 붙어서 사람의 몸을 피폐하게 하고 수행자로 하여금 마의 힘에 이끌려 마에 속한 사람이 되게 만든다. 그리고 결국은 그렇게 마민으로 산 결과로 무간지옥에 떨어지게 된다. 적멸을 추구하거나 아라한으로 홀로 열반에 들려고 하지 말고 대자대비의 마음으로 중생제도의 원을 세우라고 말한다. 모든 중생이 바른 믿음을 갖고 마사를 제대로 분간해내는 바른 지견을 갖기를 바라는 그런 자비의 마음을 내라는 것이다.

붓다: 아난이여, 이와 같은 10가지 선나의 경계가 나타나는 것은 모두 상음과 용심이 서로 작용(교호)하기 때문에 나타나는 일입니다. 중생이 완고하고 미혹하여 스스로 헤아리지 못하니, 이런 인연을 만나면 미혹하여 스스로 알지 못하고 성위에 올랐다고 말하며 대망어를 범해 무간지옥에 떨어집니다. 당신들은

반드시 여래의 말을 가져다 내가 멸도한 후 말법시대에 전하여 중생이 이 뜻을 깨달아 천마가 그 방편을 얻지 못하게끔 보호하고 지켜 무상도를 이루게 하십시오.

阿難, 如是十種禪那現境, 皆是想陰用心交互故現斯事. 衆生頑迷不自忖量, 逢此因緣, 迷不自識謂言登聖, 大妄語成, 墮無間獄. 汝等必須將如來語, 於我滅後傳示末法, 遍令衆生開悟斯義, 無令天魔得其方便, 保持覆護成無上道.

상음(色陰) = 융통망상 ⎤
　　　　　　　　　　　├ 교호(交互)
용심(用心) = 선나 ⎦

마의 작용으로 일어나는 일을 스스로 수행해서 성위에 오른 것처럼 여기며 그렇게 말하는 대망어의 죄를 지으면 결국 무간지옥에 떨어진다. 마사에 관한 붓다의 설을 후대까지 전하여서 다른 중생들이 마의 세력에 넘어가지 않고 정진 수행하여 무상도를 이룰 수 있도록 보호할 것을 당부한다. 수행과정에서 상음이 다하고 나면 그 다음으로 행음의 마사가 드러난다.

능엄경 제10권

4) 행음의 마사

붓다: 아난이여, 저 선남자가 삼마지를 닦아 상음이 다하면, 이 사람은 평상시에 꿈과 생각이 소멸하여 깸과 잠이 한결같으며(오매항일), 각명(覺明)이 비고 고요하여 마치 맑게 갠 허공과 같아 다시는 추중한 전진의 그림자가 없습니다. 세간의 산하대지를 보는 것이 거울이 밝게 비추는 것과 같아서 와도 붙는 것이 없고 가도 종적이 없습니다. 비어 받아들이고 비추고 응하여 묵은 습기가 없고 오직 하나의 정미로운 참됨뿐입니다. (a) 생멸의 근원이 이로부터 드러나니, 시방 12류 중생을 보되 그 종류를 끝까지 다 보게 됩니다. 비록 그 각 생명의 유래를 통달하지 못해도 동분의 생명의 기반이 마치 아지랑이처럼 반짝이며 맑게 흔들려 부진근의 궁극적 주축이 됨을 보니, 이것을 '행음에 갇힘'이라고 합니

다. (b) 만약 이 청요하고 습습한 원성의 성이 원징으로 들어가 원래의 습을 한 번 맑게 하면, 마치 파도가 멸하여 맑은 물이 되는 것과 같으니, 이것을 '행음이 다함'이라고 합니다. 이 사람은 능히 중생탁을 초월하니, 그 연유를 살펴보면 유은망상을 근본으로 삼기 때문입니다.

阿難, 彼善男子修三摩提想陰盡者, 是人平常夢想銷滅寤寐恒一, 覺明虛靜猶如晴空, 無復麁重前塵影事, 觀諸世間大地河山如鏡鑑明, 來無所粘過無蹤跡. 虛受照應了罔陳習, 唯一精眞. (a) 生滅根元從此披露, 見諸十方十二衆生畢殫其類. 雖未通其各命由緒, 見同生基猶如野馬熠熠淸擾爲浮根塵究竟樞穴, 此則名爲行陰區宇. (b) 若此淸擾熠熠元性, 性入元澄, 一澄元習, 如波瀾滅化爲澄水名行陰盡. 是人則能超衆生濁, 觀其所由, 幽隱妄想以爲其本.

상(想)과 꿈(몽夢)이 소멸, 깸(오寤)과 잠(매寐)이 한결같음 - 몽상소멸, 오매항일

(a) 행음에 갇힘: 행음에 가려진 생명의 근본유래(동분생기)를 부분적으로만 봄(말나식의 한계)
　　　　　　 습습청요의 원성(元性)/ 행음/ 천류하는 움직임이 있음
(b) 행음이 다함: 원징(元澄)/ 식음이 드러남/ 파랑이 없어져 잠잠함
　　　　　　 유은망상의 행음을 넘어섬 = 중생탁을 초월함

수음과 상음에 해당하는 느낌과 생각은 사람이 깨어 있을 때 상(想)을 만들고 잠들어 있을 때 몽(夢)을 만든다. 마음에 느낌이나 생각, 상이나 몽이 남아 있으면, 깸과 잠에서 그 내용이 변화하여 결국 깸과 잠이 동일한 상태로 유지되지 않으니, 오매항일이 아니다. 느낌과 생각이 모두 멈춘 삼매는 '상수멸정'이다. 평상시에도 그렇게 느낌과 생각이 모두 제거되어 빈 마음으로서 동일 상태가 유지되는 것을 '오매항일'이라고 한다.[7] 깨어 있든 잠을 자든 '각명의 비고 고요함'을 유지하면서 마음이 심층 본래 마음의

---

[7]　여기에서 '오매항일'은 깸과 잠이 한결같다는 것이고, 이는 깸에서 생각이 없고 잠에서 꿈이 없는 빈 마음으로서 둘이 서로 다르지 않은 하나라는 것을 말한다. 이 점에서 '오매일여'라고 할 수 있다. 잠으로서 어두운 상태인 매(昧)를 꿈의 상태인 '몽중'과 꿈 없는 깊은 잠 상태인 '숙면' 둘로 나누고서, 평상시 화두를 드는 그 마음상태가 몽중에서도 이어지고 나아가 숙면에서도 이어져야 한다고 논한 사람이 성철 스님이다. 그는 전자를 '몽중일여', 후자를 '숙면일여'라고 구분하였다. 이는 화두를 든 마음 상태를 꿈도 생각도 없는 텅 빈 마음의 상태인 적적성성의 상태로 보면서, 그 적적성성이 꿈이 있는 단계, 즉 말나식이 활동하는 단계(제7지)에서도 유지되고, 말나식의 활동이 그친 단계(제8지)에서도 계속 유지

빛인 각명에 계속 머무르는 것이다. 느낌 수(受)는 전5식에서 일어나는 것이고, 생각 상(想)은 제6의식이 일으키는 것이며, 생각은 전진(대상)의 영사, 즉 표상을 만들어 분석하고 집착하고 흔적을 남겨 습을 형성한다. 제6의식이 만든 전진영사는 3세상 중의 경계상에 덧붙여진 추상에 해당한다. 이런 전진영사인 추상이 모두 사라지면 오직 제8식이 만든 경계상만 남게 된다. 그러므로 이때 비로소 이러한 경계상이 어떻게 형성되는지를 알아차릴 수 있게 된다. 제6의식 차원에서의 새로운 업 지음이 없어 습기를 남겨 쌓이게 하는 작용이 멈추기에 '묵은 습기'가 없다고 말하며, 전진영사가 모두 사라져서 3세상만 남겨지기에 '정미로운 참된 것', 정진(精眞)만 남겨진다고 말한다. (a) 제6의식의 표상적 활동이 모두 사라지고 나면 아뢰야식의 전변활동, 즉 아뢰야식 내 종자의 현행화 활동을 알아차릴 수 있게 된다. 아뢰야식 내 종자의 현실화를 통해 유근신의 근이 형성되므로, 그러한 종자 및 그 현행화 활동을 알아차림으로써 비로소 각 중생이 어떤 유근신의 생명체로 존재하게 되는지, 각 중생류가 어떻게 해서 형성되는지, 부진근의 근거가 무엇인지를 알게 된다. 그러므로 수음과 상음이 제거되어야 비로소 생명의 근원이 드러나고, '동분의 생명의 기반'(동생기)을 알게 된다고 말한다. 그러나 근이 형성됨으로써 개체적 자아식인 말나식이 생겨나므로, 행음에 갇혀 있으면 말나식의 한계를 벗어나지 못한다. 말하자면 동분의 생명의 기반에 대해 그 근본 유래인 제8아뢰야식 자체를 정확히 통찰하지 못하고, 아뢰야식 내 종자에 의한 근의 형성만을 보는 것이 아직 행음에 갇혀 있는 것이다. 아직은 각 생명체의 근본 유래를 통찰하지 못하고 각 동분의 생명의 기반만 보는 것이다. 행음이 작은 물결과 같다는 것은 수음과 상음의 큰 물결인 추상의 넘은 없어도 아뢰야식의 세상의 활동은 남아 있고 그로 인한 마음의 움직임인 말나식의 활동은 남아 있다는 것을 의미한다. (b) 상음은 큰 물결과 같고 행음은 작은 물결과 같으며, 물결이 모두 없어져 물만 남는 것이 행음이 다하고 식음만 남는 것이다. 큰 물결의 상음이 멸해도 작은 물결의 행음이 남아 있으면, 아직 흔들림이 있는 것이다. 일체의 흔들림이 모두 없어져서 파도가 멸하고 물만 남게 되는 것과 같은 상태가 행음이 다한 상태이다. 행음이 다하면 작은 움직임마저도 일어나지 않는다. 중생탁은 세간에 머물고자 하는 지견(知見)과 국토를 옮겨 다니는 업의 흐름인 업운(業運)이 서로 얽힘으로써 생겨나는 혼탁으로 이로 인해 생사를

되어야 함을 강조한 것으로 볼 수 있다.

반복하게 된다. 중생의 묘정명심이 이러한 중생탁으로 인해 흐려지면서 생겨나는 망상이 '유은망상'이다. 그 작용이 의식보다 더 깊은 차원에서 일어나서 가려져 있어 알아보기 어렵기에 '유은(幽隱)'이라고 한다. 이 유은망상이 행음을 이룬다. 따라서 행음이 다하여 행음으로부터 자유로워지는 것이 유은망상을 벗어나고 중생탁을 넘어서는 것이다. 행음에 막혀 있을 때는 더 이상 앞의 3음에서와 같이 마로 인한 장애가 일어나지 않지만, 생사에 관한 중생 자신의 망념이 더 늘어나 생사의 근원에 대해 헤아리게 되는데, 그런 잘못된 분별계탁이 분분해져서 그 안에 갇혀 수행이 앞으로 나아가지 못하는 것이 문제이다. 내적으로든 외적으로든 마가 붙지 않고 오직 스스로 일으키는 허망한 생각이 행음에 갇히도록 만드는 것이다. 이하에서는 그러한 분별계탁을 논한다.

행음구우에서 행음이 다하기까지 나타나는 10가지 행음의 마사:

   (1) 2종 무인론: 근본과 종말이 원인 없음, 겁 밖 단처에서 무상을 계탁함   — 단견

   (2) 4종 변상론: 심경, 4대, 8식, 상진이 상주함, 겁 안 속처에서 상주를 계탁함 — 상견

   (3) 4종 전도론: 자타, 국토, 신심, 3음행음을 쌍계, 상과 무상을 나눠서 계탁함

   (4) 4종 유변론: 3제, 견문, 파아, 생멸을 잡음, 유변과 무변을 함께 계탁함   단+상

   (5) 4종 교란론: 8역, 유무(唯無), 유시, 유무, 불사 교란, 정설이 없는 외도 계교와 같음   (쌍역)

   (6) 16종 유상론: 4계×4음유상=16유상, 사후유상, 행음 기준 전3과 만법이 다함없다 함 — 유

   (7) 8종 무상론: 현재·미래×4음무상=8무, 사후무상, 전3 기준 만법, 행음이 무상하다 함 — 무

   (8) 8종 구비론: 2(비유비무)×4음=8부정, 사후구비, 4음에 대해 비유비무로 계탁 — 유+무(쌍비)

   (9) 7제 단멸론: 7처에 태어나도 사후 단멸, 행음 소멸처에서 사후 단멸을 계탁 — 단공(斷空)

   (10) 5현 열반론: 5처를 정전의로 삼아 열반을 계탁, 현재에서 상주극락을 계탁 — 체유(滯有)

(1) 2무인론(無因論): 무인이라고 계탁

붓다: 아난이여, 마땅히 알아야 하니, 정지(正知)를 얻은 사마타 중에 선남자가 움직임 없이 밝고 바른 마음이면, 10종 천마가 방편을 얻지 못하므로, 비로소 생명의 류(類)의 근본을 정미롭게 연마하고 궁구하게 됩니다. 본류(本類) 중에 생명의 근원이 드러나면 저 깊고 맑고 원만한 요동의 근원을 관합니다. 원만한 근원에 대해 계탁을 일으키면, 이 사람은 2무인론에 떨어집니다. ① 첫째, 이 사람은 시작에 인(因)이 없다고 봅니다. 어째서 그렇겠습니까? 이 사람은 이미 생명

의 기틀이 완전히 드러나서 안근의 8백 공덕에 의거해서 8만겁부터 있어온 중생의 업류가 굽이굽이 돌아 여기서 죽고 저기서 태어나는 것을 보되, 다만 그곳에서 중생이 윤회하는 것만을 볼 뿐 8만겁 밖은 어두워서 보이는 것이 없습니다. 그래서 '이런 세간의 시방 중생은 8만겁 전에 원인 없이 저절로 있게 되었다'는 견해를 일으킵니다. 이러한 계탁으로 인해 정변지를 잃고 외도에 떨어져 보리의 성품에 미혹하게 됩니다. ② 둘째, 이 사람은 끝에 인(因)이 없다고 봅니다. 어째서 그렇겠습니까? 이 사람은 생에서 그 근본을 이미 보아서 사람이 사람을 낳고 새가 새를 낳고, 까마귀는 본래 검고 따오기는 본래 희고, 인간과 천은 본래 직립하고 축생은 본래 횡으로 다니고, 백은 씻어서 되는 것이 아니고 흑은 염으로 만들어지는 것이 아니며, 8만겁 이래로 바뀐 것이 없다는 것을 압니다. 그래서 '지금 이 몸이 다해도 역시 이와 같다. 내가 본래 보리를 보지 못했으니 어찌 보리를 이루는 일이 있겠는가, 오늘 일체의 물상이 모두 본래 인이 없음을 마땅히 알아야 한다'고 합니다. 이렇게 계탁하여 정변지를 잃으므로 외도에 떨어져 보리성에 미혹하게 되니, 이것을 무인론을 세우는 제1외도라고 합니다.

阿難, 當知, 是得正知奢摩他中諸善男子凝明正心, 十類天魔不得其便, 方得精研窮生類本. 於本類中生元露者, 觀彼幽淸圓擾動元. 於圓元中起計度者, 是人墮入二無因論. ① 一者, 是人見本無因. 何以故? 是人旣得生機全破, 乘于眼根八百功德, 見八萬劫所有衆生業流灣環, 死此生彼, 祗見衆生輪廻其處, 八萬劫外冥無所觀. 便作是解, 此等世間十方衆生八萬劫來無因自有. 由此計度亡正遍知, 墮落外道, 惑菩提性. ② 二者, 是人見末無因. 何以故? 是人於生旣見其根, 知人生人, 悟鳥生鳥, 鳥從來黑, 鵠從來白, 人天本竪, 畜生本橫, 白非洗成, 黑非染造, 從八萬劫無復改移. 今盡此形亦復如是, 而我本來不見菩提, 云何更有成菩提事? 當知今日一切物象皆本無因. 由此計度亡正遍知, 墮落外道惑菩提性, 是則名爲第一外道立無因論.

2무인론: 원만한 근원(원근圓元)에 대해 계탁하여, 무인(無因)을 설함
  ① 본무인: 중생이 8만겁 전에 원인 없이 생겼다고 주장   – 8만겁 이전은 못 봐서/ 무인외도
  ② 말무인: 끝에도 원인이 없다고 주장   – 모든 것이 본래 그렇다고 여겨서/ 자연외도

수행자가 몸의 색음, 우울이나 슬픔 등의 느낌의 수음, 선교나 신통력 등을 바라는 생각의 상음 등으로부터 벗어나면, 마음이 흔들림 없이(응凝) 밝아져서(명明) 마(魔)

가 침입하지 못하게 된다. 이때 비로소 행음에 직면하여 생명의 근원에 대해 탐구할 수 있게 된다. 그런데 근원을 관하되, 그 근원에 대해 스스로 계탁분별을 일으키게 되면, 붓다의 인연설과 상반되는 무인론에 빠져들고 만다. 이는 색음과 수음과 상음까지는 파하되 아직 행음을 완전히 파하지 못함으로써 일어나는 망상이다. 이러한 계탁분별의 망상은 바깥의 천마가 아닌 자기 자신의 사견이 만드는 것이니, 이를 '심마(心魔)'라고 한다. ① 색음·수음·상음을 파한 수행자는 느낌이나 생각으로 인한 장애를 벗어나므로 자신의 마음속 종자들을 통해 중생의 과거의 실상을 꿰뚫어볼 수 있다. 소위 중생이 업력으로 나고 죽고 또 나고 죽는 윤회의 모습을 보는 숙명통이 열린 것이라고 할 수 있다. 그런데 그런 신통력으로 볼 수 있는 한계가 8만겁 이전까지라고 한다. 그 안에서 중생이 윤회하는 것은 보지만 8만겁 이전의 시기에는 신통력이 미치지 못하므로 그 너머는 어두워서 보지 못한다. 그래서 수행자는 8만겁 전에 중생이 아무런 원인 없이 그냥 저절로 생겨나게 되었다는 견해를 갖게 된다. 이런 무인(無因)의 견해는 붓다의 정변지가 아니고 삿된 외도의 계탁이다. 불지 내지 정지에 따르면 8만겁 이전에도 무시이래로 일체는 인연을 따라 생겨나지 원인 없이 일어나는 일이 없기 때문이다. ② 과거에 미루어서 미래의 끝을 판단한다. 여기서는 일체가 본래 그러한 성품을 갖고 있어서 끝까지 바뀌지 않는다고 말한다. 사람이 사람을 낳고, 새가 새를 낳고, 사람이 무인으로 생겼으면 사람이 끝날 때도 무인으로 끝난다고 말한다. 이처럼 일체가 인 없이 생기고 멸한다고 주장하는 것이 2무인론이다. 이러한 무인을 주장하는 두 관점은 모두 행음에 갇혀 있는 상태에서 아뢰야식 내 종자까지는 들여다보지만 그 너머의 마음 깊이까지는 나아가지 못한 계탁분별의 결과이다.

(2) 4변상론(遍常論): 상주라고 계탁

> 붓다: 아난이여, 이 삼마지 중에 선남자가 움직임 없이 밝고 바른 마음이면, 10종 천마가 방편을 얻지 못하니, 생명의 류(類)의 근본을 궁구하여 깊고 맑고 항상된 요동의 근원을 관합니다. 원만한 항상됨에 대해 계탁을 일으키면, 이 사람은 4변상론에 떨어집니다. ① 첫째, 이 사람은 마음과 대상, 2처의 성(性)이 인(因)이 없음을 궁구하고 닦아 익혀 '2만겁 중 시방 중생의 생멸이 모두 순환하여

산실되지 않는다'고 능히 알아서 항상되다고 계탁합니다. ② 둘째, 이 사람은 4대의 근원의 4성이 상주함을 궁구하고 닦아 익혀 '4만겁 중 시방 중생의 생멸이 모두 체가 항상되어 산실되지도 않는다'고 능히 알아서 항상되다고 계탁합니다. ③ 셋째, 이 사람은 6근(식)과 말나(제7식)와 집수(제8식)의 심의식 중 본원이 연유한 곳의 성이 항상됨을 궁구하고 닦아 익혀 '8만겁 중 일체 중생이 순환하고 사라지지 않아 본래 상주하고 모두 성을 잃지 않음'을 능히 알아서 항상되다고 계탁합니다. ④ 넷째, 이 사람은 이미 상(想)의 근원이 다하여 생명의 리(理)에 흐르고 멈추는 운전(運轉)이 없어 생멸하는 상(想)의 마음이 이미 영원히 멸하였기에, 리 중에 자연히 불생멸을 이루었다고 마음으로 헤아려 상주한다고 계탁합니다. 이렇게 항상하다고 계탁하여 정변지를 잃으므로 외도에 떨어져 보리성에 미혹하니, 이것을 원상론을 세우는 제2의 외도라고 합니다.

阿難, 是三摩中諸善男子凝明正心, 魔不得便, 窮生類本, 觀彼幽清常擾動元, 於圓常中起計度者, 是人墮入四遍常論. ① 一者, 是人窮心境性二處無因, 修習能知二萬劫中十方衆生所有生滅咸皆循環不曾散失, 計以爲常. ② 二者, 是人窮四大元四性常住, 修習能知四萬劫中十方衆生所有生滅咸皆體恒不曾散失, 計以爲常. ③ 三者, 是人窮盡六根末那執受心意識中, 本元由處性常恒故, 修習能知八萬劫中一切衆生循環不失本來常住窮不失性, 計以爲常. ④ 四者, 是人旣盡想元, 生理更無流止運轉, 生滅想心今已永滅. 理中自然成不生滅, 因心所度計以爲常. 由此計常亡正遍知, 墮落外道惑菩提性, 是則名爲第二外道立圓常論.

4변상론: 원만한 상(원상圓常)에 대해 상주(常住)라고 계탁
  ① 심과 경이 상주: 심과 경계가 무인, 상주라고 계탁   – 2만겁까지 보고 말함
  ② 4대가 상주: 4대가 상주한다고 계탁   – 4만겁까지 보고 말함
  ③ 8식이 상주: 심의식의 성품이 상주한다고 계탁   – 8만겁까지 보고 말함
  ④ 무상(無想)이 상주: 생리가 상주한다고 계탁

천마가 들어오지 못하는 가운데 생명의 흐름의 근본을 궁구하되 그 항상됨에 대해 계탁을 일으킴으로써 4변상론에 빠진다. ① 상음은 파했지만 아직 행음에 막혀 있는 수행자는 2만겁까지를 보고서 그 안의 모든 중생이 생과 멸을 반복하면서 산실되는 것이 없기에, 내심과 외경이 상주한다고 주장한다. ② 5근 5경의 색법을 이루는 것이 지

수화풍 4대라고 할 수 있기에 그 4대의 견습난동의 4성이 상주한다고 계탁한다. 이것 또한 자신이 보는 겁 안에 의거해서 판단하는 것인데, 심과 경, 근과 경보다는 좀 더 근원적인 것을 통찰한 것이라고 볼 수 있다. ③ 4대는 색법을 이루는 것으로 견습난동의 성질을 갖는 힘이다. 이 힘은 바로 중생이 짓는 업이 남기는 힘, 업력이라고 할 수 있다. 업을 짓는 것이 현행식인 7식이고 그러한 업이 남기는 업력인 종자를 보존하는 식이 일체종자식인 제8아뢰야식이다. 그러므로 색법을 이루는 4대를 거슬러 올라가 통찰하면 다시 식을 발견하게 되고, 그러한 식이 상주한다는 계탁분별을 일으키게 된다. 그것이 8만겁까지 보면서 수행자가 일으키는 계탁이다. ④ 상음이 다하면 흐르고 그치는 운동성이 멸한다. 그렇게 상의 마음이 멸하면서 드러나는 행음을 발생의 리 내지 '생명의 리'인 '생리(生理)'라고 한다. 행음 즉 생리에 흐르고 그침이 멸하기에, 그렇게 드러나는 행음을 상주하는 것이라고 계탁한다. 운동이 생하고 다시 멸하는 것은 생멸 차원에 속하는 것이어서 상주와는 다르다. 그런데도 멸함을 보고 상주라고 헤아리므로 잘못 계탁하는 것이다. 이상의 4상주론적 견해는 행음에 막혀서 내세우는 견해로서 붓다의 설이 아닌 외도의 설이다.

(3) 4전도론(顚倒論): 일부는 상(常), 일부는 무상(無常)이라고 계탁

붓다: 또 삼마지 중에 선남자가 견고하여 움직임 없는 바른 마음이면, 마가 방편을 얻지 못하니, 생명의 류(類)의 근본을 궁구하여 깊고 맑고 항상된 요동의 근원을 관합니다. 자타에 대해 계탁을 일으키면, 이 사람은 일부는 무상하고 일부는 항상하다고 보는 4전도론에 떨어집니다. ① 첫째, 이 사람은 묘명심이 시방 세계에 두루함을 관하여 담연(湛然)을 구경의 신아(神我)로 여깁니다. 이로부터 '아가 시방에 두루하고 움직임 없이 밝고 부동이며 일체 중생이 아의 마음에서 저절로 나고 저절로 죽으니, 아의 심의 성은 항상되고, 저 생멸하는 것은 실로 무상성이다'라고 계탁합니다. ② 둘째, 이 사람은 그 마음을 관하지 않고 시방의 항하사 국토를 두루 관하고서 괴겁에 무너지는 것을 보면 '구경의 무상한 종성'이라고 하고, 괴겁에 무너지지 않는 것은 '구경의 항상한 것'이라고 합니다. ③ 셋째, 이 사람은 아의 마음이 정밀하고 세세하고 미밀하여 미진과 같이 시방을 유전해도 성이 달라지지 않으며, 이 몸을 생하게 하고 또 멸하게도 함을

관합니다. 그 무너지지 않는 성품을 아성의 항상함이라고 부르고, 일체 생사가 아로부터 유출되었음을 무상성이라고 부릅니다. ④ 넷째, 이 사람은 상음이 다함을 알고 행음이 흐름을 보면서 행음은 항상 흐르므로 항상성이라고 계탁하고 색·수·상 등은 이미 멸진하였으므로 무상이라고 계탁합니다. 이렇게 일부는 무상하고 일부는 항상되다고 계탁하므로 외도에 떨어져 보리성에 미혹하니, 이 것을 부분적 상론을 세우는 제3외도라고 합니다.

又三摩中諸善男子堅凝正心, 魔不得便, 窮生類本, 觀彼幽淸常擾動元. 於自他中起計度者, 是人墮入四顚倒見一分無常一分常論. ① 一者, 是人觀妙明心遍十方界, 湛然以爲究竟神我. 從是則計我遍十方凝明不動, 一切衆生於我心中自生自死, 則我心性名之爲常, 彼生滅者眞無常性 ② 二者, 是人不觀其心, 遍觀十方恒沙國土, 見劫壞處名爲究竟無常種性, 劫不壞處名究竟常. ③ 三者, 是人別觀我心, 精細微密猶如微塵, 流轉十方性無移改, 能令此身卽生卽滅. 其不壞性名我性常, 一切死生從我流出名無常性. ④ 四者, 是人知想陰盡, 見行陰流, 行陰常流計爲常性, 色受想等今已滅盡名爲無常. 由此計度一分無常一分常故, 墮落外道惑菩提性, 是則名爲第三外道一分常論.

4전도론: 자타에 대해 계탁하여, 부분 상주와 부분 무상을 설함

〈상주〉	↔	〈무상〉
① 자기 마음 = 묘명심		타중생은 생멸
② 4선천 이상(괴겁에 안 무너짐)		3선천 이하(괴겁에 무너짐)
③ 나의 심		나의 몸
④ 행음		색음 · 수음 · 상음

행음을 요동의 근원으로 파악하고는 자타분별을 일으켜 전도된 견해를 갖는 것을 말한다. 자와 타로 분별해서 그중 나는 상주한다고 여기고 남은 무상하다고 분별하는 것이다. ① 두루하는 묘명심을 관하고는 자신을 궁극의 신아(神我)로 간주해서 아는 일체의 근원으로서 상주한다고 보고, 타는 그로부터 생겨났다가 멸하는 무상한 것이라는 견해를 일으킨다. ② 자신의 마음은 빼놓고서 국토만을 관찰하여서 성주괴공 중괴겁에 무너지지 않는 것을 상주하는 것으로 간주하고 겁에 무너지는 것을 무상한 것으로 간주하는 계탁이다. 색계 3천인 변정천 이하는 괴겁(壞劫) 3재(災)에 무너지므로 무상으로, 4선천 이상은 3재에 무너지지 않으므로 상주로 간주한다. ③ 자신의 마음은

미세하고 잘 드러나지 않으며 불변이라고 여기고, 거기에서 생긴 몸은 생멸하며 무상하다고 분별한다. ④ 색·수·상음까지 멸한 후에 행음이 남아 있음을 보면서 행음은 항상되다고 계탁하고, 색음·수음·상음은 무상한 것이라고 계탁한다. 전체를 관통하는 하나의 실상을 알지 못하고 드러나는 현상을 분류하고 분별해서 일부는 항상된 것으로 다른 일부는 무상한 것을 계탁하므로 외도의 설이라고 비판한다.

(4) 4유변론(有邊論): 일부는 끝이 있고, 일부는 끝이 없다고 계탁

> 붓다: 또 삼마지 중에 선남자가 견고하여 움직임 없는 바른 마음이면, 마가 방편을 얻지 못하니, 생명의 류(類)의 근본을 궁구하여 깊고 맑고 항상된 요동의 근원을 관합니다. 분위(分位)에 대해 계탁을 일으키면, 이 사람은 4유변론에 떨어집니다. ① 첫째, 이 사람은 생의 근원인 흐름의 작용이 멈추지 않음을 헤아려 과거와 미래는 유변이라고 계탁하고 상속심은 무변이라고 계탁합니다. ② 둘째, 이 사람은 8만겁까지는 중생이 보이고 8만겁 이전은 적연하여 들리고 보이는 것이 없음을 관하여, 들리고 보이는 것이 없는 곳은 무변이라고 하고 중생이 있는 곳은 유변이라고 합니다. ③ 셋째, 이 사람은 자아는 두루 알므로 무변성을 얻고 일체 다른 사람은 나의 앎 중에 나타나지만 내가 저들의 아는 성품을 알지 못하니 저들은 무변의 마음을 얻지 못하고 단지 유변성만 얻는다고 계탁합니다. ④ 넷째, 이 사람은 행음이 공함을 궁구하여 그 보여진 마음으로 헤아려서, 일체 중생의 몸 가운데 모두 반은 생하고 반은 멸한다고 계탁하고, 세계의 일체 존재도 그 반은 유변이고 반은 무변이라고 계탁합니다. 이렇게 유변과 무변으로 계탁하므로 외도에 떨어져 보리성에 미혹하니, 이것을 유변론을 세우는 제4외도라고 합니다.

> 又三摩中諸善男子堅凝正心, 魔不得便, 窮生類本, 觀彼幽淸常擾動元. 於分位中生計度者, 是人墮入四有邊論. ① 一者, 是人心計生元流用不息, 計過未者, 名爲有邊, 計相續心, 名爲無邊. ② 二者, 是人觀八萬劫則見衆生, 八萬劫前寂無聞見, 無聞見處名爲無邊, 有衆生處名爲有邊. ③ 三者, 是人計我遍知, 得無邊性, 彼一切人現我知中, 我曾不知彼之知性, 名彼不得無邊之心, 但有邊性. ④ 四者, 是人窮行陰空, 以其所見心路籌度, 一切衆生一身之中, 計其咸皆半生半滅, 明其世界一切所有, 一半有邊一半無邊. 由此計度有邊無邊, 墮落外道惑菩提性, 是則名爲第四外道立有邊論.

4유변론: 분위에 대해 계탁하여, 유한인 유변(有邊)과 무한인 무변(無邊)을 논함

	〈유변〉	↔	〈무변〉
① 3제분위:	과거와 미래		현재(상속심)
② 견문분위:	(8만겁까지) 중생 있는 곳		(8만겁 이전) 무견문, 적연
③ 피아분위:	일체 중생		나의 신아(지가 있어서)
④ 생멸분위:	상음 이전(생)		행음 이후(멸)

유변이든 그것의 대립으로서의 무변이든 모두 변견에 빠진 계탁분별이며, 양 대립을 넘어선 정견에 이르지 못한 것이다. ① 색·수·상음이 멸하고서 드러나는 생의 근원인 흐름의 작용이 바로 행음이다. 이 흐름의 작용이 멈추지 않는데, 현재의 마음은 계속 이어져 상속하지만, 과거는 있다가 없고 미래는 없다가 있으므로 끝이 있는 유변이라고 여긴다. ② 중생이 수행해서 볼 수 있는 영역이 8만겁까지라고 한다. 거기까지는 중생들이 보이고 들리니까 끝이 있다고 생각하고, 그 너머는 보이는 것도 들리는 것도 없는 적연이므로 끝이 없는 무변이라고 여긴다. ③ 나의 마음은 내가 스스로 자각하면서 그 한계를 알지 못하니 무변이라고 생각하고, 다른 사람은 나의 마음의 대상으로 나타나되 내가 그 마음을 직접 알 수는 없으므로 한계가 있는 유변이라고 여긴다. ④ 행음을 공한 적멸이라고 여겨서 중생의 반인 색음·수음·상음은 생하지만 행음은 멸한다고 여기고, 그렇게 세계 일체가 반은 생하고 반은 멸이라고 여긴다. 생하는 것은 끝이 있는 것으로 유변이고, 멸하는 것은 적멸로서 끝이 없는 무변이라고 간주한다. 일체를 끝이 있는 유변과 끝이 없는 무변으로 나눠서 분별하지만, 이는 모두 변견(邊見)에 머무르는 것이며 진정한 정견이 아니다. 붓다의 깨달음에 이르지 못한 것이므로 외도의 설이라고 비판한다.

(5) 4교란론(矯亂論): 시·비(是非), 유·무(有無)로 교란하는 희론(戲論)

붓다: 또 삼마지 중에 선남자가 견고하여 움직임 없는 바른 마음이면, 마가 방편을 얻지 못하니, 생명의 류(類)의 근본을 궁구하여 깊고 맑고 항상된 요동의 근원을 관합니다. 지견에 대해 계탁을 일으키면, 이 사람은 4가지 전도된, 불사(不死)로 교란하는 변계희론에 떨어집니다. ① 첫째, 이 사람은 변화의 근원을

관하여 천류하는 곳을 보면 변(變)이라고 하고 상속하는 곳을 보면 항(恒)이라고 하고, 보이는 곳을 보면 생(生)이라고 하고 보는 곳을 보지 못하면 멸(滅)이라고 합니다. 상속의 인인 성품이 끊기지 않는 곳을 증(增)이라고 하고 상속 중에 중간이 끊어지는 곳을 감(減)이라고 하고, 각각 생하는 곳을 유(有)라고 하고 서로 없어지는 곳을 무(無)라고 합니다. 이치로는 모두 관하면서 마음으로는 따로 보기에, 법을 구하는 사람이 와서 그 의미를 물으면, 나는 지금 생하기도 하고 멸하기도 하고, 있기도 하고 없기도 하며, 증하기도 하고 감하기도 한다고 답하니, 언제나 말을 교란하게 하여 앞의 사람이 말을 잃어버리게 합니다. ② 둘째, 이 사람은 마음의 서로 없는 곳을 잘 관하여서 무로 인해 증득하므로, 누가 와서 물으면 오직 '무(無)' 한 자로만 대답하고 무를 제외한 나머지는 말하지 않습니다. ③ 셋째, 이 사람은 마음의 각각 있는 곳을 잘 관하여서 유로 인해 증득하므로, 누가 와서 물으면 오직 '시(是)' 한 자로만 대답하고 시를 제외한 나머지는 말하지 않습니다. ④ 넷째, 이 사람은 유와 무를 모두 보아서 경이 나뉜 까닭에 그 마음 역시 어지러우므로, 누가 와서 물으면 '유이지만 곧 무이고, 무이지만 또 유인 것은 아니다'라고 대답하니, 일체가 교란하여 궁구해서 따질 것이 없습니다. 이렇게 교란과 허무를 계탁하므로 외도에 떨어져 보리성에 미혹하니, 이것을 4전도성 중 불사로 교란하는 변계희론의 제5외도라고 합니다.

又三摩中諸善男子堅凝正心, 魔不得便, 窮生類本, 觀彼幽清常擾動元. 於知見中生計度者, 是人墜入四種顛倒不死矯亂遍計戲論. ① 一者, 是人觀變化元, 見遷流處名之爲變, 見相續處名之爲恒, 見所見處名之爲生, 不見見處名之爲滅. 相續之因性不斷處名之爲增, 正相續中中所離處名之爲減, 各各生處名之爲有, 互互亡處名之爲無. 以理都觀, 用心別見. 有求法人來問其義, 答言我今亦生亦滅, 亦有亦無亦增亦減, 於一切時皆亂其語, 令彼前人遺失章句. ② 二者, 是人諦觀其心互互無處, 因無得證, 有人來問, 唯答一字但言其無, 除無之餘無所言說. ③ 三者, 是人諦觀其心各各有處, 因有得證, 有人來問, 唯答一字但言其是, 除是之餘無所言說. ④ 四者, 是人有無俱見, 其境枝故其心亦亂, 有人來問, 答言亦有卽是亦無, 亦無之中不是亦有, 一切矯亂無容窮詰. 由此計度矯亂虛無, 墮落外道惑菩提性, 是則名爲第五外道四顛倒性不死矯亂遍計戲論.

4교란론: 지견에 대해 계탁하여 교란시킴
　① 8역(八亦)교란: 변항, 생멸, 증감, 유무의 8가지 교란
　② 유무(唯無)교란: 무를 증득하고 무만 주장, 부정으로 교란
　③ 유시(唯是)교란: 유를 증득하고 시만 주장, 긍정으로 교란
　④ 유무(有無)교란: 유와 무를 둘 다 보고 부정과 긍정을 함께하여 교란

　의식으로 분별하여 알기 힘든 것을 신(神)의 영역 등 '불사(不死)의 영역'으로 규정해 놓고 그것에 대해 갖가지 어지러운 희론을 전개하여 인간의 사유를 혼란스럽게 만드는 교란 행위를 말한다. ① 생멸하는 행음은 변화와 상속, 생과 멸로 분별계탁한다. 그러면서 변하기도 하고 항성되기도 하다고 말하고, 생하기도 하고 멸하기도 하다고 말하니, 서로 모순되는 주장으로 상대방을 교란시킨다는 것이다. 그런 식으로 변과 항, 생과 멸, 증과 감, 유와 무를 모두 긍정하니, 말의 논리가 혼동스러워 말을 잃게 만든다. 이런 것을 '8역 교란'이라고 한다. ② 행음의 활동의 근원을 관하되 멸하여 없는 부분에만 머물러 '무'에 집착하고 오직 '무'만 말하는 것을 '오직 무의 교란'이라고 한다. ③ 행음의 활동의 근원을 관하되 각각으로 존재하는 것만 관함으로써 사태를 긍정하는 '이다'의 시(是)에 집착하여 오직 '시'만 말하는 것을 '오직 유의 교란'이라고 한다. ④ 유와 무를 함께 관함으로써 유와 무를 동시에 주장하여서 '유가 곧 무다' 또는 '무이지만 또 유인 것은 아니다'라고 말하므로 논리가 부정확하여 상대를 교란시킨다. 이에 대해 『정맥소』는 "'유이지만 곧 무이다'라는 것은 마치 얼음이 물이라는 말과 같고, '무이지만 또 유인 것은 아니다'는 마치 물이 얼음은 아니라는 말과 같다"[8]고 설명한다. 논리를 교란시키는 이런 계탁분별은 곧 변계희론이며, 극단을 떠나 중도를 설하는 불법에 어긋나는 외도의 설이다.

　(6) 16유상론(有相論): 사후(死後)에 상(相)이 있다는 계탁

> 붓다: 또 삼마지 중에 선남자가 견고하여 움직임 없는 바른 마음이면, 마가 방편을 얻지 못하니, 생명의 류(類)의 근본을 궁구하여 깊고 맑고 항상된 요동의

8　진감, 『정맥소』, 4권, 574쪽.

근원을 관합니다. 끝없는 흐름(流)에 대해 계탁을 일으키면, 이 사람은 '사후에 상(相)이 있다'는 십전도에 떨어집니다. ① 혹 스스로 몸을 견고히 하여 '색(色)이 아(我)다'라고 하거나, ② 혹 아가 원만하여 국토를 두루 포함함을 보고 '아가 색을 가진다'라고 하거나, ③ 혹 저 앞의 대상(연)이 나를 따라 회복하므로 '색이 아에 속한다'고 하거나, ④ 혹 아가 행음 중에 상속하므로 '아가 색에 있다'고 합니다. 모두 사후에 상이 있다고 계탁하여 말하니, 이와 같이 순환하여 16상이 있습니다. 이것으로부터 혹 '필경 번뇌와 필경 보리의 두 성품이 함께 달리되 각각 서로 접촉하지 않는다'고 계탁합니다. 이렇게 사후에 상이 있다고 계탁하므로 외도에 떨어져 보리성에 미혹하니, 이것을 5음 가운데 사후에 상이 있다는 십전도론을 세우는 제6외도라고 합니다.

又三摩中諸善男子堅凝正心, 魔不得便, 窮生類本, 觀彼幽淸常擾動元, 於無盡流生計度者, 是人墜入死後有相發心顚倒. ① 或自固身, 云色是我, ② 或見我圓含遍國土, 云我有色, ③ 或彼前緣隨我廻復, 云色屬我, ④ 或復我依行中相續, 云我在色. 皆計度言死後有相, 如是循環有十六相. 從此或計畢竟煩惱畢竟菩提, 兩性並驅, 各不相觸. 由此計度死後有故, 墮落外道惑菩提性, 是則名爲第六外道立五陰中死後有相心顚倒論.

16유상론: 끝없는 흐름에 대해 계탁하여, 사후에 상(相)이 있다는 전도론 주장

　① 색이 아다(색시아): 색 = 아

　② 아가 색을 가진다, 아에 색이 있다(아유색): 색 ⊂ 아

　③ 색이 아에 속한다(색속아): 색 ≠ 아

　④ 아가 색에 있다(아재색): 색 ⊃ 아

4가지 계탁 × 4음(색·수·상·행) = 16가지 상
4가지 계탁 × 5음(색·수·상·행·식) × 3세 + 2견(단견·상견) = 62견

끝없는 흐름이 곧 행음이다. 끝이 없기에 사후에도 끝나지 않고 계속된다고 여기면서 사후에 상(相)이 남는다는 분별을 일으킨다. 색음에 대해 4가지 견해가 있다. ① 색이 곧 아라는 생각, ② 아가 국토를 포함하므로 아가 색을 가진다는 생각, ③ 대상이 나를 따라 등장하므로 색이 나와 구분되되 나에 속하는 것이라는 생각, ④ 행온의 상

속상이 곧 색인데, 내가 행온인 색에 의지하므로 내가 색에 포함된다는 생각, 총 4견해이다. 아와 색의 관계에 관한 4가지 견해와 같은 것이 색온뿐 아니라 수음·상음·행음에 대해서도 성립하므로 $4 \times 4 = 16$가지 분별계탁이 일어난다. 일반적으로 위와 같은 4가지 계탁에다 5음을 곱하여 20을 얻고, 거기에 과거·현재·미래 3세를 곱해 60을 얻고서 여기에다 단견과 상견 2를 더해서 62를 얻어, 62견이라고 말한다. 여기에서는 식음을 빼고 $4 \times 4 = 16$을 말하고 있다. 식음을 제외한 것은 계탁하는 아가 곧 식음이기 때문이라는 설도 있고, 아직 행음이 남아 있기에 식음이 문제되지 않기 때문이라는 설도 있다. 16가지 상에 더해서 염법의 번뇌와 정법의 보리도 끝없이 함께한다고 생각하는 것을 또 다른 계탁분별이라고 말하며, 사후에도 상이 있다는 계탁분별을 외도의 설이라고 비판한다.

(7) 8무상론(無相論): 사후(死後)에 상(相)이 없다는 계탁

붓다: 또 삼마지 중에 선남자가 견고하여 움직임 없는 바른 마음이면, 마가 방편을 얻지 못하니, 생명의 류(類)의 근본을 궁구하여 깊고 맑고 항상된 요동의 근원을 관합니다. 앞의 색·수·상음의 제멸에 대해 계탁을 일으키면, 이 사람은 '사후에 상이 없다'는 심전도에 떨어집니다. ① 색음이 멸함을 보면 형태가 인한 바가 없고, ② 그 상음이 멸함을 관하면 심이 매인 바가 없고, ③ 그 수음이 멸함을 알면 후에 이을 것이 없습니다. ④ 음의 성이 소멸하면, 설령 생리(행음)가 있어도 수음과 상음이 없으므로 초목과 같습니다. 이 몸은 현재에도 얻을 수 없는데 사후에 어찌 다시 상이 있겠습니까. 그러므로 사후에는 상이 없다고 헤아립니다. 이와 같이 순환하여 8무상이 있습니다. 이로부터 혹 열반의 인과 과도 일체 모두 공이고 오직 이름과 문자만 있으며 구경에는 단멸이라고 계탁합니다. 이렇게 사후에 무일 뿐이라고 계탁하므로 외도에 떨어져 보리성에 미혹하니, 이것을 5음 중에 사후에 무상이라는 심전도론을 세우는 제7외도라고 합니다.

又三摩中諸善男子堅凝正心, 魔不得便. 窮生類本, 觀彼幽清常擾動元. 於先除滅色受想中生計度者, 是人墮入死後無相發心顚倒. ① 見其色滅, 形無所因, ② 觀其想滅, 心無所繫, ③ 知其受滅, 無後連綴 ④ 陰性銷散, 縱有生理而無受想與草木同. 此質現前猶不可得, 死後云何更有諸相, 因之勘校死後相無, 如是循環有八無相. 從此或計涅槃因果一切皆空, 徒有名字, 究竟斷滅. 由此計度死後無故, 墮落外道惑菩提性, 是則名爲第七外道立五陰中死後無相心顚倒論.

8무상론: 색·수·상의 멸에 대해 계탁하여, 사후 상(相)이 없다는 전도를 주장
  ① 색음(색)이 멸: 몸(형)의 인이 없음
  ② 상음(심)이 멸: 심의 매임이 없음
  ③ 수음(색과 심을 이음)이 멸: 이을 것이 없음
  ④ 행음: 수음·상음이 없어 초목과 같음

4(색·수·상·행) × 2(현재·사후) = 8무상(無相)
생사(세간법): 인 → 과: 열반(출세간법)

(6)에서처럼 사후에 상이 있다는 것도 분별계탁이고, 여기 (7)에서처럼 사후에 상이 없다는 것도 분별계탁이다. (6)에서는 색음·수음·상음이 멸한 후 나타나는 행음이 멸하지 않고 끝이 없음을 보고서 일체가 상이 있는 유(有)라고 계탁한 데 반해, (7)에서는 색음·수음·상음이 멸하고 이어 행음도 초목과 같아 일체가 상이 없으며 나아가 사후에도 상이 없는 무(無)라고 분별하는 것이다. 색음·수음·상음이 모두 멸하고 나면 일체가 멸한 모습으로 드러나며, 수음과 상음이 없어져서 초목과 같아지면 행음도 따라서 멸한다는 것이다. 그렇게 4음이 모두 없어져 상이 없으니 사후에도 일체 상이 모두 없다는 무상(無相)을 주장한다. 색음·수음·상음·행음이 모두 멸하고, 현재와 사후에도 모두 없으니 8가지 무상이 된다. 현재의 생멸 내지 생사도 없고, 수행의 결과로서 얻을 열반도 모두 없으며, 일체가 공이고 단지 이름일 뿐이라고 주장하는 단멸론에 빠진다. 여기에서는 일체가 무라고 주장하는 것을 외도의 설이라고 비판한다. 일체를 부정함으로써 결국 열반도 부정하여 단멸론에 빠지기 때문이다.

(8) 8구비론(俱非論): 사후에는 유상도 무상도 아니라고 계탁

붓다: 또 삼마지 중에 선남자가 견고하여 움직임 없는 바른 마음이면, 마가 방편을 얻지 못하니, 생명의 류(類)의 근본을 궁구하여 깊고 맑고 항상된 요동의

근원을 관합니다. 행음은 존재하고 수음과 상음은 멸함에 대해 유와 무 자체가 서로를 파함을 쌍으로 계탁하면, 이 사람은 '사후에 (유와 무가) 모두 아니다 (비)'라는 전도론에 떨어집니다. ① 색 ② 수 ③ 상에서는 유를 보아도 유가 아니고, ④ 행음의 천류에서는 무를 관해도 무가 아닙니다. 이와 같이 순환하여 음계 8가지(4 × 유·무)가 모두 상이 아님을 끝까지 궁구하며, 하나의 연을 따라 모두 사후에 유상·무상이라고 말합니다. 또 제행의 성이 변천한다고 계탁하므로, 마음이 깨달음을 내어 유와 무가 모두 아니라고 하니, 허와 실이 일정함이 없습니다. 이렇게 사후는 (유도 무도) 모두 아니라고 계탁하고, 다음 생은 어두워 말할 수 없으므로 외도에 떨어져 보리성에 미혹하니, 이것을 5음 중 '사후에 (유·무) 모두 아니다'라는 심전도론을 세우는 제8외도라고 합니다.

又三摩中諸善男子堅凝正心, 魔不得便, 窮生類本, 觀彼幽清常擾動元. 於行存中兼受想滅, 雙計有無自體相破, 是人墜入死後俱非起顚倒論. ① 色 ② 受 ③ 想中見有非有, ④ 行遷流內觀無不無. 如是循環窮盡陰界八俱非相, 隨得一緣皆言死後有相無相. 又計諸行性遷訛故, 心發通悟有無俱非, 虛實失措. 由此計度死後俱非, 後際昏瞢無可道故, 墮落外道惑菩提性, 是則名爲第八外道立五陰中死後俱非心顚倒論.

8구비론: 행은 유, 색·수·상은 무에 대해 계탁하여, 유도 무도 아님을 주장

① 색 · ② 수 · ③ 상은 유이어도(무 아님), 유가 아님 ⎤
④ 행은 무이어도(유 아님), 무가 아님   ⎦ 8비(非)

색·수·상은 멸하여 무이지만 행음은 남아 있어 유이다. 무로써 유를 부정하고, 유로써 무를 부정함으로써 결국 유도 무도 모두 아니라는 전도된 계탁분별을 한다. 색·수·상음은 무이므로 거기에서 행음의 유를 보아도 무에 싸여 있어 유가 아니라고 하고, 행음이 천류하는 곳은 유이므로 거기에서 색·수·상음의 무를 보아도 유의 흐름 속에 있어 무가 아니라고 하니, 결국은 무로써 유를 부정하고 다시 유로써 무를 부정하여, 전체가 유도 아니고 무도 아닌 것이 된다. 그래서 색·수·상·행 4음이 유도 아니고 무도 아닌 8비(非)가 된다. 사후에 상이 유도 아니고 무도 아니라는 주장이다. 이처럼 행음의 변천을 따라 제행(제법)의 성품도 변천한다고 계탁하기 때문에 마음이 깨달음을 내어 일체가 유도 아니고 무도 아니라고 한다. 무의 허도 아니고 유의 실도 아니어서

허와 실 중 어느 하나로 정하지 못한다는 뜻이다. 생전과 마찬가지로 사후도 모두 유
도 아니고 비도 아니어서 뭐라고 말할 수 없다고 주장하는데, 이 또한 붓다의 지혜에
반하는 외도의 주장이다.

(9) 7제단멸론(際斷滅論): 7제(인간·3계천)가 단멸한다고 계탁

> 붓다: 또 삼마지 중에 선남자가 견고하여 움직임 없는 바른 마음이면, 마가 방
> 편을 얻지 못하니, 생명의 류(類)의 근본을 궁구하여 깊고 맑고 항상된 요동의
> 근원을 관합니다. 다음다음이 없음에 대해 계탁을 일으키면, 이 사람은 7단멸론
> 에 떨어집니다. 혹 몸이 멸한다, 혹 욕이 다 멸한다, 혹 고가 다 멸한다, 혹 극락
> 이 멸한다, 혹 극사가 멸한다고 계탁합니다. 이와 같이 순환하여 7제를 다하며,
> 현전이 소멸하고 이미 멸하면 회복이 없습니다. 이렇게 사후에 단멸한다고 계
> 탁하므로 외도에 떨어져 보리성에 미혹하니, 이것을 5음 중 사후 단멸한다는 심
> 전도론을 세우는 제9외도라고 합니다.
>
> 又三摩中諸善男子堅凝正心, 魔不得便, 窮生類本, 觀彼幽淸常擾動元. 於後後
> 無生計度者, 是人墜入七斷滅論. 或計身滅, 或欲盡滅, 或苦盡滅, 或極樂滅, 或極捨
> 滅. 如是循環窮盡七際, 現前銷滅滅已無復. 由此計度死後斷滅, 墮落外道惑菩提
> 性, 是則名爲第九外道立五陰中死後斷滅心顚倒論.

7제단멸론: 다음다음이 없음에 대해 계탁하여, 단멸을 주장

　7제(際): 인간계 ＋ 6욕천 ＋ 초선 ＋ 2선 ＋ 3선 ＋ 4선 ＋ 무색계 ＝ 인천 7처
　단멸: 신(身)멸 신(身)멸 욕(欲)멸 고(苦)멸 락(樂)멸 극락(極樂)멸 극사(極捨)멸

(7) 8무상론이 색·수·상 3음의 멸에 근거하여 사후에 상(相)이 없다는 단멸론을 주
장하였다면, 여기 (9)에서는 남겨진 행음에 기반해서 다음다음이 없다는 단멸론을 주
장한다. 7처가 모두 멸한다고 주장하며, 혹 인천 7처 중의 어딘가에 태어날지라도 그
뒤는 모두 단멸한다고 계탁한다. 그렇게 단멸한다고 보아 현세에서의 쾌락을 추구하
며 현세주의를 내세우는 외도의 주장이다. 사후에 상이 있다는 상주론이나 상이 없다
는 단멸론이나 모두 치우친 계탁분별로서 외도의 설이지 붓다의 설이 아니다.

(10) 5현열반론(現涅槃論): 5처(욕계천·색계천)를 열반이라고 계탁

붓다: 또 삼마지 중에 선남자가 견고하여 움직임 없는 바른 마음이면, 마가 방편을 얻지 못하니, 생명의 류(類)의 근본을 궁구하여 깊고 맑고 항상된 요동의 근원을 관합니다. 다음다음이 있음에 대해 계탁을 일으키면, 이 사람은 5열반론에 떨어집니다. ① 혹 욕계를 바른 전의로 여기니, 원만한 밝음을 보고 애모를 일으키기 때문이고, ② 혹 초선을 전의로 여기니, 성에 우(憂)가 없기 때문이고, ③ 혹 2선을 전의로 여기니, 마음에 고가 없기 때문이며, ④ 혹 3선을 전의로 여기니, 극락을 따르기 때문이고, ⑤ 혹 4선을 전의로 여기니, 고와 락 둘 다 없어져서 윤회의 생멸성을 받지 않기 때문입니다. 유루천에 미혹해서 무위라는 견해를 내고 5처의 안은함을 수승한 맑은 전의라고 여겨, 이와 같이 순환하여 5처를 구경으로 여깁니다. 이렇게 5처가 열반이라고 계탁하므로 외도에 떨어져 보리성에 미혹하니, 이것을 5음 중 5현열반의 심전도론을 세우는 제10외도라고 합니다.

又三摩中諸善男子堅凝正心, 魔不得便, 窮生類本, 觀彼幽淸常擾動元. 於後後有生計度者, 是人墜入五涅槃論. ① 或以欲界爲正轉依, 觀見圓明生愛慕故 ② 或以初禪, 性無憂故 ③ 或以二禪, 心無苦故 ④ 或以三禪, 極悅隨故 ⑤ 或以四禪, 苦樂二亡不受輪廻生滅性故. 迷有漏天作無爲解, 五處安隱爲勝淨依, 如是循環五處究竟. 由此計度五現涅槃, 墮落外道惑菩提性, 是則名爲第十外道立五陰中五現涅槃心顚倒論.

5현열반론: 다음다음이 있음에 대해 계탁하여, 5처를 전의와 열반이라고 주장

　　① 욕계천: 인간의 고를 떠남. 원명을 보고 애모(욕)를 일으킴

　　② 초선천(이생희락지): 성에 우(憂) 없음

　　③ 2선천(정생희락지): 심에 고(苦) 없음

　　④ 3선천(이희묘락지): 극락을 따름(희喜를 떠남)

　　⑤ 4선천(사념청정지): 고와 락(樂) 없어, 생멸성 떠남

앞의 (9)가 다음다음이 없다는 단멸론이라면, 여기 (10)은 다음다음이 있다고 계탁하는 전도론이다. 욕계천과 색계천을 합해 5경계를 모두 열반이라고 주장한다. ① 욕

계천에서 원명(圓明)을 보며 그곳을 열반의 경지로 여긴다. ② 초선과 ③ 2선은 희락지이므로 차례로 우수와 고수를 떠난 경계이고, ④ 3선은 그 희수를 떠나고, ⑤ 4선은 락수마저 떠나 사수(捨受)의 청정을 얻은 경계이기에, 그곳을 열반이라고 여긴다. 천계에서 인간적 고가 멸하므로 그곳을 모두 열반이라고 생각하지만, 실제로는 모두 번뇌가 묻어 있는 유루천일 뿐이다. 유루천인데도 무위라고 생각하고 청정한 전의가 일어났다고 생각하여 구경의 열반이라고 여기므로 잘못된 계탁분별인 것이다. 이처럼 유루천을 열반이라고 여기는 것은 외도의 설이지 붓다의 설이 아니다. 그러므로 5가지 현열반론은 심전도의 외도설이라고 말한다. 천당을 인간이 이를 수 있는 마지막 단계라고 말하는 기독교 사상도 이 범주에 속한다고 볼 수 있다.

붓다: 아난이여, 이와 같은 10가지 선나의 미친 견해는 모두 행음과 용심이 서로 작용하기 때문에 나타나는 것입니다. 중생이 완고하고 미혹하여 스스로 헤아리지 못하니, 이런 현전을 만나면 미혹을 견해로 여겨 스스로 성위에 올랐다고 말하는 대망어를 범해 무간지옥에 떨어집니다. 당신들은 반드시 여래심을 갖고 내가 멸도한 후 말법시대에 전하여 중생이 그 의미를 깨달아 심마(心魔)가 스스로 깊은 죄를 일으키지 못하게끔 보호하여 삿된 견해를 멈추게 하고, 그 심신을 가르쳐 참된 의미를 깨달아 무상도에서 갈림길을 만나지 않고 마음으로 작은 것에 만족하지 않게 하여 대각왕의 청정한 표지가 되도록 하십시오.

阿難, 如是十種禪那狂解, 皆是行陰用心交互故現斯悟. 衆生頑迷不自忖量, 逢此現前, 以迷爲解自言登聖, 大妄語成墮無間獄. 汝等必須將如來心, 於我滅後傳示末法, 遍令衆生覺了斯義, 無令心魔自起深孽, 保持覆護消息邪見, 敎其身心開覺眞義, 於無上道不遭枝岐, 勿令心祈得少爲足, 作大覺王淸淨標指.

행음(色陰) = 유은망상
용심(用心) = 선나   ⌉ 교호(交互)

행음에서 일어나는 갖가지 계탁분별은 모두 색·수·상음이 멸하고 생의 근원인 행음의 작용이 드러나기에 행해지는 사려분별이다. 그 단계에서 일어날 수 있는 분별인데,

그것이 궁극의 깨달음인 것처럼 여기면서 스스로 성위에 올랐다고 간주하면 그것이 대망어가 된다. 그러므로 행음의 마사라고 하는 것이다. 행음의 활동을 따라 일어나는 이러한 계탁분별의 사견에 빠지지 않고 비판적 자세를 유지하는 것은 쉽지 않다. 더 높은 단계로 나아가야만 그것의 한계가 보이기 때문이다. 수행과정에서 행음이 다하고 나면 그다음 식음의 단계로 나아간다.

5) 식음의 마사

붓다: 아난이여, 저 선남자가 삼마지를 닦아서 행음이 다하면, 세간 성품의 깊고 맑은 요동하는 동분의 생의 기틀이 홀연히 무너지고, 깊고 미세한 강령인 보특가라의 업을 따르는 깊은 맥의 감응이 끊어져서, 열반의 하늘이 크게 밝아지는 것이 마치 닭이 울고 난 후 동방을 돌아보면 이미 정미로운 색이 있는 것과 같습니다. 6근이 비고 고요하여 다시 분주하게 내달림이 없으며, 안과 밖이 맑고 밝아 들어가도 들어간 바가 없습니다. (a) 시방 12종류가 목숨을 받는 근원적 연유를 깊이 통달하여 연유를 관하고 붙잡아 모든 종류를 불러들이지 않으므로, 시방 세계가 이미 그 동일함을 얻어 정색(精色)이 가라앉지 않고 깊고 비밀스럽게 발현하니, 이것을 '식음에 갇힘'이라고 합니다. (b) 만약 모든 무리에서 이미 동일함을 얻은 가운데 6문을 갈아 녹여서 합하여 열림이 성취되면, 보고 들음이 서로 통하고 (6근이)호용하여 청정해져서 시방세계와 심신이 마치 유리처럼 안팎으로 명철해지니, 이것을 '식음이 다함'이라고 합니다. 이 사람은 능히 명탁을 초월하니, 그 연유를 살펴보면 망상허무의 전도망상을 근본으로 삼기 때문입니다.

阿難, 彼善男子修三摩提行陰盡者, 諸世間性幽清擾動同分生機倏然墮裂, 沈細綱紐補特伽羅, 酬業深脈感應懸絶, 於涅槃天將大明悟, 如雞後鳴瞻顧東方已有精色. 六根虛靜, 無復馳逸, 內外湛明, 入無所入. (a) 深達十方十二種類受命元由, 觀由執元諸類不召, 於十方界已獲其同, 精色不沈發現幽祕, 此則名爲識陰區宇. (b) 若於群召已獲同中銷磨六門合開成就, 見聞通隣互用清淨, 十方世界及與身心如吠瑠璃內外明徹, 名識陰盡. 是人則能超命濁, 觀其所由, 罔象虛無顚倒妄想以爲其本.

열반의 하늘 ─〈5음에 덮여서〉→ 어두워짐

　　　　　〈식음만 남으면〉→ 정미로운 색이 드러남

　　　　　〈식음도 다하면〉→ 훤히 밝아짐

(a) 식음에 갇힘: 12류 목숨의 근원을 통달하고 동일함을 얻어, 정색이 드러남

(b) 식음이 다함: 6근호용이 성취되어 안팎이 투명해짐

　　　　　전도망상의 식음을 넘어섬 = 명탁을 초월함

　행음이 윤회의 근원이고 동분(同分)의 생(生)의 기틀이므로 행음이 다하면 곧 분단생사의 인과(업보)가 없어져 다시 태어나지 않게 된다. 보특가라는 중유이며, 지난 업의 감응(보)으로 태어나는 것인데, 행음이 다해 다시 태어나지 않게 되니 감응이 끊어진다고 말한다. 행음이 다하면 동이 트는 기미가 보이기 시작하고, 식음까지 다해야 훤하게 밝아지는 것이라고 할 수 있다. 식음만 남게 된 상태에서 '6근이 비고 고요하여 분주한 내달림이 없다'는 것은 6근의 매듭이 풀리기 시작해서 근과 진의 대립이 사라지고 안과 밖의 분별이 없어져 더 이상 근이 경을 따라 분주하게 내달리는 일이 없게 된다는 것이다. (a) 12류가 목숨을 받는 근원적 유래(원유)가 식음이다. 식음만 남겨지면, 근원을 통달하여 보기 때문에 12류 중 어느 것도 불러들이지 않아서 다시 태어나지 않게 된다. 그래서 '모든 종류를 불러들이지 않는다'고 말한다. '시방 세계가 동일함을 얻는다'는 것은 식이 동일한 하나로 드러나면서 정미로운 색으로 발현한다는 말이다. 이것을 식음에 갇혀 있음, 즉 '식음의 구우'라고 부른다. (b) 이미 태어난 상태에서 식음의 동일함을 깨달아 6근의 매듭을 모두 풀어 6문을 없애면 6으로 나뉘었던 것이 모두 하나로 합하여 서로 통하게 된다. 그러면 견문각지가 하나로 통합되면서 눈으로 듣고 귀로 보는 등 호용이 있게 되고 마음이 안팎으로 일체를 투철하게 알게 된다. 이것을 식음이 다한 것이라고 한다. 명탁(命濁)은 견문각지로의 분화 이전의 식의 성의 동일성이 대상에 따른 다름과 서로 짜여짐으로써 형성되는 혼탁을 말한다. 묘정명심의 맑음이 이러한 명탁으로 흐려지면서 생겨나는 것이 성에 머무르지 않고 뒤바뀐 '전도망상'이며, 이것이 곧 식음을 이룬다. 그러므로 식음이 다하여 식음으로부터 자유로워지는 것은 곧 전도망상을 벗어나고 명탁을 초월하는 것이다. 이하에서는 식음에 갇힘에서부터 식음이 다하기까지 그 중간 단계에서 일어나는 전도된 허망한 생각을 열거하여 논한다.

식음구우에서 식음이 다하기까지 나타나는 10가지 식음의 마사:

  (1) 인소인집: 식음을 의지할 성으로 삼아 소인(경계)을 능인(마음)으로 집착   – 유신론

  (2) 능비능집: 식음을 자체로 삼고 중생을 흘러나오게 한다고 계탁   – 유신론(유출론)

  (3) 상비상집: 식음에 의지하여 허망하게 상주를 계탁   – 유신론(상주신)

  (4) 지무지집: 식음의 아는 바로 인해 무정도 지(知)가 있다고 계탁   – 범신론

  (5) 생무생집: 4대가 만법을 내는 주재자라고 계탁하여 숭상하고 공양함   – 유물론

  (6) 귀무귀집: 허공을 상주처로 여기고 영원히 돌아가 쉴 곳으로 계탁   – 단멸론

  (7) 탐비탐집: 식음의 성이 상주한다고 오인하고 의지하여 영원히 살기를 계탁 – 불사론

  (8) 진무진집: 진로를 남겨 세간에 오래 살며 보배와 미녀로 방일을 계교   – 쾌락주의

  (9) 정성성문: 실수실증으로 3계 탈출만을 구하고 무수의 수와 무증의 증이 없음 – 성문

  (10) 정성벽지: 깨달은 바 공을 열반으로 삼고 찬된 적멸인 원통의 묘용을 등짐 – 벽지

(1) 소인(所因)을 인(因)으로 집착: 식음을 제1인으로 여김 – 유신론

> 붓다: 아난이여, 마땅히 알아야 하니, 이 선남자가 행음이 공함을 궁구하여 식음으로 환원하면, 생멸은 이미 멸했어도 적멸의 정묘는 아직 원만하지 못합니다. 자기 몸이 근으로 나뉘어 있던 것이 합하여 열리고 또 시방 모든 종류의 중생과 지각이 통하고 각지가 통해 능히 원만한 근원에 들어가는데, 만약 돌아갈 곳을 참되고 항상된 인(眞常因)으로 세워 수승하다는 견해(승해)를 일으키면, 이 사람은 소인을 인으로 여기는 집착에 떨어집니다. 사비가라의 돌아갈 곳인 명제(冥諦)와 짝이 되어 붓다의 보리에 미혹하여 지견을 잃어버리니, 이것을 제1 '소득심을 세워 소귀과를 이루는 것'이라고 합니다. 원통을 멀리 어기고 열반의 성(城)을 등져서 외도의 부류로 태어나게 됩니다.
>
> 阿難, 當知, 是善男子窮諸行空, 於識還元, 已滅生滅而於寂滅精妙未圓. 能令己身根隔合開, 亦與十方諸類通覺, 覺知通淴能入圓元, 若於所歸立眞常因生勝解者, 是人則墮因所因執. 娑毘迦羅所歸冥諦成其伴侶, 迷佛菩提亡失知見, 是名第一立所得心成所歸果, 違遠圓通背涅槃城, 生外道種.

인소인집: '돌아갈 곳' (소귀)을 '참되고 항상된 인' (진상인)으로 세우는 견해

          소인(식음)을   능인(정명심)으로 집착   – 유신론(有神論) 비판

          소득심(所得心)을 세워 소귀과(所歸果)를 이룸

          = 얻은 마음   = 궁극 결과

행음이 멸하고 식음으로 돌아가면, 6근으로 나뉘었던 것이 다시 하나로 통하여, 다른 중생들과도 하나로 지각하게 된다. 하나의 식에 들어가는 것이다. 다른 중생들과 지각이 통함으로써 들어가게 되는 '원만한 근원'인 원원(圓元)이 곧 식음이다. 그러나 식음은 이런저런 인연을 따라 만들어진 결과물이다. 그 식음을 '참되고 항상된 인(因)'이라고 간주하면서 그것을 수승한 견해라고 여기게 되면, 이는 곧 결과된 소인(所因)인 식음을 궁극의 인으로 간주하는 집착에 떨어진 것이다. 사비가라(황발) 학파는 6사외도 중 하나인 상키야학파(수론)이다. 수론은 25제를 논하는데, 25제는 신아(神我)인 푸르샤(정신)와 명제인 프라크리티(물질) 그리고 프라크리티로부터 생겨나는 각(覺), 아만, 의(意) 등 23가지를 더해서 25가지 존재를 말한다. 식음을 근원으로 여기는 것은 프라크리티인 명제를 근원으로 주장하는 것과 마찬가지로 소인을 인으로 여기는 방식이라는 것이다. 얻을 마음도 없고 돌아갈 곳인 결과도 없는데, 얻어진 마음을 갖고서 돌아갈 결과로 여기는 것은 그런 일체의 분별을 넘어선 열반과 다르다. 그러므로 식음을 궁극으로 삼는 것을 명제를 궁극으로 삼는 외도와 마찬가지라고 비판한다. '소득심을 세워 소귀과를 얻으려 함'에 대해 『정맥소』는 "어떤 사람이 꿈속에서 금은보화를 주워 집에 돌아가는 것과 같아서, 얻은 것도 돌아갈 곳도 모두 진실이 아니다"[9]라고 설명한다.

(2) 비능(非能)을 능으로 집착: 식음을 유출자로 여김 – 유출론

> 붓다: 아난이여, 또 이 선남자가 행음이 공함을 궁구하여 생멸은 이미 멸했어도 적멸의 정묘는 아직 원만하지 못한데, 만약 돌아갈 곳을 자신의 체라고 여겨 '허공계의 12류 내에 있는 중생이 모두 나의 몸 가운데 한 종류로 유출되었다'고 하며 수승하다는 견해를 일으키면, 이 사람은 비능을 능(能)으로 여기는 집착에 떨어집니다. 끝없는 몸을 나타내는 마혜수라와 반려가 되어 붓다의 보리에 미혹하여 지견을 잃어버리니, 이것을 제2 '능위심을 세워 능사과를 이루는 것'이라고 합니다. 원통을 멀리 어기고 열반의 성(城)을 등져서 '아가 두루 원만하다'고 하는 대만천의 부류로 태어나게 됩니다.

9 진감, 『정맥소』, 4권, 617쪽.

阿難, 又善男子窮諸行空, 已滅生滅而於寂滅精妙未圓, 若於所歸覽爲自體, 盡
虚空界十二類內所有衆生, 皆我身中一類流出生勝解者, 是人則墮能非能執. 摩醢
首羅現無邊身成其伴侶, 迷佛菩提亡失知見. 是名第二立能爲心成能事果. 違遠圓
通背涅槃城, 生大慢天我徧圓種.

능비능집: 돌아갈 곳(소귀)을 자체라고 여기는 견해: 식음즉아

        식음을 자체로 삼고 중생을 흘러나오게 한다고 계탁   – 유신론(유출론) 비판

        능위심(能爲心)을 세워 능사과(能事果)를 이룸

        = 행위하는 마음   = 변화로 만들어낸 결과물

〈힌두교의 신(神)〉   〈불교의 천신(天神)〉

    창조신: 브라만 →   범천(梵天): 색계 초선천에 거주

    보존신: 비슈누 →   비류천

    파괴신: 시바   →   대자재천(大自在天): 욕계 제6천에 거주(마왕), 마혜수라

   식음을 돌아가야 할 곳인 근원으로 간주하면서 그것을 자체 존재(스스로 존재하는 자)라고 여겨 '일체 중생이 모두 나의 몸으로부터 유출되었다'는 견해를 수승한 견해라고 주장하는 것을 비판한다. 식음은 그런 근원이 될 수 없기에 비능인데, 그것을 그런 근원으로 여기니, 비능을 능으로 여겨 집착하는 것을 비판한 것이다. 식음이 인연화합임을 모르고 궁극으로 여기는 것을 비판한 것이며, 해체되어야 할 식음(비능)과 그 안에 가려져 있는 근본식 내지 여래장(능)을 구분하지 못한 것을 비판한 것이다. 마혜수라(maheśvara)는 힌두교에 등장하는 신의 이름으로 우주의 창조·유지·파괴 중 파괴를 담당하는 시바(śiva)이다. 힌두교에서 창조신 브라만, 보존신 비슈누와 함께 숭배되었는데, 브라만은 범천, 비슈누는 비류천, 시바는 대자재천(大自在天), 타화자재천(他化自在天) 또는 자재천주(自在天主), 천주(天主)라는 이름으로 불교에 흡수되었다. 대자재천은 욕계천의 정상에 거주하는 마왕으로 팔이 8개, 눈이 3개이며 천관(天冠)을 쓰고 흰 소를 타고 3갈래 창을 들고 다닌다. 천신을 우주 창조자로 간주하는 것은 근원이 아닌 것, 능력이 없는 것을 근원 내지 능력자로 잘못 계탁한 것이다. 불능인데도 능이라고 여기므로 대만(大慢)이라고 한 것이다. 아뢰야식이 일체를 생한다고 보는 유식과의 차이를 『정맥소』는 이렇게 설명한다. 〈문〉 식음을 자심으로 삼아 일체를 유출한

다는 이 계탁이 내교의 '만법유식'과 무엇이 다른가? 〈답〉 내교의 만법유식은 꿈과 같고 환과 같아서 생이 곧 무생임을 말하지만, 이것은 실제로 생한다고 계탁하므로 어찌 같은 길이겠는가. 또 유식은 마음 밖에 다른 법이 없음을 밝히는데, 이것은 능히 다른 법을 낸다고 계탁하므로 완연한 전도인데, 어찌 의혹하는가."[10] 유식의 만법유식은 세계의 가상성 내지 법공에 입각한 주상이므로, 브라만교처럼 외재신을 전제한 우주창조설 내지 유출설과는 다르다는 것이다.

(3) 비상(非常)을 상으로 집착: 식음을 상주로 여김 – 상주론

붓다: 또 이 선남자가 행음이 공함을 궁구하여 생멸은 이미 멸했어도 적멸의 정묘는 아직 원만하지 못한데, 만약 돌아갈 곳에 귀의할 것이 있어 심신이 그것으로부터 유출되었고 시방 허공도 모두 거기에서 생기하였다고 스스로 의혹하여, '모든 것이 흘러나오게 된 곳의 참되고 항상된 몸은 생멸이 없다'는 견해를 내어 생멸 중에서 먼저 상주를 계탁하니 이미 불생에도 미혹하고 또 생멸에도 미혹하여, 깊은 미혹에 안주하며 수승하다는 견해를 일으키면, 이 사람은 비상을 상(常)으로 여기는 집착에 떨어집니다. 자재천을 계교하는 자들과 반려가 되어, 붓다의 보리에 미혹하여 지견을 잃어버리니, 이것을 제3 '인의심을 세워 망계과를 이루는 것'이라고 합니다. 원통을 멀리 어기고 열반의 성을 등져서 전도된 원만을 주장하는 부류에 태어나게 됩니다.

又善男子窮諸行空, 已滅生滅而於寂滅精妙未圓, 若於所歸有所歸依, 自疑身心從彼流出, 十方虛空咸其生起, 卽於都起所宣流地, 作眞常身無生滅解, 在生滅中早計常住, 旣惑不生亦迷生滅, 安住沈迷生勝解者, 是人則墮常非常執. 計自在天成其伴侶, 迷佛菩提亡失知見. 是名第三立因依心成妄計果. 違遠圓通背涅槃城, 生倒圓種.

(3) 상비상집: 식음에 의지하여 허망하게 상주를 계탁　　　　　 – 유신론(상주신) 비판

　　　　　 인의심(因依心)을 세워 능계과(妄計果)를 이룸

　　　　　 ＝ 인으로 의거하는 마음　　　 ＝ 허망하게 계탁된 결과

10　진감, 『정맥소』, 4권, 620쪽.

앞의 (2)에서는 식음인 나로부터 만물이 나왔다고 계교하고, 여기 (3)에서는 그렇게 일체를 유출시키는 그 식음 자체는 상주한다고 계교한다. 식음을 상주하여 생멸하지 않는 불생불멸이라고 계탁하는데, 이는 식음의 생멸성을 간과하고 생멸을 불생멸로 여기는 것이므로 잘못된 계탁이다. 그래서 생멸을 불생멸로 여기고, 비상을 상으로 여기는 집착이라고 비판한다. 식음은 식 중에서도 인연화합하여 형성된 생멸의 부분을 칭하는 개념이므로 식음을 상주로 간주하는 것은 타당하지 않다. 자재천이 만물을 내고 자재천 자체는 불생불멸의 신이라고 여기는 계탁과 마찬가지의 오류이다. 그것은 붓다의 지혜를 알지 못하고 일체 분별을 넘어선 열반의 경지에 이르지 못한 것이다.

(4) 무지(無知)를 지로 집착: 무정(無情)도 지 있다고 여김 - 범신론

붓다: 또 이 선남자가 행음이 공함을 궁구하여 생멸은 이미 멸했어도 적멸의 정묘는 아직 원만하지 못한데, 만약 알아야 할 것에 대해 지가 두루 원만하기에 지(知)로 인해 견해를 내서 '시방 초목이 모두 유정이어서 인간과 차이가 없으며 초목이 사람이 되고 사람이 죽으면 다시 시방의 초목이 되어 구분 없이 두루 앎이 있다'고 하며 수승하다는 견해를 일으키면, 이 사람은 무지를 지로 여기는 집착에 떨어집니다. 일체가 각(覺)이라고 집착하는 바타와 선니 등과 반려가 되어, 붓다의 보리에 미혹하여 지견을 잃어버리니, 이것을 제4 '원지심을 계탁하여 허류과를 이루는 것'이라고 합니다. 원통을 멀리 어기고 열반의 성(城)을 등져서 전도된 앎의 부류에 태어나게 됩니다.

又善男子窮諸行空, 已滅生滅而於寂滅精妙未圓, 若於所知遍圓故, 因知立解十方草木, 皆稱有情與人無異, 草木爲人, 人死還成十方草樹, 無擇遍知生勝解者, 是人則墮知無知執. 婆吒霰尼執一切覺成其伴侶, 迷佛菩提亡失知見, 是名第四計圓知心成虛謬果, 違遠圓通背涅槃城, 生倒知種.

(4) 지무지집: 식음의 아는 바로 인해 무정도 아는 것이 있다고 계탁   - 범신론 비판
        원지심(圓知心)을 계탁하여 허류과(虛謬果)를 이룸
        = 식음의 심   = 잘못 추리된 결과

　알아야 할 바인 소지는 식음이며, 식음은 지(知)가 있다. 일체가 식음으로부터 나오므로 식음에서 나온 일체 또한 식의 특징인 지가 있다는 주장이다. 따라서 유정의 인간과 무정의 초목도 근본적으로 다르지 않고 모두 지가 있으며, 인간에서 초목으로 초목에서 인간으로의 윤회도 가능하다고 보는 것이다. 그러나 불교에 따르면 초목 등 무정물은 식의 상분으로 드러난 가(假)의 현상이지 실재하는 것이 아니다. 근원으로 생각할 때 일심의 현현이라는 것이지, 그렇게 현현한 모습 자체가 지가 있는 심(心)인 유정(有情)은 아니다. 결국 지가 없는 초목을 지가 있다고 잘못 집착하는 것이다. 이러한 주장이 '무정성불'을 주장하는 불교와 어떻게 다른가에 대해『정맥소』는 이렇게 설명한다. "〈문〉 산하가 변해서 지각이 되고, 무정이 부처가 된다는 내교의 종지와 어떻게 다른가? 〈답〉 내교를 살펴보면, 견분과 상분이 본래 일심일 뿐인데 미혹하여 둘이 되었기에 무정에는 지각이 통하지 않는다고 허망하게 보지만 대오하여 다시 일심으로 돌아가면 하나의 지각에 통하여 바깥 사물이 전혀 없다는 사실을 밝혔을 뿐 각각 지가 있어서 무정인 사물과 사람의 심량이 똑같다고 말한 것은 아니다. 그러나 이들은 각각에 앎이 있어 서로 윤회한다고 계교하니, 아주 헛된 오류이다. 내교는 일심으로 녹아 돌아감을 분명히 가르쳤고, 이 집착은 잘못된 계교로 무수히 많은 마음을 이루게 됨을 알 수 있으니, 어찌 같다고 혼동하겠는가? 〈문〉 지금은 어째서 초목이 요괴가 되어 앎이 있는가? 〈답〉 앎이 초목에 있는 것이 아니라 풀과 나무에 붙은 정령에 있는 것이다. 그렇다면 역시 유정이 아는 것이지 무정인 풀과 나무가 아는 것은 아니다."[11] 식으로부터 분화되어 등장하는 상분은 모두 꿈속의 등장물처럼 가상일 뿐이지 실재하는 것이 아니다. 견분과 상분으로 분화하는 식은 일심이며 그것이 지가 있는 유정이지, 그 식 안에 등장하는 일체 사물은 지 없는 무정물이며, 그 근원이 일심이기에 식으로 돌아간다는 것일 뿐 그 자체가 식이라는 말은 아니다. 상분의 모든 것이 다 지가 있는 식이라면, 일심이 아니고 다심(多心)이 될 것이다. 바타와 선니는 외도의 이름이라고 한다. 유식과 달리 외부 사물을 실유로 인정하는 외도는 만물에 지가 있다는 견해를 세우는데, 이는 범신론(汎神論)과 통한다. 만물이 신이고 지가 있다고 보는 범신론의 주장인 다심(多心)에 대한 비판이라고 볼 수 있다.

11　진감,『정맥소』, 4권, 625쪽.

(5) 무생(無生)을 생으로 집착: 4대가 만법을 낸다고 생각 – 유물론

붓다: 또 이 선남자가 행음이 공함을 궁구하여 생멸은 이미 멸했어도 적멸의 정묘는 아직 원만하지 못한데, 만약 원만한 융합에서 근이 서로 작용하는 중에 수순을 얻어 원만한 변화의 일체 발생에서 불의 광명을 구하고 물의 청정을 좋아하고 풍의 주유를 사랑하고 진의 성취를 관하여, 각각 승배하고 섬기며 이 군진을 작용의 근본 원인으로 여겨 상주한다는 견해를 일으키면, 이 사람은 무생을 생으로 여기는 집착에 떨어집니다. 마음을 부지런히 하고 몸을 써서 불을 섬기고 물을 숭배하여 생사를 벗어나기를 구하는 가섭파와 비라문의 반려가 되어 붓다의 보리에 미혹하여 지견을 잃어버리니, 이것을 계탁하고 집착하며 승배하고 섬김으로써 마음에 미혹하고 사물을 좇아서 제5 '망구인을 세워 망기과를 이루는 것'이라고 합니다. 원통을 멀리 어기고 열반의 성(城)을 등져서 전도된 화생의 부류에 태어나게 됩니다.

又善男子窮諸行空, 已滅生滅, 而於寂滅精妙未圓, 若於圓融根互用中已得隨順, 便於圓化一切發生, 求火光明, 樂水清淨, 愛風周流, 觀塵成就, 各各崇事, 以此群塵發作本因, 立常住解, 是人則墮生無生執 諸迦葉波幷婆羅門勤心役身事火崇水, 求出生死成其伴侶, 迷佛菩提亡失知見, 是名第五計著崇事迷心從物, 立妄求因求妄冀果, 違遠圓通背涅槃城, 生顚化種.

(5) 생무생집: 4대가 만법을 내는 주재자라고 계탁하여 숭상하고 공양함   – 유물론 비판
　　　망구인(妄求因)을 세워 망기과(妄冀果)를 구함
　　　= 허망하게 인을 구함   = 허망하게 바라는 과

아직 식음을 완전히 멸하지 못한 단계로서 6근이 두루 원만하게 하나로 작용하지는 못하지만, 그래도 근의 호용에 수순을 얻었다는 것은 일상적 견문각지의 차원을 넘어선 신통의 작용이 일어난다는 뜻이다. 신통 중에서 지수화풍의 변화를 보면서 그러한 4대에 집착을 일으켜 4대를 구하고 좋아하고 사랑하고 관한다고 말한다. 4대를 숭상하면서 4대가 일체를 만들어내는 근본원인이라는 견해를 일으키는데, 4대가 일체를 생하는 것이 아니므로 이런 견해는 무생을 생으로 집착하는 것이라고 비판한다. 불을 섬기는 부류는 배화교인데, 가섭 3형제인 우루빈나가섭, 가야가섭, 나제가섭은 처음에는

그런 부류에 속했었다가, 석가모니 붓다가 불을 토하는 화룡을 발우에 가두어 맏형인 우루빈나가섭을 조복시키자 나머지 두 가섭과 천여 명의 제자가 함께 불교에 귀의하였다고 한다. 망구인은 인이 아닌 곳에서 허망하게 인을 구하는 것이고, 망기과는 과가 없는 곳에서 과를 구하는 것이다. 4대가 현상의 인이 아니기에 그렇게 말하는 것이다.

(6) 무귀(無歸)를 귀로 집착: 공(空)을 상주로 여김 – 단멸론

> 붓다: 또 이 선남자가 행음이 공함을 궁구하여 생멸은 이미 멸했어도 적멸의 정묘는 아직 원만하지 못한데, 만약 원만하고 밝은 곳을 밝음 중의 허(虛)로 여겨 모든 변화를 부정하여 멸하고서 영멸을 귀의할 곳으로 여기며 수승하다는 견해를 일으키면, 이 사람은 무귀를 귀(歸)로 여기는 집착에 떨어집니다. 무상천 중의 순야다와 반려가 되어 붓다의 보리에 미혹하여 지견을 잃어버리니, 이것을 제6 '허무심을 원만히 하여 공망과를 이루는 것'이라고 합니다. 원통을 멀리 어기고 열반의 성(城)을 등져서 단멸의 부류에 태어나게 됩니다.
>
> 又善男子窮諸行空, 已滅生滅而於寂滅精妙未圓, 若於圓明計明中虛, 非滅群化, 以永滅依爲所歸依, 生勝解者, 是人則墮歸無歸執. 無相天中諸舜若多成其伴侶, 迷佛菩提亡失知見, 是名第六圓虛無心成空亡果. 違遠圓通背涅槃城, 生斷滅種.

(6) 귀무귀집: 허공을 상주처로 여기고 영원히 돌아가 쉴 곳으로 계탁   – (공에 집착) 단멸론 비판
　　　허무심(虛無心)을 원만히 하여 공망과(空亡果)를 이룸
　　　= 허무한 마음　　　　　= 공으로 없는 결과

원명은 남아 있는 식음의 밝음을 말하고, 그 밝음 중의 허를 계탁한다는 것은 식음의 밝음이 텅 비어 있음을 보고서 일체 존재를 부정하여 그 안에 나타나는 유근신과 기세간을 모두 멸해 영멸로 나아가고자 하는 것이다. 돌아갈 수 없는 단멸의 공을 돌아갈 곳으로 여기기에, 이를 '무귀(無歸)를 귀(歸)로 집착하는 것'이라고 말한다. 가상이 멸한 공, 색의 대대로서의 공이 귀의할 곳은 아니라는 것이다. 무상천(無想天)은 제4선 9천 중의 하나로서 무상정(無想定)을 닦아 6식의 현행인 상(想)을 멈춰 도달하는

천으로 외도가 추구하는 천이다. 순야다(śūnyatā)는 공(空)의 음사이다. '무상천 중의 순야다와 반려가 된다'는 것은 색의 반대로서의 공을 열반으로 간주하는 외도를 비판하여 한 말이다. 그들은 '비고 없는 마음'(허무심)으로써 '공일 뿐인 결과'를 이루고자 하니, 일체를 공으로 환원시키는 단멸의 관점이다. 대승의 관점에서 봤을 때 2승 또한 색의 대대로서의 공을 열반으로 간주한다. 이러한 외도의 관점이 2승과 어떻게 다른가에 대해『정맥소』는 이렇게 설명한다. "〈문〉 이것(외도)은 뒤의 2승과 어떻게 다른가? 〈답〉 유를 버리고 공을 취한다는 점에서는 견해와 바람이 모두 같지만, 다만 앞선 마음이 각각 다르다. 이들은 미혹을 조복하고 공을 취한 범부와 외도의 종성이고, 저들 (2승)은 미혹을 끊고 공을 취한 성인(聖人) 성품의 종성이다."[12] 공을 취하되 미혹을 끊었는가 아닌가에 따라 2승과 외도·범부가 구분된다는 것이다.

(7) 비탐을 탐으로 집착: 식음으로 영생하길 생각 – 영생론

붓다: 또 이 선남자가 행음이 공함을 궁구하여 생멸은 이미 멸했어도 적멸의 정묘는 아직 원만하지 못한데, 만약 원만하고 항상된 곳을 몸의 상주로 고집하여 '정미로운 원만함과 같아 장수하고 죽지 않는다'고 하며 수승하다는 견해를 일으키면, 이 사람은 비탐을 탐으로 여기는 집착에 떨어집니다. 긴 목숨을 구하는 아사타의 반려가 되어 붓다의 보리에 미혹하여 지견을 잃어버리니, 이것을 목숨의 근본을 집착하는 제7 '고망인을 세워 장로과로 나아가는 것'이라고 합니다. 원통을 멀리 어기고 열반의 성(城)을 등져서 허망하게 연장하는 부류에 태어나게 됩니다.

又善男子窮諸行空, 已滅生滅而於寂滅精妙未圓, 若於圓常固身常住, 同于精圓長不傾逝生勝解者, 是人則墮貪非貪執. 諸阿斯陀求長命者成其伴侶, 迷佛菩提亡失知見, 是名第七執著命元, 立固妄因趣長勞果, 違遠圓通背涅槃城, 生妄延種.

(7) 탐비탐집: 식음의 성이 상주한다고 오인하고 의지하여 영원히 살기를 계탁   – 불사론 비판
　　　고망인(固妄因)을 세워 장로과(長勞果)로 나아감
　　　= 견고한 허망한 인   = 피로를 늘리는 과

12   진감,『정맥소』, 4권, 632쪽.

원상(圓常)은 식음에 갇혀 있는 상태이다. 이 식음에서 목숨이 상주한다고 여기고 장수하여 죽지 않는다고 여기는 것은 '탐할 바가 없는 것'(비탐)을 탐으로 집착하는 것이다. 식음은 원래 인연화합으로 만들어진 것이기에 상주하는 것이 아니다. 이 식음이 다하여 식음에 갇힘을 벗어나야 모든 혼탁을 벗는 것이다. 아사타(Asita)는 죽지 않고 장수하고자 했던 선인으로 무비(無比)·단정(端正)으로 불린다. 그는 석가모니가 출생했을 때 와서 관상을 보고 출가하여 부처가 될 것이라고 예언했던 사람이다. 식음으로 장수하고자 목숨에 집착하는 것은 붓다의 지혜를 알지 못한 것이고 진정한 열반의 성품에도 어긋난다.

(8) 무진(無眞)을 진으로 집착: 번뇌에 머물 생각 – 쾌락주의

> 붓다: 또 이 선남자가 행음이 공함을 궁구하여 생멸은 이미 멸했어도 적멸의 정묘는 아직 원만하지 못한데, 목숨이 서로 통함을 관하고 진로에 머물면서 그것이 소멸하는 것을 두려워하여 이제 연화궁에 앉아 널리 7보배를 내고 미녀를 많이 모아 마음대로 즐기려고 하며 수승하다는 견해를 일으키면, 이 사람은 무진을 진(眞)으로 여기는 집착에 떨어집니다. 타지가라와 반려가 되어 붓다의 보리에 미혹하여 지견을 잃어버리니, 이것을 제8 '사사인을 일으켜 치진과를 세우는 것'이라고 합니다. 원통을 멀리 어기고 열반의 성(城)을 등져서 천마의 부류에 태어나게 됩니다.
>
> 又善男子窮諸行空, 已滅生滅而於寂滅精妙未圓, 觀命互通, 却留塵勞, 恐其銷盡, 便於此際坐蓮華宮, 廣化七珍多增寶媛, 縱恣其心生勝解者, 是人則墮眞無眞執. 吒枳迦羅成其伴侶, 迷佛菩提亡失知見, 是名第八發邪思因立熾塵果. 達遠圓通背涅槃城, 生天魔種.

(8) 진무진집: 진로(세간)에 머물면서 보배와 미녀로 방일을 계교   – 쾌락주의 비판
　　　　사사인(邪思因)을 일으켜 치진과(熾塵果)를 세움
　　　　= 삿된 생각의 인　　　= 치성한 먼지의 과

명(命)이 '서로 통한다'(호통)는 것은 명이 색과 심을 함께 보존한다는 뜻이다. 진로에 머문다는 것은 몸으로 세계 안에 머문다는 뜻이다. 세상에 오래 즐겁게 머물기 위

해 7보배와 미녀를 만들어내어 즐기는 것이 수승한 견해라고 생각하는 것은 참되지 않은 것을 참되다고 여기는 잘못, 무진을 진으로 여기는 잘못을 범한다. 타지가라는 욕계 제6천인 자재천의 무리라고 한다. 아직 욕망이 남아 있는 욕계천의 천신과 더불어 욕망을 좇으려고 하므로 붓다의 지혜를 얻지 못하는 것이라고 비판한다. 삿된 생각으로 허망한 결과에 이르므로 열반의 성품에 미치지 못한다.

(9) 정성성문: 실수실증으로 3계탈출만을 생각 – 성문

붓다: 또 이 선남자가 행음이 공함을 궁구하여 생멸은 이미 멸했어도 적멸의 정묘는 아직 원만하지 못한데, 목숨의 밝음을 정미함과 추함으로 분별하고 진과 위를 구별하여 인과 과가 서로 응답하니 오직 감응만을 구하고 청정한 도를 등지면서, 소위 고(苦)를 보고 집(集)을 끊으며 멸(滅)을 증득하려 도(道)를 닦되 멸에 머물러 쉬면서 다시 전진하지 않으려고 하며 수승하다는 견해를 일으키면, 이 사람은 정성성문에 떨어집니다. 증상만을 내는 무문승과 반려가 되어 붓다의 보리에 미혹하여 지견을 잃어버리니, 이것을 제9 '정응심을 원만히 하여 취적과를 이루는 것'이라고 합니다. 원통을 멀리 어기고 열반의 성(城)을 등져서 공에 매인 부류로 태어납니다.

又善男子窮諸行空已滅生滅, 而於寂滅精妙未圓, 於命明中分別精麁, 疏決眞僞因果相酬, 唯求感應背淸淨道, 所謂見苦斷集證滅修道, 居滅已休, 更不前進生勝解者, 是人則墮定性聲聞. 諸無聞僧增上慢者成其伴侶, 迷佛菩提亡失知見, 是名第九圓精應心成趣寂果. 違遠圓通背涅槃城, 生纏空種.

(9) 정성성문: 실수실증으로 3계 탈출하여 적멸에 머무르려 함   – 성문 단멸론 비판
　　　정응심(精應心)을 원만히 하여 취적과(趣寂果)를 이룸
　　　= 정밀한 마음   = 적멸로 나아가는 과

'목숨의 밝음'(명명)은 행음까지 멸한 후 식음을 궁구하기에 목숨이 밝게 드러난 것이다. 성인의 정미함과 범인의 추함, 불교의 진과 외도의 거짓을 분별하면서 인과의 연기법에 따라 수행하는 단계이다. 연기의 생멸문을 따라 적멸에만 머무를 뿐, 생멸을 넘어서는 진여문으로 나아가지 않는 성문에 대한 비판이다. 증상만을 내는 무문승은

법을 들어도 제대로 듣지 않고서 스스로 증득했다고 여기는 증상만의 비구를 말한다. 그 증상만으로 인해 붓다의 지혜에 이르지 못함을 말한다. 단멸에 빠지므로 공에 매인 자라고 비판한다.

(10) 정성벽지: 각명을 열반으로 생각 – 벽지

> 붓다: 또 이 선남자가 행음이 공함을 궁구하여 생멸은 이미 멸했어도 적멸의 정묘는 아직 원만하지 못한데, 만약 원융하고 청정한 각명을 깊은 묘함으로 연마하여 열반으로 세우고 더 전진하지 않으려고 하며 수승하다는 견해를 일으키면, 이 사람은 정성벽지에 떨어집니다. 회심하지 않는 연각·독각과 반려가 되어 붓다의 보리에 미혹하여 지견을 잃어버리니, 이것을 제10 '각홀심을 원만히 하여 담명과를 이루는 것'이라고 합니다. 원통을 멀리 어기고 열반의 성(城)을 등져서 각은 원명하나 원(圓)에 융화하지 못하는 부류에 태어나게 됩니다.
> 又善男子窮諸行空, 已滅生滅而於寂滅精妙未圓, 若於圓融清淨覺明, 發研深妙卽立涅槃, 而不前進生勝解者, 是人則墮定性辟支. 諸緣獨倫不廻心者成其伴侶, 迷佛菩提亡失知見, 是名第十圓覺泯心成湛明果. 違遠圓通背涅槃城, 生覺圓明不化圓種.

(10) 정성벽지: 공을 열반으로 삼고 참된 적멸인 원통의 묘용을 등짐   – 벽지(연각·독각) 비판
　　　　　　　　각홀심(覺泯心)을 원만히 하여 담명과(湛明果)를 이룸
　　　　　　　　＝ 깨닫는 마음　　　　　　＝ 담명의 과

깊고 묘한 도리를 연구하여 그 깨달음의 상태를 열반으로 삼는 것을 비판한다. 벽지(辟支)는 범어 쁘라띠예까(pratyeka)의 음역이며, 벽지불은 연각 또는 독각을 뜻한다. 스승의 지도 없이 혼자 깨달은 자로 자신의 깨달음을 궁극이라고 여기며 더 이상 나아가지 않는 자를 말한다. (9)에서 성문을 비판하고 (10)에서 연각과 독각의 벽지불을 비판한 것에 대해 『정맥소』는 이렇게 설명한다. "〈문〉 성문과 벽지불은 내교의 바른 승이기에 출세간 소성이라고 하는데, 지금은 어째서 마의 부류로 나열하는가? 〈답〉 정도를 해치는 것을 마라고 일컫기 때문이다. 이 경의 대정은 원통을 따라 열반을 향하는 것으로 이익을 삼고 원통을 어기고 열반을 등지는 것을 손해로 삼는데, 2승도 여기에

완연히 위배되어 타락한 자이니 지엽이고 갈림길이며 둔근의 막힘이다. 바른 수행을
해치기는 마찬가지인데 마가 아니고 무엇이겠는가. 그러나 다만 마음을 돌이키지 못
했다는 뜻에서 정성이라 구별했으니, 마음을 돌이키면 이런 무리에 떨어지지 않는
다."[13] 단멸의 공에 머무르지 않고 그 이상으로 나아가는 것을 방해하기에 마사라고 한
것이다.

> 붓다: 아난이여, 이와 같은 10종의 선나가 중간에 광해를 이루고 미혹으로 인
> 해 부족한데도 만족하게 증득했다고 여기게 되는 것은 모두 식음과 용심이 서
> 로 작용하기 때문에 생기는 지위입니다. 중생이 완고하고 미혹하여 스스로 헤
> 아리지 못하니, 이런 현전을 만나면 각각 좋아하는 이전의 습에 의해 마음이 미
> 혹하여 스스로 쉬어 버리면서 필경 돌아갈 편한 곳이라고 여기며 무상보리에
> 만족한다고 말하는 대망어를 범하여, 외도와 삿된 마(魔)는 받을 업이 다하면
> 무간지옥에 떨어지고, 성문과 연각은 정진을 이루지 못합니다.
>
> 阿難, 如是十種禪那中途成狂, 因依迷惑於未足中生滿足證, 皆是識陰用心交互
> 故生斯位. 衆生頑迷不自忖量, 逢此現前, 各以所愛先習, 迷心而自休息, 將爲畢竟
> 所歸寧地, 自言滿足無上菩提大妄語成, 外道邪魔所感業終墮無間獄, 聲聞緣覺
> 不成增進.

식음(色陰) = 전도망상 ⎤
　　　　　　　　　　　⎬ 교호(交互)
용심(用心) = 선나 ⎦

　이상 10가지 일은 선을 행하던 중 심마가 작동해서 일어난 것으로 아직 완전한 경지
에 이르지 않았는데도 미혹해서 스스로 만족하게 증득하였다고 잘못 생각하는 것을
말한다. 대망어를 짓는 것이므로 외도는 무간지옥에 떨어지고, 성문과 연각은 더 이상
의 수행으로 나아가지 못한다고 한다.

---

[13]　진감, 『정맥소』, 4권, 644쪽.

붓다: 당신들은 마음을 보존하고 여래의 도를 받들어 이 법문을 가지고 내가 멸도한 후 말세에 전하여 두루 중생들이 그 의미를 깨달아 견마(見魔)가 자신을 가라앉게 하지 못하도록 보호하고 간절히 구하여, 삿된 반연을 그치게 하고 심신이 불지견에 들어가게 하여 처음부터 성취하며 갈림길을 만나지 않게 하십시오. 이와 같은 법문에 의해 앞서 과거세의 항하사 같은 오랜 겁 동안 미진 여래가 이것을 따라 마음이 열려 무상도를 얻었습니다.

汝等存心秉如來道, 將此法門於我滅後傳示末世, 普令衆生覺了斯義, 無令見魔自作沈, 保綏哀救, 消息邪緣, 令其身心入佛知見, 從始成就不遭岐路. 如是法門先過去世恒沙劫中微塵如來乘此心開, 得無上道.

수행을 하다가 마주하게 되는 마(魔)는 바로 이전의 업을 통해 쌓아놓은 종자가 이룬 습(習) 때문이다. 원하는 대로 생각하고 바라는 대로 견해를 내어 거기 머무르므로 그러한 자기 생각과 견해에 묶여 진정한 불지견으로 나아가지 못하는 것이다. 이 법문은 5음의 마사에 대한 법문이다. 수행하면서 음(陰)에 걸려 고생할 때마다 이 마사에 대한 법문을 읽어 문제가 무엇인지를 파악하고 마사에 걸려들지 않게 조심하면서, 각각의 5음을 차례로 제거해가야 한다.

붓다: 만약 식음이 다하면, 당신의 현전하는 모든 근이 상호작용합니다. 호용하는 중에 보살의 금강간혜에 능히 들어가면 '원만하게 밝은 정묘한 마음'(원명정심)이 그중에서 변화하여 마치 청정한 유리가 안에 보배로운 달을 품은 것과 같아집니다. 이와 같이 하여 10신·10주·10행·10회향·4가행심과 보살이 행하는 금강 10지를 초월하면, 등각이 두루 밝아 여래의 묘장엄의 바다에 들어가 보리를 원만히 하고 무소득(無所得)으로 돌아갑니다. 이것이 과거 앞서의 불세존이 사마타 중의 비파사나에서 각명(覺明)으로 분석한 미세한 마사입니다. 마가 현전해도 당신이 잘 알아서 마음의 때를 제거하고 삿된 견해에 빠지지 않으면, 음마는 소멸하고 천마는 부서지며 대력귀신은 넋을 잃고 달아나 리매와 망량이 다시 나오지 않을 것이기에, 곧장 보리로 나아가는 데에 조금도 부족함이 없을 것이며, 하열한 이도 정진하면 대열반에 이르는 데 마음에 미민이 없을 것입니다.

> 識陰若盡則汝現前諸根互用. 從互用中能入菩薩金剛乾慧, 圓明精心於中發化, 如淨瑠璃內含寶月. 如是乃超十信十住十行十廻向四加行心菩薩所行金剛十地, 等覺圓明, 入於如來妙莊嚴海, 圓滿菩提, 歸無所得. 此是過去先佛世尊奢摩他中毘婆舍那, 覺明分析微細魔事. 魔境現前, 汝能諳識心垢洗除, 不落邪見, 陰魔銷滅, 天魔摧碎, 大力鬼神褫魄逃逝, 魑魅魍魎無復出生, 直至菩提無諸少乏, 下劣增進於大涅槃心不迷悶.

```
간혜지 + 10신 · 10주 · 10행 · 10회향 · 4가행심 + 10지 + 등각 + 금강간혜 + 묘각
  ↑                                                        ↑
수음을 없앰                                            식음을 없앰
```

식음을 마지막으로 5음이 다하면, 6근의 매듭이 모두 풀려서 근이 호용하게 되며 원통에 이른다. 그러면 일체 혼탁이 모두 제거되어서 본래의 원명정심의 밝음이 그대로 드러나 전체가 투명한 유리처럼 된다고 한다. 각 음에 싸여 마사에 빠지지 않고 각 음의 장애를 순서대로 모두 벗어나 5음 전체가 다하게 되면, 전체 수행 단계를 두루 통과하여 등각과 묘각 단계에 이르게 되며 결국 여래의 지혜를 얻게 된다. 이상이 사마타 비파사나 수행 중 일어날 수 있는 마사를 논한 것이다. 마사는 5음 각각에서의 10가지가 전개되기에 총 50가지 마사를 구분하여 논하였다. 각 단계에서 들어오는 마가 다르다. 색음에 들어오는 마를 내마인 음마라고 하고, 수음과 상음에 나타나는 마는 외부에서 음으로 들어오는 외마로서 천마, 귀신, 리매와 망량이 그것이다. 마음의 번뇌를 따르지 않고 제거해나가면서 삿된 견해에 이끌리지 않으면 마가 끼어들지 못한다고 한다. 마가 접근하려고 해도 정신을 똑바로 차리고 흔들리지 않으면 음마와 외마가 근접하지 못하게 되고 결국 붓다의 지혜를 얻고 열반에 이를 수 있다는 것이다.

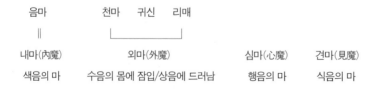

붓다: 만약 말세의 어리석고 둔한 중생이 선나를 알지 못하고 설법을 알지 못한 채 삼매 닦기를 좋아하여 삿됨과 함께할까 걱정된다면, 나의 불정다라니주문을 수지하도록 일심으로 권하십시오. 만약 외우지 못하면 선방에 써놓거나 몸에 지니면 일체 마가 능히 움직이지 못할 것입니다. 당신은 마땅히 시방 여래가 구경까지 닦아 정진한 최후의 가르침을 공경하여야 합니다.

若諸末世愚鈍衆生未識禪那, 不知說法樂修三昧, 汝恐同邪. 一心勸令持我佛頂陀羅尼呪. 若未能誦寫於禪堂或帶身上, 一切諸魔所不能動. 汝當恭欽十方如來究竟修進, 最後垂範.

1. 사마타(śamatha, 止, 寂靜) : 〈견도분〉(깨달음 부분)
2. 삼마제(samādhi, 定, 삼매) : 〈수도분〉(실천 수행 부분)
3. 선나(dhyana, 禪) :   〈증과분〉(수행 결과 57위 부분)

'선나를 알지 못한다'는 것은 증과분에서 논한 수행 과정에 나타나는 마의 경계를 알지 못하는 것이고, '설법을 알지 못한다'는 것은 견도분에서 논한 교학적 깨달음이 없는 것이다. 그러면서 '삼매 닦기를 좋아한다'는 것은 삼매의 체험이나 신통력을 갖고자 하는 것으로 그러면 마가 침입하기 쉽다. 그럴 경우 앞에서 제시한 능엄주를 수지하면 마로부터 보호될 수 있다고 한다.

3. 5음과 망상(妄想)

아난: (자리에서 일어나 붓다의 가르침을 듣고 정례하고 흠모하여 받들어 기억하며 잃어버리지 않고 대중 가운데서 다시 붓다에게) <문1> 붓다의 말씀과 같이 5음상 중 5종의 허망상이 근본이 되었는데, 저희들은 평상시에 (이에 대한) 여래의 미세한 설명을 듣지 못하였습니다. 또 <문2> 이 5음은 동시에 녹아 없어집니까? 아니면 차례로 끊어집니까? <문3> 이와 같은 5종은 어디까지가 경계입니까? 바라옵건대 여래께서 대자비를 베푸셔서 이 대중을 위하여 청명

한 마음의 눈이 되어주시고, 말세의 일체 중생을 위하여 미래의 눈이 되어주십시오.

(阿難, 卽從坐起聞佛示誨, 頂禮欽奉憶持無失, 於大衆中重復白佛) <문1> 如佛所言五陰相中五種虛妄爲本想心, 我等平常未蒙如來微細開示. <문2> 又此五陰爲倂銷除, 爲次第盡? <문3> 如是五重詣何爲界? 惟願如來發宣大慈, 爲此大衆淸明心目, 以爲末世一切衆生作將來眼.

〈질문1〉 5음의 5종 허망상은 어떤 것인가?　　— 5겹 망상으로 답
〈질문2〉 5음의 소멸은 동시인가 치제인가?　　— 멸제의 돈점으로 답
〈질문3〉 5음의 경계가 어디까지인가?　　— 음계의 심천으로 답

5음의 5종 허망상에 대한 상세한 설명이 아직 행해지지 않았기에 그것에 대해 좀 더 상세한 설명을 요구한 것이다. 그리고 5음이 소멸할 때 그것이 한꺼번에 제거되는지, 순서대로 제거되는지를 묻고, 각 음의 경계를 묻는다.

1) 5겹 망상: 견고망상·허명망상·융통망상·유은망상·전도망상

붓다: (아난에게) 정진묘명의 본각은 원만하고 맑아 생사와 모든 진구(塵垢)와 허공까지도 머무르게 하지 않으니, 모두 망상으로 인해 생긴 것입니다. 이것은 원래 본각의 묘명진정이 허망하게 모든 기세간을 낸 것이니, 마치 연야달다가 (자기) 머리를 모르고 그림자로 여긴 것과 같습니다. 허망함은 원래 원인이 없는데, 망상 가운데 인연성을 세우고, 인연을 모르면 자연이라고 칭합니다. 저 허공성도 실제 환으로 생긴 것이니, 인연과 자연이 모두 중생의 망심의 계탁입니다. 아난이여, 허망이 어디에서 일어나는지를 안다면 허망의 인연을 말하겠지만, 허망이 원래 없는 것이라면 허망의 인연을 말해도 원래 없는 것입니다. 어떻게 알지도 못하는데, 자연이라고 추리하겠습니까? 그러므로 여래는 당신에게 5음의 본래 원인이 모두 망상이라고 밝힙니다.

(佛告阿難) 精眞妙明本覺圓淨, 非留死生及諸塵垢乃至虛空, 皆因妄想之所生起. 斯元本覺妙明眞精妄以發生諸器世間, 如演若多迷頭認影. 妄元無因, 於妄想

中立因緣性, 迷因緣者稱爲自然. 彼虛空性猶實幻生. 因緣自然皆是衆生妄心計
度 阿難, 知妄所起, 說妄因緣, 若妄元無, 說妄因緣元無所有. 何況不知, 推自然者?
是故如來與汝發明五陰本因同是妄想.

정진묘명(= 본각) ↔ 망상 → 생사 ＋ 진구(근과 진) + 허공: 인연도 아니고, 자연도 아님
　　　　　　　　　수·상·행음　　　식·색음

중생:　본각 ─(불각 망상)→ 기세간
연야달다: 머리 ─(미혹 미침)→ 그림자(환영)

　5음이 본래 허망하게 생긴 것이다. 본래의 원묘명심의 본각은 원만하고 맑아 원통으
로 막힘이 없고 맑아 혼탁함이 없으므로 5음이 일어나지 않고 6근의 매듭도 없다. 그
러한 정과 원에 혼탁이 일어나 5음이 형성되고 막힘이 일어나 6근의 매듭이 생겨 생사
윤회를 반복하게 된다. 원묘명심의 본각이 원만청정하게 유지되는데 그 안에 미혹으
로 인한 생사와 진구와 허공이 환영처럼 나타난 것이다. 그렇게 망상으로 기세간이 생
겨나면, 우리는 본각의 본심은 없고 망상의 기세간만 있다고 여긴다. 이는 마치 연야
달다가 자신에게 본래 머리가 있음을 깨닫지 못하고 머리가 없다고 여기면서 자신에
게 일어난 환영만을 실재로 간주하는 것과 같다. 그처럼 유근신과 기세간은 모두 본각
의 원묘명심 위에 드러난 허망상이다. 본각인데 스스로 미혹하여 불각으로 여겨서 허
망상이 만들어지는 것이기에 그렇게 되도록 하는 인연은 따로 없다. 연야달다가 머리
가 없다고 미치는 데에 그럴만한 이유가 없는 것과 같다. 그런데도 그 허망상 중에서
원인을 찾아 인연이라고 주장하고, 그 인연을 잘 알지 못하면 그냥 그 자체로 있는 자
연이라고 여기기도 한다. 결국 인연과 자연은 모두 중생이 갖는 허망한 마음이 불러일
으킨 분별계탁인 것이다. 원래 허망하게 생겨난 것은 그 인연이 없다. 인연이 있어서
생겨나면 허망한 것이 아닐 것이다. 생겨날 인연이 없이 생겨났기에 허망하다고 하는
것이다. 우리가 그 허망한 것의 원인이라고 찾아내는 것 또한 그 허망한 것들 중의 하
나일 뿐이다. 마치 꿈의 원인을 꿈속 내용으로 설명하는 것과 같다. 허망으로 허망을
설명힐 뿐 그 전체의 허망함이 발생하는 이유가 없기에, 기세간 전체가 허망하다는 것
이다. 왜 불각이 되는가? 본각이 있기에 불각이 될 이유는 없다. 그렇게 원인 없이 허

망하게 생긴 것을 지금은 5음이라고 총칭하고 있다. 이하에서 그 각각의 음이 어떤 망상(妄想)인지를 밝히는데, 미리 정리하면 다음과 같다.

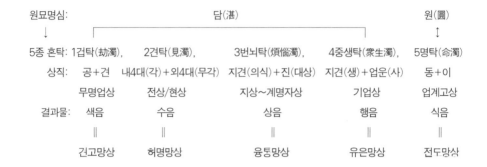

(1) 색음: 견고망상(堅固妄想)

> 붓다: 당신의 몸은 먼저 부모의 생각으로 인해 생겨났지만, 당신의 마음속 생각이 아니라면 능히 생각 가운데 와서 목숨을 전달받지 못했을 것입니다. 내가 앞에서 말한 것처럼 마음이 신맛을 생각하면 입에 침이 생기고, 마음이 높이 올랐다고 생각하면 발바닥이 저려옵니다. 높은 벼랑도 있지 않고 신 것도 아직 있지 않으니, 당신의 몸이 필히 허망하게 통하는 것이 아니라면, 입안에 물이 어떻게 말로 인해 나오겠습니까? 그러므로 당신의 현재 색신을 제1망상인 견고망상이라고 한다는 것을 알아야 합니다.
>
> 汝體先因父母想生, 汝心非想則不能來想中傳命. 如我先言心想醋味口中涎生, 心想登高足心酸起. 懸崖不有醋物未來, 汝體必非虛妄通倫, 口水如何因談醋出? 是故當知汝現色身名爲堅固第一妄想.

생각(망상)이 견고해진 것 = 견고망상 = 색음
  부와 모의 애욕의 생각 + 나의 중음신의 애증의 생각 = 태중에서 명근을 맺음

색음은 5근과 6진인데, 일단 안·이·비·설·신 5근의 유근신이 어떻게 형성되는지를 태내에서의 발생에서부터 설명한다. 부와 모의 생각과 대어날 본인의 생각이 함께하여 명근이 맺히면서 몸이 만들어진다. 즉 중음신의 마음속 애욕의 생각이 부와 모의

생각과 연결되어서 중음신이 태중으로 들어와 태중에서 명근을 맺게 된다. 목숨을 갖는 몸이 만들어지는 인연이 바로 생각인 것이다. 일상에서도 생각만으로도 몸이 반응한다는 것은 몸 자체가 허망한 생각과 통한다는 것, 말하자면 몸 자체가 일종의 허망한 생각이라는 것을 말해준다. 몸의 반응이 허망한 생각에 의해 일어난다는 것은 오늘날의 가상현실 체험에서도 드러난다. 실재현실과 가상현실의 구분이 절대적이지 않기에 그에 따라 '일체유심조'를 말하게 된다. 현대 뇌과학도 우리가 경험하는 세계는 두뇌가 만든 가상현실이라고 말한다. 다만 뇌과학은 두뇌신경을 활성화시키는 물리적 자극 및 두뇌를 포함한 물리세계를 객관적 실재로 전제하고서 우리가 경험하는 심리세계만 가상이라고 말한다는 점에서 차이가 있다. 여기에서는 가상현실의 경험이 물리적 자극 없이 순수하게 각자의 생각만으로부터도 일어난다는 것을 보여준다. 실재하는 매실을 보거나 가파른 절벽에 서지 않고도 단지 생각만으로부터도 실제 그 상황에 있을 때와 동일한 효과가 나타난다는 것은 결국 생각이 두뇌신경을 자극하여 마치 실재인 듯 느끼게 한다는 것을 말해준다. 이는 곧 몸이라는 것이 생각을 떠난 것이 아님을 의미한다. 우리는 대개 몸이 생각과 무관하게 그 자체로 존재하고, 그 몸이 가장 먼저 세계와 반응하고, 그리고 나서 우리의 의식이나 생각이 작동한다고 여긴다. 그러나 사실은 몸으로부터 허망한 생각이 일어나는 것이 아니라, 허망한 생각이 두뇌신경을 포함한 몸을 움직인다. 결국 각자의 몸인 색음은 생각을 떠난 것이 아니라, 허망한 생각이 견고해져서 색음을 이룬 것이라고 할 수 있다.

(2) 수음: 허명망상(虛明妄想)

> 붓다: 여기에서 말한 높은 곳에 있다고 생각하는 마음은 능히 당신의 몸으로 하여금 실제로 저린 느낌을 느끼게 합니다. 수음이 생김으로 인해 능히 색의 몸을 움직이게 하여 당신의 지금 현전에 따르는 이익과 어기는 손해 두 가지가 나타나 치달리니, 이것을 제2망상인 허명망상이라고 합니다.
> 卽此所說臨高想心能令汝形眞受酸澁. 由因受生能動色體, 汝今現前順益違損二現驅馳, 名爲虛明第二妄想.

생각(망상)이 순익(락수) 또는 위손(고수)으로 나타난 것 = 허명망상 = 느낌(受)

높은 데 이른다는 생각이 저릿한 느낌을 가져온다. 허망한 생각인 망상으로부터 이익의 느낌인 락(樂)의 느낌과 손해의 느낌인 고(苦)의 느낌을 일으킨다. 망상이 수음을 형성하는 것이다. 그리고 그렇게 허망한 생각으로부터 일어나는 수음을 따라 몸이 움직인다. 생각만으로도 일어나는 느낌은 자체가 없어 비어(허) 있지만 눈앞에 분명하게(명) 나타나기에 그런 느낌을 일으키는 망상을 '허명망상'이라고 한다. 느낌인 수음은 망상심에서 일어나는 허명망상이다.

(3) 상음: 융통망상(融通妄想)

> 붓다: 당신의 생각이 당신의 색신을 부리니, 몸은 생각의 부류가 아닌데도 당신의 몸은 무슨 인연으로 생각이 시키는 대로 갖가지 상을 취하고, 마음이 일어나면 몸으로 취하여 생각에 상응합니까? 깨면 생각하는 마음이고 잠들면 꿈이 되는 당신의 상념은 요동하는 망정이니, 이것을 제3의 망상인 융통망상이라고 합니다.
>
> 由汝念慮使汝色身, 身非念倫, 汝身何因隨念所使種種取像, 心生形取與念相應? 寤卽想心寐爲諸夢, 則汝想念搖動妄情, 名爲融通第三妄想.

생각 상(想)이 자나 깨나 몸과 두루 통해서 몸을 움직임 = 융통망상 = 상음

생각은 심리적인 것이고 몸은 물리적인 것인데도 생각이 몸을 부리고 생각이 시키는 대로 몸이 움직인다. 이것은 생각인 상음이 몸과 두루 소통하면서 활동하고 있기 때문이다. 즉 생각과 몸이 상응하게 되는 것은 생각이 갖고 있는 두루 통하는 융통의 힘 때문이다. 그리고 상음은 깨어 있을 때는 생각으로 나타나고 잠들었을 때는 꿈으로 나타난다. 이렇게 마음에서 몸까지, 또 깨어 있을 때부터 잠들어 있을 때까지 끊임없이 요동하는 것이 생각이니, 이것을 두루 통하는 허망한 생각인 '융통망상'이라고 한다. 상음은 깨어 있을 때나 잠들었을 때나 항상 두루 통하면서 몸을 움직이는 융통망상이다.

(4) 행음: 유은망상(幽隱妄想)

> 붓다: 변화의 이치가 머물지 않고 연연히 비밀스럽게 이행해서 손톱은 자라고 머리카락은 나며 기운은 쇠하고 얼굴은 쭈그러져 밤낮으로 서로 교대하여 변화하지만 알아차리지 못합니다. 아난이여, 이것(행음)이 당신이 아니라면, 어째서 몸이 변천하고, 필히 진실이라면(당신이라면), 당신은 어째서 알지 못합니까? 당신의 제행(행음)이 념념으로 머물지 않으니, 이것을 제4망상인 유은망상이라고 합니다.
>
> 化理不住運運密移, 甲長髮生氣銷容皺, 日夜相代曾無覺悟. 阿難, 此若非汝云何體遷, 如必是眞汝何無覺? 則汝諸行念念不停, 名爲幽隱第四妄想.

망상이 생의 이치로서 몸의 변화를 일으키되 깊이 가려짐 = 유은망상 = 행음

변화를 일으키고 계속 변화해가는 이치가 행음에 있다. 행음은 의식이 알아차리지 못하는 방식으로 변화를 일으키는데, 이로 인해 신체에도 변화의 모습이 드러난다. 행음이 나의 몸을 변화시키는 것을 보면 행음은 곧 나이지만, 내가 의식하지 못하는 것을 보면 행음은 내가 아닌 것같이 생각된다. 이는 곧 행음이 몸이나 느낌이나 생각에 의해 가려지고 그것들보다 더 깊이 감추어진 방식으로 활동한다는 것을 말해준다. 의식으로 잘 알아차릴 수 없게끔 깊게 감추어진 것이기에 '유은(幽隱)'이라고 한다. 행음은 깊이 가려진 허망한 생각인 유은망상이다.

(5) 식음: 전도미세정상(顚倒細微精想)

> 붓다: 또 당신의 정명이 맑고 요동하지 않는 것을 항상된 것이라고 한다면, 신체에서 견문각지가 일어나지 않을 것입니다. 만약 진실로 정미로운 진(眞)이라면 허망한 흔습을 허용하지 않을 텐데, 무슨 까닭에 당신들이 예전에 보았던 기이한 물건을 여러 해가 지나도록 기억하는지 잊었는지도 모르다가 후에 홀연히 그 기이한 것을 다시 보면 완연히 기억이 나며 없어지지 않은 것입니까? 이렇게

정미롭고 맑아 요동하지 않는 중에 념념으로 흔습받은 것을 어떻게 헤아리겠습니까? 아난이여, 이 맑음은 참이 아님을 알아야 하니, 마치 급하게 흐르는 물이 보기에 고요하여 급한 흐름이 보이지 않아도 흐름이 없지 않은 것과 같습니다. 만약 생각의 본원이 아니라면, 어찌 망상의 흔습을 받겠습니까? 당신의 6근이 호용하여 합하여 열리지 않는 한, 이 망상은 멸할 수가 없습니다. 그러므로 당신의 현재 견문각지 가운데 관습의 기틀은 담연함 속의 망상의 허무이니, 이것을 제5망상인 전도된 미세정상이라고 합니다.

又汝精明湛不搖處名恒常者, 於身不出見聞覺知. 若實精眞, 不容習妄, 何因汝等曾於昔年觀一奇物, 經歷年歲憶忘俱無, 於後忽然覆觀前異, 記憶宛然曾不遺失? 則此精了湛不搖中, 念念受薰有何籌算? 阿難, 當知此湛非眞, 如急流水望如恬靜, 流急不見, 非是無流. 若非想元, 寧受想習? 非汝六根互用合開, 此之妄想無時得滅. 故汝現在見聞覺知中串習幾則湛了內罔象虛無, 第五顚倒細微精想.

망상이 의식보다 깊이 훈습되어 잊혀진 듯 흐름 속에 머무름 = 전도미세정상 = 식음

행음의 움직임은 제7식에서 일어나므로 거기까지의 4음이 모두 배제되고 나면, 남겨지는 식음은 제8식이다. 이 제8식이 일체 요동 없이 항상하기만 하다면, 견문각지의 활동조차도 일어나지 않고, 그러면 훈습도 일어나지 않을 것이다. 그러나 실제로 우리 마음속에는 온갖 종자들이 훈습되어 있기에 기억으로 떠오르기도 한다. 변화를 일으키는 행음보다 더 깊고 맑은 것 같은 제8식도 요동하지 않고 정지한 채로 항상하는 것이 아닌 것이다. 제8식은 의식에 드러나지 않는 미세한 생각들의 근원이며, 여러 생각들이 종자로 훈습되어 있다. 6근의 매듭이 모두 풀어져서 6근이 하나로 통하여 호용이 되고 원통이 될 때 비로소 식음의 망상이 사라진다. 이와 같이 식음 또한 망상으로 인해 생겨나는 것이다. 행음보다 더 깊이에서 미세하게 활동하면서 흐름을 이루므로 이 식음을 '전도미세정상'이라고 부른다. 여기까지 위에서 아난이 제기했던 〈질문1〉 5음의 5가지 허망상이 무엇인가를 순서대로 밝혔다.

2) 음계의 심천

여기에서는 아난이 위에서 제기했던 〈질문3〉 5음의 경계는 어디까지인가에 답하기 위해 5음의 심천을 논한다.

> 붓다: 아난이여, 이 5수음은 5가지 망상으로 이루어져 있습니다. 당신은 이제 근원의 심천을 알고자 합니다. 색과 공은 색음 변제이고, 촉과 리는 수음 변제이고, 기억과 망각은 상음 변제이며, 멸과 생은 행음 변제이고, 담에 들어감과 담과 합함은 식음의 변제에 속합니다.
>
> 阿難, 是五受陰五妄想成. 汝今欲知因界淺深. 唯色與空是色邊際, 唯觸及離是受邊際, 唯記與忘是想邊際, 唯滅與生是行邊際, 湛入合湛歸識邊際.

〈긍정〉	〈부정〉	〈긍정과 부정, 둘 다를 떠나야 함〉
색음: 색: 유상	공: 무상	공을 아는 것이 구경이 아님
수음: 촉: 취착	리: 떠남	싫어 떠남이 구경이 아님
상음: 기: 유념	망: 무념	무념무상이 구경이 아님
행음: 생: 추행	멸: 세행	멸진정이 구경이 아님
식음: 입: 담입	합: 합담	합담이 구경이 아님

5수음(受陰)은 5취온(取蘊)과 같으며, 이는 5음에 취착해 있는 상태를 말한다. 5온이 망상이라는 것을 모르고 5온에 집착하는 것이 5취온이다. 인계(因界)는 세상의 원인 내지 근원으로 곧 5음을 말한다. 5음의 심천은 5음의 얕은 이 끝에서 깊은 저 끝까지를 뜻하니, 여기에서는 5음 각각에 대해 2변제를 말하여 그 깊이를 드러낸다. 색음의 경우 얕게 보면 색이고, 깊게 보면 공도 색이니, 이 둘을 색음의 변제라고 말한다. 공도 색의 부정으로서 색음에 포섭시키니, 색과 더불어 공에도 집착해서는 안 된다는 뜻이다. 색에서 공이 색임을 알지 못하면 색을 얕게 이해한 것이고, 색과 공이 모두 색임을 아는 것은 색음을 깊게 이해한 것이다. 촉을 통해 일어나는 느낌인 수음에 대해서도 얕게 보면 촉만 수음에 속하지만, 깊게 보면 촉을 떠남도 수음에 속한다. 수음의 매듭을 푼다는 것에는 촉뿐만 아니라 리에 대해서도 마찬가지인 것이다. 상음에도 유

넘뿐 아니라 무념도 포함되고, 행음에도 생뿐 아니라 멸도 포함되며, 식음에도 담연함에 들어감과 담연함에 합하여 부동으로 머무름이 모두 포함된다. 5음에 대해 심천을 논하여 얕은 의미뿐 아니라 깊은 의미까지 모두 밝혀 어느 한편에 머무르지 않게 하는 것은 긍정인 시(是)를 부정할 뿐 아니라 그 부정인 비(非)도 함께 부정하여 진정한 중도에 이르고자 하는 시도라고 볼 수 있다. 여기까지가 아난이 제기한 〈질문3〉 5음의 경계를 그 심천으로 밝힌 것이다.

3) 멸제의 돈과 점

이하에서는 아난이 제기한 〈질문2〉 5음을 소멸시키는 수행이 동시인가 차제인가에 대해 붓다가 답한다. 수행에 있어서의 돈과 점의 논쟁이라고 볼 수 있다.

> 붓다: 이 5음이 원래 중첩하여 생기한 것이니, 생은 식으로 인해 있고, 멸은 색으로부터 제거됩니다. 리(理)는 단박에 깨달아서(돈오) 깨달음을 타고 한꺼번에 사라지지만, 사(事)는 단박에 제거되지 않고 차제를 따라 순서대로 다합니다. 내가 이미 당신에게 겁바라 수건의 매듭을 보였으니, 무엇이 분명하지 않아 다시 묻습니까?
>
> 此五陰元重疊生起, 生因識有, 滅從色除. 理則頓悟, 乘悟併銷, 事非頓除, 因次第盡. 我已示汝劫波巾結, 何所不明, 再此詢問?

```
5음:        색음 - 수음 - 상음 - 행음 - 식음
            5  ←  4  ←  3  ←  2  ←  1   : 생하는 순서
  멸하는 순서:  1 → 2 → 3 → 4 → 5

┌ 리 차원의 깨달음: 단박, 돈오
└ 사 차원의 수행:   차제, 점수
```

5음은 생성의 순서로 보면 식음에서 시작해서 행음, 상음, 수음, 색음의 순서로 생성된다. 반면 5음을 멸해가는 순서는 맨 나중에 생성된 색음부터 시작하게 된다. 그래서

5음의 마사를 논할 때 색음부터 멸해가는 순으로 논한 것이다. 이치는 단박에 깨닫지만, 그 이치대로 실제 사(事)에서 매듭을 푸는 것은 차례를 따라 하나씩 이루어진다. 그러므로 리의 깨달음은 돈오(頓悟)이고, 사의 수행은 차제대로의 점수(漸修)가 된다. 5음이 허망상임을 이치로 단박에 알았다고 해도, 5음은 그 허망성을 알기 전에 습으로 쌓아놓은 것들이기에 점차적인 수행을 통하여서만 하나씩 제거될 수 있는 것이다. 앞 5권에서 붓다는 겁바라 수건으로 6근의 매듭을 지어 보이고, 다시 그것을 하나씩 순서대로 풀어야 전체가 하나로 원통에 이르게 됨을 보였다. 그것과 마찬가지로 여기에서는 다시 5음을 색음부터 식음까지 차례대로 멸하여서 원통에 들어감을 보인 것이다.

> 붓다: 당신은 이 망상의 근원을 마음으로 통달하고 장래의 말법시대의 수행자에게 전하여서 그들이 허망함을 알아 깊은 염증을 스스로 일으키고 열반이 있음을 알아 3계를 연모하지 않게 하십시오.
>
> 汝應將此妄想根元心得開通, 傳示將來末法之中諸修行者, 令識虛妄, 深厭自生, 知有涅槃, 不戀三界.

5음의 근원은 망상이며 따라서 5음 자체가 그 자체로 실재하는 것이 아니라는 것을 강조한 말이다. 그렇게 일체법이 허망하다는 것, 무상·고·공·무아라는 것을 알아서 그것에 대한 염리심을 일으켜 집착하지 말라는 것이다. 일체 탐욕을 넘어선 열반의 경지가 있으니, 그리로 나아갈 것을 지향하라고 한다. 집착하지 말아야 할 일체법에는 윤회하는 세계 전체가 포함되니, 욕계뿐 아니라 색계나 무색계도 연모하지 말라는 것이다. 4선과 4무색정은 욕계 너머 색계와 무색계로 나아가고자 하는 수행인데, 그것 또한 궁극의 경지는 아니라는 뜻이다. 색계의 색과 무색계의 공도 모두 색음의 변제일 뿐이다. 그런 만큼 무상·고·공·무아를 떠난 것이 아니니, 그것을 연모하여 추구하지 말아야 한다. 이상으로 중생이 업에 따라 윤회하는 모습인 7취와 수행에서의 마사를 설명한 조도분을 모두 마친다.

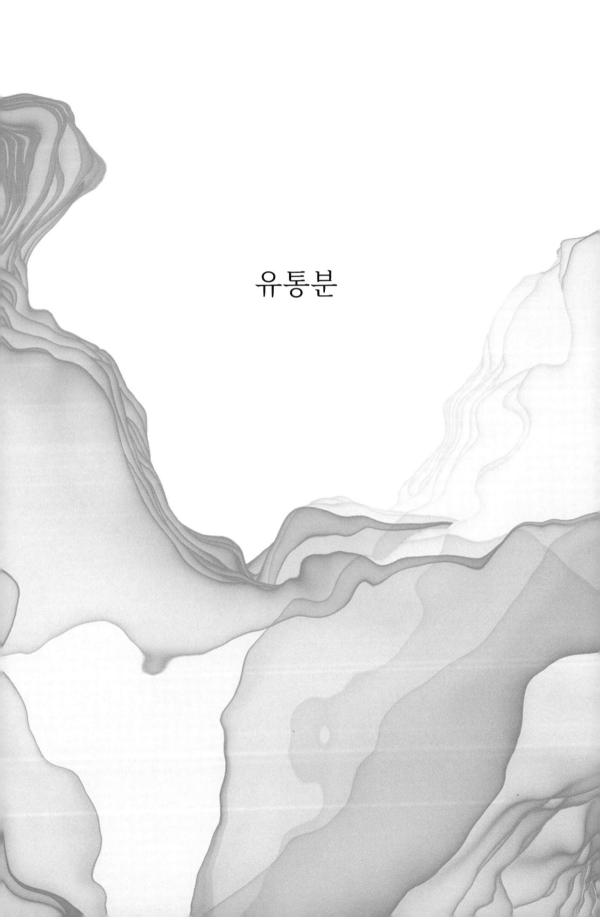

유통분

『능엄경』은 제목이 경전으로 되어 있지만, 글의 전개 방식을 보면 논서와 다를 바 없다. 불교 논서는 논문의 형식으로 쓰여진다. 요즘의 서론, 본론, 결론에 해당하는 것이 각각 서분, 정종분, 유통분이다. 본론에 해당하는 정종분 앞의 서분은 대개 3귀의를 싣는 데 반해, 『능엄경』의 서분은 그와 달리 오늘날의 서론과 유사하게 본론의 도입부에 해당하는 내용을 담고 있다. 본론 다음의 유통분에는 대개의 논서들이 다 그 글의 찬탄을 싣는다. 즉 그 글을 수지독송하고 잘 전파하면 얼마만큼의 복덕을 받게 되는지를 쓰는데, 오늘날 논문의 결론에서 본론 논의의 의의와 실제적 효용 등을 쓰는 것과 그 취지가 같다고 볼 수 있다. 『능엄경』의 유통분도 다른 글들과 마찬가지로 본 글을 찬탄하고 그 복덕을 언급한다. 다만 글을 수지독송하고 전파하는 복덕이 말할 수 없이 크다는 것을 아주 간단하게 언급하는 것이 특징적이다.

> 붓다: 아난이여, 만약 어떤 사람이 시방 허공에 가득 찬 7보(寶)로써 미진같이 많은 부처님을 섬기고 공양하여 마음에 허망하게 지나감이 없다면, 어떻다고 생각합니까? 이 사람이 부처님께 보시한 인연으로 얻을 복이 많지 않겠습니까?
> 아난: (답하여) 허공은 다함이 없고 7보도 끝이 없습니다. 옛날에 어떤 중생이 부처님에게 7전을 보시하고 몸을 버린 후 전륜성왕의 지위를 얻었습니다. 하물며 현전의 허공에 가득하고 불토에 가득 찬 전부를 보시한다면, 겁이 다해도 생각이 미치지 못할 것이니, 그 복이 어찌 다시 끝이 있겠습니까?
>
> 阿難, 若復有人遍滿十方所有虛空盈滿七寶持以奉上微塵諸佛, 承事供養, 心無虛度, 於意云何? 是人以此施佛因緣得福多不?
>
> (阿難答言) 虛空無盡珍寶無邊. 昔有衆生施佛七錢, 捨身猶獲轉輪王位. 況復現前虛空旣窮佛土充遍皆施珍寶, 窮劫思議尚不能及, 是福云何更有邊際?

허공 가득한 7보로 부처님을 섬기며 공양한다면, 그 복덕이 끝도 없이 많을 것이라고 말한다. 아주 적은 양인 7전을 보시하고도 그것으로 인해 받은 복덕이 내생에 전륜성왕이 되는 것이었다면, 무량한 보배로 보시한 공덕은 끝도 없이 많을 것이다.

붓다: (아난에게) 모든 불여래의 말에는 허망함이 없습니다. 만약 어떤 사람이 몸으로 4중죄와 10바라이죄를 모두 지었다면, 순식간에 이 세계와 다른 세계의 아비지옥을 거치고 시방의 무간지옥을 안 거치는 곳이 없겠지만, 한 생각에 이 법문을 말겁의 공부하려는 이들에게 보여준다면, 이 사람의 죄장은 그 한 생각에 소멸하여 그가 받을 지옥고의 원인을 변화시켜 안락국을 이루고, 얻을 복이 앞의 보시하던 사람보다 백배 천배 천만억배나 넘어서 어떤 셈이나 비유로도 미치지 못할 것입니다. 아난이여, 만약 어떤 중생이 이 경을 능히 암송하거나 이 주문을 능히 수지한다면, 내가 (그 공덕을) 겁이 다하도록 널리 말하여도 끝나지 않을 것입니다. 나의 교설에 의거해서 가르친 대로 도를 행한다면, 곧바로 보리를 이루고 다시는 마(魔)의 작업이 없을 것입니다.

(佛告阿難) 諸佛如來語無虛妄. 若復有人身具四重十波羅夷, 瞬息卽經此方他方阿鼻地獄乃至窮盡十方無間靡不經歷, 能以一念將此法門於末劫中開示未學, 是人罪障應念銷滅, 變其所受地獄苦因成安樂國, 得福超越前之施人, 百倍千倍千萬億倍, 如是乃至算數譬喻所不能及. 阿難, 若有衆生能誦此經能持此呪, 如我廣說窮劫不盡. 依我敎言如敎行道, 直成菩提, 無復魔業.

『능엄경』을 통한 이타행:
  경을 전파 → 업장이 소멸됨, 복덕이 무량함

『능엄경』을 통한 자리행:
  경의 암송, 주문의 수지: 교학 = 문혜(聞慧)   → 복덕이 끝이 없음
  교 따라 도를 행함: 선학 = 사혜(思慧) + 수혜(修慧) → 지혜를 이룸, 마장이 없음

승단에서 쫓겨날 만큼 가장 큰 죄가 바라이죄(波羅夷罪)이다. 살생, 투도, 사음, 대망어, 4가지이다. 10바라이죄는 10악업을 큰 죄라는 뜻에서 바라이죄로 서술한 것이라고 본다. 4중죄를 지은 사람은 승단에서 쫓겨날 뿐 아니라, 죽으면 당장 아비지옥과 무간지옥 등으로 떨어져 갖은 고통을 당한다. 그런데 그런 사람조차도 이 경을 다른 사람들에게 전하여 알려준다면, 그의 모든 죄장이 소멸하고 오히려 앞의 보시하던 자보다 더 큰 복덕을 누리게 된다고 말한다. 경의 내용을 통해 한 중생이 살아나면 한 세계가 살아나니, 그 복덕이 말할 수 없이 크기 때문이다. 나아가 본인 스스로 이 경을

암송하거나 주문을 수지하면, 무량한 복덕을 받게 된다고 한다. 이 경에서 가르치는 대로 몸소 실천 수행하여 도를 닦는다면 곧 지혜를 얻고 마장에 걸리지도 않는다는 것이다. 경의 내용을 제대로 파악하면, 일체가 마음이라는 것, 지옥 또한 마음이 만든 세계라는 것을 여실하게 깨달아서 일체 허망상으로부터 자유로워지므로 마음이 자재함을 얻고 마장에도 빠지지 않을 것이기 때문이다.

청중들: (붓다가 이 경을 설하자, 비구와 비구니, 우바새와 우바이, 일체 세간의 천과 인과 아수라와 타방의 보살과 이승 그리고 성선동자와 초발심한 대력 귀신이 모두 크게 환희하며 예를 올리고 돌아간다.)
(佛說此經已, 比丘比丘尼優婆塞優婆夷, 一切世間天人阿修羅及諸他方菩薩二乘聖仙童子并初發心大力鬼神, 皆大歡喜作禮而去.)

이상으로 붓다와 제자들 간의 대화로 이어진 『능엄경』이 끝난다. 4부대중뿐 아니라 천과 인간과 아수라 그리고 타방의 보살과 이승과 동자 및 귀신들까지 이 자리에 함께 하였으며, 그 모든 중생이 다 함께 붓다의 가르침의 내용에 기뻐하면서 붓다에게 예를 다하고 각자 자신의 자리로 돌아간다는 것으로 경을 끝맺고 있다.

『능엄경』 핵심내용 정리도표

제2부 삼마제

〈5중 혼탁〉

혼탁:	① 겁탁	② 견탁	③ 번뇌탁	④ 중생탁	⑤ 명탁
	劫濁	見濁	煩惱濁	衆生濁	命濁
상직:	공+견 내4대(각)+외4대(무각)		지견(의식)+진(대상)	지견(생)+업운(사)	동+이
	무명업상	전상/현상	지상~계명자상	기업상	업계고상
결과물:	색음	수음	상음	행음	식음

〈5중혼탁과 상락아정〉

중생의 견문각지/본각:	겁탁	견탁/명탁	번뇌탁	중생탁
	(무정의 허공)	(유근신의 불청정)	(번뇌의 고)	(생사에 천류)
	↕	↕	↕	↕
여래의 상락아정/구경각:	아(我)	정(淨)	락(樂)	상(常)

〈초기불교의 번뇌설〉

6근본번뇌: 탐 진 치 ⎣____⎦ 만 의 견(유신견, 변견, 사견, 견취견, 계금취견)
⎣____⎦

애번뇌/수혹/사혹   견번뇌/견혹

= 수도소단   = 견도소단

견혹: 견도소단   4제의 이치에 미혹
애혹/수혹/사혹: 수도소단   현상사물에 미혹

욕애(욕계 사혹) — 5욕(欲)에의 애

색애(색계 사혹)
무색애(무색계 사혹) ⎱ 유애: 상견(常見). 선(禪)/삼매를 갈망

— 무유애: 단견(斷見)

성문4과:

1. 수다원(예류預流): 만(慢)·의(疑)·견(見)을 끊음. 6진은 극복, 근의 습(구생기) 남음

2. 사다함(일래一來): 탐(貪)·진(瞋)·치(癡) 약화

3. 아나함(불환不還): 탐·진 끊음. 욕계로 안 돌아옴

4. 아라한(무학無學): 탐·진·치 끊음. 공부가 완성된 무학 ↔ 대아라한: 보살

	탐	진	치	만	의	유신견	4견(변견, 사견, 견취견, 계금취견)
범부:	○	○	○	○	○	○	○
수다원:	○	○	○	×	×	×	×
사다함:	△	△	△				
아나함:	×	×	△				
아라한:	×	×	×				

〈대승불교의 번뇌설〉

	탐	진	치	만	의	유신견	4견
전5식	○	○	○				
제6의식 ─ 분별기(견도소단): 견혹				○	○	○	○
┗ 구생기(수도소단): 애혹	○	○	○				
제7말나식 ─ 구생기(수도소단)	○		○	○		○	
	아애		아치	아만		아견	

〈초기불교〉	〈대승불교〉	〈천태〉
견혹(견도소단) ← 만·의·견 →	분별기혹(견혹): 의식	- 수다원이 끊음 - 견사혹(見思惑)
	구생기혹(수혹): 말나식: 아견＝아집	- 아라한이 끊음 - 진사혹(塵沙惑)
애혹(수도소단) ← 탐·진·치 →	구생기혹(수혹): 의식	- 아라한이 끊음 - 견사혹(見思惑)
	구생기혹(수혹): 말나식: 아치＝법집	- 부처가 끊음 - 무명혹(無明惑)

5주지번뇌: 주지(住地)번뇌(말나식의 번뇌) → 기(起)번뇌(의식의 번뇌) (『승만경』)

견일체주지: 3계의 견혹 ─ 견혹

욕애주지: 욕계 ┐

색애주지: 색계 ├ 수혹/애혹

유애주지: 무색계 ┘

근본무명주지: 항행불공무명(恒行不共無明) = 아치

〈번뇌와 수행 지위〉

```
멸상  업계고상
        기업상
────────────────────────────────────────────────────────────────────
이상(의식의 상)
    계명자상      분별기번뇌(아집/법집): 견도소단
    집취상                                                      지전
                                        ↓수다원
주상(말나식의 상)
    상속상        구생기번뇌(아집)┐                  사다함/아나함   1-7지
    지상          = 번뇌장        │
                                 │수도소단      ↓아라한
                                 │= 번뇌애
생상(아뢰야식의 상)
    경계상(현상)  구생기번뇌(법집)┘                  8지(색자재지)
    능견상(전상)  = 소지장                            9지(심자재지)
    무명업상                                          10지(보살진지)
                                                ↓보살
근본무명                    = 지애                    등각
                                                ↓부처
                                                      묘각
```

〈근과 진의 성립〉

	① 무명업상	→	② 능견상	→	③ 경계상	
			견정(見精)		진(기세간) + 근(유근신)	
	由明暗等,	二種相形	於妙圓中,	粘湛發見	見精映色,	結色成根
(1)	① 유명암등,	이종상형(形),	② 어묘원중,	점담발견,	③ 견정영색,	결색성근
(2)	동정	격(擊),		청	청 성,	권성
(3)	통색	발(發),		후,	후 향,	납향
(4)	넘변	참(參),		상,	상 미,	교미
(5)	이합	마(摩),		각,	각 촉,	박촉
(6)	생멸	속(續),		지,	지 법,	람법

능엄경 제5권

〈25수행〉24원통 + 이근원통

6진: 성진: 교진여   – 4성제를 설하는 붓다의 음성에서 깨달음

    색진: 우파니사타   – 부정관 통해 진색(塵色)과 묘색(妙色)을 깨달음

    향진: 향엄동자   – 향기의 소종래 없음을 깨달음

    미진: 약왕보살과 약상보살   – 상약관(嘗藥觀)으로 맛의 성이 공·유·즉신심·리신심 아님을 깨달음

    촉진: 발타바라   – 목욕하다가 촉감 대상인 물을 통해 깨달음

    법진: 마하가섭(두타제일)   – 법진의 공성을 깨달음

5근: 안근: 아나율타(천안제일)   – 시력을 잃고, 금강삼매로 원명을 회복. 선견순원(旋見循元)

    이근: 〈관세음보살〉

    비근: 주리반특가   – 기억력이 나쁨, 호흡의 생주이멸을 관찰. 반식순공(返息循空)

    설근: 교범발제   – 되새김질함, 일미법문으로 깨달음. 환미선지(還味旋知)

    신근: 필릉가바차   – 고통의 감각 중 망각에서 진각으로 나아감. 순각유신(純覺遺身)

    의근: 수보리(해공제일/금강경) – 마음의 공성과 본각을 깨달음. 선법귀무(旋法歸無)

6식: 안식: 사리불(지혜제일/반야경) – 마음의 눈으로 봄(심견)

    이식: 보현보살   – 중생의 지견과 보현행을 마음으로 들음(심문)

    비식: 손타라난타   – 수식관, 코끝의 빛을 보는 관비단백(觀鼻端白)

    설식: 부루나(설법제일)   – 변재가 무애, 설법하면서 번뇌 소멸

    신식: 우파리(지계제일)   – 몸소 계를 지켜 심신의 통달을 얻음

    의식: 목건련(신통제일)   – 인연설을 듣고 발심하여 대통달을 얻음, 마음의 빛을 밝힘

7대: 화대: 오추슬마   – 탐욕(음심)을 지혜의 불로 바꿈. 화광삼매

    지대: 지지보살   – 근신과 세간의 진(塵)이 평등함을 깨달음

    수대: 월광동자   – 몸의 물과 세계의 물이 평등함을 깨달음, 선정 중 기와조각

    풍대: 유리광보살   – 세계와 중생신과 마음이 풍력으로 허망하게 움직임을 관

    공대: 허공장보살   – 4대의 공성을 관하여 대신통을 얻음

    식대: 미륵보살   – 유심식정(唯心識定)으로 유식을 통찰하여 원성실에 들어감

    견대(근대): 대세지 법왕자   – 염불삼매로 무생법인에 들어감. 향광장엄

능엄경 제6권

〈이근원통으로 6결 풀기〉

1. 아공 얻음: 인해탈
  ① 동결(動結) 제거: 유(流)에 들어가 소(所)를 잊음 ┐ 분별아집(견혹) 제거   - 성문초과
  ② 정결(靜結) 제거: 동정이 생기지 않음   ┘
  ③ 근결(根結) 제거: 문근이 다함   — 구생아집(사혹) 제거   - 아라한과 / 7신위
2. 법공 얻음: 법해탈
  ④ 각결(覺結) 제거: 각과 소각이 공함   — 분별법집/지애(智愛) 끊음 -   / 8신위
  ⑤ 공결(空結) 제거: 공과 소공을 소멸함   — 구생법집/리애(理愛) 끊음 -   / 9신위
3. 공불생: 무생법인(無生法忍)을 얻음
  ⑥ 멸결(滅結) 제거: 생멸이 소멸하면 적멸이 현전 — 구공불생(俱空不生)얻음   / 10신위
        (적멸 = 일진심체)   = 공을 파함   초주위

〈관세음보살의 공덕〉

1. 32응신(應身)
  1) 4성인: 불, 벽지, 연각, 성문
  2) 7천(天): 범왕, 재석, 자재천, 대자재천, 대장군, 4천왕, 4천왕국태자
  3) 12인(人): 인왕, 장자, 거사, 재상, 바라문, 비구, 비구니, 우바새, 우바이, 여주인, 동남, 동녀
  4) 9신(神): 천신, 용, 야차, 건달바, 아수라, 긴나라, 마후라가, 사람, 유형무형 유상무상

2. 14무외(無畏力)
  1) 중생을 고통에서 벗어나게 함
  2) 불 속의 중생을 타지 않게 함
  3) 물에 빠진 중생을 구제함
  4) 귀신의 해를 입지 않게 함
  5) 살해당할 때 칼이 토막토막 부서지게 함
  6) 어두운 성품을 없애 야차나 나찰 등 악귀를 못 보게 함
  7) 중생에게 쇠고랑, 칼 등이 몸에 못 붙게 함
  8) 험한 길을 가도 도적이 겁탈하지 못하게 함
  9) 탐욕을 여의게 함
  10) 성내는 마음을 없게 함
  11) 어리석음을 영원히 여의게 함

12) 지혜 총명한 아들을 낳게 함

13) 단정한 딸을 낳게 함

14) '관세음보살'을 한 번 부름이 62억 보살을 부르는 것과 같은 복덕을 갖게 함

3. 4부사의(不思議)

1) 여러 모습으로 나타나 중생을 구제함

2) 중생에게 보시함

3) 관세음보살을 염하게 함

4) 중생의 소원을 이뤄줌

(제3부 증과분)

능엄경 제7권

〈12부류의 중생〉

1. 란생: 허망(虛妄) 윤회/ 동(動) 전도/ 기(氣)와 화합/ 비침(飛沈) 난상 – 축생(조류, 어류), 수라
2. 태생: 잡염(雜染) 윤회/ 욕(欲) 전도/ 자(滋)와 화합/ 횡수(橫竪) 난상 – 인, 수라
3. 습생: 집착(執著) 윤회/ 취(趣) 전도/ 난(煖)과 화합/ 번복(翻覆) 난상 – 축생(벌레), 수라
4. 화생: 변역(變易) 윤회/ 가(假) 전도/ 촉(觸)과 화합/ 신고(新故) 난성 – 천, 지옥, 아귀, 수라
5. 유색: 유애(留礙) 윤회/ 장(障) 전도/ 저(著)와 화합/ 정요(精耀) 난상
6. 무색: 소산(銷散) 윤회/ 혹(惑) 전도/ 암(暗)과 화합/ 음은(陰隱) 난상
7. 유상: 망상(罔象) 윤회/ 영(影) 전도/ 억(憶)과 화합/ 잠결(潛結) 난상
8. 무상: 우둔(愚鈍) 윤회/ 치(癡) 전도/ 완(頑)과 화합/ 고교(枯槁) 난상
9. 약비유색: 상대(相待) 윤회/ 위(僞) 전도/ 염(染)과 화합/ 인의(因依) 난상
10. 약비무색: 상인(相引) 윤회/ 성(性) 전도/ 주(呪)와 화합/ 호소(呼召) 난상
11. 약비유상: 합망(合妄) 윤회/ 망(罔) 전도/ 이(異)와 화합/ 회호(廻互) 난상
12. 약비무상: 원해(怨害) 윤회/ 살(殺) 전도/ 괴(怪)와 화합/ 식부모(食父母) 난상

능엄경 제8권

〈수행의 단계〉

0. 3점차(수습, 진수, 증진):	소위 10신에 해당
1. 〈간혜지〉: 욕애가 말라 버리고 지혜만 남음:	앞의 10신
2. 10신: 초주를 벌여 놓은 것 (고산의 설)	⌉
3. 10주: 정(定)으로 리(理)에 회통 진(眞)에 계합	⌋ 10주: 화엄의 10지와 같음

4. 10행: 진(眞)에 의거하여 행을 일으킴. 바라밀행

5. 10회향: 리지(理智)와 대비(大悲)와 원행(願行)이 회통

6. 〈4가행〉

7. 10지: 자비와 지혜로 덕(德)을 성취

8. 등각

9. 〈금강혜〉

10. 묘각

0. 3점차

    1. 수습(修習): 업장의 조인(助因)을 제거/ 5신채 안 먹기

    2. 진수(眞修): 업장의 정성(正性)을 가려냄/ 4중죄 금하기　　　 – 초신–5신

    3. 증진(增進): 나타나는 업(현업現業)을 거슬림/ 12처를 소멸 – 6신–10신

1. 간혜지(乾慧地)　　　　　　　　　　　　　　　　– 1–10신

2. 10신(信)

    ① 신심(信心)주: 묘한 믿음이 상주하여 망상은 멸진　　 – 신근(信根) ┐

    ② 념심(念心)주: 모든 습기가 현전하여 모두 기억　　　 – 념근(念根) │

    ③ 정진심(精進心): 하나의 정명(精明)으로 맑음으로 나아감　 – 진근(進根) │ 5근(根)

    ④ 혜심(慧心)주: 마음의 정이 현전, 지혜만 남음　　　 – 혜근(慧根) │

    ⑤ 정심(定心)주: 지혜의 밝음으로 적묘가 응결　　　　 – 정근(定根) ┘

    ⑥ 불퇴심(不退心): 선정 ⇄ 지혜　　　　　　　　　　 – 진력(進力) ┐

    ⑦ 호법심(護法心): 시방 여래의 호법 받음　　　　　　 – 정력(定力) │

    ⑧ 회향심(廻向心): 붓다를 향해 안주　　　　　　　　 – 혜력(慧力) │ 5력(力)

    ⑨ 계심(戒心)주: 붓다의 무위에 안주　　　　　　　　 – 신력(信力) │

    ⑩ 원심(願心)주: 원대로 됨　　　　　　　　　　　　　 – 념력(念力) ┘

3. 10주(住)

    ① 발심주(發心住): 마음의 빛으로 일심(묘심) 이룸　　　 ― 중음신을 형성함

    ② 치지주(治地住): 묘심(발심주)으로 밝아 땅을 이룸　　 ― 중음신이 업력을 따라 지(地)를 얻음

    ③ 수행주(修行住): 심(업)과 지(계)가 명료해짐　　　　　 ― 중음신이 갈 곳을 보고 나아감

    ④ 생귀주(生貴住): 붓다의 기를 받아 여래종성에 들어감 ― 중음신이 부모에 입태함

    ⑤ 구족주(具足住): 법계에 머물며 붓다의 자식이 됨　　 ― 태아가 갈라람이 됨

    ⑥ 정심주(正心住): 용모와 심상이 붓다와 같아짐　　　 ― 태아의 외모와 내심이 부모를 닮음

⑦ 불퇴주(不退住): 붓다의 심신을 이뤄 물러섬이 없음 ── 태아의 심신이 증장함

⑧ 동진주(童眞住): 10신의 모습을 모두 갖춤 ── 태아가 사람 모습이 됨

⑨ 법왕자주(法王子住): 완전한 불자가 됨 ── 태아가 출태, 법왕자가 됨

⑩ 관정주(灌頂住): 제불의 지수(智水)로 관정 받음 ── 수기를 받아 태자가 됨

4. 10행

① 환희행(歡喜行): 중생을 기쁘게 함 = 두루 보시함 ― 보시바라밀

② 요익행(饒益行): 중생을 이익되게 함 = 계를 지키게 함 ― 지계바라밀

③ 무진한행(無瞋恨行): 깨달음으로 진한이 없게 함 ― 인욕바라밀

④ 무진행(無盡行): 일체 중생이 성불하기까지 노력함 ― 정진바라밀

⑤ 무치란행(無癡亂行): 일념 정심(定心)을 유지 ― 선정바라밀

⑥ 선현행(善現行): 동(同)과 이(異)의 무애 ― 이사무애지 ⎫

⑦ 무착행(無著行): 일 미진에 시방세계 ― 사사무애지 ⎪

⑧ 존중행(尊重行): 일체 현전의 긍정 ― 구경피안지 ⎬ 지혜바라밀

⑨ 선법행(善法行): 불법의 바른 이해를 엶 ― 궤생물해지 ⎪

⑩ 진실행(眞實行): 일체가 무루이고 무위임 ― 불위실상지 ⎭

5. 10회향

① 리(중생)상회향(離衆生相廻向): 중생 제도하되 중생상을 떠남/ 자비+지혜 ⎫ 중생에 회향

② 불괴회향(不壞廻向): 중생상을 떠나되 중생제도를 멈추지 않음/ 지혜+자비 ⎭

③ 등(일체)불회향(等一切佛廻向): 본각 = 붓다의 구경각 ⎫

④ 지(일체)처회향(至一切處廻向): 인지 = 과지 ⎪

⑤ 무진(공덕장)회향(無盡功德藏藏廻向): 세계와 여래의 상입 ⎬ 불도에 회향

⑥ (수순)평등(선근)회향(隨順平等善根廻向): 청정인(선근) → 열반도(과지) ⎪

⑦ 등관(일체중생)회향(等觀一切衆生廻向): 중생 본성 = 나의 본성 ⎭

⑧ 여상회향(如相廻向): 법에 즉, 상을 리, 즉과 리 집착 안 함 = 진여 ⎫

⑨ (무박)해탈회향(無縛解脫廻向): 진여, 법계에 무애 ⎬ 진여에 회향

⑩ (법계)무량회향(法界無量廻向): 진여, 법계가 무량 ⎭

6. 4가행

① 난지(煖地): 부처심을 나의 마음의 인심(因心)으로 삼음 ── 부처가 곧 마음(불즉심)

② 정지(頂地): 붓다의 마음(인심)으로 붓다의 과지(果地)를 닦음 ── 마음이 곧 부처(심즉불)

③ 인지(忍地): 즉심즉불의 중도를 얻음 ── 즉심즉불

④ 세제일지(世第一地): 헤아림이 소멸 ── 비심비불

7. 10지

　① 환희지(歡喜地): 일체 견혹(見惑) 끊고 성자된 환희가 넘침　　1. 정심지(淨心地)

　② 이구지(離垢地): 이성(異性)도 동성(同性)도 넘어섬　　　　2. 구계지(具戒地)

　③ 발광지(發光地)＝명지(明地): 선정으로 지혜의 광명이 나타남

　④ 염혜지(焰慧地)＝염지(焰地): 지혜의 광명이 번뇌를 태움

　⑤ 난승지(難勝地): 번뇌를 모두 끊음, 속지와 진지가 조화

　⑥ 현전지(現前地): 반야바라밀의 대지(大智), 무위진여가 현전

　⑦ 원행지(遠行地): 2승의 각(覺)을 넘어 진제(眞諦)에 이름　　3. 무상방편지(無相方便地)

　⑧ 부동지(不動地): 번뇌로 동요하지 않음 (원효)　　　　　　4. 색자재지(色自在地)

　⑨ 선혜지(善慧地): 지혜의 작용이 자재, 10력(力) 얻음　　　　5. 심자재지(心自在地)

　⑩ 법운지(法雲地): 대법신을 얻어 자재. 대자비　　　　　　6. 보살진지(菩薩盡地)

8. 등각

9. 금강혜

10. 묘각

　　　　　〈능엄경의 수행위〉　　　　〈기신론의 수행위〉　　　　〈유식의 수행5위〉

0. 3점차(진수, 증진): 소위 10신　　(범부위: 불각)육안

1. 〈간혜지〉: 앞의 10신　　　　　　　6바라밀
_____

2. 10신: 초주에 해당　　　　　신성취방심(발결정심)천안　　1. 자량위: (10신)
_____↓
3. 10주: 화엄의 10지에 해당

4. 10행: 바라밀행(이타행)　　　해행발심(발회향심)혜안
_____↓
5. 10회향: 원행(願行)

　　　　　　　　　　　　　　　(현위: 상사각)
_____
6. 〈4가행〉　　　　　　　　　　　　　　　　　　　2. 가행위: 4선근(善根)

　　　　　　　　　　　　　　　　　　　　　　　3. 통달위: 초지 입심(入心) ─ 견도
_____
7. 10지　　　　　　　　　　　　(성위: 수분각)　　4. 수습위: 초지 주심(住心)┐
　　　　　　　　　　　　　　증발심(발진심)보살 법안　　　　　-10지 출심(出心)┘ 수도
_____↓
8. 등각　　　　　　　　　　　(불위: 구경각)부처 불안　　5. 구경위　　　　─ 무학도

9. 〈금강혜〉
_____

10. 묘각　　　　　　　　　　　불위

(제4부 결경분)

경의 제목:

대(大): 체상용 3대

불(佛)+정(頂): 3불 + 지혜

여래밀인(如來密因): 성불의 인(因)　　　　　　－ 사마타(견도분): 수능엄정을 해오(解悟)

수증료의(修證了義): 수증의 방법　　　　　　　－ 삼마제(수도분): 수능엄정에 입(入)

제보살만행(諸菩薩萬行): 57위 수행　　　　　　－ 선나(증과분): 수능엄정을 주지(住持) 수증(修證)

수능(首楞)+엄(嚴): 구경+견고＝여래장, 불성

경(經)

(제5부 조도분)

〈7취(趣)〉

1. 〈지옥〉 아비지옥　　10:0 ＝ 정(情): 상(想)

　　　　　무간지옥　　9:1, 8:2

　　　　　10인　　〈근본 ＋ 파생〉　　　　　〈10악〉

　　① 음(淫):　　　　탐의 으뜸　　　　　신업(음)

　　② 탐(貪):　　　V　　　　　　　　의업(탐)

　　③ 만(慢):　　　V

　　④ 진(瞋):　　　V　　　　　　　　의업(진), 신업(살)

　　⑤ 사(詐):　　　탐을 따르는 유인　　　신업(도), 구업(망언, 기어, 양설)

　　⑥ 광(誑):　　　탐을 따르는 속임　　　신업(도), 구업(망언, 기어, 양설)

　　⑦ 원(寃):　　　진을 따르는 원한　　　신업(살)

　　⑧ 견(見):　　　V　　　　　　　　의업(치)

　　⑨ 왕(枉):　　　진을 따르는 모함　　　　　　구업(망언, 양설, 악구)

　　⑩ 송(訟):　　　진을 따르는 송사　　　　　　구업(망언, 양설, 악구)

2. 〈귀〉 7:3

　　　〈지옥〉을 이끈 습인 ＝ 업인　　→　　과보　　　＝　　〈귀〉

　　2. 탐(貪)의 습　　물(物)을 탐　　물건에 붙음　　① 괴귀(怪鬼)

　　1. 음(婬)의 습　　색(色)을 탐　　바람에 붙음　　② 발귀(魃鬼)

　　6. 광(誑)의 습　　혹(惑)을 탐　　축생에 붙음(구미호)　　③ 매귀(魅鬼)

4. 진(瞋)의 습	한(恨)을 탐	벌레에 붙음(독충)	④ 고독귀(蠱毒鬼)	
7. 원(寃)이 습	억(憶)을 탐	쇠(衰)에 붙음(전염병)	⑤ 여귀(癘鬼)	
3. 만(慢)이 습	오(憿)를 탐	기(氣)에 붙음	⑥ 아귀(餓鬼)	
9. 왕(枉)이 습	망(罔)을 탐	유(幽)에 붙음	⑦ 염귀(魘鬼)	
8. 견(見)의 습	명(明)을 탐	정(精)에 붙음	⑧ 망량귀(魍魎鬼)	
5. 사(詐)의 습	성(成)을 탐	명(明)에 붙음	⑨ 사귀(使鬼)	
10. 송(訟)의 습	당(黨)을 탐	인(人)에 붙음	⑩ 전송귀(傳送鬼)	

3. 〈축생〉 6:4

〈지옥〉을 이끈 습인 = 업인	→	과보	=	〈귀〉	→	〈축생〉
2. 탐(貪)의 습	물(物)을 탐	물건에 붙음	괴귀(怪鬼)			① 올빼미 부류
1. 음(婬)의 습	색(色)을 탐	바람	발귀(魃鬼)			② 구징(흉사의 징조)
6. 광(誑)의 습	혹(惑)을 탐	축생, 구미호	매귀(魅鬼)			③ 여우류
4. 진(瞋)의 습	한(恨)을 탐	벌레, 독충	고독귀(蠱毒鬼)			④ 독충류
7. 원(寃)이 습	억(憶)을 탐	쇠(衰), 전염병	여귀(癘鬼)			⑤ 회충류
3. 만(慢)이 습	오(憿)를 탐	기(氣)	아귀(餓鬼)			⑥ 먹잇감류
9. 왕(枉)이 습	망(罔)을 탐	유(幽)	염귀(魘鬼)			⑦ 의복류, 누에 등
8. 견(見)의 습	명(明)을 탐	정(精)	망량귀(魍魎鬼)			⑧ 철새류
5. 사(詐)의 습	성(成)을 탐	명(明)	사귀(使鬼)			⑨ 휴징(봉황, 기린 등)
10. 송(訟)의 습	당(黨)을 탐	인(人)	전송귀(傳送鬼)			⑩ 순종하는 부류

4. 〈인간〉 5:5

〈지옥〉을 이끈 습인 = 업인	→	과보	=	〈귀〉	→	〈축생〉	→	〈인간〉
고를 받음				여습을 다함		빚을 갚음		
2. 탐(貪)의 습	물(物)을 탐	물건에 붙음	괴귀(怪鬼)		올빼미류			① 완고한 자
1. 음(婬)의 습	색(色)	바람	발귀(魃鬼)		구징(흉사)			② 어리석은 자
6. 광(誑)의 습	혹(惑)	축생	매귀(魅鬼)		여우류			③ 심술궂은 자
4. 진(瞋)의 습	한(恨)	벌레	고독귀(蠱毒鬼)		독충류			④ 용렬한 자
7. 원(寃)의 습	억(憶)	쇠(衰)	여귀(癘鬼)		회충류			⑤ 미천한 자
3. 만(慢)의 습	오(憿)	기(氣)	아귀(餓鬼)		먹잇감류			⑥ 유약한 자
9. 왕(枉)의 습	망(罔)	유(幽)	염귀(魘鬼)		의복류			⑦ 노동하는 자
8. 견(見)의 습	명(明)	정(精)	망량귀(魍魎鬼)		철새류			⑧ 문자 아는 자
5. 사(詐)의 습	성(成)	명(明)	사귀(使鬼)		휴징(길조)			⑨ 총명한 자
10. 송(訟)의 습	당(黨)	인(人)	전송귀(傳送鬼)		애완류			⑩ 통달한 자

5. 〈신선〉

① 지행선(地行仙): 약(불로 달군 환) 먹음/익혀 먹음   식도 완성   땅 위 걸음 ┐
                                                                              │ 외단
② 비행선(飛行仙): 초목(자초, 창포 등) 먹음/날 것   약도 완성   가까이 낢 ┘

③ 유행선(遊行仙): 금석(납, 수은 등 단사丹砂) 먹음   화도 완성   멀리 낢

④ 공행선(空行仙): 동(動)과 지(止): 정기신 단련   기정 완성   허공을 낢 ┐
                                                                              │ 내단
⑤ 천행선(天行仙): 진액   : 수승화강   윤덕 완성   천상을 낢 ┘

⑥ 통행선(通行仙): 정색(精色) 취함: 이슬 먹기   흡수 완성   정신이 흘러 조화와 통

⑦ 도행선(道行仙): 주문과 금함: 주문 지님   술법 완성   세간 구제의 도심 있음

⑧ 조행선(照行仙): 사념 지속: 신을 출신, 단을 단련   사억 완성

⑨ 정행선(精行仙): 교구 지속: 감(坎)이(離)의 교구   감응 완성

⑩ 절행선(絶行仙): 변화 지속: 각오 완성

6. 〈천〉 = 천신(天神)

　1) 욕계 6천

　　① 4천왕천: 지국천왕＋광목천왕＋증장천왕＋다문천왕(비사문천왕)

　　　　비사문천 소속＝야차(夜叉, 숲의 신, 지옥 형벌집행담당), 나찰

　　② 도리천 33천: 동서남북 4×8＝32천＝대장군(귀신 통솔) ＋ 중심의 1천＝천주＝세석천왕(인드라)

　　　　제석천왕 돕는 자＝건달바(음악신), 쫓겨난 귀＝아수라, 사리탑과 수담마 법당 있음

　　③ 수염마천(야마yama천): 야마＝쌍(雙), 야마천과 명계(지옥) 담당, 염마(閻魔)＝염라대왕

　　④ 도솔타천(도사다tuṣita천): 내원(內院)에 미륵보살이 수행 중. 괴겁 3재에 내원은 무사

　　⑤ 낙변화천: 화락천, 자재천, 원하는 대로 만들어서 즐김

　　⑥ 타화자재천: 마왕(魔王, 파괴신 시바, 마혜수라, 파순), 욕락을 즐김

능엄경 제9권

　2) 색계 18천

욕계 →	이생희락지 →	정생희락지 →	이희묘락지 →	사념청정지 →	무색계
	초선 →	제2선 →	제3선 →	제4선	
심소:	심사	희수	락수	사수(捨受)＝평정	
		(우수 버림)	(고수 버림)	(고수와 락수 버림)	
성문4과:		예류과(수다원) →	일래과(사다함) →	불환과(아나함) →	아라한
		탐진치 벗음	계금취/유신견 벗음	색애 벗음	

a. 초선3천(이생희락지): 범천(4대로 형성됨)　　　　　심(尋) + 사(伺)

① 범중천: 범려(梵侶), 범천(신)의 민(民)　　　　○　　　　○

② 범보천: 범천의 신(臣)　　　　○　　　　○

③ 대범천 = 범천의 천왕 – (창조신 브라만)　　　×　　　　○

b. 제2선의 3천(정생희락지): 광(光)의 세계/ 광천(빛으로 형성됨)

④ 소광천

⑤ 무량광천

⑥ 광음천/극광정천/광천: 광으로 의사전달, 광음천 아래는 3재 중 화재(火災)에 무너짐

c. 제3선의 3천(이희묘락지): 음(音)의 세계, 정(淨)의 천, 적멸락의 천

⑦ 소정천

⑧ 무량정천

⑨ 변정천/정천, 변정천 아래는 3재 중 수재(水災)에 무너짐

d. 제4선의 9천(사념청정지):

범부4천: 복(福)의 천

⑩ 복생천

⑪ 복애천

  ┌ ⑫ 광과천: 불교 – 수증에 머무름, 광과천 아래는 3재 중 풍재(風災)에 무너짐

  └ ⑬ 무상천(無想天): 외도천 – 사도(捨道)를 궁구. 무상정(無想定)을 닦아 이름

불환5천:

⑭ 무번천(無煩天)

⑮ 무열천(無熱天)

⑯ 선견천(善見天)

⑰ 선현천(善現天)

⑱ 색구경천(色究竟天) →　┌ 이근: 아라한 성취

               └ 둔근: 4공천으로

3) 무색계 4천

① 공무변처: 색을 멸하고 공에 의지

② 식무변처: 공을 떠나 식에 의지

③ 무소유처: 색, 공, 식(현행식)을 소멸하고 식성(識性)/종자에 의지

④ 비상비비상처: 식성에 의지하여 멸을 연마하나 참된 멸이 아님

7. 〈수라〉 4부류

   ① 난생 아수라: 귀취(호법으로 신통 얻음, 허공을 넒)   귀취 → 수라

   ② 태생 아수라: 인취(천에서 떨어진 수라, 사천왕 근처에 머묾)   천취 → 수라

   ③ 화생 아수라: 천취(힘을 가지는 수라왕, 사천왕 근처에 머묾)

   ④ 습생 아수라: 축생취(바닷속에 머묾)

〈각 취와 4생〉

천 ┬ 무색계천, 색계천: ┐
   └ 욕계천: 3. 수염마천 - 6. 타하자재천 ┴ 화생

         1. 4천왕천 - 2. 도리천 ── 태생

수라: ────────────────────── 태·난·습·화생

인: ──────────────────────── 태생

축생 ┬ 들짐승: ────────────── 태생
     └ 날짐승 ──────────────── 난생

     벌레: ──────────────────── 습생

귀: ──────────────────────── 태·난·습·화생

지옥: ────────────────────── 화생

〈5음 마상〉

5중 혼탁:	① 겁탁	② 견탁	③ 번뇌탁		④ 중생탁	⑤ 명탁
	劫濁	見濁	煩惱濁		衆生濁	命濁
의지처:	색음	수음	상음		행음	식음
	몸의 감각	전5식의 느낌	제6의식의 분별상		제7식의 집착행	제8식의 활동
	견고(堅固)망상	허명(虛明)망상	융통(融通)망상		유은(幽隱)망상	전도(顚倒)망상
	음마	천마	귀신	리매	심마(心魔)	견마(見魔)
	‖	└─────────┴─────────┘				
	내마(內魔)	외마(外魔)			심마(心魔)	견마(見魔)
	색음의 마장 경계	수음에서 몸에 잠입/상음에서 드러남			행음의 마장	식음의 마장
		내마의 기운을 따라 침입!				

1. 색음마사

색음구우에서 색음이 다하기까지 나타나는 10가지 색음의 마사(魔事):

　(1) 몸이 물질적 장애를 벗어남　　　– 암중에 묘명을 연마하면 잠시 몸의 장애 벗음

　(2) 몸에서 회충을 꺼냄: 병 고치기　– 심광이 몸 안을 비춤

　(3) 허공에서 설법을 들음　　　　　– 혼백과 정신이 번갈아 주객이 됨

　(4) 금빛 불국토와 여래의 출현　　　– 심혼이 깨달으면 심광이 밝아 세계 비춤

　(5) 허공이 보색으로 드러남　　　　– 빈문공부 깊어져서 적광묘토에 근접

　(6) 어둠 속 사물을 봄: 귀신 보기　　– 심광이 엉겨 명암에 불변, 어둠을 뚫고 봄

　(7) 몸에 감각이 없어짐　　　　　　– 몸이 허융하여 몸을 잊음

　(8) 불국토와 천계와 지옥을 두루 봄　– 청정이 지극하여 광명이 통하면 정토와 제불을 봄

　(9) 멀리 있는 것을 보고 들음　　　　– 마음이 확연히 두루함

　(10) 갖가지 선지식을 봄　　　　　　– 색음이 곧 파함에 마군이 놀라 요란케 함

2. 수음마사

수음구우에서 수음이 다하기까지 나타나는 10가지 수음의 마사:

　(1) 자기를 억제하여 슬픔에 빠짐: 우울증　　– 연민하다가 비마(悲魔)를 만남

　(2) 자신을 붓다와 나란히 여김: 자기도취　　– 자만하다가 광마(狂魔)를 만남

　(3) 정(定)에 치우쳐 우울함: 편집증　　　　– 침억하다가 억마(憶魔)를 만남

　(4) 혜(慧)에 치우쳐 자신을 노사나불로 여김　– 항심(恒心)을 잃고 지족마(知足魔)를 만남

　(5) 험난을 알고 근심이 많아짐: 자살충동　　– 우울하다가 우수마(憂愁魔)를 만남

　(6) 편안함 깨닫고 기쁨이 많아짐: 조증　　　– 경안하다가 희락마(喜樂魔)를 만남

　(7) 수승함을 알아 남을 업신여김: 자만　　　– 아만을 내다가 만마(慢魔)를 만남

　(8) 지혜로 경안을 얻어 만족: 과대망상　　　– 경청 중에 경마(輕魔)를 만남

　(9) 공에 집착해서 계를 훼손함: 단견과 막행　– 공에 떨어져 공마(空魔)를 만남

　(10) 유에 집착해서 음욕을 자행: 음행　　　　– 애욕에 빠져 욕마(欲魔)를 만남

3. 상음마사

상음구우에서 상음이 다하기까지 나타나는 10가지 상음의 마사:

　(1) 선교(善巧)를 탐하여 구하다, 괴귀(怪鬼)가 붙은 자에게 현혹됨

　(2) 경력(經歷)을 탐하여 구하다, 발귀(魃鬼)가 붙은 자에게 현혹됨

　(3) 계합(契合)을 탐하여 구하다, 매귀(魅鬼)가 붙은 자에게 현혹됨

(4) 변석(辯析)을 탐하여 구하다, 고독귀(蠱毒鬼)가 붙은 자에게 현혹됨

(5) 명감(冥感)을 탐하여 구하다, 여귀(癘鬼)가 붙은 자에게 현혹됨

(6) 정밀(靜謐)을 탐하여 구하다, 대력귀(大力鬼)가 붙은 자에게 현혹됨

(7) 숙명(宿命)을 탐하여 구하다, 산림 등의 귀(鬼)가 붙었다가 마가 된 자에게 현혹됨

(8) 신력(神力)을 탐하여 구하다, 정기 등의 괴(怪)가 붙었다가 마가 된 자에게 현혹됨

(9) 심공(深空)을 탐하여 구하다, 정령 등의 영(靈)이 되었다가 마가 된 자에게 현혹됨

(10) 영세(永歲)를 탐하여 구하다, 자재천마가 붙은 자에게 현혹됨

능엄경 제10권

4. 행음마사

행음구우에서 행음이 다하기까지 10가지 행온의 마사:

(1) 2종 무인론: 근본과 종말이 원인 없음, 겁 밖 단처에서 무상을 계탁함 ── 단견

(2) 4종 변상론: 심경, 4대, 8식, 상진이 상주함, 겁 안 속처에서 상주를 계탁함 ── 상견

(3) 4종 전도론: 자타, 국토, 신심, 3음행음을 쌍계, 상과 무상을 나눠서 계탁함

(4) 4종 유변론: 3제, 견문, 파아, 생멸을 잡음, 유변과 무변을 함께 계탁함

(5) 4종 교란론(변계희론): 8역, 유무(唯無), 유시, 유무, 불사 교란, 외도계교와 같음

단+상
(쌍역)

(6) 16종 유상론: 4계×4음유상=16유상, 사후유상, 행음 기준 전3과 만법이 다함 없다 함 ── 유

(7) 8종 무상론: 현재미래×4음무상=8무, 사후무상, 전3 기준 만법, 행음이 무상하다 함 ── 무

(8) 8종 구비론: 2(비유비무)×4음=8부정, 사후구비, 4음에 대해 비유비무로 계탁 ── 유+무(쌍비)

(9) 7제 단멸론: 7처에 태어나도 사후단멸, 행음 소멸처에서 사후단멸을 계탁 ── 단공(斷空)

(10) 5현 열반론: 5처를 정전의로 삼아 열반을 계탁, 현재에서 상주극락을 계탁 ── 체유(滯有)

5. 식음마사

식음구우에서 식음이 다하기까지 나타나는 10가지 식음 마사:

(1) 인소인집: 소인(所因)을 인(因)으로 집착: 식음을 제1인으로 여김 ─ 유신론

(2) 능비능집: 비능(非能)을 능으로 집착: 식음을 유출자로 여김 ─ 유출론

(3) 상비상집: 비상(非常)을 상으로 집착: 식음을 상주로 여김 ─ 상주론

(4) 지무지집: 무지(無知)를 지로 집착: 무정(無情)도 지 있다고 여김 ─ 범신론

(5) 생무생집: 무생(無生)을 생으로 집착: 4대가 만법 낸다고 생각 ─ 유물론

(6) 귀무귀집: 무귀(無歸)를 귀로 집착: 공을 상주로 여김 ─ 단멸론

(7) 탐비탐집: 비탐을 탐으로 집착: 식음으로 영생하길 생각 ─ 영생론

(8) 진무진집: 무진(無眞)을 진으로 집착: 번뇌에 머물 생각　　　－쾌락주의

(9) 정성성문: 실수실증으로 3계탈출만을 생각　　　　　　　　－성문

(10) 정성벽지: 각명을 열반으로 생각　　　　　　　　　　　　－벽지

5음과 5종 혼탁과 5종 망상

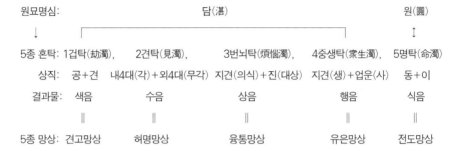

원묘명심:		담(湛)		원(圓)
↓				↑
5종 혼탁: 1겁탁(劫濁),	2견탁(見濁),	3번뇌탁(煩惱濁),	4중생탁(衆生濁),	5명탁(命濁)
상직: 공+견	내4대(각)+외4대(무각)	지견(의식)+진(대상)	지견(생)+업운(사)	동+이
결과물: 색음	수음	상음	행음	식음
‖	‖	‖	‖	‖
5종 망상: 견고망상	허명망상	융통망상	유은망상	전도망상

〈인명〉

〈비유〉